2017
中国文化年鉴

中华人民共和国文化和旅游部 编

国家图书馆出版社

图书在版编目(CIP)数据

中国文化年鉴. 2017/中华人民共和国文化和旅游部编. --北京:国家图书馆出版社,2018.7
ISBN 978-7-5013-6362-9

Ⅰ.①中… Ⅱ.①中… Ⅲ.①文化事业—中国—2017—年鉴 Ⅳ.①G12-54

中国版本图书馆 CIP 数据核字(2018)第038025号

国家图书馆出版社官方微信

书　　名　中国文化年鉴2017
著　　者　中华人民共和国文化和旅游部　编
责任编辑　于春媚

出　　版　国家图书馆出版社(100034　北京市西城区文津街7号)
　　　　　(原书目文献出版社　北京图书馆出版社)
发　　行　010-66114536　66126153　66151313　66175620
　　　　　66121706(传真)　66126156(门市部)
E-mail　nlcpress@nlc.cn(邮购)
Website　www.nlcpress.com ——→投稿中心
经　　销　新华书店
印　　装　北京科信印刷有限公司
版　　次　2018年7月第1版　2018年7月第1次印刷

开　　本　889×1194毫米　1/16
印　　张　35.75　彩图　4.25
字　　数　1000千字

书　　号　ISBN 978-7-5013-6362-9
定　　价　360.00元

《中国文化年鉴》(2017)

编辑部名单

《中国文化年鉴》(2017)
组稿人员名单

（按姓氏笔画为序）

凡显峰　马翔宇　王天白　王旭东　王佐政　王　忠　王禹麟　王洪波　王　晔
王　蒙　王静涛　牛昆鹏　左孝峰　石三毛　叶晓新　田　振　付　言　白立冰
冯雅琳　邢君成　吕吉洋　伍文珺　向仕富　刘宏志　刘金柱　刘　晰　刘程林
刘　璐　闫　涵　江建国　孙　博　杨　俊　杨　菊　李文娣　李世元　李国飞
李　征　李振国　李海琪　李　梦　李　静　肖明伟　谷　雅　邹文姣　辛　鑫
宋泽宇　张有为　张　敏　张　斌　陈如福　陈虹霓　邵晓峰　武红文　林　琳
罗艳琳　季思雨　郑兴博　郑晓莹　赵　旭　赵　茜　赵衍勇　胡　克　钟　娟
秦　曦　袁　媛　夏爱秀　高子淇　郭子男　陶少艺　黄玉洋　崔勇波　崔　磊
董金昱　董　雷　程　鹏　雒遵璞　薛鑫卉　衡　瑶　蹇娅婷

《中国文化年鉴》(2017)

编辑说明

《中国文化年鉴》(2017)采用分类编辑法,主体内容设类目、分目、条目3个层次。共有文化发展概况、部属单位文化发展、地方文化发展、法律法规及政策性文件、文化统计数据、附录6个类目。文化发展概况、部属单位文化发展、地方文化发展均以条目为表现内容的基本形式。文化发展概况包括艺术创作与生产、公共文化服务、非物质文化遗产保护、文化市场、文化产业、文化科教、对外和对港澳台文化交流、文化体制改革、文化人才队伍建设、文化财务管理、文化法治、文物事业12个部分。部属单位文化发展包括国家图书馆等31个单位情况。地方文化发展包括北京市等31个省(自治区、直辖市)及新疆生产建设兵团的文化发展情况(未含港澳台地区)。文化统计数据亦不含港澳台地区。

《中国文化年鉴》(2017)收录2016年内容,书后附索引及彩色图片三百余幅。

Preface

The Yearbook of Chinese Culture (2017) is edited according to categories and the main content is divided into three levels, namely, class heading, classified catalog and entry.

The 6 class headings include overview on cultural sector development, cultural affairs development of ministry-affiliated units, local cultural sector development, laws, regulations and policy documents, cultural sector statistics, and appendix.

An entry serves as the basic item for such class headings as overview on cultural sector development, cultural affairs development of ministry-affiliated units, and local cultural sector development.

The section of "overview on cultural sector development" covers 12 areas, namely artistic creation and production, public cultural services, intangible cultural heritage protection, cultural market, cultural industries, cultural science and education, cultural exchanges with foreign countries and cultural relations with Hong Kong, Macau and Taiwan, cultural system reform, personnel development in cultural sector, financial management in cultural sector, rule of law in cultural sector, and cultural heritage.

The "cultural affairs development of ministry-affiliated units" section summarizes the relevant information of 31 units, such as National Library of China.

The section of "local cultural sector development" reviews relevant issues of the 31 provinces, municipalities, and autonomous regions (excluding Hong Kong, Macau and Taiwan).

Similarly, in "the cultural sector statistics" section, data from Hong Kong, Macau and Taiwan are also not included.

The Yearbook includes 2016 content, more than 300 color illustrations and a content index in back matter.

目　录

文化发展概况

部属单位文化发展

地方文化发展

法律法规及政策性文件

文化统计数据

附　录

索　引

图　片

Main Contents

文化发展概况

艺术创作与生产

【概况】 2016年，各级文化主管部门和文艺工作者认真学习贯彻落实习近平总书记系列重要讲话精神，贯彻落实党中央、国务院各项重大决策部署，以社会主义核心价值观为引领，以中国精神为灵魂，以中国梦为时代主题，以中华优秀传统文化为根基，以创新为动力，坚持以人民为中心的创作导向，以创作生产优秀作品为中心环节，努力把讲话精神转化为推动艺术创作生产的动力和具体举措，以昂扬向上、团结奋进的精神面貌，以求真务实、开拓进取的工作作风，攀登艺术高峰，努力推动艺术创作取得新进展新成效，特点突出、亮点纷呈。

【各项政策不断落实，创作生态持续优化】 全面贯彻落实习近平总书记关于文艺工作的重要讲话精神，贯彻落实中共中央《关于繁荣发展社会主义文艺的意见》、国务院办公厅《关于支持戏曲传承发展的若干政策》等文件精神，召开全国艺术创作工作会议，加强艺术创作规划，聚焦中国梦主题创作，结合建党95周年、红军长征胜利80周年等重大时间节点，明确创作导向和创作重点。加大扶持力度，实施一系列重大工程项目，组织实施了国家舞台艺术精品创作扶持工程、戏曲振兴工程、民族音乐舞蹈杂技扶持发展工程、剧本扶持工程、国家美术发展和收藏工程等，带动各艺术门类繁荣发展。

实施国家舞台艺术精品创作扶持工程，对京剧《西安事变》等10台重点扶持剧目进行打磨提高、考核评估。开展“剧本扶持工程”，资助21部戏曲、话剧、儿童剧、歌剧、舞剧类新创剧本。实施戏曲剧本孵化计划，资助16部新创大戏剧本和28部新创小戏剧本。制订《繁荣民族歌剧艺术实施方案》，组织复排经典民族歌剧《小二黑结婚》，支持原创民族歌剧创作和发展。继续实施西部及少数民族地区艺术创作提升计划，为13部剧目提供智力支持。研究启动重大主题美术创作项目选题论证工作。

上海、江苏、湖北、内蒙古等省（区、市）认真落实中央文件精神，出台了推动艺术创作、扶持国有艺术院团改革发展等政策。各地也实施了一系列创作扶持工程项目，资金投入力度不断加大。据统计，2014年到2016年全国国有院团财政补贴分别为111亿元、125亿元、134亿元，年均增长9.9%。国家艺术基金成立以来累计投入18.8亿元，仅2016年就投入了7.3亿元。

【文艺工作者深入生活的主动性不断增强，创作心态积极向上】 “深入生活、扎根人民”主题实践活动不断深化，呈现出“三多”趋势：围绕艺术创作特别是现实题材创作深入采风的越来越多，长期扎根基层的越来越多，反复深入生活的越来越多。

完善经济保障措施，将主题实践活动纳入绩效考评体系，推动出台长效机制。赴云南红河、陕西延安开展重点活动，在云南红河组织召开主题实践活动示范现场座谈会。涌现出一批长期深入生活、扎根人民创作的典型。中国国家话剧院导演白皓天为创排话剧《共同家园》，14次进藏，为创作话剧《谷文昌》，数次深入到福建省东山县搜集素材、打磨作品；中央芭蕾舞团《敦煌》剧组主创连续三个多月在敦煌蹲点采风，为创排做深入准备；中国交响乐团设立了7个基层联系点，做到了长流水、不断线；西安话剧院组织话剧《麻醉师》剧组到第四军医大学体验生活，对作品进行了大幅度的修改完善，最终获得第15届文华大奖。在10部文华大奖获奖作品中，革命历史题材和现实题材占到8部，它们都是深入生活的艺术佳作。

各地都加大了对主题实践活动的保障力度，山东等14个省(区、市)已经出台了专项措施。据统计，2016年各地共开展创作采风和结对帮扶活动9500余项，参与的艺术工作者近10万人次；文化部直属11家艺术单位共开展创作采风和结对帮扶活动180余项，参与人员3600余人次。同时，9家国家艺术院团开展公益性演出1335场，服务基层观众150余万人。

【坚持以人民为中心的创作导向，一批优秀剧目相继涌现】 2016年舞台艺术创作最突出的亮点是现实题材作品在数量和质量上均有大幅提升，占到了全年重点排演剧目的近一半，涌现出豫剧《焦裕禄》、淮剧《小镇》、滑稽戏《探亲公寓》、话剧《麻醉师》《兵者・国之大事》等一系列再现生活中平凡的人、崇高品格的作品。围绕庆祝中国共产党成立95周年，各地创作排演了京剧《党的女儿》《浴火黎明》、河北梆子《牺牲》、歌剧《江姐》等一批革命历史题材优秀剧目；为纪念长征胜利80周年，各地创作了昆曲《飞夺泸定桥》、话剧《从湘江到遵义》、歌剧《红军不怕远征难》《长征》、交响合唱音乐会《长征组歌》《长征路上》等一批长征题材作品，引起社会各界关注。历史题材、反腐题材、"一带一路"题材等也都迎来了创作高峰。

2016年各艺术门类创作活跃、演出繁盛。话剧儿童剧舞台上涌现出了话剧《谷文昌》《生命如歌》、儿童剧《时间森林》等一大批优秀作品，举办了第二届中国原创话剧邀请展、第六届中国儿童戏剧节等有影响力的大型展演活动；舞剧涌现出了芭蕾舞剧《八女投江》等质量上乘之作；歌剧创作了《蔡文姬》《郑和》等，此外还有音乐剧《烽火・冼星海》、交响音乐会《哈尼交响》、民族管弦《伟大先行者孙中山》、杂技剧《丝路彩虹》等优秀作品。国务院办公厅印发《关于支持戏曲传承发展的若干政策》后，各地加大了对戏曲的扶持力度，戏曲艺术创作尤其是地方戏创作迎来了新的突破，在保持地方剧种特色方面找到了自信，涌现出了评剧《母亲》《红高粱》、湘剧《月亮粑粑》、粤剧《梦・红船》等一批从本剧种的传统剧目和塑造方法中彰显剧种特色、注重题材选择与地域特色同根的优秀戏曲作品。全国戏曲基层院团会演上演了新疆曲子剧《哈哈泉子的户儿家》、藏剧《卓娃桑姆》、客家山歌剧《合家福》、山东梆子《跑旱船》、扬剧《花旦当家》等一大批来自边远、基层戏曲院团的优秀作品。全国梆子声腔优秀剧目展演上演了秦腔、豫剧、晋剧、河北梆子、同州梆子、丝弦等梆子声腔21个剧种的31台优秀剧目和1台折子戏专场。

摈弃浮躁，回归艺术本体。2016年国家舞台艺术精品创作扶持工程推出了10部重点扶持剧目，这些剧目经过多轮打磨，吸收专家、观众意见，其中的6部参加了第十一届中国艺术节，2部获得文华大奖，受到社会各界广泛赞誉。舞台美术总体上告别了奢华之风，呈现出诗意、空灵和清新的格局，给演员表演留下了很大的施展空间，彰显了中华民族美学精神气韵。

加强对各类所有制艺术创作机构、新兴文艺类型的引导与管理，小剧场艺术繁荣有序发展。2016年，小剧场戏剧演出在数量上较前两年进一步增多，艺术形式更加丰富。尤其是戏曲积极参与小剧场创作，展现了独特的魅力，燃起了观众新的兴趣和期望。"北京故事"优秀小剧场剧目展演，涵盖了话剧、舞剧、戏曲等多种艺术形式的优秀小剧场作品 20 部。第二届"戏曲—呼吸"上海小剧场戏曲节的 12 部作品,涉及梨园戏、粤剧、楚剧、川剧等 8 个不同的戏曲剧种。上海举办第五届"原创华语音乐剧展演季",选取了包括台湾地区作品在内的 6 部小剧场音乐剧上演。

【成功举办庆祝建党 95 周年主题音乐会和第十一届中国艺术节,重大艺术活动精彩纷呈】 为庆祝中国共产党成立 95 周年,成功举办了《信念永恒》主题音乐会,习近平总书记称赞"非常精彩、非常成功"。第十一届中国艺术节检验了学习贯彻习近平总书记文艺工作座谈会重要讲话精神两年来的创作成果,体现了"艺术的盛会、人民的节日"的办节宗旨,落实了"精品、惠民、节俭、可持续"的办节原则。这届艺术节最大的特点是:艺术推出精品,演出面向人民。艺术节汇聚了 67 台参评参演剧目和 1000 余件美术书法、篆刻、摄影作品,首次组织举办专业舞蹈演出和书法篆刻、摄影展览,观众达 40 多万人次。组织全国专业文艺工作者 3600 余人次观摩演出 820 余场。实行低票价惠民,100 元以下的低价票占 65%。本届艺术节剧目精彩纷呈,推出了一批优秀艺术人才,展现了文艺新气象。特别是由基层院团演出的开幕式剧目秦腔《家园》,反映精准扶贫重大主题,也充分展示了支持戏曲传承发展取得的成果,获得了各界好评。举办庆祝中国共产党成立 95 周年美术作品展览,吸引各界观众 6.6 万人次。持续开展全国美术馆馆藏精品展出季活动,扶持优秀藏品巡展,促进资源共享,观众总数达 193.7 万人次。

此外,还举办了第十届中国评剧艺术节、第十一届全国优秀舞蹈节目展演、第十二届全国声乐展演,以及"中国梦"主题歌曲创作和推广活动,举办 2016 年国家艺术院团演出季、第二届中国设计大展及公共艺术专题展等活动。各地也紧紧围绕庆祝中国共产党成立 95 周年、纪念红军长征胜利 80 周年,组织开展了一系列丰富多彩的文艺活动,展现了广大文艺工作者昂扬向上的精神面貌。

【贯彻落实戏曲政策,推动戏曲艺术传承发展】 扎实推进国办《关于支持戏曲传承发展的若干政策》,会同中宣部召开了戏曲传承发展经验交流现场会,协调教育部、财政部等部门拟定戏曲进校园、进乡村实施意见。重点开展了全国落实戏曲政策自查工作,着力推动每一项政策落地见效。25 个省(区、市)和新疆生产建设兵团已出台具体实施意见,其他 6 个省(区、市)也加大了对戏曲传承发展的支持力度,戏曲传承发展的生态环境逐步得到改善,创作更加活跃,演出日益繁荣。实施戏曲振兴工程,开展"名家传戏——当代戏曲名家收徒传艺"工程,扶持了 100 名京剧、地方戏表演艺术家向 200 名青年演员传授经典传统折子戏。启动中国京剧像音像工程。

【第十五届文华奖评选推动艺术评价体系逐步完善】 按照中央《关于全国性文艺评奖制度改革的意见》精神和《全国性文艺评奖改革方案》要求,精心组织,研究制定《文华奖章程》,修订评奖办法,完善工作机制,严格评奖标准,规范评奖程序,提高奖项的含金量,并在监督部门的全程监督下,顺利完成第十五届文华奖评奖工作,《焦裕禄》等 10 部作品荣获文华大奖,贾文龙、王启敏等 10 位艺术家荣获文华表演奖。在评奖同时,注重开展评论。继续实施"艺术评论体系构建与引导计划"。加强评论阵地建设,开设"艺海观潮""艺点"等专栏,培养评论人才,扩大评论影响。在各项展演活动中开展主题性研讨和"一人一评""一场一评"等评论实践,收到良好的社会效果。

【加强专业艺术人才培养，为艺术创作提供有效支撑】 首次实施了戏曲艺术人才培养"千人计划"。精心设计课程，聘请名家授课，为全国各地定向培训了130名戏曲编剧、导演、作曲、舞美人员。这些学员积极参与创作，有些作品已成为当地和本团的重点剧目。开展西部及少数民族地区艺术人才岗位培训活动，13位学员分赴国家京剧院、中国国家话剧院、中国歌剧舞剧院、中国东方演艺集团、中国儿童艺术剧院等文化部直属艺术院团，在专门老师的指导下，跟组参与创作，在实践中提升了艺术水平，增强了业务能力。首次实施全国美术馆青年策展人扶持计划，开展舞蹈编导、魔术、民乐、小剧场、美术馆专业人才和画院创作人才等培训，为全面提升创作、管理水平提供了有力的人才支持。

公共文化服务

【概况】 2016年是"十三五"规划的开局之年。一年来，各地各级文化部门全面贯彻党的十八大和十八届三中、四中、五中、六中全会精神，深入学习贯彻习近平总书记系列重要讲话精神和治国理政新理念、新思想、新战略，继续贯彻落实中办、国办《关于加快构建现代公共文化服务体系的意见》，坚持"转变职能、完善体系、提高效能、促进公平"的工作思路，不断提升公共文化服务能力和水平，实现"十三五"时期现代公共文化服务体系建设工作的顺利开局。

【公共文化政策法规建设取得重要进展】 公共文化服务保障法正式颁布。该法是党的十八届三中全会《决定》明确的立法事项，也已列入到全国人大常委会2016年立法计划中。《公共文化服务保障法》于2016年12月25日，经十二届全国人大常委会三审正式表决通过。《公共文化服务保障法》的出台，是公共文化建设的一个里程碑事件。《公共文化服务保障法》出台以后，按照前期制定的《公共文化服务保障法》学习宣传贯彻工作方案，文化部积极开展《公共文化服务保障法》的学习宣传和贯彻落实工作，部领导出席了全国人大新闻发布会。新华社、中央电视台等中央主要媒体都发布了相关新闻报道和访谈。《中国文化报》刊发《保障法》全文和文化部负责同志访谈，并开设专版发表专家解读文章和评论员文章，掀起了一轮舆论热潮。

推进公共图书馆法立法。根据各方反馈意见，配合国务院法制办进一步修改完善《公共图书馆法(草案)》，2016年8月，国务院法制办公室召开办务会议审议通过了草案。2017年4月，国务院常务会议审议通过。

进一步规范专家委员会建设和课题研究。为贯彻落实中央"八项规定"要求，对国家公共文化服务体系建设专家委员会和委托课题管理等工作进行认真梳理，制定了《公共文化司关于加强国家公共文化服务体系建设专家委员会廉洁管理的补充规定》和《公共文化司委托课题管理暂行办法》，经部党组会审议通过后，以公共文化司名义印发。完成2015—2016年度公共文化服务制度设计课题评审工作，共评出优秀课题10项、良好课题20项、合格课题26项。

【公共文化服务体系建设重点改革任务稳步推进】 国家公共文化服务体系建设协调组有序运转。4月21日，召开国家公共文化服务体系建设协调组第四次全体会议，部领导出席会议并讲话。会议讨论通过了《协调组2016年工作要点》。《要点》明确了5大项16小项重点工作任务，并明确了责任单位。会后,《要点》正式印送各成员单位。这是协调组首次将年度工作任务以工作要点的形式确定下来,并正式印发,标志着协调机制运转进一步规范化、制度化。

统筹推进公共文化领域重点改革任务。年初,以文化部办公厅名义印发《关于做好2016年公共文化服务体系建设重点改革任务落实工作的通知》,对2016年的重点改革任务及早作出部署。3月,在中央文化管理干部学院举办2016年重点改革任务贯彻落实工作培训班,传达中央领导同志和文化部领导重要讲话精神,并由各相关业务处室分别就各项重点改革任务组织座谈交流。11月25日,为总结一年来工作,交流各地落实2号文件精神,推进现代公共文化服务体系建设的经验做法,部署下一阶段主要工作,召开了推进现代公共文化服务体系建设视频会,对下一阶段重点改革任务提出了明确目标和要求。

对中办、国办《关于加快构建现代公共文化服务体系的意见》贯彻落实第一阶段督查工作顺利完成。2016年年初,文化部起草完成贯彻落实《意见》第一阶段督查报告,并报送中央文化体制改革和发展工作领导小组办公室,以文改办名义正式印发。各地贯彻落实工作进展顺利,截至2016年年底,各省(区、市)的实施意见和标准均已正式出台。国家级和省级试点地区在2016年上半年完成公共文化服务标准化试点任务,探索形成一批符合不同地方实际、具有推广价值的工作模式和典型经验。

推进县级文化馆、图书馆总分馆制建设。文化馆、公共图书馆总分馆制被列入中央深改组2016年工作要点。为落实中央关于"推进以县级文化馆、图书馆为中心的总分馆制建设"要求,委托文化部公共文化研究基地(北京大学、西南大学)等开展了我国文化馆、公共图书馆总分馆体系建设现状与发展路径研究,起草了可行性报告;组织力量赴地方开展总分馆制建设的实地调研。2016年12月,《关于推进县级文化馆、图书馆总分馆制建设的指导意见》以文化部、新闻出版广电总局、体育总局、发改委和财政部名义联合印发。文件对于有效整合公共文化资源、提高公共文化服务效能、促进优质资源向基层倾斜和延伸具有重要的推动作用。

推进基层综合性文化服务中心建设。国办《关于推进基层综合性文化服务中心建设的指导意见》出台以来,文化部积极督促各省(区、市)出台本省(区、市)的实施意见,2016年全国已有24个省(区、市)出台本地实施意见。配合中宣部推进实施"贫困地区百县万村综合文化服务中心示范工程",在调查摸底、项目制定、示范点选取和经费投入等方面做了大量工作。以文化部名义与中国科学技术协会共同印发了《"科普文化进万家"活动方案》,利用数字化等新技术手段丰富基层综合性文化服务中心的服务内容和方式,为基层群众提供高质量的数字科普文化服务。梳理总结前期试点经验,形成了浙江农民文化礼堂、安徽农民文化乐园等一批可复制、可推广的工作模式。就贯彻落实《国务院办公厅关于推进基层综合性文化服务中心建设的指导意见》情况迎接中央改革办督察组专项督察,收集整理相关部委、各省(区、市)和试点地区推进基层综合性文化服务中心建设情况和典型经验,形成试点经验和典型经验材料汇编。

推进公共文化机构法人治理结构改革。起草《文化馆章程》,修改《公共图书馆章程》,提交中央机构编制委员会办公室。组织开展了法人治理结构试点的总结验收工作,对各地试点工作进行系统梳理,在各省自查基础上,对10个国家级试点进行验收。2016年,10家国家级试点单位均已成立理事会。

【公共文化服务效能建设得到进一步加强】 开展乡镇综合文化站服务效能抽查。从2016年8月开始，文化部按照每月一次的频率，对东中西部各一个省（区、市）的一个县的两个乡镇进行抽查，重点检查文化站资源利用和服务效能情况，总结好的经验，发现和曝光存在的问题，以推动地方党委政府落实基层公共文化服务体系建设的主导责任。截至2016年底，抽查工作已开展5期，抽查了15个省（区、市）。各地对文化部提出的整改意见高度重视，迅速行动，积极进行问题整改。

推进公共文化服务监督评价相关工作。制订《文化部关于2016年公共数字文化工程年度考核工作方案》，下发《文化部办公厅关于组织开展2016年度公共数字文化工程考核工作的通知》。完成公共数字文化建设中央转移支付资金申报评审工作。以文化部办公厅名义下发《关于开展2016年中央补助地方公共数字文化建设专项资金申报工作的通知》，完成公共数字文化建设中央转移支付资金申报评审工作。做好中央转移支付资金项目绩效目标申报表的填报工作。做好第四次全国文化馆评估定级总结工作。会同中国文化馆协会与各省文化厅局，确定第四次全国文化馆评估定级上等级馆名单，公示后印发《文化部关于命名一、二、三级文化馆的决定》。研究制定全国第六次县级以上公共图书馆评估定级标准。起草《文化部办公厅关于开展第六次全国县级以上公共图书馆评估定级工作的通知》和省级、市级、县级公共图书馆（少年儿童图书馆）等级必备条件和评估标准。

举办2016年中国文化馆年会和2016年中国图书馆年会。文化馆年会于2016年8月底在银川市举办，图书馆年会于2016年10月底在铜陵市举办，两个年会均分为工作会议、主题论坛、展览会三大板块，本届年会在增加地方特色内容、突出论坛的参与性、增加展会的高科技含量等方面亮点鲜明，开闭幕式从形式到内容富于创新，吸引了全国图书馆、文化馆行业数千人参会，获得广泛好评。

强化全国基层文化队伍培训工作，探索开展绩效管理。制订并印发《2016年全国基层文化队伍培训工作计划》，进一步加强示范性培训，重点开展县级图书馆馆长、文化馆馆长系统轮训，深入开展公共文化巡讲和远程培训。全年委托中央文化管理干部学院及各培训基地举办示范性培训64期，培训约3700人次；举办公共文化巡讲32期，培训约4700人次；举办“公共文化空中大课堂”“网络书香讲坛”“数字学习港”等远程培训25期，通过网络、手机等多种终端，累计培训60余万人次。修订并印发《全国基层文化队伍示范性培训工作规范》，制定并印发《基层文化队伍培训工作绩效管理工作方案（试行）》，充分发挥绩效管理导向和激励约束作用，推动各省（区、市）培训工作，实现全员培训目标。

【基层群众文化繁荣发展】 组织开展第十七届群星奖评奖工作，提高评奖公信力和影响力。本届群星奖是中央巡视和文艺评奖制度改革后开展的首次评奖，全国瞩目，意义重大。文化部修订并印发《群星奖评奖办法》，围绕坚持正确导向、完善评奖标准、健全评审机制、严格评奖纪律、加强监督检查、强化支持保障等方面，对加强和改进群星奖评奖管理做出制度安排。3月24日，第十七届群星奖评奖工作正式启动，包括音乐、舞蹈、戏剧、曲艺四个艺术门类，分为初选、复赛、决赛三个阶段。共有来自全国各地和军队、武警、工会系统的5000多个作品参加初选，各地共举办展演选拔1.43万场，观众达1083万人次。

经过初选，268 个优秀作品进入复赛，84 个优秀作品入围决赛。10 月 16 日—19 日，第十七届群星奖决赛于第十一届中国艺术节期间在陕西西安举行，最终评出 20 个获奖作品。10 月 30 日，在西安市举行了群星奖颁奖仪式及获奖精品展演，部领导和陕西省领导出席颁奖仪式并为获奖作品颁奖。获奖作品题材广泛，紧扣时代脉搏，群众文艺特色突出，民族特色、地域特色鲜明，具有浓郁的生活气息，集中展现了近年来群众文艺创作的优秀成果。评奖工作坚持公平公正公开，严格评奖标准和程序，严肃评奖工作纪律，主动接受纪检监督和社会监督，评奖工作风清气正；同时将文化惠民贯穿于评奖全过程，切实提高评奖公信力和影响力。

举办群众文化系列活动，充分体现中国艺术节办节宗旨和办节原则。2016 年，根据第十一届中国艺术节"艺术的盛会　人民的节日"办节宗旨和"精品、惠民、节俭、可持续"的办节原则，组织策划了群星奖作品惠民展演等群众文化系列活动，突出精品意识，让人民群众共享文化发展成果。艺术节期间共举办群星奖作品惠民展演 29 场，包括 7 场决赛、20 场基层惠民演出、2 场历届获奖精品展演，覆盖陕西全省，观众达 6 万多人次。群星奖决赛和历届获奖精品展演还进行了网络直播，观看总人次超过 120 万，有效地提升了群星奖的影响力。此外，还依托有关行业协会举办了中国农民画精品展、全国广场舞展演等丰富多彩的文化惠民活动，带动群众文化活动蓬勃开展，为艺术节营造了良好的氛围，使中国艺术节成为丰富公共文化产品供给、展示公共文化建设成果、推动基层公共文化服务体系建设的重要平台。据统计，艺术节期间，关于群星奖和公共文化系列活动，中央主要媒体刊发新闻报道近千篇，微博超过 5000 篇，微信超过 3000 条，群星奖影响力持续扩大，受到各方关注和好评。

【文化权益保障不断加强】　推动贫困地区公共文化服务体系建设。印发《文化部办公厅关于贯彻落实〈"十三五"时期贫困地区公共文化服务体系建设规划纲要〉的通知》，指导中西部 22 个省区做好《规划纲要》的贯彻落实。制定了《贫困地区公共文化服务体系建设督查工作方案》，加强对贫困地区公共文化服务体系建设的督查指导。深入山东、四川等 6 省区的贫困县和边境县，了解当地贯彻落实《规划纲要》、统筹推进基层综合性文化服务中心建设和文化精准扶贫等工作情况。2016 年 6 月，中宣部、文化部、新闻出版广电总局联合召开了全国文化精准扶贫工作视频会议，交流各地文化精准扶贫工作的典型经验，推动文化扶贫惠民项目实施，部署"十三五"时期文化精准扶贫工作的主要任务。

文化志愿服务有序推进。深入开展示范活动，"春雨工程"——全国文化志愿者边疆行和"大地情深"——国家艺术院团志愿服务走基层 2 项活动共实施了 134 个项目，地方 20 个省（市）文化厅（局）和文化部 15 个直属单位，以及 2 家中直院团组织 5000 多名文化志愿者赴 50 多个少数民族聚居区、贫困县和 30 多个国家公共文化服务体系示范区（创建）城市，举办各类文艺演出、辅导讲座、展览展示 200 多场，惠及群众上百万人次。启动"阳光工程"——中西部农村文化志愿服务行动计划，在中西部 22 个省（区、市）和新疆生产建设兵团的 1200 个行政村，每村招募 1 名文化志愿者，帮助开展农村文化建设，取得了良好成效。召开了全国文化志愿服务工作现场经验交流会，交流各地典型经验，研究部署"十三五"时期文化志愿服务工作。以文化部名义印发了《文化志愿服务管理办法》，为文化志愿服务规范开展提供基本依据。以蓝皮书形式发布了《中国文化志愿服务发展报告》，全面梳理和系统总结近年来各地文化志愿服务的实践经验和地方特色。研究制定公共图书馆、文化馆文化志愿服务规范。举办系列文化志愿服务培训班，带动各地培训工作的开展。先进典型不断涌现，2016 年推出 270 个文化志愿服务典型，并组织媒体进行宣传报道。9 个典型入选中宣部组织的志愿服务“四个 100”先进典型宣传推选活动。国家图书馆、天津市群众艺术馆等 8 家单位成为首批公共文化设施开展学雷锋志愿服务示范单位。一批文化志愿服务项目参与了共青团中央举办的第三届中国青年志愿服务项目大赛，充分展示了文化志愿服务风采。

特殊群体文化权益保障得到加强。7 月和 9 月在广东中山和四川南充分别举办了第七届中国少年儿童合唱节和“永远的辉煌”——第十八届中国老年合唱节。少儿合唱节期间，来自全国 18 个省（区、市）及港澳台地区的 33 支合唱团，1500 多名少年儿童参与了合唱艺术风采展演、合唱辅导讲评及合唱进社区惠民演出等交流活动。老年合唱节期间，全国 25 个省（区、市）的 42 支合唱团，1800 多名老年合唱爱好者参加了合唱艺术展演、进基层惠民演出等系列活动。此外，还从“两节”参与团队中各推选出 10 支老年和少儿合唱团作为示范典型，引领带动老年和少儿合唱队伍建设。

会同全国妇联、中国残联等部门印发了《关于庆祝 2016 年“六一”国际儿童节的联合通知》《关于开展全国残疾人文化周活动的通知》等文件，动员各地广泛开展面向特殊群体的文化活动。结合第七届中国少年儿童合唱节的举办，开展“歌声伴着我成长”第四批全国推荐新创少儿歌曲推广传唱和网络展播活动。联合中国儿童艺术剧院、中国歌剧舞剧院、国家京剧院、国家大剧院等单位举办了一系列慰问特殊群体的演出活动，发挥了较好的示范带动作用。

加强制度建设，会同国务院农民工办、全国总工会印发了《关于进一步做好为农民工文化服务工作的意见》，从促进农民工平等享受城镇基本公共文化服务、进一步丰富农民工精神文化生活、着力促进农民工社会融合等方面作出安排部署。召开老年大学规范化建设试点工作座谈会，深入推进文化系统老年大学规范化建设试点工作。配合国务院妇女儿童工作委员会赴河北省开展了 2011—2020 年妇女儿童发展纲要中期评估工作，报送了《文化部实施 2011—2020 年妇女儿童发展纲要中期评估报告》。按照国务院农民工办公室要求，组建督察组赴上海市开展农民工工作督察。配合教育部、妇联、残联、国务院农民工办、全国老龄办等部门做好“十三五”规划编制相关工作。

推进西部开发和少数民族文化建设工作。向发改委、国家民委等有关部门报送西部开发和援疆、援藏工作进展情况。配合国家民委做好《“十三五”促进民族地区和人口较少民族发展规划》《西部大开发“十三五”规划》编制工作。

【推进国家公共文化服务体系示范区（项目）创建】 组织开展第二批国家公共文化服务体系示范区（项目）验收工作。研究制定《第二批国家公共文化服务体系示范区（项目）验收办法》和示范区东、中西部验收标准以及示范项目验收标准，以文化部、财政部名义下发《关于开展第二批国家公共文化服务体系示范区（项目）验收工作的通知》，对示范区（项目）验收工作进行全面部署。根据《验收办法》要求，第二批示范区（项目）验收工作先后经历了制度设计研究课题评审、群众满意度测评、实地验收、过程管理考核和会议集中评审 5 个环节。1 月 14 日至 15 日，在中央文化管理干部学院分东、中西部三组对第二批32个示范区创建城市制度设计研究课题进行评审。4月份，委托清华大学公共管理学院作为第三方，采用信息化、网络化手段，独立开展示范区验收群众满意度测评。4月中旬至5月初，组织16个实地验收组赴32个示范区开展实地验收和过程管理考核。5月16日至18日，组织召开示范区（项目）验收集中评审会议，对第二批32个示范区、57个示范项目进行会议集中评审。5月底，审核汇总示范区验收各环节分数，经请示、报批、公示及党组会审议等各环节后，会同财政部印发了《文化部、财政部关于公布第二批国家公共文化服务体系示范区（项目）名单的通知》，完成第二批示范区（项目）验收工作任务。

组织开展国家公共文化服务体系示范区区域文化联动活动。印发《文化部办公厅关于组织开展2016年国家公共文化服务体系示范区（项目）创建城市区域文化联动活动的通知》，部署开展区域文化联动活动。分别在浙江省杭州市余杭区、上海市嘉定区、湖北省宜昌市、安徽省铜陵市、重庆市大渡口区、陕西省延安市等地开展六场区域文化联动活动，围绕“乡镇综合文化站服务效能提升”“互联网+公共文化服务”“文化馆总分馆制”等主题进行专题经验交流，促进示范区（项目）创建城市之间学习借鉴、优势互补。各示范区（项目）创建城市在各省（区、市）文化厅（局）的指导下，也组织开展了内容丰富、形式多样的区域文化联动活动，共同推动公共文化服务体系建设。

召开国家公共文化服务体系示范区创建工作会议，举办示范区创建工作论坛。在中国文化馆年会期间，召开国家公共文化服务体系示范区（项目）创建工作会议，总结前期示范区（项目）创建工作，部署下一步创建工作任务，部领导出席会议并讲话。在中国图书馆年会开幕式上，举行了第二批示范区命名颁牌仪式为获得第二批示范区称号的32个城市进行了颁牌；举办国家公共文化服务体系示范区创建工作论坛，部署推进示范区创建工作。

加强对国家公共文化服务体系示范区（项目）创建过程的指导。2016年12月，在中央文化管理干部学院组织开展第三批创建示范区中期调度工作。组织国家公共文化服务体系建设专家委员会专家，听取第三批示范区创建工作和制度设计工作进展情况的汇报，督促各地按照时间进度落实创建工作方案、创建标准，对示范区后续创建工作提出建议。

非物质文化遗产保护

【概况】 2016年以来，非物质文化遗产保护工作在部党组坚强领导下，以“切实加强能力建设，巩固抢救保护成果，提高保护传承水平”为指导思想，努力推进非物质文化遗产保护工作，较好地完成了各项工作任务。

【巩固抢救保护成果】 开展《非物质文化遗产法》贯彻落实情况检查工作。印发《关于开展非物质文化遗产法贯彻落实情况检查工作的通知》，部署开展非物质文化遗产法贯彻落实情况检查工作。各地文化行政部门进行自查，并将自查报告向社会公布。非遗司在各地自查的基础上，委托中国非遗保护中心开展评估，并根据实际情况组成检查组对10个省份进行实地检查，评估报告在文化部网站公布。通过此次检查评估工作，进一步掌握了《非遗法》实施5年来依法保护非物质文化遗产的现状，督促各方切实履行非物质文化遗产保护法律责任。检查成果已初步显现，已有24个省（区、市）出台了地方性法规，剩余省份正在积极推动出台地方非遗保护条例，有些省份正在向省政府申请加大非遗专项资金投入力度。

推进国家级非遗代表性传承人抢救性记录工程。完成2013年度试点支持的50位代表性传承人抢救性记录评估工作。结合各地抢救性记录工作中遇到的问题，组织编写《国家级非物质文化遗产代表性传承人抢救性记录工程操作指南》，加强对口述片、项目实践片、传承教学片采录工作的指导，并于9月举办培训班。加强跟踪指导，分类别遴选样例片，请专家予以剖析，供各地参考。累计安排资金2.23亿元，支持对571位国家级非遗代表性传承人开展抢救性记录。

探索建立文化生态保护实验区管理机制。2016年，非物质文化遗产司起草了《关于国家级文化生态保护实验区建设工作的报告》，明确了工作思路和下一步重点工作，要有针对性地采取支持措施，努力使每个实验区真正成为遗产丰富、氛围浓厚、特色鲜明、民众受益的文化生态保护实验区。一是开展文化生态保护实验区建设评估，完成福建闽南、安徽徽州和山西晋中3个实验区的自评估和交叉评估工作。《晋中文化生态保护实验区建设评估报告》已通过文化部网站向社会公布。委托中国非遗保护中心对热贡文化生态保护实验区等已批复总体规划的实验区开展第三方评估。二是论证文化生态保护实验区《总体规划》。组织召开专家论证会，对格萨尔文化（果洛）等4个实验区的总体规划进行论证，形成专家论证意见。三是启动新的文化生态保护实验区设立工作。委托中国非遗保护中心组织专家赴青海玉树和福建龙岩进行实地考察并提出论证意见。四是支持18个文化生态保护实验区建设62个非遗传习中心、增设287个非遗传习点。另外，为加强青海果洛格萨尔文化生态保护实验区建设，委托中国演出行业协会组织36名果洛藏族儿童参加青海果洛格萨尔史诗童声合唱团艺术夏令营，向年轻一代传播格萨尔史诗文化，取得了良好效果。

加大非遗代表性传承人和项目传承活动扶持力度。非遗司协调财政部将国家级非遗代表性传承人传习补助经费标准由每人每年1万元提高至2万元。拟订国家非遗保护中央转移支付地方专项资金分配方案，共下达2016年度专项资金6.6298亿元。提请财政部提前下达2017年度非遗保护专项资金2.8亿元。对江西铅山连四纸、赫哲族伊玛堪等国家级非遗代表性项目保护传承情况进行实地调研，起草了相关报告。

配合住房和城乡建设部开展传统村落保护工作。一是开展第四批中国传统村落评审和认定工作，拟将1598个村落列入中国传统村落名录。二是开展传统村落技术审查，2016年共计966个村落列入中央财政支持范围。三是六部门联合印发《中国传统村落警示和退出暂行规定》，建立中国传统村落警示退出机制。

【提高保护传承水平】 落实国务院办公厅《关于支持戏曲传承发展若干政策的通知》，做好传统戏剧保护。针对74个濒危剧种，对未列入国家级名录的25个濒危剧种，已要求省级文化行政部门，在加强保护的同时开展深入调研，符合标准的，按程序列入国家级名录。2016年国家非遗保护专项资金安排近2.7亿元支持369个传统戏剧表演团体排演近千台传统剧目。在“十三五”时期国家非遗保护利用设施建设工作中，对传统戏剧类项目予以倾斜，入库项目占1/3。

全面实施中国非物质文化遗产传承人群

研修研习培训计划。2016 年，文化部、教育部共同确定清华大学等 57 所高校参与研培计划。文化部通过中央财政累计拨付经费 1.1 亿元，支持各地举办研修、研习培训 160 余期，培训 8700 人次，包括各地延伸培训，全年培训近万人次。文化部组建研培计划工作小组，开发了研培计划信息管理平台，建立了研培计划官微平台，开展了研培计划实施情况的评估，起草了《中国非物质文化遗产传承人群研修研习培训计划(2017)》，研培计划的工作机制得到不断完善。在苏州、北京、昆明、上海等地多次举办总结会、座谈会、论坛及培训班，并组织高校开展了回访学员活动，指导高校完善课程设置和教学组织，支持高校组织开展传统工艺巡回讲习，支持高校组织研培优秀学员赴日本开展海外文化交流，提高了研培计划的师资水平和实施能力，扩展了研培计划实施方式。在新华社、《人民日报》《光明日报》等重要媒体组织推出了《正确认识非遗，是正确有效地保护、传承和发展非遗的前提》《文化部非遗司负责人就非遗传承人群研培计划答记者问》等一系列文章。研培工作受到传承人群的普遍欢迎，参训学员增长了学识，拓宽了眼界，提高了技艺，增强了对传承优秀传统文化和自身价值、潜力的自信。部分学员成为当地非遗的领头人，出现了培训一人，带动一片的现象。研培计划有力推动了非遗保护事业的发展，已经成为非遗保护事业的一项基础性、战略性工作。

*研究制定《中国传统工艺振兴计划》，探索实践振兴传统工艺具体措施。*落实十八届五中全会和《中华人民共和国国民经济和社会发展第十三个五年规划纲要》要求，非遗司牵头研究起草了《中国传统工艺振兴计划(送审稿)》，报送国务院审定。在制定计划的同时，探索实践振兴传统工艺具体措施。支持高校、企业等在新疆哈密、湖南湘西、贵州雷山、青海果洛、安徽黄山设立 5 个传统工艺工作站。工作站已初见成效，有的已开发出新的系列产品，形成批量订单，帮助当地扩大了传承队伍。以“为民族传承、为生活创新”为主题，在恭王府举办传统工艺创意生活展，展出工作站阶段性成果的同时，也提供了传统工艺与现代设计结合的模式与范例。支持清华大学美术学院与阿里巴巴公司共同开展“传统工艺互联网推广模式研究”课题项目，推动在淘宝网上设立非遗频道，为非遗传承人群搭建起传统工艺产品的网上展示和销售平台。支持清华大学美术学院等高校申报文化部重点实验室。

*开展第五批国家级非遗代表性传承人评审认定工作。*制订第五批国家级非遗代表性传承人评审实施方案，组织各地及相关单位和研培计划参与高校推荐专家，建立第五批国家级非遗代表性传承人评审专家库。完成所有申报人员的材料审核，对收到的信访材料逐一进行核查。顺利完成第五批国家级非遗代表性传承人初评工作。

*推动“十三五”时期国家非物质文化遗产保护利用设施建设。*非遗司配合财务司和国家发展改革委社会发展司编制《“十三五”时期国家文化和自然遗产保护利用设施建设专项规划》非遗部分。从各地遴选 219 个项目纳入项目库。2016 年，发改委下达 57 个设施建设补助资金 4.24 亿元。

*做好《保护非物质文化遗产公约》履约工作。*推动“二十四节气”成功列入人类非物质文化遗产代表作名录，这是非遗保护工作取得的一项重要成果，也是对外文化交流工作的一次成功实践，至此我国入选联合国教科文组织非遗名录/册项目达 39 个。列入后，召开新闻发布会，做好宣传及舆论引导。非遗司与部外联局共同成立工作组，推进履约报告撰写有关工作。举办《保护非物质文化遗

产公约》培训班，进一步加强非遗保护工作人员对公约精神的准确理解，深化对非遗保护理念的认识。

非物质文化遗产宣传展示交流活动丰富多彩。一是举办中泰手工艺交流论坛，参与中英、中南(非)、中日、中韩等非遗交流活动，探索建立中外非遗交流机制。二是组织开展第十一个“文化遗产日”非物质文化遗产宣传展示活动，组织了传统工艺专家巡讲、非遗讲座月等系列主题活动。各地文化部门根据当地非物质文化遗产特色，也组织开展了形式多样的活动，如京津冀非遗联展等。三是以“非遗走进现代生活”为主题，与山东省人民政府共同主办第四届中国非物质文化遗产博览会，举办传统工艺振兴论坛。

文化市场

【概况】 2016 年，在文化部党组的坚强领导和各级文化市场管理部门、综合执法机构的共同努力下，文化市场工作继续秉持“一二四”工作理念，围绕建立健全现代文化市场体系的一个总体目标，坚持两手抓，一手抓促进行业发展与繁荣，一手抓加强市场执法与监管，履行好顶层设计、法规制定、队伍建设、指导监督四项基本职能，努力为行业发展提供更好的公共服务，创造更加健康有序的市场环境。

【综合执法改革落实落地，执法能力不断提升】 2016 年，中央正式启动深化文化市场综合执法改革工作，中央办公厅、国务院办公厅印发《关于进一步深化文化市场综合执法改革的意见》，明确了文化市场综合执法改革的原则、目标、任务和路径，确定了文化市场管理的定位、方向和举措，成为文化市场管理和综合执法工作的重要遵循。文化部牵头建立全国文化市场管理工作联席会议，召开第一次全体会议，审议通过联席会议《工作规则》及《督查方案》；推动中央文改领导小组印发分工方案，明确 27 项重大改革任务的牵头部门、责任单位和完成时限；建立综合执法改革台账；举办贯彻落实培训班，对省级有关负责人做到全员培训、全面覆盖；赴重庆、江西、上海、江苏等 15 个省(区、市)调研督查改革工作。

各地多措并举，加快推动政策落地。湖北将综合执法人员编制与城区常驻人口挂钩，按比例配备执法人员和执法车辆；广东明确执法人员身份为公务员，并提出可通过政府购买服务的方式补充人力资源；青海将县(市、区)文物、旅游和体育等执法职能纳入文化市场综合执法机构；湖南明确要求实现市级统一执法；内蒙古提出“互联网 +”文化市场综合执法模式，将信息化建设、人员培训经费列入同级财政预算；河南将深化综合执法改革与意识形态责任制贯彻落实情况挂钩。

2016 年，开展综合执法改革、以案施训、案例培训、片区巡讲、执法师资、边疆骨干及地市级机构负责人等全领域、整建制培训共计 16 批次，共培训执法人员 1260 余人；指导开展管理人员、文化娱乐及上网服务行业研修、网络文化自审、演出经纪人培训，共计 26 个批次 9340 余人。全国各地共举办省级培训 453 场次，培训人员 8507 人次；举办市县级培训 1444 场次，培训人员 79139 人次。

【转型升级成效显现，文化市场发展稳中向好】 文化市场管理方面进一步深化简政放权、放管结合、优化服务，落实“先照后证”“五证合一”要求，启用新版文化市场经营许可证，增加二维码标识，扫描后可立即获取企业完整审批信息，为行政相对人提供便利；探索建立“行业通气会”工作机制，定期就重大政策、重点查处情况同特定行业开展“面对面”沟通交流；与财税主管部门协调，确保全面营改增后，文化娱乐、上网服务、演出等行业税负有效降低；开展“放管服”及重要政策的落地督查，确定审批示范点，积极推进行政审批标准化工作。文化市场活力迸发、结构优化，演出、艺术品市场总体保持稳中有升，文化娱乐行业和上网服务行业转型升级深入推进，网络文化市场快速发展，网络表演等新型业态迅速崛起。

艺术品市场稳中向好。2016 年，文化部修订出台《艺术品经营管理办法》，建立明示担保、尽职调查、信用监管等制度，促进公开透明交易，开展全领域内容监管。分析研判艺术品金融存在风险，会同相关职能部门召开艺术品金融风险防范工作座谈会、文化产权交易所管理工作座谈会。《艺术品经营管理办法》实施后，组织全国开展艺术品经营单位摸底工作：上海推动自贸区国际艺术品交易中心建设，湖南对文化艺术品交易场所违规经营进行专项整治，北京、四川、江苏等地在全国率先查办了一批艺术品违规经营案件。文化市场监测数据显示，全年艺术品上拍量 420657 件，成交量 186977 件，总成交额 524 亿元人民币，总体保持平稳态势。

演出市场平稳增长。一方面，从人才培养入手，继续推进音乐创意人才扶持项目。中国演出行业协会、文化娱乐行业协会在四川成都举办音乐产业发展论坛、青年音乐人才展演活动。浙江、安徽、河南等地加强演出市场培育，通过培训、展演、扶持等形式，推动民营文艺表演团体能力素质提升。另一方面，妥善处置演出市场不规范行为。密切关注演出市场动态，对内容导向存在问题的演出坚决叫停，对部分涉外演出团体来华演出中存在的虚假宣传、“缺斤少两”问题进行规范。北京、浙江、上海、河北、广东、重庆、陕西等地加强演出市场案件查办，有力地规范了涉外演出、票务网站经营秩序。文化市场监测数据显示，2016 年全年专业剧场演出总场次 8.79 万场，同比增长 24.52%；票房总收入 74.49 亿元，同比增长 5.39%。

上网服务行业转型升级效果显著。经过三年多的持续努力，转型升级在行业中深入人心，并取得显著成效，全国 80% 以上场所做到了敞亮整洁，大中城市 30% 以上场所实现了业态丰富、服务优良、环境优美的目标，行业整体形象和社会评价大为改观。一是抓薄弱环节，以农村、乡镇为重点，组织上网服务场所业主参加整建制培训，支持参与公共服务，加入农村电商，以点带面带动农村乡镇上网服务场所转型升级。二是抓分级评定，指导协会针对城市和农村乡镇上网场所的不同特点和实际情况，修订完善分级评定标准，设置差异化标准，开展第三批上网服务场所服务环境分级评定工作。三是抓能力建设，举办全国文化市场转型升级培训班，组织各省（区、市）和单列市文化厅（局）市场处负责人参加培训，促进各地交流互鉴、取长补短，加强工作能力建设。四是抓底线管理，开展城郊结合部、县城、乡镇上网服务营业场所整治工作，严把红线，踩线必惩，严禁接纳未成年人等违法行为。在暑假加大违规接纳未成年人行为整治力度，并报道整治工作情况，形成舆论氛围。五是抓典型宣传，在河南、江苏、湖北、广西、福建、辽宁等地密切关注并研究各地在转型升级工作中的有效做法，加强典型宣传和正面引导。2016 年，上网服务行业营业收入 740 亿元，同比增长 15.3%，共 15.2 万家，上网终端保有量 1406 万台，新增投资达 80 亿元，转型升级以来新增投资超过 280 亿元。

启动文化娱乐行业转型升级工作。印发《文化部关于推动文化娱乐行业转型升级的意见》，引导全国娱乐场所转型升级，使之成为场所阳光、内容健康、服务规范、业态丰富、受众多样、形象正面的现代文化消费场所。举办 2016 文化娱乐行业转型升级高峰论坛，号召协会、生产企业、场所积极参与转型升级工作。指导中国文化娱乐行业协会举办 2016 中国电子游戏超级联赛，带动场所环境的改善和设备的更新。支持地方推出一批文化娱乐行业转型升级典型经验。北京推出面向中老年人的“夕阳红”优惠卡，利用 KTV 经营白天空闲时段，以优惠的价格、良好的服务吸引中老年人进入 KTV 开展健康有益的文化消费；内蒙古、河北等地以娱乐场所为重点开展文化惠民活动，向中老年人提供白天时段的低价服务；湖南开展“阳光文化娱乐节”活动，丰富群众精神文化生活；宁波等地对娱乐场所提供的免费或低收费公共文化服务，纳入政府购买公共文化服务目录。2016 年，歌舞娱乐场所营业收入 1324.04 亿，场所共 53788 家，其中量贩式 KTV 共 39803 家，商务式 KTV 共 13985 家。游艺娱乐场所实现营业收入 696.4 亿元，场所共 28300 家，相关从业人员约 32.3 万人。家用游戏机销售收入 33.7 亿元，同比增长 56.7%。

网络文化市场在规范中良性发展。一是优化网络游戏审批服务，压缩审批、备案时间，开通国产移动游戏备案“绿色通道”，改进进口游戏审查和国产游戏备案工作流程，为企业提供便捷服务。2016 年审查进口网络游戏 138 款，同比增长 81.6%，通过绿色通道等共备案国产游戏 9046 款，较上年增长 7.5 倍。二是出台网络游戏运营规范，指导地方加强市场监管，强化网络游戏经营单位运营责任，积极保护用户权益。三是密切关注网络表演方面新情况、新问题，针对“直播”特点，对准“内容”核心，抓住“平台”责任，出台网络表演经营活动管理办法，避免系统性风险。严肃整治网络表演市场乱象，规范行业经营秩序。2016 年，网络游戏市场继续高速增长，全年营业收入达 1633.6 亿元，同比增长达 22.8%。网络音乐全年营业收入达 53.8 亿元，同比增长 60%，用户规模 5.42 亿。网络表演（直播）市场爆发式增长，营业收入 162 亿元，网络直播月度活跃用户规模达到 8654 万。

【加大文化市场执法力度，构建以信用为核心的事中事后监管体系，文化市场秩序不断规范】 坚持正确价值导向。加强文化活动导向管理，强化文化活动举办单位的主体责任，明确文化行政部门对营业性演出、娱乐场所经营活动、艺术品经营活动、互联网文化经营活动内容审核和导向管理。倡导游戏行业践行社会主义核心价值观，指导中国文化娱乐行业协会会同 22 家游戏领域代表性企业联合发出“树立正确价值导向，开发健康益智游戏”的共同倡议，引导广大游戏企业尊崇法律、履行责任，杜绝研发、生产、运营、传播含有法律法规禁止内容的游戏产品，自觉抵制低俗、庸俗、媚俗之风，弘扬社会主义核心价值观。

始终保持执法监管高压态势。以网络游戏、网络表演、营业性演出、艺术品等市场为重点，直接查处 8 批 139 件文化市场违法违规案件，督办部级挂牌要案 11 件，司级挂牌要案 152 件，全国共办结 4.7 万余件，依法查处文化市场违法违规经营行为。北京、江苏、河南、辽宁、上海、浙江、四川体现出较强的重大案件查办能力；江苏将文化市场暗访检查、执法培训、执法考评、案卷评查、先进评比等与执法办案挂钩，2016 年消除县域零办案现象；上海总队开展为期 8 个月的上网服务场所专项整治行动；北京总队查办网络违法案件 497

起,占总队案件数的54%,网络类案件数量首次超过实体类案件。

加强信用体系建设。2016年是文化市场信用监管体系建设的开局之年,以"三名单两机制"(红名单、黑名单、警示名单和守信激励、失信惩戒机制)为主要内容的文化市场信用体系框架设计基本成型。国务院印发《关于修改部分行政法规的决定》,定向修订《营业性演出管理条例》《娱乐场所管理条例》《互联网上网服务营业场所管理条例》,增加信用监管内容。文化部出台《文化市场黑名单管理办法(试行)》,在浙江、广西、湖北、重庆、湖南、河北、云南等9个省份试行文化市场黑名单管理,全年共发布网络表演、网络音乐、营业性演出等领域8批文化市场黑名单。文化部本级行政许可与处罚信息与国家发展改革委全国信用信息系统实现对接,与44个部门共同签署合作备忘录,实行联合惩戒激励机制。研究开展文化市场分级分类管理,推广河南、广东、浙江、山东、四川等地先进经验。

总结完善随机抽查工作规范。按照国务院统一部署,2016年文化部积极开展文化市场"双随机一公开"执法检查,制定文化市场随机抽查"1单2库1细则",梳理了5个市场门类37项随机抽查事项,精心设计抽查程序,建立了日常巡查与随机抽查有机结合的工作机制。开展网络游戏市场"双随机一公开"工作,抽查200家网络游戏运营单位,责令整改71家,行政处罚36家。天津、湖北、广西、福建、贵州等地积极探索开展了随机抽查工作。

围绕重大活动、重要时间节点和重点地区,对文化市场监管作专项部署。各地以高度的政治意识,积极保障政治、经济、外交及文化建设大局。春节期间,部署开展全国农村文化市场专项整治;浙江及周边毗邻地区充分发挥文化市场安全保障协作机制作用,为G20峰会营造良好环境;四川、西藏等牵头建立藏区执法协作机制;北京、天津、河北共同签署了《京津冀文化市场管理战略合作协议》,依托京津冀联防协作工程,建立区域联动、案件联查、三地联防、信息共享和人才培训五大机制;北京、天津、上海、重庆4个直辖市定期召开联席会议,加强交流协作。

部署安全生产工作。按照"管行业必须管安全"的要求,制定文化市场安全生产检查规范,明确文化部门具体检查事项与监管指引,加强文化市场安全生产监管工作。各地高度重视文化市场安全生产监管工作,北京专门推行了"党政同责、一岗双责、失职追责"的文化市场安全生产工作规定;黑龙江制定了安全生产检查流程图和4个门类158项的安全生产检查表;河南与公安部门联合开展了消防安全专项治理,共排查公共娱乐场所1.5万家,责令"三停"210家,行政拘留114人,拆除违建13161平方米。

总之,2016年文化市场工作特点是:行业管理和执法监管形成合力,传统行业和新兴领域融合发展,政策制定和督查落实同步推进,政府、协会和企业各就其位,共商共谋的工作局面初步形成。

文化产业

【概况】 2016年,文化产业工作全面贯彻落实党的十八大和十八届三中、四中、五中、六中全会精神,深入学习贯彻习近平总书记系列重要讲话精神,按照部党组的统一部署,在分管部领导的带领下,认真落实2016全国文化产业工作会议精神,各项工作取得新成效。文化产业政策法规体系不断完善,扩大文化消费试点工作稳步推进,文化文物单位文化创意产品开发试点有序开展，园区基地建设管理进一步规范，数字文化产业加快发展，财政、金融、投融资政策支持渠道不断拓展，数据统计工作显著加强，智库建设再上台阶，为“十三五”时期推动文化产业健康快速发展奠定坚实工作基础。

【完善文化产业政策法规体系】 联合中宣部、全国人大教科文卫委员会、国家新闻出版广电总局等部门深入开展调研论证、集中起草、征求意见和修改完善工作，形成《文化产业促进法草案（征求意见稿）》。进一步研究论证、修改完善文化部“十三五”时期文化产业发展规划。落实京津冀协同发展国家战略，研究编制京津冀文化产业协同发展规划纲要。按照国务院部署，牵头研究文化领域稳增长重大政策措施，推动文化文物单位文化创意产品开发、扩大文化消费试点、推动数字文化产业发展等政策措施纳入国务院稳增长整体工作安排。

【开展扩大文化消费试点工作】 完成中央全面深化改革领导小组 2016 年工作要点及中央文化体制改革和发展工作领导小组 2016 年文化体制改革重点任务。联合财政部印发《关于开展引导城乡居民扩大文化消费试点工作的通知》，公布第一批第一次 26 个国家文化消费试点城市名单。制订工作方案，明确时间表、路线图。召开促进文化消费工作会，布置试点工作具体任务。通过召开片区座谈会、开展中期考察指导、委托第三方评估、开展文化消费数据报送等工作，及时总结工作进展情况，发现和解决问题，指导和督促试点城市加快推进工作。

【推动文化文物单位文化创意产品开发工作】 牵头起草《关于推动文化文物单位文化创意产品开发若干意见》并由国务院办公厅转发，在体制机制和支持政策方面实现创新和突破。开展宣传解读、人才培训、督导落实，研究建立文化创意产品开发数据统计体系。开展相关政策落地情况调研，形成调研报告报送国务院。会同国家文物局启动文化文物单位文化创意产品开发试点工作，确定 154 家副省级以上博物馆、美术馆、图书馆进入试点范围。

【加快推动数字文化产业发展】 协调国家发展改革委将数字创意产业纳入《“十三五”国家战略性新兴产业发展规划》，首次在国家战略性新兴产业发展布局中体现文化产业，起草《推动数字文化产业创新发展的指导意见》。推进手机（移动终端）动漫标准国际化进程，广泛争取国际支持。召开扶持动漫产业发展部际联席会议办公室会议，开展动漫产业顶层设计文件起草和调研工作。研究起草《动漫游戏产业“一带一路”国际合作行动计划》。

【完善文化产业投融资体系】 起草《文化与金融合作示范区创建工作方案》，协调中国人民银行、财政部推进创建工作进程。配合财政部组织中央财政文化产业发展专项资金“文化金融扶持计划”“支持特色文化产业发展”“促进文化创意和设计服务与相关产业融合”等重大项目申报评审，共推荐 185 个项目获得 7.17 亿元资金扶持。推动将文化类项目纳入财政部 PPP 示范项目以奖代补和国家发改委基础设施建设 PPP 模式推广前期工作专项补助支持范围，共有 31 个文化类项目获得 1.62 亿元以奖代补资金扶持，拉动投资 358 亿元。推动将文化旅游基础设施作为投资方向纳入专项建设基金申报范围，指导各地文化部门组织做好项目申报工作，2016 年度文化类项目已获得专项建设基金支持超130亿元。

【加强国家级文化产业园区建设管理】 制订《关于进一步完善国家级文化产业示范园区创建工作方案》，启动国家级文化产业示范园区创建申报工作。开展文化产业园区摸底调查和清理检查工作，制订国家级文化产业园区基地综合评估工作方案。文化部、北京市共建的国家文化产业创新实验区建设取得阶段性成果，成立实验区建设工作协调小组，实验区内产业政策及平台服务实现创新。

【积极推进其他工作】 适应文化产业发展新形势，完成实施文化产业创业创意人才扶持计划，支持地方举办中小文化企业投融资路演活动。加强文化产业统计工作，与国家统计局建立部门间文化产业数据共享机制，开展两次文化产业数据调查工作。推进文化产业智库建设，成立文化部文化产业专家委员会。做好文化部参与主办的文化产业展会相关工作，不断提升专业化、市场化、国际化水平。做好文化产业公共服务平台运营维护和宣传推介工作，研究制定文化企业品牌建设行动计划。举办各类培训班，加强文化产业人才培养工作。

文化科教

【概况】 2016年，文化科教工作全面贯彻党的十八大和十八届三中、四中、五中、六中全会精神，深入学习贯彻习近平总书记系列重要讲话精神，特别是以习近平总书记在全国科技创新大会、哲学社会科学工作座谈会和文艺工作座谈会上的重要讲话精神为指导，大力推进文化科技创新，深化艺术理论研究，提高艺术教育质量，不断推动文化科教工作取得新进展新成效。

【推动文化与科技融合发展，加强顶层设计，充分发挥科技对文化建设的驱动、支撑和引领作用】 推动文化科技列入国家重点专项和重点领域。立足于我国文化科技融合发展需求，研究起草《文化部“十三五”时期文化科技创新规划（征求意见稿）》，明确提出“十三五”时期文化科技创新工作的基本思路、主要任务及重点工程和保障措施。拓宽工作渠道，努力完善文化科技工作基础保障。积极推进国家重点研发计划文化领域重点专项启动，由文化部参与组织凝练的“文化产业重点领域共性关键技术研发与创新服务示范”重点专项被列为国家重点专项启动序列，后整合为“现代服务业共性关键技术研发及应用示范”专项。经商请国家发展改革委，在国家企业技术中心认定领域和重点（2016—2018年）首次设列“演艺装备与服务领域”。

组织文化科技项目评审立项及验收工作，推动文化科技项目集中宣传报道。经申报受理、组织评审、公示立项等多环节，完成了《大数据条件下文化民意实时测报系统及其常态运行》等12个国家文化创新项目的评审立项工作。组织完成“十二五”国家科技支撑计划“演出效果呈现关键支撑技术研发与应用示范”等4个项目下设19个课题的技术及财务验收工作。完成了“公共电子阅览室的新形态实现研究”等42个国家文化科技提升计划项目、“丝绸织锦文化创意与工艺创新及示范推广”等39个国家文化创新工程项目、“土家族民间表演技艺数字化保护与三维虚拟再现”等27个文化部科技创新项目的验收工作。根据中央有关领导批示，新华社、《人民日报》、中央电视台等媒体对18个由文化科技司组织结项验收的文化科技项目进行了集中宣传报道，引起了广泛关注，取得了良好宣传效果和促进作用。

加强文化科技载体建设，推动文化大数据工作稳步向前。完成首批文化部重点实验室总结和评估工作，6 家实验室均通过专家评估。组织开展第二批文化部重点实验室认定评审工作，经过限额申报、会议评审及实地考核等环节，“书画保护文化部重点实验室”等 12 个文化部重点实验室已批准。积极动员文化部全国公共文化发展中心、国家图书馆、中国美术馆、文化部民族民间文艺发展中心、文化部信息中心、国家艺术基金管理中心、中国动漫集团有限公司等单位组织凝练了 3 个国家促进大数据发展重大工程，并向国家发展改革委申报。

深化文化标准化工作改革，推动文化系统剧场设备安全检测。完成文化行业强制性标准整合精简及推荐性标准集中复审工作。完成 2016 年度国家标准、文化行业标准制修订计划项目及文化行业标准化研究项目立项工作，共立项文化行业标准制修订计划项目 14 项，文化行业标准化研究项目 2 项。适应行业发展，对全国网络文化标准化技术委员会和全国文化娱乐场所标准化技术委员会秘书处承担单位进行调整。《文化馆服务标准》等 4 项国家标准获批发布。正式发布《流动图书车车载装置通用技术条件》等 5 项推荐性行业标准。协调开展对文化部直属院团剧场和第十一届中国艺术节使用剧场设备安全检测。

【加强文化艺术研究工作，突出应用对策研究，不断开创规划管理工作新局面】 2016 年，文化艺术研究工作实现以项目申报立项工作为基础、以“全国艺术科学规划项目申报管理系统”为核心的管理手段创新，各项工作取得新的成效。

发挥全国艺术科学规划项目引领作用，推动艺术科学繁荣发展。2016 年，全国艺术科学规划办组织评审立项了国家社科基金艺术学重大项目、国家社科基金艺术学年度项目（含重点项目、一般项目、青年项目、西部项目），组织评审推荐了国家社科基金后期资助（艺术学）项目、国家社科基金成果文库（艺术学）项目。

一是在国家社科基金艺术学重大项目评审方面，在全面征集建议选题和进行专家论证基础上，设立“习近平文艺工作座谈会讲话精神研究”“中华美学与艺术精神的理论与实践研究”“戏曲剧本创作现状、问题及对策研究”等 15 个重大招标选题。在申报期内，共受理 13 个省（区、市）43 个单位申报项目 56 项。经过资格审查、通讯评审、网上公示等严格的评审程序，10 个项目获得资助立项，每项资助研究经费为 70—80 万元。

二是在艺术学年度项目评审方面，2016 年，共受理全国 31 个省市 573 个单位申报的国家社科基金艺术学年度项目申报材料 2419 项。经过资格审查、匿名通讯评审、会议评审、网上公示等环节，“网络文艺发展研究”等 196 个项目获得资助立项。其中重点项目 5 项，一般项目 137 项，青年项目 36 项，西部项目 18 项。在文化部文化艺术科学研究项目评审方面，《中国古代艺术风格范畴整体研究》等 80 个项目获得资助立项。

三是在国家社科基金后期资助（艺术学）项目、成果文库（艺术学）申报评审方面，完成了国家社科基金后期资助（艺术学）项目评审工作，共受理申报 65 项，经过匿名通讯评审并报全国社科规划办审批，“清代朝廷书法研究”等 17 个项目获得资助立项。完成国家哲学社会科学成果文库（艺术学）评审工作，共受理申报 7 项，经过匿名通讯评审并报全国社科规划办审批，“中国古典艺术理论体系建构研究"获得资助立项。

四是组织5批全国艺术科学规划项目鉴定结项,"中国电影海外市场竞争策略可行性研究"等90余个项目通过专家鉴定,推出一批优秀成果。

创新全国艺术科学规划管理工作思路,推动项目研究成果转化应用。按照全国社科规划办的整体要求,结合艺术学的特点,在做好日常管理工作的基础上,注重创新工作方式方法,不断提升管理水平。

一是总结"十二五"艺术学研究状况,谋划"十三五"布局。为总结"十二五"时期艺术学研究状况,谋划"十三五"布局,委托中国艺术研究院牵头成立课题组,吸收院内外专家,研究撰写《全国艺术科学"十二五"研究状况及"十三五"发展趋势研究报告》。课题组经过细致地调查研究,梳理了过去5年艺术学发展沿革状况,成绩和不足,标志性成果和代表学者,展望了未来5年艺术学发展形势、重点研究领域和重点研究课题等,完成18万字的《研究报告》,为"十三五"时期开展全国艺术科学规划工作奠定基础。

二是启动文化智库体系建设工程,推动项目研究成果转化应用。贯彻落实中央关于建设中国特色新型智库战略决策,启动文化智库体系建设工程。先后开展了文化智库体系建设调研并完成《文化智库体系建设专题调研报告》《文化智库体系建设研究》2个调研报告。组织实施2016年度文化智库项目评审,探索从基层和行业智库抓起,逐步形成文化行业智库体系。《文化扶贫的贵州样本研究》等4个文化智库项目获得资助立项。组织吉林省艺术研究院、云南省民族艺术研究院参与国家艺术基金人才培养项目申报并获得资助立项。举办"全国艺术研究院所科研骨干培训班"。积极推动中国艺术研究院申报国家高端智库建设试点单位,着力培养高层次艺术理论人才队伍,为文化智库体系建设提供人才保障。

三是加强成果宣传。加大艺术科研项目和成果宣传推介力度,通过《成果要报》等途径,向全国社科规划办积极推荐艺术科研成果,4项国家社科基金艺术学重大项目阶段性成果在《中国社会科学报》国家社科基金专刊上刊发。编制《2013—2015年国家社科基金艺术学重大项目阶段性成果选编》。与《中国文化报》签订项目宣传协议,分别对2016年立项的10项国家社科基金艺术学重大项目开题情况进行专版宣传。与中国文化传媒网、《中国音乐学》杂志、《戏剧文学》杂志等媒体签署合作协议,给研究成果提供专业、高端的学术展示平台,更好地发挥其导向示范作用。

四是加强全国艺术科学规划制度建设。参加全国社科规划办2016年度项目评审会等相关会议,及时贯彻落实相关会议精神。加大对2015年修订出台的《全国艺术科学规划项目管理办法》的落实和培训工作,召开全国艺术科学规划中级管理单位培训会,细化国家社科基金艺术学项目申报、评审、年检、变更、鉴定结项等工作流程。宣传、落实2016年出台的《国家社会科学基金项目资金管理办法》,在中级管理单位、相关艺术科研单位等层面及时做好《管理办法》的解释工作,对立项项目按照新的管理办法做好经费预算审核工作。

创新管理手段,推动管理水平不断提升。不断完善"全国艺术科学规划项目申报管理系统",推动以"管理系统"为核心的管理手段的创新。以《国家社会科学基金项目资金管理办法》为依据,推动全国艺术科学规划项目经费管理制度改革。完善"全国艺术科学专家库"建设。强化项目跟踪检查。

【加强艺术教育工作，提高艺术人才与文化建设需求契合度】 *加强共建工作，推动地方共建院校全面发展。*2016 年共建工作成果丰硕，签署 3 个共建协议。2016 年 1 月浙江省人民政府与文化部、教育部印发《浙江省人民政府　文化部　教育部关于共建中国美术学院的意见》，进一步细化三部门共建中国美术学院的措施。江苏省人民政府和文化部 2014 年确定了共建南京艺术学院，经充分沟通，在共建框架协议基础上起草制定具体的共建协议，2016 年 2 月文化部和江苏省人民政府联合印发《江苏省人民政府　文化部关于共建南京艺术学院的意见》。浙江音乐学院自筹建以来，积极谋划共建工作，2016 年 3 月正式建校后，全面启动相关程序。浙江省人民政府和文化部对《浙江省人民政府　文化部关于共建浙江音乐学院的意见》达成一致意见的基础上，5 月 8 日文化部和浙江省人民政府领导签署了相关文件。至此文化部共建高校共有 13 所。

2016 年 11 月 25 日在北京召开了共建院校调研座谈会。文化部相关业务司局及来自全国 13 所共建院校的院校长参加了会议。与会代表从现状、问题、建议等多个角度对共建工作建言献策。

*加强戏曲人才培养，推动艺术教育重点活动有序进行。*文化科技司于 2016 年 9 月在北京召开加强地方戏人才培养工作会议。文化科技司和艺术司、北京市文化局负责人，以及来自全国 14 所艺术院校的代表、9 所基层戏曲院团代表及 3 位相关专家参加会议。与会者就戏曲人才培养经验和存在问题进行了深入交流，提出了解决思路和建议。本次会议首次就戏曲人才培养问题同时邀请院校与院团代表参与，旨在强调院校与院团在戏曲人才培养上的“双主体”作用，共商人才培养大计。会议在科学分析戏曲人才培养存在的问题及原因基础上，提出了“供需结合、校团结合、学用结合”的人才培养模式。根据会议精神，起草了《关于新形势下加强戏曲教育工作的意见》，进一步夯实戏曲艺术传承发展基础，为振兴戏曲艺术提供人才支撑。

*开展艺术职业教育课题和专项工作，推动创新发展。*围绕艺术教育为文化建设提供人才支撑，从理论上研究和破解新形势下艺术教育存在的问题，探索中国特色艺术教育发展之路。开展全国职业院校民族文化传承与创新示范专业点调研、文化艺术类专业人才培养情况调研、地方戏人才培养调研。开展《“一带一路”倡议背景下我国艺术职业教育国际化发展研究》项目，围绕“一带一路”倡议背景下我国艺术职业教育国际化发展、国际文化交流和学术对话、艺术人才培养等内容开展研究，为我国艺术职业教育融入“一带一路”文化建设，为政府决策提供咨询意见。

2016 年启动《高等职业教育创新发展行动计划（2015—2018）》5 个项目：浙江艺术职业学院牵头的“修（制）订一批高等职业学校艺术类专业教学标准和实验实训装备技术标准”、北京戏曲艺术职业学院牵头的“高等艺术职业院校骨干专业建设”、河北艺术职业学院牵头的“艺术职业教育‘双师型’教师培养培训基地建设”、福建艺术职业学院牵头的“艺术职业教育生产性实训基地建设”和湖北艺术职业学院牵头的“示范性艺术职业教育集团建设方案与管理办法”。另外，还启动了《中等职业学校专业目录（文化艺术类）》修订任务，武汉市艺术学校牵头起草并上报了《文化艺术类中等职业学校专业设置优化调整建议报告》。

为推动艺术职业教育教学改革与创新，举办全国艺术职业院校文化与专业课堂教学观摩研讨活动。180 多位来自全国艺术职业院校的领导和教师汇聚承办单位——深圳艺术学校,听课评课,交流研讨,观摩了来自北京、山东、沈阳、杭州和深圳艺校青年文化课教师的公开课和来自荷兰、德国外聘专家和但昭义教授等名师的专业公开课。

深化产教融合,举办“政府搭建平台　校企合作共赢”产教融合校企合作平台建设交流会及“产教融合　校企合作”专题研讨会。

积极推动艺术职业教育开展对外文化交流与对话,举办“交流与共享——中国—东盟文化艺术教育合作与发展”第11届中国—东盟艺术院校校长圆桌会议,通过探讨交流,达成《“中国—东盟艺术院校校长圆桌会”会议纪要》,为中国—东盟艺术教育合作与发展奠定了良好基础。

举办“弘扬工匠精神与艺术职业教育”专题院校长研修班。2016年7月中旬,来自全国61所艺术职业院校的党委书记和院校长共计80名学员参加了培训研修。

为提升全国艺术职业院校专业建设的能力和水平,以贯彻实施《中等职业学校专业教学标准(文化艺术类)》为抓手,举办2016年全国艺术职业教育师资培训班。2016年11月下旬,培训分两期在北京举行。来自全国各地近70所艺术职业院校的院校长、教学管理部门和专业系(科)主任共260多人参加了培训。

搭建展示交流平台,推出优秀青少年专业人才。第11届全国“桃李杯”舞蹈教育教学成果展示活动由文化部主办,山东省教育厅、山东省文化厅、山东艺术学院承办。本届“桃李杯”是由比赛转型为展示活动后的首次举办,共计收到来自120多所院校的446个剧目报名,参与面覆盖了我国29个省、自治区、直辖市以及香港、澳门和台湾,还有来自美国、加拿大和新加坡的多所院校。经过专家组遴选,共有来自46个院校的110个剧目入围现场展演。2016年8月14日—19日在山东济南举办了10场展示活动,4场教学研讨会。本届“桃李杯”展示活动特色鲜明,形式多样,内容丰富,实现了成功转型,取得了良好效果。

全国职业院校技能大赛是我国目前专业覆盖面最广、参赛选手最多、社会影响最大的国家级职业院校技能赛事。2016年全国职业院校技能大赛艺术专业技能赛项由教育部、文化部等36个国家部委和行业组织共同主办,教育部职业教育与成人教育司、文化部文化科技司、北京市教委、北京市文化局承办,全国文化艺术职业教育教学指导委员会、北京戏曲艺术职业学院、中国戏曲学院附中协办。2016年5月13—19日在北京举办了戏曲表演(中职)和声乐表演(高职)两个赛项。比赛以省、自治区、直辖市、计划单列市为单位组队参加,共有27支参赛队的170余名选手报名,覆盖了全国大部分地区。比赛共计评出一等奖18人,二等奖34人,三等奖50人,优秀指导教师18人。

由教育部、文化部、国家民委和天津市政府共同主办,文化艺术行业指导委员会和天津艺术职业学院承办的2016年全国职业院校技能大赛“中华优秀传统文化艺术表演赛”,作为2016年全国职业院校技能大赛开幕式一项重要同期活动,于2016年5月7日晚在天津大礼堂进行专场呈现,共有来自全国14所院校的400余名选手参加,评出18个优秀表演奖。表演赛充分展示了艺术职业教育的最新成果,基本代表了我国艺术职业教育的最高水平,为引领和推进艺术职业院校教学改革和发展,为选拔和推出优秀表演人才起到了积极作用。

对外和对港澳台文化交流

【概况】 2016年，文化部全面贯彻党的十八大和十八届三中、四中、五中、六中全会精神，深入贯彻习近平总书记系列重要讲话精神，紧密团结在以习近平同志为核心的党中央周围，紧紧围绕党中央、国务院的大政方针和战略部署，按照“政府统筹、社会参与、官民并举、市场运作”的总方针，以提高国家文化软实力为主要目标，全面推动中华文化走出去，大力推进“一带一路”文化交流与合作，有效服务于中国特色大国外交和文化强国建设，在“十三五”规划开局之年圆满完成了各项预设目标，迈出了坚实第一步。

【紧紧围绕元首首脑外交】 文化交流服务元首首脑外交的形式日益多元。

高质量的演出、展览向各国政商界高层有效展现中华文化精粹。1月，习近平主席与埃及总统塞西共同出席“2016中埃文化年”开幕式，开幕式文艺演出在埃及著名历史文化遗迹卢克索神庙呈现中埃两大古老文明的交相辉映。9月，配合国家重大主场外交，协助完成G20杭州峰会文艺演出任务。11月，习近平主席出席“中拉文化交流年”闭幕式。中拉文化交流年是我国同拉美地区举办的最大规模的年度文化交流活动，覆盖约30个拉美和加勒比国家，直接受众近千万人。为秘鲁总统、白俄罗斯总统、乌拉圭总统等国家元首访华举办的高水平文艺演出为元首外交增添了一抹文化亮色。中拉文化交流年哈瓦那之夜专场晚会成为李克强总理访问古巴期间的中古文化交流盛事。

联合文物保护与修复等对外文化援助新手段进入元首外交视野。乌兹别克斯坦希瓦古城修复工作是我国在中亚国家进行的第一个文物修复外援工程，在乌参加上合组织元首峰会的习近平主席接见了中国文物修复、考古专家组。

在紧紧围绕元首首脑外交开展工作的同时，对外文化工作还紧紧围绕中外高级别人文交流机制进行设计谋划，积极推进“机制”持续深入发展。由刘延东副总理牵头推动的中俄、中美、中英、中欧、中法、中印尼、中南非等七大高级别人文交流机制在2016年均取得了丰硕成果，文化交流在其中发挥了积极作用，进一步夯实了中外交流合作的民意基础，为中国特色大国外交的推进做出了重要贡献。

【紧紧围绕“一带一路”倡议】 按照习近平总书记关于“切实推进民心相通，弘扬丝路精神，推进文明交流互鉴，重视人文合作”的重要讲话精神，全面深入推进“一带一路”文化交流与合作，既看眼前，又重长远，基本建立了“一带一路”文化交流与合作的大框架。

发展路线图全面绘就。围绕贯彻落实《丝绸之路经济带和21世纪海上丝绸之路建设战略规划》，制定了《文化部“一带一路”文化发展行动计划（2016—2020年）》。该计划已经“推进‘一带一路’工作领导小组”审议通过，为“一带一路”文化交流与合作的深入开展绘制了路线图。同时，文化部“一带一路”工作领导小组成立，将有效统筹全国开展“一带一路”文化交流与合作，为工作开展提供了坚强组织保障。

国际合作机制化水平不断提升。23国文化部长或代表受邀出席丝绸之路文化部长圆桌会议并通过了《敦煌宣言》，在坚持文化多样性、平等性、包容性，保护传承各国历史文化遗产，加强文化对话与合作，促进文化贸易与文化产业合作等方面达成了共识，标志着

“一带一路”文化交流与合作机制化建设迈上了新台阶。同时，“丝绸之路国际剧院联盟”和“丝绸之路国际艺术节联盟”逐步建立完善。目前，“丝绸之路国际剧院联盟”已包含30余家国外主流剧院、文化机构、知名演出团体，以及国内近30家主流剧院和演艺机构。“丝绸之路国际艺术节联盟”包括上海国际艺术节、匈牙利布达佩斯之春艺术节、以色列艺术节、捷克布拉格艺术节、印度新德里之春艺术节等沿线16个国家的20个艺术节。

文化活动品牌效应日益增强。“丝绸之路文化之旅”、中埃文化年“丝路新韵”展演活动、首届丝绸之路（敦煌）国际文化博览会、第三届丝绸之路国际艺术节等具有国际影响力的活动相继成功举办。2016年春节期间，在“一带一路”沿线37个国家70多个城市举办各类文化活动近300场，成为沿线各国主流社会的中国文化盛宴。

文化遗产领域合作全面推进。继2014年中国、哈萨克斯坦、吉尔吉斯斯坦三国联合申报的“丝绸之路：长安—天山廊道的路网”申遗成功之后，又与沙特、摩洛哥等国进行协商，积极推动“海上丝绸之路”申遗。分别与塔吉克斯坦、印度、孟加拉国等国家合作开展古代丝绸之路遗址的考古发掘。同时，通过举办阿拉伯国家文博专家研修班，有效凝聚沿线国家文博领域人才，为今后合作积累了人脉。

【紧紧围绕全面深化改革】 “制定关于加强部省合作共建海外中国文化中心的意见”是列入中央全面深化改革领导小组2016年工作要点的重要任务。

在丰富实践的基础上，《关于部省共建海外中国文化中心的意见》正式出台，为多模式多渠道加速中国文化中心建设提供了制度保障。中共六大会址常设展览馆的建成运营是2016年中心建设工作中一件极具历史意义的事件。修复中共六大会址是中俄两国元首达成的重要共识。各方通力配合，高质量按期完成了修复工作。7月4日，展览馆如期建成并对外开放。两国国家元首就展览馆建成致贺辞。展览馆自开馆以来积极开展对俄人文交流活动，第一季度接待观众3500人次，社会影响不断扩大。此外，瑞典斯德哥尔摩中心、希腊雅典中心、柬埔寨金边中心、荷兰海牙中心、白俄罗斯明斯克中心启用或揭牌，全球中国文化中心总数达到30个。中央领导同志2016年共9次为文化中心奠基、揭牌或见证有关设立文化中心的政府文件签署。2016年6月，贝尔格莱德中国文化中心奠基；9月，金边中国文化中心揭牌。此外，制定了中国文化中心绩效评估指标体系，对部省合作机制进行5年实施效果总结，并持续推进中心总部建设。利用中国文化中心平台，组织中国儿童艺术剧院等直属艺术院团“走出去”，加大对我国优秀文化艺术机构和艺术家的展示力度。加强中国文化中心项目资源库和数字图书馆建设，业务支撑保障体系逐步完善。

按照《2016年文化系统体制改革工作要点》的部署，大力推动“欢乐春节”提质增效。2016年，“欢乐春节”在全球140个国家的470座城市举办了2100多项活动，品牌化、本土化、市场化水平不断提升，逐步成为在各国主流社会具有广泛影响的中国文化品牌。各类文化年节各具特色。2016俄罗斯“中国文化节”延伸至俄罗斯欧洲部分、伏尔加河流域、远东及西伯利亚地区、克里米亚地区，实现了地域的全覆盖。中卡（卡塔尔）文化年将文化活动与足球赛事结合，实现文化与体育交流的互相支撑，有效扩大了活动影响。第七届尼泊尔“中国节”成功举办，在援助尼泊尔进行震后文物修复的同时，进一步密切了中尼文化关系。举办“两个伟大文明的对话”专场文艺演出，与希腊文化和体育部合作举办“中欧文明对话会”。

在圆满完成各项改革任务的同时，注重推进顶层设计，做好中长期改革发展的规划。完成了《文化部“十三五”时期对外和对港澳台文化工作规划》的制定工作，为未来5年全国对外和对港澳台文化工作的创新发展设定了目标，规划了路径。

【紧紧围绕讲好中国故事】 思想领域交流对话促进中国价值和中国智慧的全球传播。在短短4年间，汉学家翻译家工作从无到有，实现了跨越式发展，其国际影响力与日俱增。2016“汉学与当代中国”座谈会邀请到全球26个国家具有国际影响力的31位汉学家、中国问题研究专家齐聚北京，聚焦“一带一路”建设，搭建起中外高端思想交流的“朋友圈”。区域性的中外高端思想对话机制逐步成型。与美国布鲁金斯学会等知名智库的合作搭建了中美高端思想交流的桥梁。支持驻南非、尼日利亚、坦桑尼亚使馆与当地机构合作，开展“中国文化沙龙”等类型的思想对话活动。“青年汉学家研修计划”扩容增效，3期研修班分别于7月和9月在北京、上海和西安举办，共有来自世界各国的89名青年汉学家和智库学者来华研修，参加人数达历年之最。“中外影视译制合作高级研修班”“中外文学出版翻译研修班”先后成功举办，通过“中国文化译研网”联络中外汉学家、翻译家支持中国优秀作品对外翻译和推广工作成效显著，一支乐于并善于“讲好中国故事、传播好中国声音”的中外译者“先锋队”逐步成型。

通过线下线上多种手段生动讲述中国故事。在20个国家举办“中华文化讲堂”，开展了40余场形式各异的中华文化宣介展示活动，以文化方式讲好中国故事，受到各国民众热烈欢迎。在全球150多个国家和地区同期举办“中国故事”和“一带一路”主题图片展，形成规模传播效应。中国文化网统一域名、中英文双语推出，加强与新媒体的衔接，用户遍布五大洲100多个国家和地区，全年点击量超7.1亿。

借助世界文化名人讲好中国文化巨匠故事。“纪念汤显祖和莎士比亚逝世400周年”主题活动在全球开展，成为首次在国家层面开展的国内国外同步推进的主题性文化活动。31家海外中国文化中心开展了150余项相关活动，中英高级别人文交流机制等平台也成为推进主题活动的重要舞台。

【紧紧围绕提高文化开放水平】 在国内举办的国际文化活动成为引进各国优秀文化成果、促进中外文化合作的重要平台。首届“中国—中东欧国家艺术合作论坛”在北京成功举办，近300家中外机构参与；利用第七轮中美人文交流高层磋商的平台，组织故宫博物院、北京电影学院等十余家文化机构与美方召开文化领域对口磋商。上述对话活动的成功举办为今后中外全方位深层次的文化合作构筑了桥梁。同时，对非文化人力资源培训“千人计划”开局良好，178名非洲文化人士来华参训。对发展中国家的文化人力资源培训规模逐年扩大，为未来的文化合作夯实了人脉基础。中国—中东欧国家舞蹈夏令营以“民间采风”和“田野考察”为基础，向中东欧艺术家展现中华文化的多元一体，促进其将中国元素融入舞蹈创作。此外，上海国际艺术节、“相约北京”等品牌活动经过多年发展，已成为国内民众欣赏国外艺术精粹的年度文化盛宴。“文化睦邻工程”正式启动，成为统筹对外文化交流和国内文化建设资源的有效途径。

与联合国教科文组织等国际文化组织的合作不断深化。积极履行国际公约责任，完成7个列入急需保护名录项目履约报告并向教科文组织提交；建立专项工作机制，撰写《保护非物质文化遗产公约》政府履约报告和《文化多样性公约》政府履约报告。11月30日，联合国教科文组织保护非物质文化遗产政府间委员会第十一届常会正式通过决议，将中国申报的“二十四节气——中国人通过观察太阳周年运动而形成的时间知识体系及其实践”列入联合国教科文组织人类非物质文化遗产代表作名录。

文化合作机制的长效发展成为文化开放水平不断提高的重要保障。参加上海合作组织成员国文化部长第13次会晤，全面推进上合组织成员国间的文化交流与合作。共同签署《中华人民共和国与意大利共和国文化合作机制章程》，中意文化合作机制是首个由文化部牵头的我国与西欧国家政府间的文化合作机制，为中欧文化合作开创了新的平台。中沙（特）高级别联合委员会文化分委会第一次会议、中法高级别人文交流机制第三次会议、中印尼副总理级人文交流机制第二次会议、第七届亚欧会议文化部长会议相继成功举办。“东亚文化之都”机制建设不断完善，加强了我国与日韩之间的交流合作，成为公共文化服务、非物质文化遗产保护、文物保护等国内文化建设向外延伸的重要平台。

【紧紧围绕国际文化产业合作】 一系列推动文化贸易发展的基础性工作有条不紊展开。联合商务部等印发《开拓海外文化市场行动计划（2016—2020年）》。开展“国家艺术院团海外商演计划”，推动直属文化企业探索走出去有效模式。扶持民营文化企业开展海外投资推介，支持逾百家文化机构和企业参加美国演艺出品人年会、美国国际授权展等国际性展会。建立文化贸易信息服务体系，汇总发布海外文化市场动态信息。积极配合商务部等做好中美投资协定谈判等工作。举办“中国文化产品营销年会”系列论坛，把脉国际最新行业趋势。

推动文化装备走出去成为国际产能和装备制造合作的新增长点。“美洲国家文化装备采购商团来华项目”邀请墨西哥等国的演出制作、设备租赁、大型剧场等领域的采购商参观了北京、上海、广州、深圳等文化设备生产厂商并进行洽谈，以请进来的方式推动文化装备走出去。同时，大力引入国际顶尖展会，为文化装备企业走出去搭建平台。国家对外文化贸易基地（上海）所辖上海国际高科技文化装备产业基地与美国广播电视协会正式签署合作协议，将全球规模最大、影响最广的电子媒体界高端专业展会——美国广播电视设备展引入上海自贸区。

【紧紧围绕对港澳台工作大政方针】 围绕中央对港澳台工作精神，明确发力方向。根据中央有关会议的要求和港澳台形势的变化，召开对港澳台文化工作会议，统一思路，明确方向。推动对台文化工作向宏观管理转变，与国务院台办联合下发《对台湾地区文化交流归口管理办法（修订版）》。落实内地与港澳年度文化交流合作执行计划，完善对港澳文化交流重点项目扶持机制和品牌项目申报承办机制。

在国际文化舞台突出一国理念。推动两岸携手弘扬中华文化，赴海外中国文化中心办展。将港澳纳入国家对外文化工作框架，支持其参与国家“一带一路”文化建设，邀请港澳作为中国政府文化代表团成员出席“10+1”“10+3”文化部长会议，参加丝绸之路（敦煌）国家文化博览会等活动。开启两岸文化交流新模式，促成流落海外的北齐佛首造像经由台湾回归祖国大陆。

有效增进青少年群体文化认同。对台青

少年工作品牌化、机制化发展，持续培训台湾青少年传统人才并不断拓展涵盖领域，首创两岸原创戏剧扶青计划，成功举办“情系青春——两岸青年八闽行”活动，注重活动体验性，以期产生“以点带面”的辐射效应。举办“港澳大学生内地文化实践活动”“港澳视觉艺术双年展”等示范项目，助推港澳青年艺术人才成长发展，增强港澳青少年国家意识。

文化体制改革

【概况】 2016 年是“十三五”时期文化改革发展的开局之年，文化体制改革开始进入文件密集出台、工作任务加紧实施的高峰期，文化系统按期完成了中央全面深化改革领导小组、中央文化体制改革和发展工作领导小组确定的年度改革任务并制定出台了相关文件，基本确立了具有四梁八柱性质的改革主体框架，基本形成了抓督察促落实的改革工作格局，整体呈现出精准发力、持续推进的良好态势。

【着力完善文化宏观管理体制】 全面推进“十三五”规划编制工作。配合做好《中华人民共和国国民经济和社会发展第十三个五年规划纲要》和《国家“十三五”时期文化发展改革规划纲要》的编制、颁布和实施。加快推进《文化部“十三五”时期文化发展改革规划》编制，坚持开门编规划，通过文化部“十三五”规划专家委员会开展咨询论证，积极开展“十三五”规划相关宣传，组织举办文化系统“十三五”规划培训班，研究制定文化部规划分工实施方案。制定《文化部规划管理暂行办法》，从规划的立项和起草、衔接和论证、报批和发布、实施和监督等方面健全规划工作机制和工作体系，进一步推进规划工作的科学化、规范化、制度化。统筹推动艺术创作、公共文化服务、文化产业、国家艺术基金等相关领域专项规划和各地“十三五”规划的编制工作。

系统开展改革落实盘点和改革督察。按照中央有关部署，系统梳理了文化艺术领域具有引领性、标志性、支柱性的重要基础性制度，清理规范了十八届三中全会以来的改革试点工作，盘点评估了全面深化改革以来文化系统重要改革举措出台和落实情况。将狠抓督察落实贯穿全年改革工作始终，研究订订了《文化部关于开展已出台改革举措落实情况督察工作的方案》，集中开展了一轮重要改革举措督察行动，推动重点改革任务形成了系列实践成果和制度成果。比如，立足中央有关要求，文化部建立了全国乡镇综合站服务效能抽查工作机制，自 2016 年 8 月起以每月一批的频次，随机抽查东、中西部各 1 个省（区、市）的 1 个县 2 个乡镇。

持续深化国有文化单位管理制度改革。规范文化部直属事业单位管理，修订 12 家单位“三定方案”，养老保险制度改革积极推进，绩效工资分配机制不断完善。推动文化部直属企业继续深入贯彻落实《文化部直属企业管理暂行办法》，进一步规范企业管理，建立有文化特色的现代企业制度，针对存在的有关问题研究提出解决对策并加紧整改落实。按照中央文化体制改革和发展工作领导小组要求，督察和评估文化系统文化经济政策落实和完善情况，并配合制定《关于深化国有文化企业分类改革的意见》《国有文化企业进一步健全法人治理结构的若干规定（试行）》等文件。配合开展国有文艺院团改革调研座谈，研究探讨国有文艺院团改革的重点难点和工作方向。

【深入推进文化系统相关领域重点改革任务】 研究制定国有演艺企业社会效益评价考核试

点工作文件。根据中央全面深化改革领导小组有关部署，在中央文化体制改革和发展工作领导小组办公室的具体统筹下，文化部研究制定了国有演艺企业社会效益评价考核试点相关文件，按照细化量化社会效益考核的要求，设置百分制评价考核指标体系，明确要求社会效益在绩效考核中占比权重不低于50%，并细化了评价考核流程和结果应用。2016年12月，国有演艺企业社会效益评价考核试点相关文件以中央文化体制改革和发展工作领导小组文件名义印发，计划在有关地区开展试点工作，为后续修订完善相关文件、推动开展相关工作奠定坚实基础。

健全和完善艺术评价机制。按照《关于全国性文艺评奖制度改革的意见》和《全国性文艺评奖改革方案》等有关文件精神及中央有关部署，深入推进文艺评奖改革，修订文华奖评奖办法，在第十五届文华奖评奖工作中严格评奖标准，注重艺术本体，规范评奖程序，完善工作机制，评选出了10部文华大奖作品和10位文华表演奖艺术家，进一步提高了奖项含金量和公信力。实施艺术评论体系构建和引导计划，加强文艺评论阵地建设、人才培养、实践开展、成果推广，开设若干文艺评论专栏，并在展演活动中开展主题性研讨和“一人一评”“一场一评”。

积极促进乡村、社区公共文化服务设施的资源整合和互联互通。以县级文化馆、图书馆为中心推进总分馆制，在相关研究工作基础上开展总分馆制建设实地调研，广泛听取相关部门和专家学者的意见建议，牵头起草《关于推进县级文化馆、图书馆总分馆制建设的指导意见》，于2016年12月以文化部、新闻出版广电总局、体育总局、国家发展改革委和财政部名义联合印发。持续推进基层综合性文化服务中心建设，配合实施“贫困地区百县万村综合文化服务中心示范工程”，截至2016年底，共有28个省（区、市）出台了本地落实《关于推进基层综合性文化服务中心建设的指导意见》的实施意见或实施方案，基层综合性文化服务中心建设国家级试点通过验收，形成了浙江文化礼堂、安徽农民文化乐园、江苏镇江“1+X”中心等一批可复制、可推广的典型。

扎实推进公共文化机构法人治理结构建设。指导公共图书馆、博物馆、文化馆、美术馆等公共文化机构建立法人治理结构并提升运行效率，推动10个公共文化机构法人治理结构建设国家级试点单位分别成立了理事会并开始运行，涌现出了以山东济南群众艺术馆等为代表的议事决策型理事会、以深圳福田区图书馆为代表的决策和监督功能合一的理事会、以温州图书馆为代表的社会型理事会等建设模式，并形成了一批制度成果，《文化馆管理办法》《各级公共图书馆业务规范》《各级文化馆业务规范》已修订完成，《文化馆章程范本》《公共图书馆章程范本》已提交中央编办，南京图书馆、济南市群众艺术馆等单位制定了《南京图书馆章程》《济南市群众艺术馆章程》等制度。

进一步深化文化市场综合执法改革。2016年3月，文化部会同有关部门起草的《关于进一步深化文化市场综合执法改革的意见》由中共中央办公厅、国务院办公厅正式印发。文化部及时举办相关培训班，印发贯彻落实《关于进一步深化文化市场综合执法改革的意见》的通知，制定和修订了7个综合执法标准规范，并推动《贯彻落实〈关于进一步深化文化市场综合执法改革的意见〉分工方案》以中央文化体制改革和发展工作领导小组文件名义印发。文化部牵头建立由10个部门组成的全国文化市场管理工作联席会议，于2016年8月召开第一次全体会议，审议通过了《联席会议工作规则》及《落实〈关于进一步深化文化市场综合执法改革的意见〉落实情况督查方案》。联席会议派出督查组，赴有关省（区、市）开展调研督查，督促指导各省（区、市）党委、政府在省级层面普遍调整完善了由省（区、市）党委常委、宣传部长任组长的文化市场管理工作领导小组，出台相应的贯彻落实实施意见，部分地级市也陆续印发了本地的实施方案。

扩大和引导文化消费。为贯彻落实中央有关要求，实施促进文化消费计划，文化部联合财政部于 2016 年 4 月印发《关于开展引导城乡居民扩大文化消费试点工作的通知》，部署开展为期两年的扩大文化消费试点工作。文化部在各地申报的基础上，根据文化部文化产业专家委员会评审意见，协商财政部确定并公布第一批第一次 26 个国家文化消费试点城市名单，并制定文化消费数据报送指标及采集方案、试点工作中期考察指导工作方案、第三方评估工作方案，召开试点城市片区座谈会，指导和督促试点城市因地施策，加快推进试点工作。依托文化消费服务平台、文化消费信息数据库平台，文化部还积极做好文化消费数据的汇总监测和分析应用工作。

有序推动文化文物单位开发文化创意产品。2016 年 5 月，国务院办公厅转发文化部、国家发展改革委、财政部、国家文物局等部门《关于推动文化文物单位文化创意产品开发的若干意见》。文化部办公厅、国家文物局办公室及时出台《关于印发〈关于推动文化文物单位文化创意产品开发的若干意见〉重点任务落实方案的通知》，明确任务分工并积极推进落实。文化部、国家文物局启动文化文物单位文化创意产品开发试点工作，从副省级以上博物馆、美术馆、图书馆中确定、备案了一批试点单位，指导其在开发模式、收入分配和激励机制等方面进行探索，在相关体制机制和支持政策方面实现创新和突破。故宫博物院、国家图书馆、国家博物馆等国家级文化机构充分发挥引领示范作用，带动各试点文化文物单位加大文化资源发掘利用和文创产品开发力度，依托特色资源和文化要素加强自主研发，培育出一批知名品牌。

全面加强部省合作共建海外中国文化中心。按照中央有关要求，研究制定关于加强部省合作共建海外中国文化中心的相关文件，经广泛征求意见，于 2016 年 10 月以文化部名义正式印发。文化部注重加强与地方政府合作，积极推进部省合作共建相关工作，已与多个省市签署了相关合作共建协议，并与其他有关省市积极商谈合作共建海外中国文化中心相关事宜。

文化人才队伍建设

【概况】 2016 年，文化部深入贯彻党的十八大和十八届三中、四中、五中、六中全会精神，深入贯彻习近平总书记系列重要讲话精神，积极实施“人才兴文”战略，精心谋划人才工作思路，推进重点工作落实。以转变职能为契机，切实推进各项人才工程项目，统筹推动各类文化人才队伍建设工作。

【积极探索，贯彻人才发展体制机制改革】

积极推进人才管理体制改革。推进政府职能转变。提升机构编制管理科学化、规范化水平，有计划、分步骤修订完善直属事业单位“三定”方案，推动机构编制实名制管理，理顺职责关系，推进简政放权和政府职能转变。培育人才中介服务机构。结合文化部权力和责任清单编制工作，梳理人才管理服务权责事项，梳理文化人才培养、评价、流动中的业务事项，明确由文化部文化艺术人才中心承担的职能事项，进一步规范和推进人才评价社会化。

*健全完善人才选拔使用机制。*加强干部队伍建设。突出制度建设，完善工作程序，不断提高干部管理水平。出台相关制度规定，进一步严格选拔任用工作程序，不断提高选拔任用规范化、科学化水平。积极做好干部挂职锻炼工作，加强与西部地区、老工业基地和革命老区干部交流，提升干部的综合能力。通过调整和优化领导班子和干部队伍，以考录、公开遴选等方式招录机关青年公务员，从全国范围内选拔优秀外语和会计人才等措施，进一步完善领导干部队伍、机关公务员队伍和驻外干部队伍结构。文化部人事司成立了监督处，负责对文化部系统领导班子、领导干部和干部选拔任用的监督工作。通过开展抽查个人有关事项报告、干部档案专项审核、平时考核、培训登记管理等工作，不断加大对领导干部的监督管理力度。推进人事制度改革。以《事业单位人事管理条例》为依据，在公开招聘、中层干部任免、退休、干部违法违纪处分等方面规范管理，坚持事前审批、事中跟踪、事后备案、全程监管，全面加强文化部直属单位干部队伍建设，进一步促进人事管理的科学化、法制化、精细化。同时，开展机关事业单位养老保险数据采集工作，夯实养老保险基础数据，积极稳妥推进机关事业单位养老保险改革工作。

*强化创新人才激励保障机制。*调整收入分配秩序。完善事业单位工资管理，落实基本工资标准正常调整机制，形成事业单位工作人员收入合理预期，发挥绩效工资的激励约束作用。推进文化部直属企业负责人薪酬制度改革，将企业负责人考核与薪酬紧密挂钩，初步形成薪酬水平适当、结构合理、管理规范、监督有效的收入分配新格局。积极为人才排忧解难。继续为文化部机关及各直属单位职工办理解决夫妻两地分居手续，解决干部后顾之忧。

*探索改进人才评价机制。*探索职称评审方式。充分发挥用人主体在人才培养使用中的主导作用，在2016年文化部职称评审中，探索尝试不再核定单位职称职数，同时进一步下放文物博物、群众文化等专业的职称评审权限。清理整顿职业资格。贯彻国务院清理规范各类职业资格的精神，根据人力资源和社会保障部要求，最终取消电影电视演员、书法师、图书资料业务人员等3项技能人员职业资格，并做好取消后续工作。同时，向人力资源社会保障部建议，保留演出经纪人员职业资格。

【多措并举，统筹推进各类人才队伍建设】
*着力培养选拔高层次人才。*一是引进海外高层次文化人才。开展国家“千人计划”文化艺术人才项目申报推荐工作。按照中央组织部的统一部署，2016年国家“千人计划”文化艺术人才项目确定了12人入选，其中长期项目7人，短期项目5人。实施文化部海外高层次文化人才引进计划。2016年7名引进人选中，4人获得每人一次性专项补助10万元，3人获得每人一次性专项补助5万元。

二是开展国内各类高层次人才推荐选拔。开展文化部优秀专家选拔表彰工作。为彰显优秀文化人才的先进事迹和突出成就，充分调动广大文化工作者的积极性、主动性、创造性，在全国文化领域开展文化部优秀专家选拔工作，117人获得“文化部优秀专家”称号。依托高层次人才项目选拔人才。根据人力资源和社会保障部要求，推荐14人为2016年享受国务院政府特殊津贴人员，推荐2人为第十三届全国技术能手推荐人选，最终均确定入选。开展国家“万人计划”青年拔尖人才哲学社会科学、文化艺术领域人选申报推荐工作，推荐4名人选。此外，还向国家新闻出版广电总局推荐2人为2016年度全国新闻出版行业领军人才推荐人选，也已确定入选。

三是拓展人才培养途径。继续实施专业技术人才知识更新工程。2016年6月，经人力资源和社会保障部批准，由文化部人事司主办，中央文化管理干部学院和中国舞台美术学会联合举办了剧场建筑与舞台技术高级研修班，70名学员参加了研修。积极依托博士后科研工作培养高层次人才。国家图书馆、故宫博物院、国家博物馆、中国国家画院利用博士后科研工作站，中国艺术研究院利用博士后科研流动站，面向社会招收进站人员，为培养高层次研究人才提供了平台。利用项目和平台汇聚复合型人才。依托国家科技支撑计划项目、国家科技提升计划、文化部科技创新项目、国家文化创新工程、文化部标准化项目等工作抓手，汇聚了一批专业素养较高、创新能力较强的文化科技人才。

*重视扶持青年人才发展。*一是实施各类青年人才扶持培养项目。开展青年拔尖人才选拔工作。2016年，首次面向全国文化系统，遴选了一批工作在一线、发展潜力大、德才素质好的优秀青年人才，并于12月在中央文化管理干部学院举办了首期研修班，34名青年拔尖人才入选者参加了研修。实施艺术领域重点扶持培养项目。实施戏曲领域重点工程项目。实施“名家传戏——当代戏曲名家收徒传艺工程”，在全国各级各类表演艺术团体中共扶持100组“名家传戏”。实施戏曲艺术人才培养计划，首批遴选129名青年学员入选，涵盖了戏曲创作各领域的优秀青年人才。开展美术从业人员培训。举办美术馆专业人员培训班，针对馆长、策展人、公共教育人员、行政管理人员，共完成7个班次328人次的培训。面向省级国有画院青年创作人才，举办了首期开展画院专业人员培训，学制1年，共培训山水、人物、花鸟3个方向专业创作人员30人。举办舞台艺术相关培训。2016年7月，文化部艺术司、上海市文化广播影视管理局在上海举办了“全国专业魔术师研修班”，48人参加了研修。举办小剧场、评论培训班，其中小剧场班系首次面向全国体制外小剧场人才。文化部艺术司支持中央民族乐团举办了全国民族管弦乐队首席及业务骨干培训班，40余人参加了培训。实施国家艺术基金人才培养资助项目。2016年，国家艺术基金实施青年艺术创作人才资助项目和艺术人才培养资助项目，共立项资助99项，资助金额8018万元。其中，青年艺术创作人才项目重点针对40周岁以下青年艺术人才进行资助。

二是加快培育战略性新兴产业青年人才。实施文化产业创业创意人才扶持计划。依托中央文化管理干部学院、义乌文交会、苏州创博会、深圳文博会、天津创交会等机构和平台，开展创意设计作品征集遴选、展示推介、人才培养，共征集优秀创意作品2800多件，培训入库人才300余人次，为青年原创设计师提供交流、学习平台与展示、推介机会，帮助青年设计师们实现从设计作品到产品的跨越。实施音乐创意人才扶持项目。2016年，第二届音乐创意人才扶持项目评选出31组扶持选手，通过举办音乐沙龙、专题推介会等予以扶持和推广，给选手提供被发现和认可的机会。7月，文化部文化市场司在杭州举办了音乐创意人才扶持项目总评音乐会，对选手进行点评，并组织了座谈会。

继续加强动漫人才培养。2016年，继续打造国家原创动漫高级研修班这一动漫人才研修品牌，委托中国传媒大学举办了数字创意方向高级研修班，委托北京电影学院举办了制片人方向高级研修班，委托中国玩具与婴童用品协会举办了品牌授权方向高级研修班，委托上海戏剧学院举办了数字创业产业方向动漫产业管理人员培训班，突出参训企业与新媒体渠道、投融资机构、授权合作商、动漫会展、海外发行的对接。组织开展其他文化产业相关培训。继续开展文化产业投融资培训工作，先后举办了以并购重组、直接融资为主题的文化产业投融资实务高级研修班，累计培训文化企业负责人、财务负责人150人次；举办文化领域政府和社会资本合作模式推广专题培训班，培训160多名文化系统文化产业、公共文化工作者及拟采取PPP模式的文化项目负责人；加强文化产业行政管理人员和重点文化企业品牌建设管理人才的培养，举办了全国文化产业工作培训班、全国国有重点文化企业品牌建设与管理培训班等班次。

三是加强急需紧缺专业青年人才培养。首次举办舞蹈编导人才培训班。针对艺术领域舞蹈编导人才匮乏现状，在全国文化系统遴选了30名具有一定舞蹈编导能力和发展潜力的中青年业务骨干，采用跟团实践和集中培训两种方式进行培养。充分利用国家公派留学计划和留学归国人员资助项目培养支持优秀人才。继续加强与教育部国家留学基金委沟通协调，选派有发展潜力的优秀学者和中青年艺术家到国外著名院校或机构留学，开展2016年艺术类人才培养特别项目申报推荐工作，共推荐7人，均获批准。开展全国艺术职业教育师资培训。推进实施《中等职业学校专业教学标准（文化艺术类）》，2016年11月，举办2期全国艺术职业教育师资培训班，共计200余人参与培训。

大力培养基层文化人才。一是实施边远贫困地区、边疆民族地区和革命老区（以下简称“三区”）人才支持计划文化工作者专项。2016年“三区”人才支持计划文化工作者专项向中西部“三区”选派16000余人到县以下文化单位工作或服务，培养急需紧缺文化人才1500人。文化部分别赴广西、陕西、甘肃、青海等省（区）开展调研督导，并在青海举办了实施人员能力建设培训班，对项目实施情况进行总结交流，组织参训人员赴青海互助县开展了实地现场观摩。

二是实施全国基层文化队伍培训计划。加大示范性培训力度，举办示范性培训班64期，其中全额拨款班44期，培训基层文化干部和业务骨干2700余人；定向补贴班20期，培训基层文化干部和业务骨干近1000人。举办公共文化巡讲32期，受训学员达4700人次。通过全国592个接收点举办“公共文化空中大课堂”培训12期，受训学员多达10余万人。

三是支持公共文化服务专业人才培养。指导浙江艺术职业学院于2016年4月挂牌成立了全国首家省级公共文化管理学院，重点打造“公共文化管理与服务”专业，推动将公共文化专业人才培养纳入国民教育体系。9月开始招生45人，正式接受“公共文化管理与服务”专业学历教育。

四是壮大文化志愿者队伍。以“行边疆、走基层、种文化”为主要内容，深入实施“大地情深”——国家艺术院团志愿服务走基层活动、“春雨工程”——文化志愿者边疆行和“阳光工程”——中西部农村文化志愿服务行动计划等3项示范性文化志愿服务活动。组织5000多名文化志愿者赴50多个少数民族聚居区、贫困县及50多个国家公共文化服务体系示范区和示范项目（创建）城市，举办各类文艺演出、辅导讲座、展览展示200多场，在1200个行政村每村招募1名文化志愿者。

五是实施中国非物质文化遗产传承人群研修研习培训计划。全国已有57所高校参与该计划，举办研修、研习、培训160余期，加上各地的延伸培训，培训学员近 10000 人次，覆盖纺染织绣、陶瓷烧造、金属工艺、雕刻塑作、漆艺、建筑营造、编织扎制、家具木作、工艺绘画、造纸和笔墨砚制作、印刷等多个传统工艺项目的传承人群。

*高度关注非公有制领域文化人才。*2016 年 4 月，文化部正式印发《文化部关于加强非公有制领域文化人才队伍建设的指导意见》。这是文化部贯彻落实中共中央《关于深化人才发展体制机制改革的意见》要求的重要举措，进一步消除体制性障碍，把各类非公有制领域文化人才的培养、吸引、使用、评价纳入整个文化人才工作体系，注重对他们的培养扶持。首次将非公有制领域文化人才纳入"文化部优秀专家"推荐选拔范围，共有 23 名非公有制领域文化人才获得 2016 年"文化部优秀专家"称号。进一步加大国家"千人计划"文化艺术人才项目覆盖面和影响力，将项目申报主体范围调整为"国有文化单位、高等院校和国内有影响力的非公有制文化单位"。

【聚焦需求，不断提升干部教育培训质量】

*继续强化教育培训统筹规划。*根据中共中央印发的《2013—2017 年全国干部教育培训规划》有关要求，以落实《2014—2018 年全国文化干部教育培训规划》中的培训任务为重点，印发《文化部 2016 年干部培训计划》，计划举办各类培训（研修、研讨）项目 142 个，共计 213 期培训班，培训人数将达到 11000 人。其中主体培训项目 31 个，共 50 期培训班。

*继续加强培训基础建设。*一是加强全国文化干部网络学院建设使用。通过加强宣传、完善管理、补贴经费等方式，进一步加大对全国文化干部网络学院的支持力度，促进网络学院更新课程和硬件条件。在文化部官方网站开设干部教育培训专栏，主要发布部领导在培训班上的讲话及关于培训工作的指示、培训工作通知、文化系统培训工作相关信息等。国家图书馆和文化部全国公共文化发展中心充分发挥自身资源优势，通过数字图书馆推广工程"网络书香讲坛"、全国文化信息资源共享工程"数字学习港"等项目，参与全国基层文化队伍远程培训工作，2016 年共举办培训 14 期，受训学员达 50 万人次。

二是加大对全国文化干部培训基地的支持力度。从经费、师资、管理制度等方面加大对 8 家全国文化干部培训基地的支持力度，将各基地办班计划纳入 2016 年文化部干部教育培训计划，把部分主体培训班次安排在各基地举办，并积极引导业务司局加强与各培训基地合作办班。加强对文化干部培训基地的跟踪管理，鼓励各基地开门办班、开放办学。

三是组织培训教材开发与编写。为进一步完善基层文化队伍培训教材体系，组织开展了第二批全国基层文化队伍培训教材选题申报和评审工作，确定第二批全国基层文化队伍培训教材共 20 种，计划分 5 年完成，每年出版一批。已完成 2015 年 4 种教材的终审、2016 年 6 种教材的初审。

*继续做好文化干部培训工作。*一是做好文化部机关干部全员培训。继续开展专题讲座和自主选学工作。继续举办机关干部读书征文活动，以"两学一做"为主题，撰写读书体会，进一步提高了机关干部参与自主学习的积极性。按照网络学院跟踪记录的学习情况和有关信息，全面了解文化部机关公务员参加网络学习的情况。为确保达到"不培训、不派出"要求，组织 8 期（次）驻外干部培训班（调研），共计培训 148 人。

二是组织实施主体培训班次。2016 年共举办了 42 期示范性培训班，如全国省地县文化厅局长轮训，文化部系统文艺工作者培训班，地方党政领导干部繁荣发展社会主义文艺专题研究班，部系统司局级、处级领导干部加强党性修养专题培训班，全国文化系统人事干部培训班，全国文化系统企事业单位青年干部培训班，全国艺术院团经营管理人才高级研修班，全国文化系统高技能人才培训班，全国艺术研究院所科研骨干培训班等。

三是加大培训工作对口支援力度。2016年，在培训工作中进一步加大了支持西部大开发、援疆援藏和对口支援江西黎川的工作力度。开展西部及少数民族地区艺术人才岗位培训活动，发挥中直院团对西部及少数民族地区"帮扶"作用。举办第十三期西部文化产业经营管理人才培训班，支持新疆生产建设兵团在深圳文博会期间举办文化产业人才培训班。举办新疆、西藏文化管理干部培训班和五省藏区文化干部培训班，新疆生产建设兵团文化管理干部培训班和艺术人才专题培训班。继续支持黎川油画人才培养计划，在中国美术学院举办第二期黎川油画人才培训班。

【强化服务，坚持对人才的团结教育引导】
*加强高层次人才政治引领。*2016年5月，会同中央组织部在中国浦东干部学院举办文化领域专家国情研修班，来自全国文化系统的38名高层次专家参加。此次研修围绕上海文化发展改革现状，充分利用本地丰富的文化资源，教学方式多样，师资水平较高，取得良好效果。

*发挥专家决策咨询作用。*举办主题为"向文化艺术高峰迈进"的2016年高层次文化人才论坛，来自全国文化系统的30余名高层次专家参加，听取对文化人才队伍建设的意见建议。成立文化部文化产业专家委员会，制定了工作章程、工作规则和日常工作办法，并为首批18名委员颁发了聘书，充分发挥专家智库作用，提高文化工作决策的民主化和科学化水平。

*关爱高层次人才身心健康。*一是继续组织专家考察休假。2016年8月，组织全国文化系统30余名在国内同行中有较高知名度的专家赴黑龙江考察休假。考察休假为专家提供了疗养身心的机会和学术交流的平台，增强了他们对地方文化艺术发展现状的了解。二是关心关怀老艺术家、老专家生活。2016年年初，继续开展老艺术家困难补助工作，向部分重病和生活困难老艺术家、老专家发放补助。元旦、春节期间，文化部领导带队走访慰问部分在京知名老艺术家、老专家，向他们致以节日的问候。

文化财务管理

【概况】 2016年，文化财务工作全面贯彻党的十八大和十八届三中、四中、五中、六中全会精神，深入贯彻落实习近平总书记系列重要讲话精神，紧紧围绕文化部党组统一部署和文化发展改革大局，以深入开展"两学一做"学习教育、落实全面从严治党主体责任为重要保障，以专项巡视整改为主要抓手，坚持问题导向，坚持改革创新，继续深化监督管理工作理念，按照年初制定的工作方案和任务目标，扎实有效地推进了文化部和财务司重点工作。主要工作可以概括为"五个确保"和"四个加强"。

【适应改革要求，确保文化财政投入总量】
积极适应财政体制改革新环境，加强与宏观管理部门的沟通协调，在财政形势十分紧张的情况下，落实2016年部门预算56.41亿元（含国家艺术基金4亿元）。其中，一般公共预算51.62亿元。争取落实地方文化专项资金61.03亿元（含中央补助地方文化事业专项资金48.79亿元及国家发展改革委地方文化设施建设专项资金 12.24 亿元),比 2015 年增加 13.46 亿元,增幅 28.30%。重点支持了现代公共文化服务体系建设、艺术创作引导、非物质文化遗产保护、对外文化交流、文化产业扶持、文化市场管理和文化创新发展等方面的项目。做好预算调整和追加工作,就中国共产党成立 95 周年音乐会、《中华传统文化百部经典》编纂等工作,落实追加经费 2590 万元。会同产业司做好文化产业发展专项资金重大项目征集评审工作,落实文化部系统 2016 年文化产业发展专项资金 2760 万元。推动预算管理精细化、科学化,启动文化部预算项目库建设和部分项目定额标准的研究制定工作,积极探索符合文化部门特点的保障方式。按时公开文化部 2016 年部门预算、2015 年部门决算及“三公”经费相关情况,接受社会各界监督。积极协调沟通,统筹资金 4300 余万元,帮助中国东方演艺集团渡过难关。

【优化投入结构,确保文化扶贫落实到位】

*策划实施多个文化扶贫项目。*根据扶贫攻坚总体战略部署,推动加大中央财政转移支付力度,进一步优化转移支付结构,确保文化精准扶贫、精准脱贫落到实处。积极贯彻落实中央扶贫开发工作会议精神,策划并争取财政部实施了多个面向贫困地区的项目。

*实施贫困地区村文化活动室设备购置项目。*为弥补村文化活动室设备短板,计划在“十三五”期间为集中连片特困地区,西藏、四省藏区、新疆南疆四地州,以及国家扶贫开发工作重点县的 11 万余个村文化活动室按照每村 2 万元的标准配备设备,以保障其文化活动的正常开展。2016 年共安排资金 44872 万元。

*实施流动文化车工程。*为进一步支持贫困地区开展流动文化服务,计划 2016 年和 2017 年为集中连片特困地区,西藏、四省藏区、新疆南疆四地州,以及国家扶贫开发工作重点县每个县级文化馆配送 1 辆流动文化车。2016 年共安排资金 10992 万元,购置流动文化车 458 辆。

*实施送戏下乡项目。*为丰富中西部乡村地区公共文化服务供给,达到既满足当地人民群众精神文化需求,又带动地方戏曲保护与传承的目的,计划为中西部贫困地区乡镇每两个月配送一场戏曲演出,每场演出补助 3000 元。2016 年共安排资金 23380 万元。此外,争取安排优秀基层戏曲院团奖励资金 7700 万元,资助 100 个县级转企改制国有戏曲院团和 90 个民营戏曲艺术院团。

*积极推动对口支援工作。*建立健全了分工协作、监测交流、督促检查和总结评估等工作制度,积极整合文化系统资源,进一步健全了对口支援工作长效机制。特别是为贯彻落实中央第六次西藏工作座谈会精神,于 2016 年 9 月组织召开了第五次全国文化系统对口支援西藏工作会议,部署对口支援工作,对接支援项目,有效调动了全国文化系统支援西藏文化建设的积极性,切实提高了对口支援工作的效果。根据国务院扶贫开发领导小组的要求,参与国家全面扶贫工作的文件起草、工作督导等工作,并将文化扶贫工作纳入其中。

【强化统筹协作,确保设施建设顺利推进】

*国家级重大文化设施建设明显加速。*国家美术馆工程设计方案进一步修改优化,得到了中央领导同志初步认可。“平安故宫”及其配套工程稳步推进,北院区项目经中央领导同志批准,明确了项目选址。国家图书馆国家文献战略储备库项目签署了用地补偿协议、战略合作协议,启动方案设计招标。中央歌剧院剧场完成主体工程地上二层结构施工。中国工艺美术馆、中国国家画院扩建、中国交响乐团翻扩建、中央芭蕾舞团业务用房扩建

等项目也取得了不同程度进展。

基层公共文化设施建设进入新阶段。编制《“十三五”非物质文化遗产保护利用设施规划》，支持219个国家非物质文化遗产保护利用设施建设项目。推动村级文化设施建设，组织召开全国村级公共文化设施建设工作座谈会，配合中宣部开展“百县万村综合文化服务中心示范工程”。配合国家发展改革委下达2016年地方文化设施建设专项资金。包括地市级公共文化设施建设扫尾项目72个，下拨中央预算内投资8亿元；非物质文化遗产保护利用设施建设项目57个，下拨中央预算内投资4.24亿元。积极推进《公共美术馆建设标准》和《专业剧场建设标准》编制工作。

海外文化设施建设稳步推进。抓住党和国家最高领导人访问塞尔维亚的有利时机，加快确定贝尔格莱德文化中心大厦建筑设计方案，落实奠基仪式有关安排。加强内外协调，克服种种困难，成功完成了中共六大会址修复任务。中共六大会址常设展览馆于7月4日顺利举行开馆仪式，中俄两国元首发来贺电。实现六大会址、瑞典、柬埔寨、白俄罗斯、荷兰5个中心年内揭牌的目标。按照项目特点和成熟程度推进匈牙利、越南等中心的调研筹建工作。

文化部中小型建设项目规范实施。落实“三年滚动投资计划”编报要求，指导直属单位做好项目策划，加强项目管理，努力改善各单位基础设施条件。2016年度共落实文化部部门自身建设项目6项，总投资3174万元。

【狠抓巡视整改，确保资金使用安全规范】

认真抓好巡视问题整改。认真贯彻落实中央“八项规定”精神，加强计划管理、严格审批程序、细化支出标准，严控文化部“三公”经费。对于中央国家机关工委巡视组提出的“因公临时出国（境）费用”和“公务接待费用”未完整统计的问题，拟定整改方案，向财政部申请调整2017年相关费用预算，以全面完整反映文化部本级出国费和公务接待费支出情况。根据巡视组提出的关于活动、会议数量仍然较多问题，配合办公厅提出加强会议计划审批和会议费管理的措施。

进一步加大监督检查工作力度。组织实施直属事业单位和直属企业审计全覆盖工作，完成行政事业单位资产清查和直属企业清产核资工作，全面开展财经纪律执行情况自查自纠工作，推动转移支付地方专项资金监督检查机制研究工作。监督检查工作的内容和范围进一步扩展，手段进一步丰富，监督管理触手由部本级、直属事业单位延伸到驻外机构、直属企业、地方专项和拨付资金，确保不留空白和盲点。在审计署2015年预算执行审计中，文化部问题数量和问题金额占比均为近年来最低。

建立健全直属企业资产管理机制。加强顶层设计，将企业财务决算管理和国有资本经营预算、文化产业发展专项资金等涉企管理职能进行统筹调整，集中管理。创新工作机制，组织企业决算部门预审工作。加强资产评估、产权转让等重大事项管理，规范管理机制和流程。

不断规范政府采购工作。修订《文化部政府采购管理暂行办法》，加强变更采购方式、采购进口产品等日常管理，创立文化部部门集中采购项目。

【创新手段机制，确保资金运行优质高效】

深入推进购买服务，积极转变投入方式。按照中央深改办要求，认真抓好政府向社会力量购买公共文化服务相关改革政策措施落实情况督察工作。经过督察推动，大部分省（区、市）出台了购买公共文化服务实施意见，建立起了购买公共文化服务资金保障机制。据不完全统计，2015 年以来，全国各省（区、市）安排购买公共文化服务资金超过 20 亿元，有效推动财政投入方式转变，促进公共文化领域供给侧改革，发挥了良好的社会和经济效益。

为进一步指导各地文化厅局推动向社会力量购买公共文化服务工作，2016 年 6 月，在江苏省无锡市召开了文化部向社会力量购买公共文化服务工作座谈会暨现场经验交流会，对下一阶段工作作出了部署。

同时，文化部本级也积极开展向社会力量购买公共文化服务工作，对涉及非遗保护传承、对外文化交流演展、文化人才队伍培训等方面的 8 个项目，通过公开招标和委托承办等方式确定了项目承接主体，涉及项目资金 7100 余万元。

*开展综合考核评价，充分发挥引领作用。*继续开展直属事业单位财务综合考评工作，初步拟定《文化部直属事业单位财务考评激励办法》，探索建立适合文化部事业单位特点的考核激励机制，促进单位主动加强内部控制，强化内部管理。按照以评促建的工作思路，组织开展内部控制基础性评价工作。继续实施中直院团企业化管理改革绩效评价工作，按照把社会效益放在首位、实现社会效益和经济效益相统一的原则，进一步完善评价指标体系，并依据评价结果对奖励资金进行分配，激发中直院团内生活力。规范中直院团剧节目创作和公益性演出专项资金管理，会同有关单位研究制定剧节目创作和公益性演出专项资金管理办法，进一步明确经费支持方向、具体标准，提高财政资金使用效益。

*实行预算执行“双挂钩”制度，推动资金高效运行。*创新预算执行管理方式，进一步强化预算执行主体责任，严格落实预算执行“双挂钩”制度，将预算执行与预算安排挂钩、与司局和单位领导班子及领导干部个人年度考核挂钩。文化部 2016 年预算执行工作取得明显突破，计划的准确性进一步提高，实际执行进度与计划进度间的差异减小，在财政部预算执行考核节点均进入中央部门前 50 名，顺利完成全年执行任务。做好盘活存量资金工作，全面系统清理结转结余资金，加大资金统筹力度，统筹 1242 万元用于文化部急需支出的经费缺口。

为实现上述“五个确保”，财务司着重加强了以下 4 个方面的工作，即“四个加强”：

一是加强改革创新，完善文化财务工作格局。积极适应改革形势要求，在政策、制度、机制、手段等方面深度创新，推动建立保障标准更加明晰，投入方式更加灵活，投入结构更加合理，监督管理更加严格，绩效评价更加科学的文化财务工作新格局。深入推动政府向社会力量购买服务工作，积极转变政府职能，改进投入方式，加大社会参与。实施中直院团企业化管理、事业单位综合考评等工作，通过激励机制的建立，激发文化单位内生活力，促进其主动加强财务管理和内部控制。顺应国家财政和审计监督新趋势，推动监督检查工作实现了 3 个转变：从单一审计监督向构建完整监督体系转变，从事后检查向事前控制、事中监督转变，从被动配合外部监督向主动加强内部审计转变，构建了贯穿全过程、覆盖全方位的监督管理工作体系。

二是加强制度建设，形成务实管用的长效机制。始终坚持用制度管权管事管钱，使制度成为资金、项目安全运行的有效保证。2016 年共计制定和修订了各类制度 20 余项。其中，根据巡视、审计的整改要求，牵头制定修订了文化部因公临时出国、公务用车、公务接待、办公用房和会议费等方面的管理办法，同时逐步完善了制度的实施细则和执行标准。根据文化部领导指示，针对拨付资金、委托课题、出版物制作、劳务费发放、项目支出政府采购和固定资产出租出借等容易产生廉政风险的关键点和日常工作中的薄弱环节，制定出台系列制度办法，有效堵塞了管理漏洞。根据海外中国文化中心发展和管理需求，研究制定了中心专项业务费、资产管理、物资采购、雇员管理等方面的制度规程，进一步完善了驻外机构财务管理制度体系。召开文化财务制度建设务虚会，提出要在2016—2017年继续制定和完善39项管理制度。

三是加强基础建设，为文化财务工作提供坚实保障。通过信息资源的共建共享共用，进一步提高财务基础工作的效能和水平，为管理和决策提供充分依据。完成文化部财务管理信息系统二期建设，网上报销系统、合同支付管理系统、票据管理系统、决算报表系统等于8月下旬整体交付试运行，实现平稳有序过渡。实施文化部直属单位财务信息系统联网，在安全高效的运行环境下，推动财务数据集中管理，为实现财务信息共享和资金动态监管奠定了基础。全面部署文化部驻外机构财务管理信息系统，跨境资金监控系统正式上线，为加强驻外机构财务管理提供了有利条件。进一步深化统计分析和信息服务工作，依托全国文化统计网上直报系统，及时公开发布《2015年文化发展统计公报》，引起了社会各界的高度关注。圆满完成《2016中国文化统计手册》《2016中国文化统计提要》《2016年中国文化文物统计年鉴》《2016文化发展统计分析报告》的编印工作。加强调查研究，为文化财务工作提供科学支持，全年共完成研究课题13个，形成了大量研究成果。加强信息报送工作，全年共报送各类信息80余篇，及时反映工作动态，提出对策建议，得到中央领导批示和中办、国办采用6次。

四是加强责任督导，按时保质完成全年任务。财务司坚持“一分部署，九分落实”，以踏石留印、抓铁有痕的状态，把每一项工作抓细抓实。抓好党风廉政建设“两个责任”的落实，一方面，落实好财务司主体责任，以身作则，发挥表率示范作用；另一方面，加强文化部系统和行业内监管，对于涉及财务司工作职责的事项，主动担当，深入研究，积极作为，切实防范廉政风险，落实监督责任。坚持守土有责，抓好安全生产责任制的落实，督促在建项目单位和使馆文化处、海外中国文化中心落实项目主体责任，加强安全隐患排查和易发事故危险源管控，全面开展施工安全现场检查工作。对中央歌剧院剧场工地消防事故迅速反应，及时有效地开展了现场处置和善后工作。抓好政府购买公共文化服务等重大改革政策措施的督察落实，深入贵州、江西、安徽、陕西等地开展实地督察。抓好各项财务管理制度执行情况的监督检查，并通过审计监督、考核评价等多种手段，健全反馈机制，强化制度的约束与激励作用。加强财务司内重点工作的督促检查，针对各级领导批示件、文化部“四会”议定事项、文化部和财务司2016年重点任务分工及其他重要专项工作，即时建账、经常对账、定期通报，确保件件有回音、事事有着落。

文化法治

【概况】 2016年，文化法治工作紧紧围绕文化建设的中心和大局，按照党的十八届三中全会、四中全会和习近平总书记关于全面推进依法治国系列重要讲话精神，统筹推动各项工作，不断为文化建设提供制度性保障。总的来说，2016年是文化法治建设取得重要进展的一年，具体表现在文化领域的制度建设不断取得新进展，文化领域依法行政工作进一步加强，文化法制宣传教育的理念和方法日渐新颖有效。

【文化立法工作稳步推进】 按年度制定出台文化部立法纲领性文件，文化立法工作科学性、有效性、可操作性进一步增强。2016 年 6 月，文化部印发了《文化部 2016 年立法工作计划》。《计划》将文化部各项立法项目根据成熟度、实际进展情况分为不同档次，并明确各档次的标准和推进要求。一档项目为立法必要性突出、调整对象明确、制度措施可行、已有初步成熟草案的立法项目，力争年内可以进入全国人大、国务院或部务会的审议程序。二档项目为有明确的立法必要性和可行性，起草司局已开展扎实的前期研究，进入到草案起草阶段的项目，条件成熟时可提交部务会审议。《计划》要求立法项目起草单位按照分档要求，加强分类统筹，推动立法工作。《计划》还对起草单位加强调研总结、广泛征求意见、处理重大问题和困难分歧做出要求，建立了立法计划执行情况评估机制，将执行《计划》的情况作为下一年度制订立法计划的重要参考，确保《计划》执行到位。

文化领域基本法律研究进展顺利。改革开放以来，文化立法的基本思路是急需的先立、容易的先立，难免存在应急立法和经验立法的不足。为改进这些问题，文化部不断加强文化基本法律的研究工作。十八届四中全会明确提出，要制定公共文化服务保障法，促进基本公共文化服务标准化、均等化；要制定文化产业促进法，把行之有效的文化经济政策法定化，健全促进社会效益和经济效益有机统一的制度规范。

一是推动《公共文化服务保障法》顺利出台。根据中宣部《未来五年（2014—2018）加快推进我国文化立法工作的建议》，该法的立法责任单位为全国人大教科文卫委员会。2016 年，文化部积极配合全国人大教科文卫委员会开展工作，于 2016 年 4 月经全国人大常委会第一次审议，于 10 月进行第二次审议，于 2016 年 12 月 25 日经全国人大常委会第二十五次会议审议通过，正式对外公布实施。该法的正式出台对于加强公共文化服务体系建设，丰富人民群众精神文化生活，传承中华优秀传统文化，弘扬社会主义核心价值观，增强文化自信，促进中国特色社会主义文化繁荣发展，提高全民族文明素质有着重要意义。

二是加快《文化产业促进法》立法进程。加快文化产业立法进程不仅符合我国大力发展文化产业的战略要求，也是推动文化产业成为国民经济支柱性产业的重要举措。2007 年起，文化部通过课题委托、专家座谈、收集资料等方式开展了大量的立法前期研究和学术准备。为加强对文化产业促进法起草工作的领导，有效组织文化产业促进法起草、论证等各项工作，确保起草工作顺利有序开展，2016 年，文化部积极推进文化产业促进法起草工作，会同工作机制各成员单位，依托前期研究成果，在深入开展实地调研、座谈论证、集中起草的基础上，经多次修改完善，形成了《文化产业促进法草案（征求意见稿）》及起草说明，目前正在征求有关方面意见。在完善起草工作机制方面，根据起草工作需要，2016 年增补中央网络安全和信息化委员会、国家统计局加入工作机制；联合起草工作机制有关部门，先后赴江苏、广东、江西等地开展实地调研，召开了 10 多次座谈会、研讨会，广泛听取各级政府部门、专家学者和业界意见建议，进一步了解各方关切，明确立法目的、起草原则和思路；依托文化部文化产业专家委员会和相关研究机构，继续深入开展文化产业立法相关理论研究，完成 5 册《文化产业促进法立法资料汇编》的编制工作；组织了数十次集中研讨会和改稿会，针对相关重点难点问题、拟确立主要制度、促进法草案文本框架结构和具体条目等多个方面，进行反复研究梳理，不断修改完善；两次就《草案（征求意见稿）》正式征求中央有关部门、全国文化系统、专家学者意见。对反馈意见进行认真研究梳理，并针对存在分歧的重点难点问题组织专题研讨、专项沟通，最大限度化解分歧、凝聚共识。

其他重要立法项目稳步开展。《公共图书馆法》方面，2016 年 2 月，文化部配合国务院法制办根据各方反馈意见继续修改《公共图书馆法（草案）》内容。2016 年 3 月，国务院法制办组织召开部门协调会，就国家民委、财政部、新闻出版广电总局等有关部委提出的修改意见进行解释说明，并修改了相关法条。同时，文化部梳理了《公共图书馆法（草案）》（以下简称《草案》）相关的名词解释、政策依据和问题说明，报送法制办。2016 年 8 月，国务院法制办公室召开办务会议审议通过了《草案》。请各相关部委复核后，《草案》于 2016 年 9 月由文化部报中央宣传思想工作领导小组审议。2016 年 11 月，中央宣传思想工作领导小组审议通过了《草案》，会后根据中央领导提出的意见建议，会同国务院法制办作进一步修改完善。2016 年 12 月底，《草案》由国务院法制办按有关程序报送国务院常务会议审议，目前正等待审议通过后报送全国人大。

《营业性演出管理条例》《互联网上网服务营业场所管理条例》等文化市场领域法律法规修订方面，2016 年，文化部按照国务院行政审批制度改革工作委员会关于“先证后照”的改革要求，配合国务院法制办对《营业性演出管理条例》《互联网上网服务营业场所管理条例》《娱乐场所管理条例》提出多项条款的定向修改意见。2016 年 2 月 6 日，国务院发布《国务院关于修改部分行政法规的决定》（国务院令第 666 号），吸收了文化部修改意见。

古籍保护条例方面，2011 年 4 月，受文化部委托，国家图书馆、国家古籍保护中心成立古籍保护立法工作小组，在前期调研的基础上，于 2011 年 4 月初起草立法初稿，并听取了有关专家意见，进行了多次讨论修改。2016 年，文化部组织人员开展关键问题研究，多次召开专家座谈会、研讨会征求意见。积极与中宣部、全国人大教科文卫委员会、国务院法制办等部门和全国人大代表联系沟通，争取有力支持。其中“两会”期间，全国人大代表卢云辉联名 70 余名全国人大代表，提交了“关于尽快制定《古籍保护法》的议案”。目前，已形成条例的文本初稿。目前，文化部正组织人员进一步就古籍保护关键问题进行深入研究，为古籍保护立法提供理论支撑，并研究以出台全国人大决定的形式推进古籍保护立法工作的相关路径。

【文化领域依法行政工作不断深入】 行政审批制度改革工作取得良好成效。2016 年，文化部坚决落实国家关于推进“放管服”改革的要求精神，高度重视、认真研究、加大力度、加快进度，以取消和下放行政审批事项为抓手，以创新和加强事中事后监管为手段，以强化服务职能、激发市场活力为目标，推动文化领域“放管服”改革不断取得新成效。

一是继续取消一批行政许可事项。2016 年，文化部配合国务院行政审批制度改革工作委员会取消了“中外合资经营、中外合作经营的演出场所经营单位设立审批的初审”“中外合资经营、中外合作经营的演出经纪机构设立审批的初审”两项由中央设定地方实施的审批项目。通过取消两项行政许可项目的初审，使“中外合资经营、中外合作经营的演出场所经营单位设立审批”“中外合资经营、中外合作经营的演出经纪机构设立审批”这两项行政许可办理时限由 45 天压缩至 20 天。同时，2016 年以来文化部共批准设立三家中外合资(合作)经营的演出场所经营单位,改变了我国长期没有外商投资演出场所经营单位的现状。

二是简化行政审批手续,提高行政审批效率。2016年,文化部印发了《关于启用新版文化市场经营许可证的通知》,制定新版文化市场经营许可证印制标准、新版文化市场经营许可证打印标准,调整版面和载明事项,简化许可证有关内容,增加二维码功能,同时方便打印和查询。按照"放管服"有关精神,文化部还对《艺术品经营管理办法》进行了全面修订并已发布施行,重点是加大简政放权力度,下放审批事项,简化审批程序,压缩审批时限,以进一步激发艺术品市场内生发展动力。建立明示担保、尽职调查、鉴定评估、信用监管等一系列新的制度,立规矩、明底线、强化主体责任,促进艺术品公开透明交易,保障消费者合法权益,引导行业健康有序发展。

三是开展行政审批专项督查。文化部于2016年印发《文化部关于对文化市场政策落实和行政审批规范化情况开展督查的通知》,配套印发《文化市场政策措施落实情况自查表》和《文化市场行政审批规范化建设情况自查表》,部署文化市场政策落实和行政审批规范化情况的全国督查工作,全面督查文化市场领域政策落地,强化政策执行,促进文化市场消费。此次督查主要包括简政放权、促进行业健康发展、事中事后监管等相关政策措施落实情况和行政审批规范化等方面的内容。督查政策主要包括:文化部取消下放行政审批事项的政策、降低门槛简化材料的政策、推动行业转型升级的政策、允许内外资企业从事游戏游艺设备生产和销售的政策、文化产品黑名单制度、《艺术品经营管理办法》等。审批规范化督查涵盖依法审批、信息公开、审批服务三个方面,具体包括审批层级设置的合法性、审批结果公示情况、营业性演出增加演出地提供备案服务情况等。此次督查自2016年5月开始,分为地方自查、全国督查、整改通报3个阶段,将一直持续至2017年3月。

四是完善创新事中事后监管方式,构建信用监管体系。文化部对全国文化市场部署实施"双随机一公开",建立随机抽查事项清单、检查对象名录库和执法检查人员名录库,制定随机抽查工作细则,多措并举,不断加大文化市场监管力度。同时针对移动网络游戏开发团队小、运营周期短、参与主体多、产品类型多样化等特点,研究细化移动游戏运营规范和管理措施。对移动网络游戏市场的运营主体准入、产品准入流程、运营主体责任、加强事中事后监管等方面做出明确规定。印发《文化部关于加强网络表演管理工作的通知》,针对"直播"特点,以网络表演内容管理为核心,以规范"平台"经营行为为重点,以强化"平台"主体责任为依托,加强对网络表演经营单位和表演者的监管和引导,加强对网络表演市场的事中事后监管。2016年1月,文化部印发《文化市场黑名单管理办法(试行)的通知》(办市发〔2016〕1号),在全国试行文化产品黑名单制度,在河北、天津、上海、浙江、湖南、广东、广西、重庆、云南9个省(自治区、直辖市)试点文化市场经营主体黑名单管理,目前,各地已相继出台贯彻实施方案。文化部印发《关于启用文化市场黑名单管理系统的通知》,推动文化市场黑名单管理系统的应用,深入推进文化市场黑名单管理工作。

五是促进"放管服"改革政策落地。为贯彻落实2016年年初发布的《国务院关于修改部分行政法规的决定》(国务院令第666号)精神,文化部印发了《文化部关于贯彻〈国务院关于修改部分行政法规的决定〉的通知》,明确对互联网上网服务营业场所经营单位、营业性演出经营主体、娱乐场所准入审批实施"先照后证",推进"先照后证"政策落地。

2016年5月，国务院办公厅转发文化部等部门《关于推动文化文物单位文化创意产品开发的若干意见》（国办发〔2016〕36号）后，为激发文创产品开发活力，保证政策落地，文化部积极部署贯彻落实工作。依托多种媒体渠道，采取政策解读、专家评论、典型案例等多种方式，广泛开展宣传解读，努力营造各方踊跃支持和参与文创产品开发的氛围。联合国家文物局组织符合条件的博物馆、美术馆、图书馆开展试点申报工作，初步确定了160余家文化文物单位作为第一批开发试点单位。文化部联合国家文物局制订出台《〈关于推动文化文物单位文化创意产品开发的若干意见〉重点任务分工方案》，同时推动将文化文物单位文创产品开发项目纳入中央财政文化产业发展专项资金支持范围。筹备文化文物单位文创产品开发培训班，进一步明晰政策、明确要求，提升文创产品开发经验水平。结合中国（义乌）文化产品交易会等展会加强对文创产品的展示推介，组织故宫博物院、国家博物馆等重点文化文物单位文创产品营销部门负责人赴日本开展文化艺术授权国际营销人才交流。

六是加强对相关行业的服务引导，推进文化市场行业转型升级。继续推动上网服务行业转型升级。2016年，文化部全面开展上网服务场所服务环境分级评定工作，指导全国协会修订完善分级评定标准，制订方案，针对城市和农村乡镇上网场所的不同特点和实际情况，设置差异化标准，增加规范经营、开展公益活动等指标。目前，上网服务行业的环境服务评级工作已覆盖20个省份，预计年内将完成1000—1500家场所评级。指导行业协会在清华大学主办2016年农村乡镇上网服务行业转型升级高级研修班。支持上网服务行业与京东集团合作，拓展上网服务场所经营业态，提供公共服务，推动农村地区上网服务场所提高经营管理和服务水平。目前，已有100家农村乡镇上网服务场所成为京东商城网络服务站。指导行业协会举办第十三届网博会上网服务行业转型升级分论坛等10余场大型行业活动，进一步巩固和深化转型升级成果。全面启动文化娱乐行业转型升级。2016年，文化部出台《关于推动文化娱乐行业转型升级的意见》，以融合发展、创新供给、拓展受众、提升形象为总体思路，从政府、企业、协会等多个层面入手，提出一系列政策措施，鼓励企业研发新产品，发展连锁经营，丰富经营业态，参与公共文化服务，促进歌舞娱乐和游戏游艺场所提升经营管理水平，使之成为场所阳光、内容健康、服务规范、业态丰富、受众多样、形象正面的现代文化消费场所。

七是支持文化领域创新创业和小微文化企业发展。针对中小微文化企业融资难、融资贵、融资慢问题，拓宽中小微文化企业融资渠道，2016年，文化部联合深圳证券交易所共同指导天津等10个地区举办中小文化企业投融资路演活动。截至目前已举办8期，参加路演活动的中小微文化企业近500家，吸引国内约50家投资机构参与，近三分之一文化企业与投资机构在路演活动后进行进一步对接，增强了文化企业借助资本市场促进发展的能力。文化部还积极协调财政部、国家税务总局修订完善《动漫企业认定管理办法》，进一步为动漫企业享受优惠政策创造便利条件，并在有关动漫扶持项目申报工作中，开通网上申报渠道，方便动漫企业申报。

八是清理了一批不利于稳增长、促改革、调结构、惠民生的行政法规、部门规章和规范性文件。文化部按照《国务院办公厅关于做好行政法规部门规章和文件清理工作有关事项的通知》（国办函〔2016〕12号）要求，对文化领域行政法规、部门规章、规范性文件进行全面清理。根据清理结果，文化部拟修改行政法规 3 件,修改部门规章 2 件,废止规范性文件 14 件(已发通知废止),拟修订文件 5 件。

文化系统知识产权工作全面推开。2016 年是深入推进知识产权战略实施、加快知识产权强国建设的重要一年。文化部认真贯彻落实国务院相关决策部署,指导文化系统结合文化工作实际,按照国务院知识产权战略实施工作部际联席会议要求着力推进知识产权强国建设有关工作。

一是加强对文化系统知识产权工作指导。在起草《文化产业促进法》《公共图书馆法》等法律及相关政策文件过程中,突出知识产权保护、运用等内容。联合国家发展改革委、财政部、国家文物局印发《关于推动文化文物单位文化创意产品开发的若干意见》,将首批 154 家文化文物单位确定为文化创意产品开发试点单位,鼓励和引导文化文物单位和社会力量深入发掘优秀传统文化资源,进行文化创意产品及知识产权开发。研究制定关于加强知识产权工作的指导意见,针对文化系统知识产权工作薄弱环节和各个领域的不同需求,研究制定图书馆、非物质文化遗产、艺术表演团体等领域的知识产权工作指南。在 2016 年度全国艺术科学规划项目中,对"电影产业化语境下的知识产权研究""传统艺术成果的知识产权问题研究"的课题立项予以资助。研究制定文化企业创业发展服务平台建设指引,指导完善并推动开展包括文化企业知识产权保护援助等服务平台的建设工作。联合教育部实施 2016 年度中国非物质文化遗产传承人群研修研习培训计划,举办研修、研习、培训 160 余期,帮助传承人解决作品创作、产品研发和成果转化中遇到的关键工艺、关键技术和知识产权保护运用难题。

二是加大知识产权执法力度。指导监督各地加强文化市场监管,严查侵犯知识产权案件,在评选出来的 2016 年全国文化市场十大案件和 100 个重大案件中,有 20 余起重大案件涉及侵犯知识产权。加强网络游戏市场监管,推进知识产权保护,开展网络游戏"双随机一公开"执法检查,随机抽查 200 家网络游戏运营单位,依法查处 36 家网络游戏运营单位,责令改正 71 家,部署第二十六批违法违规互联网文化活动查处工作,共处罚 26 家违规经营单位。加强文化市场明查暗访,严格保护知识产权。2016 年 1 月至 11 月,全国各级文化行政部门和文化市场综合执法机构共出动执法人员 680 万余人次,检查经营单位 290 万余家次,受理各类举报投诉 1.5 万余件,办结案件 3.6 万件,罚款 1.09 亿元。

三是实施动漫品牌建设和保护计划。加强动漫企业知识产权保护,塑造品牌意识,打造我国原创优秀动漫品牌。在中央财政的支持下,评选一批具有自主知识产权的优秀动漫品牌和动漫创意予以扶持。以品牌授权为方向,举办国家原创动漫高级研修班,邀请国内专家,对 100 家来自全国的动漫和制造业企业进行培训,促进动漫与制造业融合发展,提高品牌开发和保护意识。

四是强化知识产权在文化对外贸易中的作用。联合商务部、中宣部等部门印发《开拓海外文化市场行动计划(2016—2020 年)》,支持文化企业开展涉外知识产权维权工作。促成中外文化企业在知识产权方面的对接合作,支持上海和深圳对外文化贸易基地带领动漫游戏、新媒体、文化装备和文化投资领域知名企业赴以色列、阿根廷和厄瓜多尔开展多项推介和洽谈会。学习借鉴国外知识产权工作经验,组织故宫博物院、国家博物馆等 5 家直属文博机构文创产品营销推广负责人赴日本,研究、借鉴并有针对性地推广日本文博单位在文化艺术衍生品授权经营方面的经验。

文化法治人才队伍建设不断加强。一是举办了2016年全国文化法制联络员研讨培训班。为加强文化法治人才队伍建设，文化部于11月底召开了全国文化法制联络员研讨培训班，邀请了国务院信息公开办公室、国务院法制办行政复议司、社科院法学所的领导和专家以及文化部法律顾问为培训班授课。各司局、直属单位和地方同志80余人在培训班上进行了充分交流和全面互动，以此培养文化法制工作者的法治思维，不断提高运用法治思维和法治方式处理问题的能力和水平。

二是召开了文化法治专家委员会全体会议。2016年11月，文化部委托中南财经政法大学知识产权研究中心组织召开了文化法治专家委员会全体会议，在会上就如何更好发挥文化法制专家委员会智库作用、在新的历史条件下文化法治建设战略、《文化产业促进法（草案）》研究等问题进行研讨。

【文化法制宣传教育工作全面推开】 2016年，文化系统坚持把法制宣传教育工作作为提高文化管理水平的重要举措，制订出台相关方案，加大工作力度，完善制度建设，创新普法形式，不断增强文化系统领导干部和工作人员的宪法意识、依法行政意识、公民文化权益保障意识、知识产权保护和文化遗产保护等法律意识，提高学法用法能力，为加快文化立法进程、提高文化执法水平，推动文化事业建设，促进文化大发展大繁荣奠定了坚实的思想基础，营造了良好的氛围。

制定出台《文化系统贯彻落实〈中央宣传部、司法部关于在公民中开展法治宣传教育第七个五年规划（2016—2020年）〉实施方案》，作为“七五”期间文化法制宣传教育的指导性文件。2016年12月底，文化部印发《文化系统贯彻落实〈中央宣传部、司法部关于在公民中开展法治宣传教育第七个五年规划（2016—2020年）〉实施方案》。该方案确定了文化系统“七五”普法工作的主要目标，提出文化系统“七五”普法工作要遵循“坚持围绕中心，服务大局；坚持依靠群众，服务群众；坚持学用结合，普治并举；坚持分类指导，突出重点；坚持创新发展，注重实效”的工作原则。

编辑发行文化法规全书、文化法制决策参考、文化法规汇编等参考资料。2016年，文化部在全面清理文化法规的基础上，收录最新现行有效的、与文化建设密切相关的国际公约、法律、行政法规和法规性文件、司法解释、部门规章、规范性文件等，编辑发行了《中华人民共和国文化法规全书》，力求为文化工作者提供一部全面、简洁、实用的法制工具书。2016年，文化部政策法规司还编辑发行了6期《文化法制决策参考》，包括文化法制动态的及时反映、最新法规的权威解读、理论研究的前沿探索、典型案例的透彻剖析、实践经验的深入交流等重要内容。同时，文化部还编辑发行了《2015年文化法规汇编》，发放给文化部各处室和地方文化厅局作为法制宣传教育基础材料。

根据政府信息公开的要求，在文化部网站上及时公布最新文化法规、规章和规范性文件。对文化部网站上涉及文化政策法规的公众留言及时进行了回复。

文物事业

【概况】 2016年是文物事业发展极为重要的一年。全国文物系统认真贯彻习近平总书记重要指示批示精神，落实《国务院关于进一步加强文物工作的指导意见》和全国文物工作会议部署要求，抓主抓重、扎实工作，强化管理、改进作风，完成年度主要目标任务，实现

“十三五”良好开局。

【坚决贯彻落实党中央、国务院决策部署】 围绕学习贯彻习近平总书记系列重要指示批示精神，先后召开学习贯彻习近平总书记关于文物工作、考古及申遗、博物馆建设重要指示批示的全国文物系统座谈会，召开全国考古工作会议。组织中央媒体开展主题宣传活动，在《人民日报》《求是》等刊发学习文章，编印《全国文物系统学习习近平总书记文物保护重要论述体会汇编》。各地文物部门组织广大文物工作者认真学习、深刻领会习近平总书记重要指示批示精神实质和丰富内涵，不断把学习贯彻引向深入。

围绕贯彻落实《国务院关于进一步加强文物工作的指导意见》和全国文物工作会议精神，制定任务分工方案，层层落实各项任务和进度安排；制定长城保护、革命文物保护、博物馆建设、文物合理利用、文创产品、文物执法等政策措施。会同中央文明办将文物工作纳入全国文明城市测评体系，会同公安部将文物消防安全纳入省级政府消防工作考核体系。地方党委政府切实履行文物保护主体责任，把文物工作列入重要议事日程。

落实国务院“放管服”改革要求，取消考古发掘领队资格、文物进出境责任鉴定员2项职业资格和馆藏文物拍摄许可、考古发掘现场专题类直播类节目制作审批等7项中央指定地方实施文物行政许可事项；深化文物保护工程项目审批改革，指导各地制订项目年度计划，优化审批流程，规范审批行为，加强事中事后监管；发布《国有博物馆章程范本》，推进博物馆理事会建设试点。

编制实施“十三五”规划。国家记忆工程、“互联网＋中华文明”行动计划等纳入国家“十三五”规划纲要，编制《国家文物事业发展“十三五”规划》及大遗址保护、革命文物保护经费需求、信息化建设等专项规划。

按照国务院部署，完成第一次全国可移动文物普查，全国国有可移动文物共计108154907件（套），全国登录的文物收藏单位为11162家。

【不断提升文物保护水平】 围绕贯彻落实关于文物保护重要指示批示精神，围绕国家重大战略实施，积极推进文物保护重大项目，在服务国家经济社会发展上取得新进展，在改善文物保护状况上取得新成效。

落实关于长城保护重要批示精神，拓展长城保护行动，制订《“十三五”长城保护工程总体工作方案》，建成长城资源管理信息系统，推进长城沿线省级规划编制。2015—2016年累计安排中央财政专项资金7亿元，对长城保护修缮项目给予倾斜支持，加大长城保护工程排查监管力度，切实提高工程质量。吉林、黑龙江、河北、甘肃、宁夏全部划定公布长城保护区划。举办纪念《长城保护条例》颁布10周年系列活动，发布《中国长城保护报告》，成立京津冀长城保护联盟，开展长城保护公开课和“长城卫士”作品征集活动，普及长城保护知识。

印发《关于加强革命文物工作的通知》，召开革命文物工作座谈会和长征文物保护利用工作会议，对相关工作进行部署。延安革命旧址群保护提升工程、抗战文物保护修缮和展示利用工程成效明显，赣南等原中央苏区革命旧址保护利用工程全面实施，中央红军长征出发地、湘江战役、红军四渡赤水战役和会宁红军会师旧址等长征文物保护工程顺利推进。完成红军长征遗迹现状调查，开展长征文物保护专题宣传，出版长征文物保护阐释系列图书。

贯彻“一带一路”国家战略，召开援外文物保护工程与联合考古工作座谈会；推进“海上丝绸之路·中国史迹”申遗文本编制、保护展示和环境整治,组建海上丝绸之路保护和申遗中国城市联盟,举办海上丝绸之路国际学术研讨会。落实京津冀协同发展和长江经济带国家战略,召开京津冀文物保护协调推进会,推进北京城市副中心文物保护与考古工作,启动冬奥会相关文物保护工程,实施京张铁路整体保护利用示范项目;开展长江中上游文明进程和长江下游区域文明模式专题研究,启动川渝石窟保护工程。

广西左江花山岩画文化景观成功申遗,中国世界遗产总数达到50项,位居世界第二。“丹东一号”沉船遗址水下考古调查获得重要发现。组织河套地区聚落与社会专题研究,推进二里头遗址博物馆建设,加强良渚、景德镇御窑厂和圆明园遗址保护展示。实施文物援藏保护工程、儒家文化建筑遗产保护展示工程和万里茶道文物资源保护研究,推进国保省保集中成片传统村落整体保护利用项目。中国文物保护基金会实施“拯救老屋”行动计划,开展长城保护公募活动和英国北洋水师水兵墓修缮公募项目。组织82家博物馆开展预防性保护工作,实施123项馆藏文物保护修复项目,抢救修复8000余件文物。

【多措并举让文物活起来】 *发挥博物馆教育功能*。全国博物馆总数达到4873家,其中国有博物馆3576家、非国有博物馆1297家,免费开放博物馆4246家。开展第三批国家一级博物馆定级评估和国家一级博物馆运行评估工作,完成央地共建博物馆年度绩效评估。开展完善博物馆青少年教育功能提升示范项目,编写博物馆青少年教育工作指南,43家博物馆荣获全国公共文化设施开展学雷锋志愿服务首批示范单位。

发挥文物展览作用。推介10个纪念建党95周年和红军长征胜利80周年主题优秀展览。国家博物馆、军事博物馆举办的馆藏长征文物展和长征主题展,首都博物馆展出的南昌汉代海昏侯国考古成果展,引起广泛关注,取得良好反响。配合中拉文化年、中国—中东欧国家人文交流年、中卡文化年分别举办华夏瑰宝秘鲁行文物展、赴拉脱维亚丝路瑰宝展、赴卡塔尔华夏瑰宝展,举办沙特出土文物来华展和马来西亚海上丝绸之路来华展,为促进文明交流互鉴做出了积极贡献。

推进文创产品开发。印发《关于促进文物合理利用的若干意见》,召开促进文化文博单位文化创意产品开发座谈会,公布首批92家博物馆文创产品开发试点单位,完成编制《博物馆商业经营活动管理办法》。召开全国文博单位文化创意产品开发工作推进会,举办全国文博单位文化创意产品联展和第二届广州国际文物博物馆及版权交易博览会。举办第七届博物馆及相关产品与技术博览会,参展博物馆和企业近500家,创历史新高。

推动文物市场活跃有序发展。开展民间文物收藏和文物市场调研,召开关于民间合法收藏文物、文物市场与文物鉴定服务改革和文物拍卖管理工作座谈会,研究促进民间文物流通政策措施,印发《文物拍卖管理办法》。健全涉案文物鉴定管理制度,公布41家涉案文物鉴定评估机构,完成一批涉案文物鉴定工作。审核备案文物拍卖标的25万件(套),撤拍标的500余件(套),协调境外机构撤拍非法流失中国文物100余件。加强文物进出境审核管理,推广进出境文物电子标签,审核出境文物及复仿制品14万件(套),禁止出境文物1100余件(套)。北京海关向北京市文物局移交罚没文物近1.8万件。

【切实加强文物执法督察和安全监管】 *开展执法督察行动*。启动文物法人违法案件专项整治三年行动,严肃查处湖北红安七里坪革命旧址、黑龙江哈尔滨刘亚楼故居等一批法人违法案件并公开曝光，社会反响强烈，达到预期效果。开展为期 3 个月的长城执法专项督察，全面检查长城沿线省级政府和文物行政部门履行长城保护职责情况，督察结果上报国务院并反馈地方政府，向社会公开。成立京津冀文物执法协作体，实施京津冀长城执法联合巡查试点和陕西府谷明长城无人机遥感监测试点，向 3436 名长城保护员颁发工作证书和巡查制服。对长沙、南京两市 20 个县区不可移动文物进行卫星遥感整体监测，对 20 处省级以上文保单位的保护范围和监控地带进行试点监测。发挥"12359"文物违法举报热线作用，畅通社会监督渠道。

*加大安全监管力度。*开展文物建筑消防安全抽查暗访和隐患排查整治行动，检查文保单位 1.8 万余家，发现各类火灾隐患 1.7 万余项，已整改火灾隐患 1.5 万项。扎实推进文物平安工程，继续实施文物消防安全百项工程，开展文物建筑消防物联网远程监控试点。全年督办涉嫌文物违法犯罪事项和安全隐患事项 216 件，公开曝光一批违法犯罪典型案件和文物安全重大事故，约谈河北唐山和遵化、山西晋中和平遥、山东即墨、重庆南岸区等重大案件、事故发生地政府负责人。

*加大打击文物犯罪力度。*与公安部召开打击和防范文物犯罪工作研讨会议，全国公安机关文物犯罪立案数大幅增加；部署开展重点地区打击文物犯罪专项行动，联合督办河北清东陵连续被盗、四川眉山"5·1"特大盗掘倒卖文物、陕西淳化盗掘古墓葬等案件。两高关于文物犯罪司法解释正式施行，与两高开展文物行政执法与刑事司法衔接机制研究。与中国海警局起草我国管辖海域文物执法工作办法及操作规程。

【持续拓展文物对外交流合作】 *加强与各国政府和国际组织合作。*与沙特、希腊、印尼签署文化遗产领域政府间合作谅解备忘录，实施中国—东盟文博考古人才培训计划。"文物带你看中国"3D 展示系统实现 30 个海外文化中心的全覆盖。举办首届丝绸之路（敦煌）文化博览会丝绸之路文化遗产论坛，阐述中国文物保护理念和行动。与联合国教科文组织等共同举办国际博物馆高级别论坛，就博物馆社会责任、从业道德和技术标准展开讨论。

*文物援外工作和境外合作考古项目稳步推进，成为文化领域"一带一路"建设的重要收获。*援助蒙古辽代古塔抢险加固工程顺利完工，援助柬埔寨吴哥古迹茶胶寺、乌兹别克斯坦希瓦古城、尼泊尔加德满都九层神庙等保护项目有序推进，完成缅甸灾后蒲甘佛塔前期勘察评估。支持中国社会科学院考古所、故宫博物院、国家文物局水下文化遗产保护中心及陕西、湖南、云南相关文博机构在乌兹别克斯坦、印度、沙特、哈萨克斯坦、孟加拉国、老挝开展联合考古项目。

*推动与港澳台文物交流合作。*促成台湾佛光山收藏的河北幽居寺释迦牟尼佛首造像回归。举办两岸唐三彩暨低温釉陶学术研讨会和两岸唐三彩交流展，实现 1949 年运台文物首次来大陆展出。举办第七届海峡两岸文化遗产论坛，组织第三届台湾历史教师中华文化研习营。赴香港举办海上丝绸之路文物展。

【扎实做好文物保护基础工作】 *制度建设有新成果。*制订《国家文物局贯彻落实〈法治政府建设实施纲要（2015—2020 年）〉实施方案》，进一步完善文物保护法修订草案。出台《长城执法巡查办法》《长城保护员管理办法》《国保单位保护工程竣工验收暂行办法》，强化文物保护措施。修订《非国有博物馆设立标准》《非国有博物馆章程范本》，支持非国有博物馆发展。完成20项国家标准报审和12项行业标准制修订,颁布21项文物保护装备标准。

文物科技创新有新进步。召开全国文物科技工作会议,颁发文物保护科学和技术创新奖,落实创新驱动发展战略。实施国家科技支撑计划世界文化遗产地风险预控关键技术、文物数字化保护标准体系及关键标准研究与示范项目。新设7家国家文物局重点科研基地,支持浙江文物保护区域创新联盟、陶质彩绘文物保护和物联网建设技术创新联盟开展科技攻关。建设国家文物保护装备产业基地和协同工作平台,实施文物保护装备产业标准化示范项目。

深入实施文博人才培养"金鼎工程"。举办各级各类培训项目55个,培训各类人才3300人次。举办西藏、新疆生产建设兵团文博干部和西北、西南地区国保单位保护管理培训班,帮扶西部地区基层文博单位培养人才。完成全国文物与博物馆专业学位研究生教育指导委员会换届工作,实施高层次文博行业人才提升计划。4人入选文化部青年拔尖人才培养计划,编撰纸质、纺织文物保护概论,制作文博名家视听教程。

文物宣传工作主动性明显提高。成功举办国际博物馆日内蒙古博物院主会场活动、中国文化遗产日承德主场城市活动。围绕全国文物工作会议、长征文物保护、长城保护等开展系列主题宣传活动,加大新闻发布和信息公开力度,加强官网、微博、微信新媒体建设,主动回应社会关切,加强热点舆情监测,引导社会舆论,收到良好效果。

(国家文物局　张有为)

部属单位文化发展

文化部信息中心

【概况】 2016年,文化部信息中心深入学习贯彻党的十八大和十八届三中、四中、五中、六中全会及习近平总书记系列重要讲话精神,严格按照"两学一做"专题教育活动部署开展专题学习研讨,注重加强培训交流,积极推进各项工作的开展,在政府网站建设、系统运行维护、网络安全保障、数据资源建设和信息应用服务等领域取得良好业绩。

【加强政府网站建设管理,充分发挥网站的宣传和服务作用】 贯彻落实国办要求,建立完善政府网站建设和管理机制。中心有针对性地加强了指导、监督,建立健全政府网站建设运维、检查整改、评优问责等常态化监管机制,切实提高政府网站建设管理水平。开展了文化部政府门户网站常态化监测项目,发现问题及时整改,为网站健康运行提供了有力保障。启动文化部政府门户网站改版工作,针对监测中发现的检索效率低、移动终端适应性差等功能性问题,集中进行技术升级。

做好文化部政府门户网站信息发布和新闻宣传工作。2016年文化部政府门户网站共发布各类政务信息7000余条,开展新闻发布会网上直播14场,在线访谈2次,制作各类宣传视频24个,推出"中国非物质文化遗产传承人群研修培训计划与传统工艺工作站"等热点专题4个。"文化资源展馆"栏目被电子政务理事会评为"2016年政府网站信息公开精品栏目奖"。

【完善文化部电子政务平台建设,提升文化治理水平】 2016年年初,文化部电子政务平台投入使用,极大优化了业务流程,提高了办公效率。文化部电子政务平台分为专网平台和内网平台两个部分。其中,专网平台采用云部署模式,实现了服务器虚拟化和桌面云,在网络层面实现了省级文化行政部门和直属单位全覆盖。截至2016年底,文化部电子政务平台处理文件1.3万余件,部署云桌面客户端近500台;平台应用系统新增和调整功能100余项,并对公文查询、编号、打印、处理等多个页面和流程进行优化;增设入网审批、统一认证登录等功能模块。文化部财务系统、票据管理系统、护照签证系统、文华奖专家管理系统等多个业务系统已陆续迁移至专网平台中,平台功能已从公文处理向核心业务支撑方向发展。

同步加强文化部信息基础设施集约化建设。一是利用云计算技术,夯实信息基础设施建设。对中心机房基础设施进行虚拟化改造,完成政务云建设,提高对文化部电子政务信息系统的支撑能力。二是完成文化部财务管理系统虚拟化平台建设工作。文化部31家直属单位34个财务管理系统全部迁移至虚拟化平台,实现了财务数据的集中管理、统一部署和统一建设。三是全力推进视频会议系统建设工作。依托文化部电子政务专网平台完成视频会议系统直属单位节点建设和主会场改造工程,全年共使用视频会议系统召开文化部系统和全国性文化工作会议8次,大大节约了会议成本,提高了工作效率。

【开展文化政务信息资源建设,推进数据业务应用】 为贯彻落实国家"互联网+政务服务"工作有关要求,加快推进文化部政务公开和信息资源共享,以文化部关键业务为核心,中心初步完成文化部政务信息资源库建设任务。2016年,文化部政务信息资源库通过梳理文化业务事项和所产生的政务资源,形成了“内部资料库”“政策法规库”和“公共资料库”,共收录《文化部简报》《情况通报》《工作交流》《工作动态信息》以及《习近平关于文化工作重要论述摘编》《中华人民共和国文化法规全书》等政务信息资源近2000篇。为了进一步深化政务信息资源建设,还开展了文化政务信息领域大数据应用课题研究,以及文化科技项目等资源库规划设计和资料整理工作。

【提高系统运维管理水平,增强网络安全保障能力】 一是继续推进文化部安全管理和技术支撑平台建设,提高文化部系统网站安全监测预警能力。平台通过互联网收集、关联和实时分析文化部系统网站安全监测数据,及时发现和识别安全隐患,为预警、应急响应和事件调查提供支撑。2016 年底,平台已实现对地市级以上文化行政管理部门互联网网站安全监测和通报预警;实现对文化部系统72 个信息系统的统一安全管理和运营。

二是加强运维管理,保障系统安全可靠运行。建立统一运维管理、统一备份系统,实现了电子政务专网平台本地和异地数据备份。进一步完善运维管理制度、应急预案和应急规程,明确工作职责,细化运维流程,提高了系统应对突发应急事件的处理能力,保障系统安全稳定运行。

三是深入开展等级保护工作,提高信息系统安全保障能力。开展等级保护测评工作,并根据测评结果进行整改,进一步加强网络安全管理,优化安全措施和安全策略,完成了 2016 年度文化部互联网网站统计和安全检查工作。重点开展文化部网络安全和信息通报工作,及时将高风险漏洞通报相关单位并给予技术支持。

【发挥文化部网络安全和信息化领导小组办公室职能,推动网络安全和信息化工作有序开展】 根据工作实际,调整了文化部网络安全和信息化领导小组及其办公室成员,进一步加强对文化部网络安全和信息化工作的统筹指导。参与中央网信办牵头的《“十三五”国家信息化规划》编制、起草工作。积极推进“放管服”信息共享工作,协调文化部有关司局梳理信息共享清单,落实信息系统对接工作,为下一步推进“放管服”信息共享工作奠定基础。

（袁　媛）

国家艺术基金管理中心

【概况】 2016 年,国家艺术基金管理中心在文化部、财政部和基金理事会的领导下,全面贯彻落实党的十八大和十八届三中、四中、五中、六中全会精神,深入学习贯彻习近平总书记系列重要讲话精神,特别是关于文艺工作的重要讲话精神,坚持“按制度管理、按程序运行”,确保“公平公正、公开透明”,不断完善制度体系建设,有序开展申报评审工作,强化项目实施监督和结项验收,资助项目成果初步显现,较好地完成了年初确定的各项目标任务。

【坚持按制度办事,用纪律管人】 坚持把纪律和规矩摆在前面,树起“道德”高线,划清纪律“底线”。经过三年多的努力,初步形成了以《国家艺术基金章程》为核心,由 90 件资助项目管理规范性文件和内部控制规章制度构成的比较完善的制度体系。注重信息公开,发布了《国家艺术基金 2016 年度资助项目申报情况报告》《国家艺术基金 2016 年度项目评审报告》《国家艺术基金滚动资助项目评审报告》《国家艺术基金 2016 年度项目评审监督报告》和《国家艺术基金2014年度资助项目监督报告》，基本形成了国家艺术基金报告体系。健全监督机制，在专家抽取环节引进媒体监督，对专家复评实行第三方监督，做好内容监督，完善内控机制，查找、排除风险点。完善财务管理制度，做好财务日常管理和项目经费监管，保证了财务工作的科学性和规范性。

【坚持制度为本，完善体系】 *发展方向更加明确。*在全面总结、深入调研的基础上，广泛征求各方面意见，组织专家研究论证，编制《国家艺术基金"十三五"时期资助规划》，明确了未来五年艺术基金工作的指导思想、方针原则和目标任务。"十三五"期间，艺术基金坚持"突出导向、控制数量、提高质量、加强管理"的工作思路，围绕中心，服务大局，引导项目主体申报和实施项目符合党、国家和人民的精神文化需求，推动艺术事业繁荣发展，出人才，出精品，出"高峰"。

*管理制度更加完善。*落实文化部党组部署和艺术基金理事会安排，根据中央有关文件精神和《国家艺术基金章程》，制定了《关于落实意识形态工作责任制加强资助项目政治导向管理的办法》《国家艺术基金接受社会捐赠管理办法》《国家艺术基金信息化工作管理办法》等艺术基金的规范性文件。围绕做好资助项目管理工作，修订了《国家艺术基金资助项目申报指南》，制定了《国家艺术基金资助项目评审指南》《国家艺术基金资助项目监督指南》《国家艺术基金滚动资助项目管理若干规定（试行）》《国家艺术基金2016年项目监督管理工作方案》《国家艺术基金2015年度资助项目结项验收办法》《国家艺术基金资助项目成果运用和推介实施方案》等项目管理的规范性文件。

*内控机制更加健全。*注重发挥理事会职能作用，强化理事会、管理中心和专家委员会三位一体、相辅相成的工作机制。结合国家艺术基金管理中心内部管理工作的要求，制定了《国家艺术基金内部控制管理办法》《国家艺术基金管理中心合同签署管理规定》《国家艺术基金管理中心档案资料收集管理办法》《国家艺术基金管理中心机要文件管理办法》《国家艺术基金资助项目管理流程台账》等工作制度，规范了合同签署、招标采购、档案整理、机要文件运转等工作环节。按照加强干部考核管理工作的相关要求，对管理中心负责同志岗位分工做了轮换并报文化部备案。

【优化项目申报评审工作流程】 *申报指南更加科学。*发布2016年度资助项目申报指南，广泛开展解读宣讲、培训辅导、申报动员工作。共有6493个各类机构和个人作为申报主体申报了7248个项目，与2015年度相比，申报项目数量增加2846项，增幅为64.7%。认真总结项目管理工作经验，修订发布了2017年度资助项目申报指南，提早了申报评审时间，适度扩充了资助范围，调整了部分资助项目资金拨付方式，使之更符合艺术创作生产、传播交流推广和人才培养规律以及艺术单位、机构和艺术家的实际需求。

*评审程序更加严密。*强化了项目审核环节，在初评开始前，从各省（区、市）文化行政部门推荐的工作人员中抽调了8位同志，对申报项目进行逐项审核。有563个项目因申报主体资格和申报材料不符合规定要求，未能通过项目审核。由于项目审核更为严谨细致，通过率较上一年度下降近6%。制定了评审指南，从内容导向、艺术质量、项目设计和实施方案等方面提出评审要求，规范评审标准。引进第三方监督，贯穿项目申报、评审、专家抽取等关键环节。强化回避原则，以"双

随机”方式安排项目分组和专家抽取。初评工作实现了专家通过信息系统远程独立“盲评”，自动汇总评审结果。参评专家对评审工作更加重视，共有1306位专家提交了有效的初评结果，提交率96.9%，较上一年度提高近4%。对2055个项目组织了会议复评，安排856个项目的申报主体到北京参加了复评答辩。项目公示期间，接听问询电话300余个，接收并回复电子邮件和信函方式的投诉、问询16起。2016年共有966个项目获得立项资助，资助项目总量较2015年增长了32.7%，资助资金总额约为7.3亿元。

*专家管理更加规范。*实行专家库动态管理，经各省级文化行政部门推荐，新增专家1542位，艺术基金专家库现有专家6712位。坚持“大比例使用专家”“结构化抽取专家”，邀请媒体记者现场见证专家抽取工作，2016年共有1348位专家参加了项目初评，416位专家参加了项目复评，与2015年相比，参评专家更新率达到60%。落实“先培训，后评审”要求，召开国家艺术基金2016年度专家大会。文化部领导出席会议并做重要讲话。艺术基金理事会理事、专家库专家、文化部、财政部相关司局及责任处室负责同志，各省（区、市）和部队系统文化厅（局）主要领导、分管领导、责任处室和艺术基金委托管理机构负责同志约5000多人，分别在北京主会场和各地分会场参加了电视电话会议。在每组项目复评工作开始前，管理中心组织召开复评专家见面会，再一次向评审专家解读资助项目评审指南，明确评审注意事项，帮助专家加深对参评项目的认识和理解，以便更好地开展评审工作。

【强化实施监督和结项验收】 *实施监督工作不断优化。*针对资助项目成倍增长的实际情况，从“点对点”监督转变为“点面结合”集中巡查监督，组织监督专家65人次，先后赴桂、鄂、沪、吉、青、粤、湘、新、皖、冀、贵、鲁等12个省区市开展集中巡查监督，对29个省区市的404个立项资助项目进行了巡查监督，覆盖了2015年度立项资助的全部“大型舞台剧和作品”“传播交流推广”“艺术人才培养”资助项目，以及所在省份全部“小型剧（节）目和作品”“青年艺术创作人才”资助项目。集中巡查期间，项目实施主体围绕项目实施情况、经费使用情况和工作计划等做了专题汇报，监督专家对项目逐一点评，肯定成绩，指出问题，提出建议，并填写《国家艺术基金2015年度资助项目实施情况表》作为项目中期拨款依据。采取“点面结合”方式，组织专家重点抽查部分演出、展览和人才培养类项目，分析优劣，提出意见。通过集中座谈、听取汇报、反馈意见、现场监督的方式，进一步加强基金指导，强化地方责任，促进各省项目实施主体间的沟通交流，吸取好的经验做法，同时促进了艺术基金地方工作体系建设。

*项目监管更加有效。*加强内容监管，严把政治导向和实施质量关。在监督过程中，针对项目开展不报告、项目变更不报批、项目实施不报备，实施内容缩水、实施质量下降，基层院团主创变更随意，部分院校大型舞台剧和作品项目巡演困难，以及个别主体不配合巡查工作等问题，按相关制度文件规定，严格要求项目实施主体及时补充材料，规范项目实施，保证项目实施质量。同时，就现场监督发现问题苗头的项目，及时约谈了7个项目实施主体，采取暂停拨款、暂停实施等措施，按要求整改后“再演、再展、再开班”。

*结项验收工作顺利开展。*根据不同项目类别的结项要求，项目实施主体分别提交了项目实施报告、财务审计报告、作品音视频文

件、媒体评价材料、专家研讨会纪要、观众意见表、项目实施现场照片、合同复印件、财务报表等结项材料，美术类项目提交了作品原件。管理中心采取集中评审、分类编组、分批验收的方式，组织371人次专家，对2014年度立项资助的393个项目进行了结项验收。其中，379项通过验收，8项未通过验收，1项中期监督不合格，4项延期结项，1项撤项处理，结项合格率96.4%。

【资助项目成果初步显现】 *启动滚动资助项目立项评审工作。*开展了“大型舞台剧和作品创作”和“美术、书法、摄影作品创作”滚动资助项目申报评审工作。大型舞台剧和作品滚动资助项目初评与结项验收同步实施。组织艺术项目管理专家和财务专家35名，根据项目所属的艺术门类，按“戏曲”“话剧、儿童剧、小剧场话剧”“歌剧、音乐剧、交响乐、民族管弦乐”“舞剧、杂技剧”分成4个评审组，就项目艺术质量、社会效益和实施情况等进行了综合评分，共24个项目进入复评。遴选包括艺术理论评论、编剧、导演、表演、音乐作曲、舞美设计和项目管理等方面的26名专家，集中观看24个大型舞台剧和作品的视频录像，集中评议讨论后独立对项目进行排序。经评审，确定《保婴记》《白毛女》《沙湾往事》《水莽草》《探亲公寓》《八女投江》《大汉苏武》《徽商传奇》等8个项目为滚动资助项目。同时，遴选20位美术、书法、摄影创作人才滚动资助项目评审专家，涵盖理论评论、中国画、油画、版画、雕塑、水粉(彩)画、工艺美术、书法、摄影等业务类型。将通过结项验收的90个项目共216幅(件)作品，分为“中国画、书法”“漆画、工艺美术”“油画、水彩(粉)画、版画、雕塑”和“摄影”等4个评审组。经评审，在美术、书法、摄影青年创作人才项目中，确定了47位艺术家的103幅作品。积极探索、创新项目宣传推广方式，与牛至网、雅昌艺术网合作，组织开展了滚动资助项目网上投票活动，覆盖人群超过500万人次。

*支持优秀项目提高质量扩大影响。*对获得滚动资助的8部大型舞台剧和作品，以“聚焦于改，以改为主”的工作重心和“两改两演”的工作思路，组织相关领域专家逐个剧目召开研讨会，开展研讨分析、指导辅导，并协调光明网和《光明日报》《中国文化报》《艺术评论》等主流媒体和地方媒体参加研讨会，进行专题跟踪报道，扩大宣传，形成专题、专版报道12次，新闻稿件20余篇，深度报道稿件15篇，累计转载量超过百次，进一步为深入开展艺术批评营造良好氛围；对获得滚动资助的103幅美术、书法、摄影作品，指导有资质的展览机构通过竞争性方式申报艺术基金传播交流推广项目，组织开展展览出版活动，形成带动示范效应。美术、书法、摄影青年艺术创作人才优秀作品展览于2016年11月20日在江西南昌首展，之后将在全国20个省(区、市)进行大范围巡展。

*资助项目成果逐步显现。*尊重艺术本体，遵循艺术规律，使艺术基金工作更好地服务于创作精品力作，推出优秀人才的目标。2016年，入围第十五届“文华奖”终评的57部作品，有45部为艺术基金资助项目，占比79%；荣获“文华大奖”的10部剧目，有8部为艺术基金资助剧目，占比80%。荣获“文华表演奖”的10位演员，有6位演员的参评剧目为艺术基金资助剧目，占比60%。参加第五届全国少数民族文艺会演的28部剧目，有16部为艺术基金资助项目，占比57%；获得“金奖”的6部剧目，有5部为艺术基金资助项目，占比83%；获得“银奖”的13部剧目，有7部为艺术基金资助项目，占比54%。此外，艺术基金资助项目在上海国际艺术节、话剧邀请展和各省地方优秀剧目进京展演等活动中都

占有较高比例。在国(境)外开展的传播交流推广项目有力地配合了文化外交工作大局，得到演出国家和地区观众的欢迎和赞誉。艺术人才培养项目在培养保留剧目传承人、高水平艺术创作人才和复合型经营管理人才等方面发挥了重要作用。

【深入调研，促进工作】 深入开展专题调研。管理中心先后赴北京、内蒙古、上海、江苏、湖南、深圳等省区市开展了“艺术基金对促进艺术事业健康发展的意义”“艺术创作生产成本结构”等专题调研，先后与北京演艺集团、内蒙古民族艺术剧院、呼和浩特民族演艺集团有限公司等艺术单位、机构领导、专家及相关负责同志300余人召开了座谈会，听取了各方对艺术基金工作的意见、建议。同时，在苏州市组织召开了昆曲院团申报国家艺术基金辅导座谈会，北方昆曲剧院、上海昆曲剧团、江苏省昆剧院等8家昆曲院团的领导和负责艺术生产的同志近40人参加了申报辅导座谈会。由于调研课题设置兼具理论性、实践性和指导性，2016年，组织策划申报的“国家艺术基金发展研究”课题获国家社科基金艺术学项目立项资助，申报的“国家艺术基金大数据的分析与利用”项目获得国家文化创新工程立项资助。

提高大数据分析与利用。管理中心自主研发的“国家艺术基金资助项目申报评审管理系统”获得软件著作权认证。依托这一系统，实现了直接面向社会受理项目申报，通过信息系统组织项目评审和实施进程管理的目标，提高了工作效率，保证了工作质量，维护了公平公正。信息系统积累的数据资源也为艺术基金自身发展以及文化行政部门决策和艺术单位、机构创作、运营提供了“大数据”支持。管理中心根据三年来艺术基金专家使用和资助项目整体情况，对“大数据”进行了分类整理和分析研究，形成了《国家艺术基金专家库建设情况报告》《国家艺术基金资助高等院校艺术项目情况统计分析》《国家艺术基金资助剧目参加国内重要艺术活动和获奖情况统计》《国家艺术基金资助“走出去”项目情况报告》《国家艺术基金资助项目带动投入情况统计分析》等专题分析文章。

【加强交流合作，服务对外文化工作】 加强对国(境)外实施项目的指导。2016年，艺术基金支持艺术单位、机构“走出去”讲好“中国故事”，赴国(境)外开展传播交流推广活动28项。按照“走前听汇报，事后有总结”的工作思路，进一步做好国(境)外传播交流推广项目的指导协调与监督管理工作，及时掌握项目实施情况，跟踪项目动态。故宫博物院的“盛世繁华——紫禁城清代宫廷生活艺术展”、中央美术学院的“2016年‘欢乐春节：艺术中国汇’纽约系列推广活动”、北京蔡国强艺术工作室的“艺术怎么样——中国当代艺术作品展”、内蒙古民族艺术剧院的“美丽的草原我的家——蒙古族无伴奏合唱国外巡演”、广西壮族自治区戏剧院的“《刘三姐》走东盟”、甘肃省歌舞剧院有限责任公司的“舞剧《丝路花雨》新加坡台湾演出”等“走出去”项目，在国外演出深受欢迎，广受赞誉。

积极开展对外交流合作。组织国家艺术基金代表团先后出访智利、乌拉圭、阿根廷和我国香港、澳门地区，学习借鉴国(境)外同类基金运作经验；会见美国国家艺术基金、美国史密森尼学会、澳大利亚艺术理事会、奥地利萨尔兹堡市政府、百加得集团和中国香港民政事务局及文化艺术界等机构代表团，探索与国(境)外重要文化艺术机构交流合作，扩大了艺术基金的国际影响力。与澳门基金会签署了《国家艺术基金和澳门基金会建立合作伙伴关系备忘录》，在专家推荐、项目交流和人才培养合作机制建设等方面达成协议。

（赵　茜）

中国艺术研究院

【概况】 2016年，中国艺术研究院认真贯彻落实党中央的大政方针及文化部的安排部署，开拓创新、真抓实干，围绕“全国一流、世界知名”的发展目标，在保持艺术科研、艺术创作、艺术教育的传统优势基础上，开拓新的发展空间，努力做到工作上有亮点、格局上有拓展、专业上有声誉、社会上有地位、国际上有影响。

【立足长远，谋划改革发展新思路】 2016年是“十三五”规划的开局之年，中国艺术研究院立足长远，着眼于在新起点、新形势、新机遇下要有新思路、新境界和新作为的时代要求，制定“十三五”时期发展改革规划，提出以“六”项主要职能、“五”大业务板块、“三”类国家级信息库、“三”大国家级中心、“一”个世界一流学科为核心内容的“六五三三一”战略，围绕学术立院、人才兴院、智库强院、开放办院的定位，全面规划艺术科研、艺术创作、艺术教育、非遗保护、高端文化智库、期刊出版、信息化建设、公共文化服务、对外文化交流、收藏工作、文化产业等11个方面的重点工作。

在谋划改革发展思路的过程中，中国艺术研究院从国家文化发展全局出发，响应党中央“重点建设一批具有较大影响和国际影响力的高端智库”的战略部署，确立建成国家级新型文化艺术高端智库的战略目标，整合全院资源，大力推进以政策咨询、决策建议为核心的国家级文化艺术智库建设。

【扎根学术，巩固艺术科研领军地位】 2016年，中国艺术研究院继续发挥国家级文化艺术综合研究机构的学术领航作用，积极开展各类高端学术活动，推出一批具有重大影响力的科研成果，巩固了艺术科研领军地位。

全年度中国艺术研究院获批国家社科基金艺术学项目5项，入选数量位列全国第二；获批文化部文化艺术科学研究项目12项，入选数量位列全国第一。院内共立各类科研项目83项，受理50多项国家社科基金艺术学项目的年度检查工作，完成国家社科基金艺术学项目9项、文化部文化艺术科学研究项目1项和院内项目4项，巩固了原有业务优势。

为引领学科建设，中国艺术研究院推出一批重大奠基性学术成果，全年共出版图书113部。其中，历时12年编撰完成的大型学术典籍《昆曲艺术大典》共149册，对昆曲的抢救、保护、传承具有里程碑意义；历时60年编撰完成的《中国乐舞史料大典》，为中国舞蹈文献学的发展奠定了基石；历时20余载编撰完成的《中国话剧艺术史》成为迄今为止规模最大、内容最丰的话剧史著。“中国艺术研究院学术文库”丛书项目共出版57部院内学者的标志性研究成果，取得重要阶段性进展。

为激发学术活力，中国艺术研究院进一步加大学术交流力度，举办了“建构理性之维——中国抽象艺术研究展学术研讨会”“2016中国艺术人类学年会暨国际学术研讨会”“‘技·道与中国工艺美术的未来’学术研讨会”“梅兰芳精神及传播国际学术研讨会”等23项高水平全国性专题学术活动，领域涵盖美术、音乐、舞蹈、戏曲、话剧、曲艺、摄影、电影等各个艺术门类。针对文化艺术热点问题，院属各所举办前沿性学术论坛，其中12期“青年文艺论坛”得到全国青年学者的广泛支持和参与。

【力出精品，引领艺术创作潮流】 2016 年，中国艺术研究院围绕国家重大主题活动，推出一系列精品力作，促进创作人才梯队建设。

中国艺术研究院深入开展“深入生活、扎根人民”主题实践活动，组织艺术家到延安、新疆、甘肃等地写生、调研，加强艺术积累，从源头上推动艺术创作。

中国艺术研究院坚持以人民为中心的创作导向，举办了大型主题系列展。其中，由朱乐耕、徐累、何家英、赵建成等 12 位著名艺术家精品展构成的“人民形象　中国精神——中国艺术研究院著名艺术家精品展暨捐赠展”展现了中国艺术研究院艺术创作的领军实力，由 120 位艺术家参加的“人民形象　中国精神——中国艺术研究院艺术创作大展”是全院艺术创作队伍第一次集体亮相。此外，中国艺术研究院举办了“大美篆刻——走进生活中的篆刻艺术作品展”巡展，使篆刻艺术走向民众，贴近生活；“含英咀华——中国艺术研究院工笔画精品展”“第三届中国当代工艺美术双年展”等大展亦展现了中国当代艺术创作的最高水平和发展趋势。

以支持艺术创作新生力量为主旨，中国艺术研究院致力于优化创作人才结构，形成长效机制，启动“文化传承 · 丹青力量——中国艺术研究院中青年艺术家系列展”，举办“中国青年雕塑邀请展”等活动，推出新人新作，展示中青年艺术家的创作活力。

【立德树人，培养艺术高端人才】 2016 年，中国艺术研究院继续保持办学优势，着力完善教育机制，有效提升办学水平，确保学位授予质量。

院研究生招生数量再创新高，博士研究生报考 928 人，录取 58 人；硕士研究生报考 760 人，录取 119 人；艺术硕士报考 300 人，录取 100 人，招生优势凸显。全年度有 48 人获艺术学博士学位，87 人获艺术学硕士学位，81 人获艺术硕士专业学位，为国家输送了高端艺术人才。

中国艺术研究院努力增强教育实效，完善课程体系，构建学术学位和专业学位两翼并重格局，强化分类培养机制。研究生院进一步推进学位授权点评估建设工作，启用“研究生综合管理信息系统”，提升教务管理水平。

【加强研培，深化非遗保护工作】 2016 年，中国艺术研究院努力构建非物质文化遗产保护学科体系，搭建区域化、国际化培训平台，推进国家级非遗信息数据库建设。

在以科研促保护方面，中国艺术研究院开展“国家级非物质文化遗产保护研究基地”专项课题研究和成果出版工作；

在提升传承水平方面，中国艺术研究院举办了“联合国教科文组织《保护非物质文化遗产公约》履约报告培训班”及 6 期境外非遗培训班，使“境外 + 境内”培训模式趋向成熟；

在数字化保护方面，中国艺术研究院加强标准体系建设，完成《非物质文化遗产数字化保护专业标准》网络公示等工作，使数字化保护有章可循；

在非遗宣传推广方面，中国艺术研究院主办了“第四届中国非物质文化遗产博览会”，赢得广泛赞誉。

此外，中国艺术研究院还举办了“二十四节气列入联合国教科文组织‘人类非物质文化遗产代表作名录’保护工作座谈会”，与业界专家共同研讨“申遗”成功后的保护与弘扬事宜。

【引领导向，打造权威学术平台】 中国艺术研究院进一步加强期刊出版工作，确保正确办刊导向，落实意识形态工作责任，构筑全学科覆盖的学术平台和宣传阵地，打造国内最高水平期刊群。

《文艺研究》《美术观察》《艺术评论》等18个期刊坚持“导向正、水准高、影响大”原则，加强刊物分层管理，保持学术纯度。其中，《文艺研究》代表国家最高学术水准刊物，主动参与制定学术规则、学术制度和学术评价标准，树立业界学术权威，被文化部公示推荐进入国家新闻出版广电总局“政府奖”之列；其他期刊亦将办刊质量视为生命线，努力推介有权威、有影响的学术成果；《炎黄春秋》《中华英才》也不断提升办刊品质。

此外，各期刊还举办各种学术活动，为业界搭建高端学术交流平台。譬如，《文艺理论与批评》参与主办了“中国艺术研究院马克思主义文艺理论研究所建所暨《文艺理论与批评》创刊30周年纪念研讨会”；《中国摄影家》主办了“黄成江‘荷’系列摄影作品创作座谈会”“‘相约木兰围场’中外摄影家大PK活动”“‘绿水青山　乡土家园’全国第八届‘群艺杯’摄影艺术展览”等活动；《中华文化画报》《传记文学》等也发挥自身优势，围绕年度重要文化话题和事件，组织策划了系列专题栏目。

文化艺术出版社是隶属于中国艺术研究院的综合性出版机构，2016年出版图书180余种，其中《观念的格调——中国当代新工笔画图文集萃》体现出新水墨对塑造时代精神的重要价值，获“中国最美的书”称号。

【拓展渠道，提高对外交流水平】　为促进文化艺术交流，中国艺术研究院努力拓展对外文化交流渠道，构建学术交流与国际合作的高端平台。

中国艺术研究院响应国家“一带一路”倡议，凭借专业优势和丰富经验，参与主办了第一届“‘一带一路’文化遗产国际学术研讨会”，参加“首届丝绸之路（敦煌）国际文化博览会文化年展”及学术研讨活动，大力推动了“丝路”文化交流合作。

为促进海峡两岸的文化认同，中国艺术研究院以“文化部两岸文化研究基地”为平台，编发《台湾文化动态》，参与主办“第七届两岸汉字艺术节”“第四届两岸文化发展论坛”，从而在海峡两岸之间搭建了高规格平台，打造两岸学界文化交流品牌活动。

中国艺术研究院还积极组织具有较大学术影响力的专家学者、艺术家赴中国港澳台地区及国外进行学术讲座、国际研讨以及艺术推广活动，扩大中华文化艺术的国际影响力和认知度。

【回馈社会，推进公共文化建设】　中国艺术研究院秉持善尽社会责任原则，强化公共服务意识，参与重大文化设施建设工程，助推国家文化扶贫大业。

为加大文化惠民力度，中国艺术研究院把中国工艺美术馆、中国非物质文化遗产馆“两馆”建设作为全院工作的重中之重，促进公共文化基础设施建设。

中国艺术研究院持续开办“凤凰中华艺文讲堂”“文化中国讲坛”等专业性、高端性、公益性学术讲坛，让听众分享艺术家与专家、学者的精神财富，加深公众对艺术的理解与认识，提高公众的艺术鉴赏力与审美判断力，满足人民群众的多层次精神文化需求，逐渐形成独特的学术品牌。

中国艺术研究院参与“春雨工程——全国文化志愿者边疆行活动”，组织艺术名家到新疆、宁夏等地举办大讲堂活动，并承办文化部“西藏非物质文化遗产保护定向培训班”，将文化艺术及非遗保护等知识的普及引入基层公共文化建设中。

为助推精准扶贫工程，中国艺术研究院

与贵州省黔西南布依族苗族自治州签署了《非物质文化遗产保护与文化扶贫合作协议》,并向12家边疆省份少数民族地区国家级贫困县的图书馆和艺术院校捐赠学术文库丛书,帮助当地人民从精神上摆脱贫瘠状态,让基层群众共享文化发展成果。

(林　琳)

国家图书馆

【概况】 2016年是国家图书馆的"创新发展年",一年来,国家图书馆圆满完成全年各项工作任务,为促进现代公共文化服务体系建设、传承弘扬中华优秀传统文化做出新贡献。

【馆藏规模持续增长,国家文献信息资源保障能力稳步提升】 国家文献战略储备库项目进展顺利。国家文献战略储备库项目被列入国家"十三五"规划纲要的重大文化工程。目前,已完成项目用地收储、岩土层初步勘察、规划条件确定及市政配套规划设计等工作;与河北承德县人民政府签订战略合作意向书和项目用地协议,总规划面积约275.8亩(其中:协议预留土地约123.3亩,河北省国土资源厅和国土资源部批准有偿划拨面积约152.5亩);开展可行性研究,赴国内六地9家、国外四国8家机构实地调研,了解同类项目建设经验,研究确定战略储备库功能定位及总体业务规划;落实部党组指示精神,与承德县人民政府就项目市政配套设施规划、建设情况及责任清单进行协商,确定项目市政配套的"七通一平"工作,落实双方下一步工作分工和进度安排;完成建筑设计招标第一阶段设计方案和技术建议征集评审。

文献采集工作有序推进。稳步开展文献缴送工作,全年图书全品种缴送率74.1%,中文期刊、报纸缴送率分别为95.8%和70.6%,外文期刊、报纸缴送率分别为96.8%和100%,音像制品和电子出版物缴送率分别为53.4%和98.7%;全年采访各类古籍及特藏文献17094种30869册;续订119个中外文数据库;完成59966种文献、981小时视频资源的数字化加工,缩微文献数字化转换393万页,采集37.45TB网络信息资源;采集东北抗日联军、中国远征军、当代重要学者等约251小时口述资源;积极拓展文献补藏渠道和方式,补藏文献7632种;江瀚日记并诗文集、杨廷宝工作日记、石云山革命文献、熊健金石文献及柴德赓、许勇三手稿等捐赠入藏。全年共入藏各类型文献127.85万册(件),馆藏文献总量达3646万册(件),数字资源总量达1323.35TB。

文献信息资源整合揭示不断拓展。制定《国家图书馆文献资源整合工作方案》和《数字馆藏元数据加工规范》,初步建立"中国记忆"项目资源建设与揭示标准体系;制作书目数据74.47万余条,累计保存元数据2.5亿条,开展口述资料元数据编目试验;编制《国家图书馆外文文献资源RDA本地政策声明暨书目记录操作细则》并开展测试;推进特色资源库建设,开展民国报纸史料、民国图片资源库建设,完成8000个古籍动漫素材资源制作,建设"2016年新春专题"等21个专题网站;开展国图公开课关联数据建设,探索基于关联数据的知识组织和知识发现;通过"文津搜索系统"实现元数据整合3亿条;实现40万条已发布的馆藏自建数字资源与ALEPH系统中纸质文献的关联和整合揭示。

文献信息资源保存保护水平稳步提升。修复完成各类纸质文献2635册(件),其中包括馆藏三件早期印刷佛经中的2件、"天禄琳琅"古籍50册等珍贵文献,启动馆藏西夏文献的系统修复工作；自主研制的民国时期文献脱酸剂和脱酸系统已申报国家专利；全年完成125.3TB数字资源长期保存；完善优化一期综合布线、安防布控、漏水报警等系统设备，维修改造古籍馆区安防系统，馆藏文献存藏条件显著改善；完成南区古籍中转库文献的搬迁及文津街馆区库房调整、腾退，进一步完善库房布局；深入开展缩微胶片保存保护研究，推进缩微品库房科学化管理；以满分成绩通过国家级古籍修复中心验收，以91.7分的成绩通过古籍保护科技文化部重点实验室验收和文化部重点实验室研究项目验收。

【充分发挥国家典籍博物馆职能，推动中华优秀传统文化传承弘扬】 成功举办“中国共产党成立九十五周年及红军长征胜利八十周年”系列纪念活动。进一步挖掘珍贵典籍内涵，揭示社会主义核心价值观与中华优秀传统文化的深刻联系，以纪念中国共产党成立95周年及红军长征胜利80周年为主题，精心策划举办“红色记忆——纪念中国共产党成立九十五周年馆藏文献展”“传承红色基因　弘扬长征精神——长征途经省份文化系统老干部书画作品展”等线上线下专题文献展览，吸引27万人次参观；举办“念念不忘　必有回响”长征主题诗会；策划推出国图讲坛“纪念长征胜利80周年——父辈的长征”系列讲座，“从大革命到抗战”“抗战时期中国共产党的干部培养”等专题讲座；支持湖北省图书馆、武汉市图书馆等举办专题展览。

国家典籍博物馆服务效益不断凸显。举办“民族记忆　精神家园——国家珍贵古籍特展”“永远的怀念——任继愈诞辰100周年纪念展”“喜迎G20——西泠印社系列作品邀请展”等19场专题展览，吸引110万人次参观，为重要领导、外宾及各部委、文化机构等提供公益讲解近两百场，在全国五地举办巡展；“甲骨文记忆展”走出国门，作为“中国船艺术节”的重头戏在墨西哥展出三个月，受到当地社会公众热烈欢迎；挂牌成立“青少年中华传统文化教育基地”，与200余家中小学校合作举办“走进典籍博物馆大课堂”系列活动，共举办讲座33场、典籍博物馆大课堂20场，深入推进博物馆资源与学校教育融合发展；推进文化创意产品开发，《十竹斋》笔记本获全国博物馆文化创意产品联展“文博传承奖”；淘宝“国图旺店”上线试运行。

创新举措推动传统文化典籍整理出版与传播推广。启动“中华优秀传统文化百部经典”编纂工作，成立由袁行霈先生领衔的编纂工作委员会，聘请专家学者担任顾问，建立编纂工作机制，召开7次编委会，确定两批43种书目和撰稿人，召开两次书稿审读会；从馆藏中辑录文献制作4册《中国五千年的航天梦》，搭载“长征七号”成功飞天，并作为我国首部“飞天典籍”正式归藏国家图书馆；编辑出版“中国珍贵典籍史话丛书”、《古本戏曲丛刊六集》《中国社会科学院近代史研究所藏“满铁剪报”类编：第一辑》等文献整理成果，《中国历史人物传记资源数据库》等11个项目被列入“十三五”国家重点图书出版规划，《东亚同文书院中国调查手稿丛刊》等两个项目获2016年度国家出版基金资助，《历代赋学文献辑刊》等7个项目获2016年度国家古籍整理出版基金资助，《中国图书馆史》获2016年国家社科基金后期资助，《清代家集丛刊》荣获2015年度全国优秀古籍图书奖一等奖，“珍贵古籍数字资源应用平台”项目列入首批“新闻出版产业示范项目”；策划“国家传统文化典籍整理工程”，目前财政部已初步完成项目评审。

【服务品牌影响力持续扩大，国家级公共文化服务阵地作用充分发挥】 面向国家立法与决策的服务能力显著增强。全年共举办部级领导干部历史文化讲座 14 场，参加讲座的部级领导近 2000 人次，其中“中国古代物质文化”和“文艺复兴的欧洲经验”两场讲座的内容直接报送中央领导并得到重要批示；圆满完成“两会”服务任务，组织编制“两会”专题资料、“两会”专题文献信息专报，舆情报送工作取得突破性进展，并多次得到全国人大领导的表扬；出版《南海诸岛图籍录》3 卷，收录南海诸岛文献 313 种、图片 876 张，较为全面地呈现了文献所载南海诸岛情况，为维护国家主权提供文献依据；积极应用新媒体技术创新立法决策服务内容及形式，开发“图智”APP，以电子触控技术为基础、智能交互移动设备为载体，为用户提供个性化信息资源及服务；依托国家图书馆人民法院分馆，协助最高人民法院建设“中国法院数字图书馆”；向国务院办公厅报送《新书推荐》12 期，推荐图书 564 种，获得国办领导的充分肯定；召开“国家图书馆部委分馆馆长联席会议暨国家图书馆立法决策服务平台服务年会”。全年共完成党政军文献信息专题咨询 1913 件，比 2015 年增长 14.3%。

面向世界科技强国建设的服务实践不断深入。筹备建设国家图书馆科学评估中心；组织编制《京津冀协同创新分析报告》；举办“开启未来新形态——图书馆创客研习营”，以主题演讲、工作坊、分享会、参观、互动体验等形式，与图书馆界和相关机构学员共同探讨图书馆创客服务的现状与未来；全年共完成各类信息咨询 9808 件，其中论文查证 3523 件，科技查新 275 件，馆际互借与文献传递系统接收文献传递、馆际互借、国际互借请求 44161 件，满足率 85%，为科研院所和高等院校开展科研教育工作提供文献支撑。

面向社会公众的服务效益稳步提升。到馆服务继续拓展，全年办理读者证卡 50.76 万张；接待到馆读者 563.99 万人次，比 2015 年增长 10%；文献流通近 2475.61 万册次，比 2015 年增长 7.3%；解答咨询 104.46 万件，比 2015 年增长 2.5%。社会教育活动有声有色，国图公开课全年共制作完成课程 43 讲，约 4892 人次参与录制，累计发布视频超过 1000 场，通过 20 家网络平台开展 4 次直播活动，全年网站总点击量 745 万次；举办展览、讲座、培训、艺术普及等社会教育活动 4395 场，接待参观 2592 批次，惠及公众共计 173.43 万人次；“文津图书奖”评选与推广活动入选“2016 年文化志愿服务示范活动典型案例”。远程服务丰富多彩，国家图书馆网站获 2016 年度文化部政府网站群绩效评估“年度最佳奖”和“快速发展奖”，全年网站访问量超过 13 亿次，手机访问量 1771.9 万次；对“国家数字图书馆”APP 进行改版，移动端完成 57 个专题资源的建设和发布；数字电视服务实现内容日更新，互联网电视用户达 4000 万人，遍布世界 130 个国家；国家图书馆微博粉丝超过 20.5 万，官方微信关注约 10.9 万，获评首届“大众喜爱的 50 个阅读微信公众号”；“M 地铁 · 图书馆”项目入围国际图书馆协会联合会 2016 年度国际图书馆营销奖。特殊群体服务不断深入，继续开展“关爱夕阳”老年课堂服务，提供 12 个系列的主题课程，组织多项阅读活动，反响热烈；少年儿童图书馆提供暑期延时服务，举办“童音诵古韵 · 经典有新声”全国少儿诗词在线诵读活动，累计收到来自 26 个省份的诵读作品 4800 余份；针对残障人士的特殊需求，推进“国家图书馆网站多媒体动画”项目；与宁夏回族自治区监狱管理局、山东大学等机构合作共建“中国特殊群体社会治理大数据联合实验室”，针对监狱民警和服刑人员特殊需求，筹建“特殊群体帮教阅读平台”。

策划举办主题活动反响热烈。春节期

间，联合380余家图书馆开展“网络书香过大年”活动，94万人次参与；4月23日，联合全国图书馆共同开展“世界读书日　在图书馆读书”全民阅读推广活动，举办“第十一届文津图书奖颁奖暨国图公开课一周年特别活动”，第十一届“文津图书奖”评出获奖图书10种，推荐图书57种，在全国120余家图书馆举办获奖图书巡展，国图公开课正式推出“文明的对话”栏目，第一期节目“中埃文化沙龙”上线；在2016年“科技活动周”期间，联合部分高新技术机构及企业开展“数字知识获取新形态”科技体验活动；8月，联合中国机器人产业联盟等机构举办“机器人创想”科技体验活动，吸引读者3万余人。

【大力推进重点文化工程建设，以项目带动事业发展】　中华古籍保护计划全面推进。“中华古籍保护计划”被纳入国家“十三五”规划纲要。全年主要工作一是完成第五批《国家珍贵古籍名录》和“全国古籍重点保护单位”名单评选上报，并由国务院正式公布，899部古籍、14家古籍收藏单位纳入保护范围。二是完成全国1218家古籍收藏单位的普查登记工作，普查登记数据达200余万条，出版《全国古籍普查登记目录》9部10册，囊括24家收藏单位；“全国古籍普查登记基本数据库”更新数据13万余条、新增42家单位普查数据7万余条；启动《中华古籍总目》（水文卷）编纂工作。三是继续推进“中华古籍数字资源库”项目，发布1.7万种古籍数字资源，启动2016年度《赵城金藏》、“平馆藏书”缩微胶片数字化项目。四是多渠道开展古籍保护宣传推广，筹备“中华古籍保护计划”十周年纪念活动；举办“我与中华古籍”创客大赛，共征集到参赛作品300余件（套），评出获奖作品21件（套）。五是继续开展古籍修复、整理与出版，启动“山西省国家珍贵古籍修复项目”，与曲阜市文物局就孔府文献的保护、整理和出版签署战略合作框架协议书。六是加大古籍保护人才培养力度，全年举办培训班19期，培训758人次；增设8家国家级古籍修复技艺传习所；举办首期“全国佛教古籍保护管理研修班”“全国道教古籍保护管理研修班”。

民国时期文献保护计划深入实施。“民国时期文献保护计划”被列入国家“十三五”规划纲要。全年主要工作一是5项“国家社科基金抗日战争研究专项工程”项目获批立项，其中以国家图书馆为第一牵头单位的“日本战犯审判文献征集、整理与数据库建设”“日本对华调查档案资料整理和数字化”已顺利启动；二是与中国科学院文献情报中心等7家机构签订普查登记协议；三是继续推进《民国时期文献总目（图书卷）》编纂工作；四是完成海外藏日本细菌战罪行档案数字化征集1.1万拍；五是首发出版《丸之内审判文献汇编》《伯力审判庭审记录》《二战日军战史资料汇编》三种重要文献，全年整理出版民国时期文献16项682册，新立项29项；六是继续开展专题数据库建设和民国图书缩微胶片数字化项目，启动220万页民国图书缩微胶片数字化工作；七是开展文献保护研究，完成“民国时期文献脱酸研究与脱酸设备研制”项目验收并结项；八是举办“民国时期文献保护计划”宣传推广吉林站、辽宁站、黑龙江站系列活动暨民国时期文献保护工作培训班。

数字图书馆推广工程顺利开展。全年主要工作一是开展全国性资源共建共享，279家图书馆参加2016年资源联建工作；通过专网向全国各级公共馆共享数字资源超过140TB。二是开展面向少数民族地区和贫困地区的帮扶工作，向少数民族地区推送民语资源180GB，向贫困地区图书馆推送定制化数字资源1.8TB。三是进一步拓展数字图书馆服务及宣传推广渠道，新增63家移动阅读平台分站，在湖南、西藏、云南等六地举办"春雨工程·网络书香"阅读推广活动及"网络书香·数字图书馆建设与服务"宣传推广活动，向贫困地区及边疆、少数民族地区提供数字文化志愿服务，"网络书香"数字图书馆阅读推广活动西藏行服务入选"2016 年基层文化志愿服务活动典型案例"；为全国公共图书馆提供 25 次网络讲座直播服务。四是强化人才队伍建设，举办培训 23 期，培训 900 余人次，协助 14 省开展推广工程区域培训工作，推广工程在线学习平台正式上线服务。

【广泛开展业务研究与协作，行业引领作用进一步发挥】 围绕事业发展需要开展支撑研究。受文化部委托，围绕社会各界及国务院法制办关于《公共图书馆法(征求意见稿)》的意见与建议开展支撑研究；开展全国公共图书馆事业发展、图书馆标准化、古籍保护、图书馆文献缩微复制、公共数字文化建设等多项"十三五"规划编制及支撑研究，《推动文化文物系统文化创意产品开发研究》被纳入全国文化系统 2016 年度重点调研选题，《公共图书馆立法支撑研究报告》《我国公共文化机构建立法人治理结构调研报告》分别被评为全国文化系统 2015 年度"十佳调研报告"和"优秀调研报告"，《我国文化场馆语言文字使用情况调查及对策研究报告》获教育部优秀调研报告二等奖；组织编纂《中国图书馆年鉴》《中国图书馆事业发展报告》；依托全国图书馆标准化技术委员会、全国文献影像技术标准化技术委员会，推动图书馆标准规范体系建设，全年共申请立项标准制修订项目 10 项，其中国家标准 2 项，行业标准 6 项，标准化研究项目 2 项，完成 2 项国家标准和 3 项行业标准正式发布。

依托业务合作平台深化行业协作。全国联合编目中心成员馆达 2150 家，用户达 2722 家，数据总量 1356 万余条，全年上传数据近 10.9 万条，下载数据 1019 万条；全国图书馆文献缩微复制中心启动首批 5 家图书馆的数字缩微建设协作，依托新疆图书馆开始探索民语文献的缩微抢救；依托数字图书馆推广工程，在山东、四川、广西等地举办全国图书馆参考咨询协作网培训班，在北京、哈尔滨等地举办全国省级公共图书馆决策咨询服务协作平台培训班；全国图书馆讲座联盟全年累计完成平台主讲人和讲座数据约 5000 条；举办"第十一届文津图书奖获奖图书""'我与中华古籍'创客大赛""我们的文字展"等全国巡展。

全力支持行业组织发展。继续为中国图书馆学会、中国古籍保护协会、中国文献影像技术协会等图书馆行业组织发展提供全方位支持与保障。经中国科协科技社团党委批复，成立中国图书馆学会党委，韩永进同志任党委书记；开展中国图书馆学会第九届理事会分支机构组建工作；承接文化部县以上公共图书馆评估定级职能，组织研制评估指标体系，在全国 5 省(市)8 家单位开展试评估工作，被中国科协列为全国学会试点工作典型案例，上报中央主管领导；适应市场形势，参加文化部公共文化司"全国县级图书馆馆长培训采购项目"磋商谈判并胜出，在辽宁、四川和安徽 3 省培训县级图书馆馆长 604 人；组织召开 2016 年中国图书馆年会、第二届全国图书馆未成年人服务论坛、第十届全民阅读论坛、2016 年海峡两岸档案暨缩微学术交流会等重要学术会议，开展"阅读推广人"培育行动；召开中国古籍保护协会一届三次常务理事会和一届二次理事会；召开中国文献影像技术协会 2016 年度第一次常务理事会，筹备协会换届事宜，完成全国文献影像技术标准化技术委员会第六届委员会换届工作，召开新一届委员会成立大会和分会主任及秘书长工作会议。

【不断开拓国际及港澳台交流与合作领域，国际影响力日益彰显】 继续实施“海外中华古籍调查暨数字化合作”。完成“海外中华古籍书目数据库”一期建设，累计完成包括美国、加拿大、西班牙、日本等4个国家30家单位24万条书目数据，开展二期数据加工，完成数据316550条；推进海外中华古籍数字化及出版合作，出版《美国哈佛大学哈佛燕京图书馆藏善本方志书志》、大英图书馆和英国阿伯丁大学图书馆藏《永乐大典》等重要文献；实现法国国家图书馆藏全部敦煌写本的数字化回归；完成对西班牙、葡萄牙等重点国家及地区的调研，初步摸清两国存藏中华古籍情况。

加强国际及港澳台图书馆交流与合作。配合国家“一带一路”等倡议，积极与其他国家和地区图书馆开展交流合作，全年共接待来访56批次469人次，组织出访30批次105人次，参加境外展览及商议办展6场次，在国际图书馆及相关事务中发挥了积极作用。与埃及亚历山大图书馆、阿尔及利亚国家图书馆、葡萄牙国家图书馆、马其顿国家图书馆、匈牙利国立塞切尼图书馆等签署合作备忘录；继续推动中日韩数字图书馆项目、国家数字图书馆澳门科技大学合作馆等项目；与伊朗国家图书馆与档案馆合作举办“美丽的伊朗”图片展，与澳大利亚国家图书馆共同举办“大清世相：中国人的生活，1644—1911”展览；成立国际图联保存保护中国中心领导小组，获得2017年亚洲及大洋洲地区国家图书馆馆长会议主办权；继续推进海外文化中心图书馆建设，完成“中国文化中心数字图书馆”网站建设，为30余个海外中国文化中心图书馆提供数字资源服务；与法国国家图书馆共建“中法文化门户”主题网站；主办“中国—南亚图书馆管理与服务高级研修班”，来自南亚6国、西北3省的15位图书馆高级管理人员参加研修。

【全面提高综合管理水平，营造事业发展良好环境】 内部管理更加规范高效。坚持民主集中制，重大事项充分讨论，科学决策，全年共召开馆务会58次，馆长办公会69次，上会讨论议题175项。2016年国家图书馆财政资金总体预算7.6亿元，其中当年预算6.66亿元，当年预算支出6.59亿元，实际执行进度为98.99%；确定文献开发、数字资源开发、文创产品开发等3项重点创收方向，全年创收达17499万元，实现全年收支平衡。完成国家图书馆一期维修改造工程竣工结算；加强审计监督，制定出台《国家图书馆内部审计工作暂行规定》，按时完成国家图书馆及馆属企业的“营改增”工作，开展馆属企业及出版社内部审计、项目结项审计工作；前移审计监督关口，推动审计监督向事前事中监督转变；制定《国家图书馆项目支出绩效评价暂行办法》，配合文化部开展书刊资料购置项目绩效评价，自主开展运行经费项目和典籍博物馆展览专项绩效评价；成立国家图书馆内部控制建设工作领导小组，以开展内部控制基础性评价为契机，推动内部控制体系的建立健全与实施；进一步完善行政管理规章制度，针对公文管理、活动管理制定出台专门文件；修订《国家图书馆国有资产管理办法》，完成资产管理系统升级工作，圆满完成资产清查工作；加强馆属企业监管，增设社会效益考核和经济效益考核指标，制定《馆属企业使用国家图书馆无形资产及品牌使用指导意见》，馆属企业及出版社年度营业总收入20978万元，上缴馆方4253万元，在企业收入平稳快速增长的同时实现了对馆方良好回报。

人才队伍建设及科研工作扎实推进。加强干部队伍建设与管理，完成11名处级干部职务调整，71 人次科级干部聘任、调整工作，完成 64 名处级干部的“三龄两历一身份”审核工作。多渠道补充紧缺岗位人才，通过招收应届毕业生、接收军队转业干部和遴选优秀劳务派遣人员进入事业编制等方式，引进各类急需人才 58 名。完成 2016 年度职称评审工作，推荐晋升各系列高级职称 14 人，通过晋升或转任副研究馆员 55 人。注重高层次人才培养，5 人获文化系统优秀人才荣誉称号，2 人获全国范围优秀人才荣誉称号；选派 1 人作为第八批援藏干部，赴西藏自治区图书馆工作；扎实推进员工培训工作，举办全员培训 31 场，参训人员 2350 人次；根据文化部对部系统文艺工作者大规模轮训工作安排，组织 595 人参加培训。支持和鼓励员工结合业务工作开展科研，全年获省部级以上科研项目 5 项，获资助经费 475 万元；立项资助馆级科研项目 39 项，资助经费 81 万元；审批立项文津出版基金资助项目 3 项，资助金额 9 万元。

*宣传推广工作不断创新。*继续推进重大活动与重点工程的全方位、多媒体、立体化宣传推广，全年开展集中宣传活动 36 次，配合媒体完成采访拍摄 60 余次，媒体关于国家图书馆工作原发报道 1900 余条，网络媒体转载 9200 余条；进一步加强与光明网、央视新闻中心等重要媒体合作，策划在《光明日报》推出“来自国家图书馆的报告”系列报道，在人民日报海外版、光明日报、中国文化报等平面媒体刊发整版及开辟国家公祭日等专栏报道共计 13 个，中央电视台、北京电视台、光明网等广电和网络媒体专题专访报道 13 个；积极主动向文化部报送工作信息 100 余条，全年被采用信息评分位居直属单位第一。积极利用微博、微信、微刊、微视频等新媒体方式，创新开展宣传推广活动，组建国图“微传播”团队，吸纳各部处 40 人参加。

*软硬件平台及基础设施运行平稳。*建设“国家图书馆网络高清互动直播平台”，具备视频内容直播、点播、文档播放、互动交流以及用户管理、客户端播放控制、直播监控及统计等功能，为国家图书馆大型活动提供全程直播服务；完成 ALEPH 系统、统一用户管理系统、办公自动化系统、多媒体展示系统等应用系统的运行监控和定期巡检；开发文津搜索系统移动端；升级改造档案管理系统；完成存储系统、软硬件及附属设备的管理工作；提升网络安全管理；部署文化部视频会议及财务专网；完成数图体验区项目终验和异地灾备项目招标。

*安全保卫坚实有力。*圆满完成全年重要展览、国内外领导人参观，以及古籍善本外运回迁的安保任务。完善技防设施，检修报警点位 5000 余个。严格日常管理，做好到馆用户的安检工作，全年无一起重大安全责任事故。

*后勤服务工作精细务实。*落实冷却塔隔音降噪、新能源汽车充电桩建设、馆区大门改造、退还职工承租平房宿舍租赁保证金等 4 件实事；积极应对极端恶劣天气，完成“7·20”突发特大暴雨等抢险任务，确保馆区汛期安全；组织春秋季电力设备检修、一线员工健康证体检和全体员工体检工作；进一步加强对物业公司和食堂的监督管理和工作考核。

（程　鹏　王旭东）

故宫博物院

【概况】 2016 年，故宫博物院全年安全接待中外观众 16018540 人次，再次刷新年度最高观众数量纪录，门票收入 7 亿余元，获国家旅游局“中国人文旅游示范基地”称号、第十五届“首都旅游紫禁杯”先进集体奖、第二届全球华人国学传播奖之"年度公共服务大奖"，"十一"期间被国家旅游局评为北京市唯一一家"秩序最佳景区"。

【"平安故宫"工程】 年内召开"平安故宫"工程领导协调小组第四次全体会议，研究重大项目进展情况，确定了2016年重点工作任务。"平安故宫"工程7个子项目发展如下：

（一）北院区建设项目，国务院已同意建设选址，正在进一步完善工程前期各项工作。

（二）地下文物库房改造，项目初步设计已报文化部。

（三）基础设施维修改造一期（试点）工程，于2016年开工。

（四）世界文化遗产监测，完成木材材质状况勘查项目、中和殿变形监测、观众动态监测一期改造工程。

（五）故宫安全防范新系统，视频监控系统无缝隙加密工程、门禁系统升级改造项目、立体安防喷雾器项目、消防报警系统改造工程、消防高压给水系统改造工程先后竣工并投入使用。

（六）院藏文物防震，完成陶瓷类、珐琅类大体量文物搬迁移库，完成《钦安殿防震对策研究报告》和《故宫博物院防震应急预案报告》验收工作。

（七）院藏文物抢救性科技修复保护，院内修复保护文物530件，合作修复保护文物171件，与意大利文物保护修复高级研究院、瑞士卡地亚、陕西历史博物馆等开展保护修复合作。"故宫文物医院"竣工并投入使用。

【文物保管】 根据全国第一次可移动文物普查要求，自2014年至2016年分批将院藏文物数据上报国家文物局，累计提交影像504611张。截至2016年12月31日，故宫博物院文物总数达1862690件。年内收购孟宪章藏《宋拓兰亭续帖》和《旧拓萧思亮墓志帖》2件。接受唐益年捐赠唐兰手稿121卷，以及其他捐赠39件（套）。

【完整保护与整体维修】 故宫四大古建筑研究性保护项目进展顺利，大高玄殿研究性修缮保护项目完成第一期工程，对外发布最新研究成果；养心殿研究性保护项目开展33项课题研究；城墙保护修缮工程开工，乾隆花园（遂初堂、萃赏楼、古华轩区）修缮工程准备开工。毓庆宫建筑群修缮工程竣工。在推进研究性项目的同时，加强官式古建筑营造技艺人才培养，完成9名派遣制学员的培养、考核。此外，为期三年的环境整治工作完成22项室内外环境整治，拆除临时建筑12000平方米，确保开放面积从65%增至76%。

【陈列展览】 以"讲好故宫故事，展示中国文化"为宗旨，制定故宫博物院2017—2020年展览规划。举办"梵天东土　并蒂莲华：公元400—700年印度与中国雕塑艺术大展""明代御窑瓷器——景德镇御窑遗址出土与故宫博物院藏传世成化瓷器对比展"等10项高质量展览。点亮中轴线上六大宫殿室内照明，满足保护文物和优化参观效果的双重要求。在成都博物馆举办的"盛世天子：清高宗乾隆皇帝展"、在首都博物馆举办的"走进养心殿展"等展览均出现观众踊跃参观盛况。

【安全保卫与开放管理】 组织反恐处突演习2次，开展联合安全大检查5次。在寿康宫进行消防实战演习，共出动消防官兵、志愿消防队、驻院武警中队、驻院派出所100余人；故宫博物院成立91周年之际，组织太和殿消防实兵演习，参演武警官兵、故宫职工约500人，参演规模为历年之最。

继续扩大开放面积，年内新开放西部断

虹桥至慈宁宫区域、东部箭亭南至文华殿区域，将两处之间的南北向通道打开，首次向公众开放断虹桥、十八槐古迹。建于清乾隆年间的冰窖变为故宫西部区域的观众服务区，在充分尊重古建筑现存状况的前提下，结合冰窖的建筑特色进行完全可逆的环境改造提升。

【学术科研与出版】 故宫研究院成立中国书法研究所，在景德镇建立景德镇陶瓷考古研究所。国家社科基金重大项目“新中国出土墓志”（二期工程）阶段性成果陕西卷【叁】出版，《故宫博物院藏文物精品集》（英文十卷版）已出版四卷五册。故宫学院承办文化部、国家文物局、地方市级文物局等单位委托的培训班 7 个，涉及明清瓷器鉴定、博物馆管理、中美博物馆策展等主题，学员近 200 人。故宫学院在景德镇、西安、深圳成立分院，并与卢浮宫学院、法国国立遗产学院等开展交流合作。

《赵孟頫书画全集》《文徵明书画全集》《唐寅书画全集》《徐渭书画全集》《故宫博物院藏戏本与戏画研究》入选“十三五”国家重点图书出版规划项目。《明式家具经眼录》获 2015 年度“全国文化遗产十佳图书”称号；《浅谈博物馆陈列展览》《石渠宝笈特展图录》获 2015 年度全国文化遗产优秀图书。

【数字故宫与文创研发】 发布《故宫展览》APP，《紫禁城祥瑞》《每日故宫》两款 APP 全面改版提升，在第四届文化遗产保护与数字化国际论坛上，“故宫出品系列 APP + V 故宫”荣获首届数字遗产最佳实践案例大赛最高奖——最佳实践奖。故宫博物院官方微博在新浪微博 2016 年政务 V 影响力峰会上荣获全国十大中央机构微博奖。

举办首届“紫禁城杯”中华老字号文化创意大赛，与阿里巴巴集团、腾讯集团、凤凰卫视集团开展合作。文化创意产品赴“美国国际品牌授权博览会”“2016 东方文化元素国际特展”参展。在安徽省黄山市建立“故宫博物院驻安徽省黄山市徽州传统工艺工作站”。

【宣传教育】 建立故宫博物院教育中心、故宫儿童文化创意体验馆，面向青少年和儿童开展符合其年龄特征和需求的教育项目。除国际博物馆日、文化遗产日的主题活动及“故宫知识课堂”等常规活动外，还与北京市妇联合办“看我的:2016 环卫子女成长计划 · 故宫艺术实验”等活动。故宫宣教团队教育项目输送至马耳他和新加坡中心及当地其他机构，对传播中华文化起到良好推动作用。故宫书画教育中心先后举办书法类、篆刻类等课程 30 期；与北京市旅游发展委员会共同对 600 名持有中高级导游资质人员进行系统培训。

【对外交流】 举办“2016 世界古代文明保护论坛”，与 70 位中外代表联合探讨人类文明可持续传承的有效途径，共同发起《太和宣言》。国际博协国际博物馆培训中心举办春、秋季培训班，学员 60 人。国际文物修护学会培训中心举办第二期培训班，学员 24 人，在国际文物修护学会 2016 美国洛杉矶会议上，故宫博物院被授予“荣誉机构会员”证书。此外，与希腊研究与技术基金会合建“文物激光技术联合实验室”，携手柏林国家博物馆成功举办“中德博物馆论坛”。举办赴智利“盛世繁华——紫禁城清代宫廷艺术展”等多项外展。

（马翔宇）

中国国家博物馆

【概况】 2016年,国家博物馆积极贯彻落实中央和文化部党组各项工作部署,坚持“人才立馆、藏品立馆、学术立馆、服务立馆”的办馆方针,全面落实从严治党主体责任,积极推进各项工作。

根据2016公布的《2015TEA/AECOM主题公园指数和博物馆指数报告》,全球前20家最受观众欢迎的博物馆中,中国国家博物馆位居第二。

【展览和文物保护】 2016年,共有61个陈列展览为观众开放。新举办展览39个。

为纪念红军长征胜利80周年和孙中山诞辰150周年,举办大型馆藏文物展及一系列优秀文化展览,包括“信念·精神·传承——纪念红军长征胜利80周年大型馆藏文物展”“天下为公大道行——纪念孙中山诞辰150周年大型馆藏文物展”“领袖·人民——馆藏现代经典美术作品展”等。

为纪念中国共产党成立95周年,与上海、辽宁、山东、福建、陕西、广东、云南、西藏等地方的有关博物馆合作,举办“复兴之路”全国巡展。

“中华文明历史题材美术创作工程”顺利验收,全部作品由国家博物馆收藏,同时举办“中华史诗美术大展”。

以34位近现代传统文化名人为主题,推出“中国现代文化名人蜡像艺术展”。

举办了“罗马尼亚珍宝”“威尼斯与威尼斯画派”“丝绸之路与俄罗斯民族文物”“珍珠:来自江河海洋的珍宝”“阿拉伯之路——沙特出土文物展”等国际交流大展,与韩国、日本国家博物馆共同举办了“东方画艺——15至19世纪中韩日绘画展”。

举办了“追梦之旅——张海书法展”“谢云书画艺术展”“佛光菜根谭——星云书法展”“范曾著《锦文掇英——学研习近平用典心得》书法作品捐赠展”“高冀生钢笔建筑速写画展”“徐培晨百猴展”“迎丙申猴年——楹联书法展”“美丽中国·和谐家园——美术作品展”“时代心象——沈启鹏绘画六十年回望”“中国艺术研究院著名艺术家系列精品展”“庆祝中国共产党成立95周年全国美术作品展”“李延声艺术展”“大年百年——纪念祝大年百岁诞辰艺术展”“纪念红军长征胜利八十周年美术作品创作展”“远山呼唤——李宝林八十艺术展”“中华史诗美术大展”“美林的世界——韩美林艺术大展”等多个具有中国传统文化艺术特色的临时展览。

2016年,共征集古代文物16件,艺术类及近现代实物1485件(套)。特别是石鲁家属决定捐赠第二批89套142件和第三批412件,共计501套554件石鲁重要作品,这是国家博物馆近年来最重大的艺术品收藏项目之一,使国家博物馆成为全世界最权威的石鲁作品收藏机构,也是我馆第一个近代美术大师全系列收藏项目。

从2014年3月到2016年10月,在国家规定的时间节点内顺利完成馆藏文物普查工作,取得丰硕成果。藏品总量由过去大约130万余件(套)确定为139万余件,在建馆百年史上第一次摸清了家底,完整统一的藏品管理系统基本建成,藏品管理水平有了历史性的提高。

2016年,继续开展馆藏文物保护工作,开展金属文物保护科研基地地方工作站建设。继续进行山西绛县周家庄遗址、江苏泗洪县韩井遗址等调查工作。“遥感技术在中华文明探源中的应用研究”顺利结项。

【社会教育与公共服务】 按照“服务立馆”办馆方针的要求，进一步构建“以人为本”的公众服务体系，观众服务质量不断提升。全年共接待观众约 755 万人次。其中未成年人观众接待量 137 万人次，占比 18%；外籍观众接待量 68 万人次，占比 9%。

全年共提供专职讲解服务 8218 批次，志愿讲解服务 3398 批次；提供国博课程服务 7108 批次 17770 小时，接待上课学生 19 万人次；为北京地区 8 个区县 130 余所中小学提供 110 场次 230 小时博物馆课程师资培训；完成新课程开发 225 主题 675 课时。

同时，积极利用网站、微博、微信等多媒体手段服务社会公众。国博网站访问量位居国内文博网站前列，月访问量近百万；新浪、腾讯、人民 3 个微博粉丝共 451 万；微信订阅人数 44.7 万；国家博物馆头条号订阅人数 6.8 万，累计阅读量 394 万。手机版网站于 5 月 18 日上线试运行，设置展览、资讯、参观、导览、简介 5 个栏目，具有展览介绍、展品导览、门票预约等功能，全年访问人数总计 244 万人次。在 2016 年文化部政府网站群绩效评估中，国博网站再次获得“年度最佳奖”，留言板栏目在电子政务理事会组织评选的 2016 年度政府网站评选中获得“政民互动精品网站栏目奖”。

深入挖掘藏品文物资源，设计开发具有国博特色的文化创意产品 2000 多款。与阿里巴巴集团签署战略合作协议，共同打造“文创中国”网络平台，设计完成 100 款有国博藏品元素的商品。国博天猫旗舰店正式上线运营。

全年共举办文物艺术品公益鉴定活动 10 场。

完成安检接待服务约 755 万人次。由于安全工作表现突出，天安门地区社会治安综合治理委员会授予国家博物馆“2016 年度天安门地区群防群治工作先进单位”。11 月 7 日，国家博物馆成功举行了大型消防及应急处突综合演练活动。

【学术研究】 5 月 16 日，国家博物馆召开建馆以来第一次学术工作大会，对 2011—2015 年全馆学术工作进行全面总结，评出“学术成果特别奖”“优秀著作奖”“优秀论文奖”等 19 个获奖项目。

全年出版专著 8 部、合著 12 部、编著 3 部，精品图书 26 部，论文 238 篇，科研项目 32 个，参加学术交流 110 人次，科研奖励 6 项。其中，《海外藏中国古代文物精粹 · 日本泉屋博古馆卷》和“中国国家博物馆馆藏文物研究丛书”获得广泛好评。

全年共举办“国博讲堂”讲座 15 场，包括《西汉海昏侯墓考古发掘的收获和价值》《罗马尼亚学术代表团学术演讲》等。2012 至 2013 年“国博讲堂”主讲专家的学术报告编辑成书，全书收入学术报告共计 16 篇，约 30 万字，于 2016 年 6 月由上海古籍出版社出版。《国家博物馆馆刊》共发表文章 164 篇。

【对外文化交流】 全年接待外宾团组 180 余个，约 4000 人次。国家博物馆继续加强馆际合作与人员交流工作。派出展览和交流团组 19 个 56 人次。德国三家国立博物馆派出 13 名业务人员来馆交流。与罗马尼亚、意大利、俄罗斯、卡塔尔、沙特阿拉伯等国家相关机构合作举办了国际交流大展，还与韩国、日本国家博物馆共同举办了“东方画艺——15 至 19 世纪中韩日绘画展”，在国内外产生了巨大反响。同时，还承办了多场大型外事活动。

（郭子男）

中央文化管理干部学院

【概况】 2016年,在文化部党组的关心支持下,中央文化管理干部学院(以下简称"学院")充分发挥全国文化干部党性教育和能力培养的主渠道、主阵地作用,完成全国省地县文化厅局长轮训、文化部文艺工作者培训等主体班次,完成文化部党校春季处级干部培训班、文化部学习贯彻十八届六中全会精神培训班等党性教育班次。全年学院共举办承办各级各类培训项目240个,培训学员1.7万余人次,培训范围涉及文化部13个机关司局、7个直属单位、22个省级文化机构和11个地市县级文化机构。

【干部教育培训工作】 *党性教育主阵地作用已经显现。*党校牢牢抓住理论教育和党性教育,全年培训党员1300余人次。完成文化部学习贯彻党的十八届六中全会精神培训班,培训文化部机关和直属单位正处级以上领导干部及部主管社团代表近900人。严格按照中央党校中央国家机关分校的ISO 9001教学质量管理体系要求安排教学,完成文化部党校春季处级干部进修班,培训部机关和直属单位处级干部40人。

*干部培训主体班次形成品牌。*完成文化部文艺工作者轮训、全国省地县三级文化厅局长轮训、全国基层文化队伍示范性培训、全国文化干部素质能力提升工程培训、全国公共文化巡讲等系列项目。这些项目紧紧围绕习近平总书记系列重要讲话精神、"一个工程、四个体系"工作思路设置课程、安排教学,有力提高了参训学员解决实际问题的能力,得到各个方面的好评,尤其是文化部文艺工作者轮训,在部系统影响深远,学员满意度调查显示,得到学员一致的好评。

*紧缺文化人才培养得到加强。*完成国家艺术基金培训工作,组织实施音乐、美术、戏曲、舞蹈等行业的专题培训。落实文化部的重点工作,组织举办"文化产业创业创意人才"培训。"双创"项目已遴选了千余名优秀青年创意设计人才进入文化部文化产业创业创意人才库,学院对入库人才颁发荣誉证书,并向社会进行宣传和推介,定期开展培训交流活动,积极为发现、扶持青年创意设计人才搭建平台,在全国文化创意设计领域产生影响。

*涉外文化培训的范围和领域创新高。*承办涉外文化培训班10期,培训外国学员242人次,涉及全球五大洲44个国家。首次举办来自大洋洲的培训班——"萨摩亚文化和艺术研修班",培训范围首次覆盖全球五大洲。首次举办部级研讨班——"非洲英语国际文化多样性部级研讨班"。通过传播中华优秀传统文化,展示中国当代文化建设成就,学员对中国文化有了全新的认识。

*文化干部网络培训实现规模化发展。*2016年,全国文化干部网络学院在线学习人员达到1.7万人,报名课次近10万个,学员登录网络学院总次数10万余次。公共文化空中大课堂新增接收点100多个,达到近600个,全年总收看人数10万余人。对文化大数据项目所采集的数据进行深入分析和理论提升,编写完成《文化大数据·2015》,已由知识产权出版社出版,成为文化系统研究文化大数据的一个标志性事件。

*文化改革发展智库建设成效明显。*围绕文化行业重点工作,先后为各级政府和机构提供文化行业组织调研、非营利组织参与公共文化服务、社会力量参与公共文化建设、政府购买基本公共文化服务等政策咨询或规划

服务。紧扣文化部重点工作，与中宣部、文化部各司局密切合作，完成国家文化科技提升计划项目《文化科技培训综合服务 IT 支撑平台系统研发》《文化领域行业组织调研报告》《2015 中国艺术态势发展研究报告》等课题项目。立足文化改革发展理论前沿，组织编写出版《博物馆文创产品开发案例选》《文化自信读本》等一批研究成果。结合文化部党建工作需求，出版完成《全国文化系统党建研究论文选编》。紧密结合培训工作实际，以教学研究为主，积极开展院级课题研究，提高研究者介入培训教学的实际能力，提高科研服务培训教学、课程建设、师资队伍建设的能力，为学院特色课程、品牌课程及师资队伍培育奠定基础。编发《学员交流》，分期分批刊登部领导、德艺双馨艺术家授课内容，介绍文化理论政策研究最新成果，解读国家大政方针政策，分享各地文化建设典型案例，发布重点文化工作调研成果，为学员提供教学辅助资料。

（叶晓新）

中国文化传媒集团有限公司（中国文化报社）

【概况】 2016 年，中国文化传媒集团（以下简称“集团”）广大干部职工同舟共济、同心同德，贯彻中央稳中求进的工作总基调，贯彻文化部党组“瘦身健体”的工作方针，贯彻文化部领导“把握形势、守住底线、抓好队伍、做出亮点”的基本要求，在提升企业发展质量和效益上取得新成效，较好地完成了各项经营目标任务。截至 2016 年末，集团收入总规模达 1.73 亿元，较上年增长 10%，完成全年收入目标。年度利润总额为 136.34 万元，国有净利润 142 万元，较上年增长 3%。国有权益总额为 3.34 亿元，较 2015 年末增加 0.31 亿元，国有资产及权益均实现保值增值。《中国文化报》发行总量突破 10 万份，再创历史新高。中国文化传媒网年点击量达到 930.75 万人次（2015 年为 780.2 万人次），日均 2.55 万人次。

【坚持传媒立企，构建全媒体时代新闻宣传大格局】 突出坚持和发展中国特色社会主义、实现中华民族伟大复兴中国梦这一主题，突出稳中求进的工作总基调，发挥好文化部党组喉舌作用。

集团所属媒体紧紧围绕学习宣传贯彻习近平总书记系列重要讲话精神、党的十八届六中全会、全国“两会”、庆祝中国共产党成立 95 周年、纪念红军长征胜利 80 周年、G20 峰会、“深入生活、扎根基层”主题实践活动、第十八届上海国际艺术节、第十一届中国艺术节、《公共文化服务保障法》出台等中央和文化部党组重大决策部署、重要会议活动开展全方位立体式宣传报道，文化传媒主阵地作用得到充分发挥，文化部领导先后 24 次作出重要批示，充分予以肯定和表扬。

坚持以人民为中心的工作导向，不断完善报社重大选题会制度，围绕深化文化工作的重点热点问题，推出了一批有分量、有深度的报道、综述、社论、评论和理论文章，受到社会广泛关注，其中《重塑文艺评论的“剃刀”精神》获第二十六届中国新闻奖三等奖。

针对报社因采、编不分形成的部门、版面壁垒，独立门户、小锅小灶的小生产方式，以打造“中央厨房”式全媒体平台为目标，将原有的 9 个采编部门整合为编辑、采访、专刊 3 个中心，分别由三位社领导兼任主任，进一步优化采编流程，实现了对采编人员更高标准的专业分工和管理，采编资源得到合理配置，广泛调动了大家的工作积极性和创造性。

结合业务特点，节俭务实开展主题为“凝

心聚力、再创辉煌”《中国文化报》创刊30周年系列活动。《美术文化》周刊、《文化财富》周刊利用自身资源优势，采用版面和活动相结合的方式积极拓展相关业务，宣传报道有深度、有特色。

《中国文化报》影响力和覆盖面进一步扩大，发行量稳定增长，广告经营模式逐步清晰，广告收入同比增长20%，《艺术市场》《艺术教育》《文化月刊》的思想性、权威性、专业性和可读性进一步增强，中国文化传媒网、中国文化手机报等新媒体整体能力明显提高。

【坚持产业兴企，依法合规开展生产经营】 落实文化部党组“瘦身健体”工作方针，围绕主营业务进一步调整产业结构、优化产业布局、推动产业升级，初步形成了文化传媒、艺术品市场、电子商务、电影院线、文化创意+对外文化交流与贸易的新产业格局，二级公司由25家减至18家，业务中心由12个调整为10个，开启了从转企改制初期的规模数量扩张向更加注重质量效益的转变。

整合集团内部资源组建文创中心，打造文创产业新平台，目前已独立开发进入市场的文创产品达13大类307种。在总结以往对外合作经验的基础上，充分利用集团资源优势，突出文化企业重创意、轻资产的特点，以内容、智力、管理为投入，与北京市朝阳区人民政府、文化企业及投资方共同建设的中传文化艺术科技园区取得实质性进展，探索出安全、稳健、共赢的新模式。

艺术市场公司发挥自身优势，加大资源整合力度，积极吸纳社会力量，产业链进一步健全，行业地位日益凸显。中传文创公司充分利用非遗资源优势，线上线下互动，电子商务平台建设等业务竞相发展，中国手艺网访问量达到20万，网店达到12540家，在扩大社会影响力的同时取得较好的经济效益。中传国际影院品牌推广和项目推进工作取得新进展，北京亦庄旗舰店开业，独资影院数量达到6家，票房及其他收入达4345万元。战略发展研究、文化市场调研评估、区域文化研究、文化产业规划设计等工作稳步开展，中传金控取得保监会准入证并顺利进入招商银行“白名单”（优秀客户），印刷厂圆满完成全国两会等印刷任务并实现600多万元的产值，较2015年略有增长。

圆满完成敦煌文博会协办任务，树立文化央企良好形象。集团主办、承办的2016“一带一路”文化发展高峰论坛、第11届全国艺术院校院（校）长高峰论坛、第十一届义乌文交会、文创产品数字化开发研讨会、“中国手艺”创意设计比赛、文化旅游咨询师研修班、中华戏曲名师传承训练营等文化创意活动均取得良好的社会效益和经济效益。

继续保持高规格、高水准，完成了2场“中国国家展”、4场“视觉中国·洲际行”、2场“温馨之约——中外文化传媒论坛”国际性项目，为更多中国艺术家、学者和企业搭建了走出去的文化交流与贸易平台。在2016年6月7日第七轮中美人文交流高层磋商全体会议上，“中国国家展”入选文化领域22项成果清单，品牌价值与国际影响力不断提升。

【坚持管理强企，着力加强领导班子和干部队伍建设】 领导班子严格执行“三重一大”集体决策制度，坚持民主协商，充分听取意见建议，企业管理更加规范、科学。班子成员各司其责，团结协作，较好地完成了各自分管的工作任务，推动了集团中心工作开展。

集团各职能部门认真履职、通力配合，较好地完成办文办会、行政管理、项目申报、财务审计、法务建设、干部管理、薪酬福利、人事培训、外事管理、后勤安保等具体事务性工作，为集团中心工作开展提供了坚实的综合服务保障。对2016年财政项目资金流向及用途实行全程监管，保障了国有资产安全。

完善了对采编部门、文创部门以及与市场联系紧密的经营单位社会效益的考核办法，调动了一线生产经营人员的积极性和创造性。结合中央国家机关工委专项巡视和文化部整改工作，从全面从严治企、落实意识形态工作责任制、围绕核心主业优化产业布局等方面提出7项具体改进措施，推动主体责任落实，取得阶段性成果。

（李海琪）

国家京剧院

【概况】 2016年，国家京剧院在文化部党组的领导下，认真贯彻党的十八届六中全会精神，深入学习贯彻习近平总书记系列重要讲话精神，结合"两学一做"学习教育，推动剧院工作全面发展。剧院班子成员精诚团结，互相补台，全院上下共同努力，圆满完成年度定的各项指标。

【坚持以人民为中心的创作导向，狠抓艺术创作】 重点加工现代京剧《西安事变》，连续组织观剧专家座谈，主创团队反复论证，修改打磨，完成了剧本第11稿至18稿的修改创作，并对唱腔音乐、舞台美术、演员表演进行加工提高。现代京剧《西安事变》入选2016年国家舞台艺术精品创作扶持工程重点扶持剧目；参演第十一届中国艺术节，荣获第十五届文华大奖。

为纪念建党95周年、红军长征胜利80周年，根据同名歌剧创排现代京剧《党的女儿》。于2014年下半年提出选题，2015年初开始启动策划创作，启用剧院3个团的优秀青年演员担当主配演。2016年9月完成首轮演出，每场演出后组织专家座谈、召开研讨会，20余位专家学者对《党的女儿》提出建议，2017年，1月6日、7日在梅兰芳大剧院完成二轮演出。目前仍在进一步修改打磨，边演边改。

2016年，完成经典保留剧目《玉簪记》《野猪林》《柳荫记》《大探二》《乾坤福寿镜》《兴汉图》《江姐》《棋盘山》的复排演出。圆满完成"京剧电影工程"《穆桂英挂帅》后期制作并编辑丛书。完成2017至2019年新创、复排剧目三年规划。

"国家京剧院口述史"项目自2014年开展以来，已完成40余位艺术家的口述拍摄，2016年完成江新蓉、郑岩等近十位艺术家的"口述史"拍摄，《难忘的记忆——国家京剧院艺术家口述史》书籍第一辑已出版，选录了10位75岁以上的代表性艺术家。召开纪念范钧宏先生诞辰百年研讨会，并出版《范钧宏现代戏剧作选》。

【积极开展"深入生活、扎根人民"主题实践活动】 "深扎"足迹遍布宁夏、山东、山西、广西、江西等地，老中青艺术家积极参与，"深扎"活动已成为剧院常态工作。

*加强艺术家下基层采风的创作作风建设。*年初，现代京剧《党的女儿》主创团队一行十余人先后赴江西南昌、瑞金、兴国、井冈山等地采风，参观考察了南昌八一起义纪念馆、中华苏维埃共和国旧址等，采访了解历史细节的相关人员，与党史研究人员座谈，聆听苏区故事、感受苏区精神，收集创作素材。

*积极与地方院团结对帮扶共建。*继与青岛京剧院、宁夏京剧院、湖北省京剧院、山东海阳京剧团签订结对帮扶协议后，2016年，与广西壮族自治区戏剧院、大连京剧院、山西省京剧院签订结对帮扶协议，依托"当代京剧名家传戏工程"，从交流锻炼、名师带徒、名剧传

承、创作指导、展示演出等方面对基层院团予以支持，建立长效合作机制。

加大“深扎”演出展示活动力度。与广西戏剧院京剧团等单位联合演出，10天走遍广西12个乡镇，演出20场；赴岳阳慰问抗洪一线官兵，赴酒泉卫星发射中心慰问科技人员，央视《新闻联播》《文化十分》进行了采访报道；先后赴山东、湖南、山西、江西、北京等地的县乡镇村进行慰问演出和京剧讲座。

【完善人才培养体系，为优秀人才搭建成长舞台】 修订完善了《剧院人才建设三年规划》；充分发挥老艺术家传帮带作用；在新创复排剧目中启用优秀创作人员和青年演员。举办2016年度京剧表演专业业务考核，40岁以下文戏演员、35岁以下武戏演员共109人参加考核。加强引进院外优秀人才，解决优秀人才的后顾之忧。袁慧琴、董圆圆获得文化名家暨“四个一批”人才称号，苏广忠获批准成为享受政府特殊津贴专家，赵建华被评为文化部优秀专家，青年演员刘魁魁、郭霄、付佳被评为文化部青年拔尖人才，付佳获得“中央国家机关优秀共青团员”称号。

【以文化惠民为重点，加大宣传力度，开拓演出市场】 以“新春”“五一”“金秋”三大演出季和国家艺术院团演出季为载体，以贯穿全年的商业演出、公益惠演为依托，完成剧院演出347场。在全国两会期间举办的“致春天——国家京剧院优秀剧目展演”连演17场，平均上座率95%，老中青三代艺术家同台演出，取得了很好的社会效益和经济效益。

“进校园”活动走进北京、上海、湖南、河南、内蒙古、海南、浙江、江苏8省区市35所高校，为高校师生进行35场京剧讲座和演出。

剧院官网全年发布信息600余条；微博微信平台发布报道近500篇；在各大新闻媒体发布宣传稿件、演出消息800件次。在2016年度文化部政府网站群绩效评估中，荣获“年度最佳奖”“信息公开领先奖”两项奖项。

【传承中华优秀文化，扎实开展对外文化交流工作】 2016年，共出访20个国家与地区，演出84场，开展交流活动共计23批，接待美国、英国、法国、澳大利亚、德国等20个国家及地区的百余位外宾来院参观洽谈。

首度组团携经典京剧《白蛇传》《红娘》参加“2016中拉文化交流年”，赴墨西哥5城演出7场，平均上座率达98%。连续二年赴意大利5个城市巡演22场实验京剧《浮士德》。在2016年3月21日的“中德青少年交流年”开幕式上，进行了京剧《浮士德》的片段演出；《闹天宫》《野猪林》《锁麟囊》赴法国参加第七届巴黎中国传统戏曲节。赴英国、澳大利亚、新西兰、日本、泰国和我国香港、台湾地区演出，深受当地观众欢迎。

【深化剧院制度建设，加强制度化、标准化、规范化管理】 修订完善国家京剧院《商业演出营销管理办法》《对外文化交流项目管理办法》等6项制度，落实安全责任制，完善安全巡查、事故报告等规章制度。规范政府采购行为；建立国有资产采购环节监督审计机制；加强法制建设，建立由顾问律师事务所和剧院专职法务人员共同审查合同效力的“双重审查”机制，确保剧院利益不受损失。

【加强梅兰芳大剧院企业主体职能建设，推进“像音像”工作，强化京剧艺术培训考级工作】 梅兰芳大剧院全年用场323天，演出总场次266场，总收入1600余万元。全年服务工作零投诉，安全无事故。“像音像”工程是中宣部、文化部组织实施的列入“中共中央繁荣社会主义文艺意见”和国务院文件“关于支持戏曲传承发展的若干政策”的国家工程,目前已经确定剧院是“像音像”北京基地的合作单位,人民剧场是“像音像”北京基地的固定拍摄场地。完成《范进中举》前期录制。开展京剧艺术培训工作,建立班次20多个,完善了培训教材,壮大了师资力量,京剧艺术考级范围逐步向京外推广。

【注重民生工程建设,切实解决群众关心问题】 完成2016年度工资改革工作,为剧院演职人员进行了岗位工资和薪酬工资的调资、增加薪级工资和年功工资,完善了保留津补贴的发放工作,签订补充医疗保险合同,参保376人。完成379人养老保险有关工作。2016年文化部批准剧院确定非物质文化遗产传承人8人,现剧院非遗传承人共20人。

(罗艳琳)

中国国家话剧院

【概况】 2016年中国国家话剧院坚持“以人民为中心”的创作导向,坚持为人民服务、为社会主义服务,扎实推进创作、演出、管理各项工作,完成了全年工作任务。

【坚持以人民为中心的创作导向,夯实艺术创作根基】 2016年中国国家话剧院继续秉持“中国原创、世界经典、实验探索”的创作方向,新创作剧目《杜甫》《谷文昌》《临川四梦》,小剧场剧目《特殊病房》《美好的日子》《比萨尔斜塔》《罗刹国》《爆米花》《长子》,复排小剧场剧目《俺爹·我爸》,共10部作品。其中,新创小剧场剧目均由青年导演执导,旨在培养中青年创作人才,为剧院艺术生产的可持续发展奠定基础。

【推行“制演分离”,稳步推进演出常态化】 2016年中国国家话剧院全面推行“制演分离”模式,将制作与演出剥离,明确权责,提高效率,降低成本。全年演出自有剧目25部,共演出343场。其中《离去》《北京法源寺》《大宅门》《中华士兵》《红岩魂》《简·爱》《伏生》《枣树》、舞台剧《战马》中文版,小剧场剧目《青蛙》《特殊病房》《向上走,向下走》《理查三世》《霸王歌行》《红色》《花心小丑》等16部剧目实现了常态化演出。

2016年中国国家话剧院继续推出“全国演出季”,分别在上海和沈阳举行,演出《大宅门》《北京法源寺》《特殊病房》《俺爹·我爸》等剧目,观众超过2万人;入选“2016国家舞台艺术精品创作扶持工程重点扶持剧目”的《北京法源寺》,经过打磨提升,先后在香港、上海、宁波、北京巡回演出,广受好评;舞台剧《战马》中文版在上海、广州、天津、哈尔滨、北京共演出203场。

2016年,《理查三世》在韩国首尔、《北京法源寺》在香港、《大宅门》在台北的演出,均取得良好成效。

【成功举办第二届“中国原创话剧邀请展”】 2016年3月至6月,中国国家话剧院与北京市西城区人民政府联合主办第二届“中国原创话剧邀请展”。作为国家艺术基金资助项目,共有来自国有院团、民营院团和社区戏剧团体的49部剧目共演出193场,观众累计9万余人次,参演剧目和演出场次较“首届中国原创话剧邀请展”增长25%。举办了主题论坛、演后谈等活动,同时还开展了“话剧进校园”和“话剧进社区”公益主题活动,扩大了品牌知名度和影响力。

【首次举办“秋冬演出季”】 为集中展示中国国家话剧院的创作成果和艺术品位,满足人民群众的文化需求，从10月开始，推出中国国家话剧院“秋冬演出季”。在3个月内，共有17部新创剧目、经典保留剧目在国家话剧院剧场、国家话剧院小剧场和先锋剧场及上海、陕西、吉林、黑龙江多地演出104场，在群众的口碑和市场的检验中不断校正创作方向，提升演出质量。

【坚持公益性演出和高雅艺术进校园活动】 中国国家话剧院始终坚持把社会效益放在首位，积极参与公益性演出。2016年春节期间，《向上走，向下走》剧组奔赴内蒙古和河北，为当地百姓送去节日的祝福；11月前往贵州苗族侗族自治州和云南楚雄彝族自治州等老少边穷地区进行慰问演出，将戏剧艺术带给基层群众。

《俺爹·我爸》和《向上走，向下走》作为今年“高雅艺术进校园”活动的参演剧目，分赴长治、长春、哈尔滨三地，为当地12所院校的万余名师生进行演出。

【继续深入开展“深入生活、扎根人民”主题实践活动】 组织《杜甫》《谷文昌》《临川四梦》剧组主创人员分赴四川、陕西、福建及江苏等地进行创作采风，积累创作素材，激发创作灵感，“深入生活、扎根人民”蔚然成风。同时，剧院深入贯彻落实第五次全国文化系统援藏会议精神，与西藏自治区话剧团在人才培养、项目合作、干部交流等方面进一步加强合作共建。5月，双方联合创作的话剧《共同家园》在北京演出。

【拓宽宣传推广和教育普及新途径】 为进一步提升剧院宣传力度，扩展戏剧教育功能，2016年剧院成立了宣传推广部和研究教育部。宣传推广部充分发挥传统媒体与新媒体的各自优势，多角度、立体化对剧院品牌及剧目的宣传做有益尝试与探索。研究教育部配合剧院演出开展了系列戏剧教育与艺术普及活动，通过举办赏析会、演后谈等活动，帮助观众欣赏戏剧，理解戏剧。

【探索构建区域合作发展新模式】 6月，中国国家话剧院与上海戏剧学院签署了战略合作协议，在戏剧创作、人才培养、戏剧教育等方面展开战略合作，发挥各自优势，对培养优秀青年艺术人才、戏剧发展有着重要的现实意义。2017年联合制作话剧《狂飙》将成为两院合作的首部剧目。

（钟　娟）

中国歌剧舞剧院

【概况】 2016年，中国歌剧舞剧院牢固树立“四个意识”，深入学习贯彻习近平总书记的重要讲话精神，紧紧围绕艺术创作这一中心任务，坚持问题导向，深入生活、扎根人民，创作具有代表性、示范性和导向性的精品力作。同时，结合开展“两学一做”学习教育，不断提高队伍政治素质，规范内部制度管理，加强人才队伍建设，剧院整体工作再上新台阶。

【以艺术创作为中心，勇攀新时期的文艺高峰】 2016年，剧院立项剧目11部，其中新创剧目4个（民族舞剧《昭君出塞》、歌舞诗剧《守望》、民族管弦乐音乐会《国之瑰宝——长征路上》、民族舞蹈集萃《长征路上红军花》），复排剧目1个（民族歌剧《小二黑结婚》），加工提高剧目6个（民族歌剧《星海》《号角》，民族管弦乐音乐会《国之瑰宝》，交响音诗《复兴》，民族舞剧《赵氏孤儿》，民族舞剧《孔子》

（海外版））。此外，还新创交响音乐会《趣味》，圆满完成了全年创排任务。总结起来有4个特点：

一是深入生活、扎根人民，向人民学习，拜人民为师。2016年，剧院的创作任务极其繁重，但为了保证作品质量，坚持"每创作必深扎"，多次组织主创团队深入题材发源地开展采风实践活动，如民族歌剧《小二黑结婚》赴山西左权、民族歌剧《号角》赴云南玉溪、民族舞剧《昭君出塞》赴内蒙古呼和浩特、民族管弦乐音乐会《国之瑰宝——长征路上》赴贵州遵义、民族管弦乐音乐会《悠悠丝路情》赴新疆、歌舞诗剧《守望》扎根贵州黔东南州等，进一步提升了作品的艺术质量和艺术效果。中央电视台对剧院民族歌剧《小二黑结婚》的深扎活动进行了两期深度报道，其中《借鉴生活　服务观众》取得当周收视第一，社会反响良好。

二是重排民族歌剧《小二黑结婚》，致敬经典，振奋精神。民族歌剧《小二黑结婚》是2016年文化部重点剧目，也是剧院继成功复排民族歌剧《白毛女》后向中国民族歌剧经典致敬的又一实践。按照文化部要求，举全院之力，以"精品"意识全力打造，始终以严谨的态度对待重排的每一个环节，组建艺术家剧组，特邀相关领域知名专家学者共同探讨《小二黑结婚》再度上演所承载的现实意义等。新版民族歌剧《小二黑结婚》在表演样式、乐队配器、舞台美术、服装造型等方面都呈现出崭新的亮点，全程采用民族管弦乐伴奏，保障了地域性音乐风格和民族特色的原汁原味。9月23至25日，民族歌剧《小二黑结婚》作为2016年国家艺术院团演出季的代表剧目正式亮相。贺敬之先生出席了首演现场并亲致贺词一封，对成功演出致以衷心的祝贺；戏剧、歌剧、评论、新闻等各界人士也对演出给予了高度赞扬，各大媒体深度报道15篇，新闻资讯50余篇。

三是勇于创新创造，弘扬中华民族优秀文化。剧院坚持"倾情服务人民、倾心创作精品"，新创剧目均从不同层面体现了中华文化精髓，传播了当代中国价值观念。民族舞剧《昭君出塞》是剧院与呼和浩特市共同打造的重点项目，也是贯彻中央提出"一带一路"发展战略的重要举措。6月8日—10日在北京首演，随后作为昭君文化节、呼和浩特少数民族文化旅游艺术节的开幕剧目在内蒙古上演。12月8日—9日受邀在国家大剧院演出。售票信息一经发布就立刻引来各方关注，开演前一周演出票全部售罄。剧院为纪念红军长征胜利80周年新创两部剧目，分别是民族管弦乐音乐会《国之瑰宝——长征路上》、民族舞蹈集萃《长征路上红军花》。

四是加工提高上水平，精益求精出精品。民族歌剧《号角》2015年首演，2016年在剧本、音乐、舞美方面进行了修改，经过加工提高的版本已在聂耳的故乡云南上演了7场，取得了较好的反响。民族管弦乐音乐会《国之瑰宝》也先后进行了一些调整完善，9月8日作为国家院团演出季剧目完成了加工提高后的首场演出。剧院将《复兴》定位为"交响音诗"，以组曲形式呈现，每段都有故事情节，配以诗歌朗诵和演唱，增强整体艺术效果。

【以社会效益为首，坚持为人民和社会主义服务】　文艺事业是党和人民的重要事业，剧院始终坚持把社会效益放在首位。

高质量完成高雅艺术进校园演出。2016年是剧院高雅艺术进校园场次最多的一年，同时也是参加此活动安排演出项目种类最多的一年。歌剧团赴成都、宜宾、南充、雅安4个城市演出"'岁月与梦想'经典歌曲音乐会"，赴山东省济南市4所高校演出民族歌剧《伤逝》;舞剧团赴湖南、湖北、四川、重庆演出民族舞剧《赵氏孤儿》12 场;交响乐团赴江苏省南京市 4 所高校演出《中外歌剧片段》交响音乐会;民族乐团赴江西 4 所高校奏响民族管弦乐音乐会《国之瑰宝》。

做好慰问劳动者演出。交响音画《复兴》为公共文明引导员暨共建单位送去新春慰问、参加了中央电视台“五一”晚会慰问劳动工人演出、西城区万人走进艺术殿堂、慰问首都外来务工人员和老年人专场演出,极大地丰富了基层群众的精神文化生活。

参与重大演出活动。剧院参加了二十国集团(G20)领导人杭州峰会《最忆是杭州》文艺晚会演出,艺术家代表受到文化部表彰。建党 95 周年剧院 50 余人参加了在人民大会堂举办的《信念永恒》音乐会。剧院青年导演受邀担任“2016 中拉文化交流年”开幕式总导演。剧院还与北京京剧院联合演出大型交响京剧《大唐贵妃》,纪念梅葆玖先生。还承办了中央国家机关庆祝建党 95 周年暨纪念红军长征胜利 80 周年干部职工文艺汇演——“不忘初心　继续前进”,得到了中央国家机关工委、文化部和参演单位的一致肯定和广泛好评。

积极送文化下基层。民族舞剧《孔子》作为 2016 赣州首届文化惠民周首场演出,为当地观众呈现了精彩的舞剧艺术。在四川遂宁,上演了民族管弦乐音乐会《国之瑰宝》2016 年新年音乐会。“大师零距离”民族音乐会走进南京、无锡、昆山、常熟等地巡演,此次巡演全部为公益性低票价演出,为当地观众献上了 13 场精彩演出。

支持地区艺术发展。剧院与黔东南州签署帮扶协议,确立了长期、紧密的帮扶关系,联合打造歌舞诗剧《守望》,于 12 月 7 日—8 日在北京保利剧院上演,将黔东南地区历史、文化、民族、人文特色在舞台上进行了精彩呈现。与门头沟区合作,精彩呈现了“河魂 · 河颂”大型音乐会,生动展现了门头沟的自然风貌与人文特色。开展关心下一代帮扶结对工作,推动内蒙古赤峰、江西赣州、吉安、重庆市等 7 个地区的全国艺术专业教育基地和教学点工作。

【以民族特色为支撑,做好优秀剧目推广工作】　剧院紧紧围绕习近平总书记“讲好中国故事,传播好中国声音”的要求,注重民族特色和艺术作品的整体呈现。

推动优秀剧目走出去。2016 年,剧院共有 11 个团组、485 人次出访演出,足迹遍布德国、瑞士、匈牙利、奥地利等 20 个国家,共演出 50 余场。年初,剧院有 6 支队伍在世界各地进行了 29 场演出。其中,民族管弦乐音乐会《国之瑰宝》在欧洲四国 10 个城市演出 11 场,此次巡演全部为商业购票,没有赠票,观赏人群基本上是欧洲人,场地均为具有代表性的音乐厅,使中国民族音乐在西方主流阵地,面向主流人群,对主流社会产生了积极的影响。剧院应邀参加加勒比岛国格林纳达举行的庆祝独立 42 周年大型活动,被誉为“东方奇迹——中国声音”,这是格林纳达历史上第一次有高水平的外国艺术团体参与独立日庆典活动。剧院还赴法国、爱尔兰、西班牙参加“四海同春、文化中国”活动,赴南美参加“欢乐春节”庆祝活动,为当地观众奉上高水平、高质量、高规格的艺术盛筵。

国庆期间,剧院演出团队马不停蹄、兵分多路,做好中拉、中加等文化年(节)系列活动。应中国驻牙买加和多米尼克大使馆的邀请,参加国庆访问演出;为庆祝中国和希腊建立全面战略伙伴关系 10 周年,应中国驻希腊大使馆邀请演出交响乐;剧院还应邀在加拿大的蒙特利尔、温哥华和美国的凤凰城、洛杉矶进行了为期 14 天的民乐巡演,为当地观众呈现了国乐的迷人风采。

剧院还有一些艺术家应邀参加了一些重要的海外演出，推动了“一带一路”的文化交流与合作。民族管弦乐音乐会《国之瑰宝》受邀登上奥地利维也纳联合国国际会议中心的舞台；民族舞剧《孔子》应意大利艾米利亚音乐节协会邀请，赴斯洛文尼亚和意大利演出；大型歌舞晚会《天边的祝福》应邀参加第七届中俄文化大集开幕式演出等。

积极开拓演出市场。2016 年演出市场总体低迷，在这种情况下，剧院逐渐调整演出模式，放弃低端商业演出，用优秀的剧目引领市场风尚，实现社会效益与经济效益的双丰收。及时发布千余篇政务动态、演出信息等。民族舞剧《孔子》大幅宣传海报在美国华盛顿白宫地铁站亮相，使更多美国主流受众关注来自中国的民族艺术。民族歌剧《小二黑结婚》、民族舞剧《昭君出塞》宣传首次登陆首都机场、上海机场，针对特定群体进行了有针对性的宣传。同时，参与电视节目录制，民族舞剧《赵氏孤儿》《昭君出塞》《孔子》片段及交响乐团录制的北京电视台《传承者》，收到了良好的宣传效果。嘉宾评委和知名文化学者都给予高度评价，名人效应成为了一种新的宣传推广方式。

【以队伍建设为依托，全力做好各项保障工作】 加强队伍建设，关心员工的工作、学习和生活，优化剧院工作环境。同时也不忘离退休老干部，开展各类活动；关爱困难职工，体现剧院“家”的温暖。

完善规章制度。逐步提高剧院工作的制度化、规范化、科学化水平，陆续修订、制定了一系列管理办法和规章制度。进一步规范了干部选拔任用、年度考核、职称评定、招聘应届高校毕业生及非应届人员、职工入职（及离职、退休）办理、职工情况变动等 10 余项工作流程。完成年度剧院实行事业单位企业化管理改革绩效评价工作，形成了 6 万余字报告，整理了近 4000 页附件材料，考核成绩名列前茅。规范财务管理、提高工作效率，完成了单位财务系统大数据迁移到文化部信息中心的工作，剧院在文化部财务考评工作的成绩为优。

注重人才培养。鼓励演员积极参与各类专业比赛、录制电视节目，支持优秀演员应邀参加院外重要演出，同时积极为专业艺术人才争取专业上的认可和荣誉。成功举办 2 次歌剧人才培养项目——大师班活动，邀请著名歌剧大师阿拉加尔，把国际知名专家请进来，让演员们可以足不出户与大师零距离接触，并且向社会各界广大声乐爱好者免费开放。在国家艺术基金资助下，成功举办“民族舞剧青年表演人才培训班”和“民族歌剧《小二黑结婚》青年表演人才培训班”。成功举办 2016 年第八届全国考级工作会议，展示了剧院在考级方面的突出成果。

畅通信息流通渠道。及时上报各类剧院信息，全年共报送工作信息 120 篇，被文化部工作交流刊物采纳 48 篇，剧院报送及采纳成绩为中直院团第一。坚守传统媒体阵地，新华社、中新社、《人民日报》《中国文化报》、中央电视台等核心主流媒体报道百余篇，千余字的深度报道 30 余篇，媒体报道数量、质量实现“双突破”。全年设计、制作适用于各类媒体播放、使用的宣传产品千余份，逐步做到统一标准、统一风格、统一标识。随着影响的不断扩大，剧院作品也面临着被侵权的问题，民族舞剧《孔子》的舞美设计、全部视频、音乐、服装、剧本等 5 项知识产权已正式获得批准，2017 年将在成功申报的基础上扩大范围逐步涵盖所有重点剧目，为剧院艺术作品的知识产权保护提供重要保障。

（季思雨）

中国东方演艺集团有限公司

【概况】 2016年,中国东方演艺集团(以下简称"集团")认真贯彻执行文化部党组对集团工作的总体要求,牢记国家艺术院团的使命和担当,坚持以人民为中心的工作导向,结合集团实际工作,在艺术创作、深入生活、扎根人民、文化惠民等工作领域取得了突出的成绩,得到了文化部领导的肯定。2016年,集团艺术创作有力度,深入生活有深度,文化惠民有广度,全年共完成演出212场次,取得了良好的社会效益和经济效益。

【积极开展"深入生活、扎根人民"主题实践活动】 根据习近平总书记在文艺座谈会上的重要讲话精神和文化部"深入生活、扎根人民"的活动要求,集团着力在艺术采风、艺术创作、体验生活、结对帮扶等方面进行常态化建设和建立长效机制,制定了一系列深入生活、扎根人民的举措,组织艺术工作者深入生活、扎根人民,走与时代相结合的文艺道路。2016年,集团"深入生活、扎根人民"创作采风、实地考察,与基层交流互动谱写了近年来最充实的篇章,人数之多、时间之长、成效之显著,都是前所未有的。一年来,先后到各地采风考察7次,共建立基层联系点11个,并结合集团艺术创作工作积极开展各项工作。

支持龙岩市永定区打造以"外圆内方、天下大同"实景演出为主题的中国客家文化品牌,集团创作人员于4月和7月两次赴龙岩市永定区进行实地考察,就打造永定革命老区文化建设、旅游文化品牌与龙岩市永定区委、区政府、市文广新局的相关同志深入交流和座谈,为弘扬我国民族艺术、向世界传播我国悠久的客家文化做出了扎实且富有成效的工作。

7月至8月,集团把赴东北、福建公益性演出和"深入生活、扎根人民"采风活动有机结合。选派优秀艺术家和优秀创编人员赴黑龙江大小兴安岭林区和福建龙岩革命老区开展主题慰问演出及精准定点体验生活、精准定点文化扶贫活动。在零距离接触百姓的同时,也将为广大人民群众创作出更多优秀的文艺作品。

【加强艺术创作生产,着力打造东方优秀剧目】 2016年,集团根据2008年陕西省志丹县创排的同名舞剧,进行重新创作、编排,完成了第一部舞剧《兰花花》的创作演出。

舞剧《兰花花》的创作演出受到广泛关注和广大观众的欢迎和喜爱。《兰花花》于7月5日在北京保利剧院首演。7—8月,在深入基层赴东北公益巡演演出中,结合东北地区百姓文化特色,将《兰花花》第一幕融入巡演剧目中,浓郁的生活气息,鲜明的地域特色,丰富多彩的舞蹈语汇获得了广大观众好评。9月,在天桥艺术中心参加国家艺术院团展演。10月,舞剧《兰花花》赴陕西省富平县参加第十一届中国艺术节展演,并赴四川泸州进行公益性演出,演出现场观众反响热烈。

由文化部、中国文联主办,文化部艺术司、中国东方演艺集团承办,江苏省东台市人民政府协办,中国东方歌舞团演出的《山情海韵——纪念周巍峙同志诞辰100周年音乐会》于2016年12月21日晚在全国政协礼堂隆重上演。音乐会深情唱响周巍峙同志创作的经典旋律,回顾并纪念老一辈艺术家为党和新中国革命文艺事业做出的不朽贡献,以此激励广大文艺工作者砥砺前行。集团将继承和弘扬老一辈革命家、艺术家的崇高风范，坚持以人民为中心的创作导向，创作生产更多无愧时代的优秀作品。

【圆满完成公共文化服务任务】 集团充分发挥导向性、代表性、示范性作用，积极参加公共文化服务各项活动，以实际行动普及高雅艺术，传播高雅艺术，通过开展“高雅艺术进校园”“大地情深”等形式多样的活动，将高雅艺术的种子根植于广大人民群众心中，实现从“送文化”到“种文化”的转变。

*积极参加“高雅艺术进校园”。*5 月 16 日至 6 月 12 日，集团“高雅艺术进校园”演出团队赴四川、云南、重庆、湖北四地 16 所高校演出，惠及观众近四万人。精彩的演出，受到广大师生的热烈欢迎。在高校演出过程中，集团注重与高校师生的互动，邀请广播系专业的学生同台主持，与音乐系专业的师生同台演出，提升学生们的表演水平，进行艺术的对话、交流、互动、融合。

在“高雅艺术进校园”活动中，演员们还在高校开展了更具针对性、更专业化的艺术知识讲座。

*积极开展“大地情深”——国家艺术院团志愿服务走基层活动。*2016 年，集团大型环球音乐会《东方之声》走进东北、河北、四川，用实际行动践行文化艺术志愿者的传播工作，取得了很好的成果，使高雅艺术真正贴近基层、走近群众。

【积极参加公益性演出活动】 在文化部党组的高度重视下，在艺术司的统一部署和指导下，集团 2016 年公益性演出活动取得圆满成功。

7 月 10 日—8 月 16 日，赴辽宁、黑龙江、吉林三省开展“情系北国、花开东方”慰问演出活动，行程 7000 公里，演出 37 场，惠及观众 50 余万人；7 月 21—8 月 13 日，赴福建省革命老区开展“重走长征路、唱响东方情”慰问演出活动，行程 5000 公里，演出 28 场，惠及观众 40 余万人；10 月 22—11 月 4 日，赴山西、重庆、四川开展“情系川北、花开两地”慰问演出活动，行程 3000 公里，演出 5 场，惠及观众 1 万余人。

在 2016 年公益性演出期间，集团把优秀作品切切实实送到车间厂矿，为老工业基地、革命老区的百姓献上文化盛宴的同时，也带去党和政府对当地群众的关怀和问候。集团自开展公益性演出以来，积极探索建立符合中国国情的文化品牌，开拓基层文化市场，将高雅艺术与基层文化深度对接，人民需要艺术，艺术更需要人民，“接地气才能有灵气，俯下身才能心贴心”，集团公益性演出的深入开展正是站在人民立场，着眼于普通百姓，以走基层培育和开拓广阔的潜在市场。

12 月 25 日—2017 年 1 月 2 日，《东方之声》剧组赴新疆进行公益性演出。此次新疆之行是集团首次大规模赴新疆进行公益性惠民巡演，演出队伍在 8 天的时间里，行程约 1800 公里，累计直接观众和交流人数达数万人。演出间隙，演员艺术家小分队先后与乌鲁木齐图书馆、克拉玛依歌舞团进行座谈及艺术交流会，这是国家艺术院团走基层的切实实践。

【参加文化部国家艺术院团演出季】 2016 年，集团推出两部作品参加文化部国家艺术院团演出季活动，这两部作品分别是《东方之爱》《兰花花》。

9 月 20 日、21 日，中国东方演艺集团大型环球情景秀《东方之爱》在天桥艺术中心隆重上演。精彩的演出获得了观众的热情称赞，观众们用“真诚、炽烈、专业、蓬勃”来形容《东方之爱》。演出还邀请了青海玉树灾区的二十余名孤儿、医务工作者代表等观看演出，将浓浓的东方爱奉献给这些观众。

9月24日至28日，中国东方歌舞团首部舞剧《兰花花》在天桥艺术中心上演，引起广泛关注，吸引了上万名来自全国各地以及日本、印尼、韩国等专程慕名而来的观众。

【参与重大国事、外事演出任务】 集团遵循“每场演出代表国家水准，每一言行维护祖国形象”的赴外演出准则，积极开拓海外演出市场。

3月24日—4月26日，集团携舞蹈诗画《国色》赴美国、加拿大巡演。此次巡演活动在西雅图、温哥华、旧金山、奥克兰等13个城市进行，共17场，观众总人数达19000余人。演出受到了美国当地观众和华人华侨的热烈欢迎。此次巡演，是集团开拓北美演出市场，积攒海外演出经验的一次大胆尝试。

2月5日—15日，集团赴泰国参加文化部第12届“欢乐春节”文化活动，受到文化部相关部门及领导的高度肯定。文化部外联局来函予以表扬。

6月23日—27日，集团音乐中心的16名演奏员赴俄罗斯参加了亚太艺术节演出，演奏了《蜀山》《夜雨双唱》《反弹琵琶伎乐天》等十个精选民乐节目。

8月24日，集团参加在文莱举办的东盟艺术节开幕式演出。精彩的表演赢得现场各国来宾的赞誉。

8月27日，集团派出器乐演奏《春江花月夜》《阿里郎》及舞蹈《把酒问青天》3个节目，代表国家参加“中日韩艺术节”，与韩国芭蕾大师金姝沅、韩国国立舞蹈团等三国著名艺术界人士和演出团体同台献艺，受到好评。

9月9日—11日，第十七届《香江明月夜》中秋晚会在香港文化中心大剧院隆重举办，集团大型环球情景秀《东方之爱》连演五场。《香江明月夜》与香港同胞共迎中秋，表达了民族团结的祈盼，给观众留下了难忘的印象，收获了来自香港各界民众的广泛关注和高度赞誉，《大公报》《文汇报》等媒体对演出作了大篇幅的报道，嘉宾也纷纷称赞东方歌舞团的“舞技歌艺精彩绝伦”。

集团与中国对外文化集团合作，共同打造“聆听中国”品牌，赴美国演出，强强联手打造新一轮“民族文化走出去”的制高点。

10月13日，集团接待了泰国副总理塔纳萨·巴迪玛巴功上将一行。巴迪玛巴功上将在排练厅观看了舞剧《兰花花》片段等表演后，对在座的各位领导、主创、演职人员表达了衷心的感谢。

一年来，通过整改和艺术创作生产，集团达到了恢复艺术秩序、吸引人才回归、重塑东方品牌的效果，使舞蹈中心恢复元气，音乐中心恢复生气，舞美中心保持活力。

（谷　雅）

中国交响乐团

【概况】 2016年，中国交响乐团（以下简称“国交”）始终践行“为人民服务”的根本宗旨，坚持走“交响乐中国化，中国交响乐国际化”的发展道路和“以人民为中心，面向市场、面向大众、面向未来”的工作方针，推进事业单位企业化、制度化管理，全年各类演出85场，全面完成了既定目标。

【以人民为中心，创作和演出成效显著】 创作基地辐射全国，优秀原创作品大量涌现。2016年4月21日至23日，组织7位作曲家赴云南创作实践基地采风，并在红河县哈尼梯田文化传承学校设立了国家交响乐团教育实践基地。这也是继昆明、元阳之后，国交在云南省内设立的第三个创作实践基地。

2016年分别在云南和北京举行了三场汇报音乐会，演出了多位当代作曲家以云南风情为题材采风创作的十多首原创交响乐作品。汇报音乐会不仅总结汇报了中国两代作曲家对云南音乐文化的深切感悟，还更好地传播了“插上交响乐翅膀”的云南民族民间音乐文化，吸引了更多的作曲家前往采风创作。

2016年4月底，国交在福州和厦门两地又建立两个新的创作实践基地，将辐射全省，发挥其独特的地缘优势，横跨海峡两岸，共同采集福建、台湾和客家文化、闽南文化等各地域、各类型音乐文化，促进海峡两岸的音乐文化交流，聚集海内外华人作曲家、音乐理论家、职业乐评人，共同挖掘、传承文化瑰宝，力争创作出交响乐时代佳品。

自文艺工作座谈会召开以来，国交已经在全国建立了6个创作基地，开通了作曲家深入基层的便捷通道，点燃了作曲家的创作热情，激发了作曲家的创作灵感，并在委约创作、著作权保护等方面发挥积极作用。

*文化帮扶坚持六年，受到基层群众热烈欢迎。*国交对重庆市南岸区基层联系点的帮扶已经坚持了六年。2016年元宵节当晚，中央电视台《焦点访谈》节目再次深入报道了元旦春节期间中国交响乐团在重庆市南岸区基层联系点开展的共建帮扶活动。在重庆市特殊教育中心为盲童乐队举办梦想课堂，在北斗村辅导农民管乐队，在留守儿童学校帮助孩子们组建留守儿童“梦之翼”童声合唱团，交响乐队室内乐组合还走进社区辅导群众文艺骨干。2016年，中国交响乐团被中宣部评为“深扎”活动先进单位。

*出色完成国家任务，得到中央领导称赞。*2016年，国交参加庆祝建党95周年文艺晚会《信念永恒》和杭州G20峰会文艺演出《最忆是杭州》，并做出突出贡献。《信念永恒》于6月29日在人民大会堂正式演出，习近平等党和国家领导人与首都各界3000多人观看音乐会并给予高度评价。《最忆是杭州》于9月4日成功举行，作为演出核心团队，国交派出了指挥李心草及乐队、合唱团等共180余人的队伍，在西湖之上为参会的各国领导人献上了一场展现江南风情、彰显中国气派、弘扬世界大同的交响音乐会。精湛的技艺不仅得到现场近两千位中外嘉宾的赞扬，更是通过中央电视台向全球几十亿观众现场直播，收获了来自世界各地的掌声。

*提高与普及并重，音乐季等各类演出精彩纷呈。*2016年，国交继续坚持提高与普及并重，原创与经典各展风采，老品牌与新形式亮点不断。全年共完成各类演出68场，包括国事演出、乐季音乐会、团庆系列音乐会、高雅艺术进校园、公益音乐会和商业演出等。如中国探月公益音乐会、“爱耳日”公益音乐会、“高雅艺术进校园”走进天津四所高校、“大地情深”、“打开音乐之门”室内乐音乐会、北京大学新生音乐会等。多年来，国交一如既往地为社会奉献爱心，得到了广泛好评。

2016年，国交小型室内乐演出也举办得有声有色，赢得观众喜爱，主要包括“古典也青春”室内乐音乐会、“再见巴洛克”室内乐音乐会、“往事琴缘”——电影金曲视听音乐会、“梦幻七重奏”室内乐音乐会、音乐戏剧《士兵的故事》等。

*继往开来，60周年团庆展现历史辉煌。*2016年7月29日晚，“中央乐团—中国交响乐团六十周年庆典音乐会”作为团庆系列的重中之重，集结了从中央乐团时期到中国交响乐团时期对乐团有重要贡献的八位指挥家同台，余隆、胡咏言、谭利华、邵恩、李心草、汤沐海、陈燮阳和已经96岁高龄的韩中杰依次登台，与乐团100多位音乐家共同带来最能体现国交艺术水准的八首中外经典之作。93岁

高龄的严良堃老师因故未能到场，特意录制了祝贺视频现场播放；韩中杰老师坐着轮椅登台指挥，感动全场观众。维也纳国家歌剧院网络直播平台和国家大剧院古典音乐频道对这场音乐会进行了网络直播。

合唱团艺术水平不断提升。2016 年合唱团演出任务繁忙：2 月 4 日，合唱团进行了一场特别的演出《一片丹心——阎肃作品音乐会》，作为国交学习阎肃同志的实际行动。尤其是在庆祝建党 95 周年文艺晚会和杭州 G20 峰会文艺演出中，国交合唱团都承担了重要任务，做出了突出贡献。10 月 22 日合唱团成功演出了《长征组歌》，以此纪念红军长征胜利 80 周年。

北京音乐厅经营稳定，业绩持续增长。2016 年是乐团建团 60 周年，同时也是音乐厅建立 30 周年。北京音乐厅继续秉承专业化经营的理念，以质量求生存、以创意走市场，在 2016 年策划和组织了几十场艺术水准高、风格多样、贴近观众又具有教育及推广古典音乐等题材的不同形式的音乐会，引起社会热烈反响。继续增加自营项目的开发，全年自营演出成为音乐厅演出收入及演出项目的重要支柱。2016 年演出场次超过 270 场。

举办全国首席培训班，助力地方乐团培训人才。成功举办了国家艺术基金 2015 年度艺术人才培养资助项目“乐队首席与声部首席人才培养”培训班，面向全国招收地方乐团声部首席以上职位的学员 30 名，从国交选聘教师 11 名，从 5 月到 7 月进行了为期两个月的培训，共上了 52 节专业课，参加了 50 余次排练、10 场正式演出，观摩学习了 5 场经典音乐会。7 月底在北京音乐厅举行了结业音乐会，在乐团排练大厅举行了结业典礼并组织专家研讨会。学员一致反映这次培训效果好、收获大，国交老师认真严谨，演奏水平高。很多学员所在单位也纷纷表示，非常感谢国交的无私帮助，这次培训极大促进了地方乐团演奏水平的提高，充分体现出国家乐团对中国交响乐人才培养的大力支持和引领作用。

【文化管理开创新局面】 制定中国交响乐团三年（2016—2019）艺术创作规划。坚持以人民为中心的创作导向，贴近实际、贴近生活、贴近群众，始终把人民群众放在最高位置，把人民群众作为文艺创作的表现主体和服务对象；坚持社会效益和经济效益相统一，在坚持社会效益第一的前提下，充分尊重艺术规律和市场规律，以观众需求为目标，努力开拓演出市场，实现社会效益和经济效益的统一；坚持推动艺术创新，始终把改革创新作为艺术创作的战略基点和前进动力。

建立中国交响乐团剧节目库。作为老牌的国有直属乐团，从中央乐团时期起，就一直持续着原创交响乐作品的创作。老一辈作曲家们为中国交响乐的发展奠定了坚实的基础，而新一批的后生力量责无旁贷地扛起了续写中国交响乐辉煌乐章的重任。时至今日，已积累了一定数量的作品，如《我的祖国，妈妈》《大海啊故乡》《忆红楼》《“海霞”组曲》《红色娘子军》《黄河》《大地安魂曲》《霸王别姬》《希望》《炎黄风情》《抗日战争安魂曲》等。

截至 2016 年底，收录乐谱 4000 余部。剧节目库的建立在一定程度上方便了乐团的日常演出与查阅；基于乐团一定数量的经典原创作品储备，在一定程度上对青年作曲家的创作起到了示范引导作用；同时，丰富的曲库内容使新老作品常演常新，经典作品的阶段性回顾和原创新作品的持续性推广得到良性循环。

加大艺术人才培养力度。邀请国内外一流指挥家、独奏、独唱家来京合作演出，不仅为观众带来顶级的音乐盛宴，也为乐团的持续发展提供新的艺术养分，不断提升交响乐队及合唱团的专业艺术水准。

邀请国外一流音乐会制作、播出团队来华进行直播，通过与外方直播团队的沟通、协调、合作，不断提高专业艺术管理人员对于新传播理念、传播技术的专业水平。

积极参与国际演出交流活动，学习国际最新的艺术管理理念，加强交流沟通，不断提升艺术行政管理人员业务水平。

（李国飞　刘　晰）

中国儿童艺术剧院

【概况】　2016 年，中国儿童艺术剧院（以下简称“剧院”）以创作和演出为中心，深入开展“深入生活、扎根人民”主题实践活动，坚持“一切为了孩子”的工作导向，以建设“国内一流，国际知名”剧院为目标，以改革创新为动力，全院同志团结奋斗、开拓进取、勇于创新，使剧院在“出精品、出效益、出人才”上实现了新跨越，取得了令人振奋的新成果，实现了社会效益和经济效益双丰收。

【坚持正确方向，努力创作儿童戏剧精品】
2016 年，是中国共产党建党 95 周年，也是剧院 60 岁华诞，按照剧院制定的“现实题材、传统文化、外国经典”三并举的创作原则，全年共完成五部创作剧目排演和一部剧目的加工提高：完成经典保留剧目《马兰花》（第六版）重排，现实题材重点剧目《时间森林》、中国传统系列剧《成语魔方（三）》、人偶剧《西游记》以及外国经典音乐剧《小公主》等新创剧目的创作，对入选国家舞台艺术精品工程重点扶持剧目《红缨》继续打磨提高。这些作品的主题和体裁都体现了中国儿艺在创作上的一贯追求和集体审美意识，即艺术的高品质与题材和表现形式多样性的统一，思想性、艺术性和观赏性的统一，传承和创新的统一。对入选国家舞台艺术精品工程的《红缨》继续加工提高，力争使其成为剧院保留剧目不断演出下去。该剧成功入选第十一届中国艺术节。

【牢记使命，打造演出品牌，彰显国家剧院形象】　以庆祝建院 60 周年为契机，通过组织纪念大会、出版文集、编辑画册、拍摄专题片、举办展览、组织院庆 60 年展演季，回顾光辉历程，牢记责任与使命。院庆展演是 2016 年演出的一大亮点，跨越 3 个季节，分为“经典保留剧目”、中外优秀儿童剧、新创剧目展演，汇聚 45 台剧目 352 场演出。

全年共完成 46 台剧目（其中剧院 31 台、戏剧节邀演和儿童剧院线巡演剧目 15 台）617 场演出，其中纯公益演出 62 场，国际交流 28 场。演出覆盖全国 22 个省、自治区、直辖市的 62 个市区县，观众达 42 万人次。从最现代的大剧院到最普通的学校操场，从繁华的大都市到边远的新疆，从国家公共文化示范区到革命老区、贫困县，从全国重点学校到打工子弟学校、儿童福利院……都留下了剧院演出的足迹。演出收入创历史新高，演出场次同比去年增加 26 场，较好地展现了剧院的创作成果，扩大了剧院的影响力和覆盖面，实现了社会效益与经济效益的统一，得到了广大观众和业内外人士的广泛认可。

拓展亮点工作和增量观众，中国儿童戏剧节影响力日益增强。今年第六届戏剧节，共有来自美国、罗马尼亚、日本、韩国，以及中国台湾等 8 个国家和地区的 25 家演出团 46 部儿童剧演出 215 场，同时开展 15 项戏剧活动，并在济南、成都、宁波设立分会场，惠及 16 万观众，为孩子们打造了异彩纷呈的艺术节日。戏剧节的品牌效应和影响力日益扩大，已经成为促进中国儿童戏剧健康发展，加强中国与世界儿童戏剧界交流与合作的重要平台。

【努力承担社会责任，始终把社会效益放在首位】 一是组织实施62场“温暖童心”优秀儿童剧走进基层演出活动，将公益演出覆盖面拓展到新疆石河子生产建设兵团、乌鲁木齐、贵州遵义、江西黎川、福建三明、陕西志丹县等老少边穷地区，惠及6万余名地方少年儿童，同时注重演出效果宣传。二是在票房最火爆的六一儿童节，组织“温暖童心共筑中国梦”公益演出，让困难群体的孩子们免费走进剧院观看演出，在国家院团演出季期间为外来务工人员子女、低保家族和孤残儿童等派发公益演出票，体现国家剧院的社会责任感。三是积极参与全国公共文化示范区的建设，相继赴洛阳、深圳等地进行“大地情深”演出，体现了国家剧院作为公共文化服务领域的排头兵作用。四是落实“深入生活、扎根人民”主题实践活动中公益性演出、与基层同台演出和美育帮扶工作。做好剧院专业舞美与东城区灯市口小学合作演出全版《马兰花》、与革新里小学合作演出《十二个月》、专业演员与分司厅小学同台演出《我想对你说》等剧目的演出宣传组织工作，中央电视台等中央、首都和地方媒体报道近百次。

【大力推进儿童戏剧走出国门，国际交流成效显著】 2016年，剧院的对外文化交流工作步伐加快，全年组织策划赴境外演出共计28场，4台剧目出国境演出8次，走进欧洲3个国家（罗马尼亚、冰岛、马耳他）、北美洲2个国家（美国、加拿大）、亚洲3个国家（巴基斯坦、新加坡、蒙古国）；接待来自36个国家和地区的来访207人次；其次数、场次、人数均创历史新高。努力践行“讲好中国故事、传播好中国声音”，开创性地实现了让外国人用中文演出中国剧目的历史突破，各大媒体争相报道，《光明日报》发表“美国版《成语魔方》的意义”述评；首次在境外与新加坡中国文化中心创建“中国儿艺马兰花艺术培训学校”和举办“中新儿童艺术节”。

继续推进国际交流和合作，开拓国际视野。2016年，剧院共组织和完成6个国家8批22人国际观摩交流项目。通过观摩交流，不仅与国际戏剧机构建立了互信和交流机制，创造了合作的机会，同时，主创人员开阔了视野，激发了创作灵感，展示了中国青少年儿童戏剧创作者的风采。频繁在国际舞台上亮相，为中国儿艺提供了更加广阔的平台，在汲取营养的同时，也让更多的人认识儿童戏剧艺术。

国际合作进一步深化。在美国版《成语魔方》、中国版《公主与豌豆》，以及与罗马尼亚共同打造国际版《西游记》中，剧院克服多重困难，使合作演出顺利开展。中日韩合作取得新的突破，签署了《中日韩合作备忘录》，在今年戏剧节首次开设中日韩戏剧板块，成为亚洲儿童青少年戏剧表演的重要交流平台。新加坡中国文化中心马兰花分校成为传播优秀中国文化的典范。依托中国儿童艺术剧院优质教育资源，以艺术培训、传播中华优秀文化为办学宗旨，将新加坡“中国儿艺马兰花艺术培训学校”打造成当地有影响力的少儿艺术教育基地。

【加强制度建设，剧院实现可持续发展】 一是完善决策机制。在重大事项决策、干部任免、重大项目安排、大额度资金使用等领域，都必须上院务会或党委会集体研究讨论。在议事决策过程中，院班子成员充分发表意见，进行民主决策。二是加强部门间的协作与沟通。坚持每月召开中层干部月度工作会，通过通报部门工作，加强协同配合，提高执行力和工作效率。三是积极调整、修订、完善剧院各项规章制度。2016 年新出台和修订了《中国儿童艺术剧院基本建设、国有资产、政府采购管理制度》《中国儿童艺术剧院对外投资管理暂行办法》《中国儿童艺术剧院内部审计工作暂行办法》《中国儿童艺术剧院对外合作制度》《中国儿童艺术剧院内部控制基础性评价工作方案》等 7 项规章制度。剧院通过建章立制，严格作风约束力和工作执行力，使工作有章可循，有制可依，实现剧院各项建设科学化、制度化、规范化，2015 年财务综合评价考核取得优异成绩。四是加强人才建设。通过举办声乐、台词和舞台美术培训班，业务人员的专业能力有了一定的提高。通过招录、引进和解决遗留问题，使不少岗位得到充实。五是加强基础建设。为迎接建院 60 周年，剧场设备设施改造工程完成，剧院基础建设得到加强。

（崔勇波）

中央歌剧院

【概况】 2016 年，中央歌剧院（以下简称“剧院”）领导班子按照部领导提出的“工作不断、思想不乱、队伍不散”的要求，带领全院演职员工奋力开拓，不仅圆满完成全年工作任务，而且在剧院建设发展上呈现出许多新的亮点和新的突破，多次受到部领导的表扬和肯定。据统计，全年演出 117 场，其中歌剧 6 部 14 场；歌剧音乐会 8 部 16 场；开展深扎活动 12 地 30 场；上演原创歌剧两部，其中《红军不怕远征难》为 2016 年文化部新创重点剧目。

【深入开展“两学一做”学习教育活动】 剧院开展“两学一做”学习教育，不是关起门来搞，而是与具体活动相结合。

一是与“深扎”活动相结合。中央歌剧院在江西黎川、贵州遵义、青海玉树等革命老区和边远地区演出时，组织党员在烈士纪念碑前重温入党誓词，举办主题党日活动，使大家深受教育，所以才有了在凛冽的寒风中，在海拔 4000 多米的高原上，穿着单薄的演出服，以国家艺术院团艺术家的光彩形象，以对艺术一丝不苟的奉献精神，为观众献上的精彩演出。正如文化部领导所肯定的那样：“中央歌剧院 80 多人到海拔 4000 多米玉树藏区演出，用生命唱歌，为人民放歌，把艺术奉献给藏区人民，也锤炼了党性修养、涵养了为民情怀。”

二是与庆祝党的生日相结合。“为党庆生”是剧院坚持多年的、全院最隆重的庆祝活动，是党建工作的重要组成部分。7 月 1 日，剧院结合在天桥剧场上演《北川兰辉》之际召开全院大会，还表彰“两优一先”人员，同时以演代庆，推出文化惠民公益演出。

三是与重要演出活动相结合。剧院在承办文化部纪念中国共产党成立 95 周年群众歌咏大会、录制中央电视台国庆文艺晚会、参演人民大会堂《信念永恒》音乐会等重要演出活动时，对支部和党员都提出专门要求，要以支部的堡垒作用和党员的先锋模范作用，确保重要演出任务的完成。

【注重在“深扎”活动中汲取营养，推动艺术生产再上新台阶】 “深扎”活动。中央歌剧院的艺术家们先后深入浙江宁波、江西黎川、贵州遵义、吉林长春、青海玉树、山西静乐六省市，走进部队、学校、厂矿、福利院、养老院、文化活动中心、农村街头巷尾、红军纪念广场等，为基层的官兵、学生、农民带去慰问演出 26 场。同时开展精准文化扶贫，在演出空隙进行声乐培训、合唱辅导交流等，还与玉树申请非遗的土风民间歌舞团在帐篷内艺术互动；剧院选派5名声乐老师、1名钢琴老师赴山西静乐县辅导9个合唱队400余名学员，举办了为期11天的声乐培训班。

通过“深扎”活动，艺术家们深有感触地说，不仅仅是基层群众需要艺术，我们更需要向人民汲取营养。在“深扎”活动中所受到的教育，所收获的感动，是在剧场里难以得到的。剧院组织“深扎”活动，艺术家们都积极报名参加，由“要我去”变成“我要去”，“为人民而歌”已成为自觉行动。

艺术创作。多年来，剧院一直把艺术创作作为歌剧发展的原动力，坚持不断推出原创歌剧，在努力攀登歌剧艺术高峰的同时，通过舞台实践培养青年歌剧人才。2016年，剧院修改打磨的《北川兰辉》，在庆祝建党95周年时上演，以歌剧人特有的方式向党的生日献上厚礼；在纪念红军长征胜利80周年之际，剧院推出了《红军不怕远征难》，讴歌“革命理想高于天”的长征精神，赢得观众和媒体的高度赞扬。

国内演出。“民族经典·中国咏叹”音乐会作为2016年国家艺术院团演出季开幕式在国家大剧院拉开帷幕，被文化部领导誉为“方向明、路子正、状态好”的成功演出。瓦格纳巅峰巨作《尼伯龙根指环》之《莱茵的黄金》的成功演出，为中央歌剧院挑战瓦格纳“指环系列”画上了完美的句号。剧院连续5年演出五部“全华班”瓦格纳歌剧奠定了其在中国乃至亚洲的歌剧最强地位。原创歌剧《红军不怕远征难》参加了演出季，获得了文化部领导的充分肯定和好评。

5月，剧院与武汉琴台音乐厅联手举办歌剧周，在一周时间内上演了《图兰朵》《蝴蝶夫人》《托斯卡》和《白毛女》4部经典歌剧和1场音乐会。演出出现一票难求的盛况，几乎每场演出都有观众站着看完。

剧院坚持高雅艺术进校园已经11年。2016年，艺术家们奔赴山西、河北、山东、天津、安徽、浙江、上海7省市，为28所高校演出28场音乐会，所到之处好评如潮。

国外演出。2016年，剧院出访了5个国家，演出4场歌剧、4场音乐会，以精湛的歌剧表演艺术担负起“讲好中国故事、传播好中国声音”的重要职责，受到驻外使节和部领导的表彰。

1月，剧院赴韩国参加“欢乐春节”活动，庆祝中韩FTA经贸合作生效演出2场音乐会，增加了两国间的了解和友谊。4月，赴匈牙利演出歌剧《图兰朵》，中国驻匈大使称赞为“国内在匈牙利演出的最棒团体，代表和反映了国家演出的最高水准”。10月，《图兰朵》剧组赴瑞士演出，赢得了多国驻日内瓦联合国大使的盛赞。12月，赴阿尔及利亚和摩洛哥演出2场音乐会，阿尔及利亚文化部部长米胡比、艺术节组委会主席布阿杂拉一致认为，中央歌剧院的演出是本次艺术节的最大亮点。

【严守财经规章制度，后勤服务保障工作明显改善】 财务工作方面，在文化部财务司、人事司组织开展的直属事业单位财务考评工作中，剧院考评结果为优。

资产清查方面，剧院对长期挂账的往来款进行了清理，清查盘点了全院资产，为进一步加强对资产的规范化、制度化管理，落实文化部关于资产管理的各项政策打下了良好基础。

基础设施升级改造方面，按计划进行了配电室升级改造和自来水管线的升级改造工作。

【加大国家科技研发力度，文化产业发展快速可持续】 一是完成国家文化科技提升计划项目“模块化歌剧舞台关键技术研究及应用”和国家“十二五”科技支撑计划项目“演出效果呈现关键支撑技术研发与应用示范”并顺利通过国家验收。

二是与中孚泰集团签署了2017年在国内演出40场经典剧目的项目战略合作协议。

三是与武汉市黄陂区签署了合作舞剧《花木兰》的协议。

四是与湖南广厦儿童教育科技产业园有限公司签署了《中国数字化舞美科技应用产业基地》项目协议,基地将落户长沙。

（武红文）

中央芭蕾舞团

【概况】 2016年中央芭蕾舞团（以下简称“中芭”）在文化部的领导下,认真履行国家院团的责任与使命,坚持以人民为中心开展艺术创作生产,坚持传承古典、开拓民族、创新现代的“三足鼎立”艺术方针,经过又一年不忘初心地砥砺前行,取得了可喜的成绩,在实现“中芭梦”“中国梦”的道路上又向前迈进了一大步。

【坚持以艺术创作为根本,提升编创队伍水平】 中芭在2016年度共完成新创、引进、复排、打磨提升剧目17部。

传承借鉴古典剧目——引进玛卡洛娃版《舞姬》,为人民奉献精品:2016年9月17日中芭成功首演了契合“一带一路”主题的古典芭蕾舞剧《舞姬》,这部在国际上以舞蹈和制作难度著称的“试金石”之作赢得了观众和市场的极大热情,首轮5场演出一票难求,多地演出机构的邀约纷至沓来,各国驻华使节赞不绝口。在传承借鉴古典芭蕾过程中,中芭夯实基础,展现了国际一流的艺术水准。

探索开拓民族剧目——修改打磨《鹤魂》,用积极的文艺作品歌颂人民:2016年中芭对大型原创芭蕾舞剧《鹤魂》从剧情结构、编舞和舞美等方面进行了修改并开展全国巡演,力争将这部真实反映人民生产生活、讴歌平凡青年奋斗奉献的作品打磨成为新时代的经典。世界著名芭蕾编导大师约翰·诺伊梅尔对修改后的《鹤魂》表示强烈支持,邀请该剧参加2017汉堡芭蕾艺术节,在汉堡G20峰会期间献礼中德建交45周年,展现中国文化力量。

丰富创新现代剧目——用文艺作品振奋民族精神,培养中国芭蕾的再生力量:2016年是长征胜利80周年,中芭“芭蕾创意工作坊”以“征程”“一带一路”为主题,组织青年编导们前往各地采风,创作出6个当代芭蕾作品,从不同的视角礼赞中国人民在长征中历尽苦难、淬火成钢的精神气概,鼓舞新生代从先辈的事迹中汲取力量,坚定理想信念,融入时代发展的主旋律,为祖国、为人民勇担责任与使命。自2010年开始举办的中芭工作坊,在七年的坚持中为中国芭蕾培养了可持续发展的编创团队和力量。

【丰富艺术惠民方式与成果,以艺育人,培养新生代】 进一步提高为人民服务的质量和数量。2016年中芭总计献上演出195场,创造了历史之最,其中公益性演出占1/3。除北京和国际演出之外,中芭夙夜奔忙赶赴全国8省13市的32所大学;与保利院线合作前往10省19市,累计开展了54场“走进芭蕾”演出;前往莆田、大洋乡、四会、泸州、窦店、遵义进行了6个批次“文化进万家”革命老区慰问演出;在西柏坡、延安以“重走长征路”为主题举行了多场慰问演出,让数万人民在家门口感受和享受芭蕾艺术的熏陶。每到一处,中芭与当地民众密切交流,承担起以文化人、以文育人的职责。

以点带面丰富人民精神生活。2016年,与北京新街口东街小学、半步桥小学、草桥小学和雷锋小学开展的美育教育合作("高参小"芭蕾艺术进课堂项目)已完成授课4000多课时;携手泸州开展的基层共建项目使当地上万师生受益;向业余舞蹈学校授课惠及1200余名芭蕾爱好者。通过把崇高的价值、美好的情感融入对下一代的教育,中芭努力引导人民成为真善美的传承者,向高尚的道德看齐,追求更加丰富的精神生活。

引领全行业人员坚守艺术理想。2016年,中芭举办了三大引发业内外人士热烈讨论和积极参与的纪念活动:戴爱莲先生诞辰100周年、纪念卞祖善指挥从艺55周年、张剑从业20周年系列活动,向为中国芭蕾事业发展做出杰出贡献的艺术家们表达崇高的敬意,并通过树立行业楷模和榜样,教导新一代文艺工作者向前辈学习,坚守艺术理想,把崇德尚艺作为毕生功课,耐得住寂寞、稳得住心神,努力成为德艺双馨的中国文艺脊梁。

【开展多层次对外文化交流,展现独树一帜的芭蕾魅力】 2016年中芭人将中华文化带到了欧、美、亚、非4洲13国,在彰显文化自信、讲好"中国故事"过程中,发挥芭蕾这一国际语言交流的独特魅力,出色地完成了随国家领导出访、政府交流、商业演出等任务。

服务外交大局。2016年,中芭积极选派精英代表参加埃及"中国文化年""中拉文化交流年"的开闭幕式、"澜沧江—湄公河合作首次领导人会议"等演出任务。在10月中国、印尼关系敏感时期,中菲关系"解冻"之际,中芭以文化使者的身份赴两国表演了民族芭蕾舞剧《大红灯笼高高挂》,组织了面向孤儿、学生、芭蕾舞爱好者的公益活动,为中菲、中印尼恢复双边友好关系增添了良好的氛围,起到了春风化雨的成效,凸显了国家院团在促进相互理解、开展"文化外交"方面的重要作用。

彰显文化自信。2016年是汤显祖和莎士比亚逝世400周年,中芭把握开展纪念活动的良机,同时复排了经典代表作《牡丹亭》和《罗密欧与朱丽叶》,让欧洲艺术家深刻感受到中国文化不断增强的水平和实力。11月,在英国应邀连演了13场《牡丹亭》。英国观众对《牡丹亭》的喜爱与热情超乎预料,戏票售罄且采访邀请源源不断,各大媒体、专业舞评对中芭的演出好评如潮。

弘扬中华文化。圣诞节前,中芭将《过年》(中国版《胡桃夹子》)带到奥地利和法国,让两国观众在熟悉的音乐中,眼看、心领、神会到中国的"和"文化、"家"文化;设计了"文化体验演出",在每场演出中邀请20多位4—6岁的当地小朋友上台饰演芭蕾角色"小金元宝",教他们带着父母兄弟姐妹、同学老师,一起学习中国礼节和舞剧里的中国符号,以期辐射到更多的当地人民,促进不同民族文化理解和包容,加深中国文化影响力。

(秦　曦)

中央民族乐团

【概况】 在文化部党组的领导下,在全团落实文化部提出的以创作演出为中心的工作任务中,紧紧围绕"中国梦"的时代主题,中央民族乐团(以下简称"乐团")全年演出共计236场次,其中商业演出131场次,高雅艺术进校园演出31场次;全年商演收入为2888.58万元,观众总人数达21万人次;全年新创大型主题性剧目 13 台，新创单曲体音乐作品 80 首；创收总额资金为 4011.55 万元。

12 月 8 日，由中宣部、国务院新闻办、国务院侨务办公室、中国文学艺术界联合会、国家汉语国际推广领导小组办公室、中央电视台等机构主办的 2016 年第五届“中华之光——传播中华文化年度人物奖”，中央民族乐团获得唯一集体奖。

【坚持以创作和演出为中心，推动民族音乐精品创作】 乐团 2016 年主要作品有大型民族交响音画《伟大的先行者孙中山》、民族音乐剧场《寻找杜甫》、民族清唱剧《大地悲歌》、帮扶地方民族乐团大型民族音乐会《甘声肃韵》《陇上行》、民族音乐诗剧《行歌坐月》《国风绕梁》《泱泱国风》等。参演庆祝中国共产党成立 95 周年音乐会《信念永恒》、参加文化部主办的“2016 年国家艺术院团演出季”。其中，民族乐剧《又见国乐》自 2015 年首演以来在全国巡演 70 场，所到之处均受到社会各界的广泛好评，这是当代民族音乐在中国音乐舞台创作与表演中的优秀文化成果的展示。

【坚持文化自信，积极开展中外文化交流活动】 5 月 23 日至 31 日，乐团音乐家赴斐济、汤加进行文化交流。斐济总统乔治・孔罗特夫妇和汤加玛塔阿霍王太后、乌卢卡拉拉王储、内阁大臣、议会议员等分别观看了专场音乐会。

10 月 1 日至 4 日，受文化部委派，中央民族乐团音乐家在世界著名的雅典新卫城博物馆上演《两个伟大文明的对话》专场音乐会。中央领导同志到场观看并致亲切祝语：“你们的演出非常成功，特别是在世界闻名的希腊新卫城博物馆演出更是很有意义，这个演出场地与其他音乐厅都与众不同，可以在你们艺术家的简历上写上浓重的一笔。”

11 月 14 日至 12 月 5 日，中央民族乐团受文化部委派，百余位艺术家携民族乐剧《又见国乐》、音乐会版《印象・又见国乐》登陆哥伦比亚、美国、墨西哥开展“2016 中拉文化交流年”拉美巡演，完成了 5 个国家 7 个城市 10 场演出、2 场讲座的文化交流任务。

11 月 19 日至 23 日，为配合国家主席在 2016 年 APEC 期间与秘鲁总统的两国领导人文化高访活动，中央民族乐团 17 人艺术家小组赴秘鲁参加“中拉文化交流年闭幕式”演出活动。此次交流演出，深化了中拉文化对话，让文明互鉴成为增进中拉人民友谊的桥梁。

11 月 23 日至 29 日，中央民族乐团艺术家小组前往厄瓜多尔参加“中厄陶瓷艺术联展”开幕式演出及“洛哈国际艺术节”闭幕演出交流活动。厄瓜多尔文化部部长劳尔・巴耶霍、副部长胡安・马丁・奎瓦，洛哈市长何塞・波利瓦尔・卡斯蒂略和中国驻厄瓜多尔大使等出席观看。

【立足传统，建立常态化、长效化帮扶机制】 2016 年乐团充分发挥其导向性、代表性和示范性作用，对各地方民族音乐团体开展了一系列帮扶结对子活动。用国家艺术院团优质资源帮扶全国各地方民族乐团，使民族音乐的传承在全国各地产生重要影响力；同时，将少数民族地区、欠发达地区作为重点帮扶对象。

中央民族乐团帮扶表

演出时间	帮扶院团	音乐会名称	演出地点
5 月 10 日	甘肃省陇剧院	《甘声肃韵》	甘肃大剧院
5 月 11 日	甘肃省歌舞剧院	《陇上行》	甘肃大剧院

续表

演出时间	帮扶院团	音乐会名称	演出地点
6月5日 6月23日	陕西省歌舞剧院 民族乐团	《唐风雅韵》	国家大剧院 西安音乐厅
8月20日—21日 11月1日 11月3日—4日	成都民族乐团	《寻找杜甫》	国家大剧院 成都娇子音乐厅 成都锦城艺术宫
9月11日 9月26日—27日	重庆民族乐团	《大地悲歌》	国家大剧院 重庆大剧院

【积极响应文化部“春雨工程——全国文化志愿者边疆行”活动的号召】 为落实好第二次中央新疆工作座谈会议精神,5月17日至22日,中央民族乐团60位艺术家赴新疆库尔勒市、喀什市、阿克苏市进行以“春到天山”为主题的慰问演出。此次援疆慰问演出,跨越中国最西端,行程近2000公里,历时6天,演出4场,场场座无虚席,4万余名观众共享高品位视听盛宴,反响热烈。5月21日在阿瓦提县体育馆演出现场,各界观众达15000余人。

7月2日至6日,中央民族乐团艺术家赴西藏进行慰问演出5场,观众近4000人次。

8月3日至7日,乐团艺术家前往贵州黔东南苗族侗族自治州进行慰问演出。这也是乐团设置的民族音乐实践基地所进行的年度采风活动。

【加强青年艺术人才培养】 乐团力求以人为本,从培养人才、重视人才的角度,对青年艺术家的培养成为乐团艺术工作的主体,2016年乐团先后策划和举办了《文武双全——于源春琵琶独奏音乐会》《天籁弦鸣——段超大型二胡协奏曲音乐会》《“在水一方”经典老歌——王紫菲独唱音乐会》。

【举办专题活动,积极开拓民族音乐发展新模式】 举办“全国青少年民族管弦乐作品征集展演”,这是乐团为了建设培养青少年民族音乐事业而进行的专项创作活动,通过来自全国近30多部作品的征集,大力推进了青少年社会艺术工作的推广。

举办“国乐群英会暨全国民族管弦乐队首席及业务骨干交流学习活动”,来自安徽、甘肃、广西、河南等20个省、市、自治区民族乐团的四十余位首席、声部长及乐队骨干参加了培训。该活动已在全国民族音乐界形成了较强的社会影响力,旨在用以点带面、以大带小、以少促全的形式去帮扶地方民族乐团,促进民族管弦乐艺术的普及、发展与繁荣。

(李　梦)

中国美术馆

【概况】 2016年,中国美术馆围绕“弘扬优秀传统文化,典藏大家精品,加强国际交流,促进当代艺术创作,打造美术高原高峰,惠及公共文化服务”的工作新思路,有序推动美术馆事业的全面发展。

【展览展示工作呈现新亮点】 认真贯彻落实习近平总书记文艺工作座谈会重要讲话精

神，持续打造中国美术馆创立的四大系列展览品牌，树立国家美术馆良好的文化形象，发挥引领示范作用。举办的“中华民族大团结全国美术作品展”“庆祝中国共产党成立95周年美术作品展”“纪念中国工农红军长征胜利80周年美术作品展”“2016全国素描艺术大展”“2016中国美术馆收藏青年美术家作品展”“法兰西艺术院士作品邀请展”“纪念鲁迅逝世80周年美术展”“陈师曾诞辰140周年特展”等主题大展与经典好展深受观众喜爱。承接举办了许多具有社会影响力的大型申请展览，如“中国艺术研究院艺术创作大展”“中国油画艺术巡展回国汇报展”等。全年共举办各类展览近百场，接待观众百万人次。

【公共文化服务取得新成效】 “大师讲大美”“艺术讲堂”和“艺术沙龙”成为中国美术馆打造的普通公众与艺术大家零距离互动平台，全年举办12场。开展儿童教育活动及展览近40场，全年服务儿童及亲子家庭7000人次。为社会特殊群体及儿童启蒙举办专场活动，策划举办“自闭症儿童艺术疗育”“2016环卫子女成长计划”；举办“中国绘本精品交流展”“快乐美术馆　童享故事绘”等六大类十多场系列儿童活动。

美术馆志愿者全年导赏服务观众10万人次。配合新春贺岁大展举办“中国美术馆文化万福送万家”活动、纪念“5·18国际博物馆日”开放夜场，接待参观观众千余人。积极推动国内馆际之间、台湾地区及国际博物馆界有关教育课题的业务交流与专业建设，举办了“协调·合作——2015年全国美术馆公共教育年会”“美术馆文化志愿服务与管理研讨会”“2016中法艺术博物馆教育交流会”，举办中德“美术馆管理与公共教育”主题研讨会等。

【收藏、典藏与保护取得新进展】 全年实现收藏与捐赠作品共计2875件，完成15个捐赠项目。其中，“国家美术作品收藏和捐赠奖励项目”8项，共获捐赠作品2577件，常规收藏298件。举办司徒乔、司徒杰、刘焕章、陈半丁、闻立鹏、马士达等艺术大家及收藏家的作品捐赠展，形成捐赠展览的整体品牌效应。紧扣杨振宁教授捐赠熊秉明雕塑作品事件，发挥宣传报道优势，扩大向美术馆捐赠艺术品的社会意义。

在藏品管理上坚持保管、修复、研究、利用并重。健全完善藏品库房管理规定，建立了藏品信息资料的使用标准及登记著录规范，完成藏品普查数据18721条，累计完成5万多件藏品的图像采集，达到总藏品数的一半。全年完成馆藏中国画、油画的年度修复工作，举办“国家美术藏品保存修复国际研讨会”暨“国家美术藏品保护与修复专业培训”。全年共动用藏品1991件，图片使用6773张次。

策划举办的“中国美术馆连环画原作精品展”被文化部评为“2016年全国美术馆馆藏精品展出季优秀展览”，成为艺术品典藏活化的典范。

【对外和对港澳台文化交流取得新成果】 通过“中国美术馆国际交流”系列展，增进与国际文化艺术机构的交流与合作。与法国艺术院合作举办交流展，引进“法兰西艺术院院士作品邀请展”，推出汇聚多位最具代表性的中国艺术家的经典代表作赴巴黎举办“中国写意展”；策划中拉文化年项目“来自中国美术馆的艺术”赴墨西哥展出，让拉美观众首次感受到中国美术的精彩，培养本土志愿者，百名墨西哥志愿者活跃在展览现场为当地观众讲述中国故事。赴新加坡举办“当代中国青年美术家作品展”。与德国驻华使馆共同举办纪念德国收藏家路德维希夫妇向中国美术馆捐赠117幅珍品名作20周年纪念研讨会暨专题展览活动。

与俄罗斯、法国、德国、意大利、葡萄牙、荷兰、立陶宛、韩国、新加坡及中国香港等文化官员及博物馆、美术馆机构进行高层互访，接待外事来访、业务洽谈200人次。

【各项保障工作扎实有效开展】 一是政务管理规范高效。确保政务文书、会议组织及日常管理工作规范高效，档案管理工作有序推进。二是人才队伍建设不断加强。制定了《中国美术馆人才引进工作方案》，引进高层次专业人才，打造高端文化艺术界领军人才；加大培训力度，组织职工参加文化部人才轮训项目，选派优秀职工到境外相关机构学习培训，鼓励推荐职工参加各种专业培训。三是财务管理规范。强化预算执行与监督，提高资金使用效率。国有资产管理规范有序，馆所维护及时有效，各项设备设施安全运转，国家美术馆建设项目积极推进。四是艺术科技融合有力。数字美术馆的传播与延伸功能凸显，网站访问量近600万，日均访问者超过1.8万，微信注册用户近6万人。五是新闻宣传力度不断加大。举办新闻发布会43场，邀请媒体1800余家。六是实现全年安全无事故。

（邵晓峰）

中国国家画院

【概况】 2016年年初，中国国家画院制定了“以创作研究为核心，全面建成高水平国家画院”的发展目标，并以“创研、扩建、《中国美术报》、管理”为年度关键词，体现了中国国家画院2016年的工作思路。经过近一年的发展，取得了一些成绩，具体内容如下。

【以“一带一路”国际美术工程为龙头，狠抓创研工作】 目前精选出“一带一路”的创作选题258个，组织国内外优秀艺术家进行创作，计划用5年的时间完成。该工程已经进行了3年，预计在2018年全部结项。按照工程的总体部署，2016年已经进入创作阶段，画院继续组织研究员赴“一带一路”国内外沿线进行采风写生，并多次举行写生采风草图观摩。目前已经完成院内研究员第4次创作草图观摩，并完成面向社会征集的90余个选题的初评工作。

目前中国国家画院研究员按照“一带一路”国际美术工程的推进要求，采风写生的足迹遍布国内的20余个省市，以及海外的印度、法国、马耳他等国家，收集了大量的一手素材，为艺术创作打下了坚实基础。2016年12月，举行“一带一路”写生采风作品展，展出115位艺术家的数百件作品，这也是2016年“一带一路”国际美术工程的阶段性成果。

【重要的学术活动】 4月26日，中国国家画院“一带一路”国际美术工程选题评审会在国家画院召开，就“一带一路”国际美术工程目前的进展及出现的实际问题，与会专家进行了探讨。

“新中国美术家系列”湖北省、黑龙江省、福建省和山东省的展览，分别于5月、6月和8月在中国国家画院美术馆举行。

5月10日，中国国家画院“一带一路”国际美术工程第一次草图观摩会举行，与会艺术家充分观摩讨论创作草图后举行了座谈。

6月14日，“写意中国·2016中国国家画院美术作品展（济南）”于山东美术馆隆重开幕，展览展出国画、书法、篆刻、版画等门类作品 291 件。

“中华意蕴——中国油画艺术国际巡展”于 7 月 14 日—30 日在法国巴黎布隆尼亚宫举行,7 月 13 日举行隆重开幕仪式,同时举办由中欧美术理论家、艺术家参加的中国油画学术研讨会。

7 月 16 日,由中国国家画院主办,青年画院承办的“写意中国——中国国家画院青年画院中国画作品展”在中国国家画院美术馆举办。本次展览自 2016 年 3 月开始面向全国邀请和征集评选年龄 50 岁以下的艺术家共 300 余件作品,经国家画院青年画院艺委会严格把关评审,最终评选和邀请 124 幅精品力作参加此次展览。

8 月 31 日,第五届全国画院美术作品展览第一次工作会议在中国国家画院召开。展览由中华人民共和国文化部艺术司支持,中国国家画院与江苏省文化厅共同主办,江苏省国画院、江苏省美术馆、中国国家画院艺术交流部联合承办,于 2017 年 2 月底在江苏省美术馆举行。

9 月 28 日,由中国国家画院、中国美术家协会、中国画学会、中央数字电视书画频道主办,山东省美术家协会、山东画廊协会、中共潍坊市委宣传部、潍坊市文学艺术界联合会、青州市人民政府、中晨集团承办的“写意中国——2016 中国国家画院年展国画院作品展”在山东省青州市国际文化艺术小镇开幕,共展出 59 位艺术家的 200 余件作品。

“一带一路”国际美术工程面向社会发放 92 个选题公开招标,收到全国范围内征集到的 208 件选题草图,创研部邀请“一带一路”美术工程艺术委员会专家和画院各部门负责人共同组成评审委员会,评委以公开评议和无记名投票相结合的方式,初评出 80 位艺术家申报的 84 件作品入围进行复评。复评时,评委对入围草图和未入围草图进行了两轮复议,最终确认了 50 位艺术家申报的 53 件作品入选。

10 月 15 日,由文化部主办,中国国家画院与陕西省人民政府共同承办的“第十一届中国艺术节美术作品展”在陕西美术博物馆和西安美术学院开幕。此次展览延续“中国风格、时代丹青”的主题,涉及中国画、油画、版画、雕塑、水彩(水粉)画 5 个艺术品种,共计展出作品 550 件,比较全面地代表了当下国家美术创作面貌和水平。国家画院作为艺委会秘书处,创研部负责该展的前期征稿、评选、会务、嘉宾邀请、收件、布展、撤展等大量具体工作。

10 月 22 日—29 日,“写意中国——2016 中国国家画院年展版画院作品展”在中国国家画院美术馆举办。此次展览由中国国家画院主办,中国国家画院版画院承办,共展出了 17 位版画家的 130 件作品,集中展示了中国国家画院版画院研究员的优秀作品。

11 月 14 日,中国国家艺术基金重点资助的艺术推广项目“共生共荣——2016 中国雕塑邀请展”在中国国家画院美术馆开幕,来自全国各地的 101 位雕塑家的 113 件作品,清晰呈现了展览主题“共生共荣”的意义。该展览也是由中国国家画院主办、中国国家画院雕塑院承办的一次年度性学术邀请展。

11 月 25 日下午 6 点,由中国国家画院主办,中国国家画院美术研究院承办,意大利艺术研究院、佛罗伦萨会展中心、意大利华人艺术家协会共同协办的“水墨东方——中国当代水墨意大利展”,在意大利佛罗伦萨达巴索古堡开幕。300 余位来自政界、文艺界,以及其他各界的专家、学者、艺术爱好者、市民朋友们出席了开幕式活动。

12 月 5 日,中国国家画院国画院“工笔重彩研究所”,美术研究院“都市水墨研究所”“实验水墨研究所”,公共艺术院“环境艺术研究所”“摄影艺术研究所”“民艺研究所”“玻璃艺术研究所”成立揭牌仪式在国家画院举行。

12月11日,“2016年中国国家画院书法篆刻院年展”在中国国家画院举行。本次展览,集中体现了书法篆刻院研究员队伍近一年来艺术探索的轨迹及其艺术状态,一共展出作品200余幅。

12月12日,“2016中国国家画院‘一带一路’采风写生作品展”在中国国家画院国展美术中心隆重开幕。此次展览由中国国家画院主办,中国国家画院创作研究部、中国国家画院国画院、油画院、版画院、雕塑院、公共艺术院、中国国家画院国展美术中心共同承办。展览共展出了116位中国国家画院研究员的数百件作品。其中既有写生途中的随笔感受,也有创作的速写、草图,还有拍摄的影像资料,涵盖国画、油画、版画、雕塑、公共艺术等多种类型。

12月22日,“写意中国·2016中国国家画院年展公共艺术院作品展”在中国国家画院美术馆开幕,共展出作品128件,涵盖了国画、油画、陶瓷艺术、玻璃艺术、环境艺术、纤维艺术等门类。此次展览是中国国家画院公共艺术院精心筹备的年度展览,也是第一次独立举办的展览,集中展现了公共艺术各领域的最新成果。

《“丝绸之路·汉唐精神与中国国家美术发展战略”——第四届中国美术·长安论坛文集》编辑完毕已由安徽美术出版社出版发行。全书收录了国内外30余位专家30万字的论文,400余幅图。

【基建工作】 中国国家画院的院址东扩工程(基建项目)在2016年10月31日顺利奠基实施,正式进入施工阶段。目前基建用地的拆除工作已顺利完成,红线外道路工程已开工,正在按照既定的目标稳步推进。预计在2017年底完成主体建筑的封顶,2018年投入使用。

【《中国美术报》创刊一周年】 《中国美术报》是目前国内美术领域唯一以“中国”命名的专业报纸,在创刊之初即以“专业化、人文化、国际化、市场化、网络化”为办报目标,每期40个版面,是中国美术界盼望已久的权威性国家级专业报纸,旨在通过展示国内外美术创作、研究的最新成果,积极推动当代中国美术的繁荣发展。创刊一年来,《中国美术报》在内容选择、版式设计、舆论导向等各个方面,都得到了文化部、国家新闻出版广电总局,以及社会各界的好评,征订数量也在不断攀升。

【教学培训工作】 作为国家画院五项核心职能之一,教学培训已经成为中国国家画院为中国当代美术繁荣进行人才梯队建设和培养的重要方式。2016年,中国国家画院的教学培训中心有各类型工作室30余个,学员300余人,内容涵盖高研班、访问学者、课题班、博士后等各种类型。同时还承担文化部任务,培训来自全国各地画院的30位青年画家。目前,中国国家画院的教学培训在社会和美术界都已形成良好的品牌影响力。

【收藏工作】 2016年,根据院长办公会研究决定,并在文化部和财政部的支持下,中国国家画院的收藏工作顺利开展。2016年,国家财政部和文化部总计拨付中国国家画院收藏经费近800万元,分别为:

1. 油画收藏53件,248万;
2. 收藏修军先生版画218件,150万;
3. 收藏周韶华先生作品163件,400万。

【外事工作】 为了提升中国美术的国际影响力，推动中国文化走出去，中国国家画院在 2016 年加大海外展览的力度，先后在法国、俄罗斯、印度、马耳他、意大利、澳大利亚、阿根廷等国家举办学术展览。8 月，在国家艺术基金的支持下，中国国家画院油画院组织研究员到法国巴黎举行大规模展览，得到法国乃至欧洲美术界的广泛认可。同时，小型的扇面画巡展也在多个国家的文化中心举行，对宣传中国文化，推广中国美术都发挥了重要作用。

【财务工作】 坚持厉行节约，严控一般性支出。认真贯彻厉行节约反对浪费的有关精神，按照只减不增的原则控制一般性支出，严格执行会议费、培训费、差旅费等经费管理办法，从严控制支出。科学合理的编制预算、严格预算管理，也是将来审计的依据。同时完善电子数据信息的管理，提高管理效率。

【人事工作】 按照院领导决议要求，2016 年完成京内外专家调入 7 人，同时完成职称评审、党费补缴、党员关系审查、三定方案制定等相关人事工作。

【美术馆】 2016 年画院美术馆继续秉承学术立馆的理念，不断完善自己，共举办不同类型的展览 28 个，共计展出作品 3674 件，参观人数共计约 11000 人次。在展览学术上呈现多元化的格局，满足了观众的审美需求。

（董　雷）

中国对外文化集团公司

【概况】 2016 年中国对外文化集团公司（以下简称“集团”）认真学习领会、坚决贯彻落实十八届五中全会、六中全会精神和习近平同志系列重要讲话精神，根据文化部党组部署，扎实开展“两学一做”教育活动，全力配合国家外交大局，整合国内外优质文化资源，以社会效益为先，坚持社会效益与经济效益的双效统一，在国内外不断克艰攻难，开拓创新，2016 年连续第八次被评为“全国文化企业 30 强”。

【圆满完成国事活动文艺演出创意承办任务，出色履行文化外交国家使命】 集团以文化央企的最高政治责任感和使命感，全心全意、任劳任怨服务外交大局。2016 年，为配合国家领导人外交活动，集团先后创意承办了埃及卢克索神庙“两个伟大文明对话”、秘鲁利马中拉文化交流年闭幕式、“中古手拉手——哈瓦那之夜”、希腊新卫城博物馆“两个伟大文明对话”、埃及开罗“丝路新韵”演展活动、“中墨手拉手——墨西哥之夜”等 14 场重要国事活动文艺演出，并配合建党 95 周年圆满完成“中共六大会址常设展览馆”展陈设计布置重大政治任务。

【积极主动配合“一带一路”国家战略，倡议发起组建“丝绸之路国际剧院联盟”】 作为《文化部“一带一路”文化发展规划（2016—2020 年）》的重点项目，集团倡议发起的全球演艺平台——丝绸之路国际剧院联盟（以下简称“联盟”）启动仪式和首届国际研讨会于 2016 年 10 月在北京举行。联盟是世界上创立的第一个全球性跨国剧院组织，首批来自中国、美国、英国、法国、俄罗斯等亚、欧、美洲 21 个国家和地区以及两个国际组织的 56 家成员单位正式加盟（11 月份又有俄罗斯 4 家重点剧院和 1 家演艺企业加盟），成员单位均为所在国家和城市的重要文化机构与标志性大剧院。

联盟的成立，是“一带一路”战略框架下人文交流领域的创新亮点，是深化多边文化产业合作机制的有力探索，是中外文化交流历史进程中务实合作的鲜活范例。

2016 年，集团应邀担任首届“丝绸之路（敦煌）国际文化博览会”的总体策划单位和国际展区、主宾国馆的总执行单位，以 61 个国家的 8000 多件展品的文明互鉴、文化互动，实现了“以四海百国的古今世象昭示未来”的策展初衷。

【发挥大型国际文化渠道平台影响力，传播中华文化、促进产业贸易发展】 集团 2016 年举办或承办了中拉文化交流年、第 16 届相约北京艺术节、第 13 届中国国际合唱节、第 8 届中国国际青年艺术周、俄罗斯中国文化节、第 2 届两岸艺术节、第 15 届威尼斯国际建筑双年展中国国家馆展览、第 2 届中国艺术品产业博览会、第 5 届港澳艺术双年展、感知中国——中国西部文化伊朗行（新疆篇）、2016 广州国际演艺交易会等一系列大型综合性文化活动，积极发挥这些大型品牌活动平台影响力，传播中国精神，促进国内文化发展与对外文化贸易。

由文化部主办，集团作为主要策划承办单位的 2016“中拉文化交流年”在中国和拉美与加勒比地区近 30 个国家同时举办，是新中国成立以来我国同拉美和加勒比国家共同举办的最大规模的多边综合文化活动。

由集团具体策划执行的 2016 广州国际演艺交易会，共有来自澳大利亚、德国、韩国等 20 个国家的 200 多家演艺机构参与，期间有多个国内外千万级重大项目洽谈签约，总计成交金额 2.7 亿元。同时，本届演交会为适应移动互联网发展趋势，全国首个演艺行业互联网交易平台——“中演汇”上线试运行，为国内外演出经纪机构、剧院、演出院团搭建交流、交易的国际网络平台，实现全天候的便捷化、高效化演艺交流沟通与洽谈成交。

【积极推动品牌项目、品牌产品走出去，继续推进海外市场本土化运营】 2016 年，集团“中华风韵”品牌活动相继组派《沙湾往事》《粉墨春秋》《碧海丝路》《丝路粤韵》等优秀中国舞台作品赴美国、加拿大、瑞士、德国、比利时等国家演出，进入多家世界著名剧院，得到当地主流观众群体的称赞和主流媒体及电视台、网络媒体的关注报道。其中，为感谢集团将描绘海上丝绸之路的大型民乐套曲《丝路粤韵》精彩演出带给西雅图市民，爱德华·穆雷市长发表公告，宣布 2016 年 9 月 12 日、13 日为西雅图市中国对外文化集团日，这是西雅图市第一次给予一家中国文化企业这样的荣誉。

2016 年 11 月至 2017 年 1 月，集团坚持本土化、市场化、品牌化原则，继续举办新一届“天下华灯”嘉年华活动。本届“天下华灯”将分别在美国加利福尼亚州首府萨克拉门托市及图拉瑞市同时举办，以立体多元的方式传播中华文化，把中华文化通过节庆化、生活化的方式，融入美国民众的传统节庆活动，购票入园的美国观众超过 30 万人次。

集团自有常年品牌剧目《武林时空》（首演于 2000 年）赴澳大利亚的堪培拉、悉尼、墨尔本、布里斯班、阿德莱德、珀斯和新西兰的惠灵顿、奥克兰等 8 座城市进行商业巡演；组派湖南杂技团《梦之旅》赴美国 25 个州和加拿大 2 个州共 70 多座城市，进行 100 场商业巡演，行程近 5 万公里，观众预计超过 20 万人次，是我驻美使领馆公认的近年来赴美商演的成功范例。集团组派国家京剧院携剧目《白蛇传》赴日本的东京、大阪、名古屋、千叶 4 座城市进行巡演。集团连续 32 年持之以恒，每年都组派国内优秀重点京剧团体赴日巡演，经过长期的市场推广与艰苦细致的努力，在日本已拥有一定市场影响力，逐渐形成了中国京剧的固定观众群。

（王洪波）

中国数字文化集团有限公司

【概况】 2016 年，在文化部党组的领导和有关司局的支持下，中国数字文化集团有限公司（以下简称“中数集团”）全面贯彻落实党的十八届五中、六中全会精神和习近平总书记系列讲话精神，落实部党组“瘦身健体”决策，始终坚持把社会效益放首位，主动适应经济发展的新常态，扎实开展工作。

【主动出击，项目落实与市场对接齐头并进】

国有资本金项目。中数集团为推动国有资本金项目《中国数字文化内容原创与集成基地》的实施，积极调整实施与运营方案。2016 年下半年对项目中 4K 高清转播车、后期编辑系统、存储中心机房硬件采购与集成进行公开招标。

《中数少儿益智互动游戏平台——少儿互动英语游戏》项目是一个以互联网为中心，以人、玩具、游戏、书、虚拟卡通形象之间互动娱乐为目的，寓教于乐互动式的游戏平台。该项目与《中国数字文化内容原创与集成基地》项目将互为补充，是《中国数字文化内容原创与集成基地》项目具体实施的重要延伸。

《中国文化产品数字化海外营销平台》项目“汇唐网”部分定位为“一个有文化的电子商务平台”，累计商品招商 30834 件，网站访问量超过 800 万次。打造了一个全天候在线的 B2B2C 中国文化产品国际贸易数字化服务平台，将开创中国文化产品的网上丝绸之路。

《中国连环画数字图书馆多媒体应用及 SINOCOMIC 平台》项目获得了中宣部、文化部领导的一致肯定，是中数集团在文化产业领域取得的又一丰硕成果。该项目的实施对于推进互联网时代和移动互联网时代的连环画出版事业，对于扩大连环画这一中国特色艺术形式的生命力和影响力，都有着不可低估的重大价值。

《中数数字出版发行平台》项目利用云计算、云存储技术，构建一个面向数字出版，覆盖全国范围的云存储及大容量数据内容的分发平台。中数集团对该项目的实施，做了充分的调研和论证。

传统数字出版业务。2016 年中数集团共计完成 228 个音像制品的出版。其中，境外引进节目 150 个，国产节目 78 个。按类型划分，录音制品 66 个，录像制品 162 个。

“像音像”工程。中数集团依托中宣部、文化部政策性优势，主动出击，以承接京剧“像音像”工程为切入点，找准“像音像”工程与国有资本金项目《中国数字文化内容原创与集成基地》的契合点，全面筹备国家“像音像”工程基地，定出路线图、时间表、责任人，努力使国有资本金项目尽快落地。

文化部老部长、老艺术家、老专家“口述史”项目。通过竞争性谈判，中数集团全资子公司中数世纪传媒科技有限公司于 2016 年 4 月获得“口述史”项目二期承制权。完成 17 位老领导、老艺术家的采访录制，双机素材 375.2 小时，校对文稿 160 万字，在《光明日报》《中国文化报》发表专访 2 篇，公共微信号发文 110 篇，初步建立了“口述史”数据库。从事这项工作的同志们本着对历史、对文化艺术高度负责的精神，投入大量心血，抢救了一批有价值的史料，取得了阶段性效果。

数字文化内容创作资源中心项目。2016 年 9 月，中数集团与国家艺术基金管理中心达成协议，共同建设数字文化内容创作资源中心。中心的建成可以为优秀艺术内容数字化创作生产和出版发行提供优质平台。

对外交流项目。文化部外联局《中国对外文化传播云平台》项目已完成搭建并上线试运行，在根据试运行反馈意见进行修改调整后，已于2016年底完成并结项，2017年将积极推进"云平台"二期工作的开展。承接2016年曼谷中国文化中心全年的美术设计工作，完成近20项活动的展板、请柬、节目单等设计工作。承接墨西哥中国文化中心网站的策划、设计及网站搭建工作，完成美术设计及程序初步链接工作。在进行相关反馈意见修改后，网站于2016年11月正式上线。

项目申报情况。2016年共申报各类国家财政支持项目5项。文化产业专项资金项目：《中数全景声传统音乐集成传播平台项目》。国家艺术基金项目：《"声海拾真·重听经典"珍贵历史音频资料数字化传承推广项目》《汉字里的中国》交互数字艺术展，两项均已获批。出版基金项目：音像制品《中国戏曲动画》《丝绸之路上的民族音乐保护与应用》。

【瘦身健体，内外审计和企业管理逐渐完善】 中数集团严格落实文化部"瘦身健体"的要求，启动了结构转型，以业务项目为中心，实行多样化的人员组成方式，减少层级，提升效率。即：行政管理部门实行岗位责任制，综合业务部门实行项目效益考核负责制。2016年7月26日，中数集团举行了经营任务责任书签订仪式，对于集团具有里程碑意义。这标志着中数集团开始实现管理方式、经营方式、考核方式的全面转变。对于进一步健全完善现代企业制度，明确董事会和经营层责权边界，强化经营班子职责意识，具有十分重要的作用。

为加强合同管理，规范合同审批流程，中数集团分别于2016年年初和年中针对集团对外签订的合同进行了审计，并根据审计结果重新调整了合同审批流程。

【以人为本，妥善解决中录总社遗留问题】 为避免国有资产流失，降低经营成本，严格按照国有资产处置流程，于2016年8月将中录总社废旧录音录像设备交由中国再生资源开发有限公司统一回收处理，并依据资产处置批复文件、废弃电子类资产回收凭证交财务用于调整资产、财务账目。

（衡　瑶）

中国动漫集团有限公司

【概况】 2016年，中国动漫集团有限公司（以下简称"集团"）在部党组领导下，围绕"改革创新年"的年度中心工作，大力拓展新业态，进行了集团内设机构重组、人事薪酬和绩效考核等制度改革，全面完成了年度工作任务，较好地实现了"双效统一"。

【顺势而为，新业务取得新进展】 推动动漫与实体经济融合发展。集团联合中国广告协会，于12月17日至18日在广州举办2016中国卡通形象营销大会。大会作为理念新、模式新、内容新的创新型平台型项目，不断扩大动漫产业边界，吸引了中国联通、南方电网、中建钢构等国内25个省市自治区的390多家动漫企业、广告企业、实体经济企业，近500名代表参加。大会议题具有强大吸引力和引导性，除高峰论坛外，还举办了卡通形象营销案例及动漫广告展播展映、文体旅游领域、快消品服务业领域的卡通形象营销分论坛，以及动漫品牌创新营销对接会等活动，共有 200 多家企业的 1000 多个卡通形象参与了本次大会。

创新网络文化产业发展高端论坛。在 2016 年 1 月成功举办网络文化产业年会的基础上，开创会展分离模式，于 12 月 27 日—28 日在北京举办 2016 中国网络文化产业年会，年会包括高峰论坛、动漫 IP 产业交流论坛、VR 新视界产业论坛、网络直播产业论坛等多个论坛，受到业内高度关注。同时发挥网博会品牌优势，开展以“强网络、强文化、强产业”为主题的“网博中国行”活动。文化部、国家网信办以及北京朝阳国家文化产业创新实验区领导出席论坛。文化部领导在开幕前主持召开座谈会，与部分参会企业负责人就落实《国家“十三五”战略性新兴产业发展规划》提出的发展数字创意产业等进行座谈。

行业智库建设取得重要成效。在上海第十二届中国国际动漫游戏博览会上，举办新三板上市动漫企业及投融资高峰论坛等会议活动；在敦煌首届丝绸之路（敦煌）国际文化博览会上举办“民族文化传承·优秀传统文化资源数字化”专项论坛；举办中国军事网络文化主题论坛，得到了文化部及有关方面的高度好评。策划并组织了三期华漫沙龙活动。完成文化部、中央网信办网络动漫等相关论坛和课题研究工作；编发《华漫研究》（动漫行业月报）10 期，向政府和行业提供了优质的研究产品和咨询服务，产生了良好的社会与经济效益。

服务双创，打造以动漫游戏为主的华漫驿站众创空间。项目获得国有资本经营预算支持 1160 万元。2016 年底，众创空间入驻率达 95%，项目被纳入中关村石景山园整体规划。

动漫文化交流开始起步。参加地方政府文化交流，出席“奥克兰—广州—洛杉矶三城经济联盟”会议、组织动漫企业在美国拉斯维加斯国际授权展中搭建“中国动漫馆”、参加英国伦敦品牌授权展和第三届美中影视产业博览会，成功申报国有资本金项目 894 万元。

申报项目。联合北京理工大学、北京电影学院、合一信息技术有限公司，共同申报了 2016 年文化部重点实验室“沉浸式交互动漫实验室”项目，并获文化部批准。

【问题导向，新机制破解旧难题】 为打破严重制约发展的“大锅饭”机制，集团进一步加强和改进企业治理结构，强化激励约束机制，进行了内设机构重组、中层干部竞聘，对岗位管理和薪酬与绩效考核等制度进行了大胆改革，取得了群众满意、经营好转的成果。

重组内设机构，提升组织效能。统筹集团发展战略，压缩精简集团职能部门，优化重组业务部门。经过调整，集团内设 3 个职能部门、5 个业务部门，员工减少 8 人，将品牌会展部整体划出组建中漫风尚（北京）文化传播有限公司。

全体中层干部实现竞聘上岗。集团委托第三方专业机构负责考务，职工代表监督，班子集体讨论，13 位中层干部经过报名、资格审查、笔试、面试、民主测评、查档等环节，按规定完成了招聘程序。经过竞聘上岗，集团中层干部平均年龄约为 36.8 岁，较之前大幅降低，本科及以上学历占比 84.6%。

改革人事薪酬与绩效考核制度。集团在第三方服务商中智公司的协助下，进行了薪酬与绩效考核制度改革，制定了《部门职责岗位说明书》《集团绩效考核管理办法》《集团绩效考核实施流程及细则》等多个文件。集团因事设岗、人岗匹配、双向选择，各部门和岗位职责更加明晰，通过量化绩效考核标准，对绩效考核管理办法、实施流程及细则进行了系统性、制度性设定，实现了以价值创造为核心的考评原则，业绩透明化、管理系统化，让经营业绩与集团、部门和个人的回报、发展相结合，成为管理常态机制。

【瘦身健体，公司治理稳步推进】 根据文化部“瘦身健体”要求，起草了《投资管理办法》《二级公司管理办法》等文件。推进中娱文化股份有限公司股权转让相关报批工作，中国动漫游戏产业股权投资管理有限公司正在通过法律手段恢复股权。集团按照文化部相关规定进行清产核资，内部审计，下发了《关于开展动漫集团二级公司内部审计工作的通知》。集团通过与上海华游投资管理有限公司、北京皇城艺术品交易中心有限责任公司、数字优搜（北京）网络有限公司其他股东沟通磋商，针对几个二级公司资产股权处置问题，向中央文资办做了专项汇报，并按相关要求积极推进。调整了派往有关公司领导人选，裁减员工。

为进一步强化企业制度建设，集团修订了《集团“三重一大”事项决策办法》《集团印章管理规定》《集团财务审批程序及费用开支暂行管理办法》《集团公文处理规定》等数十个规章制度。

【精进不休，积极参与公益活动】 集团所属二级公司中娱文化股份有限公司出品的《彩虹娃娃》取得发行许可，入选文化部 2016 弘扬社会主义核心价值观动漫扶持计划，并加入“联合国教科文组织关爱女童计划”，以形象大使的身份在全球进行推广，已发行国外十余家电视台。与网易共同举办“易起读”公益合作牵手仪式。

集团荣登“中国服务”品牌竞争力 500 强榜单，在社会各界的认知认可度不断提升，取得了良好的社会效益。

（郑兴博）

文化部恭王府管理中心

【概况】 2016 年，恭王府管理中心（以下简称“恭王府”）在文化部的正确领导下，深入贯彻党的十八届三中、四中、五中、六中全会精神和习近平同志重要讲话精神，围绕“文物保护、旅游开放、博物馆建设、文化空间营造和文化产业发展”五大职能，积极打造“历史、文化、旅游、民俗”四张名片，从而不断提高单位管理能力、服务能力、业务能力和经营能力。截至 2016 年 11 月底，在全年少开放三个月的时间里，共接待游客 280 余万人次。实现了全年无火灾事故，无刑事案件，无责任事故，无游客投诉的目标。

【加强制度建设，完善内部管理】 坚持以制度建设为抓手，提高行政管理水平，完善内部控制，做到心里有数、言之有理、行之有据。在人事管理、财务流程、非遗保护、业务研究等方面共修订完善并制定出台了 40 余项制度规范。

完成了单位固定资产清查的核资工作，单位多年的遗留问题得以解决，并以此为契机建章立制，完善了资产管理和人、财、物的流转与交接，以及账务变换程序规范。

圆满完成中心 2015 年财务收支考评情况的审计工作，整体审计情况良好，考评结果达到 91.4 分。

坚持以职工团队化建设为核心，严格人事管理，加大专业人才引进和培养力度，优化人力资源配置。

【高度重视文物保护和文物安全，逐渐形成从研究到征集、保管，从“以展代藏”到学术研

究、成果汇集的馆藏体系】 以研究为基础，有重点、有计划、有针对性地开展文物征集整理工作。今年适逢近代重要书画家溥心畬先生诞辰120周年，作为其成长、生活、创作的重要居所，恭王府举办了溥心畬诞辰120周年特展，集中展现了溥氏的生平、交游、师承及诗文、书画创作。

为弥补文物库房数量不够，条件不足的短板，建立“以展代藏”模式，因地制宜，让文物收藏与景区开放相融合。利用现有条件，逐步形成以“锡晋斋”为主要核心区，以“多福轩”为“以展代藏衔接区”的文物展示规模体系，将文物置于历史空间中，立体展示文物的历史价值和功能作用。

围绕文物保护，对安保工作进行科学化、系统化升级，部门协调能力得以增强，应急机制进一步完备，各项安全工作规范化、制度化。加强了对园内禁烟防火、游客安全、设施安全、展厅安全，以及文物、古建、环境的巡查，广泛使用基于物联网云计算技术等科技手段，用于库房环境监测。特别是在今年的防汛安保工作中，科技手段大显其能，文物库房实现提前预警，经受住了汛期暴雨的考验，保证了文物安全和文化遗产安全，得到了部领导的肯定。

在去年中心“安防工程”顺利完成的基础上，为进一步加大文物保护力度，今年又积极开展“恭王府电力改造工程”和“防雷工程”筹备工作。

【展览体系独具一格，特色鲜明形式多样】 在秉持“专业水准、注重品质、加强学术”的宗旨，以“恭王府艺术系列展”为核心展开的同时，注重国际交流展、学术邀请展，以及各类文化活动的创新和实践。全年共举办不同形式的展览共计41项，展览水平和策展能力不断提高，展览日趋系列化、品牌化、专业化、国际化。在2015年“艺术展、文物展、非遗展、影像展”的基础上又增加了“园林艺术展”，进一步丰富了展览体系。

其中，“苏州造物——明式家具制作技艺展”“传统内画制作技艺精品展”“艺道日新——张晓凌师生作品展”“八方新气——王侠军新瓷作品展”等一大批有质量、有内涵、有影响力的展览吸引了八方来客，产生了很好的社会效应，受到领导、业内专家和广大观众的肯定。

【学术研究力量不断加强，各研究中心成为中心事业发展有益补充】 设立学术研究委员会，充分发挥指导作用，充分调动专业人员的积极性，发挥知名专家的传帮带作用。重视专业人才的培养，引进优秀人才，设立业务鼓励基金，鼓励业务人员苦心钻研业务，多出成果、论著、文章等。

在展览展示的基础上加强学术整理和研究，全年共举办以非遗和传统文化保护为主题的研讨会活动8场。如“传统织染绣与当代时尚发展研讨会”“恭王府官式古建筑营造技艺学术研讨会”“传统年画分类保护标准学术研讨会”等，提高了恭王府学术水平和地位，为中心的研究工作起到了重要的推动和促进作用。

北总布文化创意与交流中心业务活动蓬勃开展，与中国昆曲古琴研究会、中国红楼梦学会、西游记文化研究会，中央国家机关书画协会等共建单位合作交流持续深化，与社科院研究生院、北京建筑大学、中央美术学院、中国戏曲学院等院校的学术交流与广泛合作日益加强，深入挖掘王府文化内涵，为中心业务发展提供强有力支持，使恭王府的学术能力和学术水平不断提升，大大提高了恭王府的学术地位和文化影响力。

【严格按照5A级景区标准，提高服务质量】 高度重视5A级景区复核工作，根据检查标准和要求，逐一梳理风险点，责任落实到部门和个人。根据排查出的景区周边交通、旅游秩序、垃圾站、无照经营和侵权仿冒等问题，将景区环境治理纳入到什刹海地区整体旅游发展规划中，分别向文化部和区、市政府部门反映问题，集合周边和政府力量对景区进行综合治理，通过不懈努力，恭王府周边交通秩序和旅游环境得到很大改善，得到游客和周边居民的广泛赞誉。

推进智慧景区建设步伐。改造景区检票闸机口，建立智能验票系统；实现通过官网、电话、短信和旅游平台预定销售电子门票，有利于人流的疏导；前广场增设了LED大屏，滚动播出恭王府宣传片和展览信息。

【从严精简出访团组，密切对外联系合作交流，扩大中华文化影响】 2016年，恭王府严格遵循国家和文化部外事工作制度和因公出国(境)的有关规定要求，按照《恭王府因公出国办理流程》和《恭王府管理中心因公临时出国管理办法》，大幅精简出访团组的数量，2016年共批准因公出访团组1批次、双跨团组1批次、邀请外籍人员来华3批次。做到出团守规矩，访问有任务，交流有成果。外事工作得到了部领导的肯定。

恭王府严格按照《恭王府管理中心公务接待管理办法》的规定，开展中外团组互访接待、交流学习与对外合作工作。全年接待重要外宾来访12次100余人、接待国内来宾30次500余人。

对外合作方面，继续做好2016年度“园林之光”项目的各项活动；继续深化馆际沟通联络，与国外各家博物馆、机构和个人保持长期联系，交换相关文献资料信息；与罗马尼亚西吉什瓦拉博物馆达成馆际合作意向。

【积极践行“文化自信”，文化活动亮点不断】 恭王府致力于打造“活态文化空间”，举办了民俗印象、天然舞台、文化雅集等多类文化活动。如全面展示传统“福文化”的“恭王府2016丙申猴年(第三届)福文化节祈福大典”、利用恭王府建筑、氛围和特征，将展示空间与舞蹈艺术相结合的实景环境舞剧——“四时长歌·恭王府”、以纪念“中国共产党成立九十五周年”、“长征胜利八十周年”和“咏海棠”为主题举办的“海棠雅集”盛会、致力于保护享有“百戏之师”盛誉的中国昆曲艺术的“雅乐正声——首届全国昆曲曲社曲友雅集”等，以恭王府为传统文化展示舞台，不断传播中华优秀传统文化，提升恭王府的文化内涵，扩展文化空间，充分履行公共文化机构的职责与担当。

【加强与“中国非物质文化遗产传承人群研培院校”和传统工艺工作站合作】 2016年，恭王府树立“科研先导、专家指导、团队建设”的工作思路，逐步建立起“四展三研”的工作模式，深入挖掘自身资源，借助平台优势，在做好传统技艺分类保护研究的基础上，致力于与文化部“中国非物质文化遗产传承人群研培院校”和各传统工艺工作站开展深入合作，充分发挥恭王府作为优秀传统文化展示平台作用。

加强非遗展示方面，举办了“文化部传统工艺工作站阶段性成果展”。众多来自民间的非遗精品在恭王府得到完美呈现和展示，既接地气又贴近群众，取得了良好的社会反响和效果。加大资金投入和研究收藏力度，加强对外交流，投入500余万元搭建360平方米国家非物质文化遗产展示基地展馆，改造设立“传统工艺创意生活馆”；投入100万元开展加强非遗专业领域的学术研究，投入100万元用于收藏非遗作品。

密切与院校合作方面，与北京建筑大学签订战略合作协议，联合成立“北京建筑大学非物质文化遗产研究教学指导委员会”，举办“振兴传统营造技艺学术研讨会”，在传统建筑营造技艺、传统家具制作技艺项目及人才培养等方面，形成资源共享和优势互补。

扩大非遗传承人群培养方面，与中国社会科学院研究生院联合，先后于3月、6月和8月举办“2016年国家艺术基金人才培训项目：‘传统年画刻绘技艺传承人才培养’高级研修班”三期；通过与北京建筑大学举办“2016年中国非物质文化遗产传承人群传统年画刻绘技艺传承人才培养高级研修班”，共建北京建筑大学非物质文化遗产研究院。

加强非遗展品收藏和整理方面，以今年举办的“传统年画精品展”为基础，收藏了“画中有戏”“画中有福”两个主题的木版年画作品300余件。

同时，积极开展“非遗进校园”活动，利用展览时机与西城区中小学合作开展公共教育服务；组织参展项目先后赴国内一流高校进行学术交流。

开展非遗研究与非遗文创研发系列品牌宣传活动，与各电视台、报纸、网络等新闻媒体通力协作积极开展宣传工作，并先后编辑出版《中华传统技艺》12卷。

【文化创意方兴未艾，“恭王府+”成为王府文化产业新亮点】 根据《国务院关于推动文化文物单位文化创意产品开发》文件精神和全国文物局工作会议要求，按照文化部文创工作整体部署，恭王府积极响应，专门成立文创办，明确工作定位，制定了创意产品开发、人才共享、品牌建设，以及吸引社会力量参与产品研发生产经营等四个方面的措施。通过创新模式，转变观念，多渠道、多形态、多模式加强恭王府的衍生品开发，采取引进、合作、授权等形式，加强与院校、企业及相关机构的合作，打开了恭王府文创工作新局面。在开发模式、收入分配和激励机制等方面进行探索。2016年，在“5·18国际博物馆日·中国主会场活动开幕式”上入选首批十个“全国博物馆文化创意示范单位”。10月，被文化部批准为文创产品开发试点单位。开发了恭王府红楼钗群、恭王府阿狸、恭王府新绎爱特、王府书院等系列品牌产品；结合“互联网+”战略，推出了天猫官方旗舰店，将恭王府文创产品通过互联网推向更大市场。

特别值得一提的是，今年恭王府和北京梦之城文化股份有限公司合作开发的“恭王府×阿狸”系列文创产品，参加第十三届“北京礼物”旅游商品大赛并荣获景区主题类银奖。

2016年，恭王府带着具有自身特色的福文化创意产品，分别亮相浙江义乌文交会、福建福州展交会、四川成都博博会，与上千家文创单位和机构、参展商，交流学习最前沿的先进经验，同时也把恭王府的文创成果展示给文博界同行和大众。

（白立冰）

文化部文化艺术人才中心

【概况】 2016年，文化部文化艺术人才中心（以下简称“人才中心”）在部党组的坚强领导和有关司局的指导支持下，深化落实部党组的各项要求，着力增强政治意识、大局意识、核心意识、看齐意识。同时，坚持以创新为动力、以项目为抓手、以效益为目标，精准实施质量标准体系、业务优化体系、服务保障体系，在行业人才“储备选用、培养使用、评价聘用、交流任用、开发利用”五个方面一体化推

进,有效实现人才中心的新突破、新发展,具体表现在以下几个方面:

【建章立制,规范管理,全面构建人才中心"十三五"时期发展新目标】 出台并落实"十三五"发展规划。围绕国家"十三五"规划、2016年全国文化厅局长会议精神,人才中心于年初着手编制契合十八届五中全会精神、符合部党组要求、贴合工作实际,科学、务实、管用的人才中心"十三五"发展规划,并出台与之配套推动规划落实的具体任务分工方案,使各项工作有章可循、有据可依。

有序推进人才社会化评价课题编撰工程。为做好文化艺术人才社会化评价体系建设前期工作,根据《中华人民共和国职业分类大典(2015 年版)》的职业分类,依托中国传媒大学和河北大学对文化经纪人、礼仪主持人两个职业从职业标准、评价规范、辅导教材、考试大纲、专业题库五个方面组织专家进行编撰,从而为开展非公领域文化人才职业能力评价工作打下基础。

做好文化行业职称培训测试和高级职称评审程序化建设。一方面,加强统筹协调,做好职称培训测试现场服务流程的标准化工作,优化培训报名系统,调整充实教师队伍,全程跟班监督,建立应急预案,组织专家科学高效阅卷,上半年共计 455 人参加职称培训测试。另一方面,规范高级职称评审材料审核流程,建立了评审材料工作人员初审、处室负责同志复审的从严审核机制,保障高级职称评审工作顺利开展。

推进全国社会艺术水平考级引导自律体系建设。在文化部科技司的指导下,坚持"严"字当头,注重细节,顺利完成 2016 年度社会艺术水平考级考官资格审定工作,共计 1508 人取得考官证书。扩增考级服务系统用户数量,研发考级备案系统。同时,启动筹备成立中国社会艺术水平考级协会相关工作,探索开展社会艺术水平考级辅导教师培训,加强对社会艺术水平考级的自律引导和社会服务力度。

深入调研,加强调研成果转化利用,为各项业务发展提供有力参考。一是为推进非公领域文化人才职业能力评价工作,赴重庆、甘肃、新疆等地开展了非公领域文化行业职业能力评价调研工作,为更好地开展非公人才队伍建社奠定了基础。二是走访文化系统直属单位了解人事和劳动争议相关情况及存在的问题,为文化部系统各直属单位开展劳动人事争议预防化解提供专项顾问业务;三是加强人才培养标准化建设情况调研,为人才中心各项培训业务高效规范开展提供制度参考。

【调整思路,主动作为,推动各项人才业务工作实现新突破】 多方位多渠道加强人事代理相关任务。顺应人事代理业务改革的趋势和要求,积极加强与系统内外单位的交流沟通,全年人事代理新增集体委托存档单位 21 家,人事档案存档总量达到 7129 册。同时,进一步完善相关职能工作,健全人才中心代管文化部内部安置统筹人员的管理内容。此外,简化办事程序,公开业务流程,更新政策信息,人事代理数字化平台建设初步展开,目前已完成数字化采集 1246 份。

注重预防,有效提升人事和劳动争议调解率。人才中心认真履行人事争议和劳动争议的调解职能,严格按照法律法规及有关程序开展文化部人事争议调解及派遣员工劳动争议处理等工作,全年调解处理、预防化解各类争议 210 起,全年劳动人事争议化解率达到 100%。同时,在业务范围内开展劳动争议案件处理标准化建设,为相关单位开展工作提供范例性参考。

文化行业职业技能鉴定工作实现新突破。按照国务院关于深化职业资格改革的新要求，面向基层，在保留的职业资格范围内，对有需求地区、有需求人员主动做好鉴定服务工作。9月赴四川泸州为农民演艺人才开展鉴定工作，受到了社会各方面的高度关注。全年共组织开展职业技能鉴定49期，建立江苏、上海、吉林三家定点实训单位，印发《文化行业职业技能鉴定规定》，核发职业资格证书8565本，完成14家鉴定站换证工作，累计鉴定人员8725人次。

《中国京剧》杂志影响力有效提升。在杂志内容方面，建立特约记者聘用机制，特邀作者撰文梳理京剧大师的艺术人生和代表作品，提升可读性，达到了传承精神、启迪后辈的正面效果。同时，结合"六一"儿童节，策划了"国粹育童心"专题，为在青少年中普及京剧文化做出了有益探索。在杂志经营方面，在依靠广告、扩大发行量等传统方式的基础上，探索与京剧社团和黑龙江、湖北、宁夏等地方京剧院团的有益合作，建立良好的合作运营机制，实现双赢。

【奋楫中流，聚焦品牌，打造系列具有人才中心特色的高端精品项目】 品牌培训合作项目有效塑造。在坚持社会效益优先，兼顾经济效益的原则下，注重提升品牌效益，开展特色精品项目合作的有益探索。11月与吉林日报报业集团签署人才培训及开发项目，为促进吉林省乃至东北亚地区文化艺术人才的培养提供了有力支持。同时，做好国家艺术基金项目申报工作，其中"全国高等艺术职业学院公共文化服务与管理专业带头人创新创业能力培训项目"和"全国高等艺术职业学院杂技专业带头人创新创业能力培训项目"获得国家艺术基金立项资助。

深化开展人力资源定制性服务。为进一步发挥"人才之家"的职能特色，开拓和深化人才求职、招聘等人力资源定制化服务项目，全年为国家博物馆、国家艺术基金管理中心、恭王府管理中心等8家单位提供了人力资源定制性服务，通过前期编撰试题、考务准备，到最终选拔优秀人才，共计满足57个工作岗位的人才需求。

完善海外中国文化中心人才储备配置工程建设。协助文化部人事司完成海外中国文化中心人才储备和派遣项目，新增驻外人才储备11人，同时，有效协调各项资源，加强与海外中国文化中心联系，及时解读政策要求，构建海外中国文化中心正常运营所需的人力资源保障体系，为扩大中外文化交流、提升中国文化国际形象提供有力的人才支持。

开展互联网+培训的有效尝试。在完成人才中心网站改版的同时，构建全媒体宣传平台，借助互联网资源，积极开展人才服务互联网化项目，同专业教育机构签订协议，对钢琴、书法人才进行线上培训和推广，同时严把审核关，加强监管，为"十三五"时期人才培训开发工作打开了新思路。

（黄玉洋　李振国）

文化部艺术发展中心

【概况】 2016年，文化部艺术发展中心（以下简称"中心"）在部党组的正确领导下，认真学习领会十八大和十八届三中、四中、五中、六中全会精神及习近平总书记系列重要讲话精神，特别是关于文艺工作的重要讲话，扎实开展"两学一做"学习教育活动，求真务实，努力工作，各项工作按照既定目标圆满完成。

【完善规章制度、促进规范管理、开展人事制度改革】 2016年是中心的制度建设年，按照

“以人为本、按制度办事、用制度管事”的原则,中心从建章立制入手,全面强化制度建设,建立内容科学、程序严密、有效管用的制度体系,确保各项工作有章可循。中心相继制定、完善了《文化部艺术发展中心考勤及请销假管理制度》《党风廉政建设责任制制度》《财务管理制度》汇编(含14份),以及《文化部艺术发展中心规章制度汇编》中部分文件的修订工作,进一步加强了中心干部职工的组织性、纪律性,确保了中心各项工作的有序推进和各项工作的高效有序运转。2016年,中心强化监督检查,狠抓规章制度的执行和落实,激发了干部职工履职尽责的积极性、主动性和创造性,人人遵章守制的良好氛围正在形成。

与此同时,为进一步加快中心业务工作领域的拓展和项目运作能力的提高,促进内部兼具行政管理和业务经营能力的高素质人才脱颖而出,中心先后于2016年9月26日、11月16日对培训部主任岗位(管理五级)和办公室副主任岗位(管理六级)进行了公开竞聘。此次公开竞聘改变了以往“一潭死水”、人才结构板结的状况,打破惯性思维模式,对中心现有人员实现优化配置,促进了人才的合理流动。

【发挥自身优势,积极拓展中心业务】 *圆满完成首部全国地方戏曲剧种纪录片《秦腔》(样片)拍摄工作。*为不断巩固和发掘中国优秀的戏曲文化,按部长、副部长到中心调研时指示精神,中心在大量调查研究工作的基础上,提出了全国地方戏曲剧种纪录片拍摄工作设想,同时得到了文化部艺术司的指导、帮助和支持。全国地方戏曲剧种纪录片以传递中国优秀传统文化、时代风貌和价值理念为原则,采用更利于观众接受的叙事方式,以多元化主题、多方位视角充分发挥影视作品的视听手段,充实叙事形式对地方戏曲剧种进行记录,从而让年轻人记住乡音、乡愁、乡韵。2016年中心已经圆满完成全国地方戏曲剧种纪录片《秦腔》样片的拍摄工作,剪辑工作正在进行中。

*完成《中国美术大事记》当代美术(年度)史料文献系列丛书的编辑出版工作。*2016年圆满完成了《中国美术大事记》6类配套出版项目,海外发行范围增加了20家欧美重点大学图书馆,国内发行范围增加了重点地级市21家高等艺术院校图书馆。发行覆盖世界60个主要国家1461家图书馆、博物馆、国际著名大学、部分国家驻华大使馆和全国各省市(包括港、澳、台地区)图书馆、艺术研究机构、艺术院校等团体机构和个体艺术家。与此同时,中心美术部还加大了对壹美术网(www.artno1.cn)的网络建设力度。结合《中国美术大事记》学术品牌资源,以专业美术门户网站建设为标准,制定网站发展的长远规划,充分发挥网络媒体宣传的优势,为中国美术大事记年度资讯收集提供支持。

*成功举办第六届中国国际文化艺术博览会。*本届博览会于2016年9月在全国农业展览馆举办,博览会以独特的艺术视角、全新的展示方式,向广大观众献上一场高品位的艺术盛宴,同时被纳入“第四届北京惠民文化消费季”的整体宣传。展会展出面积13000平方米,展出艺术作品8000余件,观众3万余人。现场划分为十大艺术展区,包括国际艺术展区、当代艺术展区、传统艺术展区、非遗展区、新媒体艺术展区、艺术互联网展区、艺术院校新锐展区、艺术生活展区、外省市特色文化展区和新生代藏家精品展区。展出内容增加了新媒体艺术、世界级大师作品等,同时博览会引入艺术互联网概念,为艺术品走入千家万户打通了渠道。博览会期间,组委会

还举办了 20 余场极具特色的主题展、内容丰富的主题活动和专题讲座。

*艺术考级有序开展，不断壮大文化艺术人才队伍。*考级中心始终以规范、创新、服务为基本工作理念，本着对考生负责、对社会负责的工作态度开展考级活动，各项工作稳步推进。2016 年，仅就美术考级而言，考级中心在全国承办的单位就有 232 家，合作机构发展规模已走在同类机构前列。同时中心还完成了吉他、电吉他、少儿声乐、琵琶等 4 个专业的编写工作；完成了中国舞、拉丁舞等的考级大纲编写工作；完成了《朗诵》中册（4—7 级）的文字编写工作；目前正在积极筹备儿童画大赛的相关工作。

*培训工作稳步发展，逐步扩大文化艺术公信力。*中心培训部以构建高品位、高标准的培训工作为目标，2016 年主办了“中国画（书法）高峰方向研究班、中国画（书法）课题研究班”，举办了“固本流远——当代中国画名家学术邀请展”等多个学术展览、交流活动。今年 9 月培训部与南方文交所主办了“文化艺术经纪人培训班”，目前中心已与南方文交所结成长期、全面的战略合作伙伴关系，双方在资源共享方面发挥各自优势，力争培养“艺术 + 金融 + 互联网”新型的高层次、国家级的艺术经纪人专业队伍，培训部的培训规模、级别和范围稳步提升。

（李　静）

文化部清史纂修与研究中心

【概况】 2016 年是国家清史纂修工程中重要的一年，为贯彻落实中央领导同志对清史编纂工作重要批示精神，按照文化部党组和国家清史纂修领导小组的全面部署，文化部清史纂修与研究中心（以下简称“清史中心”）全面狠抓贯彻落实，认真制定了《2016 年下半年至 2018 年的工作实施方案》，清史纂修三审整修和质检工作全面开展，紧紧围绕坚持质量第一、加快工作进度，向着早日编出一部无愧前人、启迪后人的信史良史的总体目标稳步推进。

【认真贯彻落实中央领导同志对清史编纂工作重要批示精神，紧紧围绕坚持质量第一、加快工作进度，对照发现问题，狠抓贯彻落实】 多次召集会议，认真学习领会中央领导同志重要批示的深刻内涵和重大意义。坚持以马列主义、毛泽东思想、邓小平理论、“三个代表”重要思想、科学发展观和习近平总书记系列重要讲话为指导，坚持正确的政治方向，坚持马克思主义辩证唯物主义和历史唯物主义，继承和弘扬中华民族优良的治史传统，以高度的责任感和最严格的质检标准，精雕细琢，精益求精，追求完美，打造精品；在保证书稿质量的前提下，加快工作进度，确保这项重大文化工程保质保量按时完成。清史中心协助编委会组建专业队伍，对清史编纂前期撰写及审改工作进行了认真总结，对稿件质量进行了全面评估，对存在问题进行了深入分析。针对书稿仍然存在的问题，戴逸主任对下一步编纂工作进行了具体安排，经过多方征求意见，制定了《2016 年下半年至 2018 年的工作实施方案》。清史纂修工作将紧紧围绕坚持质量第一、加快工作进度，向着早日编出一部无愧前人、启迪后人的信史良史的总体目标不断推进。

【按照新修《清史》工作实施方案要求，五大部类书稿三审全覆盖，质检工作稳步跟进】 6 月 18 日，召开“编委会第九次全体会议”，对进一步做好清史纂修工作，进行了深入全面的研讨。全体修史人员认真学习贯彻习近平总书记在哲学社会科学工作座谈会上的重要讲话精神，坚持科学正确的学术方向，严谨治学，勇于创新，树立高标准，严把质量关，不断提高清史纂修的水平和质量，加强组织领导，用好财政资金，培养人才队伍，不断提高管理水平，继续攻坚克难，善始善终，高质量完成关系民族大义的清史纂修任务。

积极推进《清史》稿件三审全覆盖工作。进一步强化三审专家的遴选，明确审改工作任务，质量标准，与质检工作环节相衔接。通过严格的质量检查，对相应正文认真核查，尽可能发现文稿中存在的学术硬伤，特别是隐形的知识性错误，形成规范的书面质检报告，加强了与审改专家的沟通交流，促进了书稿质量的提高。清史主体需要三审的项目144个，已经进入三审的113个，完成率78%；进入质检项目96个，进入率67%；完成质检提交质检报告的项目78个，完成率54%。

《清史》稿件返回确认工作。通纪、传记、史表、图录项目需在完成三审及质检后，开展稿件返回主持人确认工作。典志项目已有28个项目稿件经主持人确认后提供清稿。传记组启动第一批约9个项目的稿件返回工作。

开展图录与传记重合人物生卒年信息比对工作、修订完善《〈清史〉编纂则例》、清史人名规范等工作，提高清史书稿质量。启动《清史·图录》图片征集工作，建立工作机制，咨询相关版权事宜，联系相关图片收藏机构。做好《清史地图集》第一阶段成果评估工作，及时跟进项目进度。开展《清史》封面装帧及整体设计工作。

【稳步推进基础业务工作，为清史纂修提供服务保障，进一步扩大清史工程的影响力】 加强对基辅类项目出版的合同履行情况、进度的管理。密切与出版社的合作关系，跟踪35个项目的出版编辑加工流程，严把图书出版质量关，加大书稿编辑质量的检查力度。今年共抽查《晚清日本驻华领事报告编译》等9个项目，约18万字。为了使清史出版图书各套丛刊装帧保持一致，对15家出版社即将出版图书从封面纸张、颜色图纹及字体字号到扉页等相关信息都进行细致核查，及时解决发现的问题。全年共出版图书14种3623册。其中，档案丛刊3种326册，文献丛刊3种20册，研究丛刊1种1册，编译丛刊6种15册，《清史镜鉴》1册。阶段性学术成果突出，本年度《清代南部县衙门档案》获第31届全国优秀古籍图书奖一等奖；《皮锡瑞全集》《吕留良全集》获第31届全国优秀古籍图书奖二等奖；《盛宣怀档案》获第14届“上海图书奖”二等奖。

继续加强对档案图书的收集和管理，促进档案图书的方便利用。进行《端方档》档案著录、校对工作。为方便审改专家查阅利用，清史中心自编数据模板，力求模板字段的设计尽可能与国家图书馆数据保持一致，实现全库检索。全年采购图，并同步完成其图书自动化管理系统编目工作。全年图书馆接待全国各地2100人次的清史专家和专业读者。

“中华文史网”升级改造和清史工程“数字图书馆”建设工作。进一步为《清史》审改和后续的统稿整合工作提供有效的技术支持，在调研详细了解的基础上，就通过完善检索功能进行文稿查重复、查矛盾、防抄袭等需求进行技术论证和测试。调研《清史》文稿比对和防抄袭检测，统计《清史》文稿拟检测清史专著的书目的统计、去重、版本核对等工作。开展《乾隆朝上谕档》全文数字化加工工作。“中华文史网”发布学术研究相关文章139篇、新闻及公告15篇、图书评论和出版信息14篇、研究刊物目录汇编20篇、转发《清史参考》的文章32篇、制作图片专题16个，合计编辑整理图片 320 张、互联网采集数据库采集相关文章 6765 篇、发布微博内容 646 条。微信公众号合计推送内容 216 条。

加强《清史参考》选题策划。一是注重反映学术前沿问题，二是继续针对时政策划选题，三是配合新修《清史》编纂和成果宣传工作，选登部分格外具有资政意义的通纪稿件，四是围绕《清史参考》创刊十周年纪念，刊登了十年总目，编写了十年大事。全年共出 40 期（含特刊一期），合计约 16 万字。结集出版《清史镜鉴》第九辑。《中国文化报》“清史探秘”栏目共转载《清史参考》10 篇文章。《国家人文历史》《历史研习社》等网络公众号平台也对《清史参考》持续关注，转载相关文章，进一步扩大了本刊影响。加强清史工程宣传与信息报送，建立工作机制，编发《清史纂修工作简报》《关于清史工程出版工作的调研报告》，编写《清史工程工作动态》29 期，其中部分稿件被办公厅《工作交流》转载。

【加强队伍建设，组织开展清史知识系列讲座，不断提高人员政治素质与业务水平，增强基层干部管理工作实效】 组织完成清史知识系列讲座。开展《天有二日》《吴三桂的人生选择》《关于清代经济的若干认识》《清代书法欣赏》，以及《清西陵规制与道光陵寝》现场教学等共 6 讲。大家认真听讲、积极互动，部分专家也参与进来，收到非常好的效果。文化部昌黎艺术创作活动中心举办“清史研究走基层”系列活动，与昌黎县文化部门工作者交流清史纂修情况，为当地基层干部群众做了题为《山海关之战与清朝的命运》的历史知识讲座，并捐赠清史工程出版图书。工会组织职工参加部工会“健步走”、文化部纪念建党 95 周年歌咏比赛，组织青年参加文化部团委“文化青年走基层”等活动。全年参加学习、培训人数累计 750 余人次。此外，积极组织人员参加部里和相关机构举办的财会、统计、人事管理、政府采购等岗位培训与业务工作培训。

加强财务管理，做好预决算工作，保证预算执行。根据财务司下达的预算指导意见，将项目经费、住房改革支出、房租经营所有收支，全部纳入预算管理。结合清史工程发展实际需要，围绕编纂工作的重点以部门为单位，细化财政预算，制定了预算执行方案和月度执行计划表，将经费预算与年度工作项目和进度紧密结合，在年底将预算执行达到 100%。针对审计发现的主要问题和建议，以审计法规和财经法规为依据，及时补充修订了部分条款，加强了制度建设，将整改工作落实到位。进一步加强单位内部审计管理和内控工作。按照《国家清史工程合同管理办法》，及时对合同签署情况进行登记、归档，掌握合同履行和变更情况，实现对合同的全程管理。配合监督审计，按照内部控制基础性评价工作的有关规定，切实做好清史纂修内部控制的相关工作，进一步管理好清史纂修专项资金。

规范人事管理工作，做好全员考核与聘用。以年度全员考核与聘用为契机，进一步完善各类人员的分类管理，规范了编制人员、兼职专家、全日制外聘人员三类人员聘用工作，明确岗位职责和工作要求，坚持择优聘用。开展养老保险数据的采集工作，组织做好干部个人有关事项填报和档案专项审查工作。规范了编制人员与全日制外聘人员人事档案管理与交接手续，按照干部人事档案接收标准，规范档案的装订、使用、管理。进一步完善了考勤制度，强化以部门为主体的考勤机制，考勤与出勤津贴挂钩，同时对月度绩效进行考评，重点就完成的工作情况进行考核，有奖有罚，效果明显。职称评审工作稳步推进，制定了《清史中心职称推荐评审工作暂行办法》,今年共有3人通过了相应的职称评定,进一步充实了专业队伍。

做好后勤保障工作。进一步规范管理,修订完善《清史工程政府采购管理办法》《清史工程固定资产管理办法》《清史中心业务用房出租出借实施办法》《清史工程会议管理办法》《办公楼防火和应急疏散预案》《清史工程安全保卫工作规定》《清史工程工作场所消防安全管理工作规定》等11项制度。通过制度建设,进一步规范了工作程序,消除安全隐患。组织防灾减灾知识培训、消防安全和卫生检查、应急疏散演练等工作。按照文化部要求,成立了清史中心资产清查工作小组,制定了《资产清查工作实施方案》,完成了账务清理、财产清理、资产核实和完善制度等方面的工作任务。特别是开展图书资产清查工作,历时两个半月对所藏图书进行彻底盘查。通过了会计师事务所的资产清查专项审计。按照政府采购有关要求,编制采购计划,做好办公设备等采购工作。按照公务用车改革相关要求,及时按规定上报改革方案,继续严格公务用车的管理和使用。

(高子淇)

中外文化交流中心

【概况】 2016年中外文化交流中心(以下简称“交流中心”)在文化部领导下,努力发挥海外中国文化中心总部的相关职能,积极开展对外文化传播工作,运营维护中国文化网,出版《中外文化交流》杂志,为促进中华文化传播和中外文化交流做出了积极努力。

【优化机构设置,夯实发展基础】 2016年交流中心经过深入调研和周密研究,将主营业务处室整合为三个工作组。即“海外中心工作组”,集中力量专供服务海外文化中心的后勤保障和内容支撑工作;“网络刊物工作组”,整合中国文化网编辑部和《中外文化交流》杂志社编辑部,实现采编信息共享,以提升工作效率和信息采集量;“行政管理组”,从加强内控管理角度,完善中心工作办公、财务、监督等规章制度,加强规范化运营。同时,交流中心还引进了一批高学历、海外留学回国,以及在海外中国文化中心有工作经验的人员,优化了人员结构,为集中力量做好核心业务、加快发展夯实基础。

【积极承担海外文化中心的支撑保障任务,创新思路,整合资源】 根据海外中国文化中心建设规划,到2020年我国将建成50个海外中国文化中心,按照文化部统一部署,交流中心从思想上和行动上为肩负起海外文化中心总部重要职责做好积极准备。

顺利完成海外中心项目执行任务。2016年,交流中心整合资源、开拓思路,全年共推出30个系列活动、近100个项目。组派出访团组33个,出访人数200多人次。项目涉及到现有29个海外中国文化中心,同时延展至当地的艺术节、大学等,海外受众近80万人次,整体活动规模相比2015年呈现翻倍爆发式增长。此外,交流中心还向海外18个中国文化中心派出包括“发现中国”和“汤显祖和莎士比亚”在内的讲座组14组,共举办讲座近60场,讲座内容涵盖经济、社会、人文、历史和“一带一路”等多个主题,受众人数达6万余人次,得到前方机构和活动受众的好评。

启动海外中国文化中心项目资源库建设。在部外联局和财务司的指导下,交流中心肩负起海外中国文化中心项目资源库搭建任务。该资源库旨在建设一个唯一官方的、为海外文化中心提供项目输出的网络工作平

台。在周密规划、科学设计、标准管理的方针指导下，目前已向国内各省区市文化主管部门、部直属院团、国内重要演出团体、艺术机构等征集项目资源261个，根据海外文化中心场地、人数、国家战略等特点供前方中心选择。预计经过2—3年的实施完善补充，资源库项目总数将达到500个。

做好对外文化传播产品的制作与供应工作。2016年，交流中心全年出产DVD光盘54000盘，完成外宣影片翻译制作25部，包括故事片《归来》《百鸟朝凤》《甘南曼巴》和纪录片《中国2016》《一带一路》《炫酷中国文化新风尚》《丝路歌声》《中国文化之旅》三部曲等，并已按时发运驻外机构投入使用。同时，还策划制作了“2016中国故事——国庆图片展”“2016丝路新颜——主题图片展”“欢乐春节——主题图片展”等精品图片展及“欢乐春节　五洲同庆——2016摄影集”等，并已发往驻外使领馆、文化处组、中国文化中心。此外，交流中心利用自营展览场地，积极打造海外中心中小型展览的孵化器和试验场，举办了多项赴海外展览的预展和回顾展览。其中，文创展、数字圆明园展、非遗与时尚设计展等受到社会广泛关注，展馆观众近万人次。2016年交流中心向海外280多家使领馆、文化处（组），以及中国文化中心共计提供包括图片、影碟、文化礼品、影视音乐设备等对外文化传播品超过7000件（套），总重量近200吨，及时保证了我国海外各类文化交流活动的开展，为驻外机构和中国文化中心开展对外文化工作提供有力保障。

【做好对外文化传播信息网络与媒体的工作】 受文化部委托，交流中心承担“中国文化网”运营维护和《中外文化交流》杂志的编辑出版工作。2016年，一网一刊创新优化，整体面貌焕然一新。

“中国文化网”全新改版上线，点击量大幅上升。2016年6月，中国文化网全面改版升级并顺利上线。新版网站加大策划制作专题、图片和视频动态等内容，全年网站新闻发布21151篇，合计文字2400余万字，其中包括250余万字的使馆稿件3658篇；视频上传87个；图片上传21686幅；视点更新124个；文字和图片专题217个；外事摄影活动百余起。中国文化网微信公众号共推送226期内容，合计篇目936篇。改版后网站点击量大幅上升，1到6月份原网站访问量432万，改版后的7到12月份访问量增至2961万。改版后月均访问点击量（包括PC端及移动端）达500万，日平均访问量达16万，相比改版前提高了近5倍。

《中外文化交流》杂志原创出新、贴近读者受好评。为更好契合对外文化传播、服务读者的需求，提高刊物在国内国际影响力，2016年《中外文化交流》（中、英文版）编辑部加大力度提高杂志原创性，大幅提高原创文字比例和采访报道内容，增设《特别报道》栏目，对社会重要文化事件或文化部系统重大项目进行专题报道。今年以来，自主创意采编的重点报道包括“一带一路”专题、海外中心人物专题、文化遗产日专题、青年汉学家研修班及汉学与当代中国座谈会专题，以及配合建党95周年和红军长征胜利80周年等部署报道，均受读者欢迎和好评。全年共出刊中、英文版杂志各12期，中文总印刷数量约3.8万册，英文总印刷数量约2.5万册，发行量比去年增长一成。定期向文化系统、相关工作单位、125个驻外使（领）馆及海外中国文化中心发送。自2016年第二季度开始《中外文化交流》杂志电子版按期上传中国文化网，使广大海内外读者能够便利阅读。

圆满完成中外思想文化交流项目。2016年交流中心《中外文化交流》杂志社承办了由中宣部指导、文化部主办的“青年汉学家研修计划”和“汉学与当代中国”座谈会项目，分别邀请来自世界各地的29名青年汉学家、31名全球著名汉学学者、智库专家参加活动，就“一带一路”下的世界格局等多个话题展开讨论。通过活动举办，介绍了我国经济社会发展情况，探讨研究了中国传统文化价值理念，推动了思想文化层面的深度交流。

（刘 璐）

文化部民族民间文艺发展中心

【概况】 2016年，文化部民族民间文艺发展中心（以下简称“中心”）持续推进民族民间文化研究和资源的抢救、保存及传播利用，以国家高水平重大科研项目的设计和组织实施见长，成果形式以优秀文化资源的典籍化和数字化为主，在社科研究和文化科技应用领域获得管理部门和学术界广泛认同。充分利用制度优势，坚持脚踏实地、求真务实、深入基层、了解民间的学术态度；在与学术界和学者的合作中强调服务意识；汇集优质科学研究资源参与国家文化建设、非物质文化遗产保护工作，较好地体现了中心作为国家级文化研究平台的带动效能。

【民族民间文化领域重大科研项目取得重要进展】 以编修国家民族民间文化典籍和非物质文化遗产抢救性记录为目标的国家重大委托项目进展顺利，有效聚集相关领域多学科的研究工作持续推进，研究水平不断提高，经过系统研究整理的民族民间文化资源不断丰富。

《中国节日志》项目进展顺利。截至2016年底，《中国节日志》文本和《中国节日影像志》共完成立项250项（规划300），结项132项，《中国节日志》文本出版47卷，《节日研究》出版11辑。

《中国史诗百部工程》在修改完善史诗记录的要求和体例的基础上立项48项。共获得传统节日文献资源文字2000万字、图片30000余张、音视频约1700小时，数据库数据量达50000条。史诗影像720小时、文字330万字。项目成果先后13次入选国际国内影展并获得相关奖项，在学术界产生了广泛影响。《中国节日影像志》和《中国史诗百部工程》均被学术界列为2016年度“新世纪影像志十大代表项目”。

“中国民族民间文艺集成志书”港澳卷的编纂工作取得进展，全部20卷的编纂工作已有14卷展开工作，其中8卷已经或即将完稿。文化部重点科研项目《中国戏曲现状调查1983—2007》（16卷）《内蒙古东路二人台艺术·郭有山卷》《余从文选》等研究成果陆续出版。收集“十部文艺集成志书”基础卷本资料430册、地方戏曲音像资料700余套。

【文化与科技融合取得重要突破】 以民族民间文化资源的精细化、素材化、可视化为核心工作内容，中心依托国家文化科技各类科研项目的实施，坚持实际应用需求的问题导向，采取以协同合作为主的工作模式，在文化资源的数字化获取、记录、测量、转化、整备、保存、检索、传播等环节全面展开技术集成应用研究，文化科技应用水平不断提升。

中心历经10年建设的“中国记忆——中国传统文化艺术基础资源数据库”首次面向科研院所和研究人员公开测试。依托中心现有资源，形成了局域网内数据120余万条、阿里云平台公开数据70万条，内容包括民间文学、音乐、舞蹈、曲艺、戏曲等多个艺术门类，涉及文字、图片、声音、影像等各类介质的宏大数据库，将有效服务于我国的文艺研究、艺术生产、文化产业和公共文化服务，为传统文化资源创造性转化、创新性传承提供坚实的资源支撑。

中心承担的国家文化科技提升计划项目“中国节日文化资源管理与发布平台”“音视频修复与评测数字化技术研究”及文化科技支撑计划项目“基于位置服务的文化旅游综合服务与应用示范”、国家科技支撑计划课题“动态数字文化多维展示技术研究”均顺利结项，创新文化部重点实验室“音视频修复与评测实验室”运行体制，提升了资源数字化处理与服务的效率和水平。

国家科技计划项目“中国传统乐器声学测量及频谱分析”取得阶段性成果，完成了民族乐器采录 108 件，中国传统乐器数典的架构与展现方式基本确立。开发完成“国家级非物质文化遗产空间信息平台”，实现对我国 1372 项国家级代表性项目和 1986 名代表性传承人的地理空间表达。

中国文化艺术资源标准化技术委员会换届改选方案已上报。

【优秀传统文化传播取得新的突破】 依托中心科研成果和项目组织实施的工作经验，配合部相关司局工作，以多种方式加强对优秀传统文化的展示、交流、宣传与传播工作。“带非遗回家”和“我们的节庆”公众号取得良好社会效益。香港青少年绛州鼓乐、香港青少年研习计划——纳西族文化研习考察、澳门内地春节习俗展、“璀璨中华文化夏令营——走遍中国”“周而复始——中国人的节日与艺术美国中学巡展”“文化寻力——中国传统文化艺术资源在线学习传播平台”建设等一批文化交流项目有序展开，活动参与人数不断增加，影响力不断扩大。

【以协同共享方式聚集科研资源逐渐成为新常态】 充分发挥中心在民族民间文化研究保护领域，国家重大项目的规划设计及组织实施方面的传统优势，坚持问题导向，以国家重大科研项目实施和高新技术集成应用示范研究为主要工作内容。有效聚集国内相关优质研究资源为国家文化研究提供智力支撑，组织动员上千研究人员，近 200 个课题组同时展开工作，涉及艺术学、人类学、民族学、民俗学、计算机科学、信息工程、声学测量等学科领域。

在清理和规范共建基地（中心）的基础上，推进与北京电影学院、中央民族大学、河南大学、西南交通大学、华南师范大学等高校共建基地（中心）的工作，推进与有关科研机构的合作。在与中国音乐学院、中国戏曲学院、北京舞蹈学院等院校建设的“中国民族艺术传承与传播协同创新中心”平台上，成功策划实施了“中国传统乐器数典一期工程”“红色民间文艺数据库”“中国民族舞蹈传承、保护与创新研究项目”等项目。继续与中国人类学民族学节庆专业委员会的合作，组织节庆调研和工作研讨。与中国民俗学会、贵州省文化厅、北京电影学院、中央民族大学、山东大学、清华大学、西南民族大学、西南交通大学、广西博物馆等机构举办学术研讨活动 20 余次，中心与相关学术机构的学术联系不断加强，学术界对政府文化工作的认知和参与程度不断提高。充分利用制度优势，汇集优质资源参与国家文化建设，体现了中心作为国家级文化研究平台的带动效能。

【配合司局】 中心圆满完成部领导和非遗司委托的第四届中国非物质文化遗产博览会“民歌大赛”和“非物质文化遗产学术成果展”的工作。落实“研培计划”专题网站维护及“国家级非物质文化遗产信息系统”（传承人申报评审模块）的研发及运维，协助完成第五批国家级传承人的申报评审工作；完成马街书会、柳琴戏等5个项目的规划编制草案；完成国家级代表性项目和代表性传承人申报资料的数字化整备；完成政策法规司布置的调研报告撰写；完成文化科技司委托的全国艺术科学规划领导小组办公室事务性工作；承担部办公厅节庆活动管理专家咨询办公室的工作，完成节庆管理、评估、调研的相关工作，撰写调研报告2篇。

【加强内部管理】 强化内部制度建设和人事管理，制定、修订《在编人员聘用管理办法》等8项制度，形成43项规章制度汇编，为中心事业发展提供制度保障。

（张　敏）

中国艺术科技研究所

【概况】 2016年度，按照文化部的工作部署，中国艺术科技研究所（以下简称“艺科所”）突出文化科技融合的主导路线，认真贯彻党的十八届三中、四中、五中、六中全会和《中共中央关于繁荣发展社会主义文艺的意见》等重要精神，在文化科研和相关业务工作方面取得了一些成果。

【舞台科技与检测工作】 舞台科技方面，《感温变色警示电缆》科研项目已于2016年12月全部结题，获得国家实用新型专利3项，相关科研成果已经成功进行成果转化，形成的产品进入批量生产，并被多个剧场和演播厅采用。第二代更先进的新型感温变色警示电缆正处于全面科研阶段，并已取得阶段性成果。

舞台检测方面，根据文化部要求，受陕西省文化厅的委托，艺科所舞台设备检测中心自2016年6月1日起，开始对第十一届中国艺术节文华奖、群星奖拟使用参评场馆中的31个剧场进行舞台设备安全检测检查工作和场馆工作人员技能培训工作，截至10月12日完成全部工作任务。工作期间，舞台设备检测中心针对被检场馆共出具各类报告272份，提出整改意见2041项；协助陕西省文化厅于8月22至24日和9月19至21日，面向艺术节拟使用参评剧院工作人员，围绕“舞台机械设备安全操作技能”“舞台灯光音响设备安全操作技能”和“场馆安全风险评估和管控”三个主题，举办了两期培训，共培训舞台技术管理人员一百余人次。中央电视台新闻频道、中国文化报均对此项工作进行了专题采访和报道。

为建立健全我国舞台设备安全检测机制，组织起草文化部《舞台安全管理办法》，以进一步降低舞台安全生产事故风险。2016年9月11日至18日，由文化部政法司和艺科所共同组成的调研组，先后赴德国和英国两地围绕舞台安全进行了专题调研。调研组先后访问了德国杜塞尔多夫、梅恩、埃森，英国伦敦等地的剧场，并与德国剧场技术协会（DTHG）、英国剧场技术协会（ABTT）相关安全管理人员和技术人员进行交流会谈。

为建立健全我国舞台设备质量检测体系，提高文化科技装备国产化质量水平。2016年9月26日，艺科所和广州市锐丰音响科技股份有限公司联合成立广州国艺检测技术服务公司，秉承“优势互补、资源共享、协同创新、共同发展”的理念，共同打造“演艺装备行业音频产品检测公共服务平台”。该平台检测能力项共一百二十余个，检测范围覆盖调音台、前级处理器、声频功率放大器、有源音箱和无源音箱等多种产品。

【数字艺术研究】 科技部国家科技支撑计划项目——立体视觉内容资源管理支撑技术研

究顺利通过结项验收。研发立体视觉资源管理平台 1 个;申请国家发明专利 5 项;软件著作权 2 项;发表学术论文 17 篇;形成《立体视觉产业调查报告》1 份 2 万字;建立相关数据接口规范 3 个。

完成文化科技提升计划两项:一是中国典型视觉与听觉文化符号的数字化表达与特征量研究,主要成果:研究报告《中国典型视觉与听觉文化符号的数字化表达与特征量研究》5 万字;研究报告《中国文化元素符号的视觉表达及应用》12 万字;学术论文 15 篇;申请国家发明专利 4 个;软件著作权 7 个。二是互联网演艺设备大数据采集、抽取与检索技术研究主要成果:完成《互联网演艺装备发展趋势报告》1 份 2 万字;发表学术论文 8 篇;软件著作权 1 项。

此外还完成了国家社科基金艺术学重大项目——文化领域大数据发展战略与对策研究;文化科技创新项目——基于大数据分析的色彩设计智能软件。

【文化标准化研究】 标准立项方面,2016 年度,全国剧场标准化技术委员会推荐立项了六项文化行业标准制修订项目,这六项标准分别为:演出场所电脑灯具通用技术要求;舞台视频安全;舞台威亚安全;舞台通讯及监督安全;舞台呈现系统数据库规范;厅堂舞台灯光系统工程验收规范。

标准批准发布方面,2016 年,国家标准化技术委员会批准发布了由艺科所负责起草的国家标准《文化馆服务标准》(GB/T 32939—2016)、《乡镇文化站服务标准》(GB/T 32940—2016)。2016 年 12 月 27 日,行业标准备案公告 2017 年第 2 号文,批准发布了由剧场标委会归口管理的一项文化行业标准《舞台管理导则》(WH/T 77—2016)。

【书法绘画相关研究】 艺科所艺术品科研中心于 2010 年开始采用高科技手段研究仿制的中国书画作品,并与同年 11 月申报了国家专利"识别喷墨打印书画复制品的方法"。经过五年多的公示期,于 2016 年 5 月完成了《识别喷墨打印书画复制品的方法》专利的第二次审查意见答辩,8 月顺利完成了此项专利的第三次答辩,9 月 28 日国家知识产权局正式颁发专利证书。

【科研成果转化】 河北肃宁乐海乐器有限公司于 2016 年 5 月与艺科所签订技术转让合同,利用艺科所自主申报的科研课题《乐器用木材的人工干燥及处理研究》的相关技术,提升了乐器的制作水平及生产效率。

《感温变色警示电缆》项目的相关技术也已经投入实际生产,所形成的产品已经被多个剧场与演播厅所使用。

【论文、专利及软件著作权情况】 本年度发表国内国际学术论文约 47 篇,申请国家发明专利 10 项,取得国家实用新型专利 3 项,申请软件著作权 10 项。

【艺术考级工作】 2016 年艺科所美术考级承办单位由 2015 年的 166 家增加到 203 家。美术考级考生总人数达到 184549 人次。2016 年舞蹈考级工作在科学、合理、有序中稳定开展,严格执行《社会艺术水平考级管理办法》,中国舞考级教师班共举办 856 班次,芭蕾舞考级教师班共举办 316 班次。参加中国舞考级学生并取得考级证书人数 126221 人,参加芭蕾舞考级学生并取得考级证书人数 16099 人。

(杨　俊)

文化部全国公共文化发展中心

【概况】 2016年,文化部全国公共文化发展中心(以下简称"发展中心")认真贯彻党的十八大、十八届三中、四中、五中、六中全会精神,深入贯彻习近平总书记系列重要讲话精神,贯彻落实党中央、国务院、文化部关于公共文化服务体系建设的重大战略部署,坚持把"两学一做"成果转化为事业攻坚和创新发展强大动力,着力在整合融通、技术支撑、基层服务等方面下功夫,努力实现公共数字文化的精准服务与有效服务。

【强化服务平台基础支撑作用、发挥新媒体渠道优势】 国家公共文化数字支撑平台按照发挥共享工程公共数字文化总枢纽、主阵地的定位要求,不断加强顶层设计,发布了6项标准规范、3项系统指南、22份专题报告,国家平台和省级平台建设有序推进,发布数字资源云目录15603条,接入文化应用211个,累计服务人次达5439万,逐步发挥工作协作、资源汇聚、服务集成功能。结合文化部公共文化服务重点工作任务,相继推出文化馆评估系统、国家公共文化服务体系示范区群众满意度调查系统、文化志愿者管理系统、公共文化交流系统,为促进服务转型升级、提质增效提供了重要技术支撑。其中,文化馆评估系统用于支持开展第四次全国文化馆评估工作,汇总全国3124家市县以上文化馆填报的基础评估数据854万条数据,发布了文化馆行业大数据分析报告。示范区群众满意度调查系统作为第二批国家公共文化服务体系示范区验收工作群众满意度调查环节的主要评分依据,全国32个示范区群众在半个月内累计填报问卷20.9万份。文化志愿者管理系统用于"阳光工程"文化志愿者管理、服务、考核,全国20个省的731名志愿者使用该系统,提交志愿服务成果1563条。公共文化交流系统重点应用于文化馆领域,实现公共文化服务项目与活动的网络展示、预约与调配,目前已在全国27个省份的1742家文化馆应用,累计服务人次达到320万。

通过新媒体中国文化网络电视项目,采取线上线下结合与网络直播形式不断创新公共数字文化服务,推出了文化部群星奖决赛与巡演、中国文化馆年会、文化部东亚文化之都、中泰友好年、武警抗洪救灾主题活动等57场网络直播,更新播出节目2009小时,节目点击量累计达到1336.69万次。目前,中国文化网络电视"入站"模式已进入25个省区市的图书馆、文化馆(站)、边疆数字文化驿站,累计站点15286个;"入户"模式已进入云南、江苏、北京等11个省区市的1418万户家庭。

国家数字文化网作为重要的业务支撑和宣传平台优化用户体验,全年投放公共文化新闻18374条。固定资源栏目的视频更新频率也由按月更新提升为按周更新,资源投放量较去年增长400%。同时,国家数字文化网还引入中国文化网络电视直播技术,年内开展重大文化活动直播30场。网站同步制作可供文化部系统通过网络自主学习的"两学一做"学习教育活动专栏,也都取得实效。2016年,国家数字文化网再次荣获文化部政府网站绩效评估"年度最佳奖"。

【加大优质数字文化产品供给力度,提高服务水平和使用效率】 在完成8.21TB的年度资源建设任务的同时,2016年着重转变传统的自上而下的单一供给方式,努力实现供需对接。围绕文化精准扶贫工作,向1777个中西部各市、县支中心提供影视、曲艺、文化讲座、健康养生、农业科教、务工培训等30余类，1960余集，1500余小时数字资源，首月观看10644次、点赞5384次、下载2753次。新产品“心声·音频馆”“大众美育馆”“社区文化生活馆”的浏览量、下载量等各项数据明显增长，产品关注度和用户黏性都有所增强。其中，“心声·音频馆”建设3年来，总点击率已达到5284万余次。

服务品牌继续成为增加供给的有效路径，首届“文化中国”微视频征集评选活动在923部征集作品中评选了50部优秀作品，戏曲动漫项目累计完成了53个剧种的466部(集)的动漫作品并开展了进校园活动，纪念中国工农红军长征胜利80周年活动制作了20部604集、共计152小时的长征主题音频资源及24集《长征》红色历史动漫。完成2016、2017两年度308个地方特色、红色历史文化资源项目的立项工作，对283个已建项目进行验收。

各地在大力加强地方特色资源、文化资源建设的同时，利用互联网、移动互联网、卫星电视等多种渠道开展、宣传、推广、服务，如新疆推出的《新疆味道》经中央电视台、北京卫视、新疆卫视、腾讯网等播出后受到各方好评。

【推动工程基层服务点设备升级换代，拓展工程服务领域范围】 边疆万里数字文化长廊完成了我国沿边沿海省份1050个乡镇基层服务点、9086个数字文化驿站的提档升级，继续与公安边防系统合作共建数字文化长廊，福建省军区的海防部队、驻海南省的南海舰队航空兵部队边疆万里数字文化长廊军民共建试点工作也正在开展。落实中宣部、文化部、国家新闻出版广电总局文化精准扶贫视频会议精神，设立“中西部贫困地区公共数字文化服务提档升级”项目，编制中西部839个贫困县的提档升级计划，相继完成828个乡镇综合文化站、1526个数字文化驿站的升级工作。

配合外联局启动“文化睦邻工程”，印发《文化睦邻综合性服务中心建设试点方案》与《文化睦邻示范项目申报评审与扶持奖励方案》。实施“汉藏文化交流”项目，签订了西藏、青海“汉藏文化交流”工作协议，并于11月在重庆对藏区20名骨干举办了为期一个月的专题教学。2016年，发展中心通过数字学习港、中国文化网络电视等开展基层业务人员网络培训130余万人次，同比增长了3倍。

【加强系统内公共文化服务项目和资源的统筹，推动文化馆系统融入文化共享工程体系】 突破部门界限，推动文化馆、图书馆数字文化服务设施、项目和资源朝着共建共享、综合利用的目标努力。数字文化馆25家试点工作初见成效，各地文化馆融入公共数字文化服务体系步伐不断加快，马鞍山市文化馆、苏州市公共文化中心等第一批单位试点工作有序推进，在平台建设、资源整合、网上活动、远程培训、线上线下结合等方面取得了阶段性效果。重庆市群艺馆、宁波市文化馆等第二批单位积极构建公共文化服务点单配送、全民艺术普及“一人一艺”服务模式。

中国文化馆协会充分依托发展中心数字化优势，扩大了“2016年中国文化馆年会”的服务深度和传播广度，开展了“欢跃四季——全国百姓广场舞展演活动”，策划了“全民艺术普及业务技能提升计划”，召开了“第三次全国省(区、市)、较大城市文化(群艺)馆馆长联席会议”等。其中，“2016年中国文化馆年会”由中国文化网络电视全程播出，覆盖全国文化共享工程14000多个基层站点；重庆、湖南、陕西、深圳福田等4地群众艺术馆同步开设了年会分会场，超百万群众共享年会精彩内容，创年会共享范围新高。目前，中国文化馆协会已成立了10个专业委员会，共发展会员863个(副省级以上文化馆47个、市县级文化馆598个、文化站35个、个人会员179个、企业会员4个)。

(薛鑫卉)

文化部海外文化设施建设管理中心

【概况】 2016年是文化部海外文化设施建设管理中心(以下简称“中心”)发展历程中具有重要意义的一年,在务实推进海外文化设施建设管理业务工作的基础上,加强思想建设和政治理论学习,各项工作都取得又好又快地进展。

【努力推进中心自身建设】 重视自身队伍建设,努力提高人才素质。中心正处于起步阶段,需要找准路子,搭好架子。根据文化部要求,中心在搭好架子上下功夫,将人才队伍建设摆在重要位置。2016年中心根据文化部人事管理规定和中心工程管理工作需要,调入1名中层管理干部,同时按照事业单位招聘工作程序,组织开展了2016年度高校应届毕业生公开招聘工作,接收工程管理专业毕业生1名。至此,中心从2014年创建初期的3人增加到现在的10人,专业人才队伍不断壮大,业务工作蓬勃开展。为提高人才素质,中心积极组织全体员工进行政策理论学习和业务知识培训。2016年,中心员工参加部机关组织的基建、财务、审计等培训活动共计20余人次。

完善制度建设,提高制度化、规范化管理水平。中心按照文化部的要求,参照国家和文化部有关人事管理规定,结合自身业务特点对已制定的人事管理制度逐项进行检查修订。为健全单位内部控制监督体系,规范使用国有资产和上级拨付的项目管理经费,中心制订了《国有资产管理办法》和《三重一大议事规则》,重新修订了《因公临时出国经费管理办法》和《固定资产管理制度》,明确了领导和员工岗位职责。截至2016年底,中心制定签发人事、财务、内部管理等规章制度26项,初步建立了中心的内部控制体系,有效提高了制度化、规范化管理水平。

【积极开展业务工作】 2016年,中心除继续完成已承接的中共六大会址修复工程、丹麦哥本哈根中国文化中心装修改造工程、墨西哥中国文化中心改扩建工程项目任务外,又先后承接了驻英国使馆文化处、驻菲律宾使馆文化处、新西兰中国文化中心等20余个项目的设施建设管理工作。中心克服工程任务重、管理人员少等工作困难,坚持与财务司和前方文化中心主动沟通协调,坚持“主动沟通、积极推进、详细分析、合理规划、关口前移、靠前指挥”的工作思路,详细分析各项工程任务面临的困难和目前的形势,按照项目轻重缓急进行合理规划。为保证承接的各项任务能够积极推进,中心主要负责人先后共计12次率领工作组奔赴各海外文化中心进行实地踏勘、督导工程管理工作。

中共六大会址修复工程。中共六大会址修复工程顺利完工并通过中俄联合验收。2016年7月4日,中共六大会址常设展览揭幕,向中国共产党建党95周年献礼。

在中共六大会址修复工程的管理工作中,工程主要负责人驻莫斯科工地现场累计达270余天,克服各种工作、生活的艰苦条件,为中共六大会址修复工程如期完工做出了重要贡献。正是在这种上下一心、迎难而上的精神鼓舞下,2016年6月20日,中共六大会址修复工程通过中俄双方联合验收,7月4日举行了中共六大会址常设展馆落成仪式,顺利完成了中央交付文化部的政治任务，受到了部领导的肯定和文化部人事司的通报表扬。该项目获得了俄罗斯莫斯科市政府授予的“修复项目优秀组织奖”和“优秀修复项目奖”。

哥本哈根中国文化中心装修改造工程。哥本哈根中国文化中心装修改造工程于 2016 年 7 月 4 日正式开工，现拆除工程已全部完成，墙体改造工程、新增门洞等工程基本完成，通风系统、电路改造系统、给排水工程中干管系统也已完成，暖气系统翻新工程、地板、墙面、吊顶修补、涂料、门窗、室内防水等工程正在进行。

墨西哥中国文化中心/文化处改扩建工程。经过财务司、外联局和海外中心前期做的大量工作，驻墨西哥使馆文化处已与“加西亚·弗门帝和建筑师联盟”建筑师事务所签署设计合同，项目处于设计阶段。

驻英国使馆文化处馆舍翻建工程。驻英国使馆文化处馆舍翻建工程前方已与贝诺建筑设计公司签署设计合同，正在进行建筑方案设计。

驻菲律宾使馆文化处翻建工程。驻菲律宾使馆文化处翻建工程已如期完成建筑设计概念图。设计方案秉承尊重中国传统文化的理念，参考中式徽派建筑特点，融合了庄重与优雅的双重气质，充分满足使馆文化处使用需求，目前正处于方案审核阶段。

新西兰中国文化中心装修改造工程。新西兰中国文化中心装修改造工程已于 2016 年 8 月完成了专业设计合同签署工作，现已完成建筑设计概念图，目前正按程序对设计方案、施工预算进行审核。

其它已下达任务项目的进展情况。荷兰海牙中国文化中心一层装修改造已完成，确保揭幕仪式顺利进行；白俄罗斯明斯克中国文化中心装修改造工程基本完成；巴基斯坦中国文化中心装修改造工程正在施工招投标、遴选施工单位；布加勒斯特中国文化中心正在办理房产购置市政接驳手续，设计工作将于近期开展；瑞典斯德哥尔摩中国文化中心 2017 年 4 月租赁协议生效，设计工作已经着手进行；保加利亚索菲亚中国文化中心处于房产购置阶段。

其他尚未下达任务的海外文化中心。里加、特拉维夫、斯里兰卡、老挝、贝尔格莱德、尼泊尔等文化中心分别处于方案初步规划、房产购置、设计合同谈判、合作共建谈判、竣工后结算等不同阶段，中心将持续配合主管部门完成后续建设管理工作。

（王　晔）

2017

中国文化年鉴

Yearbook
of
Chinese Culture

地方文化发展

北京市

【概况】　2016年,北京市文化局坚持以人民为中心的工作导向,紧紧围绕首都城市战略定位,聚焦全国文化中心建设,积极出政策、建机制、搭平台、推精品、育人才,开拓创新、奋发有为,积极推动首都文化改革发展,取得了良好成效,实现了"十三五"良好开局。

【文化体制改革】　创新政府管理理念,改革文化体制机制,有效激发文化发展的动力和活力。社会力量参与公共文化建设有新进展。贯彻落实国务院文件精神,推动出台北京市《关于政府向社会力量购买公共文化服务工作的实施意见》,并公布《北京市政府向社会力量购买公共文化服务指导性目录》。大力推动以购买服务方式开展的文化惠民活动,周末场演出计划和百姓周末大舞台等公益性演出、低价票演出补贴、剧院运营服务平台等文化惠民项目都已纳入政府购买公共文化服务项目。艺术引导扶持方式进一步创新。北京文化艺术基金顺利启动运行,打破行业、系统、体制界限,重点围绕舞台艺术创作、文化传播交流推广和艺术人才培养三大方向开展资助。2016年度资助项目97个、资助资金8361万元。北京市剧院运营服务平台进一步整合全市各类剧场资源,出台管理办法,运营至2016年项目结束时已累计演出142台265场,包含8个艺术门类、12个戏曲剧种,涉及13个省市,吸引观众10余万人次,受到一致好评。大力推动北京剧目排练中心建设发展,截至2016年12月底,已接待181家文艺团体、218个剧目排练,共有207个剧目成功演出,其中接待民营团体占98%以上。完善低价票演出补贴政策。2016年58个剧场共推出惠民低价票演出2400场,补贴低价票22.9万张,实际受益观众50余万人。

【公共文化服务】　创新公共文化服务方式,大力推动公共文化服务资源统筹、供需对接,市民群众的文化获得感日益增强。制定《"十三五"期间北京市公共文化服务体系建设任务和分工》《鼓励社会力量参与公共文化建设扶持办法(初稿)》,修订《北京市优秀群众文化项目扶持办法(试行)》等政策性文件。顺利完成国家公共文化服务体系示范区(项目)的督导、验收、复查工作,首都公共文化服务示范区创建工作如期启动,石景山区、丰台区、房山区、大兴区、通州区获得创建资格。健全基础设施体系,提升设施运营管理和服务水平。截至2016年底,北京市、区、乡镇(街道)、行政村(社区)四级公共文化设施6958个,平均覆盖率98%。推动供需对接,着力构建公共图书服务、文化活动、公益演出配送体系。2016年首都市民系列文化活动开展4.3万余场次,参与群众超过3745万人次。组织选送参赛作品参加第十一届中国艺术节,北京市选派的曲艺作品《丰碑》获得全国群众文化最高奖——群星奖。开展市政府向首都市民发放20万张免费庙会门票活动,首创互联网、微信平台抢票,市民满意度99.72%,抢票率100%,换票率85%。

【文艺创作】　文艺精品创作成果丰硕。市属文艺院团新创剧目23个,复排加工剧目18个,呈现出多样化发展的态势。围绕纪念长征胜利80周年、建党95周年主题,精心打造一批重大革命历史题材作品。中国评剧院创排的评剧《母亲》入选2016年度"国家舞台艺术精品创作工程重点扶持剧目",在第十一届中国艺术节上荣获第十五届中国文化艺术政府奖——文华大奖。评剧《藏地彩虹》、京剧《大钊先生》、儿童剧《玩具星球奇遇记》入围文化部戏曲剧本孵化计划，其中《藏地彩虹》获得一类资助。歌剧《冰山上的来客》在全国第五届少数民族文艺汇演上获剧目金奖。北京京剧院京剧电影《赵氏孤儿》获得 2016 中美电影节金天使奖——年度最佳戏曲电影奖。

研究制定《关于支持戏曲传承发展的实施意见》，推动戏曲艺术传承发展。成功举办北京戏曲文化周活动，发起成立戏曲文化发展联盟，打造全国地方戏演出中心。继续开展“深入生活、扎根人民”主题实践活动，建立创作采风基地。精心组织“北京故事”优秀小剧场剧目展演、“春苗行动”北京优秀少儿题材剧目展演、青年京剧演员擂台赛、青年京剧演员挑战赛、“首都市民音乐厅”等展演活动。

【文化产业发展】 全年文化创意产业实现增加值 3570.5 亿元，比上年增长 12.3%，占地区生产总值的比重为 14.3%，比上年提高 0.5 个百分点。2016 年北京动漫游戏产业产值约达 521 亿元，约占全国总产值的三分之一，出口额约为 60.2 亿元，连续多年位居全国第一。根据第十一届中国北京国际文化创意产业博览会期间发布的“2016 中国文化产业指数”，北京文化创意产业综合指数排名位列全国第一。

推动文化相关产业转型升级。全市已有近 400 家经营单位完成了从传统网吧到网咖的转型，占比超过在营网吧数量的三分之一。在全国网吧协会首批上网服务场所服务环境分级评定中，北京市 15 家场所被评为 A 级，占全国 59 家 A 级场所的四分之一。启动文化文物单位文博产业开发试点，研究制定《北京市文化文物单位文化创意产品开发试点工作方案》。继续举办“动漫北京”“演艺北京”“艺术北京”活动，推动活动向规模化、品牌化、国际化发展。

【文化市场管理】 截至 2016 年底，北京市共有文艺表演团体 658 家，营业性演出场所 139 家，演出经纪机构 1894 个。2016 年，全市营业性演出 24440 场，吸引观众 1071.4 万人次，演出收入 17.13 亿元，均呈现增长态势。规范审批权力运行，全年受理行政许可事项 4633 项，其中演出活动申请事项 1167 个、批准设立演出经纪机构 552 家、设立网络文化经营单位 870 家、全年审批美术品进出口项目 713 个 9559 件次。推进服务业扩大开放试点工作，正式编写并发布了《在北京市特定区域内设立外商独资及中外合资合作经营演出经纪机构审批事项办事指南》，为北京市文化市场扩大开放做好了准入准备。积极推动“在北京市四个特定区域允许外商投资者独资设立演出经纪机构在全市范围内提供服务”的试点任务。推动简政放权，优化审批流程，提高审批效率。承接好国家对美术品进出口内容审查五类下放审批事项，取消中外合资合作的演出场所、演出经纪机构设立等 2 个初审事项，认真清理审批中介服务事项。加强对文化娱乐场所、演出内容的安全监管，推动文化娱乐场所标准化建设。

【文化遗产保护】 推进《北京市非物质文化遗产保护条例》（以下简称“条例”）立法工作，完成《〈条例〉立法调研报告》《〈条例〉立项论证报告》。文化遗产日期间，京津冀三地文化部门联合主办“第二届京津冀非物质文化遗产联展”，北京市 37 个非物质文化遗产项目及 56 位传承人参展参演（非物质文化遗产，以下简称“非遗”）；举办“童趣景泰蓝——儿童非遗作品专题展”，参展作品由 200 名小学生设计制作。组织非遗项目参加“2016 外国驻华领事官员新春招待会”、第四届中国非物质文化遗产博览会、“第五届世界旅游经济论坛”、“魅力北京”旅游文化展。开展“非遗传承人群研修研习培训”，举办芦笙制作技艺传承人群培训班、传统建筑营造技艺（瓦砖作砖雕）普及培训班，培训北京、湖南、甘肃等地区传承人百余位。举办“2016年北京市非物质文化遗产保护工作培训班”，培训全市非遗保护工作人员及传承人百余位。完成十位国家级非遗代表性传承人的抢救性记录工作。完成《北京非物质文化遗产图典》中110个非遗项目的实地访录和图文编辑。完成《北京志·非物质文化遗产志》上篇“非物质文化遗产项目”，主体内容近50万字。征集11件（套）非遗代表性实物作品。

【对外和对港澳台文化交流】 积极配合总体外交大局，围绕国家“一带一路”倡议，讲好“中国故事”，大力推动优秀文化“走出去”。2016年，共受理出访国外及港澳台地区文化交流项目206批次3956人次，引进国外及港澳台地区文化交流项目45批次1364人次。赴希腊雅典签署《北京市文化局与雅典市文化体育青年机构文化艺术合作协议》，“齐白石艺术国际研究中心·希腊中心”正式成立揭牌，中希双方共同签订《展览合作框架协议书》。配合北京市领导外交出访，赴斯洛文尼亚、巴西、秘鲁三国进行文化交流活动。在布拉格举办“漂亮的兵马俑”——北京灯彩艺术展；赴芬兰、爱沙尼亚、克罗地亚、阿尔巴尼亚、波黑、捷克、美国、葡萄牙等多个国家举办“欢乐春节”“北京之夜”等品牌活动。举办“中国—中东欧国家艺术合作论坛”“你好，赫尔辛基！”文化交流活动。开展对港澳台文化交流合作。配合“第五届世界旅游经济论坛”“京澳合作伙伴行动”启动仪式等在澳门举办的重要活动，举办“魅力北京”旅游文化展。举办首届“台湾学子暑期文化实习月”“2016两岸城市文化互访系列——北京文化周、台北文化周”“第三届两岸小剧场艺术节”等文化交流活动，有力促进了两岸文化的多层次交流。

（北京市文化局　辛　鑫）

天津市

【概况】 2016年是全面建成小康社会决胜阶段的开局之年。天津市文化广播影视系统全面贯彻党的十八大和十八届三中、四中、五中、六中全会精神，深入学习贯彻习近平总书记系列重要讲话精神，认真落实市委、市政府决策部署，围绕中心、服务大局，抢抓京津冀协同发展等重大国家战略机遇，推进魅力人文之都建设取得新成果，为全面建成高质量小康社会奠定了坚实文化基础。

【落实重大国家战略积极有力】 京津冀文化协同发展实现新突破。成功举办“2016京津冀精品剧目展演（天津）”。推动成立京津冀演艺联盟，为京津冀三地83家成员单位搭建剧目演出联动、信息交流平台。深化京津冀文化产业交流合作，签署《京津冀文化文物单位文化创意产品开发合作框架协议》，分别在承德、滨海新区、北京举办三地文化产业项目路演，助推重点项目与金融机构对接。成功举办京津冀历史文化展、京津冀民间收藏文化展等展览。牵头主办第二届京津冀非物质文化遗产联展，汇聚110多个非遗代表性项目、5000余件作品，接待观众5万余人次。三省市文化行政主管部门签署《京津冀文化人才交流与合作框架协议》，在人才交流学习、人才培训提升、人才联合培养、人才基础建设、人才成果展示等方面进行全面深化合作。召开京津冀文化人才培养与交流座谈会，研讨促进京津冀文化人才跨区域交流培养。

纪念建党95周年、红军长征胜利80周年

文化活动丰富多彩。精心组织举办了天津市纪念中国共产党成立95周年优秀剧目展演和京津冀民间绘画邀请展,纪念红军长征80周年系列演出,“红军不怕远征难”大型交响合唱音乐会、《开天辟地——中国共产党创建史图片展》《共产党人与黄埔军校展》《永远的长征——纪念红军长征胜利80周年》《伟大的历史转折——遵义会议纪实》《“浩气永传承”——纪念中国工农红军长征胜利80周年军事题材美术作品展》《纪念红军长征胜利80周年红色记忆——经典连环画展》展览及系列讲座、文化体验等文化活动,热情讴歌党和人民军队的光辉奋斗历程,弘扬革命文化,凝聚不忘初心、继续前进的强大精神力量。

【公共文化服务体系建设加快推进】 完成《天津市公共文化服务保障条例》立法调研报告,16个区出台了公共文化服务体系建设实施方案。基层综合性文化服务中心建设全面启动。天津市首次公共文化服务体系建设绩效考核工作圆满完成。出台《关于做好政府向社会力量购买公共文化服务工作的实施意见》《2017年文化广播影视部门向社会力量购买服务专门化目录》,政府向社会力量购买公共文化服务政策进一步完善。河西区创建第二批国家公共文化服务体系示范区通过文化部、财政部实地验收。天津文化中心公共文化服务引领示范作用进一步增强,引进德国德累斯顿国家管弦乐团音乐会等18项32场高端演出和两个高端展览并受到广泛好评。成功举办首届天津市民艺术节,全年活动超过1000场,重点打造了“品牌驻万家”“丹青绘盛世”“文化志愿行”“网络梦想秀”“书香润津城”5大板块30余项重点活动。开通天津图书馆与全市20个区级公共图书馆图书通借通还服务,全年累计配送图书15万册,通借通还流通总量83.8万册。文化志愿服务蓬勃发展,天津市公共文化志愿服务总队全年演出4000余场,受众200万余人次。

【艺术创作演出更加活跃】 出台《天津市关于支持戏曲传承发展的实施意见》。围绕“中国梦”主题精心组织创作了京剧《狄青》、原创舞剧《人民音乐家》、交响乐《美丽中国美丽天津——天津组曲交响音乐会》等一批新作品,京剧《康熙大帝》荣获第十五届文华大奖。评剧《红高粱》入选文化部2016年度国家舞台艺术精品创作工程全国重点扶持剧目。成功举办2016年名家经典惠民演出季、天津市梨园金秋戏曲展演和京津冀精品剧目展演。完成天津市地方戏曲剧种普查,首次全面掌握天津市戏曲艺术发展状况。实施国家京剧“像音像”工程,完成17出剧目录制和3出剧目的录音工作。10个项目获得国家艺术基金资助。发行天津市文化惠民卡10万张,创新推出郊区县卡、公益卡、学生卡,累计推出演出近2000场,成为文化惠民新亮点。圆满完成天津市2016年春节军民联欢晚会、瑞士冬季达沃斯论坛“天津之夜”“2016天津夏季达沃斯论坛文化之夜”等重点演出任务。

【文化产业发展步伐加快】 出台《天津市文化产业三年行动计划(2017—2020年)》,修订印发《天津市繁荣演出市场专项资金管理办法》,优化了文化产业发展的政策环境。实施文化产业人才培训计划,成功举办文化产业经营管理、文化创意产品开发、特色文化产业专题培训班,文化产业人才队伍建设进一步加强。国家数字内容服务贸易平台落户天津。成功举办第六届中国天津(滨海)文化创意展交会和全国动漫产业研讨交流活动。武清区和滨海新区入选文化部、财政部扩大文化消费试点城市名单。3个项目入选文化部“弘扬社会主义核心价值观动漫扶持计划”,

数量连续三年位居全国各省市前列。21个项目入选《2016年国家文化产业重点项目手册》。25个项目进入国家文化产业项目公共服务平台项目。推进京津冀文化产业协同发展,举办三地文化产业项目路演,为重点项目与金融机构搭建对接与沟通的平台,增强企业投资融资能力。加强文化产业示范园区与基地建设,评选命名2家园区为天津市第三批文化产业示范园区,7家企业为天津市第四批文化产业示范基地。成功举办全国"双创"周文化部分会场暨第六届中国天津滨海文化创意展交会和全国动漫产业研讨交流活动。天津市特色文化产业示范乡镇(街区)创建工作全面启动。

【文化市场规范化建设持续推进】 进一步完善文化市场事中事后监管体系,试行开展文化市场主体年度报告制度,全面完成文化市场技术监管与服务平台推广运行工作。加大文化市场安全监管力度,联合文化执法、公安等部门开展演出和娱乐市场集中检查行动。开展全市电影市场专项治理,对偷漏瞒报票房行为进行重点查处,进一步提升了管理水平。城市电影"一卡通"实现影院全覆盖。城市电影市场繁荣发展,全市数字影院发展到77家、520块银幕,放映电影94万场,观影2083万人次,票房6.54亿元。广播电视和网络视听节目传播秩序进一步规范。建立播出机构违规广告责任追究制度,深入推进"黑广播"专项整治,联合市有关部门打掉"黑广播"犯罪窝点34家,现场查处"黑广播"67起,查缴"黑广播"设备113套,打击处理犯罪嫌疑人13名。

【文化遗产保护成效明显】 天津市第一次全国可移动文物普查全面完成。北疆博物院在沉寂了近80年后重新向社会开放。举办了《永恒之城——古罗马的辉煌》《家风耀中华》《晚明绘画作品展》等特色展览250余个,直接受众1370万余人次。市文化广播影视局与市教委签署《天津市推进文化教育融合框架协议》,推动博物馆资源融入国民教育。积极推动博物馆文化创意产品开发,天津博物馆入选全国博物馆文化创意产品开发试点单位。《长城天津段总体保护规划》编制和天津市文物保护单位记录档案著录工作全面完成。运河(天津段)遗产监测常态化开展,保护管理积极推进。《中华古籍总目·天津卷》编纂工作基本完成,8种善本古籍入选《国家珍贵古籍名录》,天津师范大学图书馆获批全国古籍重点保护单位。建筑文化遗产传承信息技术文化部重点实验室和文物本体表面监测与分析研究国家文物局重点科研基地落户天津大学。

【对外文化交流进一步扩大】 全年共派出46个项目,596人次开展对外文化交流。圆满完成"2016欢乐春节"交流任务。天津市文化艺术团配合李克强总理访问古巴,圆满完成"中国—古巴手拉手——中拉文化交流年哈瓦那之夜"专场晚会;配合刘延东副总理访问俄罗斯、墨西哥,圆满完成"俄罗斯中国文化节暨天津文化周开幕式""中拉文化交流年——墨西哥之夜"专场文艺演出,创造了三个月内连续三次出色完成高级别国事演出任务的首例。华夏未来少儿艺术团荣获俄罗斯圣彼得堡国际音乐舞蹈艺术大赛金奖。文化"引进来"取得突破性进展,意大利Domus(中国)设计培训研发项目正式落户滨海高新区。天津交响乐团与意大利斯卡拉歌剧院签订长期合作框架协议。

(天津市文化广播影视局　宋泽宇)

河北省

【概况】 2016年,河北省文化系统深入学习贯彻习近平总书记系列重要讲话精神,全面落实省委、省政府决策部署,坚持发展新理念,主动把握新常态,突出重点,打造亮点,攻克难点,各方面工作都取得了崭新成绩,实现了"十三五"的良好开局。

【艺术创作演出呈现新气象】 艺术精品创作再上新台阶。新创并首演河北梆子《牺牲》、评剧《火种》,加工修改《安娥》等53部优秀舞台剧目。获文化部和国家艺术基金管理中心资助项目55项,位列全国第二;资金共3744万元,位列全国第三,同比分别增长了189%和107%。

国家级活动成绩斐然。评剧小戏《月缺月圆》以戏剧类第一名的成绩荣获全国第十七届群星奖,河北梆子《六世班禅》荣获第五届全国少数民族文艺汇演剧目银奖,河北梆子《卧云岭》入选全国基层院团戏曲会演,丝弦《杨家将》登上新年戏曲晚会舞台。

品牌文化活动亮点频出。成功创办"首届全国梆子声腔优秀剧目展演",汇集全国21个梆子声腔剧种和18位"梅花奖"得主,举办了32场演出和系列讲座、研讨活动。出色完成第三届中国—中东欧地方领导人会议《凤凰之约》专场文艺演出、第十届中国—拉美企业家高峰会《天涯若比邻》专场文艺演出等重要任务。成功举办第十届中国评剧艺术节。圆满完成"走进太行"——全国版画名家河北古村落采风、创作活动。

【现代公共文化服务体系建设凸现新亮点】 深入开展国家级公共文化服务示范区和示范项目创建。廊坊市以中部十省(市)第一名的成绩顺利通过国家级第二批示范区评审验收,井陉县"文化广场"项目、张北县"城乡文艺演出服务体系"顺利通过第二批国家级示范项目验收。全国第四次文化馆评估定级中,河北省共有115个文化馆被评为三级及以上文化馆。

扎实推进公共文化设施建设。河北大剧院建设项目进展顺利,省群艺馆新馆主体即将封顶,省艺术中心设施设备修缮如期进行。唐山市图书馆、蠡县美术馆等一批重点"三馆一站"建设项目顺利投入使用,基层文化场馆覆盖率和达标率不断提高。实施贫困地区村综合文化服务中心工程,在45个国家级贫困县的450个村建成综合文化服务中心示范点。

大力开展文化惠民活动。举办了"大地情深"——河北省第十一届"燕赵群星奖"优秀作品巡演、"阅读塑造人生　书香润泽生活"系列宣传、"唱支山歌给党听"大型群众歌咏、第二期"广场舞之家"等活动。中央电视台等中央媒体对河北省公共文化服务体系建设成果进行了专题报道,"廊坊市创新机制促乡镇文化站重焕活力"被写入人民日报内参。

【文化市场管理运行实现新突破】 着力推动文化市场综合执法改革。深入推进文化市场行政审批制度改革,开展文化市场管理政策落实和行政审批规范化专项督导。积极推广文化市场技术监管与服务平台应用,及时规范平台工作流程,全省各市已全面上线。

继续推动文化市场主体转型升级。在2015年6地市试点的基础上,将互联网上网服务场所转型升级试点经验推广到全省。以政府购买服务的形式,开展"中老年人唱响KTV"文化惠民活动,13000余名中老年人领取了文化惠民券。

大力加强文化市场监管。全面推行“双随机”检查方式，针对重要节假日、重大活动等进行专门部署，严查违法违规经营行为。2016年全省文化市场综合执法机构共出动执法17.9万人次，检查文化市场经营单位6.7万家次，其中警告288家、责令改正1491家、责令停业整顿28家。

【文化产业发展迈出新步伐】 积极开展文化产业项目宣传推介。深圳文博会上，集中发布推介170个文化产业招商引资项目，集中签约项目54个，现场交易及订单交易433.2万元，获“最佳展示奖”。北京文博会上，组织17家文化企业参展，人民网等媒体报道了河北省参展情况。参加了天津文博会、河北省第五届“特博会”暨首届“文创会”。

组织申报国家文化消费试点城市。根据《文化部　财政部关于开展引导城乡居民扩大文化消费试点的通知》要求，以省政府的名义推荐了石家庄市和廊坊市。石家庄市已成功入选第一批国家文化消费试点城市名单，廊坊市进入候选城市。

【文化遗产保护工作取得新进展】 加强文物保护力度。省委、省政府召开了全省文物安全保护工作会议。正定古城保护推进力度加快，长城保护工程取得阶段性进展，承德避暑山庄及周围寺庙文化遗产保护工程进入收尾阶段，清东陵、清西陵清代皇家陵寝建筑保护工程有序推进。全面推进传统村落整体保护工作，扎实推进大遗址保护和考古工作，参加了万里茶道申遗工作推进会。

提升非遗保护水平。举办第九届河北省民俗文化节暨第六届中国剪纸艺术节、第二届京津冀非物质文化遗产联展、京津冀传统工艺暨文化创意产品展览展销会等活动。推荐10名国家级非遗代表性传承人列入文化部2016年国家级传承人抢救性记录名册。推进武强年画、杨氏太极拳等4项国家级非遗项目申报“人类非物质文化遗产代表作名录”。组织开展第六批省级非遗项目评审工作。完成河北省戏曲剧种普查工作，录入现存剧种数目46个。

【河北文化影响力获得新提升】 利用“部省合作”平台，开展与贝宁等海外中国文化中心的对口合作，在保加利亚、捷克举办“欢乐春节”，在厄立特里亚、科特迪瓦举办“中国艺术节”，在智利、哥伦比亚举办中拉文化年演出。参加了英国爱丁堡艺术节、日本“河北文化周”、葡萄牙共产党“前进报节”。以星云大师向省博物院捐赠北齐雕像佛首为契机，推进对台文化交流，在台举办“京津冀佛光山春节文化月”“河北文化专题展演月”和河北摄影特展等活动，在河北省举办“星云大师一笔字书法展”、南鲲鯓代天府文化摄影展、台湾戏曲学院京剧表演石家庄研习营等文化活动。

【京津冀文化协同发展得到新拓展】 签订了《京津冀三地文化人才交流与合作框架协议》和《北京市文化局　河北省文化厅　张家口市人民政府文化合作框架协议》。成立“京津冀演艺联盟”，河北省25个院团加入联盟。组织开展“同心筑梦·美丽河北”——河北省优秀剧目进京展演活动，遴选《桃园三结义》《子弟兵的母亲》等15部优秀剧目，在京演出30余场。“美丽河北　走进太行——河北省美术作品展”在中国国家博物馆成功举办。三地交响乐团联合创作的交响音诗《长城》于2016年11月创排完成并首演。举办“世界园艺博览会文化主题日”专场演出、2016年京津冀小戏（小品）展演、首届京津冀地区非物质文化遗产精品联展等活动。组织了京津冀文化产业项目对接会暨中小微企业投融资项目路演河北站活动。

【文化体制改革凸显新成效】 深化文艺院团改革。出台了《河北省关于扶持省直转企改制艺术院团艺术创作生产的实施办法》,鼓励多出精品和人才。制定了《进一步加强文化惠民演出活动的实施方案》,推动演艺集团职能向丰富活跃基层群众文化生活、提升群众文化品位、让文化惠及民生、让群众共享文化成果转变。

加强文化市场综合执法改革。出台《关于进一步深化文化市场综合执法改革的实施意见》,围绕中央部署的改革任务,紧密结合河北省实际,对改革的重点任务具体化,突出战略性、指导性和可操作性,坚持问题导向,力争以改革措施突破阻碍发展的难题,以明确的责任分工保障改革措施落实到位。

推进公共文化服务试点改革。推动廊坊市开展公共图书馆总分馆制试点工作,完成市图书馆中心馆功能改造提升,6 个县级公共图书馆分馆、1 个街道图书馆、5 个社区图书馆、4 个学校图书馆、1 个企业图书馆、1 个部队图书馆、1 个民间图书馆及 24 小时自助图书馆和数字平台的建设。

(河北省文化厅 李 征)

山西省

【概况】 2016 年,山西省文化厅深入贯彻落实党的十八大、十八届三中、四中、五中、六中全会精神和习近平总书记系列重要讲话,特别是关于文化文艺工作的重要讲话精神,不断完善公共文化服务体系,突出抓好文艺精品创作,大力推进非遗传承保护,努力促进文化产业发展,全省文化建设呈现良好势头。

【文化政策体系不断完善】 编制印发山西省《“十三五”文化改革发展规划》《“十三五”红色文化传承保护与发展规划》,其中红色文化规划是全国第一个省级红色文化专项规划。贯彻落实中办、国办《印发〈关于加快构建现代公共文化服务体系的意见〉的通知》《关于转发文化部等部门关于做好政府向社会力量购买公共文化服务工作意见的通知》等重要文件精神,牵头起草印发山西省《关于提高公共文化服务水平的若干意见》《关于做好政府向社会力量购买公共文化服务工作的实施意见》《关于进一步加强对外和对港澳台文化工作的实施意见》《关于实施山西省戏曲传承发展振兴工程的意见》《关于进一步深化文化市场综合执法改革的实施意见》等文件。

【艺术事业蓬勃发展】 继续开展“深入生活、扎根人民”主题实践活动。紧扣“中国梦”主题,大力挖掘山西文化优势资源,启动《党的女儿》《槐树情》《印象山西》《绿色征途》《法显》《晋文公》《北魏孝文帝》等 7 部重点剧目创作,其中《党的女儿》《印象山西》已走上舞台。一批优秀剧目获国家级奖励,晋剧《于成龙》入选 2016 年度国家舞台艺术精品扶持工程十大重点扶持剧目,话剧《生命如歌》荣获全国少数民族汇演金奖,舞蹈《扫街》荣获第十一届中国艺术节“群星奖”舞蹈类比赛第一名。围绕纪念建党 95 周年,举办七一晚会、剧目展演、送戏下乡等活动,弘扬主旋律、传播正能量。积极申请国家艺术基金,29 个项目获立项,戏曲剧目、小戏、小品三类立项数量位居全国第一。根据文化部开展全国地方戏曲剧种普查工作要求,开展全省地方戏曲剧种剧团普查,基本摸清全省戏曲底数。加强文化人才培养,举办文化艺术人才培训班,完成2016年度山西省艺术科学规划课题立项评审。

【公共文化服务水平进一步提高】 督导朔州市完成第二批国家公共文化服务体系示范区创建，督导晋中市、大同市通过第二批示范项目验收，启动晋中市第三批示范区创建。完善政府购买公共文化服务机制，落实省级政府购买公共演出服务资金1100万元，组织省直文艺院团进社区、进军营、进校园、进乡村演出600余场。发挥省级重点文化设施示范带动作用，山西大剧院全年演出296场，观众超过19万人次。山西省图书馆日均接待读者6200余人次，举办各类讲座、展览等200余场。山西省文化馆、山西画院、山西书法院等组织公益演出、展览、培训近300场，受惠群众20余万人次。着力打造文化惠民品牌，长风之夜、周二剧场、龙城剧场等演出深受群众欢迎。健全公共文化设施，山西晋剧艺术中心主体工程封顶，山西省少儿图书馆和古籍保护中心建设扎实推进，10个县级两馆建设达标任务顺利完成，省市县三级公益文化设施建设达标率达到82.45%，比2015年增加约2个百分点。组织乡镇综合文化站资源利用情况调研，全面掌握全省乡镇综合文化站现状。圆满完成第三届“山西省文化强县创建工作先进单位”评选。

【文化产业取得新突破】 实施重点工程带动，山西文化保税区累计完成投资2.2亿元，山西省文化产业园5个示范馆完成主体工程建设。加快推进文化旅游业发展，制定《关于大力推进文化旅游业和文化创意产业发展的工作方案》《关于推进演艺、非遗进景区的指导意见》《关于创建山西省文化旅游大县的指导意见》等文件。组织近百家文化企业和投资公司进行投融资路演，组织文化企业参加国家级国际性文化产业博览会，推介项目200余个。加强与大型企业合作，与晋能集团共同推进山西文化云平台建设，与保利文化集团、中国文化传媒集团签订合作协议。深化供给侧改革，在太原市启动文化消费试点，发放3万张文化消费卡。

【非遗保护迈上新台阶】 探索和创新乡村文化资源保护新路子，深入开展“乡村文化记忆工程”，遴选318个乡镇开展第二批试点工作。“晋中文化生态保护实验区”建设总体规划实施效果、资金使用效益、区域内非遗项目保护及传承设施建设情况顺利通过文化部检查。认真开展非遗法贯彻落实情况自查，通过文化部抽查评估。在全国率先完成国家级非遗代表性传承人抢救记录试点工作。组织10余项优秀非遗项目参加第四届中国非遗博览会，展示山西非遗大省良好形象。广泛开展“文化遗产日”系列活动，组织非遗进校园、进军营、进社区，营造非遗保护发展的良好社会氛围。实施2016年中国非遗传承人群研培计划，对290名非遗传承人进行培训。拓展宣传阵地，推进山西省非遗展示馆建设。

【文化市场管理服务进一步完善】 开展综合执法提升工程，贯彻落实中办、国办《关于进一步深化文化市场综合执法改革的意见》，开展全省文化行政综合执法改革摸底调查，探索文化市场分级分类管理和“双随机、一公开”模式，推动实现跨部门、跨行业综合执法。文化审批15个项目进入山西省政务服务平台，制定《简化优化公共服务流程方便基层群众办事创业工作方案》。落实文化部《关于推动文化娱乐行业转型升级的意见》，印发配套实施方案，将转型升级工作拓展到全省文化娱乐行业。推动互联网上网服务行业转型升级，行业整体形象、社会评价明显改善。强化文化市场监管，组织开展交叉检查与暗访抽查，完成文化市场技术监管和服务平台建设，经营场所录入和网上激活率达98%以上，推荐朔州市为全国移动执法试点城市，被文化部评为2015年度文化市场综合执法优秀单位。

【文化交流和文化援疆亮点突出】 受文化部选派，组织艺术团体赴加拿大、葡萄牙、瑞士等国家和地区参加"中华风韵""欢乐春节"等活动，深受当地观众和华人华侨好评。积极开展与"一带一路"沿线国家和地区的人文交流，按照山西省政府"山西品牌丝路行"工作安排，赴匈牙利、捷克、波兰和哈萨克斯坦、格鲁吉亚、白俄罗斯开展文化交流合作。全年共完成文化交流项目20余个，300余人次。开拓山西海外文化阵地，山西省图书馆与毛里求斯中国文化中心、山投集团晋非经贸公司签署框架协议，启动毛里求斯中国文化中心图书室建设。举办"山西艺术精品新疆行"系列活动，组织优秀剧目赴疆巡演40余场，开展书画名家交流和非遗精品展示展演。

（山西省文化厅　邹文姣）

内蒙古自治区

【概况】 2016年，内蒙古自治区文化厅全面贯彻落实党的十八大和十八届三中、四中、五中、六中全会精神，深入学习贯彻习近平总书记系列重要讲话，特别是考察内蒙古重要讲话精神，深入学习贯彻内蒙古自治区第十次党代会精神，紧紧围绕"五位一体"总体布局和"四个全面"战略布局，以建设民族文化强区为目标，坚持改革创新，突出问题导向，狠抓工作落实，艺术创作演出、公共文化服务、文物遗产保护、文化产业、文化市场、对外文化交流、文化体制改革等各项工作均取得显著成效，实现了"十三五"时期内蒙古自治区文化工作的良好开局。

【文化体制改革】 扎实推进公共文化服务体系改革、政府向社会力量购买公共文化产品和服务改革、公益性文化事业单位内部机制改革和文化市场综合执法改革工作，改革成效显著。

公共文化服务体系改革。相继制定了《关于加快构建现代公共文化服务体系的实施意见》《关于推进基层综合性文化服务中心建设的实施意见》等政策文件。认真落实《关于政府向社会力量购买公共文化服务的实施意见》。

公益性文化事业单位改革。制定出台了《关于深化公益性文化事业单位内部机制改革的意见》，初步建立了充满活力的人事管理制度和灵活多样的收入分配激励机制。

文化市场综合执法改革。制定出台了《关于进一步深化文化市场综合执法改革的实施意见》，提出通过整合文化市场执法权，推动现代文化市场体系建设。

积极开展改革试点工作。认真总结并积极推广公共文化服务标准化建设、基层综合性文化服务中心建设和公共文化单位法人治理改革试点经验。组织开展了公共图书馆、文化馆总分馆制改革试点工作。

【公共文化服务】 全面落实《关于加快构建现代公共文化服务体系的意见》，以满足群众基本文化需求、维护群众基本文化权益为宗旨，积极推动公共文化服务标准化、均等化建设，取得了显著成效。

公共文化服务体系建设。积极推进嘎查村文化室建设，基本实现全区嘎查村文化室全覆盖。全面推进公共文化服务标准化建设,建成了一批基层综合性文化服务中心。包头市创建国家公共文化服务示范区,乌海市书法"五进"和乌兰浩特市"拉场戏"创建国家公共文化示范项目,顺利通过验收。

积极开展群众文化活动。持续推进"数字文化走进蒙古包"工程。组织开展了"移动数字图书馆"基层试点工作。组织开展了"阳光工程""春雨工程"等文化志愿服务活动。组织开展了全区首届中老年合唱比赛等系列群众文化活动。"彩云服务"荣获"美国图书馆主席国际创新奖"。

【文艺创作】 深入贯彻《关于繁荣发展社会主义文艺的意见》精神,依托内蒙古民族特色文化资源,积极创作生产优秀作品,推动惠民演出全覆盖,取得了积极进展。

艺术精品创作。围绕"中国梦"、迎庆70周年等重大主题,推出了音乐剧《相思树》《爱在胡杨》、二人台剧《圆梦》等一批新创剧目,打磨提升了舞剧《我的贝勒格人生》、晋剧《巡城记》、漫瀚剧《风祥楼》、话剧《尹湛纳希》等精品剧目。

惠民演出工程。成功推出了"百团千场下基层""草原音乐周末"等一批惠民演出品牌活动,组织优秀剧目及小戏小品深入农村、牧区、厂矿、企业、高校进行演出。全年组织下基层惠民演出7000多场。

地方戏剧保护。深入贯彻落实《关于支持戏曲传承和地方戏保护发展的意见》,组织对全区地方戏曲剧种进行了普查,共普查及著录剧种16种,消亡剧种2种(北路梆子和满族戏);举办了首届地方戏剧目展演活动。

重大艺术赛事。选送舞剧《我的贝勒格人生》、话剧《热土》、舞蹈《舞动的琴弦》参加第十一届中国艺术节展演活动。选送民族情景歌舞《草原上的乌兰牧骑》和民族舞剧《马可·波罗传奇》参加第五届全国少数民族文艺会演,分别荣获剧目金奖、银奖。成功举办了"亮丽内蒙古"2016年全区声乐比赛。

【文化产业发展】 积极推动文化与旅游、金融、科技深度融合,支持特色文化产业建设,促进文化"软实力"向"生产力"转化,文化产业工作不断持续推向深入。

文化会展。举办了内蒙古首届文化产业博览会,开展了文化创意产品展示、文化创新发展专题研讨会、百家文化企业进景区、文化创意创新产品大赛和文化旅游项目签约等活动。

文化创意。制定出台《关于推动文化文物单位文化创意产品开发的实施意见》。内蒙古博物院、内蒙古图书馆成功申报国家级文化创意产品开发试点单位。

文化金融。制定了加强文化金融工作的指导意见,积极搭建文化产业与金融业对接平台,与包头商业银行、中国邮政储蓄银行签署了"十三五"期间文化金融合作协议。

文化消费。以鄂尔多斯市为试点,推进文化消费试点工作,增强文化消费对地方经济增长的贡献率,努力探求行之有效、可持续和可复制推广的促进文化消费模式。

【文化市场管理】 以"文化市场北疆稳定工程"为统领,着力提升文化市场管理执法能力、积极推动文化市场经营场所转型升级,确保文化市场安全稳定有序。

文化政策法规工作。组织对全区文化市场政策法规落实情况和行政审批规范化建设情况进行了调研督查。组织开展了文化市场法制教育宣传日、知识产权保护宣传周、安全生产法制宣传等系列法制宣传教育活动。

文化市场执法检查。制定出台《内蒙古自治区文化市场综合执法"双随机一公开"实

施细则》。出动执法人员 46 万人次，对文化市场开展执法检查和安全生产检查。有 3 宗案件获评文化部“2016 年全国文化市场重大案件”。

文化市场转型升级。积极落实文化市场经营“黑名单”制度，对上网服务场所和娱乐场所实行分级管理。积极推动上网服务场所转型升级，全区上网服务场所环境、经营业态和服务质量明显改观。启动了娱乐场所转型升级工作。

【文化遗产保护】 深入贯彻中央和自治区领导对文物工作所作批示指示精神，全面贯彻国务院《关于进一步加强文物工作的指导意见》，扎实做好文物保护、管理和利用工作。

文物保护工作。《元上都遗址保护条例》颁布实施。积极推动辽上京与辽祖陵遗址、万里茶道等重点文化遗产申遗工作。组织对呼和浩特大召、将军衙署、长城遗址等重点文物保护单位开展维修保护。组织编制了《内蒙古长城保护总体规划大纲》。圆满完成了“国际博物馆日”中国主会场活动。锡林郭勒盟多伦县小王力沟辽代贵妃墓考古荣获“2015 年度全国十大考古新发现”。

文物利用工作。全面完成全国第一次可移动文物普查工作，完成馆藏可移动文物数据采集上报 1125464 件(套)。对享受免费开放经费补贴的 155 家博物馆进行了绩效考评。组建内蒙古博物馆馆际联盟，初步建立了博物馆文物藏品资源共享机制。积极推进智慧博物馆建设。积极推广内蒙古博物院青少年教育试点工作经验。

文物行政执法。开展了全区长城执法专项督察工作。启动了全区文物法人违法案件专项整治活动。组织对全区重点博物馆及古建筑国保单位进行了消防安全检查。开展打击文物犯罪专项行动，受理文物案件 24 起，收缴各类涉案文物 893 件(套)。积极发挥“草原神鹰”、马背文物保护队、驼峰(长城)文物保护队等群众组织作用，加强对农村牧区重点文物单位安全巡查。

非遗保护传承。确定并公布了第五批自治区级非遗代表性传承人。组织实施了一系列非遗濒危项目抢救和展览展示活动。组织举办了“蒙古族传统刺绣艺术展”“蒙古族拉弦乐器音乐会”等非遗宣传展示活动。积极实施中国非遗传承人群研培计划，举办了蒙古族刺绣、蒙古族服饰艺术等 5 个国家级代表性项目传承人群普及培训班。《内蒙古蒙古族长调风格及其典型曲目》(汉文版)出版发行。

【对外和对港澳台文化交流】 组织选派文化艺术团组分赴美国、英国、俄罗斯、蒙古等 19 个国家及港澳台地区开展文化交流活动，进一步扩大了内蒙古民族文化在国际上的影响力。

在乌兰巴托举办了“感知中国 · 蒙古行”内蒙古文化周。在斯里兰卡成功举办“美丽草原我的家”内蒙古文化周活动，出色地完成了中国驻斯里兰卡大使馆国庆招待会演出任务。组团赴波兰、匈牙利 7 个城市开展了“欢乐春节”巡回演出活动。内蒙古民族艺术剧院蒙古族青年合唱团赴亚欧 7 个国家 12 个城市巡回演出，在当地引起强烈反响。内蒙古民族艺术剧院与蒙古国音乐院签订了互访交流的合作协议。内蒙古图书馆深化了与俄罗斯和蒙古国图书馆间业务合作。在德国举办了公共文化服务数字化建设与管理培训班。

(内蒙古自治区文化厅　王佐政)

辽宁省

【概况】 2016年,辽宁省文化厅全面贯彻党的十八大和十八届三中、四中、五中、六中全会精神,深入学习贯彻习近平总书记系列重要讲话精神,认真执行省委、省政府关于辽宁老工业基地全面振兴的各项工作部署,紧紧围绕《省政府工作报告》确定的重点任务,坚持社会主义先进文化前进方向,坚持以人民为中心的工作导向,研究探索全省文化工作的新思路、新举措,各项工作取得了新进展。

【专业艺术】 创作演出优秀剧目。辽宁人民艺术剧院创作反映毛丰美先进事迹的话剧《干字碑》,被纳入全省"两学一做"学习教育内容,在全省巡演62场,5万余名干部群众观看。辽宁芭蕾舞团芭蕾舞剧《八女投江》在第十一届中国艺术节上获"文华大奖",并应邀到中央党校演出。辽宁人民艺术剧院话剧《祖传秘方》获第五届全国少数民族文艺会演优秀剧目奖。沈阳京剧院复排《沙家浜》等红色经典剧目,大连话剧团《一诺千金》应邀参加首都剧场60周年展演活动。举办"启航辽宁"2017辽宁省新年音乐会。辽宁演艺集团演出歌舞晚会《故乡情·幸福梦》和民族音乐会《国乐情·风华颂》。举办青年编剧培训班和剧目研讨活动。全省31个项目得到国家艺术基金资助1750万元,创历史新高。

实施文化惠民工程。元旦、春节期间举办"新春文化惠民月"活动,全省共组织演出、展览等活动千余项,惠及群众500万人;9月至10月举办"金秋文化惠民季"活动。开展"深入生活、扎根人民"主题实践活动,省直艺术院团送戏到基层演出536场,全省文化部门共组织流动文化服务2000余场、文化志愿服务2800余场。大连市制定专业剧场演出扶持办法,并向市民发售"文化惠民卡"5000张。围绕中国共产党成立95周年、红军长征胜利80周年组织系列演出活动,辽宁歌剧院演出歌剧《雪原》、交响组曲《江姐》;辽宁演艺集团举办"时代之歌"文化惠民演出季。

扶持地方戏曲发展。开展全省地方戏曲普查,形成《辽宁省地方戏曲汇编》;对阜新蒙古剧调研,提出发展建议;盖州辽剧团参加全国基层地方戏曲优秀剧目展演;本溪歌舞剧院的评剧《中秋泪》参加中国评剧节演出;锦州评剧团的评剧《朱痕记》参加第二届辽吉黑内蒙古四省区地方戏曲展演,获优秀剧目奖。沈阳市出台《关于振兴沈阳地方戏曲的实施意见》。

【公共文化】 大力构建现代公共文化服务体系。印发《关于加快构建现代公共文化服务体系的实施意见》(辽委办发〔2016〕32号)和《关于推进基层综合性文化服务中心建设的实施意见》(辽政办发〔2016〕63号)。沈阳市沈河区通过国家第二批公共文化服务体系建设示范区验收,盘锦市第三批创建工作深入开展,确定创建5个省级公共文化服务体系示范区和4个示范项目。锦州市开展文化建设年活动,实施六大工程。

举办丰富多彩的群众文化活动。围绕中国共产党建党95周年和红军长征胜利80周年举办"情系家国,放歌振兴"全省群众文化系列活动,包括全省广场舞展演、群众合唱展演、群众美术书法作品展等主题活动;举办辽宁省公共图书馆第五届"全民读书节"系列活动、辽宁省第九届少数民族文艺调演、"周末百姓大舞台"和"百馆千站万村"培训工程;打造特色群众文化活动品牌,如沈阳"社区文化节"、大连"千家文化大院"、鞍山"文化惠民微书场”、抚顺“民族民间舞蹈大赛”等活动。

*评选推广群众文化工作典型。*开展2015年度“七个一百”基层群众文化创建项目评选，评选特色群众文化基地、基层文化活动示范广场、文艺下基层骨干队伍、群众原创优秀文艺作品等100个项目。锦州市的西城派东北大鼓《奶奶的梦里事》参加全国第十七届“群星奖”决赛，鞍山市爱乐合唱团参加第十八届中国老年合唱节。大连市辛寨子街道文化中心和甘井子区图书馆分获2016年全国最美基层文化站和最美基层图书馆称号，省图书馆“老年乐龄俱乐部”被评为“2015年文化部基层文化志愿服务示范项目”。

*推进公共图书馆事业和共享工程发展。*辽宁省图书馆搬迁浑南新馆，平均每天接待读者7000余人次，全年举办阅读推广活动1487场。组织2013—2015年度公共图书馆优秀服务成果和图书馆应用科研成果评选，评选优秀成果137项。3个单位入选第五批全国古籍重点保护单位，59部古籍精品入选《国家珍贵古籍名录》，居全国第5位。推进数字图书馆和公共电子阅览室建设，首批4个市级图书馆挂牌数字分馆。辽宁文化共享频道实现全省城乡全覆盖，全年365天播出，每日时长18小时，播出总时长6570小时。

【文化市场】 *大力推动行业转型升级。*出台《关于进一步推动互联网上网服务行业转型升级的意见》，举办转型升级培训班，召开座谈会、经验交流会，已有1000余家上网服务场所实现转型升级，约占全省场所总数的20%。这些场所创新产品供给，形成网咖和电子竞技新业态，成为敞亮、开放、整洁的公众文化场所。制定《全省文化娱乐行业转型升级工作实施方案》，确定沈阳、大连、鞍山和朝阳4个市为转型升级重点城市，取得初步成果。

*加强文化市场监管。*相继开展县城乡镇上网服务场所、校园周边文化市场、演出市场、艺术品市场等专项整治；开展“平安文化市场”创建活动，加强文化市场安全生产监督检查；开展文化市场分级分类管理，建立警示名单和黑名单管理制度。全省共出动执法人员37.8万人次，检查文化市场经营单位13.8万家次，查办案件2430件。其中，1个案件被文化部评为“全国文化市场十大案件”，4件被评为“全国文化市场重大案件”。

【文化产业】 2016年，全省文化系统四大主导产业共完成经济指标205亿元，超额完成省政府下达的全年169.2亿元指标。全省演艺业实现收入9.92亿元。积极打造辽宁剧院联盟网络票务平台系统，获得国家资金支持；辽宁剧院联盟达到31家，全省演艺联盟达到38家；全省318家民营演出团体和123家娱乐演出场所演出活跃，各地共打造41个常态化演出剧（节）目。

动漫游戏产业产值达67.93亿元。16家国家认定的动漫企业通过年审，3家企业入选国家动漫企业资源项目库，2个项目入选国家弘扬社会主义核心价值观动漫扶持计划，举办第八届中国（沈阳）动漫电玩博览会、辽宁省首届国际动漫电玩博览会，一批动漫产品远销东南亚、北美和欧洲。

文化会展业实现收入44.06亿元。举办第五届辽宁（沈阳）工艺精品文化节等75个文化展会活动，打造锦州古玩节、阜新玛瑙博览会、抚顺煤精琥珀展销会、本溪辽砚文化节、盘锦辽河美术节、葫芦岛泳装文化旅游节等品牌，组织辽宁优秀文化企业参加中国（深圳）文化产业博览会、北京国际服务贸易交易会。系统内工艺美术业实现收入83.09亿元。全省规模以上工艺美术企业达到105家，打造鞍山岫玉、阜新玛瑙、本溪辽砚、朝阳紫砂、抚顺琥珀等20余个工艺美术品牌。沈阳古玩城、大连古玩城、鞍山文化大市场等工艺品交易市场渐成规模。阜新市被世界手工艺理事会授予"世界玛瑙之都"称号。

同时,对第三批省级文化产业示范(试验)园区、基地进行命名和授牌。省文化系统共有9个项目获得国家文化产业专项资金3945万元,有12个项目入选2016年度国家重点文化产业项目,沈阳杂技演艺集团等10个文化企业被评为文化出口重点企业,3个项目被评为文化出口重点项目,5家文化文物单位入选国家文化创意产品开发试点单位。沈阳市列为首批国家文化消费试点城市。

【文物保护】 "丹东一号"水下考古入选2015年度全国十大考古新发现;起草辽宁省加强文物工作的实施意见,经省政府审议后印发;推进牛河梁红山文化遗址申遗、兴城城墙申遗、辽代帝陵遗址保护等工作。实施长城保护工程,编制完成并上报绥中锥子山长城部分段落保护工程立项报告和方案、编制完成并上报龟山长城部分墙体敌台修缮工程方案等7处长城修缮工程方案,编制战国(燕秦)长城(辽宁段)保护规划和长城保护规划—明长城(辽宁段);组建长城管理办公室。有序推进第七批国保单位保护范围和建设控制地带划定工作。

组织开展革命文物、"万人坑"、儒家文化遗产调查登记工作,成立文物保护工程专家库并印发工作规则。推进文物保护工程和考古工作,向国家文物局上报《中东铁路建筑群保护规划立项报告》获得批准,组织召开辽、吉、黑、内蒙古四省区中东铁路建筑群文物保护工作联席会议。完成兴城城墙总体维修工程野外施工任务、千山古建筑群部分建筑维修工程野外施工任务,实施五女山山城遗址保护工程、东京陵保护工程等十余项省级及以上文物保护工程。完成清原抽水蓄能电站、新建朝阳至盘锦客运专线等基建考古工作,开展医巫闾山辽代重要遗迹、大凌河中上游地区红山文化等考古发掘,取得一批新成果。

发展博物馆事业。全省第一次全国可移动文物普查完成405248件(套)藏品的登录、审核和报送工作,编制了工作报告和验收报告。全省现有博物馆111家,其中国有博物馆80家。辽宁省博物馆搬迁浑南新馆后举办多个展览,平均每天接待观众4000余人。沈阳故宫、大连现代博物馆晋升为国家一级馆。围绕"5·18国际博物馆日""文化遗产日"举办多项展示展演活动。制定《辽宁省文化厅长城执法巡查实施细则》,开展全省长城执法专项督察并向国家文物局报告整改意见。向国家文物局申报全国重点文物保护单位"三防"工程项目32个,在全省开展文物安全检查和督察,督办查处案件9起。

【非物质文化遗产保护】 采取统一名称、统一主题、统一标识、统一口号,全省共开展非遗进校园、进社区活动300场,参展人员1900人次,驱车累计行程25000多公里,足迹遍布全省14个市的26所幼儿园、35所中小学校、8所大专院校、81个社区、10个村屯、2个敬老院、3个厂矿、15个部队,惠及观众近10万人。举办迎新春辽宁省非物质文化遗产展演活动,吸引观众8万余人。在"文化遗产日"期间,全省共举办各类庆祝及展览展示活动50多场次。在沈阳机场举办辽宁民间艺术暨非物质文化遗产项目展。举办中秋秧歌展演活动,14个秧歌非遗项目亮相沈阳,参与观众达2万余人。组织省内优秀非遗项目和传承人参加中国(深圳)国际文化产业博览会、第四届中国非物质文化遗产博览会、陕西非物质文化遗产展示等,多个项目获奖。在全省各地共举办各类非遗展览展示活动300多场次,参展的项目和传承人达900多个、2460多人。凌源皮影戏、海城高跷、乌力格尔3个项目参与第二批国家级非遗数字化保护试点工作；对汪秀霞、田连元、刘兰芳等6名国家级传承人进行图文音像采录，拍摄视频素材180小时。向国家申请非遗保护专项资金1118万元。

【对外文化交流】 按照文化部部署，辽宁省与中国驻多哥、加蓬、喀麦隆大使馆开展对口合作，组派辽宁艺术团赴喀麦隆参加中喀建交45周年文化交流活动，赴贝宁、塞内加尔、卢旺达参加文化部举办的2016年海外“欢乐春节”访演活动。根据文化部要求，辽宁省与新西兰中国文化中心开展年度合作，先后选派辽宁芭蕾舞团舞蹈编导赴新西兰中国文化中心进行为期3个月的舞蹈培训交流，组派辽宁文化代表团赴新西兰等海外中国文化中心举办辽宁省非物质文化遗产展览活动。辽宁文化代表团赴俄罗斯参加莫斯科中国文化中心举办的第四届“品读中国”读书周，向莫斯科文化中心“辽宁书架”赠送了200册有关辽宁地理、历史、文化等内容的图书，并分别在俄罗斯国立图书馆东方文献中心和莫斯科文化中心举办专题讲座。由文化部外联局、辽宁省文化厅主办的“2016中非文化聚焦——舞狮培训班”在金普新区文化馆举行，对来自津巴布韦和尼日利亚的10名学员进行为期5周的舞狮培训。辽宁省博物馆赴美国、意大利举办“侯北人艺术展”，赴韩国参加“美术里的都市，都市里的美术”展览。辽宁省文物考古研究所赴美国、日本、韩国参加学术交流。辽宁省艺术学校承办“2016塞内加尔博物馆管理运营培训班”、沈阳故宫博物院在台北故宫博物院南院区举办“锦绣缤纷——亚洲织品展”展览。旅顺博物馆赴台湾举办“画说红楼——旅顺博物馆馆藏《红楼梦画册》展”。

【文化体制改革】 按照省政府要求，对文化厅机关“三定”方案进行调整，精简合并有关处室。制定厅直事业改革建议方案，重点解决从事生产经营活动事业单位改革问题。编制完成《辽宁省文化改革发展“十三五”规划》。省政府办公厅印发《辽宁省文化领域供给侧结构性改革实施方案》。制定《辽宁省文化厅贯彻落实辽宁省法治政府建设实施方案(2016—2020)的意见》《辽宁省文化厅行政许可信用信息公示目录》《市场主体行政许可目录清单》。扎实推进文化市场综合执法改革。起草《关于进一步深化文化市场综合执法改革的实施意见》。审批项目全部进省政务服务中心，实现网上审批。全省共审批文化市场经营单位1336家，同比增长163%。

（辽宁省文化厅　肖明伟）

吉林省

【概况】 2016年，吉林省文化系统认真贯彻落实习近平总书记系列重要讲话精神和文化部关于文化建设的决策部署，坚持以人民为中心的工作导向，把培育和弘扬社会主义核心价值观作为根本任务，履职尽责，真抓实干，推动文艺创作演出和公共文化服务体系、中华优秀传统文化传承体系、文化市场体系、文化产业体系建设取得了新成果、新成效。

【文艺创作演出】 坚持以人民为中心的创作导向，扎实推进“双赢工程”，以省政府年度民生实事项目、优秀舞台剧目展演、惠民系列演出活动等为载体，激发文艺工作者创作演出热情，促进了舞台艺术繁荣发展。省直文艺院团围绕春节、元宵节、庆祝中国共产党成立95周年、全球首届吉商大会等重大时间节点，创排了新年戏曲晚会、春节团拜会、元宵京剧晚会、大型文艺演出《光荣与梦想》、大型交响音乐会《红旗颂》、文艺晚会《乡音乡情》等作品,受到省领导和各界观众的广泛好评。首届中国·吉林国际冰雪旅游产业博览会期间,全省集中组织开展丰富多彩的演出、展览、展示活动,7 天时间举办演出 63 场,营造了良好的文化氛围。

"吉剧振兴工程"深入推进。创排吉剧《为了烈士的尊严》《宝贝回家》等新剧目,复排吉剧《江姐》《三请樊梨花》,改编创排吉剧《罗密欧与朱丽叶》,吉剧《良子》省内巡演 51 场,吉剧《站醒台》《狼妻》参加全国展演活动,受到专家和观众的一致好评。创排了大型民族音乐《白山松水图》,复排了京剧《三打祝家庄》《杨门女将》。成功举办第二届辽、吉、黑、蒙四省区地方戏曲优秀剧目展演,14 台剧目,25 场演出,充分展示了四省区地方戏曲发展的优秀成果。"绿色二人转中国行"活动在全国巡演 50 余场。成功举办 2016 年吉林省优秀戏曲剧目晋京展演活动,戏曲《游戏花果山》成功亮相央视春晚,儿童剧《大山里的红灯笼》参加第十一届中国艺术节,大型朝鲜族舞剧《阿里郎花》荣获第五届全国少数民族文艺会演金奖,吉林市歌舞团文化传媒有限公司成功参加二十国集团峰会(G20)"最忆是杭州"文艺晚会演出。

探索实践舞台艺术演出新模式,京剧电影《孙安动本》拍摄完成。国家艺术基金资助的京剧高派艺术人才培训班圆满结束。省直文艺院团持续开展优秀舞台剧(节)目惠民系列活动,全年演出 560 场,观众累计 25 万人次。"送演出下基层"4000 场省政府年度民生实事项目顺利完成,观众累计 200 万人次。吉林省申报 2016 年国家艺术基金工作取得新突破,共有 38 个项目入选,获得资助资金 2984 万元,排名位列全国第九,在申报项目、入选项目、资助资金等各方面均有大幅提升。

【公共文化服务体系建设】 贯彻落实吉林省委、省政府印发的《关于加快构建全省现代公共文化服务体系的实施意见》,吉林省政府印发的《关于推进全省基层综合性文化服务中心建设实施方案》,松原、辽源等地相继出台公共文化服务体系建设的实施意见,为全面推进基层公共文化服务体系建设提供了制度保证。吉林省文化厅与吉林省财政厅、吉林省发改委等部门联合印发的《吉林省"十三五"时期加快贫困地区公共文化服务体系建设实施方案》等政策文件,进一步补齐贫困地区公共文化服务体系建设短板。

基层公共文化基础设施条件进一步改善。围绕打赢脱贫攻坚战,积极开展文化精准扶贫工作,争取国家和省补助资金 1.67 亿元,实现全省国贫县、省贫县、少数民族县、边境县农村文化小广场建设全覆盖,全部配备流动文化车和图书流动车。扶持建设 200 个农村文化小广场省政府年度民生实事项目、全省首批 500 个贫困村综合性文化服务中心设备购置补助工作顺利完成。延边州第二批国家公共文化服务体系示范区创建工作顺利通过国家验收。吉林地区第三批国家公共文化服务体系示范区创建工作有序推进。全省"阳光工程"文化志愿者边疆行工作稳步推进。全省县级公共图书馆、文化馆总分馆制和公共文化事业单位理事会建设按计划推进。公共文化服务内容更加丰富。公共图书馆、博物馆、文化馆、乡镇综合文化站免费开放工作有效开展。组织开展"市民文化节""农民文化节"和"长白之声"合唱节等品牌文化活动,活跃了群众文化生活。

【文化遗产保护利用】 按照《国务院关于进一步加强文物工作的指导意见》和全国文物

工作会议要求,全面推动文物保护利用。世界文化遗产保护工作、长城资源保护工作扎实推进,集安高句丽国家考古遗址公园的管理展示水平不断提升。大遗址保护工作取得突破性进展。吉林省 18 处遗址列入国家文物局《大遗址保护"十三五"专项规划》,以伪满皇宫同德殿、乌拉街清代建筑群为代表的 13 项文物保护工程项目和《中东铁路附属建筑群(吉林省段)总体保护规划》编制工作正式启动。吉林省文物考古研究所与吉林大学边疆考古研究中心合作的"吉林省大安市后套木嘎遗址考古发掘项目"在第一届中国考古学大会上荣获"田野考古三等奖",是东北三省唯一一个获奖项目。第一次全国可移动文物普查工作圆满完成并顺利通过国家普查数据验收,吉林省 139 家国有收藏单位,录入 71 万余件(套)藏品信息。吉林印记历史文化遗产传承保护工程和全省博物馆展览(文物)数字化项目顺利实施。全省数字博物馆网上平台搭建完成,12 家博物馆精品展览和 200 件文物公开展示。伪满皇宫博物院《正义的审判》获得第十三届全国博物馆十大陈列展览优胜奖。吉林省博物院、伪满皇宫博物院获批国家首批博物馆文创试点单位。吉林省博物院新馆全面试运行。

非物质文化遗产保护传承工作稳步开展。组织开展第四批省级非遗代表性项目评选工作,初步确定了 50 个项目。成立吉林省非物质文化遗产保护协会,为更好地保护传承发展搭建了交流平台。印发《吉林省非物质文化遗产传承基地(传习所)评选办法》,为有序推进全省非遗保护基础设施建设提供了制度保证。成功组织省内非遗项目参加中国非遗博览会等展会活动。探索社会力量承办专业展会新模式,成功举办全省非物质文化遗产商品博览会和庆祝"中国文化遗产日"系列活动。

【文化市场体系建设】 坚持放管结合,落实责任清单,规范权力边界,依法管理市场,不断完善现代文化市场体系。行政审批更加高效。贯彻落实省政府关于"四张清单一张网"建设和"服务业发展攻坚战"相关要求,在"放管服"方面不断优化。在全面清理审批项目的基础上,把涉及港澳台营业性演出委托下放至市(州)级,取消了上网服务行业总量布局限制,放宽了准入条件。行政审批流程进一步优化,全年办件数量较 2015 年增长 80%,办件满意率 100%。行政管理更加规范。印发《关于商事制度改革文化行政监管工作的实施意见》《关于行政处罚裁量权细化标准》等文件,提升文化市场综合执法的科学化、规范化和制度化水平。通过开展专项执法行动,加强了对网络、娱乐、演出、美术品和文物市场的集中监管。印发《关于进一步加强全省文化市场软环境建设的通知》,进一步规范了工作程序。推动上网服务行业转型升级,成功举办全省上网服务行业电子竞技联赛。

【文化产业发展】 贯彻落实吉林省委、省政府《关于加快服务业发展的若干实施意见》,印发《文化领域加快服务业发展实施细则》,从供给侧结构性改革的角度,推动文化领域服务业发展。长春市被文化部确定为第一批扩大文化消费试点城市。成立文化专家智库,积极为文化企业发展提供智力支撑。加强调查研究,5 个调研课题列入全国文化系统 2016 年度课题研究目录,其中 3 个被确定为重点研究课题。

推动新兴文化产业快速发展。成功举办"中国(长春)国际动漫艺术博览会",动画片《关公传奇》入选国家动漫品牌建设和保护计划项目。文化产业示范园区(基地)健康发展。组织省内文化产业园区(基地)企业申报

2016年度中央财政文化产业发展专项资金项目12个，目前已有3个项目获得支持。推动文化与旅游产业融合发展。探索传统工艺及现代创意与生产企业、投资机构、旅游景区有效对接的新模式，成功举办“吉林省传统工艺及现代文化创意设计大赛”及相关活动，对3000余件作品进行了集中展览展示。

【对外文化交流】 围绕“一带一路”发展倡议，借力国家文化交流和省内重大经贸活动平台，积极培育“吉风吉韵送吉祥”吉林文化品牌。圆满完成赴智利、哥伦比亚的“欢乐春节”访问演出任务，受到两国主流媒体及社会各界观众的赞誉。先后分两批次派遣艺术团组赴朝鲜参加文化交流活动，得到了驻朝鲜使馆的好评。大型歌舞《雪韵春光》参加“感知中国·俄罗斯行——吉林文化周”、英国爱丁堡国际艺术节，受到各国观众的高度赞誉。圆满完成在吉林省举办的第18届东北亚地区美术作品展、在朝鲜举办的“欢乐春节——第三届大同江猴年春节庙会”文化交流活动。探索商业演出新模式，组派吉林艺术团赴英国等地进行专场演出，效果良好。在推动吉林文化“走出去”扩大影响的同时，积极把国内外优秀剧目“引进来”，爱尔兰《大河之舞》、美国《阿卡贝拉》、乌克兰《天鹅湖》和话剧《白鹿原》、儿童剧《狮子王》等一批国内外优秀剧目相继在省内演出。

【各项保障措施】 人才队伍建设力度不断加大。组织开展国务院特殊津贴专家，文化部优秀专家、青年拔尖人才，省突出贡献人才等优秀人才的推荐申报工作。组织开展2016年度“三区”人才支持计划文化工作者专项工作，为8个国贫县选派文化工作者119名，培养8名。持续开展干部教育培训工作，省直文化系统全年各类培训累计150余人次。通过开展全省文化市场综合执法业务工作督查和执法人员业务技能比武等活动，提高工作效率，提升队伍素质。财政投入稳步增长。2016年中央和省补助全省文化文物事业专项资金9.63亿元，较上一年增长22%。其中，中央补助全省文化文物事业专项资金10项，共3.49亿元；省财政补助全省文化文物事业专项资金15项，共6.14亿元。争取到1亿元彩票公益金，用于“十三五”期间全省公共文化单位专业技术设备配置。财务运行管理更加规范。制定《吉林省文化系统财政投入资金监督和绩效管理办法》，建立了全新的资金监管机制和绩效评价机制。重大公共文化基础设施建设项目取得阶段性成果。通化市科技文化中心、白山市城市文化综合体、长白山文化中心广场等一批重点基础设施建设项目投入使用或有序推进；省文化活动中心、省美术馆、省近现代史展览馆项目建设概念性方案设计按计划完成。

（吉林省文化厅　赵　旭）

黑龙江省

【概述】 2016年，是黑龙江省文化建设取得长足进步的一年。全省各级文化部门深入贯彻党的十八大和十八届三中、四中、五中、六中全会精神，坚持以习近平总书记系列讲话特别是两次对黑龙江的重要讲话精神为统领，认真落实省委省政府关于文化工作的决策部署，牢固树立创新、协调、绿色、开放、共享的发展新理念，抢抓机遇，开拓进取，实现了“十三五”良好开局。

【现代公共文化服务体系建设】 公共文化政策框架初步形成。围绕贯彻国家公共文化建设系列文件精神，出台《黑龙江省推进基层综合性文化服务中心建设实施方案》《黑龙江省“十三五”时期贫困地区公共文化服务体系建设工作方案》《关于做好政府向社会力量购买公共文化服务的通知》《黑龙江省 2016 年贫困村文化设施建设实施方案》等配套政策，在制度设计框架内体现了地方特色。各地市县围绕贯彻落实中央和省文件精神，纷纷出台《关于加快构建现代公共文化服务体系的实施意见》和《实施标准》，印发向社会力量购买公共文化服务目录，全省公共文化服务体系制度设计基本成型。哈尔滨市南岗区通过国家第二批公共文化服务体系示范区验收挂牌，北安市红色文化系列活动、阿城区版画艺术园区项目被命名为国家公共文化服务体系示范项目。

基层文化设施建设进一步加强。以市、县“两馆”达标建设和文化精准扶贫为重点，累计投资 2.57 亿元，新建（改扩建）图书馆、文化馆、博物馆 17 个，建设总规模 5.58 万平方米；投资 1.1 亿元，完成 317 个贫困村文化广场建设和文化活动室设备配置，为 20 个国贫县的 314 个行政村配置音响、乐器等设备。双鸭山市文广大厦建成投入使用，齐齐哈尔市马戏演艺大厅和美术馆、鸡西市版画馆、七台河市文化中心、大兴安岭博物馆在建。

公共数字文化工程扎实推进。边疆数字文化长廊建设成果显著，年内新建成数字服务点、数字文化驿站 1038 个，实现 18 个边境县、乡、村公共数字文化服务的全覆盖。结合“龙江丝路带”建设推进文化信息服务，黑龙江省图书馆创建了“中蒙俄信息服务中心”。黑龙江省农垦总局数字图书馆拥有电子图书镜像资源达 310 万册，黑龙江省森工林区公共文化网络覆盖率达到 100%。结合国有可移动文物普查开展国有可移动文物数字化，10 余家数字化博物馆开始上线运营。非物质文化遗产项目基础信息数据库得到完善，非遗数据信息实现共享。

文化惠民活动蓬勃开展。结合国家“三区”人才支持计划，在全省广泛开展“结对子、种文化”活动，全省各级文化馆、图书馆专业人员和文化志愿者采取“一对一”“一对多”“多对多”等形式，与基层文艺爱好者结成帮扶对子 2.7 万多支，培训基层文艺骨干 20 多万人次，组织文化活动 11 余万场。举办第二届全省农民文化节，参演农民 3.9 万人次。持续开展“高雅艺术进校园”“送欢笑到基层”系列演出活动，启动“戏曲进校园”演出。深入开展文化志愿服务活动，黑龙江省文化志愿者信息平台建设完成，密山市文化志愿者王萍荣获 2016 年度中国文化馆十大榜样人物。全省各级博物馆纪念馆全年新办陈列展览 372 个，接待观众计 1450 万人次。黑龙江省图书馆、大庆市博物馆和齐齐哈尔市博物馆开展了理事会试点工作。在东宁县、泰来县、绥棱县和哈尔滨市南岗区开展了县级“两馆”总分馆制改革试点，有 47 个县推行了以“两馆”为中心的总分馆制。

【舞台艺术创作演出】 *重点剧（节）目打造收获可喜成果*。黑龙江省政府办公厅印发实施《关于支持戏曲传承发展的实施意见》，艺术创作生产环境进一步优化。全省围绕庆祝建党 95 周年、红军长征胜利 80 周年，创作复排演出一批大型舞台文艺作品，民族管弦乐《情醉关东》、现代京剧《杜鹃山》、评剧《千里沃野》《金沙江畔》、龙江剧《百米河边》、相声喜剧《抗日大侠》等，营造浓厚氛围。赫哲族民族舞剧《乌苏里传歌》参加第五届全国少数民族文艺会演获得最佳舞台美术奖，龙江剧《松江魂》参加第十一届中国艺术节展演，大型拉场戏《海伦往事》参加全国基层院团戏曲会演并应中央军委政治工作部邀请进行专场慰问演出，舞蹈《映山红》获2016全国少数民族电视歌舞展演金奖，音乐剧《干娘》等17个项目获得国家艺术基金支持。首批重大历史题材美术创作工程16幅签约作品入藏黑龙江省博物馆。

深入实施文化+旅游。打造“缤纷夏季”系列驻场演出活动，在整个夏季，组织策划64台驻场演出节目，在省城哈尔滨演出760场，观众达20余万人次。第33届“哈尔滨之夏”音乐会组织全国声乐展演、勋菲尔德弦乐比赛、国际手风琴艺术周等多项国际高端音乐赛事活动，提升哈尔滨“音乐之都”艺术形象。策划实施“欢乐冰城”冰雪系列文化活动，在旅游旺季，在哈尔滨及省内重点旅游景区开展多种形式驻场演出1800多场。扎龙景区的杂技《幻境扎龙》、五大连池风景区的《神山圣水亘古情》、漠河风景区的《意象·漠河》等大型驻场演出，实现文化产业与旅游产业发展的良性互动。

【文化产业发展】 重点文化产业项目迅速推进。全年确定重点推进的文化产业项目96个，年度计划投资76.8亿元。截至2016年底，全省开复工项目92个，完成投资99亿元，同比增长35.4%，超全年计划22.2亿元，亿元以上项目完成投资增速位列全省15个产业类别第4位，哈尔滨西城红场等35个项目建成投产或部分投产，带动全省文化产业提质增效。全力打造特色文化产业项目。哈尔滨国际油画交易中心实现规范化管理和系统化营销，中心全年销售油画1211幅、交易额746万元。在哈药美术馆举办12期不同主题和风格的俄罗斯油画系列展，促成8笔大宗交易，交易额700余万元。15个投资3000万元以上的冰雪文化旅游项目开工建设，漠河北极人家文化产业园等项目基本建成投产。

产业政策引导作用逐渐显现。《一场雪·一万年》等4个项目获得中央文化产业发展专项资金支持，21个项目获省级文化产业重点项目扶持资金支持。哈尔滨极光文化等11户企业被评定为国家文化出口重点企业和重点项目，《云奇飞行日记》和《援疆英雄传》2部作品被列入2016年弘扬社会主义核心价值观动漫扶持计划。省文化厅会同省发改委、省财政厅联合制定《黑龙江省推动文化文物单位文化创意产品开发的若干措施》，鼓励支持文创产品开发，一批文化文物单位陆续开发出系列文创产品。修订印发《黑龙江省“互联网+文化”行动计划》，黑龙江省文化产业大数据信息服务平台、哈尔滨赛格中俄艺术品交易平台等项目上线运营。争取国家文化消费试点政策，哈尔滨市被文化部确定为首批国家文化消费试点城市。

【文化遗产保护传承】 重点文物保护工作全面推进。侵华日军第七三一部队旧址保护工作扎实推进，细菌实验室及特设监狱遗址保护展示项目补充设计方案报国家文物局第三方评估机构审核，冻伤实验室等3处遗址保护展示项目和航空指挥所等3处遗址考古发掘项目得到国家文物局批复并核发发掘执照。长城保护工作取得实效，划定公布长城保护区划，编制完成牡丹江边墙、金界壕遗址长城保护规划，实施了金界壕遗址碾子山区丰荣堡抢险工程、甘南县段部分水冲沟护理工程。中东铁路建筑群总体保护规划编制工作进展顺利，保证了总体规划有序推进及质量管控。启动文物保护工程20余个，完成11个文物保护规划编制，协调落实17个文物保护项目纳入“十三五”国家文化和自然遗产保护利用设施建设项目库。

文物执法进一步加强。制定出台《黑龙江省人民政府关于进一步加强文物保护工作的实施意见》。《黑龙江省历史文化建筑保护条例》经黑龙江省十二届人大常委会第 23 次会议审议通过，2016 年 3 月 1 日起实施。组织开展全省文物法人违法案件专项整治行动，督办查处哈尔滨市双城区 7 处不可移动文物遭违法拆除等 15 起违法案件，组织各地对各级文物保护单位存在的 174 项消防安全隐患进行整改。

文物考古与研究取得新成果。规范基本建设考古工作，配合哈尔滨地铁 2 号线等工程建设，完成 25 项基建考古勘查发掘项目。开展"三江"治理工程文物保护工作，落实受损文物遗址各项保护措施。开展学术考古研究，组织大兴安岭松岭区岩画群专题考察，推进大兴安岭岩画考古发掘、研究保护、岩画地理信息系统建设等工作。开展七三一旧址、金上京遗址、渤海上京遗址考古发掘资料整理工作。

博物馆事业发展再上新台阶。完成第一次全国可移动文物普查工作，采集、录入并报送国家普查办 308812 件（套）文物数据信息，建立全省可移动文物资源数据登入平台，举办普查成果系列展览 49 个。东北抗联博物馆《抗战十四年》、七三一陈列馆《反人类暴行》2 个展览获第十三届"全国博物馆十大陈列展览精品"优胜奖。黑龙江省博物馆被评为全国 2016 年"博物馆青少年教育功能试点单位"，被纳入"全国涉案文物鉴定评估机构"名单，成为黑龙江省首个涉案文物鉴定评估机构。

非物质文化遗产保护传承扎实开展。《黑龙江省非物质文化遗产条例》经黑龙江省十二届人大常委会第 28 次会议审议通过，于 2016 年 10 月 1 日正式实施。完成世界非物质文化遗产项目"赫哲族伊玛堪"履约各项工作，按照文化部总体部署，按时高质量完成履约报告并正式提交联合国教科文组织。评定公布第五批省级非物质文化遗产代表性传承人 112 名。6 个项目纳入国家发改委"十三五"非遗基础设施建设储备项目。举办两期非遗传承人群培训班，集中培训国家级非遗项目满族刺绣、剪纸学员 100 名。参加文化部第四届非遗博览会，黑龙江省获剪纸大赛 2 名金剪子奖、1 名银剪子奖、1 名铜剪子奖，《伊玛堪集成》等 3 部专著入选理论成果展。

【对外文化交流】 第七届中俄文化大集成果丰硕。对接我国"一带一路"战略和俄罗斯欧亚经济联盟战略，成功举办第七届中俄文化大集。大集首次将中俄代表性文化元素、项目和活动聚合，举办涵盖"高端交流、展览展销、文艺演出、民众文化、体育文化、文化旅游"六大板块近 40 项文化活动，开创中俄文化交流新模式。黑龙江黑河市与俄罗斯布拉戈维申斯克市建成中俄影视基地、中俄画家村等项目，搭建文化贸易互动新平台。大集直接销售额总计近 2.5 亿元，黑河市累计接待国内外游客近 120 万人次，实现旅游收入 5.6 亿元，带动住宿、餐饮、零售，以及交通运输等相关行业大幅增长。

与俄文化交流合作向纵深发展。主动融入"龙江丝路带"发展规划，策划组织 2016 滨海边区"黑龙江日"系列文化展演活动，"2016 滨海边区黑龙江日交响音乐会""黑龙江非物质文化遗产刺绣展""大美龙江摄影展"成功在俄举办。发挥哈尔滨对俄交流中心城市作用，邀请马林斯基剧院歌剧《战争与和平》到哈尔滨大剧院演出，邀请俄罗斯乌拉尔模范爱乐乐团等团体参加哈尔滨之夏音乐会，组织哈尔滨交响乐团参加第三届中俄博览会和哈尔滨与斯维尔德洛夫斯克州结好 25 周年庆祝纪念活动，推进中俄高层次文化交流。发挥各沿边城市对俄交流地缘优势，积极同俄远东地区开展多层次文化交流合作，牡丹江与海参崴经济与服务大学艺术团签订交流互访合作协议，佳木斯市应邀参加哈巴罗夫斯克建市158周年庆祝活动，伊春市邀请其友好城市比罗比詹市参加“第四届中国伊春（东北亚）森林产品博览会”等，抚远县邀请俄罗斯那乃族演员与赫哲族演员同台表演赫哲族原生态节目。哈尔滨市入选2017年“东亚文化之都”创建扶持城市，并获得2018年“东亚文化之都”候选城市资格。

【文化市场管理】 文化市场综合执法改革前期准备就绪。按照国家进一步深化文化市场综合执法改革的要求，对全省文化市场执法工作进行了深入调研，详细掌握了文化执法机制建设、执法队伍建设状况，依据中办、国办《关于进一步深化文化市场综合执法改革的意见》精神，形成了《黑龙江省关于进一步深化文化市场综合执法改革的实施意见（征求意见稿）》报省文化体制改革和发展工作领导小组，提出了统一名称、同城一支队伍、机构编制等符合黑龙江实际的政策措施，建立文化市场综合执法改革台账，为推进综合执法改革奠定了坚实基础。

文化市场综合监管进一步加强。全面推行“双随机一公开”执法检查，依托全国文化市场技术监管和服务平台建立交叉执法检查人员名录库和随机抽查市场主体名录库，开展文化市场交叉执法检查，随机抽查文化市场经营场所173家，对27家存在违规经营的文化经营场所进行了依法处理。先后部署“清朗”“秋风”“暑假”等8次各类文化市场专项整治行动，全年检查各类文化经营单位10.5万家次，查办案件644件，取缔违法经营单位38家，校园周边互联网上网服务场所、侵权盗版及非法出版行为得到有效遏制。

文化市场发展环境不断优化。坚持深化监管与服务并重，实现全国计算机技术监管服务平台与省政府办公系统的有效对接，为企业提供便利服务。加强与公安、税务等部门沟通协调并达成共识，审批多起外省演出经纪机构在黑龙江的演出业务，活跃营业性演出市场。与消防部门沟通协调，明确文化经营场所的消防许可要件，为营业性演出审批提供规范依据。为齐齐哈尔市游戏游艺设备生产销售公司办理游戏产品内容审核，填补市场空白。开展全省新版文化市场经营许可证换发工作，对旧版许可证载明事项做调整，通过扫描二维码实现企业基本信息和处罚信息查询。

【艺术教育和文化科研】 艺术职业教育拓展新领域。强化黑龙江艺术职业学院办学特色，增加杂技表演、曲艺表演和乐器制作与维护专业，恢复戏曲表演专业，建立“乔梁舞蹈艺术中心”，抢救传承地域民族民间舞蹈，打造舞蹈艺术教育品牌。建立“订单式”“校中厂”等现代学徒制，与基层开展联合办学，在基层艺校设立分校，与基层文工团建立团带班联合培养机制，在19个旅游景区建立学生实训基地等，丰富办学模式，提高人才培养针对性。委托北京戏曲艺术职业学院定向培养70名京剧、评剧戏曲学生，为事业长远发展提供人才保障。委托中国音乐学院举办声乐表演专业研修班，送出20名专业人才赴中国戏曲学院集中培训，选送戏曲作曲、合唱指挥、美术和声乐表演4名专业人员进行个性化，人才梯队建设卓有成效。全省30家社会艺术水平考级单位全部实施年度备案，服务考生近5万人次。

文化艺术科研取得突破性成果。实施《黑龙江省艺术规划课题管理办法》，进一步明确课题管理程序。全省年度艺术科研课题评审审定批准重点项目27项、一般项目84项、青年项目47项、共建项目122项。3个全国艺术规划课题、1个文化部文化艺术研究项目获批年度国家级项目。“哈尔滨工业大学互动媒体设计与装备服务创新重点实验室”成为东北地区首个获批的文化部重点实验室。

（黑龙江省文化厅　李文娣）

上海市

【概况】 2016年，上海市文广影视局在市委、市政府和市委宣传部的正确领导下，全面贯彻落实党的十八大和十八届三中、四中、五中、六中全会精神，以习近平总书记系列重要讲话精神为指引，紧紧围绕“五位一体”总体布局和“四个全面”战略布局，坚持以人民为中心的工作导向，进一步加快政府职能转变，在全市各区文化管理部门、各文化行业协会、重点机构的大力支持下，全面推进上海文化文物广播影视各项工作，成功申办第十二届中国艺术节。

【深入推进公共文化服务供给侧结构改革，加快现代公共文化服务体系建设】 积极推进东方书报亭“补短板”工作。分批召开中心城区、城郊结合地区和远郊地区座谈会，梳理存在问题，拟定工作方案。成立市级工作领导小组，先后召开全市工作动员会和现场推进会，各区相继成立相应工作机构，不断深化“五个统一”管理机制，积极推进拆除整治工作。截至2016年12月31日，全市共拆除问题亭点1176个，完成率达到98.1%。

夯实基层建设，全面推广社区文化活动中心社会化、专业化管理。制订出台《上海市贯彻〈关于推进基层综合性文化服务中心建设的指导意见〉的实施意见》，明确上海基层综合性文化服务中心建设运营具体要求和基本服务项目清单。在全市所有社区文化活动中心推广和实现社会化、专业化管理，总结徐汇、浦东、闵行、嘉定等区试点经验，形成《工作手册》，在黄浦区五里桥街道社区文化活动中心召开现场推进会。制订《上海市社区文化活动中心专业化管理标准》，对全市16个区工作开展情况进行中期督导，指导各区因地制宜确定各中心的管理模式，基本做到“一中心一模式”。

完善全市公共文化三级配送体系。出台《全市公共文化服务三级配送指导意见》，以人口比例为基础，加大公共文化服务产品向远郊倾斜力度，首次采取公开招标形式。全年市区级公共文化配送平台共配送演出9385场、讲座3155场、艺术教育活动20727场，派送社区文艺指导员78226万课时，配送电影和农村数字电影13.9万场，服务受众超过2460万，涌现出一批各具创意、符合基层需求的配送主体和产品。

公共文化数字化建设取得进展。“文化上海云”建设全面推进。主平台（APP）正式上线，成为全国第一个实现省级区域全覆盖的公共文化数字化服务平台，全市400余家各级各类公共文化服务机构全面整合，实现信息发布、活动预约、场馆预订、评论推荐、大数据分析等功能，注册用户突破50万，每月发布活动超过4000场，服务总人次超过1000万。有线电视数字化整转和NGB建设收尾工作有序推进。完成中央广播电视节目无线数字化覆盖工程（数字电视部分）建设。

办好2016年上海市民文化节。以“文化引领市民素养”为年度主题，于3月26日以“文化服务日”的形式在全市各级公共文化场馆启动，全市全年共举办6万余项活动，吸引超过3000万人次参与。举办上海乡土文化大展、阅读推广人（组织）评选、中华古诗词大赛、青少年戏曲大赛、市民手工大赛等市级重点项目和赛事，大力弘扬中华优秀传统文化，提炼和展示上海本土文化，普及提升市民艺术素养。

【紧抓大项目、大资金，推动文化产业繁荣发展】 加强规划引领，推进重大项目。完成上海市文广影视局“十三五”规划以及图书馆等文化设施和电影等文化产业共8个专项规划编制。刘海粟美术馆正式对外开放，开馆大展《再写刘海粟》；上海市历史博物馆（革命博物馆）按既定节点依法合规开工，建设和布展工程有序推进；世博会博物馆土建工程基本完工，进入布展阶段；上海博物馆东馆设计方案启动第二轮国际招标；初步制订程十发美术馆建设方案。

强化资金带动，深化文金融合。统一发布2016年度局文化发展专项资金公告，涉及9大文化领域，共有近300家各类主体获得6800余万元专项资金扶持。加强专项资金管理，按照聚焦重点、扶优扶强的原则，修订使用管理办法，完善专家评审制度，规范资金评审流程等。指导上海银行、浦发银行等成立文化金融特色支行，推出小微文化金融产品。电影完片担保模式探索取得突破，美国电影金融公司（FFI）与上海各类金融机构建立合作机制，共完成5部合拍片完片担保。

落实电影政策，加快要素集聚。出台《促进上海电影发展专项资金实施细则（2016年版）》，进一步强化政策集聚效应，上海电影备案、出品量大幅增长，出品影片总票房增长近3倍，票房过亿的上海影片达到12部；电影市场蓬勃发展，影院数量、电影市场票房位列全国城市第一，联和院线票房回归全国第三。70多家优质主体落户，众多著名导演和演员将创作重心转移到上海。上海影视摄制服务机构全年为159个影视机构（剧组）提供协调、咨询服务263件次。上海艺术电影联盟全年共放映19部、200余场国产艺术电影，举办韩国、新西兰电影周等活动，赴巴基斯坦、日本、美国、新加坡、英国等国开展国产艺术影片放映。

加强政府引导，推动重点发展。与黄浦区签署建设环人民广场演艺区战略合作框架协议，为江宁路文化街、陆家嘴金融区剧场建设等提供政策服务和行业建议。指导自贸区建设国际艺术品交易中心，现货托管电子交易平台上线，初步形成线上线下展示互动的艺术品交易模式。成功举办第11届中国国际动漫游戏博览会（CCG），350余家中外展商参展，共吸引观众20.4万人次，现场总交易金额1.32亿元。创新举办2016上海网络视听季暨第八届中国网络视听产业论坛，积极布局本市媒体开展网络视听新媒体融合业务，指导上海广播电视台成立融媒体中心。

【坚持以人民为中心的导向，加大组织文艺创作力度】 加强组织文艺创作顶层设计。制订上海“十三五”舞台艺术发展规划、题材规划等。指导各市级国有文艺院团制定和实施2016年“一团一策”工作方案。以文艺创作为核心，建立市级国有文艺院团和文艺工作信息交流工作例会机制，创新召开年度考核工作会议。建立健全国家艺术基金管理工作体系，组织开展2015年年度资助项目中期监督验收，总体实施推进情况良好可控。

积极推进重点领域文艺创作。组织召开上海市舞台艺术精品创作会议、影视精品创作会议、美术精品创作会议等，推动2016年各领域重点创作。启动“十三五”重大创作选题工程和“党的诞生地文艺创作工程”；举办2016年上海市新剧目评选展演，推出和提升一批舞台艺术原创作品；启动“时代风采——上海现实题材美术创作工程”和“开天辟地——中华创世神话文艺创作工程”。

推动优秀传统艺术传承发展。落实国务

院支持戏曲传承发展相关政策，制订《上海市关于支持戏曲传承发展的意见》，推出昆剧、沪剧“学馆”制，推动“国家重点京剧院团保护和扶持规划”“国家昆曲艺术抢救、保护与扶持工程”“地方戏曲剧种保护与扶持计划”等实施。开展上海地方戏曲剧种普查。指导支持小剧场戏曲节、沪剧艺术节等活动。

优化创作环境，扶持影视精品。按照“推出一批、储备一批、谋划一批”的思路，对影视行业重点机构、企业和项目进行跟踪服务。电视剧《彭德怀元帅》等主旋律题材作品热播，《极限挑战之皇家宝藏》等商业影片票房取得突破。电影《盗墓笔记》《致青春 2》，电视剧《国民大生活》《幻城》等一大批备受市场瞩目的项目正在制作或即将上映播出。编制《上海影视摄制指南》，举办“上海影视沙龙”系列活动。

【坚持正确导向，加强广播电视和新媒体内容管理】 严格广播电视内容管理。落实中央宣传管理工作总要求，严格播前三级审查和重播重审制度，加强三审人员培训和人员资质管理，定期排查问题节目素材。加强上星综合频道管理，确保公益类节目时长时段，开展公益广告展播，严控游戏竞技、综艺娱乐等七类节目数量。

理顺工作机制，强化责任追究。理顺宣传管理工作机制，完善与市委宣传部的沟通报告机制，形成局台工作例会和区县宣传管理工作例会机制，落实广电总局每周广播电视宣传管理工作视频会议要求，通报监听监看突出问题。规范违规处理流程，全年共下发整改通知 12 件，诫勉谈话 3 次，坚决纠正价值取向偏差、过度娱乐化等问题。

完善网络视听网站导向管理机制。完善网络视听网站总编辑例会机制，组建审核专家队伍，培训一批节目审核员，严把网上境外剧引进审核关。加强直播管理，组织开展“弘扬社会主义核心价值观共筑中国梦”主题原创网络视听节目征集和展播。

【加强文物保护，推动非遗活态传承】 举办庆祝纪念建党 95 周年系列宣传活动。配合“党的诞生地”宣传发掘工程，在全市举办庆祝建党 95 周年系列宣传活动。中共一大会址纪念馆基本陈列改建工程完工并对外开放，《复兴之路》上海展开幕，全市革命类场馆推出一批高质量主题展览，制作推出《石库门——红色记忆》等宣传片。

以重要革命史迹为重点，加强文物保护。中共中央上海局机关旧址、《布尔什维克》杂志编辑部旧址等一批重要革命史迹修缮工程在纪念建党 95 周年节点前完工，茂名路毛泽东故居、中共中央阅文处旧址等保护修缮工程启动。积极推进大世界等一批市级文物保护单位修缮，制订福泉山遗址等重要古文化遗址和提篮桥监狱等重要文物建筑保护利用规划。

加强城市历史风貌保护顶层设计。会同市规土局等发布《关于进一步加强本市成片历史风貌抢救性保护管理工作的意见》，制订《上海成片风貌保护三年行动计划（2016—2018）》。划定新一批市级文物保护单位的保护范围、建设控制地带，划定全市地下文物埋藏区。编制《上海市历史文化名城保护规划》和全市 10 处国家历史文化名镇保护规划，制订历史文化名镇名村保护与更新利用实施方案。

提升文博和非遗保护社会效应。举办“5·18 国际博物馆日”和“中国文化遗产日”系列活动。组织全市博物馆、纪念馆、文物建筑免费开放，推出“博物馆之夜”“致敬匠心”等主会场活动，全市共举办近 400 项博物馆及文化遗产宣传普及活动，举办第四届考古夏令营。成功举办第四届中国非遗博览会中国传统工艺（剪纸）大赛。与市教委共同启动非物质文化遗产“进课堂”试点。依托本市7所高校开展11期“中国非遗传承人群研培计划”。

推进文博立法，实施非遗条例。推进《上海市文物市场经营管理办法》（暂定名）修订，完成立法调研。细化《上海市文物保护条例》“先予保护”制度，初步形成历史建筑征收前置审核机制，编制建筑类不可移动文物分类保护导则。实施《上海市非物质文化遗产保护条例》，完善市级非遗保护联席会议制度、专家委员会制度，制订市级代表性项目管理办法等规范性文件，完成第五批市级非遗代表性传承人和市级非遗代表性项目保护单位认定。

【贯彻“一带一路”国家战略，深化对外及对港澳台文化交流】 启动“一带一路”合作机制建设。研究制定《推进“一带一路”文化建设三年行动计划（2016—2018）》，启动构建“一带一路”国家艺术节、电影节、美术馆、博物馆和音乐创演等五大合作机制。中国上海国际艺术节委约作品舞剧《青衣》受邀献演沿线国家。上海国际电影节与爱沙尼亚、开罗电影节等签署战略合作协议，首设“一带一路”影展单元和市场专区。中华艺术宫与蒙古国家美术馆等11个沿线国家美术馆确认合作意向。上海博物馆与埃及国立博物馆等签署合作备忘录。上海大宁剧院成为“丝绸之路国际剧院联盟”首家国内成员单位。

深化部市合作，提升外宣品牌影响力。春节期间共组派17批、400人次赴全球10个国家和港澳台地区举办“欢乐春节”系列活动，内容体现传统与现代融合、交流与贸易并重，进一步拓展“欢乐春节”品牌影响力。积极推动部市合作布鲁塞尔中国文化中心建设。承办文化部“中英纪念汤显祖、莎士比亚逝世400周年研讨会”、广电总局“2016中外影视译制研修班”等。

促进对外文化贸易。连续第四年组织国内文创产品赴美参加“华人工商大展”、纽约APAP全美演艺出品人年会等，参展机构首次联合入驻美国电商平台。赴港举办沪港文化产业论坛，赴台举办第七届“海峡两岸文化创意产业展”，举办以影视产业为主题的“2016上海台北城市论坛文化分论坛”，推动上海国际电影节与台北电影节签署合作备忘录。

【积极推进行政审批改革，加强事中事后监管，守牢文化安全底线】 推出以集中审批为重点的多项审改举措，提升行政审批效率。从2016年4月1日起，将全部非涉密行政审批事项和行政备案事项集中至市社会文化管理处，实行统一受理、审批备案、发证等。对拍卖文物的审核等8个事项实施告知承诺制度，对网吧从业人员资格核准等2个事项实施窗口当场办结。对进入行政审批诚信“正面清单”的各类主体实行当场办结的快速通道机制。依托信息化手段提升行政审批效率，新增《电视剧制作许可证（乙种）》核发等5个行政审批事项的网上申报通道，美术品进出口经营活动等3个审批事项实现全流程无纸化。建立审改专家库。平稳有序推进“证照分离”改革试点。

加强文化市场事中事后监管。制订《上海市文化市场事中事后监管管理办法（试行）》和《上海文化市场黑名单管理办法（试点）》，充分发挥三级联动巡查机制作用，以大型演唱会、艺博会、户外大型活动为重点，切实做好介入指导、事前审看、过程跟踪与现场监管等工作，通过诚勉谈话、书面承诺等机制提高监管实效。根据国务院2016年发布的三批取消和下放清单，对涉及文广影视和文物的 24 个事项，逐一提出衔接落实和加强后续监管的工作方案。

*配合开展文化市场综合执法。*配合公安、工商、文化执法等部门，对娱乐场所违规演出、无证无照营业性棋牌室、黑网吧接纳未成年人、大型户外演出噪音扰民等文化市场管理难点，持续保持严厉打击态势。配合开展"扫黄打非·清源 2016"专项行动，落实网站主体责任，对违规企业在第一时间进行诫勉谈话，坚决遏制政治有害信息的网络传播。

*加强广播电视安全播出管理。*确保 G20、六中全会等重要保障期全市广播电视安全播出。加强非法频率监测，开展"黑广播"集中打击治理行动，共发现 10 余个"黑广播"频点。开展广播电视无线传输覆盖网秩序专项整顿和广电行业信息安全风险评估和隐患排查。加快建立应急广播组织体系，研究制订《上海市应急广播体系建设总体规划》，在上海广播电视台挂牌设立"上海市应急广播中心"。

（上海市文化广播影视管理局　朱春霞）

江苏省

【概况】　2016 年，江苏省文化系统深入贯彻党的十八大和十八届三中、四中、五中、六中全会精神，深入学习贯彻习近平总书记系列重要讲话精神，围绕中心，服务大局，开拓创新，真抓实干，各项工作取得了新成效。

【文化体制改革】　围绕深化文化体制改革的部署要求，坚持正确的改革方向，推进各项改革任务。开展改革试点，连云港市图书馆、盐城市图书馆、盐都区文化馆法人治理结构改革试点取得阶段性成果。深化文化市场综合执法改革。省委办公厅、省政府办公厅联合印发《关于进一步深化文化市场综合执法改革的实施意见》，常州市"同城一支执法队伍"综合执法体制改革成效明显，获得文化部市场司、省编办等部门肯定。南京、连云港、盐城、淮安等地按照常州经验推广执法改革，取得一定成效。

【公共文化服务】　围绕标准化、均等化、数字化、社会化，加快构建现代公共文化服务体系。基层综合性文化服务中心建设列入省委常委会工作要点和省政府十大民生实事，省政府印发《关于推进基层综合性文化服务中心建设的实施意见》，并召开推进会加强部署。江苏省文化厅制定《行政村（社区）综合文化服务中心建设标准》，全省全年实际建成基层综合性文化服务中心 4421 个，超额完成年度目标任务。各市相继出台《推进现代公共文化服务体系建设的实施意见》和《基本公共文化服务保障标准》。无锡市示范区、南京市文化惠民"百千万行动"、常州市"电视图书馆"创建为第二批国家公共文化服务体系建设示范区、示范项目。常州市和南京市建邺区等 11 个县（市、区）创建为第三批省级示范区。苏州市公共文化服务标准化、镇江市基层综合性文化服务中心建设通过国家试点验收并获示范推广。数字图书馆实现市、县两级全覆盖，公共图书馆总分馆制建设覆盖率达 70% 以上；文化馆总分馆制试点工作启动，张家港、海安、射阳等地的文化馆总分馆制试点取得突出成效。江苏省少儿数字图书馆建设稳步发展，100 家图书馆共建共享，建设规模和覆盖面位居全国前列。举办第十二届省"五星工程奖"评选活动。音乐作品《一条叫做"小康"的鱼》获第十七届国家群星奖。张家港市小品《生日聚会》、丹阳市小品《道个歉能咋地》、如东县小品《人物儿》和淮安市清江浦区小品《一张纸条》分别获第十三届华东六省一市戏剧小品大赛荣誉大奖、金奖和银奖。举办第七届公共图书馆优秀服务成果评奖、第五届江苏省图书馆学情报学学术成果评奖等系列活动。南京图书馆“陶风采——你选书，我买单”、徐州“文润彭城”、镇江“艺术之光”、泰州“文化惠民券”等惠民举措成效明显。

【艺术创作】 以精品创作为龙头，通过实施舞台艺术精品工程、重点投入剧目和艺术基金等，扶持精品创作和人才培养，形成出人出戏、精品迭出的喜人局面。淮剧《小镇》获第十五届国家文华大奖，华东六省一市仅有江苏获此殊荣。《小镇》“救赎”一折参演2017年新年戏曲晚会，扬剧《花旦当家》被中宣部、文化部选为全国基层院团戏曲会演开幕大戏。滑稽戏《探亲公寓》入选国家艺术基金滚动资助项目。48个项目入选国家艺术基金，获得资助金额4337万元，入选数量全国第三，资助金额全国第二，立项率全国第一。2部剧本入选文化部戏曲剧本孵化计划一类项目。江苏艺术基金资助首批276个项目共4562万元。12台优秀现代戏在北京、天津、延安等地开展全国市场推广巡演。晋京举办“金陵风骨 其命惟新——江苏省国画院60年·中国画书法作品展”。首次推出江苏省优秀美术家系列展，资助8位名家举办展览。借鉴国展评选方式，举办“第四届林散之·江苏书法作品双年展”。举办第九届江苏省油画展、第十二届百家金陵画展和“盛世春光·贺岁大展”，开展“歌唱江苏·传播精彩”歌词征集活动。周怀民藏画馆新馆开放，苏州组织开展“文华奖·艺术展演季”活动，淮安实施名家名作工程，宿迁成立柳琴剧团。

【文化产业发展】 一手抓规范引导，开展江苏省重点文化产业示范园区创建，8家园区获得命名。一手抓政策扶持，联合相关部门出台促进文化金融合作发展的系列政策文件，与江苏银行签署文化金融战略合作协议，加强对文化产业项目的资金支持。“文贷通”“镇文贷”“连文贷”等文化金融产品为文化企业发展提供支持。

全省文化系统获中央文化产业发展专项资金4120万元，总额位居全国第二。省级现代服务业（文化）发展专项资金资助文化系统项目98个、金额9000万元。32个项目入选国家文化产业重点项目库，2件作品入选国家动漫扶持计划，1个项目入选国家动漫品牌建设和保护计划，5个项目入选文化部文化金融扶持计划，入选数量全国第一。南京市被确定为首批国家引导城乡居民扩大文化消费试点城市，2016年10月25日，国家文化消费试点城市华东片区座谈会在南京召开。省美术馆水印版画材料与技术研究入选文化部重点实验室。举办第二届江苏省艺术品博览会、第五届苏州创博会、第十三届常州动漫周、第六届无锡文博会等展会。

【文化市场管理】 深化“放管服”改革，加大简政放权力度，简化审批流程，下放行政审批事项1项，取消2项，演出和互联网类许可事项全部实现网上审批。深入推进文化市场综合执法改革，常州市“同城一支执法队伍”综合执法体制改革成效明显。省委办公厅、省政府办公厅联合印发《关于进一步深化文化市场综合执法改革的实施意见》。加强市场监管，推进文化市场“双随机”工作，印发《关于开展全省文化市场随机抽查工作的通知》，制定《江苏文化市场随机抽查暂行办法》。开展文化市场“黑名单”试点工作，组织多次文化市场暗访检查和4次专项整治活动。全年办结案件4042件，人均办案5.8件，居全国首位。1件案件被文化部评为全国文化市场十大案件，5件被评为重大案件。开展100家

“绿色网吧”评定活动。加强协会组织建设,召开省演出行业协会代表大会,举办江浙沪两省一市演出业务洽谈会暨长三角国际演出项目交易会,建立华东演出剧场联盟。

【文化遗产保护】 省政府出台《关于进一步加强文物工作的实施意见》,召开全省文物工作会议。高邮成为全省第13座国家历史文化名城,兴化、东台蒋庄遗址入选全国十大考古新发现。完成全省第一次全国可移动文物普查,登录国有可移动文物100万余件(套)。启动实施红色遗产、名人故居抢救性保护与展示工程。博物馆陈列展览提升和馆藏文物巡回展稳步推进,南京博物院“中国古代女性文物大展”获全国十大陈列展览精品奖,并创新举办“法老·王——古埃及文明和中国汉代文明的故事”展,吸引31万余人次参观。常州博物馆被评为全国最具创新力博物馆。文物执法和安全监管切实加强,2个案件被国家文物局评为十大指导性案例,文物安全综合管理实验区建设经验获全国推广,省文物局被评为全省普法先进单位。省政府公布第四批省级非遗代表性项目名录,新入选94项、扩展名录67项。以传统工艺为重点,联合院校开展非遗传承人群研修研习培训,参加第四届全国非遗博览会和传统工艺大赛并创造佳绩。文化遗产日、博物馆日活动丰富多彩,举办“锦绣邻邦·中泰手工艺交流论坛”、长三角城市非遗传统技艺南通展等活动。赴台湾举办“吴韵汉风·精彩江苏”——江苏省非物质文化遗产展示展演活动。

【对外和对港澳台文化交流】 服务国家外交大局,依托国家交流平台,推动江苏文化走出去,取得重大突破。2016年,全省共有85批次文化团组859人次赴世界37个国家及港澳台地区实施81个文化交流项目,有57个国家及港台地区的1269批次文化团组8856人次到江苏开展1269个文化交流项目(包括国外及港澳台地区艺人到江苏进行的营业性演出项目)。接待美国艺术基金会主席、英国剑桥国王学院合唱团、英国莎士比亚环球剧院《威尼斯商人》剧组、柏林文化中心代表团、尼泊尔中国节考察团等5批次来宾。2016年,江苏共有3个团组70多位艺术家赴南美洲的特立尼达和多巴哥、哥伦比亚,欧洲的荷兰,以及亚洲的文莱等3大洲4个国家的10个城市开展“欢乐春节·精彩江苏”活动,演出12场次。省政府与文化部合作共建的荷兰海牙中国文化中心正式揭牌启用,成为江苏对外文化工作常态化的平台阵地。以纪念汤显祖与莎士比亚逝世400周年活动为契机,开展“精彩江苏——中国昆曲英伦行”系列文化交流活动。围绕“一带一路”沿线国家和江苏友城,组织第七届尼泊尔“中国节”开幕演出、“精彩江苏·中国与苏里南建交40周年”文艺庆祝演出等活动,参加第五届柬埔寨国际海洋节以及国际演艺交易会、艺术博览会。连云港“一带一路”文化交流活动、扬州百年扬剧赴欧展演成功举办。

(江苏省文化厅　夏爱秀)

浙江省

【概况】 2016年,全省文化系统以习近平总书记系列重要讲话精神为指引,紧扣人民群众的文化需求,紧扣G20杭州峰会等大事要事,紧扣文化强省建设任务,抓重点、推改革、补短板,许多工作取得了新突破新进展新成效,实现了“十三五”良好开局。

【G20杭州峰会和第三届世界互联网大会两大服务保障任务出色完成】 G20杭州峰会是近年来我国主办的级别最高、规模最大、影响最深远的国际盛会。省级文化系统全力以赴投入5项保障服务任务：1. 积极承担G20国宴伴奏演出，精彩的演出受到各国元首的高度赞扬。2. 积极参与“最忆是杭州”欢迎晚会，为晚会成功举办做出了重要贡献。3. 中国丝绸博物馆等文化交流点推出了一系列特展及互动项目，深受G20元首配偶团喜爱。4. 从省级文化系统抽调优秀外事干部，组建接待礼宾小组，全方位做好阿根廷政要团的接待工作，得到了高度评价。5. 发动全省文化市场执法力量投入一线，并与文化部市场司联合开展“浙江及毗邻地区G20峰会文化市场安全保障工作”，形成了安全“护城河”。文化系统在峰会服务工作中付出了巨大艰辛，也获得了重大荣誉。省级文化系统还积极主动参与第三届世界互联网大会，精心组织创排中国戏曲艺术秀《国色天香》，承担欢迎晚宴伴宴演出等等，为大会的成功举办做出了积极贡献。

【文化体制改革向纵深推进】 紧紧围绕提升文化治理能力这一要求，着力推进重要环节的改革。公共文化服务“三项文化部试点”工作成效明显，全省已经出台各类标准112个，10个公共文化服务重点市县建设整体推进；加强基层综合性文化服务中心建设，2016年新建农村文化礼堂1568个，累计建成6527个；全省已有57家文化事业单位建立法人治理结构，其中温州市图书馆理事会运行领跑全国。三项试点工作顺利通过文化部验收，其中，公共文化服务标准化和基层综合性文化服务中心建设试点工作被文化部作为示范地区予以宣传推广。深化文化市场综合执法体制改革，在全国率先试行文化市场黑名单管理制度，启动全省文化市场指挥监控中心建设，推行文化市场“双随机”抽查监管。

【公共文化服务有效提升】 印发了《关于推进基层综合性文化服务中心建设的实施意见》《关于政府向社会力量购买公共文体服务的实施意见》。嘉兴市和“余杭区乡镇综合文化站服务效能提升工程”“电视图书馆绍兴模式”高分通过第二批国家示范区（项目）验收。持续开展文化下乡活动，全省组织送文艺演出下乡1.95万场，送书下乡258万册，送讲座送展览4560场，开展“文化走亲”活动1380场。组织举办了浙江省新农村建设题材小戏会演、浙江省第三届合唱节、第七届中国梦·乡村诗歌大赛、浙江省新农村建设题材歌词大赛、第七届十大城市戏曲票友联赛等展演赛事，丰富群众文化生活。制订实施了《浙江省公共图书馆三年提升计划》。浙江图书馆组织开展了全省公共图书馆全民阅读节十大系列活动，为广大群众献上“阅读盛宴”。在浙江艺术职业学院成立了全国首家省级公共文化管理学院。深入实施基层文化队伍素质提升工程，培训基层文艺骨干2万余人次。重大公共文化设施建设加快推进，中国丝绸博物馆改扩建项目和浙江美术馆改造项目顺利完成并投入使用，浙江自然博物园核心馆区建设工程土建工程主体结构结顶，浙江小百花艺术中心项目土建工程基本结束，浙江省之江文化中心项目已完成地块征迁、总体规划及城市设计方案竞赛、评选等前期工作，浙江话剧艺术剧院、浙江音乐厅等一批改造项目均有不同程度的进展。浙江美术馆发挥国家重点美术馆引领示范作用，被中宣部等七部委评为“全国公共文化设施开展学雷锋志愿服务首批示范单位”。

【艺术创作成果丰硕】 加大创作扶持力度，面向全国实施优秀剧本政府采购计划，深入推进浙江省编剧扶持计划，全省文艺创作日益活跃。浙江省共有36个项目入选国家艺术基金2016年度资助项目，较上一年增长20%；昆剧《大将军韩信》、越剧《二泉映月》、话剧《凤凰》3台剧目参加第十一届中国艺术节，两者数量均居全国第一方阵。越剧演员吴凤花获第十五届文华表演奖，舞蹈《阿婶合唱团》获第十七届“群星奖”，越剧《吴越王》入选文化部2016剧本扶持工程。围绕庆祝中国共产党成立95周年、纪念红军长征胜利80周年两大节点，创作排演交响乐《长征组歌》、京剧《大渡河》等，成功举办了大型专场文艺演出和交响音乐会，并组织话剧《谁主沉浮》全国巡演，营造了良好社会氛围。精心举办了省第十三届戏剧节、纪念越剧诞辰110周年和浙江昆剧团《十五贯》晋京演出60周年等活动。人才培养进一步加强，浙江音乐学院正式获批建立，省政府与文化部签订省部共建协议。举办了第3期全省中青年创作人才（导演）高级研修班、第3期全省中青年编剧扶持计划、“新松计划”全省青年舞蹈演员大赛。实施了浙江省文化创新团队培育项目、浙江省文化艺术紧缺人才培养深造项目。

【文化产业持续发展】 部署推动历史经典产业和特色小镇建设，制定实施《关于加快推进特色小镇文化建设的若干意见》，召开全省特色小镇文化建设现场会。指导支持第11届中国（义乌）文交会转型升级，实现洽谈交易额52.04亿元。认定17家文化企业为省文化产业示范基地。确定浙江图书馆、宁波市图书馆和宁波美术馆等3家单位为文化创意产品开发试点单位。组织举办第四届动漫衍生品授权交易活动，共达成17项授权交易，总授权金额2.09亿元，较上届增长32%。宁波市被列入第一批国家文化消费试点城市。动漫产业标准化通过省级地方标准立项。3个文化项目被列入省重大科技项目。

【文化市场更加规范有序】 拟定杭州、宁波、绍兴、金华等市作为重点城市，推动文化娱乐行业转型升级。积极扶持民营文艺表演团体发展，组织开展2016年度民营文艺表演团体“优秀剧目”“优秀剧团”评选，举办浙江省民营文艺表演团体展演活动，培训民营文艺表演团体人员8期700余人。紧紧围绕G20杭州峰会、第三届世界互联网大会等重大活动任务，扎实深入地做好文化市场安全专项保障行动。同时，积极开展了“清网”“护苗”“打违”三个专项行动。据统计，2016年全省共受理举报投诉1334件，检查文化经营场所223620家次，查获违规场所5292家次；停业整顿193家次，吊销许可证52家次，共办结案件3596件，向公安机关移送案件54件，震慑效应明显。创新文化市场管理机制，在全国率先试行文化市场黑名单管理制度，同时启动了全省文化市场指挥监控中心建设，修订了全省《文化市场突发事件应急管理办法》和《文化市场突发事件应急处置预案》，建立了“江浙沪”文化市场行政执法区域合作机制。

【文化遗产保护成效明显】 召开全省文物工作会议，扎实推进良渚古城遗址、“海上丝绸之路”申遗工作，全面完成了第一次全国可移动文物普查数据登录、审核、上报工作，传统村落保护利用工作持续开展，泰顺受灾廊桥抢救与修复工作迅速展开，“良渚古城外围水利系统”考古发掘项目获全国十大考古新发现。省博物馆和浙江自然博物馆获全国博物馆十大陈列展览精品奖，中国丝绸博物馆、省古建研究院获国家文物局“十二五”文物保护科技创新二等奖。二十四节气入选人类非遗代表作目录，浙江省4个保护单位在列。认真组织第五批省级非物质文化遗产代表性项目评审和第五批国家级非遗传承人申报工作，实施非遗传承人群研修培训计划，完成了首批10位国家级非遗代表性传承人抢救性记录。积极振兴传统工艺，成功举办了第八届浙江·中国非物质文化遗产博览会等大型展览，命名了第二批省级非遗生产性保护基地。加强戏曲保护传承，印发《省政府办公厅关于支持戏曲传承发展的实施意见》，命名了第三批浙江省传统戏剧之乡，开展“浙江好腔调”系列展演活动，浙江省地方戏曲剧种普查工作进度居全国第一方阵。

【对外和对港澳台文化交流有声有色】 积极参与国家文化外交活动，赴“一带一路”沿线国家埃及、卡塔尔举办文化交流活动。2016年浙江省参加“欢乐春节”活动组派团队规模、出访国家范围居历年之最。宁波市举办了“东亚文化之都”系列活动。举办了“新西兰·美丽浙江文化节”“澳大利亚·美丽浙江文化节”和“第十届台湾·浙江文化节”。指导支持汤显祖—莎士比亚逝世400周年纪念系列活动。3个项目入选文化部对港澳文化交流重点项目。

（浙江省文化厅　陈如福）

安徽省

【概况】 2016年，安徽省文化厅坚持以人民为中心的工作导向，牢牢把握文化工作正确方向，围绕中心，服务大局，锐意进取，改革创新，整体工作全面推进，重点工作创新突破，文化建设迈出了新步伐，实现了“十三五”良好开局。

【文化体制改革】 制定文化改革发展规划。制定《省文化厅“十三五”时期文化改革发展规划》《省文化厅“十三五”振兴戏曲行动计划》《省文化厅“十三五”文物保护利用行动计划》《省文化厅“十三五”文化产业发展行动计划》《省文化厅“十三五”现代公共文化服务体系建设行动计划》等四个专项行动计划。

扩大文化事业单位法人治理结构试点。在合肥市文化馆、渡江战役纪念馆、安徽名人馆、滁州市南谯区文化馆、霍山县博物馆、宁国市图书馆等单位先后完成扩大文化事业单位法人治理结构试点工作任务。

文化市场综合执法改革。贯彻落实中办、国办《关于进一步深化文化市场综合行政执法改革的意见》，制定《关于进一步深化文化市场综合执法改革实施意见》，并以安徽省委、省政府名义发布实施。

建成马鞍山市数字文化馆试点。8月，马鞍山市文化馆初步建成全国首个线上线下互联互通数字文化馆，并于11月通过国家验收。其中，数字文化体验馆面积近700平方米，分为文化驿站、黄梅戏学唱、诗城漫步等10大区域，以虚拟场景、裸眼3D和微信分享等现代技术手段，实现文化信息展播、诗词吟诵互动、非遗民俗展示等有效融合。

特色演艺精品出口行动计划。梳理安徽黄梅戏、花鼓灯、杂技、民乐、徽剧、目连戏、傩戏等安徽特色演艺产品状况，出台《安徽省特色演艺精品出口行动计划》，内容包括行动目标（总体目标、具体目标）、主要任务（重点发展内容、重点地区布局、市场拓展方式）和保障措施。

【公共文化服务】 公共文化服务体系建设。省美术馆主体工程完工，省文化馆新馆列入省政府重点建设项目。安庆市和蚌埠市、宣城市顺利通过第二批国家公共文化服务示范区(项目)创建验收,铜陵市和亳州市、池州市获得第三批示范区(项目)创建资格。

乡镇、社区综合文化服务中心建设。在30个乡镇、50个社区设立集宣传文化、党员教育、科学普及、普法教育、体育健身等功能于一体的基层综合文化服务中心示范点,探索建立“建管用”长效机制。开展了基层综合文化服务中心示范点建设,举办了全省基层综合文化服务中心示范点管理员培训班。

全面实施县域公共图书服务一体化。制定《2016 年全省县域公共图书总分馆制建设实施方案》,在全省 62 个县全面推进县域公共图书馆总分馆制,形成以县图书馆为总馆、乡镇文化站为分馆、村图书室为基层服务点的县域公共图书服务一体化网络,由县文化行政部门组织集中采购,总馆统一编目,统一配送,实现县域公共图书定期流转、通借通还、资源共享,提高县级公共图书使用率。

推进文化扶贫工作。制定《安徽省“十三五”时期贫困地区公共文化服务体系建设实施意见》,从设施、人才、活动、项目和加强保障五个方面,实施“四扶一加强”行动计划,加大相关转移支付资金对贫困地区的支持力度,推动贫困地区公共文化设施网络覆盖到村。印发《安徽省贫困地区基层公共文化服务脱贫行动计划方案》,按照“七个一”标准(一个文化活动广场,一个文化活动室,一个简易戏台,一个宣传栏,一套文化器材、一套广播器材和一套体育器材),建成 239 个贫困县村级综合文化服务中心。

优化“三馆一院”联盟工作机制。发挥省图书馆、博物院、文化馆、书画院的龙头作用,省、市、县三级联动,通过开展书香安徽、精品联展、讲解员大赛等系列活动,促进公共文化资源更多向基层、向贫困地区倾斜,提升基层文化场馆活动水平和服务能力。

深化“送戏进万村”活动。由县级文化行政管理部门面向国有、民营艺术表演团体集中采购,为全省 15539 个行政村每年每村至少送一场文艺演出,通过清单、合同约束等方式,确保“两节”期间集中送戏,要求演出剧目体现乡土特色、内容健康向上、农民喜闻乐见。2016 年,全省送戏 20157 场,完成年度任务的 130%,实现所有行政村全覆盖。

举办2016 年中国图书馆年会。10 月 26 日—27 日,2016 年中国图书馆年会在安徽省铜陵市举行,年会以“创新中国:技术、社会与图书馆”为主题,涵盖工作论坛、学术活动和展览会等重要板块。展览会在铜陵市体育中心举行,展览面积超过 1.2 万平方米,全方位展现近年来全国图书馆行业的发展成就和未来前景。

【文艺创作】 举办第十一届安徽省艺术节。8 月—11 月,在合肥主会场及芜湖、亳州等 7 个分会场同时举行。其中,新剧目汇演推出了 48 台新创剧目,举办了全省中青年戏曲演员才艺展示、声乐民乐舞蹈展演、美术书法作品展览等活动,推出了舞剧《大禹》等一批精彩剧目。组织送戏到贫困县,邀请劳动模范、优秀党员、部队官兵、环卫工人等观看演出。

艺术精品创作。淮河琴书《轧狗风波》获第十七届文化部群星奖最高奖;泗州戏《绿皮火车》代表安徽省参加第五届全国少数民族文艺会演获“剧目银奖”;话剧《徽商传奇》《小乔初嫁》参加第十一届中国艺术节;《大清名相》《不越雷池》《县令陈廉》《一罐黄金》等反映廉政、诚信题材的剧目,受到群众好评。

戏曲传承与发展。开展地方戏曲普查,对全省传统戏曲剧种、声腔、流行区域、剧目、表演艺术、演出团体、代表人物等家底进行摸底调查。开展“送戏进社区进校园”等活动,在青少年和广大群众中普及传统戏曲。

【文化产业发展】 文化产业示范基地建设。蚌埠市星宇文化产业园、中华古民居、花鼓灯嘉年华等产业集群，合肥包河文化产业园区、万达文旅城、黄山徽文化产业园、滁州长城文化创意产业园、六安悠然兰溪文旅度假区等重大文化产业项目进展良好。芜湖市鸠江区创建国家级文化产业示范园区单位。评选命名了80家第五届安徽省文化产业示范基地。

文化文物单位文化创意产品开发。贯彻落实国务院办公厅《关于推动文化文物单位文化创意产品开发若干意见》，出台了安徽省《关于做好推动文化文物单位文化创意产品开发工作的通知》，鼓励试点单位积极开发文创产品。

拉动城乡居民文化消费。举办第三届"安徽文化惠民消费季·好戏大家看"展演展示活动，1395场惠民演出全部实行低票价。开展网上抢票活动，8000多张戏票通过微信平台出售。合肥市成为国家文化消费试点城市，开展了引导城乡居民扩大文化消费试点工作。

举办第四届安徽省动漫大赛。以"精彩动漫创意无限"为主题，设置了影视动画、应用动漫、漫画插画、动漫衍生品、动漫短片、游戏等类别的奖项。共收到参赛作品1067件，57件作品获奖。本届大赛增加动漫技术在各行业应用和推广奖项，增设专家论坛、动漫推广校园行等活动环节，

扶持民营艺术院团。实施民营院团"四个十工程"（十大名团、十大名剧、十大名角、十大演出经纪机构），重新确认"百佳院团"53家，新增"百佳院团"23家，评选优秀新创戏曲大戏5部、小戏5部，优秀展演项目4个。全省民营院团1500家，年演出30余万场（次），总收入超过10亿元。

【文化市场管理】 加大文化市场执法力度。2016年，共出动执法人员671460人次，检查各类文化经营单位232060家次，责令整改文化经营单位141家次，受理举报471件，办结案件1695件。部署公共娱乐场所火灾隐患排查、艺术品市场、旅游文化市场等专项整治行动，开展"2016净网""2016护苗"等扫黄打非专项行动。

规范文化市场监管体系。制定《安徽省推广文化市场随机抽查规范文化市场事中事后监管工作实施方案》，落实《文化市场黑名单管理办法》，完成行政权力中介服务清理规范。及时公开信用信息目录和行政许可、行政处罚信用信息，建立诚信体系建设工作机制。印发《失信企业协同监管和联合惩戒合作备忘录》，建立文化市场守信激励和失信惩戒机制。

培育市场主体。出台《关于进一步加强游戏游艺场所监管促进行业健康发展的通知》，取消对游戏游艺场所总量和布局规划的行政性规定，建立文化、公安部门信息互通机制。印发《安徽省文化娱乐行业转型升级工作实施方案》，确立娱乐行业转型升级重点市3个，示范场所两类22家，推动网吧等文化行业转型升级。全省新增文化市场经营主体2896家，其中，网吧1356家，娱乐场所286家，演出经营单位744家，艺术品经营单位211家。办理审批事项521件，按时办结率、群众满意率均为100%。开展全省文化市场行政审批案卷评查，评选了2016年度"全省行政处罚十佳案卷"和"全省行政许可优秀案卷"。完成艺术品市场普查工作。

【文化遗产保护】 召开全省文物工作会议。落实全国文物工作会议精神，安徽省人民政府出台《关于进一步加强文物工作的实施意见》，12月1日，在合肥市召开全省文物工作

会议，部署推进全省文物工作。

重点文物项目建设。申报国家重点文物保护项目111个。大运河遗址保护设计方案获国家文物局批准，推进含山县凌家滩、凤阳县明中都城国家大遗址公园，以及寿县楚文化博物馆建设，改扩建金寨县革命博物馆，推进徽州区呈坎村、泾县黄田村文物保护样板工程。徽州优秀传统文化展获全国博物馆十大陈列展览精品推介精品奖，中国徽州文化博物馆被评为国家一级博物馆。

完成安徽省第一次全国可移动文物普查。全省可移动文物国有收藏单位394家，共登录文物藏品303994件（套），实际数量1158334件（套），涵盖陶器、瓷器、铜器、书法、绘画等35门类。其中，一级文物2221件（套）、二级文物5152件（套）、三级文物52998件（套）。

非遗保护利用。设立30个省级非遗教育传习基地和2个非遗展示展销基地（黄山市屯溪老街和黎阳老街），评选第五批省级非遗代表性项目，完成徽州木雕、徽州竹编、徽笔制作技艺等10个省级非遗项目田野采录，完成丁玉兰等10名高龄国家级传承人抢救性记录工作。徽州文化生态保护区顺利通过文化部评估，成为全国第一批获得规划批准、第一批通过文化部评估的保护区。中国科学技术大学列入全国首批非遗研修研习基地，并举办两期手工纸非遗传承人研修班。

【对外和对港澳台文化交流】 共组织对外和对港澳台文化交流项目44批次、748人次，涵盖五大洲40个国家和地区。开展赴马耳他、希腊、新加坡“欢乐春节”活动，完成德国安徽文化周、泰国安徽文化年、“中俄两河领域”等重大对外文化交流项目；成功举办2016中非文化周。在香港举办《鄂君启金节——中国最早的免税通关凭证》文物展；在合肥赖少其艺术馆举办文化部对港澳重点项目《古调今情——饶宗颐艺术经典特展》。

（安徽省文化厅　胡　克）

福建省

【概况】 2016年，福建省文化系统全面贯彻党的十八大和十八届三中、四中、五中、六中全会精神，深入学习贯彻习近平总书记关于文化建设系列重要讲话精神，贯彻落实福建省第十次党代会部署和文化部工作要求，落实从严治党主体责任和意识形态责任制，围绕建设21世纪海上丝绸之路核心区，加大文化改革发展力度，在艺术创作生产、地方戏曲保护传承、公共文化服务体系建设、文化遗产保护、对外和对台港澳文化交流、文化市场和文化产业等方面取得较好工作成效，实现福建“十三五”文化改革发展良好开局。

【编制实施“十三五”文化改革发展专项规划】 福建省文化厅牵头编制《福建省“十三五”文化改革发展专项规划》，5月由福建省政府正式颁布实施。《规划》确定了“十三五”期间福建省文化改革发展的目标和任务，明确大力加强社会主义核心价值观建设、加快现代公共文化服务体系建设、推动文化体制改革机制创新、提高文化产业发展竞争力、繁荣文化产品创作生产、加强文化遗产保护利用、推进现代传播体系建设、增进对外对台文化交流、推进海上丝绸之路核心区文化建设等九项任务，是推进福建省“十三五”文化改革发展和文化建设的重要指导性文件。

【艺术创作生产与展演】 舞剧《丝海梦寻》由文化部和福建省政府共同组织在全国开展巡

演，并在国家艺术基金支持下拍摄3D数字电影。舞剧《丝海梦寻》和芗剧《保婴记》入选第十一届中国艺术节并进入第十五届“文华大奖”终评，厦门小白鹭民间舞艺术中心的舞蹈《厝里艺人》参加第十一届中国艺术节专场展演。芗剧《保婴记》以得票数第一的成绩入选“国家艺术基金2016年度滚动资助”项目。高甲戏《大稻埕》入选年度“国家舞台艺术精品创作工程”重点创作剧目。舞剧《山哈魂》参加第五届全国少数民族文艺会演获剧目银奖。莆仙戏《魂断鳌头》入选全国首届基层院团戏曲会演。闽剧《林则徐复出》入选文化部“全国地方戏优秀中青年演员汇报演出”。闽剧《林则徐与王鼎》、莆仙戏《海神妈祖》入选参演第三届丝绸之路国际艺术节。闽剧《银筝断》、话剧儿童剧《幼童留洋记》入选文化部“2016年度剧本扶持工程”项目。应文化部和上海市政府邀请，舞剧《丝海梦寻》、闽剧《双蝶扇》、南音剧《凤求凰》和木偶戏《赵氏孤儿》等剧（节）目参加第十八届上海国际艺术节“福建文化周”演出。举办庆祝建党95周年戏曲晚会暨大型交响合唱音乐会和纪念红军长征胜利80周年文艺晚会。

推进地方戏曲艺术传承发展。在福州举办“经典百折——福建戏曲经典折子戏展演”，全省各地市选送折子戏共198个，遴选16个剧种、39个院团共137出传统折子戏参加展演。赴北京举办“福建地方戏经典折子晋京展演”，较为集中地反映了福建地方戏保护传承的成果。承担全国地方戏剧种普查任务，福建省在全国率先完成地方戏曲剧种普查工作。实施省财政专项经费扶持47个非遗地方院团开展免费或低票价演出的文化惠民项目。实施闽南文化生态保护区戏曲剧种薪传计划。

【公共文化服务体系建设】 出台《关于做好政府向社会力量购买公共文化服务工作的实施意见》《关于加快构建现代公共文化服务体系的重点任务分工和督查落实方案》《关于推进基层综合性文化服务中心建设实施方案》《福建省村（社区）综合性文化服务中心建设服务基本标准》等，为推进构建现代公共文化服务体系提供了政策保障。加强原中央苏区和少数民族地区等欠发达地区的公共文化服务体系建设。通过固定设施服务、流动服务和数字文化服务相结合，统筹服务设施网络建设。推进基层综合性文化服务中心功能整合，全省实现宣传文化、青少年活动、党员教育、科学普及、普法教育、体育健身六大服务功能整合的有3509个（全省总数为16225个）。举办7次“情系八闽——文化志愿服务走基层”展演活动。

第二批创建国家公共文化服务体系示范区（三明市）和示范项目（福州激情广场大家唱）通过国家验收；推进第三批国家公共文化服务体系示范区（福州市）和示范项目（宁德古田溪山书画院）创建工作。

【文化产业】 制定实施《推动文化文物单位文化创意产品开发重点任务落实方案》《文化创意和设计服务与相关产业融合发展专项规划》。推动落实“互联网+文化产业”、文化和旅游融合发展、重点园区认定管理等政策。发挥闽台文化产业试验园区国家级平台作用，促进文化产业资源聚集、项目孵化和示范引领，至2016年底，闽台文化产业园入驻文化企业3000多家；闽台（厦门）文化产业园、海峡龙山文化创意产业园申报创建国家级文化产业示范园区。开展第十批省级文化产业示范基地评选，17家文化企业入选。44家企业获得国家动漫企业认定。实施弘扬社会主义核心价值观动漫扶持计划、国家动漫品牌建设和保护计划，《土豆侠》等2部动漫作品入选文化部创意类项目,《宝宝巴士》等 2 部作品获国家动漫品牌保护计划。举办第九届海峡两岸(厦门)文博会,境内外 1708 家文化企业和机构参展,投资签约项目 103 个,总签约额 303.9 亿元,现场交易金额 10.43 亿元。

【文化市场】 印发《福建省文化厅做好下放行政许可事项承接工作的通知》,做好国外文艺表演团体演出审批等 16 项下放事项的衔接工作。制定《福建省文化市场行政审批服务指南》,编制 13 个方面 148 项责任清单。依据《福建省文化厅关于印发中国(福建)自由贸易试验区文化市场开放项目实施细则的通知》,将文化部赋予省级文化行政部门审批的开放政策,一次性下放给福州、厦门、平潭三个片区管委会。制定实施《文化娱乐业转型升级实施意见》,确定福州、厦门、泉州和三明 4 个设区市为娱乐行业转型升级重点城市。印发《2016 年全省文化市场综合执法考评细则》《关于开展文化市场随机抽查,规范文化市场事中事后监管工作实施方案》,全省文化行政部门和综合执法机构组织随机检查近千批次。大力开展文化市场综合执法,5 个案件被文化部评为 2016 年重大案件,福建省稽查总队和厦门、漳州、泉州支队获文化部通报表扬。完成文化市场安全生产标准化建设提升工程三年行动工作。

【文物保护】 "申遗"工作取得重大突破。国务院批准鼓浪屿作为我国申报 2017 年世界文化遗产项目,2 月 1 日向世界遗产中心递交鼓浪屿申遗的申报文本和保护管理规划,同时按照世界遗产要求全面实施 53 个遗产核心要素的本体修缮、环境整治与遗产展示、遗产监测等工作,10 月份世界文化遗产评估机构派专家到现场评估考察。国家文物局确定古泉州(刺桐)史迹作为我国申报 2018 年世界文化遗产项目,编制完成申遗点的本体修缮、遗产展示、环境整治方案。推进三明万寿岩遗址、武夷山城村汉城遗址国家考古遗址公园建设。开展泉州海域、厦门—漳州海域水下考古调查。完成为期四年的全省第一次可移动文物普查工作,共登记藏品 44 万件(套)。举办纪念红军长征胜利 80 周年大型主题展览"铁血长征——福建儿女长征史迹展"等。

实施福建省入选第一、二批中国传统村落(全省共 73 个)中的 10 个国保省保集中成片传统村落整体保护利用工程,启动第三批(全省共 52 个)中的 8 个传统村落的保护工程项目。组织开展全省革命(红色)文物调查,共登记革命(红色)文物 962 处(点),其中原中央苏区革命文物 518 处(点)。启动 23 项全国重点文物保护单位涉台文物保护工程和 30 项省级文物保护单位涉台文物保护工程。编制全国重点文物保护单位建阳朱熹墓等一批保护规划和保护工程方案。编制并获批准实施福州林徐则故居保护工程方案。编制福建省革命文物保护利用项目规划、龙岩市原中央苏区革命文物保护总体规划。实施古田会议旧址群、长汀革命旧址、红九军团长征出发地、宁化凤凰山红军街红军长征出发地革命旧址等一批革命文物保护工程。

【非物质文化遗产保护利用】 起草《福建省非物质文化遗产保护条例》并推进立法。组织开展第五批省级非物质文化遗产代表性项目名录评选,共推荐 89 项上报省政府。向文化部、国家发展改革委报送闽西汉剧活动中心建设项目等 15 个非物质文化遗产保护利用设施建设储备项目。编制《朱子文化生态保护实验区规划纲要》并通过论证,向省政府正式申报设立省级朱子文化生态保护实验区。文化部正式批准《客家文化(闽西)生态保护实验区规划纲要》。组织开展福建省 2016 年度中国非物质文化遗产传承人群研修研习培训计划，共举办8个班次、培训近500名学员。开展福建非遗保护VR/AR项目建设工作。赴宁夏银川、吴忠等地举办“不忘初心·情牵闽宁——福建非遗走进宁夏”展演活动。组织开展第十一个文化遗产日“文化遗产邮票首发式”“非遗华光·好戏连台”非遗展演、“盛世遗珍·闽中瑰宝”非遗精品展等系列活动。

【对外文化交流】 执行部省合作计划。2016年是福建省与马德里中国文化中心合作年，9月在西班牙的马德里中国文化中心举办“福建文化展示月”系列活动。春节期间，福建省歌舞剧院民族乐团赴安道尔和西班牙、福建杂技木偶艺术团赴泰国参加“欢乐春节”活动。

继续融入并服务“一带一路”战略。3月28日至4月5日，组织以海上丝绸之路为题材的舞剧《丝海梦寻》。组织“丝路帆远——中国海上丝绸之路文物精品图片展”。分别在荷兰海尔德兰省、比利时列日省“福建周”、马来西亚马六甲2016世界闽南文化节、奥地利“一带一路——包容与可持续城市展览与对话”研讨会以及希腊、克罗地亚、瑞典等展出。大型交响音诗《土楼回响》赴澳大利亚参加福建省与塔斯马尼亚州结好35周年庆典活动。

【对台港澳文化交流】 举办海峡两岸民间艺术节、妈祖文化旅游节等文化部、国台办年度重点涉台文化交流活动。组织实施文化部和福建省政府共同主办的“情系青春——两岸青年八闽行”活动，330多名两岸青年学子开展丰富多彩的文化交流和采访联谊。继续开展“福建文化宝岛校园行”活动，赴台湾淡江大学、清华大学等10所高校举办“南音进校园”活动，赴台湾台北大学、东吴大学等10所高校举办“严复文化”主题讲座。福建省歌舞剧院交响乐团赴香港参加“香港歌剧院音乐会”演出，福建省闽剧院赴澳门参加“澳门首届福州文化节”演出。

（福建省文化厅　江建国）

江西省

【概况】 2016年，江西省文化系统认真贯彻落实党中央和省委的决策部署，以改革为动力，积极适应日益变化的文化发展条件和环境，提升发展理念，转变发展方式，在艺术创作生产、公共文化服务、文化产业发展、文化遗产保护、对外文化交流等方面迈出了新步伐，实现“十三五”良好开局。

【公共文化服务】 建设公共文化服务设施。省文化中心（博物馆、图书馆、科技馆，共25万平方米）建设完成全部桩基工程；新余市、萍乡市等地一批市、县重点文化设施相继竣工，全省新建基层文体广场1268个，形成省、市、县、乡镇（街道）、村五级公共文化服务设施体系。

建设文博场馆。依托“数字图书馆推广工程”，开通国家图书馆到江西省的光纤专网，实现覆盖全省各节点的虚拟网络，向各级公共图书馆推送120TB数字资源。完成文化共享工程五级服务网络建设，建成省级分中心1个，市级支中心11个，县级支中心100个，乡镇基层点1075个，街办服务点46个，社区服务点223个，村级基层点16876个，驻赣空军部队基层点1个。江西省在省级文化行政管理部门登记备案且功能比较完善的博物馆共有145家，其中文化（文物）系统管理的

109 家,行业博物馆 10 家,民办博物馆 26 家。拥有国家一级博物馆 4 家,二级博物馆 5 家,三级博物馆 22 家。全年推出陈列展览 700 余个,免费接待国内外观众 2676 万人次。

开展群众文化活动。举办第十一届江西省少儿艺术节,本次少儿艺术节是第六届江西艺术节 16 项活动之一,共有少儿美术、书法、摄影、文艺作品等七个门类,全省共创作美术、书法、摄影作品 3000 余幅,参展百余幅;全省 200 多个文艺节目,15 个入选优秀文艺节目展演。主办第十三届华东六省一市小戏小品大赛,11 月 21 日,两年一届由华东六省一市文化厅(局)共同主办的第十三届华东六省一市戏剧小品大赛开幕。江西省作为轮值东道主共选送 8 个节目参赛,其余 6 省(市)各选送 4 个节目,共计 32 个节目全部向市民免费演出。

出台公共文化服务系列文件。7 月,印发《江西省"十三五"时期贫困地区公共文化服务体系建设工作方案》。同月,印发《江西省人民政府办公厅关于推进基层综合性文化服务中心建设的实施方案》,是江西省十三五时期关于推进基层综合性文化服务中心建设的总依据。

完成第二批国家公共文化服务体系示范区(项目)验收工作。4 月,第二批国家公共文化服务体系示范区创建城市新余市通过文化验收组实地验收。5 月,第二批国家公共文化服务体系示范项目:九江市"八个一"文化亲民工程和吉安市农村文化"星火"工程项目获得专家认可,顺利通过验收。

【艺术创作】 *繁荣艺术精品创作*。江西省歌舞剧团有限责任公司创作的歌剧《回家》入选"第十五届文华大奖"参评剧目;吉安市采茶歌舞剧院的畲歌剧《热血山哈》获第五届全国少数民族文艺会演银奖;乐平市赣剧演艺公司和鹰潭市演艺公司创排的赣剧《青山作证》入选 2016 年全国基层院团戏曲会演;江西省话剧团有限责任公司创作的话剧《遥远的乡土》入选 2016 年度国家舞台艺术精品工程。15 个项目获国家艺术基金立项。成功举办红军长征胜利 90 周年、汤显祖逝世 400 周年等纪念活动,组织抚州汤显祖戏曲乡音版《临川四梦》赴京演出。举办"中国梦·民族魂"江西美术家、摄影家新疆创作采风展。全省文艺院团完成送戏下乡 8000 多场。

成功举办第六届江西艺术节。围绕"艺术的盛会、人民的节日"办节宗旨,策划开展了 16 项子活动,26 台大型剧目和 34 台小型剧目在艺术节集中展演,本届江西艺术节是历届艺术节活动项目最多、内容最丰富、参与面最广、社会影响最大的一届,拓展延伸了艺术节内涵,向社会整体展示了文化发展成果,在社会上产生热烈反响。

【文化产业发展】 初步统计,全省规模以上文化企业营业收入达到 1849.81 亿元。文化产业综合实力和竞争力不断提高,江西省文化产业综合指数全国排名第 9、生产力指数全国排名第 7、驱动力指数全国排名第 10,位次和进入前十的指数均有提升。文化金融合作进一步深化,证、银、企对接通畅,文化企业融资渠道得到有效拓宽。目前,全省上市文化企业达到 13 家,其中主板上市 2 家、香港上市 2 家、新三板 7 家、其它区域上市 2 家。南昌市入选国家首批文化消费试点城市。江西文化演艺发展集团集团组建准备工作基本就绪。6 个项目入选 2016 年中央财政文化产业发展专项资金扶持项目,4 部动漫作品入选 2016 年文化部弘扬社会主义核心价值观动漫扶持计划。全省文化产业公共服务平台正式上线运营,全省文化市场监管与服务平台运用全面加强。有序推进文物单位文化创意产品开发试点工作。

【文化市场管理】 启动娱乐行业的转型升级，促进游戏游艺场所健康有序发展。推动文化市场综合执法改革，探索文化发展成果惠及未成年人的途径，切实维护未成年人合法文化权益。举办江西省首届 REC 电子竞技大赛、2016 艺术江西国际博览会、2016 江西文化休闲娱乐产业博览会。2016 年，江西省共举办营业性演出 2.9 万余场(次)，审批同意涉外演出 128 场(次)，共有 1000 余名国(境)外演艺人员来赣演出。2016 年，全省共出动检查人次 12 万人次，检查各类文化经营场所 4 万家，立案 133 件，办结案件 203 件。

【文化遗产保护】 非物质文化遗产保护与传承。完善非物质文化遗产四级名录体系，评审第五批省级非物质文化遗产代表性项目名录并公布第三批省级非物质文化遗产项目代表性传承人和非物质文化遗产生产性保护示范基地。实施国家级非遗项目代表性传承人抢救性记录工程，完善省级代表性传承人的资助、培养、支持、管理措施。广泛开展非遗宣传活动，举办南昌、赣州两市专场非遗展演、展示、展览活动，同时举办全省非物质文化遗产摄影大赛暨全省巡展活动，选派特色非遗项目参加山东、河南等地举办的大型非遗展演展示活动。指导出版《江西非物质文化遗产发展报告(2016)蓝皮书》。《客家文化(赣南)生态保护实验区总体规划》实施，赣州市正式跻身全国文化生态保护区行列。

文物保护和考古发掘。江西省共争取国家重点文物保护专项资金 5.27 亿元，排名全国第一。赣南等原中央苏区革命遗址保护利用工程共争取国家下拨赣南等原中央苏区革命遗址保护利用工程资金 3.46 亿元、项目 393 个，遗址保护利用工程的做法得到国家文物局的高度赞许和充分肯定，并将其作为全国革命文物保护利用样板和示范工程进行推介。文保工程实施推进监管力度进一步加大。开展红军长征遗迹全面普查和险情排查工作。完成第六批省级文物保护单位终评。完成第四批中国传统村落申报工作，江西省共有 50 个村落入选中国传统村落名单。

南昌西汉海昏侯墓考古发掘和保护利用。南昌西汉海昏侯墓考古发掘以得票第一荣获“2015 年中国考古六大新发现”和“2015 年度全国十大考古新发现”，获得全国田野考古奖(2011—2015 年度)二等奖和首届“考古资产保护金尊奖”，成为一次公共考古学的实践与典范。3 至 6 月，在北京首都博物馆举办“五色炫曜——南昌汉代海昏侯国考古成果展”，共接待观众近 40 万人次。10 月 11 日，在江西省博物馆举办“惊世大发现——南昌汉代海昏侯国考古成果展”，展出文物 922 件，接待观众 40 万余人次。组织对《紫金城址和铁汉古墓群保护规划》进行初审并上报国家文物局，与故宫博物院合作修复 9 件出土青铜器，协调 9 件出土文物赴美参加“秦汉文明展”。

景德镇御窑厂遗址等大遗址保护利用。吴城遗址(含筑卫城遗址)、湖田窑遗址、御窑厂遗址(含高岭瓷土矿)、吉州窑遗址、铜岭铜矿遗址、紫金城城址与铁河古墓群等遗址入选国家文物局“十三五”期间重要大遗址。国家文物局支持景德镇御窑厂遗址区资金 1905 万元，御窑厂遗址博物馆开工建设，建设项目选址及建设方案获批。国家文物局批复同意将景德镇御窑厂遗址列入《中国世界文化遗产预备名单》。

【对外和对港澳台文化交流】 推进对外文化交流。对接“一带一路”国家战略，讲好江西故事，完成交流项目 21 个(其中走出去 17 个、引进来 4 个）。组织省赣剧院、抚州市采茶歌舞剧团赴英国参加汤显祖、莎士比亚逝世 400 周年纪念活动，组团参加英国爱丁堡艺术节。深入实施部省对口合作项目，先后组织 3 个出访项目、接待 3 个来访团组，圆满完成 2016 年度海外中国文化中心对口合作计划、对非文化交流部省对口合作计划。

对港澳台文化交流。组织江西省歌舞剧院有限责任公司民族歌剧《回家》赴台北、嘉义、高雄开展为期 12 天的巡演。组织海昏侯国考古发掘学术讲座、景德镇御窑博物馆“意象青花瓷展”赴台交流参加“成美文化节”，扎实推进赣台文化交流。

（江西省文化厅　伍文珺）

山东省

【概述】 2016 年，山东省文化系统在省委、省政府的坚强领导下，深入学习贯彻党的十八大和十八届三中、四中、五中、六中全会精神，学习贯彻习近平总书记系列重要讲话和重要批示精神，坚持“创新、协调、绿色、开放、共享”五大发展理念，落实“一个定位、三个提升”的要求，围绕加快推进文化强省建设这一目标，奋发有为，扎实苦干，各项文化工作顺利推进，保持了良好发展态势。

【公共文化服务】 以省政府办公厅名义出台《关于推进基层综合性文化服务中心建设的实施意见》，印发村级综合性文化服务中心建设和服务标准。截至 2016 年底，全省乡镇（街道）综合性文化服务中心覆盖率达 99.3%；行政村（社区）文化大院（文化活动室）覆盖率达 95.6%，经改造提升符合综合性文化服务中心建设标准的达到 67.36%。抓好国家公共文化服务体系示范区（项目）创建工作，烟台市顺利通过第二批国家示范区验收，淄博市张店区文化协管员项目、济宁市“政府搭台，百姓听戏，激情广场大家唱”文化惠民工程顺利通过示范项目验收。开展 2016 年全省冬春文化惠民季活动，推动新创作优秀群众文艺作品走进百姓生活。《山东梆子腔》获第十一届中国艺术节群星奖。组织参加第十三届华东“六省一市”戏剧小品大赛，获 1 金 3 银。《人民日报》头版重头稿件以《让文化温润人心——山东建设公共文化体系》为题对山东现代公共文化服务体系建设情况作了重点报道，山东经验走向全国。精心组织文化志愿服务“春雨工程”，先后开展 2016 年“春雨工程”广西行大舞台活动和“春雨工程”青海行大讲堂、大展台活动，受到边疆群众的热烈欢迎。

【文艺创作演出】 2016 年，全省新创作、加工修改剧目 70 余部，舞剧《齐风·甫田》入选第十一届中国艺术节，吕剧《兰桂飘香》参加第五届全国少数民族文艺会演并荣获银奖，舞蹈《田埂地垄一片云》入选第十一届全国舞蹈展演。民族管弦乐音诗《孔子》、话剧《家事》、吕剧《宣言》等 20 余部新剧目成功上演，艺术创作取得丰硕成果。成功举办“庆祝中国共产党建党 95 周年暨纪念红军长征胜利 80 周年系列文艺活动”，全省组织演出 280 余场，“光辉岁月”主题交响音乐会取得良好反响。山东梆子《跑旱船》晋京展演并参加 2017 年新年戏曲晚会。出台《山东省人民政府办公厅关于贯彻国办发〔2015〕52 号文件做好戏曲传承发展的实施意见》，推动戏剧深入基层、走进校园、走进群众。协调中央、省非遗保护专项资金 2400 余万元对 20 余个传统地方戏剧种进行重点扶持。成功举办“全省剧场运营管理人才培训班”和“院团管理培训班”。

深入生活扎根人民蔚成风气，面向济南市民启动“齐鲁大舞台”文化惠民演出季活动，完成340余场文艺演出。开展“艺术(戏曲)进校园”活动，走进50余所大中小学校园演出70余场，受到师生的热烈欢迎。

【弘扬优秀传统文化】 曲阜优秀传统文化传承发展示范区成功列入国家“十三五”规划纲要，示范区规划已编制完成，并经省政府常务会议审议通过。尼山圣境、孔子博物馆、孔子学院总部体验基地等一批重点工程项目扎实推进。进一步完善“图书馆＋书院”模式，加快城乡儒学讲堂建设。截至2016年底，全省公共图书馆全部建成尼山书院，乡村(社区)儒学讲堂达到9200多个，举办各类活动4万余场次，参与群众500多万人次。中央电视台新闻联播头条新闻《把传统文化传下去，让国学精粹活起来》，对山东传承普及优秀传统文化进行了重点报道。深入开展中华优秀传统文化故事会征集评选活动，出版《中华优秀传统文化故事会故事集》，开通“中华优秀传统文化故事会传播平台”。古籍普查和修复工作进展顺利，以省图书馆为载体，普查各类古籍1491部、民国文献2万余册、修复古籍4000余叶。

【非物质文化遗产保护】 组织开展首个“山东省非物质文化遗产月”系列活动，省市县三级联动，全省共开展各类活动760多场次，参与观众1590万人次。制定实施《山东省传统工艺振兴工程总体方案》，设立4个省传统工艺工作站、2个省传统工艺重点实验室，举办全省振兴传统工艺培训班，省市县三级培训4000余人。实施国家级传承人抢救性记录工程，协调中央资金400万元，对10名国家级传承人开展抢救性记录。成功举办第四届中国非物质文化遗产博览会，共展出非遗制品14000余件，参展、参演人数3800余人，观众达48万人次，交易额4000余万元，是历届以来规模最大、参展人数最多、项目种类最全、活动内容最丰富的一届非遗博览会。历史文化展示工程扎实推进，全省纳入考核范围的105个县(市、区)已经完成县域历史文化展示工作，121个乡镇(街道)、421个村居(社区)建成了历史文化展示场所。

【文化产业发展】 大力支持文化产业项目建设，搭建小微文化企业与投资机构对接交流平台，在日照、德州举办两期全省文化企业投融资路演活动，80余家文化企业与银行金融机构进行现场交流对接。开展文化产业PPP项目征集活动，推荐总投资4.8亿元的潍坊高密市月亮湾文化园区项目申报全国第三批政府和社会资本合作(PPP)示范项目。着力推进服务平台建设，实施“互联网＋文化产业”行动计划，建立完善山东文化产业综合信息发布平台。举办首届“文化企业无形资产评估与文化产业发展高峰论坛”，培训文化产业从业人员800余名。积极引导和扩大文化消费，推荐济南、青岛、淄博三市开展“国家文化消费试点城市”申报工作，青岛市被列入首批试点城市，济南、淄博即将入选第二批试点城市。制定《山东省推动文化文物单位文化创意产品开发试点工作方案》，确定山东博物馆、山东美术馆等8家单位为山东省文化创意产品开发试点单位。在文化产业园区、旅游景区、综合文化中心等开展“文化创意集市”建设，促进文化创意产品体验、展示和消费，首批征集文化创意集市项目300多个。

【文化市场管理执法】 制定《山东省关于进一步深化文化市场综合执法改革的实施意见》，已经省政府常务会议审议通过。印发《山东省推广文化市场随机抽查规范文化市场事中事后监管工作实施方案》,建立执法检查人员和检查对象“双随机”抽查机制。在上网服务场所、游戏游艺行业转型方面,发布《互联网上网服务行业转型升级工作指引》。济南市开展了“书香泉城·数字阅读进网咖”试点,将济南市图书馆数字资源引入网吧。印发《全省文化娱乐行业转型升级实施方案》,确定济南、青岛、临沂三市为娱乐行业转型升级重点城市,确定 57 家歌舞娱乐场所和 23 家游戏游艺娱乐场所为转型升级试点场所。

【对外和对港澳台文化交流】 按照“政府主导、企业主体、市场运作、社会参与”的思路,整合各类文化资源,大力开展多种形式的对外文化交流活动。全年组织文化“走出去”团组 63 批 491 人次,“引进来”团组 277 批 2138 人次。组织参加文化部 2016 年海外“欢乐春节”活动,共派出 18 批 251 人次赴泰国、英国、德国、日本等 14 个国家和地区的 20 个城市参加“欢乐春节”活动。成功举办“2016 韩国·中国山东文化周”“2016 新加坡·中国山东文化年”等重大活动,引发热烈反响。对港澳台文化交流日趋活跃,成功举办“香港·山东文化创意产业与授权工作坊”“艺海同舟—港澳台鲁名家邀请展”,省京剧院赴香港参加“香港、内地京昆青年演员展演”活动。文化部与山东省政府共同签署《关于在塞尔维亚合作共建贝尔格莱德中国文化中心的协议》,齐鲁文化走出去迈出重要步伐。积极建立长效机制,搭建交流平台,省文化厅与新加坡中国文化中心签署合作备忘录,省美术馆与港澳美协、台湾长流美术馆、韩国庆尚南道美术馆分别签署合作协议。

【文化体制改革】 结合省文化厅部门职能,确定了“1 + 11”的规划编制体系,即 1 个总体规划和 11 个专项规划,编制完成《山东省文化厅“十三五”时期文化改革发展规划》,各专项规划陆续出台。制订《关于建立健全法律顾问制度指导意见》,积极做好重大决策、行政行为、合同行为的法律指导服务。文化立法工作稳步推进,《山东省公共文化服务保障条例》《山东省文化产业促进条例》立法调研工作已经展开。

(山东省文化厅　王　忠)

河南省

【概况】 2016 年,河南省紧紧围绕党中央、国务院和省委、省政府关于加快文化建设的决策部署,认真贯彻党的十八大和十八届三中、四中、五中、六中全会精神,深入学习贯彻习近平总书记系列重要讲话精神,以加快构筑全国重要的文化高地为目标,以文化繁荣发展为主线,以文化惠民为主旨,以“两学一做”学习教育为动力,以全面从严治党为保障,突出问题导向,突出改革创新,突出思想建设和制度建设,抓落实,求实效,各项工作取得新成绩,胜利实现“十三五”良好开局。

【文化改革发展制度建设取得新突破】 出台了《河南省人民政府办公厅关于做好政府向社会力量购买公共文化服务工作的实施意见》《河南省人民政府办公厅关于推进基层综合性文化服务中心建设的实施方案》《河南省人民政府办公厅关于支持戏曲传承发展若干政策的实施意见》《河南省人民政府关于进一步加强文物工作的实施意见》等重要文件,全省文化改革发展迈出重大一步。出台了《河南省委办公厅河南省人民政府办公厅关于进一步深化文化市场综合执法改革的实施意见》,成立了河南省文化市场管理工作领导小组,文化市场综合执法改革进一步推进。大部分市、县政府制定出台了加快构建现代公共文化服务体系的实施方案,郑州市、许昌市、驻马店市、长垣县、汝州市等地出台了《政府向社会力量购买公共文化服务的实施细则》,平顶山市、焦作市、三门峡市、济源市、巩义市等地出台了《推进基层综合性文化服务中心的实施方案》。编制完成了《河南省文化厅"十三五"时期文化改革发展规划》《河南省文物事业"十三五"时期发展规划》《河南省文化厅"十三五"时期文化产业发展规划》等9个工作规划。

【现代公共文化服务体系建设迈出新步伐】 省、市、县三级普遍成立了现代公共文化服务体系建设协调领导机构,出台了配套政策和工作方案。河南省基层综合性文化服务中心建设稳步推进,积极争取中央财政支持,为38个国家级贫困县的1580个村级文化活动室配送3160万元文化设备,为省级以上贫困县配送48辆流动图书车、20辆流动文化服务车。召开了全省"三区"人才支持计划文化工作者会议,组派第三批800名文化工作者到县以下文化单位开展帮扶工作。政府购买公共文化服务开拓了新领域,118个广场文化活动、22个图书阅读活动、20家非遗传习所、84家民营文艺表演团体、15家民办博物馆得到了政府扶持,吸引社会资本进入公共文化服务领域。全省3027个免费开放文化单位全年接待公众8860多万人次。组织"中原文化大舞台""舞台艺术送农民""高雅艺术进校园"等各类公益惠民演出1.9万场,举办"春满中原""百城万场""全民阅读"等系列群众文化活动4万多场。丙申年黄帝故里拜祖大典、第34届中国洛阳牡丹文化节、第24届信阳国际茶文化节、第8届安阳航空运动文化旅游节、第22届三门峡黄河文化旅游节、第34届中国开封菊花文化节等重大文化活动成功举办。

【文艺创作生产再结新硕果】 大力实施中原人文精神"五大工程",全年推出新创剧(节)目70余部,豫剧《张伯行》、话剧《老街》等一批重点剧目立上舞台,豫剧《焦裕禄》荣获第十一届中国艺术节"文华大奖",主演贾文龙荣获"文华表演奖",实现了中国艺术节大奖"六连冠"和文华大奖"五连冠",河南戏剧影响力进一步提升。成功举办"纪念红军长征胜利80周年优秀剧目展演""河南省庆祝建党95周年暨'两学一做'学习教育优秀现代戏展演""全省优秀廉政戏剧巡演""中欧政党高层论坛经贸对话活动音乐会""中国豫剧北京展演月""河南曲剧90年暨第三届中国曲剧节"等活动。启动实施"全省戏曲进校园"活动,首批7个省辖市、3个直管县的试点工作先行开展。继续开展丁建英、化建国、金不换、郭民、李杰等5位艺术名家的推介活动。举办河南省第八届青年戏剧演员大赛、第七届河南省优秀剧本征集活动等。

【文物保护利用迈上新台阶】 郑州、洛阳两大历史片区,丝绸之路、大运河、长城、万里茶路河南段、偃师二里头、安阳高陵等18处大遗址入选国家大遗址保护"十三五"规划。"国家城市考古与保护重点科研基地"落户河南省文物考古研究院。成功举办首届中国考古学大会,来自国内外近400名专家学者参加会议,通过了《郑州宣言》。隋唐洛阳城、开封城墙、商丘城墙等重大文物保护工程加快推进,970处省级以上文物保护单位对外开放,全年接待观众1亿多人次。全省可移动文物普查基本完成,登记文物176万余件(套),累计集中保管田野石刻文物1.5万余件。深化考古研究,洛阳太极殿遗址考古发掘项目入选全国十大考古新发现。实施博物馆(纪念馆)提升工程,组建河南省博物馆汉文化区域联盟。成功举办河南省第七届讲解员讲解大赛、首届中原国际陶瓷双年展等。河南博物院“生命·超越——中原文化中的动物映像展”荣获“全国博物馆十大陈列展览精品”奖。

【非物质文化遗产保护取得新成就】 由登封市文化馆、内乡县衙博物馆等单位参与申报的“二十四节气”非遗项目,于11月30日正式列入联合国教科文组织人类非物质文化遗产代表作名录。基本完成四级传统美术代表性项目档案整理、实物征集、书籍出版、拍摄记录等工作。召开全省振兴传统工艺座谈会,推进实施振兴传统工艺计划。推进国家级、省级非遗代表性传承人抢救性记录工程,完成试点评估工作。滑县道情、商丘四平调、新蔡县毛氏济世堂传统医药炮制等3个项目获中央财政扶持,我省34个中国传统村落入选2016年中央财政支持范围。成功举办宝丰、淮阳、鹤壁、鹿邑等非物质文化遗产展示展演活动。古籍保护利用持续加强,全省古籍书库和数据库建设加快推进。

【文化产业实现新发展】 召开全省文化产业园区建设工作会议,各地文化产业发展势头进一步强劲,全省文化产业示范园区、基地、项目建设进一步推进,河南约克动漫影视股份有限公司等17家企业成长为第六批“河南省文化产业示范基地”。《黄帝史诗》《我是发明家》入选2016年全国弘扬社会主义核心价值观动漫扶持计划。登封市鹅坡少林武术文化博览有限公司等6家企业、“中国少林大成(柏林)健康中心”等2个项目,分别入选2015—2016年度国家文化出口重点企业和重点项目名单。成功举办“全省中小文化企业投融资路演暨项目推介”“香港河南文化创意与授权工作坊”等活动,积极组织本省文化企业参加深圳文博会、厦门文博会等,拓展合作和交易渠道。洛阳市入选国家文化消费试点城市。河南博物院、省美术馆、省图书馆、省地质博物馆等四家单位被确定为首批全国文化创意产品开发试点单位。加大文化产业扶持力度,对省内43个重点项目进行5000万元的资金扶持,郑州天人文化旅游有限责任公司等9家文化企业、尉氏县豫剧团等26家院团获得2016年度中央财政文化产业发展专项资金3580万元的扶持。

【文化市场监管得到新提升】 推进商事制度改革,取消了文化市场申办主体注册资金、验资证明、经营场所证明等限制,鼓励社会资本进入文化市场。印发了《关于进一步加强游戏游艺场所监管促进行业健康发展的实施意见》,有序放开游戏游艺市场。加强文化市场监管规范化建设,制定文化市场行政指导服务制度、综合执法责任追究制度、行政许可和行政处罚双公示制度、文化市场行政处罚裁量标准等。强化文化市场监管,开展全省县城乡镇互联网上网服务营业场所专项整治、春节期间文化市场专项整治、文化市场综合执法“闪电行动”等,及时查处北京太和华萃广告传媒公司非法演出案等一批重大案件,净化了文化市场环境。部署开展公共娱乐场所消防安全专项治理,全省共排查公共娱乐场所15769家,督促整改隐患27749处,依法取缔46家,吊销营业执照36家。

【对外及对港澳台文化交流拓展新局面】 圆满完成2016年“欢乐春节”文化交流任务,组织11个艺术团组,赴12个国家和地区的15个城市,开展系列对外文化交流活动。积极实施“央地合作”计划,承办“中国—马耳他文化年”系列文化活动,组派河南文化艺术团赴塞舌尔、马拉维、俄罗斯、加拿大等10多个国家和地区开展文化交流活动。组织豫剧《程婴救孤》赴美国参加"第三届跨太平洋中国艺术节",代表中国豫剧首次亮相好莱坞。成功举办第四届少林功夫非洲学员培训班。持续实施两岸豫剧人才培养计划,与台湾佛光山共同举办"全民三好两岸绘美"儿童画大赛,成功举办港澳视觉艺术双年展等活动,组织专家赴港澳开展豫剧、非遗、考古等交流研讨活动。

(河南省文化厅　王静涛)

湖北省

2016年,湖北省文化系统围绕中心,服务大局,开拓创新,各项工作取得明显成效。

【推进文化体制改革】 省委办公厅、省政府办公厅先后出台《关于做好政府向社会力量购买公共文化服务工作的意见》《关于进一步深化文化市场综合执法改革的实施意见》。省政府召开全省加快构建现代公共文化服务体系现场会,中央电视台《新闻联播》对湖北省构建现代公共文化服务体系、推进文化小康建设进行报道。建立厅级领导、厅直单位和机关处室对口联系贫困县工作机制,实施系列重点文化扶贫项目,竹溪县在全国文化精准扶贫工作视频会议上交流发言。省政府办公厅出台《关于推进基层综合性文化服务中心建设的实施意见》,扎实推进全省28个县(市、区)162个贫困村综合文化服务中心示范工程建设,在襄阳6个城市社区开展基层综合文化服务中心示范点建设。深化推动文化领域"放管服"、文化市场"双随机一公开"、文艺院团"一团一策"、乡镇综合文化站"县聘乡用"等重点领域和关键环节的改革。

【加强艺术创作展演】 围绕"中国梦"主题创作及加工修改现实题材剧目20部(台),话剧《台北新娘》《董必武》2台剧目参评参演第十一届中国艺术节;26件美术作品入选第十一届中国艺术节全国美术作品展,居全国第4位;5件作品入围第十一届中国艺术节群星奖决赛,1件作品获群星奖。承办第十一届全国优秀舞蹈节目展演,湖北省6件作品入选,位居全国首位。扎实推进戏曲进校园工作,完成戏曲进校园演出8000场,中宣部、教育部、文化部在武汉召开全国戏曲进校园活动经验交流现场会,文化部《情况通报》刊载推广湖北省的典型经验,中央电视台《新闻联播》《文化十分》和中国文化报、中国教育报等主流媒体也对此进行了报道。省政府出台支持湖北戏曲传承发展的政策文件,制定实施湖北省戏曲、京剧振兴发展两个五年计划。成功举办第九届湖北省黄梅戏艺术节、第二届湖北省荆州花鼓戏艺术节、湖北省优秀戏曲剧目上海展演周和优秀剧目北京行等重大艺术活动,组织开展庆祝建党95周年和纪念红军长征胜利80周年优秀剧目展演等惠民演出活动2万余场次。

【健全公共文化服务体系建设】 推进省博物馆三期扩建工程等省级重点文化设施建设,安排专项补助资金5000万元启动基层"四馆三场"项目,开工建设6个市级"三馆"、24个县级文化场馆和4085个村级文化广场,为851个村级综合文化服务中心示范点配备文化器材,全省省文化(群艺)馆上等级率达到84%。襄阳在第二批国家公共文化服务体系示范区创建考核验收中成绩居中部六省第一。组织开展第二批11个省级公共文化服务体系示范区创建工作,湖北省在全国公共文化服务标准化试点工作交流研讨活动上作典型发言。举办纪念红军长征胜利 80 周年主题图片展,全省 141 家单位参观展览。承办“欢跃四季——全国百姓广场舞活动区域联动季”活动,举办长江讲坛公益讲座 91 场,创建“长江读书节”阅读推广品牌,实施“百团千队万能人”扶持工程,举办首届“文化力量·民间精彩”湖北省首届社会文艺团队展演,丰富群众精神文化生活。开展文化援疆援藏活动,首次采取对口援藏方式策划举办 2016 中国西藏雅砻文化节开幕式文艺晚会,省文化厅在全国文化系统援藏工作会议上作经验交流发言。

【加快文化产业发展】 大力推进文化消费试点工作,武汉被确定为第一批国家文化消费试点城市。组团参加第十二届中国(深圳)国际文化产业博览交易会活动,全省 80 多家文化企业 160 多件实物展品参展,文化产业招商现场签约项目 20 个、总资金 209 亿元。成功举办湖北省第三届大学生文化创意设计大赛,征集参赛作品 7000 余件,评选优秀获奖作品 74 件,打造文化产业“双创”品牌。组织开展文化产业系列课题调研,《关于扩大全省城乡居民文化消费的调研报告》在省政府《鄂政阅》上刊发。荆门剧院、监利县文体中心入选财政部第三批政府和社会资本合作 PPP 示范项目,湖北省博物馆、武汉市中山舰博物馆入选全国博物馆文化创意产品开发试点单位,5 个文化产业项目和 7 个基层院团获得 2016 年中央财政文化产业发展专项资金资助。组织开展了 2016 年度文化产业示范园区及基地专项资金评审工作,对近 50 个园区和基地进行大力扶持。

【规范文化市场秩序】 承办全国文化娱乐行业转型升级高峰论坛,中文投、万达、百度、阿里等知名企业代表近 300 人参加。启动全省歌舞娱乐、游戏游艺场所的转型升级工作,评选上网服务行业转型升级示范场所 31 家。举办文化市场行业转型升级电子竞技大赛,全省近 7000 家上网服务场所、500 家游艺娱乐场所参与比赛。建立湖北省文化市场经营主体数据库和综合执法人员数据库,全面推行“双随机、一公开”监管工作。研发湖北省文化行业信用信息汇集系统,实现与省社会信用公共服务平台的实时对接。完成 4000 余家上网服务场所监管软件升级,启用 APP 非现场监管。开展暑期文化市场整治等 4 次专项执法行动,办结案件 3000 余个,1 个入围全国文化市场十大案件,4 个入围全国文化市场重大案件。

【加强文化遗产保护利用】 省政府印发《关于进一步加强文化工作的实施意见》。“万里茶道”申报《中国世界文化遗产预备名单》文本编制工作扎实推进。武汉中共中央机关旧址纪念馆、唐崖土司城址考古遗址公园、石家河考古研究中心建成开放,盘龙城遗址博物馆主体建筑封顶,龙湾遗址博物馆主体工程完工,铜绿山遗址博物馆、屈家岭考古研究中心开工建设,铜绿山古铜矿遗址四方塘墓葬入选“全国十大考古新发现”。赤壁羊楼洞、利川鱼木寨张凤坪、鹤峰五里村传统村落整体保护利用工程,建始五阳书院、十堰郧阳府学宫大成殿、蕲春金陵书院文物保护工程顺利推进,大别山区革命文物保护利用工作纳入《全国文物事业发展“十三五”规划》。全面完成第一次全国可移动文物普查工作,采集登录藏品总量位居全国第四。全省博物馆举办展览 986 个,举办青少年社会教育活动 1200 余场次,接待观众 2300 余万人次,“铸鼎镕金展”荣获全国博物馆十大陈列展览精品推介之“国际及港澳台合作奖”,省博物馆入选首批全国公共文化设施学雷锋志愿服务示范单位。组织开展全省文物法人违法案件专项整治行动，推动全省66个县(市、区)的656处国保、省保单位落实文物安全保护“一处一策”工作制度。省政协开展《湖北省非物质文化遗产条例》执法检查，召开“彰显文化自信、打造非遗品牌”月度协商座谈会。文化部和湖北省政府共同主办第四届屈原故里端午文化节，举办非遗传承人群剪纸、漆艺、刺绣、雕刻4期培训班，开展10名国际级、17名省级非遗代表性传承人抢救性记录工作，启动“武陵山区(鄂西南)土家族苗族文化生态保护试验区”规划编制工作，组织举办全国漆器艺术创意设计大赛。

【扩大对外文化交流】 选送的编钟礼乐《金石和鸣》在中埃建交60周年庆祝活动开幕式上作为开场节目演出。与首尔中国文化中心对口合作开展文化交流活动30余场。组团赴哈萨克斯坦参加“感知中国·丝路明珠”国家形象推广活动。组织湖北京剧首次登陆爱丁堡艺术节。举办新西兰“楚汉神韵”中国湖北非物质文化遗产展，组派展演团参加埃及开罗“欢乐春节”、加拿大蒙特利尔国际龙舟节、澳大利亚墨尔本中国戏剧节等重大活动，扩大“荆楚文化走世界”品牌影响力。组织举办第三届湖北国际漆艺三年展，展出8个国家和地区105位艺术家作品193件。全年办理入境文化交流活动117批次、1340人次，境外文化交流活动50批次、284人次。

【壮大文化人才队伍】 实施湖北省舞台艺术和美术“两个一百”人才培养工程，对106名优秀舞台艺术人才和102名优秀美术人才进行重点培养。支持省戏曲艺术剧院与湖北艺术职业学院联合开办楚剧、汉剧，以及黄梅戏3个定向班，支持13个戏曲院团11个地方戏曲剧种与艺术院校联合办班，为戏曲传承发展培养“接班人”。深入推进“三区”人才支持计划文化工作者专项，选派2505名文化人才到“三区”县市提供文化服务，为“三区”培养业务骨干286名。推动各地落实“县聘乡用”政策，加强基层文化工作力量配备。组织举办全省市县文化局长培训班，开办各类文化专业人才培训班33期，培训人员3076人次。

(湖北省文化厅　邢君成)

湖南省

2016年，湖南省文化工作取得新进展。

【文艺创作生产传播呈现可喜变化】 出台了湖南省《关于繁荣发展社会主义文艺的实施意见》《关于支持戏曲传承发展的意见》《湖南省文化厅文艺家创作采风制度》。湘剧《月亮粑粑》、舞剧《桃花源记》参演第十一届中国艺术节，湘剧表演艺术家王阳娟荣获“文华表演奖”。湘剧《月亮粑粑》、花鼓戏《我叫马翠花》分别入选2016年度国家舞台艺术精品创作工程重点扶持剧目和全国舞台艺术重点创作剧目，并通过验收。《甜酒谣》等四个剧本获得文化部戏曲剧本孵化计划资助。湘剧高腔《书香天下》代表湖南参演第五届中国校园戏剧节。皮影戏《走自己的路》参加第六届全国木偶皮影中青年技艺传承展演，并荣获优秀设计制作奖、传承新人奖。开展“精准扶贫”主题创作。举办湖南省首台戏曲春晚“百花争春”。2016年7月26日至9月20日，成功举办“湘戏晋京”展演，共展演新创精品剧目12台。44个项目获得国家艺术基金立项资助，资助总额1877万元。省级艺术创作专项资金增加到2500万元，重点扶持56个艺术创作项目。首次组织省直艺术名家深入 24 个市县(区)巡演 35 场,完成“雅韵三湘”高雅艺术普及计划 230 场。完成“送戏曲进万村、送书画进万家”活动惠民演出 10069 场,为人民群众送出美术作品 200 余件、书法作品 5000 余件。《渐失的记忆·勾蓝古瑶寨》等一批美术作品入选第十一届中国艺术节全国优秀美术作品展。全省地方戏曲普查全面铺开。7 位青年艺术家入选国家戏曲艺术人才培养“千人计划”,首次开办全省花鼓戏声腔音乐编曲人才培训班,选派第一批 17 名青年艺术家赴中国戏曲学院学习一年。

【公共文化服务水平持续提升】 为认真落实湖南省《关于加快构建现代公共文化服务体系的实施意见》等文件,湖南省文化厅建立了省级现代公共文化服务体系专家库和省级文化生态研究中心,先后 2 次召开现场推进会并举办培训班。岳阳成功创建第二批国家公共文化服务体系示范区,株洲的“乡村大舞台”、郴州的“东江旅游摄影艺术惠民公益平台”成功入选国家示范项目。长沙公共文化服务标准化试点工作通过国家评审。14 个县市区的省级示范区创建工作有序推进。出台《“十三五”时期湖南贫困地区公共文化服务体系建设规划纲要》,制定并落实文化扶贫九大措施,实施贫困地区基层综合性文化服务中心示范工程、流动文化车工程、数字文化提档升级工程、城市社区文化中心建设工程、村文化活动室设备购置项目、送戏送书画下乡项目、文物保护利用项目、农村文化志愿服务行动计划。2016 年,累计争取公共文化项目资金近 2 亿元、文保资金 3.6 亿元,投入贫困地区公共文化和文物保护利用工作。全省启动建设基层综合性文化服务中心,湖南省政府办公厅印发《湖南省关于基层综合性文化服务中心建设的实施意见》,省委宣传部、省文化厅率先在全国出台《湖南省村(社区)综合文化服务中心管理办法》,建成首批 400 个贫困地区村级综合性文化服务中心示范点。湖南省博物馆改扩建工程和湖南艺术职业学院搬迁工程顺利推进。组织第三方对全省乡镇综合文化站效能建设开展暗访抽查。省文化馆、岳阳市文化馆启动数字文化馆建设。成功举办庆祝中国共产党成立 95 周年“红旗颂”大型群众合唱比赛、“我们都来跳”原创广场舞、“欢乐潇湘”群众文艺汇演、全民阅读等群众文化活动。湖南省文化志愿服务总队被文化部表彰为优秀团队,“春雨工程——湖南文化志愿者边疆行示范活动”入选全国最佳志愿服务项目,14 个基层文化志愿服务活动入选文化部典型案例,入选数全国第一。1 名文化志愿者入选全国最美志愿者。戏曲动漫进校园活动模式被文化部总结推广到全国九个省市区。全省公共文化设施面积达 6863.3 万平方米,较上年增长 23.73%,人均达 1.01 平方米,万人拥有三馆一站公用房屋建筑面积 723.86 平方米,增加 85.37 平方米,增长 13.37%。14 个市州文化小康建设平均实现程度达到 85.6%。

【文化遗产保护卓有成效】 按照《国务院关于进一步加强文物工作的指导意见》和全国文物工作会议要求,全面协同推进文物保护和利用。文物安全、文物援藏、革命文物及红军长征文物保护、展示与利用等工作得到国家文物局肯定。永顺老司城、凤凰区域性防御体系等遗产园区建设、永顺双凤村等传统村落整体保护利用项目加快推进,积极做好侗族村寨、茶马古道申遗工作。澧县城头山国家考古遗址公园正式开园。实施了 53 个重点项目的考古发掘工作,桂阳矿冶遗址考古取得重大收获。湖南省第一次全国可移动文物普查基本完成。“深化‘两学一做’讲好特殊党课”——全省革命纪念类博物馆革命文物讲解大赛、“讲文物故事知家乡历史——首届湖南文物价值解读与传播大赛”成功举办。依法严格督办永州周家大院文物违法案。完成全省古籍普查登记工作,23 部古籍入选国务院颁布的第五批《国家珍贵古籍名录》,湖南图书馆入选全国古籍重点保护单位。《湖南省实施〈中华人民共和国非物质文化遗产法〉办法》颁布实施。花垣县的“苗族赶秋”和郴州的“安仁赶分社”作为二十四节气中的重要组成部分成功列入世界非遗名录。省政府公布第四批省级非物质文化遗产代表性项目名录 122 项。“女书习俗”走进联合国,湘绣、土家族织锦、花瑶挑花等项目远赴美国参加第 37 届罗利艺术节。选送 28 名优秀传承人赴中央美院等国内一流大学参加研修研习,开展了 4 期湖南省非物质文化遗产传承人群普及培训班。2016 年争取省级以上非遗保护资金 9408 万元,同比增长 4938 万元,增幅近 110%。广泛开展“湖湘文化遗产月”和博物馆日的宣传展示。

【文化产业加快转型升级】 牵头开展省级文化产业示范基地和园区评定工作,认定首批示范基地 12 个、园区 3 个。湖南省获得中央文化产业发展专项资金 1.988 亿元,位居全国第 3 位,6 个项目入选中央 PPP 示范项目,位居各省市首位。88 个文化类项目获得省级文化产业发展专项资金支持 4980 万元。长沙市跻身首批国家扩大文化消费试点城市。新增 17 家文化企业和 4 个项目入选国家文化出口重点企业(项目)。举办首届湖南文化创意设计大赛、中小文化企业投融资路演·湖南站活动。2016 湖南(长沙)国际收藏产业博览会现场销售及意向成交金额达 3.8 亿元;举办 2016 湖湘动漫月系列活动,其中动漫游戏展现场交易额达 8000 万元;组织湖南动漫游戏展团参加第十二届深圳文博会,达成意向合同金额 4 亿余元。建成全省文化系统重点文化产业项目库、特色产业项目库、特色文化企业库,文化产业统计和分析体系初步构建,省文化厅与省工商联共建以文化产业发展合作为重点的厅际合作机制。

【文化市场管理规范有序】 制定文化市场技术监管与服务平台应用规范、文化市场行政审批规范业务手册,省本级文化市场行政审批工作实现办结率、群众满意率两个 100%。启动建设“文网卫士”网吧监管平台。启动落实“双随机一公开”、黑名单制度等文化市场监管新机制。举办了全省上网服务行业转型升级研讨会暨“竞游潇湘”电子竞技联盟大赛对接会、阳光文化娱乐节等活动,积极拓展居民文化消费空间。专题调研民营演艺团体,常态化进行暗访交叉检查,开展了互联网、演出娱乐、文化艺术品交易市场专项整治行动。全省立案调查案件 4400 余件,办结案件 3700 余件,停业整顿 579 家次,株洲市文化市场综合执法局被评为全国文化市场综合行政执法先进集体。

【湖湘文化影响日趋扩大】 湖南文化工作在全国多次介绍经验,“湘”字号文化品牌达 42 个,占全国文化品牌的 16.2%。春节期间湖南省先后派出访演团队赴印度尼西亚、美国、伊拉克、约旦、赤道几内亚、埃塞俄比亚、南非等 7 个国家,辗转 13 个城市参加“欢乐春节·锦绣潇湘”演出 45 场。成功承办与巴基斯坦中国文化中心文化合作项目和 2016 中拉文化年——拉美客座艺术家交流、2016 中法文化之春、“艺海流金——感悟湘风楚韵”内地与港澳文化联谊、“驻华外交官中国行”来湘考察、“湘音流转”宝岛行等活动。援助孟加拉国考古工作取得新进展。长沙当选“东亚文化之都”,为湖南省新增一张世界文化名片。

【文化改革任务全面落实】 省委办公厅、省政府办公厅印发《关于进一步深化文化市场综合执法改革的实施意见》。省委部署的以县级图书馆为中心推进总分馆制、基层综合性文化服务中心建设等3项改革全面完成，宁乡、宁远、炎陵“县级图书馆总分馆制”试点工作取得积极成效。出台了《关于做好政府向社会力量购买公共文化服务工作的实施意见》，省文化厅启动向社会力量购买“演艺惠民”服务试点工作。

【文化建设各项保障有力】 编制出台了《湖南省文化厅“十三五”时期文化发展规划》，争取文化建设内容纳入省第十一次党代会报告、省政府工作报告和省“十三五”规划。2016年共争取到中央补助地方专项资金11.5亿元，文化厅落实部门预算3.69亿元，较上年增长0.58亿元，增幅18.7%，并争取省财政追加专项资金2.02亿元。“百千万”文化人才提升工程开始启动，省文化厅直管单位面向社会招聘各类人才117名。湖南艺术职业学院新校区已部分投入使用，省文化厅艺术幼儿园梅溪湖分园正式开园。顺利完成厅机关公务用车改革。文化法治工作有新进展，被省政府评为依法行政考核优秀单位，经验被文化部推广。荣获全国文化系统十佳调研报告1篇、优秀调研报告4篇、全省宣传文化系统优秀调研一等奖1篇、二等奖2篇，连续两年被评为全省宣传文化系统调研工作先进单位，在全国文化系统调研工作会议上作典型经验发言。成功举办寻找湖南“最美基层文化人”活动。湖南省文化厅报送信息被中宣部采用8条、新华社采用1篇，文化部、省委办公厅、省政府办公厅、省委宣传部采用285条。信息工作经验在全国文化系统会议上作典型发言，文化部授予湖南省文化厅微信和微博创新奖。

（湖南省文化厅　左孝峰）

广东省

【概况】 2016年，广东省文化厅认真学习贯彻党的十八大、十八届历次全会和习近平总书记系列重要讲话精神，按照文化部和广东省委、省政府的决策部署，开拓创新，锐意进取，扎实推进文化改革发展，实现了广东省文化工作的“十三五”良好开局。

【艺术精品创作生产】 以广东本土历史文化题材和近现代题材、改革开放题材和重大历史纪念日为重要创作要素，推出或打磨粤剧《还金记》、舞剧《沙湾往事》、音乐剧《烽火·冼星海》、话剧《韩文公》等一批精品力作，通过在全国或全省巡演等方式，不断扩大广东省优秀文艺作品的影响力。以广东省政府办公厅名义印发《广东省关于促进地方戏曲传承发展的实施意见》，召开广东省推动地方戏曲传承发展工作会议，实施“广东省百台地方戏发展扶持计划”。进一步打造艺术惠民品牌，举办2016广东戏曲喜剧特邀展、2016粤港澳台魔术交流展演、首届南国音乐花会、广东省地方戏曲片区交流演出等重点活动。组织选送优秀项目参加第十一届中国艺术节，舞剧《沙湾往事》荣获第十五届文华大奖，实现了广东省艺术精品创作新突破。

【公共文化建设】 办好广东省政府民生实事，支持补助粤东西北地区图书馆、文化馆总分馆试点建设各10个，乡镇文体广场示范点建设156个。制订《广东省公共文化服务体系建设资金管理细则》，提高资金使用效益。继续实施国家数字文化建设三大工程，推动公共数字文化服务。广东省的少儿舞蹈《爸妈我想你》、曲艺《羊续悬鱼》2部作品在第十一届中国艺术节获得“群星奖”,获奖数量在全国各省(区、市)中并列第一。积极推进国家级和省级公共文化服务体系示范区(项目)创建,深圳市福田区示范区和惠州市“文化惠民卡制度”、广州市越秀区“中心城区公共文化服务体系创新工程”示范项目创建工作顺利通过文化部、财政部终期验收。对第一批8个省级示范区和14个示范项目创建开展中期督查,确定东莞市塘厦镇等4个县(市、区)和佛山市南海区文体局“智慧图书馆(24小时读书驿站)”等12个项目获第二批省级示范区(项目)创建资格。联合省文明办印发《广东省文化志愿服务规范指引》,促进文化志愿服务规范化发展。

【文化遗产保护利用】 组织召开全省文物工作会议,以省政府名义印发《关于进一步加强文物工作的实施意见》。贯彻落实省委主要领导和分管领导有关文物保护工作的重要批示精神,加快推进汕头小公园改造保护工程、饶平新彩楼保护修缮、全省名人故居和传统村落的保护利用等工作,并取得初步成效。积极推进海上丝绸之路申遗工作,广东省有多处遗迹进入我国海丝世界申遗之列。田野考古工作取得重大成果,清远英德青塘遗址发现旧新石器时代过渡阶段古人类化石,这是目前广东发现的保存最为完整的古人类化石。完成第一次全国可移动文物普查工作,登录藏品875254件(套),居全国前列。启动文博单位文化创意产品开发试点工作,国家文物局确定广东省成为“2016年度博物馆青少年教育功能提升项目”试点省份。联合《南方日报》开展文物保护系列专题报道《“国保”的启示》,扩大文物保护利用宣传,成功举办一批廉政主题展览。组织“十三五”时期国家非遗保护利用设施建设项目储备库申报,积极推进非遗传承人群研修研习培训工作,加强非遗传承人抢救性记录保护,加快推进《广东省粤剧保护管理规定》立法进程。第十一个中国文化遗产日广东主会场活动选择在少数民族地区清远连南举办,旨在传递文化遗产保护重在基层、重在乡村的理念。

【文化市场管理】 广东省是国内最重要的演出市场之一,尤其是网络文化经营单位呈井喷态势。2016年新审批设立经营性互联网文化单位达1573家,较2015年增幅高达233%。动漫、网络游戏、网络音乐等新兴文化业态在全国领先态势明显。针对意识形态领域出现的新情况新问题,省文化厅制定了《演出内容监管要点(试行)》,牵头会同省直相关职能部门建立涉外演出管理协调会商机制,制定《文化和新闻出版广电领域涉外人员和节目内容管理工作指引》《广东省游戏游艺设备内容审核标准(试行)》。全省5个试点地区试点上网服务场所已全部提前实现了转型升级目标。制定《广东省游戏行业排行榜发布规则》,指导开展2016“金钻奖”评选工作。

牵头起草印发了《中共广东省委办公厅 广东省人民政府办公厅关于进一步深化文化市场综合执法改革的通知》。精心组织开展2016年重大节假日、“两会”期间文化市场专项整治。2016年全省文化市场行政执法部门共出动行政执法人员约79万人次,检查各类文化市场经营场所约31万家次,行政处罚违法违规文化市场经营单位1852家次,有效保障了广东省文化市场持续健康发展。

【文化产业发展】 推动文化与金融合作发展,联合人民银行广州分行在深圳文博会期间举办“文化金融合作发展推进会”,成功促成文化企业87个文化项目共获得银行授信498亿元。推动文化与旅游融合发展,评出全省首批 8 个文化旅游融合发展示范区。积极做好深圳文博会广东团组展工作，连续三年实现全省各地级以上市组团参展“满堂红”，广东团总成交额达 2063.22 亿元，再创新高。积极扶持重点文化产业项目建设，推荐艺术广东国际收藏品及艺术品博览会等 4 个项目成功获得国家文化产业资金补助共 890 万元。修订印发了《广东省文化厅省级文化产业示范园区管理办法》。指导各地市开展扩大文化消费试点工作，推荐广州、深圳两市成功获文化部批复为第一批国家文化消费试点城市。印发《关于推进文化文物单位文化创意产品开发工作的通知》，指导各地和各试点单位推进文创产品开发工作。

【对外和对港澳台文化交流合作】 2016 年广东省对外和对港澳台双向文化交流达 1149 批、18355 人次，继续位居全国前列，再次在文化部工作会议介绍经验。组派文艺团组 37 批、769 人次，分赴五大洲 15 个国家及港澳台地区开展“欢乐春节”活动。广东省重点打造的舞台精品舞剧《沙湾往事》《潮汕那壶茶》、现代舞《须弥芥子》和民族交响套曲《丝路粤韵》在美国林肯艺术中心、肯尼迪艺术中心、西雅图音乐宫、加拿大温哥华、意大利罗马音乐公园音乐厅等欧美主流文化场所上演，进一步增强广东文化国际影响力，受到各界好评。促成斐济国家邮政局发行由广东艺术家许鸿飞设计的首枚中国生肖邮票。举办“中东欧国家作曲家采风创作”活动，赴省内地市进行中国民族民间音乐采风，并根据广东音乐演奏特点进行创作。以“广东文化丝路行”为品牌，加大与“一带一路”沿线主要国家的文化交流力度，取得良好效果。与香港、澳门联合举行了粤港澳文化合作第十七次会议，商定 70 个合作项目。启动“起势珠三角——粤港澳现代舞联盟”“粤港澳青年戏剧交流计划”“非遗协同合作”等合作项目，圆满完成第八届粤港澳青年文化之旅活动。赴台北、新竹等地举办“守望精神家园——第三届两岸非物质文化遗产月”系列活动，有效增进了台湾民众对岭南文化的认识。

【文化改革创新】 改革文化领域行政审批与监管方式，依法精简、转移、下放文化行政审批事项，完成行政审批中介服务事项的清理、行政审批标准化录入和行政审批先行先试总结评估等工作，省文化厅 39 项行政许可事项标准经合规性备案审查全部通过。取消对游戏游艺场所总量和布局规划的行政性规定，取消设立经营性互联网文化单位最低注册资本的限制；积极推进六项省级管理事项权限的委托实施工作。推动出台《广东省节庆活动管理实施办法》，制定《广东省文化事业发展“十三五”规划》。出台广东省《关于推进基层综合性文化服务中心建设的实施意见》，推进公共文化机构法人治理结构试点，完善理事会各项规章制度。召开省公共文化改革试点工作情况交流座谈会，深化广东省公益性文化事业单位法人治理结构改革、公共文化服务标准化、基层综合性文化服务中心三项改革试点工作。

（广东省文化厅　冯雅琳）

海南省

【概况】 2016 年，海南省文化系统深入贯彻落实党中央、国务院和省委、省政府关于文化建设的一系列重大决策部署，坚持稳中求进的工作总基调，围绕主业抓重点，围绕产业抓突破，围绕发展抓改革，圆满完成各项工作任务，保持文化事业和文化产业持续健康快速发展的良好态势。

【公共文化服务体系建设】 2016年，公共文化服务体系建设全面实施。出台《关于加快构建海南省现代公共文化服务体系的实施意见》《海南省基本公共文化服务标准化、均等化先行区建设实施方案》《关于推进基层综合性文化服务中心建设的实施意见》等，各市县研究制定落实措施、实施标准和配套政策，为海南加快构建现代公共文化服体系提供政策支撑。三亚市、保亭县、琼中县创建第二批国家公共文化服务体系示范区（项目）顺利通过验收，获文化部正式命名并授牌；在澄迈县、陵水县、保亭县组织开展2016年琼桂粤三省区国家公共文化服务示范区（项目）区域联动活动。中国（海南）南海博物馆、海南省博物馆二期建设和海南省民族博物馆改扩建工程稳步推进。儋州市、澄迈县、保亭县博物馆开馆，结束了当地没有博物馆的历史。省美术馆、音乐厅前期工作积极推进。继续实行公共文化设施免费开放政策。532个行政村文化活动室全部完工。全省职业艺术表演团体惠民下乡演出1008场，超额完成年度任务。组织开展文化部“春雨工程”。组织开展文化志愿者海南行、“文化惠民直通车”和“群艺大舞台”活动，深入基层惠民演出20多场，惠及基层群众9万多人次。组织“海南群众文化大讲堂”进基层巡演16场。组织“向祖国汇报——第五届全国中小学生艺术展演美术获奖作品展”巡展活动，惠及群众5万多人次。举办“美丽海南”美术、摄影作品展2期。举办“中华情　中国梦”公益体彩迎新春元宵游园系列活动。建立海南省图书馆“妈妈志愿者”“巡村学古工作坊”“东坡书院”文化志愿者团队等文化志愿服务活动品牌，全年服务时长达20511小时。2016年全年选派基层文化干部共30期51人次参加文化部示范性培训。

【公共数字文化建设】 2016年，完成国家公共数字文化支撑平台建设，实现与文化部全国公共文化发展中心平台对接，有效提升公共数字文化服务能力。组织完成11个边疆万里数字文化长廊示范点建设并挂牌，有效促进基层服务点标准化、规范化建设。全省150个乡镇文化站、280个行政村文化室（含社区书屋）和20个边防哨所配备“边疆万里数字文化长廊”设施设备，丰富活跃基层群众和边防官兵数字文化生活。抓好基层公共数字文化队伍建设，开展市县图书馆、乡镇文化站、边疆万里数字文化长廊建设点技术骨干培训14期，1161人次参加；开展市县级图书馆、数字图书馆推广工程技能提升培训7场，70人次参加；开展数字资源主题培训11场，576人次参加。

【文艺精品创作演出】 2016年，文艺精品创作演出亮点频现。制定《海南省“十三五”时期琼剧传承发展规划纲要》，启动琼剧振兴工程，琼剧会馆项目确定选址三亚市。海口市艺术团歌舞诗《黎族家园》获第五届全国少数民族文艺会演“剧目金奖”和“最佳舞台美术奖”；海南省文化艺术学校舞剧《秋菊传奇》获第五届中国校园戏剧节优秀展演剧目；海南省歌舞团舞剧《东坡海南》赴京、津巡演广获好评；海南省歌舞团附属芭蕾舞学校群舞《花帽子》入选第十一届全国优秀舞蹈节目展演；定安县琼剧团琼剧《定安娘》入选参加中宣部、文化部举办的全国基层院团戏曲会演；海口市琼剧团琼剧《宋庆龄在1946》剧本获文化部戏曲剧本孵化计划项目立项；海南省琼剧院新版历史琼剧《海瑞》入选第11届中国艺术节文华奖参评剧目；4幅作品入选全国优秀美术作品展。圆满完成“澜沧江—湄公河合作首届领导人会议”文艺演出、第十四次上海合作组织成员国总检察长和2016金砖国家总检察长会议文艺演出，获得高度赞誉，展示了海南靓丽的文化形象。

【艺术科研】 2016 年，海南省 3 个项目获 2016 年度国家艺术基金项目立项，资助资金总额 474 万元。1 个项目获 2016 年度国家社科基金艺术学项目立项，资助资金 18 万元。1 个项目获 2016 年度文化部文化艺术研究项目立项，资助资金 8 万元。3 个国家社科基金艺术学项目结项。

【文物保护与考古】 2016 年，文物保护与考古成果丰硕。开展第三次全国不可移动文物普查和第一次全国可移动文物普查，摸清全省文物资源基本状况。全省不可移动文物共 4274 处，水下文化遗产数量居全国首位。全国重点文物保护单位 24 处 27 点，省级文物保护单位 185 处，市县级文物保护单位 469 处。国家级历史文化名城 1 座，历史文化名镇 4 个，历史文化名村 3 个，中国历史文化名街 1 条，中国传统村落 47 个。全省 51 家国有收藏单位，采集文物信息总量 55482 件（套），藏品 108856 件。全省文物库房总面积达 19810.4 平方米。东坡书院、五公祠、美榔双塔、文昌孔庙、临高文庙、崖城学宫、蔡家宅、陵水农民协会旧址等修缮完毕。儋州故城、东方感恩学宫等启动维修工作。完成 24 处国保和 185 处省保单位保护标志碑安装。与中国社会科学院、国家博物馆合作，完成三亚英敦遗址、陵水桥山遗址、昌江乌烈遗址发掘工作，为构建海南新石器时代文化序列提供了关键证据。以重大学术研究为目的的海南东南沿海地区新石器时代遗存考古和海南古代城址、环海南岛史前海洋聚落、海南岛古代军事设施等专项调查与研究成效明显，其中，海南东南沿海地区新石器时代遗存考古填补了海南史前考古诸多空白。

【非物质文化遗产保护】 2016 年，完成海南省第五批省级非物质文化遗产代表性项目名录申报工作。开展黎族传统纺染织绣技艺进中小学课堂和传统文化进校园等活动，9 个民族市县的 40 多所中小学有超过 8000 多名学生学习黎锦技艺基本知识和织造技艺，民营企业主动参与支持黎锦教学与培训；"民歌、民舞、民服"三进校园成民族地区特色教育内容；海南八音小学队伍日渐壮大。成功举办 2016 年"文化遗产日"非物质文化遗产系列活动 50 场。"海南非物质文化遗产"明信片公开发行。

【古籍保护】 2016 年，完成古籍普查 4 家，全省古籍收藏单位由 5 家增加到 15 家，全省古籍著录平台录入古籍 241000 多册。全年修复线装书《史记》1 册，《增广验方新编》2 册共 207 页；修复精装平装文献 7 册 1660 页。协调国家古籍保护中心专家为海南省民族博物馆鉴定古籍百余部，确定明代善本二十余部。入藏文津阁版《四库全书》（四合一，全 1500 册精装影印本），启动古籍特藏征集工作。海南省古籍保护中心与海南大学人文传播学院签订《海南大学人文传播学院与海南省古籍保护中心共建志愿服务基地协议书》，加强古籍保护合作。

【中国（海南）南海博物馆建设】 2016 年，强力推进中国（海南）南海博物馆建设。该项目选址琼海市潭门镇，距离博鳌亚洲论坛会址约 9 公里，占地 150 亩，总建筑面积 70593 平方米，概算总投资为 93296 万元，建设内容包括陈列展览、业务保障、科研教育、后勤服务，以及"一带一路"会议展览交流服务体系。该项目于 2016 年 5 月正式动工，经筹建各方精诚团结、攻坚克难，主体工程于 2016 年 9 月实现封顶，进入钢结构、幕墙施工的攻坚阶段，室内精装、展陈设计、藏品征集、开馆筹备等工作按倒排工期同步推进。

【文化市场监管】 2016年,文化市场监管规范有序。根据文化市场发展情况,连续转发《文化部关于启用文化市场黑名单管理系统的通知》《文化部关于贯彻实施艺术品经营管理办法》《文化部关于加强网络表演管理工作的通知》《文化部关于网络表演经营活动管理办法》《文化部关于规范网络游戏运营加强事中事后监管工作的通知》《文化部关于推动文化娱乐行业转型升级的意见》,对文化市场进行规范管理,鼓励市场发展。重点开展“扫黄打非”专项行动、互联网上网服务营业场所专项整治、学校周边文化市场专项治理行动、文化市场安全生产大检查、文化市场综合执法改革调研、文化市场执法培训考评、文化市场行政审批大检查等工作。截至2016年底,全省有经营性互联网文化单位106家,其中2016年审批88家。全省有互联网上网服务营业场所1342家,其中2016年审批171家。全省有文艺表演团体79家,2016年审批18家;全省有演出经纪机构46家。全省有娱乐场所978家,2016年审批188家。

【行政审批制度改革】 2016年,完成行政审批制度改革阶段性工作,实行“一个窗口受理”“一站式”办理,办理时限比法定时限缩短70%以上。对与网络文化、动漫游戏、影视制作等重点文化产业领域密切相关的行政审批事项实行“承诺制办理”,激发社会投资文化产业的积极性。2016年4月到12月,共办理网络文化经营许可证86个,是前五年总和的4倍。探索建立“政务服务进园区”工作机制,以“服务社会投资百日大行动”为契机,与各文化产业园区管理公司签订《合作服务协议书》,建立“文体厅政务服务工作站”,按照《工作站服务规范》为园区企业提供“足不出户”的政务服务。2016年共办理审批事项8714件,提前办结率100%,平均提速80%以上。

【文化产业发展】 2016年,海南省以动漫游戏、影视制作、旅游演艺等为突破口推进文化产业提质升级。设立海南文化体育产业发展基金,基金规模3.5亿元,充分发挥杠杆和引领作用,投向重点文化产业项目,打通助推文化产业发展的市场化金融通道。2016年6月,海口文化产业园正式挂牌,按照以平台型品牌企业带动上下游企业聚集的思路,引导园区充分整合资源,打造影视、旅游、产业三位一体,文态、形态、业态、生态四态合一的开放型影视产业集聚区。阿里影业、方金影业、中和星空影业等45家企业在园区完成注册,一批海内外知名品牌文化娱乐企业完成招商谈判。2016年,海南文化产业与旅游进一步融合发展,一批文化旅游重点项目或动工建设,或建成运营并取得规模效益。全省年接待游客达百万人次以上的文旅景区有11个,其中南山文化旅游区、天涯海角旅游区年接待游客逾300万人次;冯小刚电影公社接待游客206万人次,文化带动旅游景区实现规模效益。招商引资及服务贸易工作进展顺利,第二届海南文化产业博览会吸引来自18个国家和地区的700多家企业参展,征集产业项目类别超过50个,现场签订合作金额100多亿元人民币,较上届增长65%。北京专题招商活动签约金额24.2亿元,厦门招商活动签约金额11亿元。截至2016年底,全省有国家级文化产业示范基地6个,国家“一带一路”文化产业项目2个,国家级特色文化产业项目1个,国家体育产业联系点1个,省级文化产业示范园区2个,省级文化产业示范基地10个。

【对外文化交流】 2016年，海南省全方位多渠道扩大对外文化交流的广度和深度。主动融入国家对外交往大局，深入挖掘海南文化资源，积极扩大对外文化交流；争取放宽政策、引进海外优秀文化、加大对海南文化企业扶持力度，促进对外文化贸易和文化服务贸易发展。2016年，海南省对外和对港澳台文化交流及营业性演展共285项，1635人次。其中，文化交流项目出访20项280人次，来访3项26人次；涉外营业性演出265项1329人次。海南省与马耳他、俄罗斯、印度等多个国家和地区进行了文化交流和贸易往来。网络游戏原创出口创汇总计210.07万美元。

（海南省文化广电出版体育厅　陈虹霓）

广西壮族自治区

【概况】 2016年，广西各级文化部门、广大文化工作者认真贯彻落实党的十八大和十八届三中、四中、五中、六中全会精神，认真学习贯彻习近平总书记系列重要讲话精神，坚定文化自信，紧盯目标任务，扎实推进各项工作圆满完成。以系列文化政策为保障，文化体制改革取得新进展。以国家级示范区创建为抓手，现代公共文化服务体系建设跃上新水平。以精品创作演出为着力点，舞台艺术呈现新景象。以融合创新为特色，文化产业发展实现新跨越。以转型升级为动力，文化市场建设迈上新台阶。以花山申遗为重点，文化遗产保护利用实现新突破。以“美丽中国美丽广西”对外文化交流品牌为依托，广西文化走出去赢得新赞誉。全年文化工作取得重要进展，实现了“十三五”良好开局。

【文化体制改革】 2016年，国家密集出台了一系列涉及公共文化、文化遗产、传统文化等多个领域的政策文件。广西也相应出台《广西壮族自治区非物质文化遗产保护条例》《广西壮族自治区人民政府关于进一步加强文物工作的实施意见》《广西壮族自治区人民政府办公厅关于促进地方戏曲传承发展的实施意见》《广西壮族自治区关于做好政府向社会力量购买公共文化服务的实施意见》《广西壮族自治区关于推动文化文物单位文化创意产品开发的实施意见》等5个文件，推动国家文化政策落地生根，为广西文化改革发展提供有力政策保障。各市也积极制定文化政策，14个市都出台了《关于加快构建现代公共文化服务体系的实施方案》等政策文件。

【公共文化服务】 国家公共文化服务体系示范区创建工作。玉林市、柳州市鱼峰区、临桂区创建第二批全国公共文化服务体系示范区（项目）通过文化部评审验收。来宾市、临桂区文化馆分别通过国家级基层综合性文化服务中心试点、公共文化机构法人治理结构试点评审。

村级公共服务中心建设。2016年争取3亿元投入全自治区1200个村级公共服务中心项目建设，并将自治区财政补助标准由原来的每个项目20万元提高到25万元。到2017年4月将建成村级公共服务中心8279个，覆盖全自治区58%的行政村。

公共文化场所免费开放。2016年中央及自治区基础性公共文化设施场所免费开放经费补助16336万元，全自治区的3个美术馆、112个公共图书馆、123个文化馆、112家博物馆、纪念馆、1126个乡镇综合文化站、40个社区文化中心全部按要求向社会公示，实现免费向公众开放。“十二五”期间，广西公共文化设施利用的平均绝对效率排名全国第一。

公共文化服务。2016年末，全自治区公共图书馆藏书量达2545万册，读者人数达1692.7万人次，图书借阅量1420.6万册，读者活动5508场。各级群艺馆、文化馆举办群众文艺培训活动4380次，培训人数32.6万人。各级博物馆举办展览502个，参观人数达1830万人，开展社会教育活动1583个。

【艺术创作生产与展演】 艺术创作生产。广西壮族自治区文化厅（以下简称"广西文化厅"）印发了《广西舞台艺术三年创作规划》，确定了未来三年广西舞台艺术创作的导向和重点。全区共创作11部大型剧目、421个小型作品。壮族岩画音乐舞蹈诗《花山》获第五届全国少数民族文艺会演银奖。新编历史壮剧《冯子材》片段入选参加2017年新年戏曲晚会。2016年广西共有45个项目获得国家艺术基金立项资助，较2015年增长42%，在全国排名第5位。

文艺惠民演出。2016年，南宁民歌湖广场、"南国之声"周末音乐会、"民族戏苑"周末剧场、柳州"柳江明珠"水上大舞台等常态化驻场惠民演出2808场，观众人数达353.9万人次。自治区各级文艺院团、演艺企业以"唱响八桂中国梦"为主题深入农村、社区、企业、校园、军营开展惠民演出5300多场，服务观众500多万人次。

举办重大文艺展演活动。全年举办了第三届广西杂技魔术精品展演、第六届广西戏曲青年演员比赛、第三届广西青年舞蹈演员比赛、第四届中国—东盟（南宁）戏剧周、第二届中国—东盟戏曲演唱会等重大文艺展演及比赛。

【文化产业发展】 推动文化创意产品开发。出台《关于推动文化文物单位文化创意产品开发的实施方案》。举办首届广西文化创意产品设计大赛各项工作，共收到参赛作品1488件，评选出获奖作品123件。遴选文化创意产品参加各类高级别展会，广西参展的角雕作品《鸿运当头》获得中国（义乌）文化产品交易会工艺美术雕刻类金奖。

培育骨干文化企业。评选公布了8个第六批自治区文化产业示范基地，自治区文化产业示范基地达到111家，国家文化产业示范基地达到8家。自治区文化产业示范园区桂林创意产业园、北海文化产业园的入园企业总数达240家，吸引了世界五百强企业甲骨文（NYSE：ORCL）公司等知名企业落户。

申报重点项目及文化产业发展专项资金。制定《广西特色文化产业重点项目评选暂行办法》。评选公布了50个自治区特色文化产业重点项目。组织申报2016年中央文化产业发展专项资金，2个项目获得资金扶持，22个项目入选文化部2016年度文化产业重点项目，获得经费支持4400多万元。自治区文化产业发展专项资金支持市县项目35个，支持金额2540万元。

扶持动漫游戏产业。制定《广西优秀原创动漫作品评选暂行办法》。2016年度下达广西动漫产业发展引导资金500万元，扶持和奖励重点动漫项目18个。动漫作品《可可小爱》入选文化部2016年动漫品牌建设和保护计划，已在包括央视在内的1000多个电视频道播出。

【文化市场管理】 互联网上网服务行业转型升级。广西文化厅制定并印发《关于全面推动上网服务行业转型升级的实施方案》，全面推进广西上网服务行业转型升级。广西开展转型升级场所共357家，共评选出"五星示范店"66家，"四星示范店"115家，"三星示范店"56家，树立了行业整洁、阳光、健康的社会形象。

组织开展专项督查。2016年，自治区各级文化行政部门和文化市场综合执法机构共出动309257人次，检查文化市场经营单位97806家次，责令改正1212家次，立案调查839件，移交案件36件，办结案件1427件。广西文化市场无一例重大安全责任事故发生，文化市场持续保持安全稳定、繁荣发展。

推进文化市场黑名单管理试点工作。2016年，广西确定为全国9个试点文化市场经营主体黑名单管理省份之一，广西文化厅制定了《广西文化市场黑名单管理工作实施细则》，公布了两批文化市场黑名单，将24家违法经营主体列入广西文化市场经营主体黑名单。

【文化遗产保护利用】 左江花山岩画文化景观成功列入世界遗产名录。7月15日，左江花山岩画文化景观成功列入《世界遗产名录》，实现了广西世界文化遗产和中国岩画类世界文化遗产两个“零”的突破，是广西民族文化强区建设和文化事业繁荣发展的重要成果。

广西“壮族霜降节”列入联合国教科文组织人类非物质文化遗产代表作名录。11月30日，广西的非物质文化遗产项目“壮族霜降节”作为“二十四节气”的拓展名录项目，成功列入联合国教科文组织人类非物质文化遗产代表作名录。广西成为该项世界非物质文化遗产在中国的5个保护省区之一，天等县成为国家十个保护单位（社区）之一。

文物保护工作。2016年，广西有60个重点文物保护项目共获得中央财政3.8亿元支持。组织完成45项重点文物保护系列工作，开展骆越文化、那文化（稻作文化）遗址调查试掘，出土一批重要遗物，取得了重要的学术成果。

博物馆事业。完成全自治区第一次可移动文物普查工作。全自治区免费开放博物馆纪念馆总数达到97家。广西民族博物馆成功创建国家一级博物馆。举办2016年5·18国际博物馆日广西主会场城市活动。崇左市壮族博物馆《百里岩画　骆越神工——左江花山岩画文化景观陈列》荣获第十三届全国博物馆十大陈列展览精品优胜奖。

非物质文化遗产保护。自治区人民政府公布第六批自治区级非物质文化遗产代表性项目137个。广西文化厅公布第五批自治区级非物质文化遗产传承基地、展示中心、生产性保护示范基地、示范户和传承人示范户63家。新建中越边境非物质文化遗产惠民富民示范点9处，边境的示范点建成总数达到32个。《铜鼓文化（河池）生态保护实验区总体规划》获得文化部正式批复实施。

“壮族三月三”文化活动。组织开展“壮族三月三”文化活动300多场，比2015年同期增长50%，覆盖14个市、81个县，覆盖率达75%，参加活动的单位、企业超过500个，比2015年同期增长25%。自治区领导批示将“壮族三月三”打造成“民族文化嘉年华”，进一步提升知名度和影响力。

【对外和对港澳台文化交流】 重大对外文化交流展示活动。在南宁举办中国广西与越南广宁、谅山、高平、河江四省元宵节联谊晚会。在新加坡中国文化中心举办海外“欢乐春节”之“美丽中国·美丽广西”系列活动。组织艺术团在香港“赏心乐食”美食文化节广西展区和广西主题日举行文艺表演、联欢晚会、民俗展示等活动。组织广西特色民族文艺活动参加外交部广西全球推介活动。组织艺术团赴香港举办“美丽广西·情系香江”国庆联欢会。组织艺术团赴台湾高雄、台北、花莲举行“美丽广西·情系宝岛——3D舞蹈诗《侗》台湾行”文艺演出活动。组织北海市艺术中心女子群舞《网娘》代表中国参加在柬埔寨暹粒举办的中国—东盟联合文化演出活动。

推动广西优秀文化作品走出去。广西戏剧院开展彩调歌舞剧《刘三姐》走东盟活动，在泰国、柬埔寨、马来西亚演出经典彩调剧《刘三姐》。桂林市组团赴越南参加第六届越南（顺化）国际马戏节，展示广西优秀的杂技艺术，获得银奖。广西杂技团有限责任公司的杂技节目《瑶心鼓舞》赴俄罗斯表演荣获"偶像—2016"国际马戏艺术节银奖。

举办第11届中国—东盟文化论坛。2016年9月10—11日，第11届中国—东盟文化论坛在广西南宁举行。来自中国和东盟10国文化艺术教育主管部门的官员与代表性艺术院校校长等200余人参加本次论坛。举办了论坛大会、中国—东盟艺术教育校长圆桌会议，以及"红铜鼓"中国—东盟艺术教育成果展演、中国—东盟（南宁）戏剧周、中国—东盟（南宁）戏曲演唱会等配套活动。

（广西壮族自治区文化厅　陶少艺）

重庆市

【概况】 2016年是"十三五"开局之年。在市委、市政府的坚强领导下，重庆市文化系统深入贯彻落实党的十八大和十八届三中、四中、五中、六中全会精神，深入学习贯彻习近平总书记系列重要讲话和视察重庆重要讲话精神，围绕"五位一体"总体布局和"四个全面"战略布局，全面贯彻落实市委、市政府对文化工作的部署要求，面对文化改革发展新形势新任务，抢抓机遇、深谋发展，推动全市文化建设迈出了新步伐，取得了新成效。

【文化改革发展取得突破】 认真贯彻落实中央和市委、市政府关于文化改革发展工作的系列决策部署，坚持问题导向抓重点、关键突破带全局、结果导向求实效，推动一批标志性、引领性、支柱性改革事项取得新突破，受到中宣部文改办和市委、市政府充分肯定，在全国研讨座谈会上代表发言。

强化改革制度设计。制定出台《关于推动全市国有文化企业把社会效益放在首位、实现社会效益和经济效益相统一的实施意见》《重庆市市属国有文化单位负责人薪酬管理办法》等9个重大政策性文件，为推进文化改革发展提供了制度保障。

创新文化产业投融资机制。市财政注入10亿元资本金组建重庆文化产业投资集团公司，推进重庆文化股权投资基金管理公司创新开展股权投资业务。积极引导社会资本以多种形式投资文化产业，重庆西证渝富、宁波华金国联股权投资、中国新闻出版传媒集团等一批战略投资者参与我市国有文化企业股份制改革。

推进行政审批制度改革。清理、取消、下放了一批行政审批事项，推动网上行政审批改革，实现"一站式服务，一窗式受理，一网式办理"，加强事中事后监管，为企业松了绑、为市场腾了位、为群众解了绊，进一步激发了文化市场活力。

推进媒体深度融合发展。为重庆日报报业集团、重庆广电集团争取到10亿元重大政策支撑，启动实施23个融合项目。重庆日报报业集团建成全媒体互通共有的"中央厨房"技术平台，形成16网、243个微博微信公众号和客户端的立体传播格局。重庆广电集团完成全媒体视听新闻采编播系统设计，开通直播、点播、微视频等海量音视频内容，搭建重庆区县广播电视联盟。互联网电视内容牌照和移动互联网视听节目服务牌照成功获批，

IPTV 成为全国第三家通过总局验收的省级平台，广播电视有线无线卫星一体化融合网试验项目通过总局验收。媒体融合发展走在全国前列，中宣部《决策参考》《宣传工作》分别刊发了重庆市媒体融合发展的经验和成效。

推动公益性事业单位法人治理结构试点。重庆图书馆法人治理结构试点通过文化部验收，发挥了决策咨询作用，在区县乡镇（街道）综合文化站开展创新试点。

推动国有文化企业改革。建立起社会效益和经济效益相统一，业绩考核与薪酬分配相挂钩的综合绩效考核机制，落实国有文化企业免缴国有资本收益政策，对市属重点国有文化企业 2015 年的国有资本收益实行免缴，为企业节省资金 8000 多万元。

推进市属国有文化企业供给侧结构性改革。"以存量换增量"，将四个市级专业文艺院团部分资产置换渝中区奎星楼闲置物业，彻底解决了团场问题。市美术公司整体划转重庆演艺集团进行重组。推进市电影公司劳动用工和分配制度改革，重新建立面向市场的薪酬体系。报业、广电、出版和新华四大国有文化集团加强内部机构和子公司改革，全力消除僵尸企业，去库存、去产能取得初步成效。完成重庆出版集团资产重组，年节约运行成本约 1700 万元。

文化企业上市工作取得新进展。新华传媒、华龙网、重庆有线、重数传媒、重庆出版社等一批文化企业筹备上市步伐加快，新增上市文化企业 6 家，总数达到 12 家。

【文化事业发展提速扩面】 坚持把发展公益性文化事业作为保障广大人民群众基本文化权益的重要途径，坚持政府主导、鼓励社会参与、优化资源配置、创新运行方式，更好地传播先进文化，提供精神食粮，体现人文关怀，不断满足广大人民群众的基本文化需求。

公共文化服务效能不断提升。推动出台基层综合性文化服务中心建设实施方案，立足保基本、促公平、提效能，以重点带全局，以标准促均等，以建设促发展。第二批国家级示范区（项目）通过文化部验收，国际马戏城一期主要工程顺利完成，文化艺术职业学院一期工程建成投用，重庆三峡移民纪念馆试运行，国家文物保护装备产业（重庆）基地、重庆工业博物馆等一批重点项目顺利推进。建成 188 个贫困区县村级综合性文化服务中心示范点、147 个标准化社区文化室、480 个数字农家书屋建设，完成 40 万农户直播卫星户户通二、三期工程和 50 座无线发射台站中央广播电视节目无线数字化覆盖工程，25 座高山无线发射台站完成基础设施改造，37 个区县广播电视台实现标准化，建成乡镇固定放映厅 310 个。公共文化物联网实现区县全覆盖，实施配送服务 20177 次，超额完成 3.3 万场公共流动文化进村服务民生实事，举办各类文化活动 2.5 万场，基本打通了公共文化服务"最后一公里"。

文艺创作生产持续发力。始终坚持以人民为中心的创作导向，立足规划一批、储备一批、创作一批、展演一批的工作思路，重点抓好历史题材、当代题材、现实题材的剧目创作，推出一批有高度、有温度、有深度的文艺精品，全市文艺正以前所未有的姿态走出重庆、走向全国。新创排演歌剧《辛夷公主》、京剧《大梦长歌》等 5 台重点原创剧目，舞剧《杜甫》获第十届中国舞蹈"荷花奖"舞剧奖，芭蕾舞剧《追寻香格里拉》获第五届全国少数民族文艺会演剧目银奖。电视剧《海棠依旧》《风云年代》分别登陆央视一套、八套黄金时段播出，《毛泽东》《原乡》《聂荣臻》入选第 30 届"飞天奖"。电影《火锅英雄》《从你的全世界路过》等极大提升了重庆的城市美誉度，《出山》《失孤》分别获第 49 届美国休斯敦国际电影节最高雷米大奖和人物传记类金奖、第16届中国电影“华表奖”优秀故事片奖。纪录片《大后方》入选“星光奖”,《最后的棒棒》获金树国际纪录片最佳短纪录片奖。《无悔的青春》等6部微视频作品获8个国家级奖项。《中华大典·天文典》等3种出版物获评第六届中华优秀出版物。2部群文作品获第十一届中国艺术节“群星奖”,获奖总数居全国榜首。成功举办2016中国共产党与世界对话会文艺演出、2016世界旅游城市联合会重庆香山旅游峰会文艺演出、2016中国友好城市大会文艺演出等重大演出活动,得到市领导的充分肯定和社会各界的广泛赞誉。

文化遗产保护利用全面加强。推动出台《关于进一步加强文物工作的实施意见》,坚持以普查为基础,以抢救为重点,以保护为根本,以项目为支撑,文化遗产传承、保护、利用和管理工作成效明显。争取文保专项资金54294万元,实施重点文物保护项目218个,5条传统风貌街区和传统村落文物保护修缮利用、革命文物和抗战遗址保护、三峡后续文物保护、石窟寺及石刻保护、文物修复和预防性保护等工作取得突破性进展。全面完成第一次全国可移动文物普查,全市共登录不可移动文物470234件/套(实有1482489件/册)。市政府审定公布第五批市级非遗项目名录123项,总量达511项。市级以上文物保护单位火灾事故首次纳入市政府对区县社会治安综合治理考核内容。

文化交流传播途径不断拓展。积极配合国家外交战略,主动融入“一带一路”发展战略,推动文化交流传播由政府主导向政府与社会、市场相结合转变,充分发挥社会及市场的配置作用,扩大对外文化交流与贸易的规模和效益。加强“一带一路”文化交流,重庆文化代表团参加“伏尔加联欢”艺术节,开创中国长江中上游地区与俄罗斯伏尔加河沿岸联邦区人文交流合作新篇章,重庆图书馆与俄罗斯总统图书馆、萨马拉州立图书馆、白俄罗斯明斯克州立图书馆开展合作,重庆美术馆与白俄罗斯国家美术馆开展美术家互派交流活动,重庆文化艺术职业学院与俄罗斯柴科夫斯基音乐学院附中共同举办大师班和钢琴音乐会,全年完成对外和对港澳台交流项目235项2159人次。以文化交流推动文化外贸发展,支持重庆演艺集团西班牙欧亚拉文化公司拓展海外演出业务,协助并支持重庆保税港区、重庆港融文化产业有限公司打造平台,发展对外文化贸易。

【文化产业发展提质增效】 坚持把加快文化产业发展作为文化强市建设的硬支撑,强化政策引导、平台支撑、改革创新、集聚融合,加强统筹、协调、指导、服务,努力把文化产业培育成为支柱产业。

政策推动。推动出台了《关于推动文化文物单位文化创意产品开发的实施意见》等重要文件,在政策、项目、资金等方面给予扶持和保障。

项目促动。立足全国、放眼世界,成功引进华侨城集团、万达集团、美国六旗娱乐集团等国内外品牌企业投资建设华侨城山地欢乐谷、万达文旅城等重大文化产业项目,总投资超1000亿元。京渝文创园、荣昌陶文化产业园、九龙国际珠宝文化创意产业城等一批重大项目加快推进,文化产业集群、集聚发展格局逐渐形成,7家企业获评国家级文化产业示范基地。助力区县利用废旧房产打造N18园区、京渝文创园、501基地、喵儿石等文化产业集聚区,培育形成小剧场等新兴业态。

主体带动。实施成长型企业培育计划,新增186家快速成长型文化企业。吸引社会资本投入639亿元。新增文化企业17775户,注册文化企业总数达86056户。全市数字电视用户累计达到349万户。全网宽带在线用户达100.9万户，宽带用户规模和市场占有率居全国同行业第一。

消费拉动。重庆获批全国首批扩大文化消费试点城市，成功举办首届重庆文化惠民消费季，打造1000多家各类文化企业组成的“文化企业消费联盟”，以“一大战略联盟、三大板块活动、四十二个主题、双百佳文化消费新领地、百万现金红包、亿元消费礼包”的整体格局，为消费者奉上100余项文化产品和文化服务，吸引700多万人次群众参与本届消费季。三峡博物馆、红岩联线、重庆自然博物馆、重庆图书馆、重庆美术馆成功申报为全国文化创意产品开发试点单位，新开发文创产品893种。城市影院放映电影238.72万场，实现总票房12.64亿元。成功举办第五届重庆文化产业博览会、第八届西部动漫文化节，实现交易10亿元。《印象武隆》《烽烟三国》等一批文旅融合项目获得了经济效益和社会效益双丰收。预计2016年全市文化产业实现增加值615亿元，同比增长13%，占GDP比重提升至3.5%左右。

（重庆市文化委员会　王禹麟）

四川省

【概况】 2016年，四川文化战线围绕中心、服务大局，坚持正确导向，不断攻坚克难，奋力创新求进，“建设与西部经济发展高地相适应的文化强省”，各项工作取得明显成效。

【艺术创作】 四川艺术创作牢固树立以人民为中心的创作导向，以满足人民群众日益增长的精神文化需求为出发点和落脚点，全年新创、复排、提升重点剧目近30余台；新创、提升舞蹈、小品小戏、杂技、曲艺和木偶等节目100余个。

坚持精品战略，打造一批思想性强、艺术水平高的剧（节）目。涌现出川剧《尘埃落定》、舞剧《家》、民族歌剧《彝红》等一批优秀重点剧（节）目，不仅在社会上引起积极反响，在国家级重大艺术赛事、活动中表现也十分突出。其中舞剧《家》作为全国唯一的一台舞剧入选2016年国家舞台艺术精品创作工程重点扶持剧目，民族歌剧《彝红》获第五届全国少数民族文艺会演银奖，四川盘子《心如莲》、四川清音《莲花开》荣获第九届中国曲艺牡丹奖节目奖和文学奖。

以“中国梦”为主题的美术创作工作取得新成果。围绕“巴蜀画派”战略，组织开展了一系列重要美术活动：6月在山东举办了“川鲁文化交流·四川省诗书画院创作成果（山东）巡回展”，9月在甘肃举办了“川甘文化交流　四川省诗书画院创作（甘肃）巡回展”暨“巴蜀书画艺术传承及创新性创作研究课题川甘对比写生、采风活动”。

【文化市场管理】 截至2016年10月底，全省文化市场经营单位逾2.2万家，其中上网服务营业场所9845家、娱乐场所7578家、演出市场主体（含演出经纪机构、文艺表演团体及演出场所）1113家、备案的艺术品经营单位227家、经营性互联网文化单位356家。

强化市场法制建设。按照省政府的立法安排，结合娱乐场所设立行政许可“先照后证”商事制度改革，启动了《四川省娱乐场所管理办法》修正前期工作，并委托四川大学开展市场调研和政策评估，同时提出解决瓶颈的政策建议，该研究成果将融入《四川省娱乐场所管理办法》修正案，上升为政府规章，加速四川娱乐市场健康发展。按照中央和省委省政府关于推进简政放权、放管结合工作部署,结合文化部和省政府下发的一系列关于下放和取消行政审批事项、简化行政审批手续的文件,集中力量编制了《四川省文化市场行政审批业务手册》,并下发各地参照执行。

引导市场健康有序发展。按照省文化厅《关于下发〈四川省推动互联网上网服务行业转型升级的指导意见〉的通知》(川文办发〔2015〕39号),在全省范围内持续组织开展推动互联网上网服务行业转型升级、规范管理工作。在对前期工作开展了总结梳理后,下发了《关于2015年度全省互联网上网服务行业转型升级工作总结的通报》(川文办发〔2016〕64号),指导全省上网服务行业转型升级工作的深入开展。

规范演出市场。针对四川近几年多场大型演出活动中出现的"屯票""捂票"等现象,召集相关演出经纪公司、票务公司进行座谈,研究制定规范演出市场秩序的政策;针对演出市场呈现的演出活动增幅大、活动形式多样化、市场管理难度大等特点,积极研究应对措施。指导院团联盟整合资源,团结协作,开展"锦绣四川、好戏连台"工作,开拓演出市场,丰富群众精神生活。

密切关注游戏行业发展。省文化厅会同成都市文化局、成都市高新区管委会、四川省数字娱乐文化促进会等相关单位对成都市游戏产业发展情况进行了专项调研,重点对成都的游戏产业政策体系建设、生态环境构建、游戏产业发展现状以及当前存在的问题进行了全面了解,并将《四川成都游戏产业发展情况调研报告》(川文发〔2016〕11号)上报。

【文化产业】 *打造四川音乐品牌*。通过全方位调研编制了《四川音乐产业发展专项行动计划(2016—2017年)》《四川省"十三五"音乐产业发展规划》,并配合制订了《四川省关于大力推进音乐产业发展实施意见》。完成全省音乐产业重大项目(工程、活动)征集工作,建立全省音乐产业重点项目库,为全省音乐产业的可持续发展进行宏观规划和提供政策保障。同时,以成都音乐产业基地为基础,充分挖掘巴蜀文化资源、藏羌彝民族文化资源,创新模式运作,打造"互联网+数字音乐"平台,加快推动传统音乐、演艺与网络视听、移动多媒体、数字音乐和旅游产业等融合发展。

构建高端智库。本着拓宽合作交流渠道的理念不断深化"省校合作"机制,与中国人民大学共同创办"中国西部(四川)文化创意产业研究院",旨在向更广范围更高层次借智借力、引才引智,推动四川与中国人民大学在文化创意产业智库建设、文化创意产业与金融融合发展、高端人才培养和文化创意产品孵化等方面开展深度合作,借以突破四川文化资源转化率较低,文化创意项目成活率不高,高端复合型人才严重匮乏等发展困局,为全省文化创意产业发展营造良好氛围。同时举办文化金融融合发展,发布中国西部文化产业发展指数和文化消费指数。

以重点项目促产业发展升级。2016年共有25个项目被纳入国家重点文化产业项目库。其中成都·中国丝绸文化产业创意园、昭化三国文化产业园区等15个项目被列为重点文化旅游产业项目;《格萨尔王》被列为重点动漫项目。根据《四川省国民经济和社会发展第十三个五年规划纲要(2016—2020年)》,大力实施文化产业提升工程,促进文化创意与相关产业融合发展,加快藏羌彝文化产业走廊、丝绸之路文化产业带等建设,依托和挖掘四川特色文化资源,实施重大文化工程,增强文化产业竞争力,培育文化产业竞争新优势的要求,开展2016年度文化产业项目征集工作,对全省21个市(州)的藏羌彝文化产业走廊重点项目、特色文化产业重点项目及一般文化产业重点项目进行逐一梳理并录

入四川重点文化项目库。

充分利用会展载体扩大项目推介。上半年，主要组织参加了义乌文化产品交易会、深圳国际文博会、上海中国国际动漫游戏博览会、首届丝绸之路（敦煌）文博会、北京文博会、西博会等全国性文化产业相关会展平台，其中深圳文博会现场重点推介了自贡灯会、天艺浓园、成都音乐厅等 10 个文化产业项目，总投资额达 240 亿元，重点项目签约及意向性协议达 150 亿元。全年组织超过 100 家文化企业和单位参展，产品涵盖文化创意系列产品、特色系列纯手工动漫衍生品等多个方面，将文化创意与传统手工艺进行了完美融合。据不完全统计，全年参展展陈产品现场销售及意向性订单额超 5000 万元。编印了《四川文化产业重点项目推介册》《四川文化产业特色项目推介册》。

【公共文化服务】 *现代阅读服务月*。4 月 23 日，第 21 个“世界读书日”，以“书香天府·全民阅读”为主题的四川省图书馆 2016 年现代阅读服务月系列活动启动仪式在四川省图书馆隆重举行，“书香天府春季图书展”“川图·微图书馆”计划正式启动，“主题阅读分享会”等一系列活动陆续开展，进一步提高了读者对四川省图书馆的喜爱，推动了全民阅读，助力了文化四川建设，扩大了“川图”影响力。

乡镇文化站建设。根据《文化部办公厅关于开展乡镇文化站资源利用情况调研工作的通知》（办公共密函〔2016〕85 号）要求，文化厅先后下发了《关于开展乡镇文化站资源利用情况调研工作的通知》、补充通知和实地调研通知，并组织了 6 个实地调研小组深入 12 个市（州）开展实地调研。在调研的基础上，由四川省文化厅主办，四川艺术职业学院、泸州市文广新局承办的 2016 年四川省示范性乡镇综合文化站站长培训班在泸州市举办，来自全省的 150 名示范性乡镇综合文化站站长参加了培训。

文化志愿者培训班。“阳光工程”——中西部农村文化志愿服务行动计划首批招募的 60 名志愿者成功结束了在成都为期 5 天的专业培训。本期培训班开设了专题教学、案例分析、经验交流、观摩现场教学，除了理论课程以外，还安排了学员到大邑县、蒲江县和高新区进行文化志愿服务活动的现场观摩。

文化志愿者西藏行系列文化活动。为进一步促进西部地区、民族地区特色文化发展，保护文化生态，传承民族文化，增强国家认同感，促进民族团结，四川省文化厅组织文化志愿者赴拉萨、日喀则、林芝开展了 2016 年“春雨工程”四川文化志愿者西藏行系列文化活动。本次入藏“大展台”活动主要以第二届“瀚海留真”四川省群文美术、书法、摄影展览内容为主，组织四川在美术、书法、绘画、摄影领域有代表性的创作人员创作具有民族特色题材作品赴藏展出，进一步推动和促进汉藏文化的交流和沟通。

【非物质文化遗产保护】 *完善法规体系，夯实法治基石*。自《非遗法》颁布实施以来，为加强民族自治地区非遗保护和保存，加快推进四川非遗立法进程，切实履行好保护非物质文化遗产的政府法律责任，省文化厅先后多次组织非遗立法调研组，赴省内非遗资源富集、非遗特色鲜明的地区调研，并与当地市级相关部门、文化干部及非遗代表性传承人进行交流，征求《四川省非物质文化遗产条例》（草案）的修改意见和建议。《条例》（草案）已通过省人大一审。

强化政府主导充实传承队伍。为充分发挥非遗名录政府权威认定和示范引领作用，进一步充实四川非遗传承人队伍，省文化厅组织开展了第六批省级非遗项目代表性传承

人评审认定工作，评审公布了82名四川省省级非遗代表性传承人形成了年龄和梯次都更加合理的老中青非遗传承人队伍。

依据《非遗法》的相关规定，报经省人民政府同意，2016年上半年省人力资源和社会保障厅、省文化厅共同开展了"四川省非物质文化遗产保护工作先进集体、先进个人评选表彰活动"，对在非遗保护工作中做出突出成绩的43个"先进集体"、69名"先进个人"进行了通报表彰，进一步激发调动各级文化部门、非遗保护单位和广大非遗保护工作者的积极性。

*深化高校合作保护成果斐然。*省文化厅大力实施文化部、教育部的"中国非物质文化遗产传承人群研修研习培训计划"，积极向文化部推荐输送了23名具有较高技艺水平和设计能力的新一代非遗传承人，并参加清华大学等高校举办的非遗传承人群研修培训班。

同时，与省内三所高等院校通力合作，开展四川省非遗传承人群普及培训班，分别在成都举办了四川大学绵竹年画培训班、西南民族大学羌绣培训班、成都纺织高等专科学校蜀绣培训班，先后共2批6个班的290余名非遗传承人参加了普及培训。通过学员集中学习培训，完善传承链条、提高传承能力、增强传承后劲，提高了非遗传承人群的文化素养、技艺水平和创新设计能力，提高了省内传统工艺的设计、制作及衍生品开发水平，促进了传统工艺的振兴与走进现代生活。

*开展宣传活动扩大非遗影响。*以2016年文化遗产日活动为契机，省文化厅以"加强遗产保护　振兴传统工艺"为主题，在全省范围内组织开展了文化遗产日非遗宣传展示活动，其中，在省图书馆举办了"中国非遗传承人群研修研习培训计划·四川省首批普及培训成果展"。

活动期间，全省21个市（州）文化部门、厅直文化单位组织开展了包括非遗演出、非遗展览、非遗宣传、非遗研讨、非遗知识讲座、非遗进校园在内的各具特色的文化遗产日活动，向广大民众普及非遗知识、宣传政府的非遗保护政策，展示非遗的独特文化价值和魅力，在全省掀起了非遗保护的新热点、新亮点、新高潮。

【文物保护】　*文物保护基础工作。*报请省政府公布16处全国重点文物保护单位和13处省级文物保护单位文物保护规划，累计公布文物保护规划达87个。其中40个项目纳入国家"十三五"期间文物保护利用设施建设项目库，川渝石窟文物保护项目初步纳入《国家文物事业发展"十三五"规划》，广元千佛崖等试点项目有序推进。全年争取国家重点文物保护专项补助资金近2亿元，有效推动了四川文物事业的发展。此外，顺利完成四川省馆藏文物保存环境监测区域中心建设并通过国家文物局结项验收。

*大遗址保护。*三星堆遗址、金沙遗址、邛窑、成都平原史前城址、明蜀王陵墓群、罗家坝遗址、城坝遗址、蜀道、茶马古道等9处大遗址被国家文物局列为"十三五期间重要大遗址"。组织编制完成了《成都片区大遗址总体保护规划》，上报了《蜀道（米仓道巴中段）2016—2018年度考古工作规划》等大遗址考古工作计划，实施了罗家坝遗址、宝墩遗址、三星堆遗址等大遗址考古发掘工作。由成都文物考古研究所联合北京大学考古文博学院编制的《邛窑遗址保护规划》项目，荣获首届中国考古学大会"金尊奖"。

*基本建设的文物抢救保护。*本着"重点保护，重点发掘"和"既有利于文物保护，又有利于基本建设"的原则，扎实推进成都天府国际机场等基本建设的文物考古调查勘探发掘和文物抢救保护工作，组织开展文物考古调

查、勘探、发掘项目40余项，省内首次开展的江口沉银遗址水下考古获国家文物局批准实施。四川省文物考古研究院“虚拟考古体验馆”和“全国系列公共考古论坛”两项目荣获首届中国考古学大会“金镈奖”。

文物安全。组织开展文物法人违法案件专项整治行动，配合抓好文物行政执法工作。配合完成国务院消防安全专项检查，抓好文物安全监管和安全隐患整治工作。文物安全巡查检查工作持续进行，全省各级文物行政部门共计开展文物安全巡查检查4000余次。继续加强与公安等部门协作配合，成功破获公安部挂牌督办的2016年全国最大文物案—彭山特大盗掘倒卖文物案，抓获违法犯罪嫌疑人75人，打掉犯罪团伙10个，摧毁倒卖文物网络9个，追回文物1000余件。

【博物馆建设】 第一次全国可移动文物普查工作圆满完成目标任务。通过开展普查工作，进一步摸清了家底，全省国有可移动文物总数达1043384件/套，其中珍贵文物105573件/套，占总量的10.12%，可移动文物总数位居全国前列。

博物馆各项基础业务工作扎实开展。成都博物馆自2016年6月1号开馆至12月底，接待观众已突破200万人次，日均接待观众近1万人次；攀枝花三线建设博物馆获国务院办公厅批准为攀枝花中国三线建设博物馆；眉山三苏祠博物馆完成灾后恢复重建并重新对外开放。

多元多样的博物馆体系进一步完善。广安市博物馆、资阳市博物馆、巴中博物馆、眉山市博物馆、内江市博物馆、南充博物馆、遂宁市博物馆、乐山市博物馆、凉山州博物馆、德格雕版印刷博物馆等10个博物馆纳入“十三五”市县级博物馆建设规划。全年新增泸县宋代石刻博物馆等9座博物馆，博物馆总数达258座，其中国有博物馆180座，非国有博物馆78座。

“第七届博物馆及相关产品与技术博览会”成功举办。在“第七届中国博物馆及相关产品与技术博览会”期间，共举办专题论坛11个，推介会12场，参展博物馆275家，参展企业216家，14个“一带一路”沿线国家的博物馆带来63个推介项目，国际博协和28个国家的专家学者及博物馆代表参加了国际论坛等多边国际交流活动。与此同时，本届博览会突出文博事业与文创产业的结合，项目签约110多个，签约金额3.2亿元。

纪念红军长征胜利80周年、朱德同志诞辰130周年相关工作顺利开展。围绕纪念红军长征胜利80周年，指导相关文博单位整合藏品资源，策划推出一系列专题陈列展览。四川博物院联合省内外31家博物馆推出《伟大征途上的中国梦——红军长征在四川》展，与广元市文物局联合主办了《重走红军路、共筑中国梦——四川博物院“大篷车”流动博物馆走进广元展览》；建川博物馆推出《红军长征在四川》专题展览；成都华希昆虫博物馆举办《重走长征路——探秘革命老区的珍稀昆虫》特展。此外，配合朱德同志诞辰130周年相关纪念活动，指导朱德同志故居纪念馆开展《人民的光荣》展陈提升工作，指导泸州况场朱德旧居陈列馆开展专题陈列展示。

“4·20”芦山强烈地震纪念馆正式开馆。认真落实“中央统筹指导、地方作为主体、灾区群众广泛参与”的芦山地震灾后恢复重建原则，指导雅安市“4·20”芦山强烈地震纪念馆陈列布展工作领导小组办公室开展实物征集、陈列大纲的审定工作，实地参与陈列布展、解说词编写、讲解员培训和讲解工作，圆满完成省委交办的任务，确保“4·20”芦山强烈地震纪念馆如期开馆。

【对外文化交流】 配合"一带一路"服务外交大局经济建设。组织四川文物和自贡彩灯企业参加由文化部、国家新闻出版广电总局、国家旅游局、中国贸促会和甘肃省人民政府联合主办的首届丝绸之路国际文化博览会。会上自贡市政府进行了宣传自贡文化、推广"自贡灯会百城行"活动,并现场举办"自贡灯会点亮一带一路"项目签约仪式。

探索新模式接轨国际市场。通过国际展会平台,助力文化企业拓展出口渠道。组织全省60余家文化机构和企业赴香港国际授权展"中国内地馆"、美国华人工商大展"欢乐春节·中国印象"主题馆、台北国际礼品文具暨伴手礼名品展等知名专业展会参展,重点推出具有四川特色元素的文创产品,促成文创企业直接与国际客商团队洽谈业务。重点推动了四川特色文化产业彩灯节会开拓海外市场。

(四川省文化厅　向仕富)

贵州省

【概况】 2016年,贵州省文化厅紧紧围绕中央和省委、省政府工作部署,在文化部和省委宣传部的指导下,努力推进多彩贵州民族特色文化强省建设,实现了"十三五"文化改革发展良好开局。

【公共文化服务】 统筹推进现代公共文化服务体系建设。起草了《贵州省推进基层综合性文化服务中心建设实施方案(送审稿)》《贵州省关于做好政府向社会力量购买公共文化服务工作的实施意见(送审稿)》,印发了《省公共文化服务建设专题组办公室关于深入推进公共文化乡镇试点建设工作的指导意见》。确定了10项改革试点内容,在17个县各选择2个乡镇4个村进行试点。与省文明办等部门协调配合,建成500个村综合文化服务中心示范点。贵阳市成功创建为第二批国家公共文化服务体系示范城市,毕节市被纳入第三批国家公共文化服务体系示范区创建城市范围,惠水县好花红镇综合文化站被评为"2016全国优秀文化站",大方县图书馆被文化部评为"2016最美基层图书馆"。

努力提升基层公共文化服务水平。使用"两馆一站"免费开放专项补助资金9248万元,补助公共图书馆94个、文化馆97个、乡镇综合文化站1434个、城市社区文化中心154个;使用农村文化建设专项补助资金7553万元,补助16859个行政村用于文化信息共享工程村级基层服务点建设;投入2672万元为1336个贫困村配置公共文化设备。

【文艺创作】 着力打造艺术精品。音乐剧《嘎老》、舞蹈诗《巫卡调恰》入选第五届少数民族文艺会演并分别斩获"最佳音乐创作奖""最佳导演奖",京剧《黔人李端棻》入选第十一届中国艺术节。花灯剧《月照枫林渡》入选中国戏剧梅花奖数字电影工程。

加强艺术为民服务。与省委宣传部共同主办,先后在年初推出"走基层·送欢乐——多彩贵州大舞台展演季",年中推出"2016首届多彩贵州文化艺术节艺术展演篇",年末推出"我们的中国梦·文化进万家——多彩贵州大舞台展演",以低票价公益惠民演出的方式,向群众推出80余部、150多场次国内外舞台艺术精品。组织省级院团开展文化惠民演出300余场,发挥了艺术扶贫的积极作用。

【首届多彩贵州文化艺术节】 2016首届多彩贵州文化艺术节,以"多彩文化　共建共享"为主题,以演、展、论、训、赛为主要形式,从6

月到10月份,集中推出艺术展演篇、非遗展示篇、阳明文化咏诵篇、长征文化传承篇四大版块,展演了28部41场优秀舞台剧目,展示了省内20余个县(市)的非物质文化遗产,举办了《我心光明——走进王阳明》咏诵会和阳明文化讲座,开展了“让遵义会议精神永放光芒”、纪念长征胜利80周年主题文艺活动等,总计举办系列活动近150场(次),直接参与群众达30余万人(次)。纪念中国工农红军长征胜利80周年美术作品展在中国美术馆隆重开展,产生极大反响。

【文物保护】 加强重点文物保护,大力推动黔东南侗族村寨申报世界文化遗产,加强对海龙屯世界文化遗产的监测管理,继续开展第七批全国重点文物保护单位、第五批省级文物保护单位的“四有”工作;认真编报全国重点文物保护单位保护方案、规划,争取到中央文物保护支持资金2亿多元。围绕红色文化保护,推进红军长征在贵州的线性文化遗产展示,在建党95周年和红军长征胜利80周年之际推出了10余个精品展览。深入反思和汲取独山、福泉等地文物违法案件教训,提出了加强文物保护的具体要求,开展了文物法人违法案件专项治理。

博物馆建设管理和传统村落保护。120个村落入选第四批中国传统村落名录,全省传统村落总计入选达到546个;全面完成第一批3个传统村落保护试点,推进实施第二批试点和启动第三批试点。完成湄潭、乌当、印江等地一批文化主题鲜明的生态博物馆建设;全面完成第一次可移动文物普查;开展了全省免费开放博物馆、纪念馆工作绩效考评。

【非物质文化遗产保护】 “石阡说春”作为“二十四节气”扩展项目入选人类非物质文化遗产代表作名录,组织完成首批10个非遗传承培训基地的遴选公布,开展了第二届工艺美术大师评审、第三批“省级非物质文化遗产生产性保护示范基地”评审,省级工艺美术大师增加到96名,省级非遗生产性保护示范基地增加到57个。建立了苏州工艺美术学院传统工艺贵州工作站,促进传统工艺走进现代生活和特色产品走进国内外市场。

以文化遗产传承助推脱贫攻坚。省文化厅牵头的“十百千万”非遗传统手工技艺传承人培训计划,被纳入2016贵州省民生实事,培训传统手工技艺传承人2万多人,带动了数千名传统手工技艺传承骨干和数万名传统村落贫困农户参与传统手工技艺传承,实现了贫困地区群众自主奔小康能力的有效提升。

【文化产业发展】 积极申报国家试点项目。遵义市作为扩大文化消费试点城市上报文化部并获批,在促进文化消费方面积极探索贵州经验。省图书馆、省博物馆成功申报为文化部、国家文物局文化创意产品开发试点单位。

支持特色文化产业发展。开展了第三批“三个一”工程示范项目巡检督查,评选公布第四批文化产业示范村6个、优秀演出团6家、特色文化产品8项。完成了《贵州彝族文化产业走廊发展规划》编制。省文化厅、毕节市人民政府在大方县慕俄格古城共同主办了“藏羌彝走廊·彝族文化产业博览会”。

【文化市场管理】 完善文化市场准入政策,取消了设立经营性互联网文化单位、网络游戏经营单位最低注册资本的限制,取消了对游艺娱乐场所总量和布局规划要求,明确对娱乐场所的面积要求由各市州和省直管县做出规定。贵州省互联网上网服务行业协会召开了第一次会员代表大会,通过了协会章程,选举出第一届领导机构。

文化综合执法。组织开展专项行动，全省全年办结文化市场案件近900件，1个案件获文化部“十大案件”奖，3个案件获文化部“重大案件”奖。积极落实“双随机、一公开”，建立了省级双随机执法人员名录库和检查场所名录库，实现与省发改委双随机检查系统的数据对接。

【对外和对港澳台文化交流】 牵头承办生态文明贵阳国际论坛首次生态文化主题论坛。围绕“走向生态文明新时代的大文化行动”主题，文化部领导出席论坛并发表主旨演讲，中国宋庆龄基金会、联合国开发计划署驻华代表处、全球文化网络主席、中国社会科学院、世界自然保护联盟环境法委员会等嘉宾发表演讲，国内外文化艺术界代表160余人参加论坛，有力地弘扬了生态文化、发出了贵州声音。

与墨西哥中国文化中心共同承办的部省合作项目“2016墨西哥·多彩贵州文化节暨贵州非物质文化遗产展”、京剧《魔侠吉诃德》参加塞万提斯国际艺术节等，首次将多彩贵州风吹到了拉美，推介宣传了多彩贵州民族特色文化。配合外交部与贵州省委、省政府共同主办的“外交部贵州全球推介活动”，展示推介了多彩贵州特色文化。

举办了“情系多彩贵州——两岸文化联谊行活动”、非遗国际学术研讨、中东欧艺术家采风活动，均取得了很好的成效，得到文化部和省委省政府充分肯定。

【文化体制改革】 紧紧围绕建立健全现代文化市场体系，以完善文化市场政策法规、建设以信用监管为核心的事中事后监管体系为重点，推进文化市场简政放权。行政审批事项全部纳入厅驻省政府政务服务中心窗口办理并委托授权首席代表全权负责，行政审批流程环节从原有的4个简化为3个；积极落实文化部“先照后证”、游戏游艺设备内容审核改革、文化娱乐行业转型升级等相关要求。积极推动建立省文化市场综合执法改革领导机构。稳步推进厅直属事业单位法人治理结构改革试点等。

【文化人才队伍建设】 全年开办文博人才培训班4期，培训人员400人次。开展各类文艺人才培训1500余人次。组织基层公共图书馆、文化馆、文化站等相关业务人员参与各类培训700余人次。举办2016年全省文化市场行政审批培训班，108名审批业务骨干受训。培训各类执法人员270余人次，组织开展全省876名文化市场综合执法人员线上考试。

（贵州省文化厅　董金昱）

云南省

【概况】 2016年，云南省文化系统认真贯彻党的十八大和十八届三中、四中、五中、六中全会精神，深入学习贯彻习近平总书记系列重要讲话精神和治国理政新理念新思想新战略，全面落实云南省委九届十次、十一次、十二次全会和全省宣传部长会议精神，按照云南省委、省政府和文化部的决策部署，紧紧围绕“五位一体”总体布局和“四个全面”战略布局，集中精力抓重点，深化改革求突破，真抓实干促发展，文化建设取得新成效、再上新台阶。

【文艺创作生产繁荣发展】 出台了《关于支持戏曲传承发展的实施意见》。成功举办云南省第十三届新剧目展演、云南省第十一届青年演员比赛、2016年云南省花灯滇剧艺术周、云南省纪念红军长征胜利80周年大型文艺晚会《长征颂歌》等系列活动，承办了2016年云南省新春文艺晚会、第四届南亚博览会暨第二十四届昆交会文艺开幕式演出。继续开展“深入生活、扎根人民”主题实践活动。云南省花灯剧院《郑喇叭外传》、省话剧院《独龙天路》入选全国舞台艺术重点创作剧目，省花灯剧院《郑喇叭外传》《厨房》获得戏曲剧本孵化工程扶持；玉溪红塔区聂耳文化演艺有限公司和曲靖宣威市花灯团获县级改制院团奖励资金。云南省歌舞剧院《梦幻彩云南》、德宏州傣剧团《刀安仁》入选第五届全国少数民族文艺会演，《梦幻彩云南》获银奖，们从高获表演奖；德宏州民族文化工作团群舞《刀》、曲靖市麒麟区演艺公司群舞《女儿歌》入选第十一届全国优秀舞蹈节目展演；玉溪市滇剧院滇剧《水莽草》、红河州歌舞团舞剧《诺玛阿美》入选第十一届中国艺术节第十五届“文华大奖”参评剧目；大理州弥渡县非遗中心《山村·小河·月亮》入选全国基层院团戏曲会演；昆明少年儿童合唱团获第四届中国少年儿童合唱节小云雀奖、小黄鹂奖。全省国有文艺院团完成“中国梦·云南情——文化进万家”惠民演出万余场。

【公共文化服务能力显著提升】 出台了《关于推进基层综合性文化服务中心的实施意见》和《指导标准》《关于做好向社会力量购买公共文化服务的实施意见》《“十三五”时期云南贫困地区公共文化服务体系建设实施方案》。楚雄州、红河州等地创建第二批国家公共文化服务体系示范区（项目）顺利通过国家验收，曲靖市、昭通市等创建第三批国家公共文化服务体系示范区（项目）扎实推进。完成了楚雄州禄丰县广通镇、保山市隆阳区芒宽镇综合性文化服务中心建设试点工作。组织开展了2016年云南省群众文化“彩云奖”评选、云南省第四届“大家乐”广场舞并参加了文化部“欢跃四季”全国百姓广场舞活动，云南省文化厅选送的“马铃响来玉鸟唱”获全国优秀广场舞和优秀作品奖；组织8个节目参加文化部第十七届“群星奖”评选，迪庆州维西县《瓦器器》获音乐类“群星奖”，在全国20个奖项中博得一席之地；组织参加第十四届中国西部民歌（花儿）歌会，获一金两银两铜；组织开展“文化下乡”“文化进社区”等公益性文化活动，丰富基层人民群众文化生活。继续开展国家“春雨工程”文化志愿者边疆行活动。举办了“加快构建云南现代公共文化服务体系实施意见”“边疆万里数字文化长廊建设”等培训班。全面实施农村“小广场·大喇叭”文化惠民工程，开展流动图书馆、手机图书馆等创新服务。

【文化市场管理不断规范】 组织并会同有关部门起草上报了《关于进一步深化文化市场综合执法改革的实施意见》，已通过云南省委深改组会议审议并即将印发施行。起草了《云南省建立健全现代文化市场体系实施方案（初稿）》。深化文化市场行政审批制度改革，做好审批权下放后的文化市场事中事后监管，在全省组织开展“双随机、一公开”监管工作；通过文化市场技术监管与服务平台在线办理行政许可事项192件；全省演出市场日趋活跃，共审批涉外和涉港澳台营业性演出164台9344场；在线解答处理各类问题1000余条。配合文化部做好文化市场转型升级调研工作，组织开展“扫黄打非治违”等专项行动，认真做好农村文化市场清理整顿工作，深入开展“平安文化市场”创建活动，全省文化市场综合行政执法队伍出动检查179112人次，检查经营单位99182家次。加强内容管理和信用体系建设，会同云南省公安厅加强游戏游艺场所监管，加强网络文化企业管理指导和网络表演管理工作，推进全省上网服务行业转型升级试点工作，对工作开展较好的地区和企业进行通报表彰。配合有关部门做好预防青少年违法犯罪、禁毒防艾等各项工作，省文化厅市场处被云南省委省政府评为第三轮防治艾滋病人民战争先进集体、2名同志被评为禁毒防艾先进个人。全面推行文化市场技术监管与服务平台应用，完成全省1.1万家文化市场经营机构的统计工作，大力推进文化市场监管标准化、规范化和科学化水平。

【文化遗产保护利用传承得到加强】 报请云南省政府颁布了《云南省人民政府关于进一步加强文物工作的实施意见》，起草上报了《云南省人民政府关于进一步加强非物质文化遗产保护工作的意见》。向国家文物局正式上报景迈山古茶林申遗文本、保护规划文本，推进村落维修、环境整治和消防设施建设。组织开展全省文物消防安全检查，指导调查处理保山市、大理州个别地区文物保护管理方面的违法事件。组织申报国家"十三五"文物保护利用设施建设项目，有36项被列入国家规划项目。完成哈尼梯田等25个国家重点文物保护单位维修立项和资金申报，落实经费1.288亿元。落实省级文物保护专家经费3000万元，安排46个文物维修保护和消防设施建设项目。组织中介机构对80余个省级文物保护单位维修方案进行评审、检查指导，对20余个国家、省级重点文物保护单位保护项目进行竣工验收。举办了"第三批国保省保单位集中成片传统村落保护利用培训班""2016年云南省文物保护工程管理培训班"。召开了云贵川茶马古道保护管理工作座谈会，启动茶马古道规划编制和保护对策研究。完成全省文物执法人员信息的采集，继续推进全国第一次可移动文物普查工作并全面完成。指导全省9家博物馆建设及布展，组织了《永恒的罗马》等一批有影响的展览；云南起义博物馆（卢汉公馆）完成建设并通过验收。编制完成《云南省文物事业发展"十三五"规划（征求意见稿）》，编辑出版《云南文物精品集萃》《云南省博物馆概览》。落实省级非遗专项资金和传承人补助资金1100余万元，申报中央财政资金1亿元，建立非遗保护项目绩效管理和动态监测机制。与云南艺术学院合办了3期非物质文化遗产传承人群研修班；举办了两期省级非遗项目管理申报、田野调查培训。与云南省委宣传部共同举办了"衣本重彩——云南省民族传统服饰展演"活动。文化生态保护区建设稳步推进，督促并指导国家级、省级非遗项目单位制定保护实施方案。全面推进非遗进校园、进课堂、进教材等活动。

【文化产业健康发展】 拟定并上报了《云南省关于推动文化文物单位文化创意产品开发的实施意见（征求意见稿）》。开展扩大文化消费试点城市申报工作，丽江市被列为第一批国家扩大文化消费试点城市并正式启动，把昆明市作为第二批试点城市上报文化部。完成2016年中央财政文化产业发展专项资金申报工作，6个项目通过文化部和财政部评审。指导红河州开展建水紫陶文化产业园申报国家级文化产业示范园区工作。筛选10个动漫扶持项目上报文化部申报2016年弘扬社会主义核心价值观动漫扶持计划，有2个项目获批。制定《云南省文化进藏区三年行动计划》，完成了云南省文化厅2015年度、2016年上半年藏区工作评估；建立和完善项目库，推动国家藏羌彝文化产业走廊建设。承办了阿里巴巴乡村文化节广场舞全国总决赛，并组织文化企业参展。

【对外文化交流不断扩展】 出台《关于进一步加强云南对外和对港澳台文化工作的实施

意见》。组派云南文化交流先遣团赴俄罗斯、德国、捷克进行工作访问;组派云南文化艺术团赴新西兰开展“欢乐春节”、赴越南参加“解放海防 61 周年纪念庆典暨第五届凤凰花节”、赴泰国参加国王普密蓬·阿杜德登基 70 周年暨王后诗丽吉 84 岁寿辰国际文化节、赴缅甸参加庆祝中缅建交 65 周年活动、赴老挝参加庆祝中老建交 55 周年演出活动,组派云南文化代表团赴澳门参加“第八届中国—葡语国家文化周”系列展演活动;云南省文物考古研究所派人参加国家文物局专家组赴缅甸对蒲甘地区地震损坏佛塔进行勘察评估。与柏林中国文化中心开展为期一年的文化交流项目,组派云南美术展览团赴柏林中国文化中心举办“美丽云南——云南画家美术作品展”。与驻南非、博兹瓦纳使馆开展为期一年的“对非文化工作部省对口合作计划”,组派云南文化代表团赴南非、博兹瓦纳进行工作访问,组派云南艺术团前往南非、莱索托、博茨瓦纳三国进行访问演出。指导原生态歌舞集《云南映象》赴日本演出,指导舞蹈剧场《十面埋伏》在英国演出,促进文化对外贸易。接待台湾桃园乐友丝竹室内乐团到楚雄、腾冲举办 2016 海峡两岸文化交流《乐友风华》系列音乐会;配合文化部组织香港青少年民族文化研习考察组一行 33 人赴丽江研习民族文化。2016 年共派出文化交流团组 33 起 485 人次分别前往 27 个国家、地区和港澳台开展对外文化交流活动,接待外来文化交流团组及个人 9 起 295 人次。

【文化体制改革继续深化】 加强与省发改委等部门的协调、配合,认真做好云南“十三五”文化发展规划编制工作。不断深化文化体制改革,牵头开展全省国有文艺院团改革发展情况调研及调研收集整理等工作,形成了《云南省国有文艺院团改革发展情况调研报告》。完成《关于推进国有文艺院团深化改革创新发展的实施意见》初稿起草工作。完成提交省十二届人大常委会第 28 次会议审议的《关于全省文化事业改革发展情况的报告》文稿起草及相关工作;继续开展文化市场综合行政执法改革、事业单位法人治理结构建设、分类推进事业单位改革等工作;进一步梳理行政执法职权职责,云南省文化厅行政执法案卷在全省评查中全部合格;进一步规范节庆展会审核报备工作;完成《云南省民族歌舞团组建方案(建议稿)》起草工作。

【文化精准扶贫力度不断加大】 按照云南省委省政府有关做好脱贫攻坚工作的要求,充分发挥文化部门的自身优势,大力推进文化精准扶贫和“挂包帮、转走访”工作,研究制定了《云南省文化厅精准扶贫工作规划》《云南省文化厅 2016 年扶贫工作计划》《云南省文化厅 2016—2017 年帮扶永胜县东山乡牦牛坪—细腰子村联合党支部和大洋坪村党支部创建先进党支部的实施方案及计划》和《云南省文化厅 2016—2017 年帮扶牦牛坪村“提升社会保障能力”的实施方案及计划》等,年内为挂联点投入扶贫项目资金 130 余万元。安排下达贫困地区 2016 年度免费开放补助资金 9594.2 万元,结合中宣部实施“百县万村示范工程”,安排 1490 个村文化活动室文化活动设备,加快贫困地区和连片特殊困难地区脱贫致富的步伐。

(云南省文化厅　陈森泉)

西藏自治区

【概况】 2016 年,西藏自治区文化系统深入贯彻落实政府“663”工作思路,以“文化强区”

战略为统领，以推进“深化文化体制机制改革，努力繁荣发展社会主义文艺，着力构建和完善现代公共文化服务体系、文化产业体系、文化市场体系和优秀传统文化传承体系”为抓手，积极推动西藏文化“走出去”，奋力推进文化繁荣发展，实现了“十三五”良好开局。

【着眼长远打基础，凝心聚力抓重点】 精心编制重大规划，夯实发展基础。精心编制的《西藏自治区“十三五”文化发展规划》24个项目、10.38亿元已确定，206个项目已纳入文化部专项规划支持范围。产业发展专项规划已正式印发，艺术、非遗和文化扶贫等专项规划正在报审。投资7亿元的西藏大剧院重点项目建设取得积极进展，投资9600万元的相关地市图书馆、群艺馆、非遗传习所建设项目顺利实施。

精心筹备重大会议，用好发展外力。2016年9月10日，第五次全国文化援藏工作会议在拉萨成功召开，参会人数200余人，规格之高，规模之大，创自治区文化工作重大会议历史之最。会上确定的《文化部关于支持西藏文化发展的指导意见》已出台，安排中央转移支付资金不低于10亿元计划有序推进，依托文化部部门资源确定的涉及资金1亿元的63个援建项目正陆续实施，预计未来5年援藏项目数、资金额将超计划落实。

精心组织重大活动，展示文化作为。2016年9月10日—17日，第三届中国西藏旅游文化国际博览会成功举办，自治区文化厅主要承担第三届藏博会开幕式文艺演出、展览展示、主旨论坛文化分论坛和文化板块经贸洽谈四方面工作，为藏博会作出了突出贡献。开幕式参与群众演员达700余人，精心编排的文艺节目连续演出3场次、观众达2万余人次，向国内外嘉宾集中展示了西藏文化的独特魅力，深受好评；博览会参展企业达530家，产品种类达1000余种，接待逾20万人次，现场成交额近5000万元；参加文化分论坛区内外专家学者紧紧围绕“一带一路”与加快建设面向南亚开放重要通道和到2020年文化产业成为国民经济支柱性产业目标，积极建言西藏文化产业发展；文化招商引资落实签约项目5个，意向投资达19.6亿元。

精心策划重大展览，推动展览常态化。2016年8月31日，在文化部高度重视、国家博物馆大力支持下，《复兴之路》西藏展在西藏自然科学博物馆开幕。开幕当天，自治区党政军省级领导和拉萨各族各界代表1000余人参观展览。截至2016年底，《复兴之路》西藏展已累计接待各级各部门干部职工和各族各界群众近2万人次。根据自治区要求，《复兴之路》西藏展已被列为全区爱国主义教育、民族团结教育、革命历史教育基地，并成为常态性展览。

【突出精品创作，文艺繁荣发展】 围绕建党95周年、西藏和平解放65周年、纪念红军长征胜利80周年等重要节点，创作推出了《太阳的女儿》《共同家园》《六弦情缘》等一批重点舞台剧目，并同期赴京展演，大获成功，藏戏《六弦情缘》荣获第五届全国少数民族文艺会演“戏剧类剧目金奖”，民族歌舞剧《太阳的女儿》荣获“最佳音乐创作奖”。全区10个专业艺术团体和74支县级民间艺术团累计创作节目1319个、演出7100余场次。舞蹈《妙音踏舞》获第十七届“群星奖”，《太阳照耀雪山上》荣获区党委宣传部“五个一工程”奖，《藏歌唱起来》曲目在“全民健身日”全国排舞总决赛中荣获一等奖。全年申报国家艺术基金项目78个，立项5个，获批艺术基金695万元。文艺评论工作取得积极进展。

【注重顶层设计，公共文化服务体系进一步推进】 制定出台了自治区《关于向社会力量购买公共文化服务工作的实施意见》《关于民间艺术团公益性演出场次补贴管理暂行办法》等政策文件。拉萨、日喀则、山南、林芝等市出台了推进现代公共文化服务体系建设的"实施意见"和"实施标准"。第二批国家公共文化服务体系示范区(项目)通过国家验收。实施了23个"区域文化联动"项目、18个"春雨工程—全国文化志愿者边疆行"项目。开展"'扶贫攻坚'全区民间艺术团优秀节目巡演"5场次。落实79个乡镇文化站和148个行政村公共数字文化设施提档升级项目。落实阿里、那曲264个贫困村文化活动室设备购置项目。《天籁之音——藏北格萨尔艺人独家说唱音频资源库》等地方特色资源建设项目通过验收。向7地市和74个县区推送数字资源总量达324TB。全年开展各类免费活动逾2万场次,开展流动文化服务1.3万余场。自治区群艺馆和林芝巴宜区综合文化活动中心被评为全国"一级文化馆"。

【突出传承体系建设,非遗成效进一步显现】 藏医药申报联合国人类非物质文化遗产代表作名录工作有效开展;完成首批国家级传承人抢救性记录试点验收工作;公布命名51家第二批自治区级非遗项目传习基地;西藏非遗传承人群研修研习计划顺利实施。59部藏文古籍入选《国家珍贵古籍名录》、12部古籍入选"中华珍贵典籍资源库建设"数字化项目。编撰出版《西藏非遗图典》《西藏农耕文化图典》《岭国妙音—格萨尔音乐集》等9种图书及音像制品。成功举办2016年民俗文化艺术展等5大展演展示活动,组织参加了第六届全国非遗联展等国内4大展会活动。

【突出市场监管体系建设,市场更加规范有序】 积极联合各级文化市场执法机构开展执法监督检查,持续加大对网吧、网络游艺、网络音乐、娱乐场所等检查和整治力度。积极推动网吧转型升级,不断提升网吧管理与服务能力。研发了西藏自治区文化市场地理信息系统,全国文化市场技术监管与服务平台应用在线审批有序推进。启动了《西藏自治区文化市场管理条例》修订工作。全面深化"放管服"工作,制定了文化市场行政审批权力清单、责任清单、流程图、服务指南等。制定并印发了《推广文化市场随机抽查　规范文化市场事中事后监管工作实施方案》《文化市场主体诚信建设方案》等规范性文件。截至2016年底,全区共有文化市场经营单位近900家,从业人员超过6000人,营业利润近2亿元。

【优化发展环境,文化产业发展呈现新局面】 制定了《西藏自治区动漫企业认定管理办法》,发布实施了《西藏传统手绘唐卡地方标准》,完成了《西藏堆绣唐卡地方标准》起草。认真开展文化创意产品开发工作,自治区图书馆被列为国家级文化创意产品开发试点单位。成功举办首届西藏造像艺术博览会和第六届西藏唐卡艺术博览会。新命名公布自治区级文化产业示范基地(园区)24个。19个藏羌彝文化产业走廊建设项目全面启动。西藏雅江网络科技公司成功入选2015年国家动漫企业,实现了自治区国家动漫企业零突破。首个藏民族音乐产业基地正式挂牌。全年组织自治区63家企业参加了"北京文博会"等5个国内重大会展,累计签订合作意向资金50亿元,自治区荣获北京文博会"最佳展示奖"和"最佳组织奖"。目前,全区各类文化企业4680家,从业人员近3.2万人,年产值达到34.5亿元、同比增长15%,呈现多门类、多渠道、多层次的生产格局和多元化投资,多种所有制齐头并进、蓬勃发展的文化产业发展良好态势。

【加强品牌建设，文化交流成效显著】 积极组织和参与了“中国西藏·扎西德勒”“发现中国”“感知中国”“欢乐春节”等系列对外文化交流品牌活动，不断拓宽对外文化交流渠道。全年共12个团组107人，前往17个国家和地区进行文化交流。大力开展“请进来”工作，先后邀请5个团组37位国内外友人在藏开展文化交流活动，直面西藏发展，感受西藏巨变，触摸文化西藏。

【弘扬传统文化，藏戏保护发展成效显著】 认真贯彻国办《关于支持戏曲传承发展的若干政策》精神，重视地方戏曲的传承发展创新，积极主动采取措施，成效显著。藏戏《六弦情缘》《卓娃桑姆》《诺桑王子》首次登录中央电视台戏曲频道与全国观众见面，反响良好。民间藏戏队伍不断发展壮大，目前全区已有140余支，有效满足了基层群众的文化需求。《西藏自治区关于藏戏保护传承发展的意见》正在报审中，藏戏普查录入工作基本完成。传统八大藏戏舞台数字化工程有序推进，目前已高质量完成3部。

（西藏自治区文化厅　石三毛）

陕西省

【概况】 2016年，陕西省文化工作以习近平总书记系列重要讲话精神，特别是文艺工作座谈会重要讲话和来陕视察重要讲话精神为指引，紧紧围绕追赶超越目标要求，坚持五大发展理念，坚定文化自信，建设文化陕西，以举办第十一届中国艺术节为契机，加强艺术创作、加快公共文化服务体系建设，做好“国风·秦韵”传统文化传承发展，加大非物质文化遗产保护传承力度，积极开展对外文化交流，加强文化市场监管服务，并着力办好第三届丝绸之路国际艺术节和第二届陕西省现代文化艺术节，助力全省经济社会发展。

【举办第十一届中国艺术节】 2016年10月15日，由文化部、陕西省人民政府共同主办的第十一届中国艺术节（以下简称“十一艺节”）在延安隆重开幕。十一艺节开幕演出是以“精准扶贫”为主线的秦腔现代戏《家园》。10月30日，十一艺节群星奖颁奖仪式在西安举行。10月31日，十一艺节在西安举行闭幕式，颁发文华大奖、文华表演奖，并与第十二届中国艺术节举办地上海市进行节旗交接仪式。

十一艺节先后举办了第十五届文华奖评奖活动，第十七届群星奖评奖活动，全国美术、书法篆刻、摄影展览展示活动，演出推介活动，并举办第十一届全国优秀舞蹈节目展演十一艺节专场演出、中国民族器乐系列音乐会及文化惠民活动等。57台文华大奖终评剧目涵盖了京昆、地方戏、话剧、儿童剧、歌剧、舞剧、音乐剧、杂技剧等多种艺术形式。十一艺节首次将书法篆刻作品、摄影作品纳入中国艺术节展览框架之中。组织了全国部分省区及港澳台地区10台优秀剧目参演、陕西省30台优秀剧目百场惠民展演、中国农民画精品展、全国百姓广场舞优秀作品展演等活动。

修订了《文华奖章程》《第十五届文华大奖评奖办法》，设奖项20个，其中文华大奖10个、文华表演奖10个。首次增加了群众评委，完善了评奖标准、评审机制、评审结构。加大了评论力度，邀请专家开展评论工作。首次设立监督委员会，加强纪律监督。坚持惠民原则，票价最低20元，65%是100元以下的低价票，同时邀请老战士、农民工、环卫工人、场馆建设者等特殊群体免费观看演出。坚持

“可持续”理念,制定精品剧目驻场演出办法,完善惠民文化活动方案,努力使中国艺术节在陕西省落地生根,真正成为人民满意的永不落幕的艺术节。

【第三届丝绸之路国际艺术节】 2016 年 9 月 7 日至 21 日,第三届丝绸之路国际艺术节在陕西省成功举办,期间共有 80 个“一带一路”沿线和关联国家及地区、国内 23 个省(自治区、直辖市)参加相关活动,包括文艺演出、美术展览、文化论坛、惠民巡演等多个板块,同时举办了国际青年汉学家研修班、国际现代艺术周、国际儿童戏剧周、动漫创意文化周、长安诗歌周等多项专题活动。丝绸之路国际艺术节已经成为弘扬丝路精神、增进文化交往的重要国际文化交流平台,活动形式更加丰富,艺术门类更加齐全,参与国家的数量和艺术质量大幅增长,进一步促进了“一带一路”沿线国家人文合作、文化相融和民心相通。

【第二届陕西省现代文化艺术节】 2016 年 12 月 26 日至 2017 年 1 月 5 日,第二届陕西省现代文化艺术节在西安举办,共有 15 部剧目进行 30 余场演出,举办了 8 个主题美术、摄影展和 7 个专题论坛,为陕西青年艺术家提供了展示交流的平台,推动了陕西与国内外优秀现代艺术创作的交流合作。

【“国风·秦韵”传统文化工程】 “国风·秦韵”传统文化工程以“传递陕西声音、讲好陕西故事”为主题,包括秦腔等地方戏曲、陕西民乐(陕北民歌、陕南民歌、关中道情)、西安鼓乐、陕西民间艺术、民间手工技艺、(歌、话、舞、杂技)剧、书法绘画等,涵盖了陕西传统文化诸多的艺术门类。组织“国风·秦韵”在北上闽浙和丝路沿线国家,以及英德法奥意等国家展演巡演。陕西省文化厅与陕西卫视合办《国风·秦韵》电视栏目,收视率稳居前列,并荣获第十三届陕西电视金鹰奖唯一的电视栏目一等奖。2016 年 6 月 7 日,在中央党校举办了“国风·秦韵——中国传统音乐赏析会”。

【艺术精品创作】 大力推动艺术精品创作,实施“一市一精品”工程、“从长安到罗马”舞台艺术精品工程、“今日丝绸之路”美术创作工程等。在精品创作工作中,采取项目制管理方式,建立了责任追究制度。全年全省共推出新创作优秀剧目 100 余部,新创舞台艺术优秀作品 50 多部,5 部入选参加文华大奖全国决赛,《大汉苏武》《麻醉师》获文华大奖,《家园》被授予特别贡献剧组称号,陕西省获奖数量占全国奖项的五分之一,位居全国第一。在全国优秀美术书法篆刻摄影作品展中陕西省投稿数量和质量均居全国前列,入选作品均占各门类总数的 10% 以上,雕塑占比达到 24%。贯彻落实办一届“永不落幕的艺术节”的要求,发行文艺精品演出“文惠卡”,让老百姓以较低的票价看到精彩的演出,安排《白鹿原》《陕北歌行》等优秀剧目驻场演出、进基层、进学校、进厂矿演出。启动了陕西文学艺术创作人才百人计划项目,继续开展好青年拔尖人才扶持计划、终身成就艺术家系列工程。“百人计划”首期入选 120 余位文学和剧作家。

【公共文化服务体系建设】 出台了《陕西省基层综合性文化服务中心建设实施方案》《“十三五”时期陕西贫困地区公共文化服务体系建设实施方案》。充分发挥十一艺节带动作用,维修新建场馆近百个。省图书馆新馆和省群众文化艺术中心建设加快推进,丝绸之路国际艺术节永久会址、秦腔艺术博物馆、艺术创作基地等建设工程陆续启动。在

27个村(社区)开展基层综合性文化服务中心建设试点,为78个乡镇、2918个村(社区)配送各类文化活动器材,为13个县级公共图书馆配送流动图书车,在4个县(区)开展县级公共图书馆总分馆制建设试点。加强群众文艺创作,新创各类作品318件,其中,7件作品参加十一艺节群星奖决赛,2件获奖。在全省开展以"中国梦"为主题的系列群众文化活动。西安小天鹅艺术团童声合唱团、省艺术馆老三届知青合唱团分别入选全国十大示范合唱团。开展"春雨工程"文化志愿者边疆行活动,其中,"大河风　黄土情"渭南文化志愿者新疆行等3项活动被文化部评为"2016年文化志愿服务示范活动典型案例"。

【文化产业发展】 以陕西成功获批国家自由贸易区为发展机遇,借力自贸区建设精耕细作文化产业。推进文化金融改革创新,营造良好投融资环境,建立文化企业、文化项目众筹平台;依托海关特殊监管区域政策功能,发展对外文化贸易,推动国家级对外文化贸易基地建设,开展文化产品跨境电子商务试点,积极推动文化产品和服务出口;支持民营文化企业健康快速发展,试点开展以政府和社会资本合作(PPP)等方式,推动文化对外投资。搭建服务平台,建设小微文化企业孵化基地,推进西安对外文化贸易基地建设,推动文化与科技、旅游、资本市场对接。开展了陕西省动漫创意产业专题调研,起草《关于扶持动漫创意产业发展的指导意见》。以西安高新区为依托,曲江新区、碑林科技产业园共同打造陕西动漫创意产业基地,西安高新区1.8万平方米动漫创意基地已建成。指导各地文化产业项目建设,西安市对外文化贸易基地线上交易平台建成启动,宝鸡市和汉中市所属藏羌彝文化产业走廊项目建设步伐进一步加快,取得了良好成效。推动文化金融融合,建立政府、企业、金融机构文化合作会商机制,文化金融综合实验区建设方案报国务院审批。

【非物质文化遗产保护】 创新非遗传承保护模式,全面推动秦腔振兴十大工程、西安鼓乐传承发展十大工程、陕北民歌传承创新十大工程、陕西民乐十大工程、陕西文学十大工程、陕西美术书法十大工程建设。组织评选第五批省级代表性传承人和第三批非遗项目传承单位,确定98人为第五批非遗传承人,6家单位为第三批非遗项目传承单位。开展18位国家级代表性传承人抢救性记录工作,拍摄大型系列电视专题片《非遗之光》,完成了西安鼓乐、华县皮影戏等10个项目的拍摄。与陕西师范大学联办剪纸、刺绣等多期非遗传承人群培训班,建立西安鼓乐何家营,周至南集贤东村、西村鼓乐社等多个传习所。推进国家级陕北文化生态保护试验区建设,抓好陕北民歌、剪纸、安塞腰鼓等非遗项目的保护。召开了全省戏曲剧种普查工作会议,成立普查工作小组,在全省各市、县实地进行普查培训和指导。举办了秦腔传统剧目展演和陕西传统戏曲音乐会,宣传普及秦腔等地方戏曲艺术成就的精品佳作。组织参加第四届中国非物质文化遗产博览会,共获得20多个奖项,其中1人荣获民歌大赛一等奖,3人(全国共9人)荣获剪纸大赛金剪子奖,省文化厅获组织奖。

【对外文化交流】 根据文化部海外"欢乐春节"活动部署,按照"文化先行"的工作思路,组织多个艺术团分赴澳大利亚、意大利、日本和中国台湾举办"国风·秦韵——陕西传统文化海外演展活动",这是陕西省连续第12年在境外开展陕西春节文化品牌的宣传活动,也是陕西省连续第4年在文化部"欢乐春节"品牌框架下积极打造"国风·秦韵"地方特色文化交流品牌。承办文化部中东欧国家作曲家采风团项目、中东欧国际戏剧节总监访华团文化交流活动,来自中东欧16国的27位国外戏剧节负责人来陕观摩交流,加强了与中东欧国家间的文化合作。承办2016"国际青年汉学家研修班"相关活动,为海外青年、研究人员和智库学者搭建一个交流研究平台。在哈萨克斯坦陕西村挂牌成立"陕西文化之家",成为集展厅、剧场、电子阅览室等于一体的多功能文化艺术中心。

【文化市场】 加强队伍培训,圆满完成中西部地区文化市场综合执法能力提升三年行动计划,与浙江省对口交流行动取得显著成效。全面完成全国文化市场技术监管与服务平台的建设和应用工作任务,平台上线率达到100%,文化市场审批、执法、信息报送等业务通过平台办理。开展2016年全省文化市场综合执法考评工作。在全省组织开展了暗访抽查,案件督查、案卷评查、举报核查等专项活动。开展保障十一艺节文化市场集中整治、暑期文化市场专项整治等执法行动,2016年全省文化市场综合执法机构共出动检查152882人次,检查经营单位49848家次,责令改正1308家次,受理举报112件,办结案件1308件,警告922家次,责令停业整顿81家次,吊销许可证3家,营造了良好的社会文化环境。建设全省演出票务管理系统,部署售票终端22套,自助取票机60台,实现了全省互通互联,线上线下多渠道购票功能,演出消费服务能力和保障水平得到显著提升。

(陕西省文化厅　凡显峰)

甘肃省

【概况】 2016年,甘肃省文化工作全面贯彻落实党的十八大和十八届三中、四中、五中、六中全会精神,深入学习贯彻习近平总书记系列重要讲话精神,按照甘肃省委、省政府决策部署,抢抓机遇、勇挑重担,靠实责任、狠抓落实,各项工作取得了良好效果。

【首届丝绸之路(敦煌)国际文化博览会成功举办】 文化年展展得精。按期完成了4个展区、33个专题展览、3.6万平方米的文化年展策展布展工作,60多个国家和国内18个省区市的8000余件精美展品全景式集中展示。大会期间,参会的85个国家、5个国际组织、95个代表团,政界、学界、商界2000余人参观了文化年展。9月22日至10月8日,文化年展持续向社会公众开放,接待观众约13.1万人次。

文艺展演演得美。文博会期间,共安排13项演出,其中国外演出4项,国内演出4项,中外联袂演出5项,包括欢迎晚宴演出、2016版舞剧《丝路花雨》、大型综艺晚会《相约敦煌》、法国音乐会等4项主要演出和《马友友大提琴之夜》、大型实景演出《又见敦煌》、西班牙弗拉门戈舞《环球魔力之旅》、阿根廷《欲望探戈》等9项配套演出,25个国家的1400多名演员参与演出,共演出68场次,观众达3.9万人。

宾客邀请层次高、范围广。23个国家的文化部长和代表应邀出席部长圆桌会议,通过了《敦煌宣言》,举办19场中外文化部部长双边会见会谈。共有18个国家部委、18个沿线省区市和港澳台地区派出代表团,一大批国内外文化界专家学者和知名人士、文化企业、支持企业应邀出席文博会相关活动。参会国内嘉宾达到72个团组、1265人。

【文化精准扶贫工作成效明显】 城乡基层文化场所建设进展顺利。全面启动实施城市街道、社区综合文化服务中心建设工作，为302个未达标乡镇综合文化站拨付建设资金3020万元，为5775个行政村“乡村舞台”补助文化器材购置费2887.5万元。完成了302个未达标乡镇综合文化站达标建设任务、56个城市街道和523个城市社区综合文化服务中心建设任务，年度精准扶贫工作任务全面完成。

“乡村舞台”建设成效明显。全省各地在统筹扶贫开发、美丽乡村建设、文化体育、科技教育等有关资金的基础上，投入资金10亿多元，完成了3500个“乡村舞台”建设任务（其中结合精准扶贫精准脱贫任务完成贫困村“乡村舞台”建设任务3000个），累计完成14580个“乡村舞台”建设任务。

文化扶贫活动广泛开展。组织开展文艺调演、书画作品展览、体育竞技比赛、广场舞大赛等活动，丰富群众文化生活。紧盯农村留守儿童、妇女、空巢老人特殊群体精神文化需求，举办各种文化体育活动，充分发挥人文关怀作用，弘扬社会正能量。举办实用技术培训、科普培训、法制讲座及卫生健康、防灾减灾知识宣传等活动，为农村全面发展提供了智力支撑。

【推陈出新，艺术创作、文艺演出精彩纷呈】 艺术创作创新发展。向全国征集舞台剧本176个，形成了甘肃省舞台剧本库。创作了话剧《小吉普·变变变》、秦腔《八月十五月儿圆》《民乐情》《柴生芳》、交响合唱《敦煌》等剧目，移植创作大型现代反腐倡廉题材陇剧《全家福》，创作了《甘声肃韵》《西狭随想》《秦腔主题随想曲》《枫洛池唱段》等曲目。完成了舞剧《丝路彩虹》、歌舞《丝·路》、陇剧《塬上的路·城里的灯》、评书《原谅你》等剧本创作。

各类文艺会演反响强烈。遴选24台优秀剧目，成功举办了甘肃推进戏剧大省建设优秀剧目展演。《裕固族姑娘就是我》参加第六届全国少数民族文艺会演，《天下第一桥》参评文华大奖，主演朱衡获得文华表演奖。组织开展系列文艺演出活动，省直文艺院团全年演出2250多场次。歌剧《貂蝉》在国家大剧院成功演出，陇剧《官鹅情歌》、话剧《天下第一桥》赴西安、乌鲁木齐演出，大型音乐会《甘声肃韵》《陇上行》在甘肃大剧院演出，受到专家和观众的一致好评。

专业美术创新发展。全面推进《打造“敦煌画派”工作实施方案》落实，组织省、市、县三级画院和美术院以及全省专业美术创作人员创作了一批美术作品。完成了全省美术馆藏品普查工作，组织开展全省专业美术“陇山、陇水、陇人”全省巡展。甘肃画院举办各类展览20余场，展出作品4000余幅，并在中国美术馆成功举办了《朝圣·敦煌——甘肃画院美术展》。

【现代公共文化服务体系进一步完善】 公共文化服务法规建设趋于完善。印发实施《甘肃省推进基层综合性文化服务中心建设的实施方案》《甘肃省“十三五”公共文化服务体系建设规划》，《甘肃省公共文化服务保障条例》被甘肃省人大常委会确立为2017年立法重点调研项目。起草了《甘肃省基本公共文化服务标准化体系建设规划（2016—2020年）》，为推动甘肃省公共文化服务体系建设法制化、标准化奠定了基础。

公共文化建设各项任务有效推进。各市州成立公共文化服务体系建设协调组，并将贫困乡村文化场所建设纳入精准扶贫考核内容。天水、平凉、白银等市落实了乡镇文化站一名副科级文化站长的编制，酒泉市依托“图书漂流”项目开展县级图书馆在村（社区）的分馆试点建设，张掖、酒泉、定西等市创建国家第二批公共文化服务体系示范区（项目）顺利通过国家考核检查验收。建设数字文化驿站，实现了数字文化资源共享，对不具备网络条件的地方采取移动硬盘、光盘等形式赠送了数字资源。积极申报 2017 年公共数字文化惠民项目资金 9212.7 万元。

*群众文化活动组织得力。*成功举办“春雨工程”——汉藏文化交流活动，“阳光工程”——中西部农村文化志愿服务行动进展顺利。遴选作品参加文化部组织的各类重要节赛，获得好成绩。组织开展 2016 年公共图书馆阅读推广活动，甘肃省图书馆全年接待读者 169 万人次，举办“周末名家讲坛”等讲座和公益展览近百场。先后在张掖、陇南、酒泉和甘肃矿区等地开展“百姓文化广场”惠民演出 20 余场次。

【文化产业发展呈现良好态势】 *项目建设扎实有力。*25 个项目列入文化部“文化金融扶持计划”“支持特色文化产业发展”“促进文化创意和设计服务与相关产业融合”和院团奖励扶持项目，共获专项资金 1890 万元。南特数码集团“敦煌传奇”入选文化部品牌建设和保护计划项目。兰州创意文化产业园备选国家级文化产业园区。

*藏羌彝文化产业走廊建设取得阶段性成果。*投资 1.1 亿元的夏河县创意文化产业园、投资 5000 多万元的临夏能成砖雕新厂建成投入使用，占地近 1000 亩的临夏州民族文化产业园完成三通一平建设。投资 2000 万元的文县氐羌和白马藏族文化旅游园完成一期工程建设，对游人开放。投资近 7 亿元的肃南县玉水苑，被文化部命名为国家级文化产业示范基地。

*文化与相关产业融合发展。*敦煌莫高窟景区智慧旅游建设成果丰硕，甘肃省图书馆公共文化数字化搭建特色文化创意产品数字平台开展数字化服务。印发了甘肃省《关于推动文化文物单位文化创意产品开发实施意见》，敦煌研究院和甘肃省博物馆被确定为全国文创产品开发试点单位。兰州市、张掖市被确定为全国文化消费试点城市。举办了第二届“创新杯”工业设计大赛。

*推进文化部支持政策落地见效。*围绕提高博物馆展陈水平、推动传统工艺振兴、文化衍生品创意设计和生产、演艺发展四个方面，制定印发《落实文化部“支持甘肃提升博物馆陈列展览水平”工作方案》等 9 个分方案，各项工作有序实施。

【文化遗产保护利用和传承发展进展有序】
*不可移动文物保护状况持续改善。*组织开展全省第一次可移动文物普查，采集登录文物数据 417062 件（套）。公布全省长城保护范围和建设控制地带，审核上报国保单位文物保护工程立项报告 17 项，组织实施青城古民居保护修缮工程等 10 余项国保单位和梓潼文昌帝君庙修缮工程（一期）等 10 余项省保单位保护修缮工程。持续推进拉卜楞寺文物保护工程。早期秦文化调查与研究等考古发掘研究项目取得重要成果。组织实施 70 多项重大基本建设工程的文物调查、考古发掘及文物保护工作。

*博物馆事业蓬勃发展。*2016 年，全省“历史再现”工程新增各类博物馆 105 个，博物馆总数达到 490 个，市、县（区）国有博物馆覆盖率均达到 100%，敦煌研究院、天水市博物馆晋级国家一级博物馆。印发《国有博物馆对口帮扶非国有博物馆工作方案》，推荐 2 个非国有博物馆陈列展览参加第十三届全国博物

馆十大陈列展览精品推介活动。甘肃省博物馆《甘肃丝绸之路文明》展览完成改造提升,完成4个馆藏珍贵文物数字化保护项目申报。

文物保护利用工作再上新台阶。“互联网+中华文明”行动初显成效,“数字敦煌”资源库上线运行,敦煌文物数字化成果代表全国文博界参加国家“十二五科技创新成就展”。《敦煌莫高窟风沙灾害预防性保护体系构建与示范》《中国古代车舆价值挖掘及复原研究》获得全国“十二五”文物保护科学和技术创新二等奖。

非遗展演展示活动丰富多彩。春节期间,在卓尼县等少数民族地区组织春节文化活动。文化遗产日期间,组织花儿、甘南藏族民歌、兰州太平鼓等非遗项目在兰州进行现场展示展演。组织唐卡、洮砚、保安族腰刀、庆阳香包等项目传承人参加第四届中国非物质文化遗产博览会及相关传统技艺大赛等活动,并推荐39种共计78本全省非遗保护学术出版物参与展示。

【全省文化市场体系建设进一步完善】 努力营造良好的文化市场发展环境。全年共出动执法人员17.6万人次,检查经营单位7.6万家次,责令整改2402家次,警告969家次,受理举报336件,责令停业整顿119家,吊销许可证5家,有效规范了文化市场经营秩序。印发相关政策文件,明细了市场准入条件,靠实了执法责任,全年全省同比新增市场主体1082家。

促进互联网上网服务行业健康可持续发展。积极引导网吧业主向特色网吧、休闲网吧、竞技性网吧等类型拓展,实现跨区域、跨行业联合,全省1286家企业已经完成了转型升级工作,占全省互联网上网服务营业场所总数的66%。吸引杰拉、网鱼网咖等全国有影响的连锁企业入驻,引领甘肃省网吧行业。

着力加强和改进事中事后监管。全省各级文化行政部门和综合执法机构建立日常巡查与随机抽查相结合的工作机制,大力推进市场诚信建设和信息公开,探索建立文化市场经营“黑名单”和“警示名单”制度。推动文化市场经营单位落实安全生产责任制度,强化监督管理,完善预防控制体系,落实监管职责,加强市场巡查,营造了安全祥和的文化市场环境。

【对外和对港澳台文化交流再上新台阶】 积极参与文化交流品牌项目。组派艺术团组分别赴印度、不丹、埃及等国进行“欢乐春节”访演活动。在埃及举办“甘肃文化周”等系列活动,推动与开罗中国文化中心部省长效合作。舞剧《丝路花雨》赴白俄罗斯、香港、台湾进行交流演出,在美国、俄罗斯、印度和台湾举办“敦煌石窟寺——中国丝绸之路上的佛教艺术展”“数字敦煌成果展”及相关学术交流活动。

大力开展请进来文化交流工作。组织斯里兰卡美术家采风团、埃及摄影家采风团、发现中国——开罗中国文化中心优秀学员团、中东欧16国作曲家采风团等国外团组来甘交流,通过参访甘肃独特自然景观、人文风俗和多彩艺术,进行采风创作活动,增强了对甘肃的了解和宣传。

不断拓展对外和对港澳台文化交流渠道。邀请丝绸之路沿线8个国家的200多名艺术家、文化界人士参加第四届兰州国际鼓文化艺术周暨第五届兰州国际民间艺术周,演出30余场。积极推动筹建兰州新区俄罗斯文化交流中心,进一步拓宽文化交流渠道。“大秦文化特展”在台北故宫博物院等地举办,展出先后持续7个多月;在洛杉矶盖蒂中心举办了“敦煌莫高窟:中国丝绸之路上的佛教艺术”展。

【其他各项工作有序开展】 编制形成了总分结合的文化发展规划体系。在兰州组织开展了2期“三区人才”培训班，并组织对全省“三区人才”支持计划文化工作者专项工作开展情况进行了专题调研督查。组织省直文化系统6个已批复为公益一类的事业单位做好“三定”方案的起草和审定；起草了《关于进一步深化文化市场综合执法改革的实施意见》；启动了省博物馆、省图书馆、省文化馆事业单位法人治理结构试点工作，制定了工作“路线图”。

（甘肃省文化厅 雒遵璞）

青海省

【概况】 2016年是“十三五”开局之年。青海省文化和新闻出版厅紧紧围绕习近平总书记对文化工作的一系列重要论述，立足青海文化发展实际，增强文化自信，提高文化自觉，以稳增长、促改革、调结构、惠民生为重点，以高度的责任心和扎实的工作作风推动全省文化工作再创佳绩。

【公共文化服务体系建设扎实推进】 全年投入公共文化建设资金4.4亿元。省文化馆、图书馆（二期）全面建成并开馆运营。投入1.24亿元，建成151个基层综合性文化服务中心。投资1.46亿元，实施了州级8个图书馆、博物馆、文化馆建设项目。完成藏区9个县级“两馆”和118个村级文化活动室续建项目。全国藏文图书批销中心及省新华发行集团仓储配送中心开工建设，完成投资0.3亿元。落实“十三五”全国文化信息资源共享工程汉藏文化交流项目。西宁市被授予“国家公共文化服务体系示范区”。“文化进村入户”工程、农（牧）家书屋、寺庙书屋、卫星数字书屋等文化惠民工程取得实效。“以文化人·不忘初心”、春雨工程、文艺汇演巡演、全民阅读活动等系列文化活动丰富多彩。中央电视台《新闻联播》《人民日报》《中国新闻出版广电报》《文化报》及有关网络媒体对“书香青海·书屋照亮乡村”活动进行了报道。

【艺术创作与新闻出版事业繁荣发展】 儿童杂技剧《精灵战队》、歌舞《花漫四季》、秦腔《尕布龙》、藏戏《松赞干布》、歌舞剧《音画玉树》《彩虹儿女》登上舞台，效果良好。京剧《七个月零四天》、舞剧《唐卡》、平弦戏《魂系金银滩》、小戏曲《土乡趣事》、安多藏戏培训项目成功入选2016年度国家艺术基金资助项目。《松赞干布》《彩虹儿女》分别荣获第五届少数民族文艺会演剧目金奖和最佳编剧奖。年内，出版汉、藏文青版（青海民族出版社）图书476种，出版音像电子出版物21种，《藏族传统装饰图案大全》《贤者喜宴》等一批精心打造的出版项目获得国家资助或列入重点出版项目，10个项目入选“十三五”国家重点图书、音像、电子出版物出版规划，18个项目进入新闻出版改革发展项目库，7个项目获国家出版基金支持。巩固和扩大软件正版化工作成果，有效推进党政机关和企业软件正版化工作。

【文化遗产保护力度加大】 文物保护利用成效显著，争取国家专项补助资金3.04亿元，省级专项补助资金0.2亿元。《青海省文物事业发展“十三五”规划》印发实施。喇家国家考古遗址公园建设稳步推进。省博物馆提升改造前期工作进展顺利。“丝绸之路”申遗名录拓展，“唐蕃古道”“茶马古道”申遗前期工作取得进展。文物“四有”工作、文物安全执法扎实有效。“非遗”保护工作争取中央保护资金1933万元，省级保护资金400万元。16个国家级非遗项目和热贡、格萨尔

(果洛)文化生态保护实验区建设获得资金支持。格萨尔(果洛)文化生态保护实验区总规获批,果洛格萨尔童声合唱艺术团赴京汇报演出得到文化部肯定,藏族文化(玉树)申报国家级文化生态保护实验区工作进展顺利。省级德都蒙古(海西)、土族文化(互助)文化生态保护实验区已批准设立。启动了"青海文化记忆"工程、国家级代表性传承人抢救性记录工程。召开全省非物质文化遗产保护工作会议。

【特色文化产业加快发展】 省委、省政府召开全省文化产业促进大会,出台《关于加快发展文化产业的意见》,为持续推进文化产业发展夯实基础。全省12个项目获得中央专项资金2190万元。文化产业投资基金设立工作有序推进。"十三五"规划的25个重点项目已有19个开工建设,完成投资25亿元。积极组团参加国内文化展会,产品销售额近400万元,订货金额超过千万元。

【文化市场监管规范有序】 出台《青海省关于进一步深化文化市场综合执法改革的实施意见》,文化市场综合执法改革步伐加快。不断强化文化市场监管,部署开展了"两节""两会"文化市场治理等八个专项治理行动,全年共出动文化市场综合执法人员4.7万人(次),检查文化市场经营单位2.9万家(次),查处违法违规经营单位300家(次)。全省上网服务场所转型升级成效显著,全省已有162家上网服务场所实现了转型升级,升级率达到31.6%,通过转型升级实现了场所的"敞亮、开放、整洁"。推进文化市场技术监管与服务平台建设,完成全省7个市(州)本级和25个县(区)的平台上线工作,市(州)级、县(区)级上线率分别达到88%和54%。

【"扫黄打非"工作成效突出】 紧紧围绕封堵打击涉藏、涉疆等政治性非法出版物、反宣品及有害信息等重点,扎实开展"固边""清源""净网""秋风""护苗"五大专项行动,查缴各类非法出版物及宣传品共5.6万件,删除各类网络有害信息2.2万条、处理违规经营单位62家、取缔游商摊点78个。不断加大案件查办力度,查办"扫黄打非"案件27起,处理违法犯罪人员241名。充分利用"4·21"侵权盗版及非法出版物集中销毁、"绿书签行动""扫黄打非"知识进校园等活动发放宣传材料1万余份。积极配合西藏、新疆"扫黄打非"办公室认真做好"珠峰工程""天山工程"的联防协作。深入开展打击侵犯知识产权和制售假冒伪劣商品专项整治行动,加强版权执法监管工作,严厉打击各类侵权盗版行为,版权保护、管理能力不断增强,版权社会服务水平逐步提升。

【对外文化交流亮点纷呈】 积极创新"部省合作"项目,实施"欢乐春节"项目。在乌兰巴托举办了"大美青海"图片展、"大美青海"专场演出、唐卡艺术精品展、德都蒙古族图书展、青海特色民族民间手工艺品展、青海传统手工技艺培训等文化交流活动。完成2016欢乐春节暨庆祝中国与尼日利亚建交45周年演出任务。积极推进文化融入"一带一路"战略,在蒙古国举办"丝路万里行"活动。成功举办首届青海丝路花儿艺术节,扩大了"大美青海"影响力。

【文化体制改革不断深化】 完成2项年度销号改革任务、8项具体任务。《青海省出版物市场管理条例》正式实施。出版集团改革、新华印刷厂公司制改制工作进展顺利。依法规范行政职权,5次清理行政审批事项。完成《青海省非物质文化遗产保护办法》立法调研。积极开展了依法行政建设法治政府示范创建活动。完成行业行政执法人员资格清理工作。

【文化建设保障水平全面提升】 培训全省各级各类文化人才5000余人次。文化部在青海省举办全国"三区"人才支持计划文化工作者专项实施能力建设培训班,并给予充分肯定和高度评价。深入开展"两学一做"学习教育,强化"四个意识",创新开展"一抓二建三创"活动。建立健全各项规章制度。推动机关效能建设常态落实,深入推进精神文明创建。多措并举扎实推进精准扶贫工作。

(青海省文化和新闻出版厅　李世元)

宁夏回族自治区

【概况】 2016年,宁夏文化系统深入贯彻党的十八大和十八届三中、四中、五中、六中全会精神,认真贯彻落实文化部和自治区党委政府的决策部署,坚持围绕中心,服务大局,积极作为,砥砺奋进,推动文化工作取得新的成绩。

【艺术创作生产】 精品剧(节)目创演。创排舞剧《西夏轶事》、话剧《回乡税官》《闽宁镇之歌》、儿童剧《天鹅梦》、秦腔《过草地》等剧目;复排了秦腔《卧虎令》、京剧《白蛇传》;举办庆祝建党95周年、纪念红军长征胜利80周年系列主题创作展览展示活动;实施"中国梦·宁夏情"主题美术创作项目。话剧《回民干娘》在全国巡演29场,引起社会强烈反响。2部剧目入选第11届中国艺术节"文华奖"参评剧目、2个舞蹈入围第17届中国文化艺术政府奖群星奖决赛;柳萍、李小雄分获第26届上海白玉兰戏剧表演艺术奖主角奖、文化部第15届文华奖表演奖。18个项目入选国家艺术基金2016年度资助名单。秦腔《狗儿爷涅槃》、京剧《庄妃》入选第11届中国艺术节"文华奖"参评剧目,秦腔《狗儿爷涅槃》入选全国地方戏优秀中青年演员汇报演出剧目,话剧《闽宁镇移民之歌》参加第二届中国原创话剧邀请展。

【公共文化服务】 完善配套政策。自治区政府出台《推进全区基层综合性文化服务中心建设实施方案》,自治区文化厅等部门联合制定《关于做好政府向社会力量购买公共文化服务工作的实施意见》《自治区贯彻落实"十三五"时期贫困地区公共文化服务体系建设规划纲要实施方案》。

国家公共文化服务体系示范区(项目)创建。石嘴山市成功创建第二批国家公共文化服务体系示范区,吴忠市被文化部列为第三批示范区创建城市。固原市公共文化服务进移民新村、中卫市"民办公助"民族文艺团体惠民服务示范项目加快推进。

文化民生实事。2016年自治区十项民生计划为民办30件实事确定由文化厅牵头负责的有1项共5件实事,全面完成。其中:建设标准化乡镇文化站8个;扶持村示范文化活动室、文化大院150个;送戏进农村、进社区、进校园、进军营、进工地演出1876场;开展"清凉宁夏"广场文化演出1752场;全区公共图书馆、文化馆、博物馆和乡镇综合文化站等公益性文化设施免费开放服务群众100万人次以上。

群众文化活动。2016年4月至6月,举办了第三届"欢乐宁夏"全区群众文艺会演,共演出126场,参演节目825个,9000多名群众文艺爱好者参加演出,观众累计达20多万人次。7 月 18 日至 7 月 22 日,2016“春雨工程”——天津、安徽文化志愿者宁夏行活动在宁举行,天津市文化广播影视局分别在银川市、吴忠市、石嘴山市举办特色文艺演出;举办了“大讲堂”——宁夏基层文化业务骨干培训班。安徽省文化厅以“大展台”形式,在宁夏文化馆举办安徽省优秀美术书法摄影作品展,并邀请国家级非遗传承人现场演示“徽墨”制作技艺。组织开展了农民书法摄影、新春文化庙会、社火大赛、乡村年俗文化、非遗展示等群众文化活动。

文化设施建设。完成宁夏图书馆提升综合服务能力工程,建成固原市文化馆、图书馆、丝路文化展览馆主体和大武口区图书馆、文化馆,在宁南贫困地区扶持建设 110 个示范村综合文化服务中心、100 个示范农民文化大院。

中国文化馆年会。8 月 31 日至 9 月 2 日,2016 年中国文化馆年会在银川举行。本届年会以“文化馆——创新发展,服务基层”为主题,期间召开了国家公共文化服务体系示范区创建工作会议,举办了 12 场主题论坛,设置 5 大主题展馆、18 个特色展区,全面展示了全国文化馆行业发展最新成果。同时举办了“2016 全国文化馆榜样人物”“2016 全国优秀文化馆(站)”风采展示活动。来自全国各省区市文化厅(局)和国家公共文化服务体系示范区创建城市的有关负责人,各级文化馆馆长,公共文化领域部分专家学者,以及基层文化工作者、相关企业代表共计 3500 多人参加年会。

【文化产业和市场】 园区基地建设。吴忠文化创意园电商文化基地建成投入使用。海原县回创文化有限公司与上海牡丹缘非遗文化有限公司合作成立宁夏牡丹缘非遗文化公司,与江苏苏州刺绣研究院合作挂牌成立“苏绣研究所结对帮扶海原回绣基地”。

壮大文化产业主体。沙湖景区演出等 10 个项目列入国家金融合作扶持项目,宁夏银川黄金珠宝产业园有限公司等 5 家出口文化企业成为文化部重点扶持企业,801 文化创意产业园等 4 个项目获得中央文产资金支持。支持宁夏盛天彩数字科技有限公司成立宁夏文化创意产品研发中心,引入创意企业成立东道 · 宁创品牌创意创新中心,促进文化创新成果产品化、品牌化、产业化。

文化与旅游融合。组织创排《西夏盛典》《千寻宁夏》等旅游演艺剧目。6 月 6 日,宁夏首部大型战争史诗秀《西夏盛典》首演。9 月 8 日,由宁夏演艺集团公司推出的大型塞上旅游秀《千寻宁夏》在 2016 中美旅游高层对话活动上精彩上演。

平台搭建。8 月 13 日,2016 首届中阿国际动漫节在银川国际会展中心正式开幕,本次动漫节历时 15 天,推出了微电影展、插画展、中阿图书及影视展等多项活动。10 月 27 日,“2016 年中小文化企业投融资路演 · 宁夏站”在银川举行,中国银行宁夏分行等 21 家金融机构及宁夏 50 多家文化企业负责人热情参与。组织文化企业参加首届丝绸之路(敦煌)文博会、深圳文博会、西安文博会等国家层面展会。

文化市场繁荣。促进娱乐行业发展,出台《宁夏文化娱乐行业转型升级工作方案》,推进互联网上网服务行业、文化娱乐行业转型升级。培育演艺市场,宁夏大剧院创新运营管理机制,全年引进中外经典名剧 57 部,惠民演出 149 场,受到百姓欢迎。推动文化消费,银川市入选首批国家文化消费试点城市。规范艺术品市场,完成艺术品经营单位调查摸底工作,督促经营单位备案,摸清底数,建立台账。

文化市场监管。制定下发《全区推广文化市场随机抽查规范文化市场事中事后监管工作实施方案》《宁夏“双随机一公开”实施细则(试行)》,开发应用宁夏文化市场“双随机”抽查公示软件系统,全面推行“双随机一公开”监管工作。全区推行“执法+协会”文化市场管理模式。完成互联网上网服务营业场所技术监管平台升级改造。完善文化市场消防安全“一户一档”管理模式。全面完成中西部执法能力提升计划任务。石嘴山市被文化部列为“全国文化市场移动执法系统试点城市”。

【品牌文化活动】 WDC 国际标准舞大赛。7月22日至23日,2016“锦绣杯”中国·石嘴山第二届 WDC 世界公开赛暨全国青少年国际标准舞公开赛在石嘴山市体育馆盛大开幕,活动主要包括英国黑池舞蹈大师讲习、WDC 世界公开赛、世界超级巨星表演等。7月24日至25日,2016“锦绣杯”WDC 国际标准舞世界巡回赛(积分赛·中国站)暨全国青少年国际标准舞公开赛在宁夏体育馆举行。两场赛事共有来自英国、德国、俄罗斯、马来西亚等33个国家和国内20余个省、市、自治区的选手同场竞技,参与选手和观众达2万多人次。

丝绸之路·第十四届中国西部民歌(花儿)歌会。8月30日至9月2日,丝绸之路·第十四届中国西部民歌(花儿)歌会在永宁中华回乡文化园举办。本届歌会以“讴歌西部腾飞,追寻丝路文脉”为主题,来自西部12个省、区、市及新疆生产建设兵团的15支优秀代表队参赛,藏、壮、回、苗、侗、彝、蒙古、土家、达斡尔、维吾尔等10余个少数民族的400名歌手齐聚塞上。歌会还邀请了来自中亚、西亚的著名艺术家们同台倾情献声。期间,召开民歌花儿论坛研讨会,举办2场优秀节目展演、多场民歌、花儿和原生态比赛。

第五届“黄河大合唱”全国合唱邀请赛。10月23日至24日,第五届“黄河大合唱”全国邀请赛在宁夏大剧院举办,本届比赛吸引全国19个省、市、自治区的31支合唱团、1300余名各行各业的歌手参赛。

【文化遗产保护传承】 申报世界文化遗产。完成西夏陵申遗文本评审报送、申遗区内拆迁、环境风貌修复及5、7、8、9号陵本体保护和陵邑北段遗址回填工程、西夏博物馆完成主体馆舍建设,西夏陵“四有”档案、遗产地地理信息数据库建设等基础工作全面推进。丝绸之路宁夏(固原)段申遗扩展项目完成固原北朝隋唐墓地保护总体规划编制、固原古城加固保护(一期)、固原博物馆丝路展陈提升工程、开城遗址等文物考古发掘,实施遗产点环境整治、须弥山石窟文物本体保护项目。

重点文物保护工程。推进长城保护“四有”基础工作,划定公布了早期长城保护范围和建设控制地带。编制完成《宁夏长城保护总体规划》,宁夏8处长城列入十三五国家文化和自然遗产保护利用设施建设项目名录。完成明长城盐池高平堡段保护修缮工程,启动银川五虎墩段等6处长城段落抢险加固工程。编制明长城金沙村段、红山堡城址、清水营城址、红寺堡城址加固修缮工程方案。开展长城专项执法督查,国家文物局督察组对宁夏长城保护工作给予高度评价。完成贺兰山岩画抢救加固保护工程。

第一次全国可移动文物普查。完成全区第一次全国可移动文物普查工作,全区各国有单位登录并审核上报文物信息数据6.9万多件(套),实际件数30万余件。完成《全区第一次全国可移动文物普查工作报告》《西夏可移动文物保护和利用调研报告》《全区第一次全国可移动文物普查国有单位名录》。宁夏普查工作数据国家验收合格。

考古发掘。开展了水洞沟、鸽子山和沙塘北塬遗址的考古发掘、须弥山石窟考古调查测绘和固原工作站及考古整理基地建设项目。

博物馆事业。成立宁夏博物馆理事会。完成固原博物馆“千年固原　丝路华章”、自治区博物馆《红旗漫卷》革命文物展览、盐池博物馆展览提升工程及同心县新建博物馆陈列布展工作。实施宁夏博物馆、固原博物馆馆藏文物预防性保护项目,开展西夏铁器的修复保护和隋代史射勿墓出土壁画的修复保护。开展了自治区博物馆和固原博物馆文创产品开发试点工作。引进和推出《青铜之路——两周时期青铜器展览》《徽商故院——徽州古建展》等展览40个。

革命文物保护。开展红色遗址和红军长征遗迹保护研究工作,建立完善革命文物“四有”档案,加大对革命遗址的保护管理力度,推动长征遗址将台堡、小岔沟、乔家渠面向社会开放。协助国家文物局和中央电视台开展了长征文物保护宣传工作。

文物安全工作。开展自治区投资项目在线文物审批工作,健全文物审批事项规程。开展全区文物重点保护工程和考古发掘项目工地安全督查,加强节假日期间文物安全工作。依法督查海原墩墩梁、盐池安定堡、灵武白土岗子烽火台涉及文物保护的执法案件,协助公安部门查办了省嵬城遗址盗挖案件。石嘴山市“周某等8人盗窃文物案”和“海原县墩墩梁烽火台遭破坏案”分别被文化部评为2015—2016年度全国文化市场十大案件和重大案件。

非遗保护传承。资助传承保护点(基地)23个,表彰非遗保护先进单位10个、先进工作者22名、优秀传承基地10个,为7名国家级传承人、127名自治区级代表性传承人发放了传习补贴;对4名国家级非遗传承人和2名自治区传承人实施了抢救性记录工作。组织非遗项目参加宁夏在外交部举办的首场省区市全球推介活动,成为推介活动的亮点和关注的焦点。

【对外文化交流合作】 成功举办中阿博览会走进埃及宁夏文化周活动,“多彩文化·神奇宁夏”文化展和“丝路梦·回乡情”中国宁夏文艺演出、中埃建交60周年招待会文艺演出让中埃嘉宾赞叹不已;宁夏智慧宫文化传媒公司与埃及马阿里夫集团等多家机构签订文化项目20个;完成“中阿情·丝路梦”中阿政党对话会专场文艺演出和埃及东方骑士当代舞艺术团访华演出。实施与莫斯科中国文化中心年度合作项目,宁夏组团赴莫斯科举办“东方神韵·魅力宁夏”文艺表演、“远古记忆”宁夏岩画特展、“东方神韵”宁夏美术作品展、“丝路意匠”中国宁夏非遗作品展等5项活动,并承接文化中心合作伙伴、奖学之旅等3项莫斯科文化中心团组来宁访问交流。《金色汤瓶》节目组随国家领导人先后赴埃及、墨西哥出访演出,赢得社会各界广泛好评,得到文化部充分肯定和高度评价。宁夏文艺精品项目纳入国侨办“文化中国”国外演出项目,组织宁夏巡演团赴美国华盛顿特区、纽约等5个城市开展“文化中国·神奇宁夏”慰侨演出,并在当地引起强烈反响,得到中国驻芝加哥总领馆的高度评价。召开了“早期丝绸之路与东西文化交流”国际学术研讨会、“丝绸之路与秦汉时期与固原区域文化”国际学术研讨会。

（宁夏回族自治区文化厅　张　斌）

新疆维吾尔自治区

【概况】 2016年，新疆维吾尔自治区文化系统深刻领会中央、自治区党委关于文化工作的新理念、新部署、新要求，紧紧围绕社会稳定和长治久安工作总目标，团结协作、奋发进取、扎实工作，圆满完成了全年各项工作任务。

【文化体制改革】 按照中央和自治区党委关于全面深化改革的部署和要求，积极稳妥地推进文化体制机制改革，不断深化文化事业单位内部机制改革，完成了自治区文化文物综合执法局合署办公工作；积极探索公共文化场馆建立理事会制度，启动了文化馆、图书馆、博物馆组建理事会筹备工作；探索公共文化设施开展社会化运营试点工作，创新基层群众文体活动可持续开展的有效载体和长效机制。

根据国家和自治区审改办文件要求，认真清理文化厅行政审批事项，确定取消5项行政审批项目，申请新增及变更行政审批事项5项；完成了自治区文化厅工商登记后置审批事项目录梳理上报；开展了文化厅行政执法人员清理工作；对各地州、县市文化行政主管部门开展简政放权、放管结合、转变政府职能工作进行了专项督查，不断提高文化系统依法行政、依法管理的能力，提升服务水平，提高审批效率。

【公共文化服务】 重点文化工程扎实推进。新疆艺术中心主体结构已完成90%。自治区图书馆改扩建工程已完成土建部分。自治区博物馆二期工程项目被列入国家“十三五”规划支持建设项目，该项目总建筑面积32320平方米，总投资37419万元由中央财政全额拨付。新疆艺术剧院杂技团排练厅改造项目争取“中央补助地方文化体育与传媒事业发展专项资金”870万元。

基层文化阵地建设稳步实施。县市级两馆标准化建设和基层综合性文化服务中心试点建设顺利推进。完成了南疆三地州村级文化室设备、第七批城市街道社区文化室设备、自治区贫困村文化活动室设备配置工作，不断健全完善基层文化阵地。配发流动图书车12辆，实现了贫困县和南疆四地州县市全覆盖。

国家公共文化服务体系示范区（项目）创建工作进展顺利。克拉玛依市、巴州创建第二批国家公共文化服务体系示范区（项目）顺利通过文化部验收。积极推进昌吉州、塔城地区、哈密地区第三批国家公共文化服务体系示范区（项目）创建工作。

边疆万里数字文化长廊建设项目有序实施。完成了2015年度新疆边疆万里数字文化长廊建设项目800个基层服务点的招投标以及追加80个点的选点工作。

共享工程数字资源建设取得积极进展。完成了公共电子阅览室管理平台567个基层服务点的安装部署。启动了多语种特色文化信息资源处理及共享服务平台项目。联合相关单位拍摄大型纪录片《新疆味道》，在央视9套及多家省级电视台播出，受到社会各界广泛好评。

全区“四馆一站”免费开放提质增效。自治区图书馆改扩建期间“工作不停、业务不断”，全年接待读者16.9万人次，共举办各类读者活动60余场次。自治区文化馆举办农民画培训班5期，培训农民画师200余人次。自治区博物馆举办各类展览15项，接待观众74万人次。举办了自治区“群星耀天山”戏剧、曲艺大赛，“书香新疆　全民阅读”等丰富多彩的群众文化活动。全年举办“百日广场文化活动竞赛”“乡村百日文体活动竞赛”2.7万余场次，参与群众200余万人次。

【艺术创作生产】　加强文艺创作规划引导。召开了自治区文艺精品创作会议，制订了2016年文艺精品创作重点项目和“十三五”期间艺术精品创作选题规划。

文艺精品创作取得新突破。新疆艺术剧院歌舞团复排歌舞剧《情暖天山》，木卡姆艺术团新创大型音舞诗画《木卡姆印象》参加第五届全国少数民族文艺会演，分别荣获剧目金奖、编剧奖和音乐创作奖。组织相关院团举办了“融情聚力　共圆梦想”自治区民族团结进步主题晚会。以“访惠聚”为主题创排了大型情景歌舞晚会《驻村故事》，在南疆四地州10余个县市巡演19场次，反响强烈。话剧团举办了“天山歌　戏剧情”第二届新疆话剧演出季。

深入开展“四个一批”文化惠民活动，坚定占领宣传思想文化阵地。组织7个区直院团新创剧目23个；恢复剧目57个；赴南疆四地州基层乡村开展文化惠民演出500余场次，惠及各族群众60余万人次；扶持基层文艺骨干450余人次；开展宣讲100余场次，受益群众达10万余人次。文化艺术学校赴南疆基层乡村开展慰问演出59场次，惠及群众6万余人次。

推动“深入生活、扎根人民”活动长效化。开展“我们的中国梦　文化进万家”惠民演出50余场次，举办“网络春晚”、新年音乐会、新春音乐会、中秋音乐会等节庆文化惠民演出80余场次，惠及各族群众近10万人次。举办了全疆小品、器乐、木卡姆演唱大赛，一批文艺人才崭露头角。艺术研究取得新进展，多项课题获文化部、国家社科基金支持。美术馆收藏体系建设稳步推进，“中国梦·丝路情”主题美术创作活动顺利完成。

落实支持戏曲传承发展政策，全面开展全疆戏曲普查工作。召开了全疆地方戏曲剧种普查动员会议暨培训班，扎实做好全区地方戏曲剧种普查工作，全面掌握自治区各民族戏曲剧种的数量、形成发展历史、艺术特点、分布和流传地区、演出团体、人才状况、演出剧目、生存现状等。

国家艺术基金资助项目申报取得新突破。组织各级文化机构和相关企业积极申报国家艺术基金资助项目，共有51个项目获得国家艺术基金资助，资助总资金达5320.1万元。

【文化产业】　文化产业平台逐渐完善。举办了第四届丝绸之路新疆文化创意产业博览会，200余家国内外企业参展，签约总金额约8亿元，取得了丰硕的成果。组织全区文化企（事）业单位参展第十二届深圳文博会、第十一届北京文博会，观摩学习了第八届中国西部文化产业博览会和首届丝绸之路（敦煌）国际文化博览会，开阔了思路，增强了合作，学习了先进经验。

园区基地建设管理不断规范。举办了第四批自治区文化产业示范基地授牌仪式，开展了第五批自治区文化产业示范基地评选命名工作。加强自治区文化产业示范基地动态管理，开展了自治区级文化产业示范基地巡检工作。

文化产业重大项目建设稳步推进。引导

自治区文化企业成功申报2016年中央文化产业扶持资金8项，获得扶持资金1810万元。3部作品入选文化部2016弘扬社会主义核心价值观动漫扶持计划、动漫品牌建设和保护计划。

文化产业人才队伍建设稳步加强。举办了南疆地区（阿克苏）特色文化产业人才培训班暨文化产业项目对接会，开展新疆对外文化贸易业务、特色文化产业培育专题研修等培训。组织推荐乌鲁木齐市和巴州库尔勒市申报国家文化消费试点地区。

【文化遗产保护】 统筹推进文物保护利用。继续实施高昌故城、交河故城遗址等世界文化遗产地建设，进一步推进北庭故城考古遗址公园建设，加强惠远新老古城遗址、伊犁将军府、惠远钟鼓楼保护与展示工作。继续推进吐鲁番市、和田地区烽燧本体保护，启动了新疆长城资源保护规划编制；推进哈密白杨沟佛寺遗址、吐鲁番坎儿井等保护项目。整理完成了第6—7批自治区级文物保护单位记录档案，补充完善了第1—5批区保和第1—7批国保单位记录档案。开展主动性考古发掘课题7项、与内地科研院所合作开展主动性考古发掘项目5项，在大遗址保护、旧石器考古等领域获得新突破。全面推进纺织品、泥塑、纸质文献、陶瓷金属、壁画等各类文物修复保护项目。克孜尔石窟危岩体加固保护工程、石窟壁画保护及数字化等项目取得积极进展。全面完成了自治区第一次全国可移动文物普查工作。开展了博物馆（纪念馆）免费开放绩效考评。开展"流动博物馆"巡展500余场，参观群众达150余万人次。

不断加大非遗传承保护力度。实施中国非遗传承人群研培计划，举办了新疆毡绣和刺绣非遗传承人群普及培训班，培训非遗传承人100名；实施传统工艺振兴计划，设立了"雅昌文化集团、清华大学美术学院驻新疆哈密市传统工艺工作站"，积极推进木垒哈萨克族刺绣生产性保护建设；积极推进联合国教科文组织人类非物质文化遗产代表作名录项目新疆维吾尔木卡姆艺术、玛纳斯履约报告工作；成功举办了"天山南北贺新春——第三届非物质文化遗产春节习俗展"和第十一个文化遗产日暨第四届新疆非物质文化遗产展示周活动等宣传展示活动；完成了"中华文脉——新疆非物质文化遗产"第一辑13本丛书和第一套17部专题片出版工作。

古籍保护工作深入开展。充分发挥"自治区古籍保护修复中心"职能作用，进一步完善古籍保护修复规章制度，扎实推进少数民族古籍征集和修复，编辑出版了《新疆地区古籍普查登记目录》《新疆入选国家珍贵古籍名录图录》。

【文化市场监管】 认真梳理行政审批事项，严格涉外营业性演出审批流程，依法开展行政许可工作。全年共审批涉外及港澳台营业性演出107件，准予设立互联网文化经营单位23家，准予设立演出经纪机构26家，及时向社会公示许可项目，积极推进政务公开，规范审批行为。

修改完善游艺娱乐场所管理规定。在调研的基础上形成了《关于我区游戏游艺行业管理现状调研分析报告》，制定了《关于修改完善游艺娱乐场所管理措施的指导意见》《关于关于进一步加强我区互联网上网服务行业游艺娱乐场所监管的建议》，进一步加强对互联网上网服务场所和游戏游艺场所的审批和管理。

做好文化市场技术监管与服务平台办理审批业务应用工作。全疆文化市场技术监管与服务平台业务审批率已达100%。完成了全疆互联网监管平台升级，实现了网吧终端的实时监控。

开展中西部地区文化市场综合执法能力提升行动。选派各级执法骨干20人参加了东北片区文化市场综合执法业务师资巡讲培训班学习。签订《北京—新疆文化市场综合执法对口帮扶意向书》，北京市17个文化市场行政执法机构对口帮扶新疆20个文化市场行政执法机构，并向自治区赠送了价值30余万元的执法设备。

加大文化市场监管力度。开展文化市场明查暗访、交叉执法检查、重点督查，坚决遏制"三非"渗透蔓延，确保文化市场安全有序。全疆各级文化市场行政执法机构共出动检查236429人次，检查经营场所133500家次，责令整改3202家，受理举报129件，立案调查232件，有效打击了违法经营行为，确保了文化市场健康有序发展。

【对外及对港澳台文化交流】 成功举办了第五届中国—亚欧博览会"中外文化展示周"。"展示周"以"艺术编织丝路美景"为主题，精心组织安排了5个版块内容，促进了新疆与亚欧各国的文化交流与合作。

第二届中国新疆国际艺术双年展精彩纷呈。双年展由主展、主题报告会、工作坊培训及平行展四部分组成。主展以"艺术与科学的对话"为主题，让新疆各族群众在家门口欣赏到国内国际最前沿的跨界艺术作品，观众达3万余人次。

圆满完成了2016"海外中国文化中心——新疆文化周"活动。按照文化部部省合作计划，组团赴老挝、斯里兰卡举办"海外中国文化中心——新疆文化周"活动，在巴基斯坦伊斯兰堡举办了"魅力中国　多彩新疆"文化周，充分展示了大美新疆、多彩新疆、和谐新疆的风采，为中巴建交65周年纪念活动增添了浓墨重彩的一笔。

"欢乐春节"演出圆满成功。组织区直院团赴哈萨克斯坦、泰国、老挝等国家参加"欢乐春节"演出，赴阿联酋、澳大利亚开展慰侨演出；开展了2016年部省合作重点项目——新疆与老挝中国文化中心年度合作访演、文化艺术培训。

【文化人才】 认真贯彻执行党的干部工作方针政策，坚持正确的选人用人导向，严格按照《干部任用条例》选人用人、管理干部，为推动文化改革发展提供了强有力的组织保证。通过实施轮岗、下派锻炼、选调等多途径选拔和培养干部，激发干部队伍活力，努力建设一支高素质的文化干部队伍。

积极争取启动了第二轮新疆文化艺术人才定向培养培训，大力开展"2016年专家、少数民族特培学员赴基层文化服务活动"。

举办了南疆地区农村文艺活动策划、编创人员培训班，全疆文化工作者专项培养项目12期，培训基层文化骨干873人次，全区文化艺术人才结构进一步优化，工作能力和水平得到进一步提升。

（新疆维吾尔自治区文化厅　赵衍勇）

新疆生产建设兵团

【概况】 2016年，新疆生产建设兵团文化系统从实际出发，求真务实，各项工作顺利推进。

【文化体制改革】 深化直属文化事业单位体制改革试点。在广泛征求意见的基础上，督促指导兵团歌舞剧团形成内部机制改革试点工作方案，并顺利完成岗位竞聘和“30”“50”人员分流等内部人事、收入分配和社会保障制度改革工作。兵团杂技团上报内部机制改革试点方案，待兵团人社局批准后实施。兵团文化中心上报企事职能分离改革试点方案。

为更好地传播中华文化、发挥示范引领作用，2016 年 7 月 14 日兵团下发《关于组建兵团胡杨民族乐团的通知》，吸收兵团歌舞剧团、杂技团、豫剧团、秦剧团等文艺团体现有在职及离退休指挥演奏人员，成立兵团胡杨民族乐团。

现代法人治理结构试点。根据文化部的统一要求，确定八师石河子市文化馆、图书馆及兵团军垦博物馆开展现代法人治理结构试点。目前“三馆”已分别成立由不同界别人员组成的董事会，探索实行公共文化服务总分馆制。一师阿拉尔市文化馆、图书馆及六师五家渠市文化馆也分别开展了总分馆制改革试点工作。

【公共文化服务】 *印发《兵团关于加快构建现代公共文化服务体系的实施意见》*。2015 年 3 月，根据中办发〔2015〕2 号文件精神，结合兵团实际，兵团党委宣传部成立文件起草小组，着手起草兵团的实施意见。在听取各方建议的基础上，修改完善并正式印发《兵团关于加快构建现代公共文化服务体系的实施意见》。

印发《关于推进兵团基层综合性文化服务中心建设的实施意见》。为扎实推进兵团基层综合性文化服务中心建设，兵团党委宣传部、文广局在定向调研的基础上，组织起草并印发了《关于推进兵团基层综合性文化服务中心建设的实施意见》。

开展全国第四次文化馆评估定级工作。兵团共有 114 个文化馆达到三级以上标准，其中一级馆 13 个、二级馆 23 个、三级馆 78 个。目前兵团有省级文化中心 1 座，团场（镇）综合文化活动中心 175 个，连队文化活动室 1230 个，师（市）图书馆 4 座，各级各类博物馆、纪念馆 89 座。

公共文化服务示范项目创建工作。八师石河子市创建第二批全国公共文化服务体系示范区工作顺利通过文化部专家验收组检查验收。八师文化馆与周边六县市成立北疆片区文化馆联盟，建立经常性学习交流机制，加强馆际交流及互动。八师图书馆获得 2016 年度中国图书馆年会评选的全国最美基层图书馆称号。六师五家渠市、一师阿拉尔市、十师 185 团创建第三批全国公共文化服务体系示范区（项目）工作进展顺利。六师五家渠市与山西省朔州市、晋中市和甘肃省白银市开展示范区创建城市区域文化联动活动。

实施“三馆”免费开放、博物馆免费开放。2016 年 2 月，与兵团财务局会签，联合向文化部上报《关于申请 2016 年公共图书馆、文化馆（站）免费开放补助资金的请示》，申请“三馆”免费开放补助资金。5 月，与兵团财务局联合向兵团报送了《关于申请下拨 2016 年兵团博物馆、纪念馆免费开放专项资金的请示》，申请下拨博物馆、纪念馆免费开放专项资金 400 万元。7 月，又与兵团财务局联合向兵团报送了《关于下拨 2016 年公共图书馆、文化馆（站）免费开放专项资金的请示》，申请下拨“三馆”免费开放补助资金 3028 万元，对兵团 223 个图书馆、文化馆（站）免费开放给予补助。

“送文化下基层”慰问演出活动。2016 年 1 月，兵团党委宣传部、文广局、文联领导带队开展慰问演出 46 场，观众达 2.7 万人次，为基层职工群众赠送春联和书法作品 1.3 万幅、图

书1000余册。4月，组织兵团直属文艺团体及各师（市）专业（业余）文艺团体的文艺工作者赴南北疆各师市团场开展“文艺下乡工程”送文化下基层慰问演出活动。2016年兵团各级专业和各类文艺团体共演出715场。其中兵团专业文艺团体下基层演出385场，观众达28.6万人次；各师（市）文艺团体演出280场，观众达25万余人次。

【文化产业发展】 组建文化企业集团。2016年，兵团文广传媒集团相继成立文广影视、旅游、演艺用品、体育等10家文化产业公司，兵团文化中心成立新疆和平之声演艺有限公司，兵团日报社成立新疆中建文化发展服务有限公司，一师阿拉尔市成立三五九文化创意有限公司。目前，兵团已有直属文化企业26家，参与市场运作，取得初步成效。和平影视公司积极拓展业务范围，截至2016年底，兵团范围内电影院数量已增至20家，银幕数达到70块。和平之声演艺公司参与第十一届中国艺术节演艺产品及交易博览会，成功运作舞剧《戈壁青春》在新疆大剧院上演，并举办多场音乐会。

【文物保护工作】 编制印发相关发展规划和实施意见。根据相关规划和要求，结合兵团实际，6月22日印发《兵团“十三五”时期文物事业发展规划》。9月12日，正式下发《兵团党委办公厅　兵团办公厅印发〈兵团关于支持戏曲传承发展的实施意见〉的通知》。11月15日印发《兵团“十三五”时期文化改革发展规划》，加强对“十三五”期间兵团文化改革发展工作的顶层设计和项目谋划。12月31日，印发《新疆生产建设兵团关于进一步加强文物工作的实施意见》。

申报“十三五”文物保护项目。兵团文广局（文物局）对辖区内较为成熟的文物保护项目进行了汇总统计，初步建立了“十三五”文物保护项目数据库，上报国家文物局44个项目（其中，重点项目8项、一般项目36项）。经国家文物局审定，14个项目进入“十三五”时期国家文化和自然遗产保护利用设施建设专项，其中文物保护利用9项（一般项目6项，库房建设3项），非遗保护传习场所建设5项，资金将达到1亿元。

组织兵团开展第一次全国可移动文物普查工作。按照国务院和国家文物局的要求，兵团于2016年完成辖区内42家国有收藏单位文物数据的审核和提交工作，对19011件文物的基本信息进行了数据采集、录入和上传。11月底，完成《兵团第一次全国可移动文物普查工作报告》编制和《兵团第一次全国可移动文物普查验收汇总表》填报工作。

实施重点文物保护项目。八师小李庄军垦旧址抢险加固工程立项报告和设计方案通过国家文物局和第三方评审，10月实施招投标，11月全面施工。十四师昆玉市皮山农场1连吐尔地·阿吉庄园修缮工程7月中旬开工，11月底完成修缮。十三师柳树泉农场坎儿井抢救性保护工程开始实施，目前18条坎儿井的清淤工作及竖井、暗渠增挖加固工程全部完成。三师图木舒克市脱库吞木、阿勒吞木南、阿勒吞木西南、穷吞木、尤木拉克、阔西吞、泽吞木等七处烽燧保护加固工程目前已完成勘察设计方案。十三师柳树泉农场焉布拉克古墓群目前已完成保护规划和方案的编制工作，下一步将开展立项申报工作。

协调兵地文物保护管理问题。协调五师文物局与博州文物局妥善解决84团5连泉水沟古遗址考古发掘问题，明确辖区内发掘文物由五师文物局管理。协调自治区文物局推进八师石河子市北阳山东部、玛纳斯河西岸二级台地石河子镇十户窑村对因道路施工急需进行抢救性考古发掘的118座墓葬开展考古调查。积极与河南省文物局联系，协调对接一师阿拉尔市昆岗墓群、遗址考古调查工作，以进一步明确昆岗墓地、遗址分布范围、历史年代、学术价值、文化属性等情况。

开展文物保护前期立项申报工作。5月至10月开展第二批兵团文物保护单位申报工作，目前已完成初审。14个师（市）共申报118处文化遗存，范围涉及古遗址、古墓葬、古建筑、石刻与近现代重要史迹及代表性建筑、兵团军垦工业遗址等，将组织专家对其历史、艺术、科学价值评估遴选后，上报兵团审批命名。根据《国务院关于进一步加强文物工作的指导意见》《国家文物局关于加强革命文物工作的通知》精神，启动辖区内革命文物保护经费需求申报工作，草拟《革命文物保护经费需求规划报告》，目前各师（市）文物局已上报86个革命文物保护单位基础信息。协调联系北京国文信文物保护有限公司专家赴六师、七师、八师、十三师，对兵团纳入国家规划的重点文物进行实地勘察、测量，编制25项立项报告，上报国家文物局文物保护项目库。

【非物质文化遗产保护】 非遗传承保护基础工作。石河子大学作为全国非遗传承人群研习基地，于3月、10月、12月举办了三期非遗传承人群研习培训班，培训哈萨克毡绣布绣、柳编等非遗传承人员150人。在兵团秦剧团成立秦腔传承保护研究办公室，加强秦腔艺术的传承和保护研究。并对疆内现健在的老艺术家的保留剧目进行挖掘整理，通过口述方式，保存录音和影像资料，同时对收集到的口述艺术文化编纂成册，形成《传统秦腔艺术家口述史》一书。

兵团地方戏曲剧种普查工作。2015年12月成立兵团戏曲剧种普查工作领导小组，下发《关于在兵团开展地方戏曲剧种普查工作的通知》，召开兵团戏曲工作座谈会暨戏曲普查工作动员会。最终，全国地方戏曲剧种普查办公室审核认定兵团猛进秦剧团、兵团豫剧团、八师石河子市豫剧团、九师豫剧团四家单位列入此次普查范围。

截至9月30日，顺利完成兵团地方戏曲普查统计上报工作。据普查统计，兵团现存秦腔和豫剧2个活态剧种，4个表演团体，在职从业人员198人。通过此次普查，对兵团现有剧种、剧团生存发展现状有了更全面的了解，为制定地方戏曲保护扶持措施提供详实准确的数据。

【开展文化活动】 举办首届兵团文化艺术周。制定《首届兵团文化艺术周工作方案》，举办主题为"魅力兵团　文化盛会"的首届兵团文化艺术周系列活动，包括第九届兵团文艺汇演、兵团折子戏大赛、"美丽中国——文化新地标摄影展览"、兵团题材影视节目展播。

艺术周期间，各师（市）、院（校）也分别结合各自实际组织开展了20类137项丰富多彩、形式多样的群众文化活动，五师、六师、七师等还组织参演剧（节）目赴相邻县乡、基层连队社区进行了巡演，营造了昂扬向上的文化氛围。

组织系列主题文化活动。举办"纪念中国工农红军长征胜利80周年暨庆祝中华人民共和国成立67周年"专题音乐会，由兵团胡杨民族乐团、兵团老军垦合唱团联合演出。举办"纪念中国共产党成立95周年暨红军长征胜利80周年”兵团优秀美术书法摄影作品展，展出兵团各级文艺工作者具有兵团历史或现实题材作品150幅，一批自治区艺术家的作品也应邀参展。举办自治区“民族团结进步年”兵团主题文艺晚会“民族团结　共圆梦想”，作为系列演出活动首场。

【支持精品剧目交流演出】　兵团歌舞剧团舞剧《戈壁青春》8月21日、22日参加第五届少数民族文艺汇演获得剧目银奖。兵团杂技团《天鹅湖——男子倒立技巧》《向太阳——绳技》3月下旬参加第九届俄罗斯伊热夫斯克国际马戏节并双双荣获金熊奖；10月中旬，《春之韵——女子倒立技巧》荣获第十二届中国武汉国际杂技艺术节“黄鹤金奖”；11月，新创杂技剧《楼兰寻梦》在乌鲁木齐十二卡姆艺术剧团剧场成功上演。兵团豫剧团豫剧《大漠胡杨》3月中旬获邀参加中国豫剧优秀剧目展演，10月中旬参加全国梆子声腔优秀剧目展演。

此外，组织推荐6名基层歌手参加第十四届中国西部民歌（花儿）歌会，共获得银奖1名，铜奖2名，兵团文广局获组织奖。兵团歌舞剧团群舞《沙海老兵》入选第十一届全国优秀舞蹈节目展演，兵团文化中心少儿舞蹈《阿米娜果园奇遇》获全国第八届“小荷风采”少儿舞蹈大赛金奖、《那孜库姆》获邀参加2016年度“小荷风采”精品剧目巡演，八师豫剧团豫剧《我的娘·我的根》在北京梅兰芳大剧院展演，十一师创编的小品《母与子》入围全国第十七届群星奖决赛。

【申报国家艺术基金项目】　1月初，举办“兵团2016年度国家艺术基金资助项目申报工作培训班”，专题讲解申报注意事项，70余名学员参训。2016年，共申报项目53个，其中兵团歌舞剧团群舞《沙海老兵》获得小型剧（节）目和作品创作项目资助，兵团歌舞剧团艾尼瓦尔江创编的歌曲《最美新疆》和八师石河子市杨淞建创编的《女儿心》获得青年艺术创作人才音乐作曲类项目资助，兵团歌舞剧团舞剧《戈壁青春》和八师石河子市歌舞话剧团话剧《兵团记忆》获得传播交流推广项目资助，共计630万元。

【基层文化队伍建设】　在文化部的支持下，3月初，兵团文广局与中央文化管理干部学院在北京联合主办群众文艺创作和舞台艺术设计两期专题培训班，70余名基层文化文艺骨干参训。6月—7月，文化部全国公共文化发展中心借助“春雨工程”边疆万里数字文化长廊建设项目，在山东省威海市举办“2016年春雨工程——新疆兵团基层骨干培训班”，参训人员40人。12月21日至27日，文化部人事司还在上海为兵团举办文化管理干部、艺术创作人员两期培训班，培训80人。此外，全年选派文化、文博、文艺骨干参加全国各类培训近281人次。各师（市）也加大对文化干部培训力度，二师、七师、八师相继开展各类培训40期，培训基层文化干部1549余人次。

9月21日至29日，由国家文物局主办、兵团文广局（文物局）承办的兵团文博干部培训班在八师石河子市举办，这也是兵团规模最大、层次最高的一次文博培训。相关领导和疆内外知名文物专家、学者，为学员全面系统地讲解了古迹保护、田野考古、博物馆管理及文物保护政策法规等方面的知识。各师（市）、重点团场（镇）以及石河子市周边县市的120名文物管理者参加了培训。

（新疆生产建设兵团文化广播电视局　蹇娅婷）

法律法规及政策性文件

艺术创作与生产

文化部办公厅关于印发《群星奖评奖办法》的通知

办公共发〔2016〕5号

各省、自治区、直辖市文化厅(局),新疆生产建设兵团文化广播电视局:

为贯彻落实中共中央办公厅、国务院办公厅《关于全国性文艺评奖制度改革的意见》(厅字〔2015〕27号),加强和改进群星奖评奖管理,严格评奖标准和程序,切实提高评奖公信力和影响力,我部对《群星奖评奖办法》进行了修订,现印发给你们,请认真贯彻执行。

特此通知。

文化部办公厅

2016年3月11日

群星奖评奖办法

第一章 总则

第一条 群星奖是文化部为繁荣群众文艺创作、推出优秀群众文艺作品、促进群众文化事业繁荣发展、提升全民文化艺术素养、激发全民族文化创造活力而设立的国家文化艺术政府奖。

第二条 群星奖评奖深入贯彻落实习近平总书记文艺工作座谈会重要讲话精神和《中共中央关于繁荣发展社会主义文艺的意见》,坚持“二为”方向和“双百”方针,坚持以人民为中心的工作导向。坚持唱响主旋律、传递正能量,大力弘扬社会主义核心价值观;坚持思想性、艺术性、观赏性有机统一,突出群众文艺特色,推动创作更多无愧于时代的优秀作品;坚持把社会效益放在首位,把文化惠民贯穿于评奖全过程;坚持公平公正公开,严格标准和程序,提高公信力和影响力。

第三条 群星奖评奖每三年一届,在中国艺术节期间举行决赛和颁奖。

第二章 评奖对象和奖项设置

第四条 群星奖评奖对象是指由群众文化工作者和群众文艺爱好者创作和表演的音乐、舞蹈、戏剧、曲艺类作品。除专业文艺院团演员和专业艺术院校在校师生创作或表演的作品外,均可参加评选。

第五条 每届群星奖评奖数量为 20 个,其中音乐、舞蹈、戏剧、曲艺 4 个艺术门类作品各 5 个。

第三章 参评条件与评奖标准

第六条 参加群星奖评奖的作品,必须符合下列条件:

(一)作品规模:音乐作品时间长度不超过 8 分钟,演出人数不超过 16 人;舞蹈作品时间长度不超过 8 分钟,演出人数不超过 24 人;戏剧作品演出时间不超过 15 分钟,演出人数不超过 12 人(含乐队人数);曲艺作品演出时间不超过 12 分钟,演出人数不超过 12 人(含乐队人数);

(二)参加复赛作品报送前原则上应为基层群众演出 50 场以上,报送前一年内新创作的优秀作品可适当放宽。

(三)在其它常设全国性文艺评奖中获奖的作品不再参加群星奖评奖。

第七条 评奖标准

(一)体现社会主义核心价值观的要求,传承和弘扬中华优秀传统文化,体现民族精神和时代精神,聚焦中华民族伟大复兴中国梦。

(二)讲述百姓故事,反映多彩生活;注重民族特色和地方特色,具有浓郁的生活气息。

(三)作品主题鲜明,生动质朴,表演技巧娴熟,表现手法创新,形式丰富多样,富有艺术表现力和感染力。

(四)突出群众文艺特色,坚持源自群众原创,尊重和遵循文艺规律,提倡小投入、小制作,有生活、接地气,有个性、有创意,小作品、大情怀,讴歌真善美,传递正能量,适合基层演出和交流推广。

(五)深入基层开展惠民演出,深受广大人民群众喜爱。

第四章 评奖机构

第八条 文化部设群星奖评奖委员会,下设评奖办公室负责日常工作。办公室设在文化部公共文化司。

第九条 群星奖评奖坚持专家评委和群众评委相结合。专家评委由专业艺术门类和群众文化领域的专家组成,群众评委由基层文化工作者代表组成。

第十条 群星奖建立专家评委库，注重评委的代表性和权威性，定期更新轮换。每届群星奖专家评委的遴选产生，须在纪检监察机关监督下，在专家评委库中随机抽取，并予以聘任。专家评委根据艺术门类分组，每个艺术门类专家评委7—9人。

第五章 评奖程序

第十一条 群星奖评奖分初选、复赛、决赛三个阶段。

第十二条 初选由相关部门或单位组织实施，各省、自治区、直辖市文化厅(局)负责本行政区域内的初选工作，中央军委政治工作部宣传局、中国人民武装警察部队政治部宣传部、中华全国总工会宣教部、新疆生产建设兵团文化广播电视局负责本系统内的初选工作。相关部门或单位应做好参评作品和人员的资格审核与材料审查，组织展演选拔。相关部门或单位可根据本办法，结合各自工作实际，制定初选办法。

第十三条 初选后，相关部门或单位向文化部报送每个艺术门类2个作品参加复赛，组织进入复赛作品的参评单位、个人提供作品视频、简介、演出场次、群众评价等材料，并向文化部统一报送。

第十四条 复赛由文化部负责组织实施，采取评委观看录像或现场表演的方式进行，每个艺术门类各选20个作品进入决赛。为促进承办地群众文艺创作，当届中国艺术节承办地文化行政部门可申报每个艺术门类1个作品直接进入决赛。

第十五条 决赛在中国艺术节期间举行，由文化部负责组织实施，采取观看现场表演的方式进行，每个艺术门类各产生5个获奖作品。

第十六条 进入复赛、决赛与获奖作品名单及创作、表演和辅导人员名单均须向社会公示，为期7天，接受社会监督。初选、复赛和决赛评审结束后，应分别召开专家点评会，由评委对参赛作品进行点评。决赛结束后，群星奖评奖委员会负责为获奖作品写出评语。

第六章 奖励与推广

第十七条 文化部在中国艺术节期间举办群星奖颁奖仪式，对群星奖获奖作品颁发证书、奖牌(杯)和奖金。相关部门或单位可以适当方式对群星奖获奖作品及其创作、表演人员进行奖励。

第十八条 各级文化行政部门和有关单位应在评奖过程中对参赛作品进行公益性展示和传播，评奖结束后组织群星奖获奖作品和参评作品深入基层进行演出，并将其纳入政府购买公共文化服务范围。

第七章 评奖纪律

第十九条 群星奖评奖工作认真执行中共中央办公厅、国务院办公厅印发的《关于全国性文艺评奖制度改革的意见》等文件规定，严格评奖程序，严肃评奖工作纪律。群星奖评奖工作由纪检监察机关负责监督，确保评奖工作风清气正、公开透明。

第二十条 群星奖评奖严格执行回避制度。凡参与参评作品创作、表演、辅导等相关工作的人员对相应作品的评选实行回避，来自地方的专家评委对所在省份参评作品的评选实行回避。

第二十一条 群星奖评委和评奖委员会办公室工作人员不得接受参评单位、个人以及相关部门或单位的宴请和请托，不得接受赠送的任何形式的财物礼品，不得借参加作品研讨会之机收取高额报酬，不得徇私舞弊。有上述行为者，一经查实，将严肃追究双方当事人的责任，取消有关作品的参评资格、所获奖项，并将有关违纪违法问题线索及时移送纪检部门处理。

第二十二条 参评单位、个人应按要求如实填报材料,不得弄虚作假。如有不实或违规现象,将视情节轻重给予通报批评、取消所获奖项、取消参评资格等处罚。

第八章 附则

第二十三条 群星奖评奖经费由文化部从国家财政申请专项经费予以保障,列入财政预算管理。相关部门或单位为参评作品创作、演出提供经费保障。

第二十四条 群星奖评奖办法经文化部批准后,由文化部公共文化司负责组织实施。每届群星奖评奖应根据本办法制定具体实施方案。

公共文化服务

中华人民共和国公共文化服务保障法

（2016年12月25日第十二届全国人民代表大会常务委员会第二十五次会议通过）

目　录

第一章　总　则

第一条　为了加强公共文化服务体系建设，丰富人民群众精神文化生活，传承中华优秀传统文化，弘扬社会主义核心价值观，增强文化自信，促进中国特色社会主义文化繁荣发展，提高全民族文明素质，制定本法。

第二条　本法所称公共文化服务，是指由政府主导、社会力量参与，以满足公民基本文化需求为主要目的而提供的公共文化设施、文化产品、文化活动以及其他相关服务。

第三条　公共文化服务应当坚持社会主义先进文化前进方向，坚持以人民为中心，坚持以社会主义核心价值观为引领；应当按照"百花齐放、百家争鸣"的方针，支持优秀公共文化产品的创作生产，丰富公共文化服务内容。

第四条　县级以上人民政府应当将公共文化服务纳入本级国民经济和社会发展规划，按照公益性、基本性、均等性、便利性的要求，加强公共文化设施建设，完善公共文化服务体系，提高公共文化服务效能。

第五条　国务院根据公民基本文化需求和经济社会发展水平，制定并调整国家基本公共文化服务指导标准。

省、自治区、直辖市人民政府根据国家基本公共文化服务指导标准，结合当地实际需求、财政能力和文化特色，制定并调整本行政区域的基本公共文化服务实施标准。

第六条　国务院建立公共文化服务综合协调机制，指导、协调、推动全国公共文化服务工作。国务院文化主管部门承担综合协调具体职责。

地方各级人民政府应当加强对公共文化服务的统筹协调，推动实现共建共享。

第七条　国务院文化主管部门、新闻出版广电主管部门依照本法和国务院规定的职责负责全国的公共文化服务工作；国务院其他有关部门在各自职责范围内负责相关公共文化服务工作。

县级以上地方人民政府文化、新闻出版广电主管部门根据其职责负责本行政区域内的公共文化服务工作；县级以上地方人民政府其他有关部门在各自职责范围内负责相关公共文化服务工作。

第八条 国家扶助革命老区、民族地区、边疆地区、贫困地区的公共文化服务，促进公共文化服务均衡协调发展。

第九条 各级人民政府应当根据未成年人、老年人、残疾人和流动人口等群体的特点与需求，提供相应的公共文化服务。

第十条 国家鼓励和支持公共文化服务与学校教育相结合，充分发挥公共文化服务的社会教育功能，提高青少年思想道德和科学文化素质。

第十一条 国家鼓励和支持发挥科技在公共文化服务中的作用，推动运用现代信息技术和传播技术，提高公众的科学素养和公共文化服务水平。

第十二条 国家鼓励和支持在公共文化服务领域开展国际合作与交流。

第十三条 国家鼓励和支持公民、法人和其他组织参与公共文化服务。

对在公共文化服务中作出突出贡献的公民、法人和其他组织，依法给予表彰和奖励。

第二章 公共文化设施建设与管理

第十四条 本法所称公共文化设施是指用于提供公共文化服务的建筑物、场地和设备，主要包括图书馆、博物馆、文化馆（站）、美术馆、科技馆、纪念馆、体育场馆、工人文化宫、青少年宫、妇女儿童活动中心、老年人活动中心、乡镇（街道）和村（社区）基层综合性文化服务中心、农家（职工）书屋、公共阅报栏（屏）、广播电视播出传输覆盖设施、公共数字文化服务点等。

县级以上地方人民政府应当将本行政区域内的公共文化设施目录及有关信息予以公布。

第十五条 县级以上地方人民政府应当将公共文化设施建设纳入本级城乡规划，根据国家基本公共文化服务指导标准、省级基本公共文化服务实施标准，结合当地经济社会发展水平、人口状况、环境条件、文化特色，合理确定公共文化设施的种类、数量、规模以及布局，形成场馆服务、流动服务和数字服务相结合的公共文化设施网络。

公共文化设施的选址，应当征求公众意见，符合公共文化设施的功能和特点，有利于发挥其作用。

第十六条 公共文化设施的建设用地，应当符合土地利用总体规划和城乡规划，并依照法定程序审批。

任何单位和个人不得侵占公共文化设施建设用地或者擅自改变其用途。因特殊情况需要调整公共文化设施建设用地的，应当重新确定建设用地。调整后的公共文化设施建设用地不得少于原有面积。

新建、改建、扩建居民住宅区，应当按照有关规定、标准，规划和建设配套的公共文化设施。

第十七条 公共文化设施的设计和建设，应当符合实用、安全、科学、美观、环保、节约的要求和国家规定的标准，并配置无障碍设施设备。

第十八条 地方各级人民政府可以采取新建、改建、扩建、合建、租赁、利用现有公共设施等多种方式，加强乡镇（街道）、村（社区）基层综合性文化服务中心建设，推动基层有关公共设施的统一管理、综合利用，并保障其正常运行。

第十九条 任何单位和个人不得擅自拆除公共文化设施，不得擅自改变公共文化设施的功能、用途或者妨碍其正常运行，不得侵占、挪用公共文化设施，不得将公共文化设施用于与公共文化服务无关的商业经营活动。

因城乡建设确需拆除公共文化设施，或者改变其功能、用途的，应当依照有关法律、行政法规的规定重建、改建，并坚持先建设后拆除或者建设拆除同时进行的原则。重建、改建的公共文化设施的设施配置标准、建筑面积等不得降低。

第二十条 公共文化设施管理单位应当按照国家规定的标准，配置和更新必需的服务内容和设备，加强公共文化设施经常性维护管理工作，保障公共文化设施的正常使用和运转。

第二十一条 公共文化设施管理单位应当建立健全管理制度和服务规范，建立公共文化设施资产统计报告制度和公共文化服务开展情况的年报制度。

第二十二条 公共文化设施管理单位应当建立健全安全管理制度，开展公共文化设施及公众活动的安全评价，依法配备安全保护设备和人员，保障公共文化设施和公众活动安全。

第二十三条 各级人民政府应当建立有公众参与的公共文化设施使用效能考核评价制度，公共文化设施管理单位应当根据评价结果改进工作，提高服务质量。

第二十四条 国家推动公共图书馆、博物馆、文化馆等公共文化设施管理单位根据其功能定位建立健全法人治理结构，吸收有关方面代表、专业人士和公众参与管理。

第二十五条 国家鼓励和支持公民、法人和其他组织兴建、捐建或者与政府部门合作建设公共文化设施，鼓励公民、法人和其他组织依法参与公共文化设施的运营和管理。

第二十六条 公众在使用公共文化设施时，应当遵守公共秩序，爱护公共设施，不得损坏公共设施设备和物品。

第三章 公共文化服务提供

第二十七条 各级人民政府应当充分利用公共文化设施，促进优秀公共文化产品的提供和传播，支持开展全民阅读、全民普法、全民健身、全民科普和艺术普及、优秀传统文化传承活动。

第二十八条 设区的市级、县级地方人民政府应当根据国家基本公共文化服务指导标准和省、自治区、直辖市基本公共文化服务实施标准，结合当地实际，制定公布本行政区域公共文化服务目录并组织实施。

第二十九条 公益性文化单位应当完善服务项目、丰富服务内容，创造条件向公众提供免费或者优惠的文艺演出、陈列展览、电影放映、广播电视节目收听收看、阅读服务、艺术培训等，并为公众开展文化活动提供支持和帮助。

国家鼓励经营性文化单位提供免费或者优惠的公共文化产品和文化活动。

第三十条 基层综合性文化服务中心应当加强资源整合，建立完善公共文化服务网络，充分发挥统筹服务功能，为公众提供书报阅读、影视观赏、戏曲表演、普法教育、艺术普及、科学普及、广播播送、互联网上网和群众性文化体育活动等公共文化服务，并根据其功能特点，因地制宜提供其他公共服务。

第三十一条 公共文化设施应当根据其功能、特点，按照国家有关规定，向公众免费或者优惠开放。

公共文化设施开放收取费用的，应当每月定期向中小学生免费开放。

公共文化设施开放或者提供培训服务等收取费用的，应当报经县级以上人民政府有关部门批准；收取的费用，应当用于公共文化设施的维护、管理和事业发展，不得挪作他用。

公共文化设施管理单位应当公示服务项目和开放时间；临时停止开放的，应当及时公告。

第三十二条 国家鼓励和支持机关、学校、企业事业单位的文化体育设施向公众开放。

第三十三条 国家统筹规划公共数字文化建设，构建标准统一、互联互通的公共数字文化服务网络，建设公共文化信息资源库，实现基层网络服务共建共享。

国家支持开发数字文化产品，推动利用宽带互联网、移动互联网、广播电视网和卫星网络提供公共文化服务。

地方各级人民政府应当加强基层公共文化设施的数字化和网络建设，提高数字化和网络服务能力。

第三十四条 地方各级人民政府应当采取多种方式，因地制宜提供流动文化服务。

第三十五条 国家重点增加农村地区图书、报刊、戏曲、电影、广播电视节目、网络信息内容、节庆活动、体育健身活动等公共文化产品供给，促进城乡公共文化服务均等化。

面向农村提供的图书、报刊、电影等公共文化产品应当符合农村特点和需求，提高针对性和时效性。

第三十六条 地方各级人民政府应当根据当地实际情况，在人员流动量较大的公共场所、务工人员较为集中的区域以及留守妇女儿童较为集中的农村地区，配备必要的设施，采取多种形式，提供便利可及的公共文化服务。

第三十七条 国家鼓励公民主动参与公共文化服务，自主开展健康文明的群众性文化体育活动；地方各级人民政府应当给予必要的指导、支持和帮助。

居民委员会、村民委员会应当根据居民的需求开展群众性文化体育活动，并协助当地人民政府有关部门开展公共文化服务相关工作。

国家机关、社会组织、企业事业单位应当结合自身特点和需要，组织开展群众性文化体育活动，丰富职工文化生活。

第三十八条 地方各级人民政府应当加强面向在校学生的公共文化服务，支持学校开展适合在校学生特点的文化体育活动，促进德智体美教育。

第三十九条 地方各级人民政府应当支持军队基层文化建设，丰富军营文化体育活动，加强军民文化融合。

第四十条 国家加强民族语言文字文化产品的供给，加强优秀公共文化产品的民族语言文字译制及其在民族地区的传播，鼓励和扶助民族文化产品的创作生产，支持开展具有民族特色的群众性文化体育活动。

第四十一条 国务院和省、自治区、直辖市人民政府制定政府购买公共文化服务的指导性意见和目录。国务院有关部门和县级以上地方人民政府应当根据指导性意见和目录，结合实际情况，确定购买的具体项目和内容，及时向社会公布。

第四十二条 国家鼓励和支持公民、法人和其他组织通过兴办实体、资助项目、赞助活动、提供设施、捐赠产品等方式，参与提供公共文化服务。

第四十三条 国家倡导和鼓励公民、法人和其他组织参与文化志愿服务。

公共文化设施管理单位应当建立文化志愿服务机制，组织开展文化志愿服务活动。

县级以上地方人民政府有关部门应当对文化志愿活动给予必要的指导和支持，并建立管理评价、教育培训和激励保障机制。

第四十四条 任何组织和个人不得利用公共文化设施、文化产品、文化活动以及其他相关服务，从事危害国家安全、损害社会公共利益和其他违反法律法规的活动。

第四章　保障措施

第四十五条 国务院和地方各级人民政府应当根据公共文化服务的事权和支出责任，将公共文化服务经费纳入本级预算，安排公共文化服务所需资金。

第四十六条 国务院和省、自治区、直辖市人民政府应当增加投入，通过转移支付等方式,重点扶助革命老区、民族地区、边疆地区、贫困地区开展公共文化服务。

国家鼓励和支持经济发达地区对革命老区、民族地区、边疆地区、贫困地区的公共文化服务提供援助。

第四十七条 免费或者优惠开放的公共文化设施,按照国家规定享受补助。

第四十八条 国家鼓励社会资本依法投入公共文化服务,拓宽公共文化服务资金来源渠道。

第四十九条 国家采取政府购买服务等措施,支持公民、法人和其他组织参与提供公共文化服务。

第五十条 公民、法人和其他组织通过公益性社会团体或者县级以上人民政府及其部门,捐赠财产用于公共文化服务的,依法享受税收优惠。

国家鼓励通过捐赠等方式设立公共文化服务基金,专门用于公共文化服务。

第五十一条 地方各级人民政府应当按照公共文化设施的功能、任务和服务人口规模,合理设置公共文化服务岗位,配备相应专业人员。

第五十二条 国家鼓励和支持文化专业人员、高校毕业生和志愿者到基层从事公共文化服务工作。

第五十三条 国家鼓励和支持公民、法人和其他组织依法成立公共文化服务领域的社会组织,推动公共文化服务社会化、专业化发展。

第五十四条 国家支持公共文化服务理论研究,加强多层次专业人才教育和培训。

第五十五条 县级以上人民政府应当建立健全公共文化服务资金使用的监督和统计公告制度,加强绩效考评,确保资金用于公共文化服务。任何单位和个人不得侵占、挪用公共文化服务资金。

审计机关应当依法加强对公共文化服务资金的审计监督。

第五十六条 各级人民政府应当加强对公共文化服务工作的监督检查,建立反映公众文化需求的征询反馈制度和有公众参与的公共文化服务考核评价制度,并将考核评价结果作为确定补贴或者奖励的依据。

第五十七条 各级人民政府及有关部门应当及时公开公共文化服务信息,主动接受社会监督。

新闻媒体应当积极开展公共文化服务的宣传报道,并加强舆论监督。

第五章　法律责任

第五十八条 违反本法规定,地方各级人民政府和县级以上人民政府有关部门未履行公共文化服务保障职责的,由其上级机关或者监察机关责令限期改正;情节严重的,对直接负责的主管人员和其他直接责任人员依法给予处分。

第五十九条 违反本法规定,地方各级人民政府和县级以上人民政府有关部门,有下列行为之一的,由其上级机关或者监察机关责令限期改正;情节严重的,对直接负责的主管人员和其他直接责任人员依法给予处分:

(一)侵占、挪用公共文化服务资金的;

(二)擅自拆除、侵占、挪用公共文化设施,或者改变其功能、用途,或者妨碍其正常运行的;

(三)未依照本法规定重建公共文化设施的;

(四)滥用职权、玩忽职守、徇私舞弊的。

第六十条 违反本法规定,侵占公共文化设施的建设用地或者擅自改变其用途的,由县级以上地方人民政府土地主管部门、城乡规划主管部门依据各自职责责令限期改正;逾期不改正的,由作出决定的机关依法强制执行,或者依法申请人民法院强制执行。

第六十一条 违反本法规定，公共文化设施管理单位有下列情形之一的，由其主管部门责令限期改正；造成严重后果的，对直接负责的主管人员和其他直接责任人员，依法给予处分：

（一）未按照规定对公众开放的；

（二）未公示服务项目、开放时间等事项的；

（三）未建立安全管理制度的；

（四）因管理不善造成损失的。

第六十二条 违反本法规定，公共文化设施管理单位有下列行为之一的，由其主管部门或者价格主管部门责令限期改正，没收违法所得，违法所得五千元以上的，并处违法所得两倍以上五倍以下罚款；没有违法所得或者违法所得五千元以下的，可以处一万元以下的罚款；对直接负责的主管人员和其他直接责任人员，依法给予处分：

（一）开展与公共文化设施功能、用途不符的服务活动的；

（二）对应当免费开放的公共文化设施收费或者变相收费的；

（三）收取费用未用于公共文化设施的维护、管理和事业发展，挪作他用的。

第六十三条 违反本法规定，损害他人民事权益的，依法承担民事责任；构成违反治安管理行为的，由公安机关依法给予治安管理处罚；构成犯罪的，依法追究刑事责任。

第六章 附 则

第六十四条 境外自然人、法人和其他组织在中国境内从事公共文化服务的，应当符合相关法律、行政法规的规定。

第六十五条 本法自 2017 年 3 月 1 日起施行。

文化部　国务院农民工工作领导小组办公室　全国总工会关于进一步做好为农民工文化服务工作的意见

文公共发〔2016〕2号

各省、自治区、直辖市文化厅（局）、农民工工作议事协调机构办公室、总工会，新疆生产建设兵团文化广播电视局、农民工工作议事协调机构办公室、工会，文化部各直属单位：

为深入贯彻落实《中共中央办公厅　国务院办公厅关于加快构建现代公共文化服务体系的意见》（中办发〔2015〕2号）和《国务院关于进一步做好为农民工服务工作的意见》（国发〔2014〕40号）精神，进一步做好新形势下为农民工文化服务工作，切实保障农民工基本文化权益，促进农民工社会融合，现提出如下意见：

一、进一步做好为农民工文化服务工作的总体要求

（一）指导思想。全面贯彻落实党的十八大和十八届三中、四中、五中全会精神，深入贯彻习近平总书记系列重要讲话精神，按照党中央、国务院决策部署，以现代公共文化服务体系建设为支撑，以整合服务资源、创新服务方式、提高服务效能为主线，着力保障农民工基本文化权益，着力强化为农民工文化服务能力，着力发挥文化促进农民工社会融合作用，有序推进、逐步实现有条件有意愿的农民工市民化，让文化发展成果更多惠及全体农民工。

（二）基本原则。坚持正确导向，发挥引领作用。牢固树立以人民为中心的工作导向，以社会主义核心价值观为引领，充分发挥文化引领风尚、教育人民、服务社会、推动发展的作用，促进农民工群体形成积极向上的精神追求和健康文明的生活方式。

明确政府主导，注重以人为本。将为农民工文化服务工作作为促进基本公共文化服务均等化的重要内容，推动落实常住地政府的主体责任，保障农民工平等享受城镇基本公共文化服务。注重农民工特殊文化需求，提供针对性文化服务。

统筹服务资源，促进共建共享。加强统筹协调，有效整合各级各类为农民工文化服务的资源，发挥整体优势，促进优化配置，提升综合效益，推动形成为农民工文化服务工作合力。

创新工作机制，引导社会参与。完善为农民工文化服务工作机制，创新为农民工文化服务的内容和形式，激发社会力量参与为农民工文化服务的积极性，营造全社会共同关心支持为农民工文化服务工作的良好局面。

（三）目标任务。到2020年，全面实现农民工平等享受城镇基本公共文化服务，为农民工文化服务的内容和手段更加丰富，服务效能显著提升，政府、企业、社会共同参与为农民工文化服务的工作格局建立健全，农民工基本文化权益得到更好保障，农民工群体融入城镇的文化隔阂进一步消除，基本公共文化服务标准化、均等化水平稳步提高。

二、促进农民工平等享受城镇基本公共文化服务

（四）切实将农民工纳入城镇公共文化服务体系。依据《国家基本公共文化服务指导标准（2015—2020 年）》，结合实际在各地基本公共文化服务实施标准中落实为农民工服务的指标和内容。研究制定将农民工纳入城镇公共文化服务体系的政策措施，提出具体目标、重点任务和实施步骤，逐步实现城镇基本公共文化服务覆盖在城镇常住的农民工及其随迁家属，使其平等享受市民权利。

（五）加大公共文化设施向农民工免费开放力度。公共图书馆、文化馆、博物馆、美术馆等公共文化机构根据农民工实际文化需求，增加面向农民工的图书阅读、培训讲座、艺术鉴赏等文化服务活动场次，因地制宜组织开展音乐会、演唱会、广场舞会、戏曲曲艺表演、民间艺术表演、艺术展览、健身游艺等适合农民工参与的形式多样、内容丰富的文化活动，通过经典诵读、展览展示、论坛讲座、读书征文等多种活动方式，组织农民工积极参加全民阅读活动。

（六）增强基层综合性文化服务中心为农民工服务的功能。在基层综合性文化服务中心设备配置、资源和服务供给等方面适当向农民工倾斜，基本服务项目目录中增加为农民工服务的项目。加强与各级工会组织的沟通协调，结合工人文化宫（俱乐部）、职工文化活动中心、职工书屋等设施建设，在农民工聚集区域规划建设简易实用的农民工文化活动场所。

三、进一步丰富农民工精神文化生活

（七）举办面向农民工的公益性文化活动。积极与工会、共青团、妇联等群团组织和农民工用工企业加强协作，在“五一”、“十一”、元旦、春节等重大节日、纪念日期间举办面向农民工的公益性文化活动。充分发挥国家艺术院团导向性、代表性和示范性作用，在“国家艺术院团演出季”、文化科技卫生“三下乡”等文化惠民活动中增加为农民工演出场次。支持各地各级艺术院团深入用工企业、农民工聚居区开展慰问演出活动。注重培育农民工文化活动品牌，适时举办“农民工文化艺术展演”“农民工文化周”等专项活动，为农民工提供展示文艺才华的舞台，激发农民工参与文化生活的热情。

（八）加强农民工题材文化产品创作生产。进一步发挥国家级文艺评奖的引导带动作用，结合“深入生活、扎根人民”主题实践活动，组织动员文艺工作者深入基层创作更多反映农民工新风貌的优秀文艺作品。采取政府购买、项目补贴、定向资助等方式，把文化企事业单位创作生产的优秀文艺作品提供给农民工。充分发挥文化馆（站）、群艺馆在群众文艺创作方面的引领作用，创作生产一批贴近农民工生活、喜闻乐见的群众文化产品。加强戏曲等优秀传统文化艺术在农民工中的普及和推广。

（九）丰富农民工随迁子女的精神文化生活。深入开展面向农民工随迁子女的公益性文化艺术培训服务，加强面向农民工随迁子女的阅读辅导、艺术培训、科学普及、文体活动等方面的文化服务，积极向农民工随迁子女推荐优秀图书、戏曲等。会同有关部门共同举办适合农民工随迁子女的文化艺术活动，深入开展“文化关爱　梦想同行”示范性文化活动。

（十）加强对农村留守儿童和妇女、老人的文化关爱。加强对农村留守儿童的文化服务，有条件的地方要在基层综合性文化服务中心配备儿童康乐设施，增加儿童课外读物，并为留守儿童与外出务工父母之间的视频沟通提供便利。加强面向农村妇女在计生知

识、心理咨询、文艺活动等方面的文化服务。鼓励建立老年艺术团、老年大学等文化组织，并提供必要的活动经费。支持公益性文化机构针对农村留守儿童和妇女、老人开展送文化活动。

四、着力促进农民工社会融合

（十一）加强对农民工的人文关怀。依托公共文化设施和文化惠民工程积极开展政策解读、科学普及、法治宣传等服务，引导农民工树立社会主义核心价值观，踊跃投身大众创业、万众创新。通过联合办班、提供场地、远程培训等多种方式，配合有关部门积极开展面向农民工的新市民培训，培养自强不息、爱岗敬业的工作作风和文明、健康的生活方式。将返乡农民工纳入当地公共文化服务体系，帮助开展文化知识辅导，拓展职业发展空间。

（十二）提高城市社区面向农民工的公共文化服务能力。支持城市社区大力开展为农民工文化服务，有针对性地举办各种文化活动，激发农民工的兴趣和参与热情，保证农民工与社区居民同等享受社区文化服务。鼓励和吸引农民工利用城市广场、公园开展歌舞、健身等文体活动，搭建农民工与城市居民交流交往的平台，改变农民工文化交往的封闭性，促进农民工逐步融入城市生活。

（十三）营造农民工文化生活良好环境。进一步加强引导和教育，帮助农民工提高识别、判断和自觉抵制不健康文化产品的能力，提高文化水平，养成文明习惯。引导和规范适合农民工文化需求的文化服务场所发展，鼓励互联网上网服务营业场所、游戏游艺和歌舞等娱乐场所积极参与为农民工文化服务，提供适合农民工文化生活的服务内容，扩大消费人群，建立良好业态。

五、创新为农民工文化服务方式

（十四）加强数字文化服务和流动文化服务。加大公共数字文化资源对农民工的供给和推送。依托现有公共数字文化项目，征集制作一批符合农民工实际文化需求的数字资源，通过网络传输、硬盘固化、光盘录制、手机下载等多种方式进行推送，探索开展定制化推送服务。大力开展面向农民工的流动文化服务，充分利用流动图书车、流动舞台车等，将农民工喜闻乐见、健康向上的图书报刊、文艺演出、文化展览、戏剧电影、科技知识等送到他们身边。

（十五）提高为农民工文化服务的针对性。依托公共文化服务需求反馈机制，及时准确了解和掌握农民工特别是新生代农民工文化需求，为农民工提供“菜单式”“订单式”服务。通过票价补贴、设施运营补贴等方式，支持各类艺术表演团体为农民工提供公益性演出，支持经营性文化设施、传统民俗文化活动场所等为农民工提供优惠或免费的文化服务。依托民族民间优秀传统文化资源，为农民工开展形式多样的群众性文化活动。

（十六）广泛开展面向农民工的文化志愿服务。创新文化志愿服务内容、工作方式和活动载体，引导文化志愿者为农民工提供形式多样、内容丰富的文化服务，广泛开展面向农民工的文化志愿服务活动。探索具有地方或行业特色的为农民工提供文化志愿服务模式，建立健全文化志愿者服务农民工的长效机制。在文化部组织实施的“春雨工程”——全国文化志愿者边疆行和“大地情深”——国家艺术院团志愿服务走基层两项活动中，增加为农民工服务的项目数量。

（十七）鼓励社会力量参与为农民工文化服务。将为农民工文化服务纳入政府向社会力量购买公共文化服务的指导性目录或具体购买目录,明确购买内容,加大购买力度。鼓励和支持社会力量通过投资或捐助设施设备、兴办实体、资助项目、赞助活动、提供产品和服务等方式参与为农民工文化服务工作。鼓励和引导用工企业积极创造条件为农民工提供“两看一上”(看报纸、看电视、有条件的能上网)服务。

六、保障措施

(十八)加强组织领导。各级文化行政部门、农民工办和工会要把为农民工文化服务工作纳入现代公共文化服务体系建设和为农民工服务工作总体安排,纳入“十三五”时期有关工作规划,纳入政府公共文化服务考核指标。充分发挥各级公共文化服务体系建设协调机制和农民工工作议事协调机构作用,加强统筹协调和监督评估,建立健全政府领导、文化行政部门牵头、有关部门配合、社会力量参与的为农民工文化服务工作机制。

(十九)加大经费投入。各级文化行政部门、农民工办和工会要积极争取财政部门支持,将为农民工文化服务工作经费纳入财政预算。采取政府购买、项目补贴、定向资助等政策措施,支持各类企业、社会组织参与为农民工文化服务工作。逐步建立以政府投入为主、社会力量积极参与的为农民工文化服务工作经费保障机制。

(二十)加强宣传推广。进一步加大为农民工文化服务工作的宣传力度,建立工作交流机制,促进为农民工文化服务工作经验交流和成果分享。加强为农民工文化服务工作的理论研究、制度设计和实践创新,探索保障农民工基本文化权益的长效机制,营造全社会关心关爱农民工、支持为农民工文化服务工作的良好氛围。

各级文化行政部门、农民工办和工会要根据本意见要求,结合实际,抓紧制定贯彻落实的具体措施。文化部、国务院农民工工作领导小组办公室、全国总工会将加强监督检查,适时组织专项督查,确保为农民工文化服务工作落到实处。

文化部

国务院农民工工作领导小组办公室

全国总工会

2016 年 3 月 17 日

文化部关于印发《文化志愿服务管理办法》的通知

文公共发〔2016〕15号

各省、自治区、直辖市文化厅(局),新疆生产建设兵团文化广播电视局,本部各直属单位:

为深入贯彻落实《中共中央办公厅　国务院办公厅关于加快构建现代公共文化服务体系的意见》,推动文化志愿服务规范化、制度化,构建参与广泛、内容丰富、形式多样、机制健全的文化志愿服务体系,文化部制定了《文化志愿服务管理办法》,现印发给你们,请结合实际贯彻执行。

特此通知。

文化部

2016年7月14日

文化志愿服务管理办法

第一章　总　则

第一条　为发挥文化志愿服务在构建现代公共文化服务体系中的积极作用，鼓励和引导文化志愿服务活动广泛深入开展，推动文化志愿服务常态化、规范化、制度化，根据文化志愿服务特点，制定本办法。

第二条　本办法所称文化志愿者，是指利用自己的时间、知识、技能等，自愿、无偿为社会或他人提供公益性文化服务的个人。

本办法所称文化志愿服务组织单位，是指组织开展文化志愿服务的文化行政部门、文化单位。

本办法所称文化志愿服务组织，是指以开展文化志愿服务为宗旨的非营利性社会组织。

第三条　文化志愿服务应弘扬奉献、友爱、互助、进步的志愿精神，遵循自愿、无偿、利他、平等的原则。

第二章　文化志愿者

第四条　文化志愿者应热心文化事业，具有一定的文化艺术才能和相应的民事行为能力。

鼓励有意愿、有能力的人成为文化志愿者。

鼓励老年人在自愿和量力的情况下参加文化志愿服务活动。

未成年人经其监护人同意或由其监护人陪同，可参加与其年龄、身心状况相适应的文化志愿服务活动。

第五条　文化志愿者可向文化志愿服务组织单位申请实名注册。注册时，应提供真实身份信息、服务技能、服务时间、联系方式等个人基本信息。

第六条　文化志愿者享有下列权利：

（一）根据自己的意愿、时间和能力提供文化志愿服务；

（二）获得文化志愿服务活动真实、准确、完整的信息；

（三）参加文化志愿服务培训；

（四）获得开展文化志愿服务必要的工作条件；

（五）要求文化志愿服务组织单位如实记录参与文化志愿服务的有关信息；

（六）请求文化志愿服务组织单位帮助解决在文化志愿服务过程中遇到的实际困难；

（七）对文化志愿服务工作提出意见和建议；

（八）相关法律、法规及规章制度规定的其他权利。

第七条　文化志愿者履行下列义务：

（一）自觉维护文化志愿者的形象与声誉；

（二）遵守文化志愿服务管理制度；

（三）履行文化志愿服务承诺或协议，完成文化志愿服务组织单位安排的志愿服务任务；

（四）尊重服务对象的意愿、人格和隐私，不得向其收取或者变相收取报酬；

（五）因故不能参加或完成预先约定的文化志愿服务活动时，履行合理告知的义务；

（六）相关法律、法规及规章制度规定的其他义务。

第三章　文化志愿服务组织单位

第八条　文化志愿服务组织单位履行下列职责：

（一）制定文化志愿服务计划；

（二）依法筹集、管理和使用文化志愿服务经费、物资；

(三)组织开展文化志愿服务活动;

(四)负责文化志愿者的招募、注册、培训、服务记录、绩效考核等工作;

(五)为文化志愿者开展文化志愿服务提供必要的工作条件,帮助解决文化志愿服务过程中遇到的实际困难;

(六)根据文化志愿者的要求和相关管理规定,出具文化志愿服务相关证明;

(七)开展文化志愿服务宣传、交流与合作;

(八)履行相关法律、法规规定的其他职责。

第九条 文化志愿服务组织单位可根据实际需求制定招募计划,定向招募或面向社会公开招募文化志愿者。

招募文化志愿者,应当明确公告文化志愿服务项目和文化志愿者的条件、数量、服务内容、保障条件以及可能发生的风险等信息。

第十条 文化志愿服务组织单位应依据文化志愿者本人申请,对于符合条件的予以注册并发放注册服务证,如实记录文化志愿者个人基本信息和服务开展情况。

未经文化志愿者本人同意,文化志愿服务组织单位不得公开或泄露其有关信息。

第十一条 文化志愿服务组织单位应按照专业技能、服务对象等对文化志愿者进行分类管理。

第十二条 文化志愿服务组织单位应定期对文化志愿者开展业务知识、技能培训和安全教育。

第十三条 文化志愿服务组织单位应定期对文化志愿者服务情况进行绩效考核。对未遵守相关规定、不履行本办法第七条规定义务的文化志愿者,建立退出机制。

第四章 文化志愿服务

第十四条 文化志愿服务的范围主要包括:

(一)在公共图书馆、文化馆(站)、博物馆、美术馆等公共文化设施和场所开展公益性文化服务;

(二)深入城乡基层开展文艺演出、辅导培训、展览展示、阅读推广等公益性文化服务;

(三)为老年人、未成年人、残疾人、农民工和生活困难群众等提供公益性文化服务;

(四)参与基层文化设施的管理和群众文化活动的组织等工作;

(五)参与文化行政部门和文化单位开展的文化遗产保护、文化市场监督等工作;

(六)开展其他公益性文化服务。

第十五条 文化志愿服务组织单位应根据工作需要和自身职责开展文化志愿服务,也可根据有文化志愿服务需要的单位或个人的申请提供文化志愿服务。

第十六条 开展文化志愿服务,文化志愿服务组织单位、文化志愿者、文化志愿服务需求方应就文化志愿服务内容、权利义务和法律责任等协商一致,必要时应签订书面协议。

第十七条 有下列情形之一的,文化志愿服务组织单位与文化志愿者、文化志愿服务组织单位与文化志愿服务需求方之间应签订书面协议:

(一)任何一方要求签订书面协议的;

(二)对人身安全、身心健康有较高风险的;

(三)为大型公益文化活动提供文化志愿服务的;

(四)法律、法规规定应签订书面协议的。

第十八条 文化志愿服务协议应包括以下内容:

(一)文化志愿服务的内容、时间、地点;

(二)当事人的权利、义务;

(三)风险保障措施;

(四)协议的变更和解除;

(五)法律责任及争议解决方式;

(六)需要明确的其他事项。

第十九条 开展文化志愿服务,文化志愿服务组织单位应根据实际情况为文化志愿者办理人身意外伤害保险。

第二十条 开展文化志愿服务应使用统一的标识。

第五章 激励和保障

第二十一条 文化志愿服务组织单位应结合实际建立文化志愿服务激励回馈制度。

有良好服务记录的文化志愿者可获得艺术观摩与培训、文化艺术消费、公益性文化服务等方面的优惠待遇。

文化行政部门应推动文化志愿者在用工、教育、社会保障等方面享受本地区关于志愿者的优惠奖励政策。

第二十二条 文化志愿服务组织单位应建立文化志愿服务嘉许制度。对服务时间较长、业绩突出、社会影响较大的文化志愿者、文化志愿服务团队和文化志愿服务项目给予褒扬。

第二十三条 文化志愿服务组织单位应为文化志愿服务开展提供必要的经费支持。

文化志愿服务经费应主要用于文化志愿服务开展过程中涉及的场地租用、物品制作、人员培训、后勤保障、宣传推广等方面。

文化志愿服务经费使用应严格遵守有关财务制度,接受有关部门的监督。

第二十四条 鼓励和支持社会力量通过捐助设施设备、赞助等方式参与文化志愿服务。

第二十五条 鼓励以政府购买公共文化服务的方式吸引符合条件的文化志愿服务组织参与公共文化服务项目或活动。

第二十六条 文化志愿服务组织单位、文化志愿者开展文化志愿服务,造成对文化志愿服务对象或其他相关人员合法权益损害的,按照法律法规及有关规定承担相应责任。

第六章 附 则

第二十七条 各地文化行政部门可根据本办法制定具体的实施办法。

第二十八条 本办法自公布之日起施行。

文化部关于命名一、二、三级文化馆的决定

文公共发〔2016〕18号

各省、自治区、直辖市文化厅(局),新疆生产建设兵团文化广播电视局:

为进一步规范文化馆建设、管理和服务,促进文化馆事业发展,更好地发挥文化馆在公共文化服务体系建设中的重要作用,根据《文化部办公厅关于开展第四次全国文化馆评估定级工作的通知》(办公共函〔2015〕125号)精神,文化部于2015年在全国开展了第四次文化馆评估定级工作。在各地文化行政部门和各级文化馆的共同努力下,评估定级工作现已圆满结束。

依据第四次全国文化馆评估定级标准,经自查、评估、公示等环节,确定2546个文化馆达到三级文化馆以上标准。现决定如下:

命名北京市东城区第一文化馆等1151个文化馆为"一级文化馆",颁发"一级文化馆"标牌;

命名天津市河北区文化馆等670个文化馆为"二级文化馆",颁发"二级文化馆"标牌;

命名河北省行唐县文化馆等725个文化馆为"三级文化馆",颁发"三级文化馆"标牌。

对尚未达到定级标准的文化馆,各级文化行政部门要根据评估情况和当地实际,制定出切实可行的整改方案,并加强对整改工作的督促和检查。

希望各地文化行政部门认真贯彻落实党中央、国务院关于加快构建现代公共文化服务体系的决策部署,优化资源配置,增加经费投入,创新体制机制,充分发挥文化馆职能作用,提高文化馆服务效益和服务水平,努力开创文化馆事业发展新局面。

附件:第四次全国文化馆评估定级上等级文化馆名单

文化部

2016年8月1日

附件

第四次全国文化馆评估定级上等级文化馆名单

（按行政区划排序，共 2546 个）

北京市（15 个）

一级馆（13 个）

1. 北京市东城区第一文化馆
2. 北京市东城区第二文化馆
3. 北京市西城区第一文化馆
4. 北京市朝阳区文化馆
5. 北京市海淀区文化馆
6. 北京市房山区文化馆
7. 北京市房山区燕山文化馆
8. 北京市通州区文化馆
9. 北京市顺义区文化馆
10. 北京市大兴区文化馆
11. 北京市怀柔区文化馆
12. 北京市密云区文化馆
13. 北京市延庆区文化馆

二级馆（1 个）

1. 北京市石景山区文化馆

三级馆（1 个）

1. 北京市丰台区文化馆

天津市（15 个）

一级馆（13 个）

1. 天津市群众艺术馆
2. 天津市和平文化宫
3. 天津市河西区文化馆
4. 天津市东丽区文化馆
5. 天津市西青区文化馆
6. 天津市津南区文化馆
7. 天津市武清区文化馆
8. 天津市宝坻区文化馆
9. 天津市滨海新区塘沽文化馆
10. 天津市滨海新区大港文化馆
11. 天津市滨海新区汉沽文化馆
12. 天津市静海县文化馆
13. 天津市蓟县文化馆

二级馆（2 个）

1. 天津市河北区文化馆
2. 天津市北辰区文化馆

河北省（115 个）

一级馆（50 个）

1. 河北省石家庄市群众艺术馆
2. 河北省石家庄桥西区文化馆
3. 河北省石家庄新华区文化馆
4. 河北省石家庄矿区文化馆
5. 河北省石家庄市裕华区文化馆
6. 河北省石家庄市高新区文化服务中心
7. 河北省井陉县文化馆
8. 河北省正定县文化馆
9. 河北省灵寿县文化馆
10. 河北省辛集市文化馆
11. 河北省新乐市文化馆
12. 河北省唐山市群众艺术馆
13. 河北省唐山市古冶区文化馆
14. 河北省唐山市丰南区文化馆
15. 河北省唐山市丰润区文化馆
16. 河北省滦南县文化馆
17. 河北省乐亭县文化馆
18. 河北省遵化市文化馆
19. 河北省迁安市文化馆
20. 河北省秦皇岛市群众艺术馆
21. 河北省秦皇岛市海港区文化馆
22. 河北省卢龙县文化馆

23. 河北省邯郸市复兴区文化馆
24. 河北省邯郸市峰峰矿区文化馆
25. 河北省临漳县文化馆
26. 河北省成安县文化馆
27. 河北省涉县文化馆
28. 河北省邱县文化馆
29. 河北省鸡泽县文化馆
30. 河北省馆陶县文化馆
31. 河北省武安市文化馆
32. 河北省威县文化馆
33. 河北省清河县文化馆
34. 河北省沙河市文化馆
35. 河北省保定市莲池区文化馆
36. 河北省保定市满城区文化馆
37. 河北省易县文化馆
38. 河北省蠡县文化馆
39. 河北省张北县文化馆
40. 河北省宽城满族自治县文化馆
41. 河北省围场满族蒙古族自治县文化馆
42. 河北省沧州市群众艺术馆
43. 河北省青县文化馆
44. 河北省肃宁县文化馆
45. 河北省吴桥县文化馆
46. 河北省泊头市文化馆
47. 河北省霸州市文化馆
48. 河北省三河市文化馆
49. 河北省衡水市群众艺术馆
50. 河北省冀州市文化馆

二级馆(23个)

1. 河北省深泽县文化馆
2. 河北省平山县文化馆
3. 河北省石家庄市藁城区文化馆
4. 河北省晋州市文化馆
5. 河北省石家庄市鹿泉区文化馆
6. 河北省唐山市路南区文化馆
7. 河北省唐山市曹妃甸区文化馆
8. 河北省青龙满族自治县文化馆
9. 河北省秦皇岛市抚宁区文化馆
10. 河北省邯郸市邯山区文化馆
11. 河北省邯郸市丛台区文化馆
12. 河北省邢台市群众艺术馆
13. 河北省涞水县文化馆
14. 河北省定兴县文化馆
15. 河北省涿州市文化馆
16. 河北省定州市文化馆
17. 河北省张家口市群众艺术馆
18. 河北省张家口市宣化区文化馆
19. 河北省承德市群众艺术馆
20. 河北省承德市鹰手营子矿区文化馆
21. 河北省隆化县文化馆
22. 河北省衡水市桃城区文化馆
23. 河北省阜城县文化馆

三级馆(42个)

1. 河北省行唐县文化馆
2. 河北省无极县文化馆
3. 河北省元氏县文化馆
4. 河北省赵县文化馆
5. 河北省唐山市路北区文化馆
6. 河北省滦县文化馆
7. 河北省玉田县文化馆
8. 河北省昌黎县文化馆
9. 河北省邯郸县文化馆
10. 河北省大名县文化馆
11. 河北省肥乡县文化馆
12. 河北省永年县文化馆
13. 河北省广平县文化馆
14. 河北省曲周县文化馆
15. 河北省邢台市桥东区文化馆
16. 河北省邢台市桥西区文化馆
17. 河北省临城县文化馆
18. 河北省内丘县文化馆
19. 河北省任县文化馆
20. 河北省南和县文化馆
21. 河北省宁晋县文化馆

22. 河北省广宗县文化馆
23. 河北省保定市群众艺术馆
24. 河北省保定市清苑区文化馆
25. 河北省高碑店市文化馆
26. 河北省唐县文化馆
27. 河北省蔚县文化馆
28. 河北省涿鹿县文化馆
29. 河北省赤城县文化馆
30. 河北省承德市双滦区文化馆
31. 河北省承德县文化馆
32. 河北省平泉县文化馆
33. 河北省沧县文化馆
34. 河北省海兴县文化馆
35. 河北省盐山县文化馆
36. 河北省南皮县文化馆
37. 河北省永清县文化馆
38. 河北省大城县文化馆
39. 河北省文安县文化馆
40. 河北省枣强县文化馆
41. 河北省饶阳县文化馆
42. 河北省深州市文化馆

山西省(79 个)

一级馆(23 个)

1. 山西省群众艺术馆
2. 山西省太原市群众艺术馆
3. 山西省长治县人民文化馆
4. 山西省襄垣县人民文化馆
5. 山西省屯留县文化馆
6. 山西省长子县文化馆
7. 山西省武乡县人民文化馆
8. 山西省沁水县人民文化馆
9. 山西省朔州市群众艺术馆
10. 山西省朔州市朔城区文化馆
11. 山西省山阴县人民文化馆
12. 山西省应县人民文化馆
13. 山西省晋中市榆次区文化馆
14. 山西省灵石县人民文化馆
15. 山西省临猗县文化馆
16. 山西省稷山县人民文化馆
17. 山西省垣曲县文化馆
18. 山西省夏县文化馆
19. 山西省永济市文化馆
20. 山西省洪洞县文化馆
21. 山西省浮山县人民文化馆
22. 山西省孝义市文化馆
23. 山西省汾阳市人民文化馆

二级馆(21 个)

1. 山西省太原市迎泽区文化馆
2. 山西省太原市尖草坪区文化馆
3. 山西省大同市城区文化馆
4. 山西省大同县文化馆
5. 山西省山西省长治市群众艺术馆
6. 山西省长治市城区文化馆
7. 山西省沁源县人民文化馆
8. 山西省潞城市文化馆
9. 山西省阳城县文化馆
10. 山西省泽州县文化馆
11. 山西省朔州市平鲁区文化馆
12. 山西省右玉县人民文化馆
13. 山西省怀仁县文化馆
14. 山西省运城市群众艺术馆
15. 山西省运城市盐湖区文化馆
16. 山西省临汾市群众艺术馆
17. 山西省隰县文化馆
18. 山西省蒲县人民文化馆
19. 山西省吕梁市离石区人民文化馆
20. 山西省柳林县文化馆
21. 山西省中阳县文化馆

三级馆(35 个)

1. 山西省大同市新荣区文化馆
2. 山西省灵丘县人民文化馆
3. 山西省浑源县文化馆
4. 山西省左云县人民文化馆
5. 山西省平定县文化馆

6. 山西省盂县人民文化馆
7. 山西省长治市郊区文化馆
8. 山西省平顺县人民文化馆
9. 山西省黎城县人民文化馆
10. 山西省沁县文化馆
11. 山西省晋城市群众艺术馆
12. 山西省晋城市城区文化馆
13. 山西省陵川县人民文化馆
14. 山西省高平市文化馆
15. 山西省左权县人民文化馆
16. 山西省和顺县文化馆
17. 山西省新绛县文化馆
18. 山西省绛县文化馆
19. 山西省平陆县文化馆
20. 山西省河津市人民文化馆
21. 山西省五台县人民文化馆
22. 山西省代县文化艺术馆
23. 山西省宁武县人民文化馆
24. 山西省静乐县人民文化馆
25. 山西省五寨县文化馆
26. 山西省岢岚县文化馆
27. 山西省保德县文化馆
28. 山西省翼城县人民文化馆
29. 山西省安泽县人民文化馆
30. 山西省吉县文化馆
31. 山西省大宁县人民文化馆
32. 山西省霍州市群众艺术馆
33. 山西省文水县文化馆
34. 山西省交城县文化馆
35. 山西省交口县人民文化馆

内蒙古自治区(75 个)

一级馆(19 个)

1. 内蒙古自治区呼和浩特市赛罕区文化馆
2. 内蒙古自治区包头市昆都仑区文化馆
3. 内蒙古自治区包头市青山区文化馆
4. 内蒙古自治区包头市九原区文化馆
5. 内蒙古自治区包头市土默特右旗文化馆
6. 内蒙古自治区赤峰市群众艺术馆
7. 内蒙古自治区赤峰市林西县文化馆
8. 内蒙古自治区通辽市科尔沁区文化馆
9. 内蒙古自治区通辽市奈曼旗文化馆
10. 内蒙古自治区鄂尔多斯市群众艺术馆
11. 内蒙古自治区鄂尔多斯市东胜区文化馆
12. 内蒙古自治区鄂尔多斯市鄂托克旗文化馆
13. 内蒙古自治区鄂尔多斯市乌审旗文化馆
14. 内蒙古自治区鄂尔多斯市伊金霍洛旗文化馆
15. 内蒙古自治区呼伦贝尔市牙克石文化馆
16. 内蒙古自治区巴彦淖尔市乌拉特前旗文化馆
17. 内蒙古自治区巴彦淖尔市乌拉特中旗文化馆
18. 内蒙古自治区兴安盟科尔沁右翼中旗文化馆
19. 内蒙古自治区锡林郭勒盟群众艺术馆

二级馆(24 个)

1. 内蒙古自治区呼和浩特市新城区文化馆
2. 内蒙古自治区包头市群众艺术馆
3. 内蒙古自治区乌海市群众艺术馆
4. 内蒙古自治区乌海市海勃湾区文化馆
5. 内蒙古自治区赤峰市巴林左旗文化馆
6. 内蒙古自治区赤峰市敖汉旗文化馆
7. 内蒙古自治区通辽市库伦旗文化馆
8. 内蒙古自治区鄂尔多斯市康巴什新区文化馆

9. 内蒙古自治区鄂尔多斯市准格尔旗文化馆
10. 内蒙古自治区鄂尔多斯市鄂托克前旗文化馆
11. 内蒙古自治区呼伦贝尔市群众艺术馆
12. 内蒙古自治区呼伦贝尔市阿荣旗文化馆
13. 内蒙古自治区呼伦贝尔市新巴尔虎左旗文化馆
14. 内蒙古自治区呼伦贝尔市新巴尔虎右旗文化馆
15. 内蒙古自治区呼伦贝尔市扎兰屯市文化馆
16. 内蒙古自治区呼伦贝尔市额尔古纳市文化馆
17. 内蒙古自治区巴彦淖尔市群众艺术馆
18. 内蒙古自治区巴彦淖尔市乌拉特后旗文化馆
19. 内蒙古自治区兴安盟科尔沁右翼前旗文化馆
20. 内蒙古自治区兴安盟扎赉特旗文化馆
21. 内蒙古自治区兴安盟突泉县文化馆
22. 内蒙古自治区锡林郭勒盟锡林浩特市文化馆
23. 内蒙古自治区锡林郭勒盟东乌旗文化馆
24. 内蒙古自治区阿拉善盟阿拉善左旗文化馆

三级馆(32 个)

1. 内蒙古自治区呼和浩特市群众艺术馆
2. 内蒙古自治区呼和浩特市回民区文化馆
3. 内蒙古自治区呼和浩特市土默特左旗文化馆
4. 内蒙古自治区呼和浩特市托克托县文化馆
5. 内蒙古自治区呼和浩特市武川县文化馆
6. 内蒙古自治区包头市东河区民族文化馆
7. 内蒙古自治区包头市白云鄂博矿区文化馆
8. 内蒙古自治区包头市固阳县文化馆
9. 内蒙古自治区包头市达尔罕茂明安联合旗文化馆
10. 内蒙古自治区乌海市海南区文化馆
11. 内蒙古自治区乌海市乌达区文化馆
12. 内蒙古自治区赤峰市元宝山区文化馆
13. 内蒙古自治区赤峰市阿鲁科尔沁旗文化馆
14. 内蒙古自治区赤峰市克什克腾旗文化馆
15. 内蒙古自治区赤峰市翁牛特旗文化馆
16. 内蒙古自治区赤峰市喀喇沁旗文化馆
17. 内蒙古自治区鄂尔多斯市达拉特旗文化馆
18. 内蒙古自治区鄂尔多斯市杭锦旗文化馆
19. 内蒙古自治区呼伦贝尔市海拉尔区文化馆
20. 内蒙古自治区呼伦贝尔盟扎赉诺尔区文化发展中心
21. 内蒙古自治区呼伦贝尔市莫力达瓦达斡尔族自治旗旗文化馆
22. 内蒙古自治区呼伦贝尔市根河市文化馆
23. 内蒙古自治区巴彦淖尔市临河区文化馆
24. 内蒙古自治区巴彦淖尔市杭锦后旗文化馆
25. 内蒙古自治区乌兰察布市凉城县文化馆

26. 内蒙古自治区锡林郭勒盟二连浩特市文化馆
27. 内蒙古自治区锡林郭勒盟苏尼特右旗文化馆
28. 内蒙古自治区锡林郭勒盟西乌珠穆沁旗文化馆
29. 内蒙古自治区锡林郭勒盟太仆寺旗文化馆
30. 内蒙古自治区锡林郭勒盟镶黄旗文化馆
31. 内蒙古自治区锡林郭勒盟正蓝旗文化馆
32. 内蒙古自治区阿拉善盟额济纳旗文化馆

辽宁省(58个)

一级馆(29个)

1. 辽宁省沈阳市群众艺术馆
2. 辽宁省沈阳市沈河区文化馆
3. 辽宁省沈阳市大东区文化馆
4. 辽宁省沈阳市铁西区文化馆
5. 辽宁省沈阳市浑南区文化馆
6. 辽宁省沈阳市沈北新区文化馆
7. 辽宁省沈阳市于洪区文化馆
8. 辽宁省辽中县文化馆
9. 辽宁省法库县文化馆
10. 辽宁省大连市中山区文化馆
11. 辽宁省大连市西岗区文化馆
12. 辽宁省大连市金州新区文化馆
13. 辽宁省庄河市文化馆
14. 辽宁省鞍山市群众艺术馆
15. 辽宁省鞍山市铁东区文化馆
16. 辽宁省岫岩满族自治县文化馆
17. 辽宁省东港市文化馆
18. 辽宁省锦州市群众艺术馆
19. 辽宁省黑山县文化馆
20. 辽宁省义县文化馆
21. 辽宁省北镇市文化馆
22. 辽宁省营口市老边区文化馆
23. 辽宁省辽阳市宏伟区文化馆
24. 辽宁省盘锦市群众艺术馆
25. 辽宁省朝阳市群众艺术馆
26. 辽宁省建平县文化馆
27. 辽宁省北票市文化馆
28. 辽宁省凌源市文化馆
29. 辽宁省葫芦岛市连山区文化馆

二级馆(19个)

1. 辽宁省沈阳市苏家屯区文化馆
2. 辽宁省康平县文化馆
3. 辽宁省大连市沙河口区文化馆
4. 辽宁省大连市旅顺口区文化馆
5. 辽宁省长海县文化馆
6. 辽宁省普兰店市文化馆
7. 辽宁省鞍山市铁西区文化馆
8. 辽宁省鞍山市立山区文化馆
9. 辽宁省海城市文化馆
10. 辽宁省桓仁满族自治县文化馆
11. 辽宁省阜新蒙古族自治县文化馆
12. 辽宁省彰武县文化馆
13. 辽宁省辽阳市弓长岭区文化馆
14. 辽宁省灯塔市文化馆
15. 辽宁省大洼县文化馆
16. 辽宁省昌图县文化馆
17. 辽宁省朝阳县文化馆
18. 辽宁省喀喇沁左翼蒙古族自治县文化馆
19. 辽宁省建昌县文化馆

三级馆(10个)

1. 辽宁省鞍山市千山区文化馆
2. 辽宁省台安县文化馆
3. 辽宁省清原满族自治县文化馆
4. 辽宁省宽甸满族自治县文化馆
5. 辽宁省凤城市文化馆
6. 辽宁省营口市少数民族文化艺术馆
7. 辽宁省营口市西市区文化馆

8. 辽宁省辽阳市白塔区文化馆
9. 辽宁省朝阳市双塔区文化馆
10. 辽宁省朝阳市龙城区文化馆

吉林省(56 个)

一级馆(30 个)

1. 吉林省群众艺术馆
2. 吉林省长春市群众艺术馆
3. 吉林省长春市朝鲜族群众艺术馆
4. 吉林省长春市宽城区文化馆
5. 吉林省长春市双阳区文化馆
6. 吉林省农安县文化馆
7. 吉林省德惠市文化馆
8. 吉林省吉林市群众艺术馆
9. 吉林省吉林市朝鲜族群众艺术馆
10. 吉林省吉林市龙潭区文化馆
11. 吉林省吉林市船营区文化馆
12. 吉林省吉林市丰满区文化馆
13. 吉林省蛟河市文化馆
14. 吉林省桦甸市文化馆
15. 吉林省磐石市文化馆
16. 吉林省辽源市群众艺术馆
17. 吉林省通化市群众艺术馆
18. 吉林省通化县文化馆
19. 吉林省白山市群众艺术馆
20. 吉林省白山市江源区文化馆
21. 吉林省抚松县文化馆
22. 吉林省松原市群众艺术馆
23. 吉林省前郭尔罗斯蒙古族自治县文化馆
24. 吉林省白城市群众艺术馆
25. 吉林省延边州群众艺术馆
26. 吉林省延吉市文化馆
27. 吉林省图们市文化馆
28. 吉林省敦化市群众文化馆
29. 吉林省珲春市文化馆
30. 吉林省龙井市文化馆

二级馆(15 个)

1. 吉林省长春市朝阳区文化馆
2. 吉林省长春市二道区文化馆
3. 吉林省榆树市文化馆
4. 吉林省吉林市昌邑区文化馆
5. 吉林省永吉县文化馆
6. 吉林省舒兰市文化馆
7. 吉林省辉南县文化馆
8. 吉林省梅河口市文化馆
9. 吉林省集安市文化馆
10. 吉林省靖宇县文化馆
11. 吉林省长白朝鲜族自治县文化馆
12. 吉林省临江市文化馆
13. 吉林省长岭县文化馆
14. 吉林省白城市洮北区文化馆
15. 吉林省镇赉县文化馆

三级馆(11 个)

1. 吉林省九台市文化馆
2. 吉林省双辽市文化馆
3. 吉林省东丰县文化馆
4. 吉林省东辽县文化馆
5. 吉林省辉南县少数民族文化馆
6. 吉林省柳河县文化馆
7. 吉林省白山市浑江区文化馆
8. 吉林省大安市文化馆
9. 吉林省和龙市文化馆
10. 吉林省汪清县文化馆
11. 吉林省延边朝鲜族自治州安图县文化馆

黑龙江省(77 个)

一级馆(25 个)

1. 黑龙江省哈尔滨市朝鲜民族艺术馆
2. 黑龙江省哈尔滨市道里区文化馆
3. 黑龙江省哈尔滨市南岗区文化馆
4. 黑龙江省哈尔滨市香坊区文化馆
5. 黑龙江省方正县文化馆
6. 黑龙江省宾县文化馆
7. 黑龙江省延寿县文化馆

8. 黑龙江省依安县文化馆
9. 黑龙江省密山市文化馆
10. 黑龙江省萝北县文化馆
11. 黑龙江省大庆市群众艺术馆
12. 黑龙江省肇源县文化馆
13. 黑龙江省林甸县文化馆
14. 黑龙江省伊春市友好区文化馆
15. 黑龙江省伊春市新青区文化馆
16. 黑龙江省伊春市嘉荫县文化馆
17. 黑龙江省牡丹江市群众艺术馆
18. 黑龙江省东宁县文化馆
19. 黑龙江省绥芬河市群众艺术馆
20. 黑龙江省海林市文化馆
21. 黑龙江省望奎县文化馆
22. 黑龙江省庆安县文化馆
23. 黑龙江省绥棱县文化馆
24. 黑龙江省安达市群众艺术馆
25. 黑龙江省肇东市文化馆

二级馆(14个)

1. 黑龙江省哈尔滨市道外区文化馆
2. 黑龙江省依兰县文化馆
3. 黑龙江省通河县文化馆
4. 黑龙江省泰来县文化馆
5. 黑龙江省拜泉县文化馆
6. 黑龙江省双鸭山市群众艺术馆
7. 黑龙江省伊春市群众艺术馆
8. 黑龙江省伊春市西林区文化馆
9. 黑龙江省伊春市汤旺河区文化馆
10. 黑龙江省富锦市群众艺术馆
11. 黑龙江省林口县文化馆
12. 黑龙江省宁安市文化馆
13. 黑龙江省五大连池市群众艺术馆
14. 黑龙江省兰西县文化馆

三级馆(38个)

1. 黑龙江省尚志市文化馆
2. 黑龙江省五常市文化馆
3. 黑龙江省五常市朝鲜族文化馆
4. 黑龙江省齐齐哈尔市龙沙区文化馆
5. 黑龙江省齐齐哈尔市铁锋区文化体育中心
6. 黑龙江省龙江县文化馆
7. 黑龙江省克山县文化馆
8. 黑龙江省克东县文化馆
9. 黑龙江省讷河市文化馆
10. 黑龙江省鸡西市群众艺术馆
11. 黑龙江省鸡西市恒山区文化馆
12. 黑龙江省鸡西市滴道区文化馆
13. 黑龙江省鸡西市梨树区文化馆
14. 黑龙江省鸡西市城子河区文化馆
15. 黑龙江省绥滨县文化馆
16. 黑龙江省友谊县文化馆
17. 黑龙江省宝清县文化馆
18. 黑龙江省饶河县文化馆
19. 黑龙江省大庆市大同区文化馆
20. 黑龙江省肇州县文化馆
21. 黑龙江省杜尔伯特蒙古族自治县文化馆
22. 黑龙江省伊春市翠峦区文化馆
23. 黑龙江省伊春市金山屯区文化馆
24. 黑龙江省伊春市五营区文化馆
25. 黑龙江省伊春市带岭区文化馆
26. 黑龙江省同江市群众艺术馆
27. 黑龙江省七台河市群众艺术馆
28. 黑龙江省牡丹江市东安区文化馆
29. 黑龙江省牡丹江市阳明区文化馆
30. 黑龙江省牡丹江市爱民区文化馆
31. 黑龙江省牡丹江市西安区文化馆
32. 黑龙江省穆棱市文化馆
33. 黑龙江省黑河市群众艺术馆
34. 黑龙江省孙吴县文化馆
35. 黑龙江省绥化市群众艺术馆
36. 黑龙江省绥化市北林区文化馆
37. 黑龙江省海伦市文化馆
38. 黑龙江省呼玛县文化馆

上海市（21 个）

一级馆（20 个）

1. 上海市群众艺术馆
2. 上海市徐汇区文化馆
3. 上海长宁文化艺术中心
4. 上海长宁民俗文化中心
5. 上海市闸北区文化馆
6. 上海市普陀区文化馆
7. 上海市普陀区桃浦文化馆
8. 上海市杨浦区文化馆
9. 上海市闵行区群众艺术馆
10. 上海市宝山区文化馆
11. 上海市宝山区月浦文化馆
12. 上海市嘉定区文化馆
13. 上海市浦东新区文化艺术指导中心
14. 上海市浦东新区浦南文化馆
15. 上海市浦东新区川沙文化馆
16. 上海市金山区文化馆
17. 上海市松江区文化馆
18. 上海市青浦区文化馆
19. 上海市奉贤区文化馆
20. 上海市崇明县文化馆

二级馆（1 个）

1. 上海市虹口区文化馆

江苏省（110 个）

一级馆（101 个）

1. 江苏省南京市文化馆
2. 江苏省南京市秦淮区文化馆
3. 江苏省南京市建邺区文化馆
4. 江苏省南京市鼓楼区文化馆
5. 江苏省南京市浦口区文化馆
6. 江苏省南京市栖霞区文化馆
7. 江苏省南京市雨花台区文化馆
8. 江苏省南京市江宁区文化馆
9. 江苏省南京市六合区第一文化馆
10. 江苏省南京市六合区第二文化馆
11. 江苏省南京市高淳区文化馆
12. 江苏省无锡市文化馆
13. 江苏省无锡市崇安区文化馆
14. 江苏省无锡市南长区文化馆
15. 江苏省无锡市北塘区文化馆
16. 江苏省无锡市锡山区文化馆
17. 江苏省无锡市惠山区文化馆
18. 江苏省无锡市滨湖区文化馆
19. 江苏省江阴市文化馆
20. 江苏省宜兴市文化馆
21. 江苏省无锡市新区文化馆
22. 江苏省徐州文化馆
23. 江苏省徐州市贾汪区文化馆
24. 江苏省徐州市铜山区文化馆
25. 江苏省沛县文化馆
26. 江苏省睢宁县文化馆
27. 江苏省新沂市文化馆
28. 江苏省邳州市文化馆
29. 江苏省常州市文化馆
30. 江苏省常州市天宁区文化馆
31. 江苏省常州市钟楼区文化馆
32. 江苏省常州市戚墅堰区文化馆
33. 江苏省常州市新北区文化艺术活动中心
34. 江苏省常州市武进区文化馆
35. 江苏省溧阳市文化馆
36. 江苏省金坛市文化馆
37. 江苏省苏州市文化馆
38. 江苏省苏州市吴中区文化馆
39. 江苏省苏州市相城区文化馆
40. 江苏省苏州市姑苏区文化馆
41. 江苏省苏州市吴江区公共文化艺术中心
42. 江苏省苏州工业园区文化馆
43. 江苏省常熟市文化馆
44. 江苏省张家港市文化馆
45. 江苏省太仓市文化馆
46. 江苏省南通市文化馆

47. 江苏省南通市通州区文化馆
48. 江苏省海安县文化馆
49. 江苏省启东市文化馆
50. 江苏省如皋市文化馆
51. 江苏省海门市文化馆
52. 江苏省连云港市文化馆
53. 江苏省连云港市连云区文化馆
54. 江苏省连云港市海州区文化馆
55. 江苏省连云港市赣榆区文化馆
56. 江苏省东海县文化馆
57. 江苏省灌云县文化馆
58. 江苏省灌南县文化馆
59. 江苏省淮安市文化馆
60. 江苏省淮安市清河区文化馆
61. 江苏省淮安市淮安区文化馆
62. 江苏省淮安市淮阴区文化馆
63. 江苏省淮安市清浦区文化馆
64. 江苏省涟水县文化馆
65. 江苏省洪泽县文化馆
66. 江苏省盱眙县文化馆
67. 江苏省盐城市文化馆
68. 江苏省盐城市亭湖区文化馆
69. 江苏省盐城市盐都区文化馆
70. 江苏省响水县文化馆
71. 江苏省滨海县文化馆
72. 江苏省阜宁县文化馆
73. 江苏省射阳县文化馆
74. 江苏省建湖县文化馆
75. 江苏省大丰市文化馆
76. 江苏省扬州市文化馆
77. 江苏省扬州市广陵区文化馆
78. 江苏省扬州市邗江区文化馆
79. 江苏省扬州市江都区文化馆
80. 江苏省宝应县文化馆
81. 江苏省仪征市文化馆
82. 江苏省高邮市文化馆
83. 江苏省镇江市文化馆
84. 江苏省镇江市京口区文化馆
85. 江苏省镇江市润州区文化馆
86. 江苏省镇江市丹徒区文化馆
87. 江苏省丹阳市文化馆
88. 江苏省扬中市文化馆
89. 江苏省句容市文化馆
90. 江苏省泰州市文化馆
91. 江苏省泰州市海陵区文化馆
92. 江苏省泰州市高港区文化馆
93. 江苏省泰州市姜堰区文化馆
94. 江苏省兴化市文化馆
95. 江苏省靖江市文化馆
96. 江苏省泰兴市文化馆
97. 江苏省宿迁市文化馆
98. 江苏省宿迁市宿豫区文化馆
99. 江苏省沭阳县文化馆
100. 江苏省泗阳县文化馆
101. 江苏省泗洪县文化馆

二级馆(7个)

1. 江苏省文化馆
2. 江苏省南京市溧水区文化馆
3. 江苏省丰县文化馆
4. 江苏省苏州高新区文化馆
5. 江苏省如东县文化馆
6. 江苏省金湖县文化馆
7. 江苏省宿迁市宿城区文化馆

三级馆(2个)

1. 江苏省南通市崇川区文化馆
2. 江苏省南通市港闸区文化馆

浙江省(97个)

一级馆(82个)

1. 浙江省文化馆
2. 浙江省杭州市文化馆
3. 浙江省杭州市上城区文化馆
4. 浙江省杭州市下城区文化馆
5. 浙江省杭州市江干区文化馆
6. 浙江省杭州市拱墅区文化馆

7. 浙江省杭州市西湖区文化馆
8. 浙江省杭州市萧山区文化馆
9. 浙江省杭州市余杭区文化馆
10. 浙江省杭州市富阳区文化馆
11. 浙江省桐庐县文化馆
12. 浙江省淳安县文化馆
13. 浙江省建德市文化馆
14. 浙江省临安市文化馆
15. 浙江省宁波市文化馆
16. 浙江省宁波市海曙区文化馆
17. 浙江省宁波市江东区文化馆
18. 浙江省宁波市江北区文化馆
19. 浙江省宁波市北仑区文化馆
20. 浙江省宁波市镇海区文化馆
21. 浙江省宁波市鄞州区文化馆
22. 浙江省象山县文化馆
23. 浙江省宁海县文化馆
24. 浙江省余姚市文化馆
25. 浙江省慈溪市文化馆
26. 浙江省奉化市文化馆
27. 浙江省温州市文化馆
28. 浙江省温州市鹿城区文化馆
29. 浙江省温州市龙湾区文化馆
30. 浙江省温州市瓯海区文化馆
31. 浙江省永嘉县文化馆
32. 浙江省平阳县文化馆
33. 浙江省苍南县文化馆
34. 浙江省文成县文化馆
35. 浙江省泰顺县文化馆
36. 浙江省瑞安市文化馆
37. 浙江省乐清市文化馆
38. 浙江省嘉兴市文化馆
39. 浙江省嘉兴市南湖区文化馆
40. 浙江省嘉兴市秀洲区文化馆
41. 浙江省嘉善县文化馆
42. 浙江省海盐县文化馆
43. 浙江省海宁市文化馆
44. 浙江省平湖市文化馆
45. 浙江省桐乡市文化馆
46. 浙江省湖州市文化馆
47. 浙江省德清县文化馆
48. 浙江省长兴县文化馆
49. 浙江省绍兴市文化馆
50. 浙江省绍兴市柯桥区文化馆
51. 浙江省诸暨市文化馆
52. 浙江省绍兴市上虞区文化馆
53. 浙江省嵊州市文化馆
54. 浙江省金华市文化馆
55. 浙江省武义县文化馆
56. 浙江省浦江县文化馆
57. 浙江省兰溪市文化馆
58. 浙江省义乌市文化馆
59. 浙江省东阳市文化馆
60. 浙江省永康市文化馆
61. 浙江省龙游县文化馆
62. 浙江省舟山市文化馆
63. 浙江省舟山市定海区文化馆
64. 浙江省舟山市普陀区文化馆
65. 浙江省岱山县文化馆
66. 浙江省嵊泗县文化馆
67. 浙江省台州市文化馆
68. 浙江省台州市椒江区文化馆
69. 浙江省台州市黄岩区文化馆
70. 浙江省台州市路桥区文化馆
71. 浙江省玉环县文化馆
72. 浙江省三门县文化馆
73. 浙江省天台县文化馆
74. 浙江省温岭市文化馆
75. 浙江省临海市文化馆
76. 浙江省丽水市文化馆
77. 浙江省丽水市莲都区文化馆
78. 浙江省青田县文化馆
79. 浙江省松阳县文化馆
80. 浙江省云和县文化馆

81. 浙江省景宁畲族自治县文化馆
82. 浙江省龙泉市文化馆

二级馆(10 个)

1. 浙江省温州市洞头区文化馆
2. 浙江省安吉县文化馆
3. 浙江省新昌县文化馆
4. 浙江省金华市婺城区文化馆
5. 浙江省磐安县文化馆
6. 浙江省常山县文化馆
7. 浙江省开化县文化馆
8. 浙江省江山市文化馆
9. 浙江省仙居县文化馆
10. 浙江省缙云县文化馆

三级馆(5 个)

1. 浙江省金华市金东区文化馆
2. 浙江省衢州市文化馆
3. 浙江省衢州市衢江区文化馆
4. 浙江省遂昌县文化馆
5. 浙江省庆元县文化馆

安徽省(98 个)

一级馆(45 个)

1. 安徽省合肥市文化馆
2. 安徽省肥东县文化馆
3. 安徽省芜湖市文化馆
4. 安徽省芜湖市镜湖区文化馆
5. 安徽省芜湖县文化馆
6. 安徽省繁昌县文化馆
7. 安徽省南陵县文化馆
8. 安徽省蚌埠市文化馆
9. 安徽省五河县文化馆
10. 安徽省淮南市谢家集区文化馆
11. 安徽省淮南市八公山区文化馆
12. 安徽省淮南市潘集区文化馆
13. 安徽省马鞍山市文化馆
14. 安徽省马鞍山市花山区文化馆
15. 安徽省马鞍山市雨山区文化馆
16. 安徽省当涂县文化馆
17. 安徽省含山县文化馆
18. 安徽省和县文化馆
19. 安徽省淮北市文化馆
20. 安徽省铜陵市文化馆
21. 安徽省安庆市文化馆
22. 安徽省怀宁县文化馆
23. 安徽省太湖县文化馆
24. 安徽省桐城市文化馆
25. 安徽省黄山市屯溪区文化馆
26. 安徽省歙县文化馆
27. 安徽省滁州市文化馆
28. 安徽省滁州市琅琊区文化馆
29. 安徽省滁州市南谯区文化馆
30. 安徽省来安县文化馆
31. 安徽省全椒县文化馆
32. 安徽省定远县文化馆
33. 安徽省界首市文化馆
34. 安徽省宿州市文化馆
35. 安徽省灵璧县文化馆
36. 安徽省泗县文化馆
37. 安徽省利辛县文化馆
38. 安徽省池州市文化馆
39. 安徽省东至县文化馆
40. 安徽省青阳县文化馆
41. 安徽省宣城市文化馆
42. 安徽省郎溪县文化馆
43. 安徽省广德县文化馆
44. 安徽省旌德县文化馆
45. 安徽省宁国市文化馆

二级馆(30 个)

1. 安徽省合肥市瑶海区文化馆
2. 安徽省合肥市庐阳区文化馆
3. 安徽省芜湖市弋江区文化馆
4. 安徽省芜湖市鸠江区文化馆
5. 安徽省蚌埠市龙子湖区文化馆
6. 安徽省蚌埠市禹会区文化馆
7. 安徽省蚌埠市蚌山区文化馆

8. 安徽省怀远县文化馆
9. 安徽省淮北市杜集区文化馆
10. 安徽省铜陵市铜官山区文化馆
11. 安徽省铜陵市狮子山区文化馆
12. 安徽省铜陵市郊区文化馆
13. 安徽省铜陵县文化馆
14. 安徽省安庆市大观区文化馆
15. 安徽省潜山县文化馆
16. 安徽省宿松县文化馆
17. 安徽省望江县文化馆
18. 安徽省黄山市文化馆
19. 安徽省黄山市黄山区文化馆
20. 安徽省黄山市徽州区文化馆
21. 安徽省休宁县文化馆
22. 安徽省黄山市黟县文化馆
23. 安徽省祁门县文化馆
24. 安徽省凤阳县文化馆
25. 安徽省天长市文化馆
26. 安徽省金寨县文化馆
27. 安徽省涡阳县文化馆
28. 安徽省蒙城县文化馆
29. 安徽省宣城市宣州区文化馆
30. 安徽省绩溪县文化馆

三级馆(23 个)

1. 安徽省合肥市蜀山区文化馆
2. 安徽省合肥市包河区文化馆
3. 安徽省长丰县文化馆
4. 安徽省肥西县文化馆
5. 安徽省固镇县文化馆
6. 安徽省庐江县文化馆
7. 安徽省巢湖市文化馆
8. 安徽省无为县文化馆
9. 安徽省淮南市田家庵区文化馆
10. 安徽省淮北市相山区文化馆
11. 安徽省淮北市烈山区文化馆
12. 安徽省濉溪县文化馆
13. 安徽省安庆市宜秀区文化馆
14. 安徽省安庆市迎江区文化馆
15. 安徽省枞阳县文化馆
16. 安徽省岳西县文化馆
17. 安徽省宿州市埇桥区文化馆
18. 安徽省砀山县文化馆
19. 安徽省萧县文化馆
20. 安徽省寿县文化馆
21. 安徽省霍山县文化馆
22. 安徽省九华山文化馆
23. 安徽省泾县文化馆

福建省(80 个)

一级馆(40 个)

1. 福建省厦门市文化馆(厦门市美术馆)
2. 福建省福州市群众艺术馆
3. 福建省福州市鼓楼区文化馆
4. 福建省福州市台江区文化馆
5. 福建省福州市仓山区文化馆
6. 福建省福清市文化馆
7. 福建省厦门市思明区文化馆
8. 福建省厦门市海沧区文化馆
9. 福建省厦门市湖里区文化馆
10. 福建省厦门市集美区文化馆
11. 福建省厦门市同安区文化馆
12. 福建省厦门市翔安区文化馆
13. 福建省莆田市群众艺术馆
14. 福建省莆田市荔城区文化馆
15. 福建省三明市艺术馆
16. 福建省三明市梅列区文化馆
17. 福建省清流县文化馆
18. 福建省大田县文化馆
19. 福建省尤溪县文化馆
20. 福建省沙县文化馆
21. 福建省将乐县文化馆
22. 福建省泰宁县文化馆
23. 福建省永安市文化馆
24. 福建省泉州市艺术馆
25. 福建省泉州市鲤城区文化馆

26. 福建省泉州市泉港区文化馆
27. 福建省惠安县文化馆
28. 福建省永春县文化馆
29. 福建省石狮市文化馆
30. 福建省晋江市文化馆
31. 福建省南安市文化馆
32. 福建省漳州市芗城区文化馆
33. 福建省云霄县文化馆
34. 福建省东山县文化馆
35. 福建省漳州市南靖县文化馆
36. 福建省龙海市文化馆
37. 福建省邵武市文化馆
38. 福建省建瓯市文化馆
39. 福建省宁德市艺术馆
40. 福建省福安市文化馆

二级馆(**29** 个)

1. 福建省福州市马尾区文化馆
2. 福建省福州市晋安区文化馆
3. 福建省闽侯县文化馆
4. 福建省连江县文化馆
5. 福建省闽清县文化馆
6. 福建省长乐市文化馆
7. 福建省三明市三元区文化馆
8. 福建省明溪县文化馆
9. 福建省宁化县文化馆
10. 福建省建宁县文化馆
11. 福建省泉州市丰泽区文化馆
12. 福建省安溪县文化馆
13. 福建省德化县文化馆
14. 福建省漳浦县文化馆
15. 福建省华安县文化馆
16. 福建省顺昌县文化馆
17. 福建省松溪县文化馆
18. 福建省政和县文化馆
19. 福建省南平市建阳区文化馆
20. 福建省龙岩市艺术馆
21. 福建省龙岩市永定区文化馆
22. 福建省上杭县文化馆
23. 福建省武平县文化馆
24. 福建省宁德市蕉城区文化馆
25. 福建省霞浦县文化馆
26. 福建省古田县文化馆
27. 福建省寿宁县文化馆
28. 福建省柘荣县文化馆
29. 福建省福鼎市文化馆

三级馆(**11** 个)

1. 福建省罗源县文化馆
2. 福建省莆田市城厢区文化馆
3. 福建省莆田市涵江区文化馆
4. 福建省诏安县文化馆
5. 福建省长泰县文化馆
6. 福建省南平市文化艺术馆
7. 福建省浦城县文化馆
8. 福建省光泽县文化馆
9. 福建省武夷山市文化馆
10. 福建省长汀县文化馆
11. 福建省屏南县文化馆

江西省(**110** 个)

一级馆(**37** 个)

1. 江西省南昌市群众艺术馆
2. 江西省南昌市东湖区文化馆
3. 江西省南昌市青山湖区文化馆
4. 江西省南昌县文化馆
5. 江西省进贤县文化馆
6. 江西省景德镇市群众艺术馆
7. 江西省莲花县文化馆
8. 江西省芦溪县文化馆
9. 江西省九江市文化馆
10. 江西省九江市浔阳区文化馆
11. 江西省武宁县文化馆
12. 江西省德安县文化馆
13. 江西省都昌县文化馆
14. 江西省瑞昌市文化馆
15. 江西省新余市文化馆

16. 江西省分宜县文化馆
17. 江西省赣州市群众艺术馆
18. 江西省赣州市章贡区文化馆
19. 江西省赣县文化馆
20. 江西省信丰县文化馆
21. 江西省大余县文化馆
22. 江西省上犹县文化馆
23. 江西省安远县文化馆
24. 江西省会昌县文化馆
25. 江西省瑞金市文化馆
26. 江西省吉安市群众艺术馆
27. 江西省吉安市吉州区文化馆
28. 江西省吉安市青原区文化馆
29. 江西省峡江县文化馆
30. 江西省新干县文化馆
31. 江西省安福县文化馆
32. 江西省宜春市群众艺术馆
33. 江西省宜春市袁州区文化馆
34. 江西省奉新县文化馆
35. 江西省樟树市文化馆
36. 江西省金溪县文化馆
37. 江西省上饶市群众艺术馆

二级馆（**44** 个）

1. 江西省南昌市西湖区文化馆
2. 江西省南昌市青云谱区文化馆
3. 江西省南昌市湾里区文化馆
4. 江西省新建县文化馆
5. 江西省安义县文化馆
6. 江西省浮梁县文化馆
7. 江西省乐平市文化馆
8. 江西省萍乡市群众艺术馆
9. 江西省萍乡市安源区文化馆
10. 江西省萍乡市湘东区文化馆
11. 江西省上栗县文化馆
12. 江西省修水县文化馆
13. 江西省星子县文化馆
14. 江西省湖口县文化馆
15. 江西省彭泽县文化馆
16. 江西省新余市渝水区文化馆
17. 江西省鹰潭市群众艺术馆
18. 江西省余江县文化馆
19. 江西省贵溪市文化馆
20. 江西省龙南县文化馆
21. 江西省全南县文化馆
22. 江西省于都县文化馆
23. 江西省兴国县文化馆
24. 江西省寻乌县文化馆
25. 江西省石城县文化馆
26. 江西省吉安县文化馆
27. 江西省泰和县文化馆
28. 江西省遂川县文化馆
29. 江西省万安县文化馆
30. 江西省永新县文化馆
31. 江西省万载县文化馆
32. 江西省宜丰县文化馆
33. 江西省靖安县文化馆
34. 江西省铜鼓县文化馆
35. 江西省南城县文化馆
36. 江西省崇仁县文化馆
37. 江西省乐安县文化馆
38. 江西省宜黄县文化馆
39. 江西省东乡县文化馆
40. 江西省广丰县文化馆
41. 江西省横峰县文化馆
42. 江西省余干县文化馆
43. 江西省鄱阳县文化馆
44. 江西省万年县文化馆

三级馆（**29** 个）

1. 江西省景德镇市昌江区文化馆
2. 江西省景德镇市珠山区文化馆
3. 江西省九江市庐山区文化馆
4. 江西省庐山文化馆
5. 江西省九江县文化馆
6. 江西省永修县文化馆

7. 江西省共青城市文化馆
8. 江西省鹰潭市月湖区文化馆
9. 江西省崇义县文化馆
10. 江西省定南县文化馆
11. 江西省宁都县文化馆
12. 江西省赣州市南康区文化馆
13. 江西省吉水县文化馆
14. 江西省井冈山市文化馆
15. 江西省宜春市上高县文化馆
16. 江西省丰城市文化馆
17. 江西省高安市文化馆
18. 江西省抚州市群众艺术馆
19. 江西省临川区第一文化馆
20. 江西省抚州市临川区第二文化馆
21. 江西省抚州市黎川县文化馆
22. 江西省资溪县文化馆
23. 江西省上饶市信州区文化馆
24. 江西省上饶县文化馆
25. 江西省玉山县文化馆
26. 江西省铅山县文化馆
27. 江西省弋阳县文化馆
28. 江西省婺源县文化馆
29. 江西省德兴市文化馆

山东省(132 个)

一级馆(105 个)

1. 山东省文化馆
2. 山东省济南市群众艺术馆
3. 山东省济南市历下区文化馆
4. 山东省济南市槐荫区文化馆
5. 山东省济南市天桥区文化馆
6. 山东省济南市历城区文化馆
7. 山东省济南市长清区文化馆
8. 山东省平阴县文化馆
9. 山东省济阳县文化馆
10. 山东省商河县文化馆
11. 山东省章丘市文化馆
12. 山东省青岛市群众艺术馆
13. 山东省青岛市市南区文化馆
14. 山东省青岛市市北第二文化馆
15. 山东省青岛市市北第一文化馆
16. 山东省青岛市黄岛区文化馆
17. 山东省青岛市崂山区文化馆
18. 山东省青岛市李沧区文化馆
19. 山东省青岛市城阳区文化馆
20. 山东省胶州市文化馆
21. 山东省即墨市文化馆
22. 山东省莱西市文化馆
23. 山东省淄博市淄川区文化馆
24. 山东省淄博市张店区文化馆
25. 山东省淄博市周村区文化馆
26. 山东省桓台县文化馆
27. 山东省高青县文化馆
28. 山东省沂源县文化馆
29. 山东省枣庄市群众艺术馆
30. 山东省枣庄市市中区文化馆
31. 山东省枣庄市山亭区文化馆
32. 山东省东营市艺术馆
33. 山东省东营市东营区文化馆
34. 山东省东营市河口区文化馆
35. 山东省垦利县文化馆
36. 山东省利津县文化馆
37. 山东省广饶县文化馆
38. 山东省烟台市文化馆
39. 山东省烟台市芝罘区文化馆
40. 山东省烟台市牟平区文化馆
41. 山东省烟台市莱山区文化馆
42. 山东省龙口市文化馆
43. 山东省莱州市文化馆
44. 山东省招远市文化馆
45. 山东省海阳市文化馆
46. 山东省潍坊市艺术馆
47. 山东省潍坊市坊子区文化馆
48. 山东省潍坊市奎文区文化馆
49. 山东省临朐县文化馆

50. 山东省青州市文化馆
51. 山东省诸城市文化馆
52. 山东省寿光市文化馆
53. 山东省安丘市文化馆
54. 山东省高密市文化馆
55. 山东省昌邑市文化馆
56. 山东省济宁市群众艺术馆
57. 山东省金乡县文化馆
58. 山东省汶上县文化馆
59. 山东省梁山县文化馆
60. 山东省曲阜市文化馆
61. 山东省济宁市兖州区文化馆
62. 山东省济宁市任城区文化馆
63. 山东省嘉祥县文化馆
64. 山东省邹城市文化馆
65. 山东省泰安市泰山区文化馆
66. 山东省泰安市岱岳区文化馆
67. 山东省新泰市文化馆
68. 山东省东平县文化馆
69. 山东省肥城市文化馆
70. 山东省威海市群众艺术馆
71. 山东省威海市文登区文化馆
72. 山东省荣成市文化馆
73. 山东省日照市文化馆
74. 山东省日照市东港区文化馆
75. 山东省日照市岚山区文化馆
76. 山东省五莲县文化馆
77. 山东省日照市莒县文化馆
78. 山东省莱芜市艺术馆
79. 山东省临沂市文化馆
80. 山东省临沂市兰山区文化馆
81. 山东临沂市省罗庄区文化馆
82. 山东省临沂市河东区文化馆
83. 山东省沂南县文化馆
84. 山东省郯城县文化馆
85. 山东省沂水县文化馆
86. 山东省平邑县文化馆
87. 山东省蒙阴县文化馆
88. 山东省临沭县文化馆
89. 山东省德州市文化馆
90. 山东省德州市陵城区文化馆
91. 山东省庆云县文化馆
92. 山东省宁津县文化馆
93. 山东省齐河县文化馆
94. 山东省平原县文化馆
95. 山东省夏津县文化馆
96. 山东省武城县文化馆
97. 山东省乐陵市文化馆
98. 山东省禹城市文化馆
99. 山东省莘县文化馆
100. 山东省临清市文化馆
101. 山东省滨州市文化馆
102. 山东省无棣县文化馆
103. 山东省博兴县文化馆
104. 山东省邹平县文化馆
105. 山东省定陶县文化馆

二级馆(26 个)

1. 山东省淄博市博山区文化馆
2. 山东省淄博市临淄区文化馆
3. 山东省蓬莱市文化馆
4. 山东省烟台市福山区文化馆
5. 山东省潍坊市潍城区文化馆
6. 山东省潍坊市寒亭区文化馆
7. 山东省昌乐县文化馆
8. 山东省微山县文化馆
9. 山东省鱼台县文化馆
10. 山东省泗水县文化馆
11. 山东省威海市环翠区文化馆
12. 山东省乳山市文化馆
13. 山东省莱芜市钢城区文化馆
14. 山东省兰陵县文化馆
15. 山东省费县文化馆
16. 山东省莒南县文化馆
17. 山东省德州市德城区文化馆

18. 山东省临邑县文化馆
19. 山东省茌平县文化馆
20. 山东省高唐县文化馆
21. 山东省滨州市滨城区文化馆
22. 山东省惠民县文化馆
23. 山东省阳信县文化馆
24. 山东省滨州市沾化区文化馆
25. 山东省曹县文化馆
26. 山东省单县文化馆

三级馆(1 个)

1. 山东省枣庄市台儿庄区文化馆

河南省(144 个)

一级馆(62 个)

1. 河南省文化馆
2. 河南省郑州市群众艺术馆
3. 河南省郑州市金水区文化馆
4. 河南省郑州市上街区文化馆
5. 河南省巩义市文化馆
6. 河南省荥阳市文化馆
7. 河南省新密市文化馆
8. 河南省兰考县人民文化馆
9. 河南省洛阳市文化馆
10. 河南省洛阳市老城区文化馆
11. 河南省新安县文化馆
12. 河南省偃师市人民文化馆
13. 河南省平顶山市群众艺术馆
14. 河南省鲁山县文化馆
15. 河南省舞钢市文化馆
16. 河南省安阳市群众艺术馆
17. 河南省汤阴县文化馆
18. 河南省林州市文化馆
19. 河南省鹤壁市群众艺术馆
20. 河南省鹤壁市鹤山区文化馆
21. 河南省鹤壁市山城区文化馆
22. 河南省浚县人民文化馆
23. 河南省淇县文化馆
24. 河南省新乡市群众艺术馆
25. 河南省延津县文化馆
26. 河南省长垣县文化馆
27. 河南省焦作市解放区文化馆
28. 河南省修武县人民文化馆
29. 河南省武陟县文化馆
30. 河南省濮阳市群众艺术馆
31. 河南省南乐县文化馆
32. 河南省许昌市群众艺术馆
33. 河南省许昌县人民文化馆
34. 河南省鄢陵县人民文化馆
35. 河南省三门峡市群众艺术馆
36. 河南省渑池县人民文化馆
37. 河南省陕县文化馆
38. 河南省义马市文化馆
39. 河南省灵宝市文化馆
40. 河南省南阳市卧龙区文化馆
41. 河南省西峡县人民文化馆
42. 河南省淅川县文化馆
43. 河南省民权县人民文化馆
44. 河南省永城市人民文化馆
45. 河南省信阳市群众艺术馆
46. 河南省信阳市浉河区文化馆
47. 河南省信阳市平桥区文化馆
48. 河南省罗山县人民文化馆
49. 河南省商城县人民文化馆
50. 河南省固始县文化馆
51. 河南省潢川县文化馆
52. 河南省淮滨县文化馆
53. 河南省周口市群众艺术馆
54. 河南省扶沟县文化馆
55. 河南省郸城县人民文化馆
56. 河南省淮阳县文化馆
57. 河南省鹿邑县文化馆
58. 河南省驻马店市群众艺术馆
59. 河南省平舆县人民文化馆
60. 河南省汝南县文化馆
61. 河南省新蔡县文化馆

62. 河南省济源市群众艺术馆

二级馆(30 个)

1. 河南省郑州市二七区文化馆
2. 河南省郑州市管城回族区文化馆
3. 河南省惠济区文化馆
4. 河南省新郑市文化馆
5. 河南省开封市群众艺术馆
6. 河南省洛阳市西工区人民文化馆
7. 河南省洛阳市涧西区人民文化馆
8. 河南省洛阳市吉利区人民文化馆
9. 河南省洛阳市洛龙区文化馆
10. 河南省孟津县文化馆
11. 河南省栾川县文化馆
12. 河南省嵩县人民文化馆
13. 河南省宜阳县文化馆
14. 河南省平顶山市卫东区文化馆
15. 河南省宝丰县人民文化馆
16. 河南省叶县人民文化馆
17. 河南省汝州市群众艺术馆
18. 河南省滑县人民文化馆
19. 河南省鹤壁市淇滨区文化馆
20. 河南省沁阳市群众艺术馆
21. 河南省清丰县文化馆
22. 河南省许昌市魏都区文化馆
23. 河南省漯河市群众艺术馆
24. 河南省漯河市郾城区文化馆
25. 河南省宁陵县文化馆
26. 河南省夏邑县人民文化馆
27. 河南省沈丘县文化馆
28. 河南省项城市文化馆
29. 河南省正阳县文化馆
30. 河南省确山县文化馆

三级馆(52 个)

1. 河南省郑州市中原区文化馆
2. 河南省登封市文化馆
3. 河南省开封市龙亭区文化馆
4. 河南省开封市鼓楼区文化艺术中心
5. 河南省开封新区文化馆
6. 河南省杞县人民文化馆
7. 河南省通许县人民文化馆
8. 河南省汝阳县人民文化馆
9. 河南省洛宁县文化馆
10. 河南省伊川县人民文化馆
11. 河南省郏县文化馆
12. 河南省安阳市文峰区文化馆
13. 河南省安阳市北关区人民文化馆
14. 河南省安阳市殷都区文化馆
15. 河南省安阳市龙安区文化馆
16. 河南省安阳县人民文化馆
17. 河南省新乡市卫滨区文化馆
18. 河南省新乡市牧野区文化馆
19. 河南省获嘉县人民文化馆
20. 河南省原阳县人民文化馆
21. 河南省卫辉市群众艺术馆
22. 河南省辉县市文化馆
23. 河南省焦作市马村区文化馆
24. 河南省焦作市山阳区文化馆
25. 河南省温县人民文化馆
26. 河南省孟州市文化馆
27. 河南省濮阳市华龙区文化馆
28. 河南省濮阳县文化馆
29. 河南省漯河市源汇区文化馆
30. 河南省临颍县文化馆
31. 河南省三门峡市湖滨区文化馆
32. 河南省卢氏县人民文化馆
33. 河南省南召县人民文化馆
34. 河南省方城县文化馆
35. 河南省镇平县文化馆
36. 河南省社旗县人民文化馆
37. 河南省唐河县人民文化馆
38. 河南省新野县文化馆
39. 河南省桐柏县人民文化馆
40. 河南省邓州市人民文化馆
41. 河南省睢县人民文化馆

42. 河南省柘城县文化馆
43. 河南省光山县人民文化馆
44. 河南省新县人民文化馆
45. 河南省息县人民文化馆
46. 河南省西华县文化馆
47. 河南省商水县人民文化馆
48. 河南省驻马店市驿城区文化馆
49. 河南省西平县人民文化馆
50. 河南省上蔡县人民文化馆
51. 河南省泌阳县文化馆
52. 河南省遂平县文化馆

湖北省(97个)

一级馆(44个)

1. 湖北省武汉市群众艺术馆
2. 湖北省武汉市江岸区文化馆
3. 湖北省武汉市江汉区文化馆
4. 湖北省武汉市硚口区文化馆
5. 湖北省武汉市汉阳区文化馆
6. 湖北省武汉市武昌区文化馆
7. 湖北省武汉市青山区文化馆
8. 湖北省武汉市洪山区文化馆
9. 湖北省武汉市汉南区文化馆
10. 湖北省黄石市群众艺术馆
11. 湖北省黄石市铁山区文化馆
12. 湖北省大冶市群众艺术馆
13. 湖北省阳新县文化馆
14. 湖北省十堰市群众艺术馆
15. 湖北省房县文化馆
16. 湖北省宜昌市群众艺术馆
17. 湖北省宜昌市夷陵区文化馆
18. 湖北省兴山县文化馆
19. 湖北省秭归县文化馆
20. 湖北省长阳土家族自治县文化馆
21. 湖北省五峰土家族自治县文化馆
22. 湖北省当阳市文化馆
23. 湖北省南漳县文化馆
24. 湖北省谷城县文化馆
25. 湖北省鄂州市群众艺术馆
26. 湖北省荆门市群众艺术馆
27. 湖北省京山县文化馆
28. 湖北省钟祥市文化馆
29. 湖北省应城市文化馆
30. 湖北省石首市群众艺术馆
31. 湖北省松滋市群众艺术馆
32. 湖北省黄冈市群众艺术馆
33. 湖北省黄冈市黄州区文化馆
34. 湖北省红安县文化馆
35. 湖北省罗田县文化馆
36. 湖北省英山县文化馆
37. 湖北省浠水县文化馆
38. 湖北省麻城市文化馆
39. 湖北省咸宁市咸安区群众艺术馆
40. 湖北省恩施土家族苗族自治州文化馆
41. 湖北省利川市文化馆
42. 湖北省巴东县文化馆
43. 湖北省潜江市群众艺术馆
44. 湖北省天门市群众艺术馆

二级馆(34个)

1. 湖北省武汉市蔡甸区文化馆
2. 湖北省武汉市江夏区文化馆
3. 湖北省武汉市黄陂区文化馆
4. 湖北省武汉市新洲区文化馆
5. 湖北省十堰市郧阳区文化馆
6. 湖北省十堰市郧西县文化馆
7. 湖北省丹江口市文化馆
8. 湖北省宜昌市西陵区文化馆
9. 湖北省宜昌市伍家岗区文化馆
10. 湖北省宜昌市点军区文化馆
11. 湖北省宜昌市猇亭区文化馆
12. 湖北省远安县文化馆
13. 湖北省宜都市文化馆
14. 湖北省枝江市文化馆
15. 湖北省襄阳市群众艺术馆
16. 湖北省襄阳市襄城区文化馆

17. 湖北省襄阳市襄州区文化馆
18. 湖北省保康县文化馆
19. 湖北省老河口市群众艺术馆
20. 湖北省枣阳市文化馆
21. 湖北省宜城市群众艺术馆
22. 湖北省云梦县文化馆
23. 湖北省安陆市文化馆
24. 湖北省荆州市群众艺术馆
25. 湖北省荆州市荆州区文化馆
26. 湖北省公安县文化馆
27. 湖北省蕲春县文化馆
28. 湖北省武穴市文化馆
29. 湖北省嘉鱼县文化馆
30. 湖北省崇阳县文化馆
31. 湖北省赤壁市群众艺术馆
32. 湖北省随州市曾都区群众艺术馆
33. 湖北省咸丰县文化馆
34. 湖北省神农架林区群众艺术馆

三级馆(19 个)

1. 湖北省武汉市东西湖区文化馆
2. 湖北省十堰市茅箭区文化馆
3. 湖北省竹山县文化馆
4. 湖北省竹溪县文化馆
5. 湖北省武当山旅游经济特区文化馆
6. 湖北省襄阳市樊城区文化馆
7. 湖北省鄂州市梁子湖区文化馆
8. 湖北省鄂州市华容区文化馆
9. 湖北省荆门市东宝区文化馆
10. 湖北省荆门市掇刀区文化馆
11. 湖北省荆门市沙洋县文化馆
12. 湖北省孝昌县文化馆
13. 湖北省大悟县文化馆
14. 湖北省汉川市文化馆
15. 湖北省监利县文化馆
16. 湖北省江陵县文化馆
17. 湖北省咸宁市群众艺术馆
18. 湖北省通山县文化馆
19. 湖北省鹤峰县民族文化艺术馆

湖南省(120 个)

一级馆(51 个)

1. 湖南省群众艺术馆
2. 湖南省长沙市群众艺术馆
3. 湖南省长沙市芙蓉区文化馆
4. 湖南省长沙市岳麓区文化馆
5. 湖南省长沙市雨花区文化馆
6. 湖南省长沙市望城区文化馆
7. 湖南省长沙县文化馆
8. 湖南省宁乡县文化馆
9. 湖南省浏阳市文化馆
10. 湖南省株洲市群众艺术馆
11. 湖南省攸县文化馆
12. 湖南省湘潭市群众艺术馆
13. 湖南省湘潭市雨湖区文化馆
14. 湖南省湘潭市岳塘区文化馆
15. 湖南省湘潭县文化馆
16. 湖南省湘乡市文化馆
17. 湖南省衡阳市群众艺术馆
18. 湖南省衡阳市石鼓区文化馆
19. 湖南省衡南县文化馆
20. 湖南省耒阳市文化馆
21. 湖南省常宁市文化馆
22. 湖南省邵阳市文化馆
23. 湖南省邵东县文化馆
24. 湖南省隆回县文化馆
25. 湖南省绥宁县文化馆
26. 湖南省城步苗族自治县文化馆
27. 湖南省武冈市文化馆
28. 湖南省岳阳市群众艺术馆
29. 湖南省岳阳县文化馆
30. 湖南省临湘市文化馆
31. 湖南省常德市文化馆
32. 湖南省桃源县文化馆
33. 湖南省张家界市群众艺术馆
34. 湖南省张家界市永定区文化馆

35. 湖南省慈利县文化馆
36. 湖南省桑植县文化馆
37. 湖南省益阳市赫山区文化馆
38. 湖南省南县文化馆
39. 湖南省桃江县文化馆
40. 湖南省安化县文化馆
41. 湖南省沅江市文化馆
42. 湖南省桂阳县文化馆
43. 湖南省资兴市文化馆
44. 湖南省双牌县文化馆
45. 湖南省宁远县文化馆
46. 湖南省会同县文化馆
47. 湖南省娄底市艺术馆
48. 湖南省娄底市娄星区文化馆
49. 湖南省双峰县文化馆
50. 湖南省泸溪县文化馆
51. 湖南省龙山县文化馆

二级馆(38个)

1. 湖南省长沙市天心区文化馆
2. 湖南省长沙市开福区文化馆
3. 湖南省株洲市石峰区文化馆
4. 湖南省株洲市天元区文化馆
5. 湖南省炎陵县文化馆
6. 湖南省醴陵市文化馆
7. 湖南省衡阳县文化馆
8. 湖南省衡东县文化馆
9. 湖南省祁东县文化馆
10. 湖南省邵阳市双清区文化馆
11. 湖南省邵阳市大祥区文化馆
12. 湖南省邵阳市北塔区文化馆
13. 湖南省新邵县文化馆
14. 湖南省洞口县文化馆
15. 湖南省新宁县文化馆
16. 湖南省岳阳市云溪区文化馆
17. 湖南省平江县文化馆(平江县美术馆)
18. 湖南省常德市武陵区文化馆
19. 湖南省常德市鼎城区文化馆
20. 湖南省张家界市武陵源区文化馆
21. 湖南省郴州市北湖区文化馆
22. 湖南省嘉禾县文化馆
23. 湖南省安仁县文化馆
24. 湖南省祁阳县文化馆
25. 湖南省东安县文化馆
26. 湖南省永州市道县文化馆
27. 湖南省江永县文化馆
28. 湖南省江华瑶族自治县文化馆
29. 湖南省辰溪县文化馆
30. 湖南省芷江侗族自治县文化馆
31. 湖南省靖州苗族侗族自治县文化馆
32. 湖南省通道侗族自治县文化馆
33. 湖南省洪江市文化馆
34. 湖南省涟源市文化馆
35. 湖南省湘西土家族苗族自治州群众艺术馆
36. 湖南省花垣县文化馆
37. 湖南省保靖县文化馆
38. 湖南省永顺县文化馆

三级馆(31个)

1. 湖南省株洲市芦淞区文化馆
2. 湖南省株洲市株洲县文化馆
3. 湖南省茶陵县文化馆
4. 湖南省衡阳市珠晖区文化馆
5. 湖南省衡阳市雁峰区文化馆
6. 湖南省衡阳市南岳区文化艺术馆
7. 湖南省衡山县文化馆
8. 湖南省岳阳市岳阳楼区文化馆
9. 湖南省岳阳市君山区文化馆
10. 湖南省华容县文化馆
11. 湖南省湘阴县文化馆
12. 湖南省汨罗市文化馆
13. 湖南省常德市澧县文化馆
14. 湖南省临澧县文化馆
15. 湖南省益阳市资阳区文化馆
16. 湖南省安化县梅城文化馆

17. 湖南省安化县平口文化馆
18. 湖南省永兴县文化馆
19. 湖南省临武县文化馆
20. 湖南省桂东县文化馆
21. 湖南省永州市群众艺术馆
22. 湖南省永州市零陵区文化馆
23. 湖南省永州市冷水滩区文化馆
24. 湖南省蓝山县文化馆
25. 湖南省新田县文化馆
26. 湖南省中方县文化馆
27. 湖南省溆浦县文化馆
28. 湖南省溆浦县龙潭文化馆
29. 湖南省麻阳苗族自治县文化馆
30. 湖南省新化县文化馆
31. 湖南省凤凰县文化馆

广东省(133个)

一级馆(76个)

1. 广东省广州市文化馆
2. 广东省广州市番禺区文化馆
3. 广东省广州市荔湾区文化馆
4. 广东省广州市黄埔区文化馆
5. 广东省广州市花都区文化馆
6. 广东省广州市越秀区文化馆
7. 广东省广州市南沙区文化馆
8. 广东省广州市海珠区文化馆
9. 广东省广州市天河区文化馆
10. 广东省广州市白云区文化馆
11. 广东省广州市萝岗区文化与博物馆
12. 广东省增城市文化馆
13. 广东省从化市文化馆
14. 广东省始兴县文化馆
15. 广东省乐昌市文化馆
16. 广东省深圳市文化馆
17. 广东省深圳市宝安区群众文化艺术馆
18. 广东省深圳市盐田区文化馆
19. 广东省深圳市龙岗区文化馆
20. 广东省深圳市罗湖区文化馆
21. 广东省深圳市福田区公共文化体育发展中心
22. 广东省深圳市南山区文化馆
23. 广东省珠海市文化馆
24. 广东省珠海市香洲区文化馆
25. 广东省珠海市斗门区文化馆
26. 广东省汕头市文化馆
27. 广东省汕头市龙湖区文化馆
28. 广东省佛山市文化馆
29. 广东省佛山市禅城区文化馆
30. 广东省佛山市南海区文化馆
31. 广东省佛山市顺德区文化艺术发展中心
32. 广东省佛山市三水区文化馆
33. 广东省佛山市高明区文化馆
34. 广东省江门市文化馆
35. 广东省江门市蓬江区文化馆
36. 广东省江门市江海区文化馆
37. 广东省江门市新会区文化馆
38. 广东省台山市文化馆
39. 广东省开平市文化馆
40. 广东省鹤山市文化馆
41. 广东省恩平市文化馆
42. 广东省湛江市霞山区文化馆
43. 广东省茂名市文化馆
44. 广东省肇庆市文化馆
45. 广东省肇庆市端州区文化馆
46. 广东省肇庆市鼎湖区文化馆
47. 广东省广宁县文化馆
48. 广东省怀集县文化馆
49. 广东省封开县文化馆
50. 广东省德庆县文化馆
51. 广东省高要市文化馆
52. 广东省四会市文化馆
53. 广东省惠州市文化馆
54. 广东省惠州市惠城区文化馆
55. 广东省惠州市惠阳区文化馆

56. 广东省博罗县文化馆
57. 广东省惠东县文化馆
58. 广东省龙门县文化馆
59. 广东省梅州市梅县区文化馆
60. 广东省大埔县文化馆
61. 广东省五华县文化馆
62. 广东省河源市文化馆
63. 广东省河源市源城区文化馆
64. 广东省清远市文化馆
65. 广东省清远市清新区文化馆
66. 广东省清远市佛冈县文化馆
67. 广东省连山壮族瑶族自治县文化馆
68. 广东省英德市文化馆
69. 广东省连州市文化馆
70. 广东省东莞市文化馆
71. 广东省中山市文化馆
72. 广东省潮州市文化馆
73. 广东省揭阳市榕城区文化馆
74. 广东省普宁市文化馆
75. 广东省云浮市文化馆
76. 广东省罗定市文化馆

二级馆(**28** 个)

1. 广东省韶关市浈江区文化馆
2. 广东省韶关市曲江区文化馆
3. 广东省仁化县文化馆
4. 广东省翁源县文化馆
5. 广东省南雄市文化馆
6. 广东省珠海市金湾区文化馆
7. 广东省汕头市金平区文化馆
8. 广东省汕头市潮阳区文化馆
9. 广东省汕头市澄海区文化馆
10. 广东省湛江市赤坎区文化馆
11. 广东省廉江市文化馆
12. 广东省雷州市文化馆
13. 广东省吴川市文化馆
14. 广东省电白县文化馆
15. 广东省信宜市文化馆
16. 广东省梅州市文化馆
17. 广东省蕉岭县文化馆
18. 广东省兴宁市文化馆
19. 广东省龙川县文化馆
20. 广东省阳江市文化馆
21. 广东省阳江市阳东区文化馆
22. 广东省阳春市文化馆
23. 广东省清远市清城区文化馆
24. 广东省连南瑶族自治县文化馆
25. 广东省揭东县文化馆
26. 广东省惠来县文化馆
27. 广东省新兴县文化馆
28. 广东省郁南县文化馆

三级馆(**29** 个)

1. 广东省韶关市文化馆
2. 广东省韶关市武江区文化馆
3. 广东省乳源瑶族自治县县文化馆
4. 广东省新丰县文化馆
5. 广东省汕头市濠江区文化馆
6. 广东省汕头市潮南区文化馆
7. 广东省南澳县文化馆
8. 广东省湛江市文化馆
9. 广东省遂溪县文化馆
10. 广东省茂名市茂南区文化馆
11. 广东省高州市文化馆
12. 广东省化州市文化馆
13. 广东省梅州市梅江区文化馆
14. 广东省丰顺县文化馆
15. 广东省平远县文化馆
16. 广东省海丰县文化馆
17. 广东省紫金县文化馆
18. 广东省连平县文化馆
19. 广东省和平县文化馆
20. 广东省东源县文化馆
21. 广东省阳江市江城区文化馆
22. 广东省阳西县文化馆
23. 广东省阳山县文化馆

24. 广东省潮州市湘桥区文化馆
25. 广东省潮州市潮安区文化馆
26. 广东省饶平县文化馆
27. 广东省揭西县文化馆
28. 广东省云浮市云城区文化馆
29. 广东省云安县文化馆

广西壮族自治区(100 个)

一级馆(26 个)

1. 广西壮族自治区群众艺术馆
2. 广西壮族自治区武鸣县文化馆
3. 广西壮族自治区隆安县文化馆
4. 广西壮族自治区宾阳县文化馆
5. 广西壮族自治区柳州市群众艺术馆
6. 广西壮族自治区柳州市鱼峰区文化馆
7. 广西壮族自治区鹿寨县文化馆
8. 广西壮族自治区融水苗族自治县文化馆
9. 广西壮族自治区三江侗族自治县文化馆
10. 广西壮族自治区桂林市叠彩区文化馆
11. 广西壮族自治区桂林市七星区文化馆
12. 广西壮族自治区桂林市临桂区文化馆
13. 广西壮族自治区苍梧县文化馆
14. 广西壮族自治区北海市群众艺术馆
15. 广西壮族自治区防城港市群众艺术馆
16. 广西壮族自治区灵山县文化馆
17. 广西壮族自治区浦北县文化馆
18. 广西壮族自治区玉林市玉州区文化馆
19. 广西壮族自治区容县文化馆
20. 广西壮族自治区北流市文化馆
21. 广西壮族自治区那坡县文化馆
22. 广西壮族自治区贺州市八步区文化馆
23. 广西壮族自治区罗城仫佬族自治县文化馆
24. 广西壮族自治区来宾市群众艺术馆
25. 广西壮族自治区忻城县文化馆
26. 广西壮族自治区武宣县文化馆

二级馆(32 个)

1. 广西壮族自治区横县文化馆
2. 广西壮族自治区柳江县文化馆
3. 广西壮族自治区柳城县文化馆
4. 广西壮族自治区融安县文化馆
5. 广西壮族自治区桂林市群众艺术馆
6. 广西壮族自治区桂林市秀峰区文化馆
7. 广西壮族自治区阳朔县文化馆
8. 广西壮族自治区灵川县文化馆
9. 广西壮族自治区龙胜各族自治县文化馆
10. 广西壮族自治区岑溪市群众艺术馆
11. 广西壮族自治区合浦县文化馆
12. 广西壮族自治区防城港市防城区文化馆
13. 广西壮族自治区上思县文化馆
14. 广西壮族自治区平南县文化馆
15. 广西壮族自治区桂平市文化馆
16. 广西壮族自治区兴业县文化馆
17. 广西壮族自治区西林县文化馆
18. 广西壮族自治区昭平县文化馆
19. 广西壮族自治区钟山县文化馆
20. 广西壮族自治区富川瑶族自治县文化馆
21. 广西壮族自治区南丹县文化馆
22. 广西壮族自治区凤山县文化馆
23. 广西壮族自治区东兰县文化馆
24. 广西壮族自治区环江毛南族自治县文化馆
25. 广西壮族自治区宜州市文化馆
26. 广西壮族自治区来宾市兴宾区文化馆
27. 广西壮族自治区象州县文化馆
28. 广西壮族自治区金秀瑶族自治县文化馆
29. 广西壮族自治区合山市文化馆
30. 广西壮族自治区崇左市群众艺术馆

31. 广西壮族自治区宁明县文化馆
32. 广西壮族自治区大新县文化馆

三级馆（42个）

1. 广西壮族自治区南宁市兴宁区文化馆（广播影视站）
2. 广西壮族自治区南宁市青秀区文化馆
3. 广西壮族自治区南宁市江南区文化馆
4. 广西壮族自治区南宁市西乡塘区文化馆
5. 广西壮族自治区南宁市邕宁区文化馆
6. 广西壮族自治区马山县文化馆
7. 广西壮族自治区上林县文化馆
8. 广西壮族自治区柳州市柳南区文化馆
9. 广西壮族自治区柳州市柳北区文化馆
10. 广西壮族自治区全州县文化馆
11. 广西壮族自治区兴安县文化馆
12. 广西壮族自治区永福县文化馆
13. 广西壮族自治区灌阳县文化馆
14. 广西壮族自治区资源县文化馆
15. 广西壮族自治区平乐县文化馆
16. 广西壮族自治区荔浦县群众艺术馆
17. 广西壮族自治区恭城瑶族自治县文化馆
18. 广西壮族自治区梧州市长洲区文化馆
19. 广西壮族自治区蒙山县文化馆
20. 广西壮族自治区防城港市港口区文化馆
21. 广西壮族自治区东兴市文化馆
22. 广西壮族自治区钦州市群众艺术馆
23. 广西壮族自治区钦州市钦南区文化馆
24. 广西壮族自治区贵港市群众艺术馆
25. 广西壮族自治区玉林市群众艺术馆
26. 广西壮族自治区陆川县文化馆
27. 广西壮族自治区博白县文化馆
28. 广西壮族自治区百色市文化馆
29. 广西壮族自治区田东县文化馆
30. 广西壮族自治区靖西县文化馆
31. 广西壮族自治区凌云县文化馆
32. 广西壮族自治区田林县文化馆
33. 广西壮族自治区隆林各族自治县文化馆
34. 广西壮族自治区天峨县文化馆
35. 广西壮族自治区巴马瑶族自治县文化馆
36. 广西壮族自治区都安瑶族自治县文化馆
37. 广西壮族自治区大化瑶族自治县文化馆
38. 广西壮族自治区崇左市江州区文化馆
39. 广西壮族自治区扶绥县文化馆
40. 广西壮族自治区龙州县文化馆
41. 广西壮族自治区天等县文化馆
42. 广西壮族自治区凭祥市文化馆

海南省（8个）

一级馆（2个）

1. 海南省海口市群众艺术馆
2. 海南省澄迈县文化馆

二级馆（4个）

1. 海南省五指山市文化馆
2. 海南省儋州市文化馆
3. 海南省屯昌县文化馆
4. 海南省白沙黎族自治县文化馆

三级馆（2个）

1. 海南省文昌市文化馆
2. 海南省保亭黎族苗族自治县文化馆

重庆市（39个）

一级馆（31个）

1. 重庆市群众艺术馆
2. 重庆市万州区文化馆
3. 重庆市涪陵区文化馆
4. 重庆市渝中区文化馆
5. 重庆市大渡口区文化馆
6. 重庆市江北区文化馆
7. 重庆市沙坪坝区文化馆

8. 重庆市九龙坡区文化馆
9. 重庆市南岸区文化馆
10. 重庆市北碚区文化馆
11. 重庆市万盛经开区文化馆
12. 重庆市渝北区文化馆
13. 重庆市巴南区文化馆
14. 重庆市长寿区文化馆
15. 重庆市江津区文化馆
16. 重庆市永川区文化馆
17. 重庆市南川区文化馆
18. 重庆市潼南区文化馆
19. 重庆市铜梁区文化馆
20. 重庆市荣昌县文化馆
21. 重庆市梁平县文化馆
22. 重庆市丰都县文化馆
23. 重庆市垫江县文化馆
24. 重庆市武隆县文化馆
25. 重庆市忠县文化馆
26. 重庆市开县文化馆
27. 重庆市云阳县文化馆
28. 重庆市奉节县文化馆
29. 重庆市秀山土家族苗族自治县文化馆
30. 重庆市酉阳土家族苗族自治县文化馆
31. 重庆市彭水苗族土家族自治县文化馆

二级馆(6 个)

1. 重庆市城口县文化馆
2. 重庆市綦江区文化馆
3. 重庆市大足区文化馆
4. 重庆市黔江区民族文化艺术馆
5. 重庆市巫山县文化馆
6. 重庆市巫溪县文化馆

三级馆(2 个)

1. 重庆市双桥经开区文化馆
2. 重庆市石柱土家族自治县文化馆

四川省(149 个)

一级馆(67 个)

1. 四川省文化馆
2. 四川省成都市文化馆
3. 四川省成都市锦江区文化馆
4. 四川省成都市青羊区文化馆
5. 四川省成都市金牛区文化馆
6. 四川省成都市武侯区文化馆
7. 四川省成都市成华区文化馆
8. 四川省成都市温江区文化馆
9. 四川省郫县文化馆
10. 四川省新津县文化馆
11. 四川省都江堰市文化馆
12. 四川省彭州市文化馆
13. 四川省崇州市文化馆
14. 四川省自贡市文化馆
15. 四川省荣县文化馆
16. 四川省富顺县文化馆
17. 四川省米易县文化馆
18. 四川省泸州市文化馆
19. 四川省泸县文化馆
20. 四川省合江县文化馆
21. 四川省德阳市文化馆
22. 四川省德阳市旌阳区文化馆
23. 四川省中江县文化馆
24. 四川省广汉市文化馆
25. 四川省什邡市文化馆
26. 四川省绵竹市文化馆
27. 四川省绵阳市文化馆
28. 四川省绵阳市涪城区文化馆
29. 四川省三台县文化馆
30. 四川省安县文化馆
31. 四川省梓潼县文化馆
32. 四川省江油市文化馆
33. 四川省广元市文化馆
34. 四川省旺苍县文化馆
35. 四川省苍溪县文化馆
36. 四川省遂宁市文化馆
37. 四川省遂宁市安居区文化馆
38. 四川省射洪县文化馆

39. 四川省威远县文化馆
40. 四川省隆昌县文化馆
41. 四川省乐山市文化馆
42. 四川省乐山市五通桥区文化馆
43. 四川省犍为县文化馆
44. 四川省夹江县文化馆
45. 四川省峨眉山市文化馆
46. 四川省南充市高坪区文化馆
47. 四川省南部县文化馆
48. 四川省宜宾市南溪区文化馆
49. 四川省蓬安县文化馆
50. 四川省仪陇县文化馆
51. 四川省仁寿县文化馆
52. 四川省江安县文化馆
53. 四川省筠连县文化馆
54. 四川省广安市文化馆
55. 四川省邻水县文化馆
56. 四川省达州市文化馆
57. 四川省达州市达川区文化馆
58. 四川省大竹县文化馆
59. 四川省万源市文化馆
60. 四川省雅安市文化馆
61. 四川省汉源县文化馆
62. 四川省石棉县文化馆
63. 四川省天全县文化馆
64. 四川省芦山县文化馆
65. 四川省南江县文化馆
66. 四川省安岳县文化馆
67. 四川省简阳市文化馆

二级馆(53 个)

1. 四川省成都市龙泉驿区文化馆
2. 四川省成都市青白江区文化馆
3. 四川省成都市新都区文化馆
4. 四川省双流县文化馆
5. 四川省大邑县文化馆
6. 四川省蒲江县文化馆
7. 四川省邛崃市文化馆
8. 四川省攀枝花市东区文化馆
9. 四川省攀枝花市西区文化馆
10. 四川省盐边县文化馆
11. 四川省泸州市江阳区文化馆
12. 四川省泸州市纳溪区文化馆
13. 四川省泸州市龙马潭区文化馆
14. 四川省叙永县文化馆
15. 四川省古蔺县文化馆
16. 四川省罗江县文化馆
17. 四川省盐亭县文化馆
18. 四川省北川羌族自治县文化馆
19. 四川省平武县文化馆
20. 四川省广元市朝天区文化馆
21. 四川省青川县文化馆
22. 四川省剑阁县文化馆
23. 四川省遂宁市船山区文化馆
24. 四川省蓬溪县文化馆
25. 四川省大英县文化馆
26. 四川省内江市市中区文化馆
27. 四川省乐山市市中区文化馆
28. 四川省乐山市沙湾区文化馆
29. 四川省井研县文化馆
30. 四川省峨边彝族自治县文化馆
31. 四川省南充市顺庆区文化馆
32. 四川省南充市嘉陵区文化馆
33. 四川省西充县文化馆
34. 四川省宜宾县文化馆
35. 四川省珙县文化馆
36. 四川省阆中市文化馆
37. 四川省长宁县文化馆
38. 四川省兴文县文化馆
39. 四川省广安市广安区文化馆
40. 四川省岳池县文化馆
41. 四川省武胜县文化馆
42. 四川省华蓥市文化馆
43. 四川省宣汉县文化馆(宣汉县美术馆)
44. 四川省雅安市雨城区文化馆

45. 四川省宝兴县文化馆
46. 四川省巴中市文化馆
47. 四川省通江县文化馆
48. 四川省平昌县文化馆
49. 四川省资阳市文化馆
50. 四川省资阳市雁江区文化馆
51. 四川省汶川县文化馆
52. 四川省茂县文化馆
53. 四川省西昌市文化馆

三级馆(29 个)

1. 四川省金堂县文化馆
2. 四川省自贡市贡井区文化馆
3. 四川省自贡市大安区文化馆
4. 四川省攀枝花市仁和区文化馆
5. 四川省绵阳市游仙区文化馆
6. 四川省广元市利州区文化馆
7. 四川省内江市文化馆
8. 四川省内江市东兴区文化馆
9. 四川省资中县文化馆
10. 四川省乐山市金口河区文化馆
11. 四川省马边彝族自治县文化馆
12. 四川省南充市文化馆
13. 四川省眉山市文化馆
14. 四川省眉山市东坡区文化馆
15. 四川省洪雅县文化馆
16. 四川省丹棱县文化馆
17. 四川省青神县文化馆
18. 四川省宜宾市文化馆
19. 四川省宜宾市翠屏区文化馆
20. 四川省高县文化馆
21. 四川省达州市通川区文化馆
22. 四川省渠县文化馆
23. 四川省雅安市名山区文化馆
24. 四川省荥经县文化馆
25. 四川省巴中市巴州区文化馆
26. 四川省乐至县文化馆
27. 四川省德昌县文化馆
28. 四川省宁南县文化馆
29. 四川省越西县文化馆

贵州省(90 个)

一级馆(20 个)

1. 贵州省贵阳市群众艺术馆
2. 贵州省息烽县文化馆
3. 贵州省六盘水市钟山区文化馆
4. 贵州省遵义县文化馆
5. 贵州省绥阳县文化馆
6. 贵州省正安县文化馆
7. 贵州省习水县文化馆
8. 贵州省仁怀市文化馆
9. 贵州省普定县文化馆
10. 贵州省大方县文化馆
11. 贵州省思南县文化馆
12. 贵州省松桃苗族自治县文化馆
13. 贵州省贞丰县文化馆
14. 贵州省册亨县文化馆
15. 贵州省镇远县文化馆
16. 贵州省黎平县文化馆
17. 贵州省榕江县文化馆
18. 贵州省都匀市文化馆
19. 贵州省荔波县文化馆
20. 贵州省瓮安县文化馆

二级馆(39 个)

1. 贵州省文化馆
2. 贵州省贵阳市南明区文化馆
3. 贵州省贵阳市云岩区文化馆
4. 贵州省贵阳市乌当区文化馆
5. 贵州省贵阳市白云区文化馆
6. 贵州省开阳县文化馆
7. 贵州省六盘水市六枝特区文化馆
8. 贵州省遵义市文化馆
9. 贵州省遵义市红花岗区文化馆
10. 贵州省道真自治县文化馆
11. 贵州省务川自治县文化馆
12. 贵州省凤冈县文化馆

13. 贵州省湄潭县文化馆
14. 贵州省余庆县文化馆
15. 贵州省金沙县文化馆
16. 贵州省织金县文化馆
17. 贵州省威宁县文化馆
18. 贵州省赫章县文化馆
19. 贵州省铜仁市碧江区文化馆
20. 贵州省铜仁市万山区文化馆
21. 贵州省江口县文化馆
22. 贵州省石阡县文化馆
23. 贵州省印江自治县文化馆
24. 贵州省兴义市文化馆
25. 贵州省兴仁县文化馆
26. 贵州省安龙县文化馆
27. 贵州省凯里市文化馆
28. 贵州省黄平县文化馆
29. 贵州省施秉县文化馆
30. 贵州省三穗县文化馆
31. 贵州省天柱县文化馆
32. 贵州省锦屏县文化馆
33. 贵州省剑河县文化馆
34. 贵州省从江县文化馆
35. 贵州省雷山县文化馆
36. 贵州省麻江县文化馆
37. 贵州省贵定县文化馆
38. 贵州省惠水县文化馆
39. 贵州省三都水族自治县文化馆

三级馆(31个)

1. 贵州省修文县文化馆
2. 贵州省清镇市文化馆
3. 贵州省盘县文化馆
4. 贵州省桐梓县文化馆
5. 贵州省赤水市文化馆
6. 贵州省安顺市文化馆
7. 贵州省平坝县文化馆
8. 贵州省镇宁县文化馆
9. 贵州省关岭县文化馆
10. 贵州省紫云县文化馆
11. 贵州省毕节市文化馆
12. 贵州省毕节市七星关区文化馆
13. 贵州省黔西县文化馆
14. 贵州省纳雍县文化馆
15. 贵州省铜仁市文化馆
16. 贵州省玉屏县侗族自治县文化馆
17. 贵州省德江县文化馆
18. 贵州省沿河土家族自治县文化馆
19. 贵州省黔西南布依族苗族自治州文化馆
20. 贵州省普安县文化馆
21. 贵州省晴隆县文化馆
22. 贵州省望谟县文化馆
23. 贵州省岑巩县文化馆
24. 贵州省台江县文化馆
25. 贵州省丹寨县文化馆
26. 贵州省福泉市文化馆
27. 贵州省独山县文化馆
28. 贵州省平塘县文化馆
29. 贵州省罗甸县文化馆
30. 贵州省长顺县文化馆
31. 贵州省龙里县文化馆

云南省(111个)

一级馆(47个)

1. 云南省文化馆
2. 云南省昆明市文化馆
3. 云南省昆明市五华区文化馆
4. 云南省昆明市官渡区文化馆
5. 云南省昆明市西山区文化馆
6. 云南省昆明市东川区文化馆
7. 云南省曲靖市文化馆
8. 云南省曲靖市麒麟区文化馆
9. 云南省陆良县文化馆
10. 云南省师宗县文化馆
11. 云南省罗平县文化馆
12. 云南省富源县文化馆

13. 云南省宣威市文化馆
14. 云南省玉溪市文化馆
15. 云南省玉溪市红塔区文化馆
16. 云南省通海县文化馆
17. 云南省华宁县文化馆
18. 云南省易门县文化馆
19. 云南省新平彝族傣族自治县文化馆
20. 云南省腾冲县文化馆
21. 云南省昌宁县文化馆
22. 云南省绥江县文化馆
23. 云南省丽江市古城区文化馆
24. 云南省玉龙纳西族自治县文化馆
25. 云南省宁蒗彝族自治县文化馆
26. 云南省普洱市文化馆
27. 云南省楚雄彝族自治州文化馆
28. 云南省楚雄市文化馆
29. 云南省双柏县文化馆
30. 云南省牟定县文化馆
31. 云南省大姚县文化馆
32. 云南省永仁县文化馆
33. 云南省武定县文化馆
34. 云南省禄丰县文化馆
35. 云南省开远市文化馆
36. 云南省弥勒市文化馆
37. 云南省建水县文化馆
38. 云南省石屏县文化馆
39. 云南省泸西县文化馆
40. 云南省大理市大理文化馆
41. 云南省大理市下关文化馆
42. 云南省祥云县文化馆
43. 云南省弥渡县文化馆
44. 云南省德宏州文化馆
45. 云南省芒市文化馆
46. 云南省泸水县文化馆
47. 云南省迪庆藏族自治州文化馆

二级馆(28 个)

1. 云南省石林彝族自治县文化馆
2. 云南省会泽县文化馆
3. 云南省澄江县文化馆
4. 云南省江川县文化馆
5. 云南省保山市隆阳区文化馆
6. 云南省施甸县文化馆
7. 云南省昭通市昭阳区文化馆
8. 云南省水富县文化馆
9. 云南省丽江市文化馆
10. 云南省普洱市思茅区文化馆
11. 云南省景东彝族自治县文化馆
12. 云南省江城哈尼族彝族自治县文化馆
13. 云南省孟连傣族拉祜族佤族自治县文化馆
14. 云南省澜沧拉祜族自治县文化馆
15. 云南省西盟佤族自治县文化馆
16. 云南省云县文化馆
17. 云南省南华县文化馆
18. 云南省姚安县文化馆
19. 云南省元谋县文化馆
20. 云南省红河州哈尼族彝族自治州文化馆
21. 云南省屏边县文化馆
22. 云南省元阳县文化馆
23. 云南省马关县文化馆
24. 云南省勐腊县文化馆
25. 云南省南涧县文化馆
26. 云南省云龙县文化馆
27. 云南省洱源县文化馆
28. 云南省鹤庆县文化馆

三级馆(36 个)

1. 云南省昆明市盘龙区文化馆
2. 云南省昆明市呈贡区文化馆
3. 云南省宜良县文化馆
4. 云南省禄劝县文化馆
5. 云南省寻甸回族彝族自治县文化馆
6. 云南省马龙县文化馆
7. 云南省沾益县文化馆

8. 云南省峨山县文化馆
9. 云南省元江县文化馆
10. 云南省保山市文化馆
11. 云南省龙陵县文化馆
12. 云南省大关县文化馆
13. 云南省宁洱哈尼族彝族自治县文化馆
14. 云南省墨江哈尼族自治县文化馆
15. 云南省景谷傣族彝族自治县文化馆
16. 云南省镇沅彝族哈尼族拉祜族自治县文化馆
17. 云南省临沧市临翔区文化馆
18. 云南省沧源佤族自治县文化馆
19. 云南省个旧市群众艺术馆
20. 云南省红河县文化馆
21. 云南省金平县文化馆
22. 云南省绿春县文化馆
23. 云南省文山壮族苗族自治州文化馆
24. 云南省丘北县文化馆
25. 云南省广南县文化馆
26. 云南省富宁县文化馆
27. 云南省宾川县文化馆
28. 云南省巍山县文化馆
29. 云南省永平县文化馆
30. 云南省剑川县文化馆
31. 云南省畹町经济开发区文化馆
32. 云南省瑞丽市文化馆
33. 云南省梁河县文化馆
34. 云南省盈江县文化馆
35. 云南省贡山独龙族怒族自治县文化馆
36. 云南省嵩明县文化馆

西藏自治区（14个）

一级馆（2个）

1. 西藏自治区群众艺术馆
2. 西藏自治区巴宜区综合文化活动中心

二级馆（2个）

1. 西藏自治区工布江达县综合文化活动中心
2. 西藏自治区米林县综合文化活动中心

三级馆（10个）

1. 西藏自治区琼结县综合文化活动中心
2. 西藏自治区曲松县综合文化活动中心
3. 西藏自治区措美县综合文化活动中心
4. 西藏自治区加查县综合文化活动中心
5. 西藏自治区浪卡子县综合文化中心
6. 西藏自治区乃东县综合文化中心
7. 西藏自治区桑日县综合文化中心
8. 西藏自治区仲巴县综合文化活动中心
9. 西藏自治区萨嘎县综合文化活动中心
10. 西藏自治区墨脱县综合文化活动中心

陕西省（98个）

一级馆（21个）

1. 陕西省艺术馆
2. 陕西省西安市群众艺术馆
3. 陕西省户县文化馆
4. 陕西省高陵县文化馆
5. 陕西省铜川市耀州区文化馆
6. 陕西省宝鸡市群众艺术馆
7. 陕西省乾县文化馆
8. 陕西省渭南市文化艺术中心
9. 陕西省延安市文化艺术中心
10. 陕西省安塞县文化文物馆
11. 陕西省志丹县文化馆
12. 陕西省吴起县文化馆
13. 陕西省宜川县文化馆
14. 陕西省黄陵县文化馆
15. 陕西省宁强县文化馆
16. 陕西省神木县文化馆
17. 陕西省绥德县文化馆
18. 陕西省安康市群众艺术馆
19. 陕西省安康市汉滨区文化馆
20. 陕西省汉阴县文化艺术中心
21. 陕西省柞水县文化馆

二级馆（33个）

1. 陕西省西安市阎良区文化馆

2. 陕西省西安市长安区文化馆
3. 陕西省蓝田县文化馆
4. 陕西省铜川市印台区文化馆
5. 陕西省宝鸡市渭滨区文化馆
6. 陕西省宝鸡市金台区文化馆
7. 陕西省宝鸡市陈仓区文化馆
8. 陕西省岐山县蔡家坡文化馆
9. 陕西省陇县文化馆
10. 陕西省千阳县文化馆
11. 陕西省凤县文化馆
12. 陕西省杨陵区文化馆
13. 陕西省泾阳县文化馆
14. 陕西省彬县文化馆
15. 陕西省旬邑县文化馆
16. 陕西省渭南市临渭区文化馆
17. 陕西省华县文化馆
18. 陕西省大荔县文化馆
19. 陕西省蒲城县文化馆
20. 陕西省富平县文化馆
21. 陕西省汉中市群众艺术馆
22. 陕西省南郑县文化馆
23. 陕西省西乡县文化馆
24. 陕西省镇巴县文化馆
25. 陕西省榆林市榆阳区文化馆
26. 陕西省府谷县文化馆
27. 陕西省定边县文化馆
28. 陕西省石泉县文化馆
29. 陕西省宁陕县文化馆
30. 陕西省紫阳县文化馆
31. 陕西省白河县文化馆
32. 陕西省洛南县群众艺术馆
33. 陕西省山阳县文化馆

三级馆(44 个)

1. 陕西省西安市灞桥区文化馆
2. 陕西省西安市雁塔区文化馆
3. 陕西省西安市临潼区文化馆
4. 陕西省周至县文化馆
5. 陕西省铜川市群众艺术馆
6. 陕西省铜川市王益区文化馆
7. 陕西省宜君县文化馆
8. 陕西省凤翔县文化馆
9. 陕西省岐山县文化馆
10. 陕西省扶风县文化馆
11. 陕西省眉县文化馆
12. 陕西省麟游县文化馆
13. 陕西省太白县文化馆
14. 陕西省咸阳市秦都区文化馆
15. 陕西省三原县文化馆
16. 陕西省礼泉县文化馆
17. 陕西省永寿县文化馆
18. 陕西省长武县文化馆
19. 陕西省淳化县文化馆
20. 陕西省武功县文化馆
21. 陕西省兴平市文化馆
22. 陕西省潼关县文化馆
23. 陕西省澄城县文化馆
24. 陕西省白水县文化馆
25. 陕西省华阴市文化馆
26. 陕西省延安市宝塔区文化馆
27. 陕西省延川县文化文物馆
28. 陕西省子长县文化馆
29. 陕西省富县文化馆
30. 陕西省黄龙县文化馆
31. 陕西省汉中市汉台区文化馆
32. 陕西省城固县文化馆
33. 陕西省洋县文化馆
34. 陕西省勉县文化馆
35. 陕西省略阳县文化馆
36. 陕西省留坝县文化馆
37. 陕西省佛坪县文化馆
38. 陕西省佳县文化馆
39. 陕西省子洲县文化馆
40. 陕西省岚皋县文化馆
41. 陕西省平利县文化馆

42. 陕西省旬阳县文化馆
43. 陕西省商洛市群众艺术馆
44. 陕西省商南县群众艺术馆

甘肃省(76个)

一级馆(12个)

1. 甘肃省兰州市文化馆
2. 甘肃省矿区文化馆
3. 甘肃省金昌市文化馆
4. 甘肃省白银市群众艺术馆
5. 甘肃省张掖市甘州区文化馆
6. 甘肃省高台县文化馆
7. 甘肃省平凉市文化馆
8. 甘肃省平凉市灵台县文化馆
9. 甘肃省华亭县文化馆
10. 甘肃省瓜州县文化馆
11. 甘肃省陇西县文化馆
12. 甘肃省甘南藏族自治州文化馆

二级馆(26个)

1. 甘肃省兰州市安宁区文化馆
2. 甘肃省榆中县文化馆
3. 甘肃省嘉峪关市文化馆
4. 甘肃省永昌县文化馆
5. 甘肃省白银市白银区文化馆
6. 甘肃省会宁县文化馆
7. 甘肃省景泰县文化馆
8. 甘肃省天水市秦州区文化馆
9. 甘肃省武威市文化馆
10. 甘肃省武威市凉州区文化馆
11. 甘肃省张掖市文化馆
12. 甘肃省肃南裕固族自治县文化馆
13. 甘肃省崇信县文化馆
14. 甘肃省庄浪县文化馆
15. 甘肃省静宁县文化馆
16. 甘肃省酒泉市肃州区文化馆
17. 甘肃省敦煌市文化馆
18. 甘肃省华池县文化馆
19. 甘肃省合水县文化馆
20. 甘肃省镇原县文化馆
21. 甘肃省定西市文化馆
22. 甘肃省定西市安定区文化馆
23. 甘肃省通渭县文化馆
24. 甘肃省临洮县文化馆
25. 甘肃省岷县文化馆
26. 甘肃省康县文化馆

三级馆(38个)

1. 甘肃省兰州市红古区文化馆
2. 甘肃省永登县文化馆
3. 甘肃省皋兰县文化馆
4. 甘肃省白银市平川区文化馆
5. 甘肃省靖远县文化馆
6. 甘肃省天水市文化馆
7. 甘肃省天水市麦积区文化馆
8. 甘肃省清水县文化馆
9. 甘肃省秦安县文化馆
10. 甘肃省甘谷县文化馆
11. 甘肃省武山县文化馆
12. 甘肃省张家川县文化馆
13. 甘肃省民勤县文化馆
14. 甘肃省天祝县藏族自治县文化馆
15. 甘肃省民乐县文化馆
16. 甘肃省临泽县文化馆
17. 甘肃省山丹县文化馆
18. 甘肃省酒泉市文化馆
19. 甘肃省金塔县文化馆
20. 甘肃省肃北蒙古族自治县文化馆
21. 甘肃省阿克塞哈萨克族自治县文化馆
22. 甘肃省玉门市文化馆
23. 甘肃省庆阳市西峰区文化馆
24. 甘肃省庆城县文化馆
25. 甘肃省环县文化馆
26. 甘肃省正宁县文化馆
27. 甘肃省渭源县文化馆
28. 甘肃省陇南市文化馆
29. 甘肃省陇南市武都区文化馆

30. 甘肃省文县文化馆
31. 甘肃省宕昌县文化馆
32. 甘肃省西和县文化馆
33. 甘肃省礼县文化馆
34. 甘肃省徽县文化馆
35. 甘肃省永靖县文化馆
36. 甘肃省卓尼县文化馆
37. 甘肃省舟曲县文化馆
38. 甘肃省迭部县文化馆

青海省(10 个)

一级馆(4 个)

1. 青海省文化馆
2. 青海省民和回族土族自治县文化馆
3. 青海省互助土族自治县文化馆
4. 青海省海西蒙古族藏族自治州群众艺术馆

二级馆(1 个)

1. 青海省格尔木市文化馆

三级馆(5 个)

1. 青海省西宁市群众艺术馆
2. 青海省西宁市城西区文化馆
3. 青海省大通回族土自治县文化馆
4. 青海省湟中县文化馆
5. 青海省海晏县文化馆

宁夏回族自治区(26 个)

一级馆(16 个)

1. 宁夏回族自治区文化馆
2. 宁夏回族自治区银川市文化艺术馆
3. 宁夏回族自治区银川市兴庆区文化馆
4. 宁夏回族自治区银川市西夏区文化馆
5. 宁夏回族自治区贺兰县文化馆
6. 宁夏回族自治区灵武市文化馆
7. 宁夏回族自治区石嘴山市文化馆
8. 宁夏回族自治区石嘴山市惠农区文化馆
9. 宁夏回族自治区平罗县文化馆
10. 宁夏回族自治区吴忠市文化馆
11. 宁夏回族自治区盐池县文化馆
12. 宁夏回族自治区青铜峡市文化馆
13. 宁夏回族自治区隆德县文化馆
14. 宁夏回族自治区中卫市文化馆
15. 宁夏回族自治区中宁县文化馆
16. 宁夏回族自治区海原县文化馆

二级馆(10 个)

1. 宁夏回族自治区银川市金凤区文化馆
2. 宁夏回族自治区永宁县文化馆
3. 宁夏回族自治区西吉县文化馆
4. 宁夏回族自治区吴忠市红寺堡区文化馆
5. 宁夏回族自治区石嘴山市大武口区文化馆
6. 宁夏回族自治区同心县文化馆
7. 宁夏回族自治区固原市群众艺术馆
8. 宁夏回族自治区固原市原州区文化馆
9. 宁夏回族自治区泾源县文化馆
10. 宁夏回族自治区彭阳县文化馆

新疆维吾尔自治区(79 个)

一级馆(25 个)

1. 新疆维吾尔自治区文化馆
2. 新疆维吾尔自治区乌鲁木齐市文化馆
3. 新疆维吾尔自治区乌鲁木齐市水磨沟区文化馆
4. 新疆维吾尔自治区乌鲁木齐市米东区文化馆
5. 新疆维吾尔自治区克拉玛依市文化馆
6. 新疆维吾尔自治区克拉玛依市独山子区文化馆
7. 新疆维吾尔自治区克拉玛依市克拉玛依区文化馆
8. 新疆维吾尔自治区克拉玛依市白碱滩区文化馆
9. 新疆维吾尔自治区昌吉回族自治州文化馆
10. 新疆维吾尔自治区阜康市文化馆

11. 新疆维吾尔自治区呼图壁县文化馆
12. 新疆维吾尔自治区玛纳斯县文化馆
13. 新疆维吾尔自治区奇台县文化馆
14. 新疆维吾尔自治区博乐市文化馆
15. 新疆维吾尔自治区库尔勒市文化馆
16. 新疆维吾尔自治区轮台县文化馆
17. 新疆维吾尔自治区和静县东归文化馆
18. 新疆维吾尔自治区伊犁哈萨克自治州文化馆
19. 新疆维吾尔自治区伊宁市文化馆
20. 新疆维吾尔自治区奎屯市文化馆
21. 新疆维吾尔自治区伊宁县文化馆
22. 新疆维吾尔自治区乌苏市文化馆
23. 新疆维吾尔自治区沙湾县文化馆
24. 新疆维吾尔自治区和布克赛尔蒙古自治县文化馆
25. 新疆维吾尔自治区青河县文化馆

二级馆(17 个)

1. 新疆维吾尔自治区鄯善县文化馆
2. 新疆维吾尔自治区昌吉市文化馆
3. 新疆维吾尔自治区吉木萨尔县文化馆
4. 新疆维吾尔自治区尉犁县文化馆
5. 新疆维吾尔自治区若羌县文化馆
6. 新疆维吾尔自治区且末县文化馆
7. 新疆维吾尔自治区库车县文化馆
8. 新疆维吾尔自治区沙雅县文化馆
9. 新疆维吾尔自治区阿瓦提县文化馆
10. 新疆维吾尔自治区喀什市文化馆
11. 新疆维吾尔自治区疏附县文化馆
12. 新疆维吾尔自治区英吉沙县文化馆
13. 新疆维吾尔自治区泽普县文化馆
14. 新疆维吾尔自治区托里县文化馆
15. 新疆维吾尔自治区阿勒泰市文化馆
16. 新疆维吾尔自治区布尔津县文化馆
17. 新疆维吾尔自治区福海县文化馆

三级馆(37 个)

1. 新疆维吾尔自治区乌鲁木齐市天山区文化馆
2. 新疆维吾尔自治区乌鲁木齐市沙依巴克区文化馆
3. 新疆维吾尔自治区乌鲁木齐县文化馆
4. 新疆维吾尔自治区巴里坤哈萨克自治县文化馆
5. 新疆维吾尔自治区伊吾县文化馆
6. 新疆维吾尔自治区木垒哈萨克自治县文化馆
7. 新疆维吾尔自治区精河县文化馆
8. 新疆维吾尔自治区温泉县文化馆
9. 新疆维吾尔自治区巴音郭楞蒙古自治州文化馆
10. 新疆维吾尔自治区焉耆回族自治县文化馆
11. 新疆维吾尔自治区和硕县文化馆
12. 新疆维吾尔自治区博湖县文化馆
13. 新疆维吾尔自治区新和县文化馆
14. 新疆维吾尔自治区拜城县文化馆
15. 新疆维吾尔自治区乌什县文化馆
16. 新疆维吾尔自治区柯坪县文化馆
17. 新疆维吾尔自治区阿图什市文化馆
18. 新疆维吾尔自治区喀什地区文化馆
19. 新疆维吾尔自治区疏勒县文化馆
20. 新疆维吾尔自治区莎车县文化馆
21. 新疆维吾尔自治区叶城县文化馆
22. 新疆维吾尔自治区麦盖提县文化馆
23. 新疆维吾尔自治区岳普湖县文化馆
24. 新疆维吾尔自治区伽师县文化馆
25. 新疆维吾尔自治区巴楚县文化馆
26. 新疆维吾尔自治区和田县文化馆
27. 新疆维吾尔自治区墨玉县文化馆
28. 新疆维吾尔自治区洛浦县文化馆
29. 新疆维吾尔自治区察布查尔锡伯自治县文化馆
30. 新疆维吾尔自治区新源县文化馆
31. 新疆维吾尔自治区特克斯县文化馆

32. 新疆维吾尔自治区塔城市文化馆
33. 新疆维吾尔自治区额敏县文化馆
34. 新疆维吾尔自治区裕民县文化馆
35. 新疆维吾尔自治区富蕴县文化馆
36. 新疆维吾尔自治区哈巴河县文化馆
37. 新疆维吾尔自治区吉木乃县文化馆

新疆生产建设兵团(114 个)

一级馆(13 个)

1. 新疆生产建设兵团一师十二团综合文化活动中心
2. 新疆生产建设兵团二师二十二团综合文化活动中心
3. 新疆生产建设兵团二师二十四团综合文化活动中心
4. 新疆生产建设兵团二师二十七团综合文化活动中心
5. 新疆生产建设兵团二师三十团综合文化活动中心
6. 新疆生产建设兵团二师三十三团综合文化活动中心
7. 新疆生产建设兵团三师四十五团综合文化活动中心
8. 新疆生产建设兵团三师叶城二牧场综合文化活动中心
9. 新疆生产建设兵团五师八十三团综合文化活动中心
10. 新疆生产建设兵团五师八十六团综合文化活动中心
11. 新疆生产建设兵团五师八十九团综合文化活动中心
12. 新疆生产建设兵团十一师四建综合文化活动中心
13. 新疆生产建设兵团十一师六建筑安装工程公司综合文化活动中心

二级馆(23 个)

1. 新疆生产建设兵团一师七团综合文化活动中心
2. 新疆生产建设兵团一师十三团综合文化活动中心
3. 新疆生产建设兵团二师二十一团综合文化活动中心
4. 新疆生产建设兵团二师二十九团综合文化活动中心
5. 新疆生产建设兵团三师四十四团综合文化活动中心
6. 新疆生产建设兵团三师四十八团综合文化活动中心
7. 新疆生产建设兵团三师四十九团综合文化活动中心
8. 新疆生产建设兵团三师五十一团综合文化活动中心
9. 新疆生产建设兵团三师五十三团综合文化活动中心
10. 新疆生产建设兵团三师伽师总场综合文化活动中心
11. 新疆生产建设兵团四师六十二团综合文化活动中心
12. 新疆生产建设兵团四师七十五团综合文化活动中心
13. 新疆生产建设兵团五师文化馆
14. 新疆生产建设兵团五师八十一团综合文化活动中心
15. 新疆生产建设兵团五师八十七团综合文化活动中心
16. 新疆生产建设兵团五师九十团综合文化活动中心
17. 新疆生产建设兵团六师五家渠市文化馆
18. 新疆生产建设兵团六师北塔山牧场综合文化活动中心
19. 新疆生产建设兵团七师一三七团综合文化活动中心
20. 新疆生产建设兵团八师石河子市群众艺术馆

21. 新疆生产建设兵团八师一三六团文化馆
22. 新疆生产建设兵团八师一五〇团综合文化活动中心
23. 新疆生产建设兵团十一师文化馆

三级馆(78 个)

1. 新疆生产建设兵团一师六团团史馆
2. 新疆生产建设兵团一师十六团综合文化活动中心
3. 新疆生产建设兵团二师二十五团综合文化活动中心
4. 新疆生产建设兵团二师三十一团综合文化活动中心
5. 新疆生产建设兵团二师三十四团综合文化活动中心
6. 新疆生产建设兵团二师三十六团综合文化活动中心
7. 新疆生产建设兵团二师二二三团综合文化活动中心
8. 新疆生产建设兵团二师三十七团综合文化活动中心
9. 新疆生产建设兵团三师图木舒克市文化馆
10. 新疆生产建设兵团三师小海子水管处综合文化活动中心
11. 新疆生产建设兵团三师四十一团综合文化活动中心
12. 新疆生产建设兵团三师四十二团综合文化活动中心
13. 新疆生产建设兵团三师五十团综合文化活动中心
14. 新疆生产建设兵团三师东风农场综合文化活动中心
15. 新疆生产建设兵团三师红旗农场综合文化活动中心
16. 新疆生产建设兵团三师前进水管处综合文化活动中心
17. 新疆生产建设兵团第四师文化馆
18. 新疆生产建设兵团四师六十三团综合文化活动中心
19. 新疆生产建设兵团四师六十四团综合文化活动中心
20. 新疆生产建设兵团四师六十七团综合文化活动中心
21. 新疆生产建设兵团四师七十团综合文化活动中心
22. 新疆生产建设兵团四师七十二团综合文化活动中心
23. 新疆生产建设兵团四师七十六团综合文化活动中心
24. 新疆生产建设兵团四师七十八团综合文化活动中心
25. 新疆生产建设兵团五师八十四团综合文化活动中心
26. 新疆生产建设兵团五师八十八团综合文化活动中心
27. 新疆生产建设兵团五师九十一团综合文化活动中心
28. 新疆生产建设兵团五师工程团综合文化活动中心
29. 新疆生产建设兵团六师一〇二团综合文化活动中心
30. 新疆生产建设兵团六师一〇三团蔡家湖镇综合文化活动中心
31. 新疆生产建设兵团六师一〇五团综合文化活动中心
32. 新疆生产建设兵团六师芳草湖农场综合文化活动中心
33. 新疆生产建设兵团六师一〇六团综合文化活动中心
34. 新疆生产建设兵团六师新湖农场综合文化活动中心
35. 新疆生产建设兵团六师军户农场综合文化活动中心

36. 新疆生产建设兵团六师六运湖农场综合文化活动中心
37. 新疆生产建设兵团六师红旗农场综合文化活动中心
38. 新疆生产建设兵团六师奇台农场综合文化活动中心
39. 新疆生产建设兵团七师一二三团综合文化活动中心
40. 新疆生产建设兵团七师一二四团综合文化活动中心
41. 新疆生产建设兵团七师一二五团综合文化活动中心
42. 新疆生产建设兵团七师一二六团综合文化活动中心
43. 新疆生产建设兵团七师一二七团综合文化活动中心
44. 新疆生产建设兵团七师一二八团综合文化活动中心
45. 新疆生产建设兵团七师一二九团综合文化活动中心
46. 新疆生产建设兵团七师一三〇团综合文化活动中心
47. 新疆生产建设兵团七师一三一团综合文化活动中心
48. 新疆生产建设兵团七师奎东农场东晖苑小区综合文化活动中 心
49. 新疆生产建设兵团八师一二一团综合文化活动中心
50. 新疆生产建设兵团八师一三三团工综合文化活动中心
51. 新疆生产建设兵团八师一三四团综合文化活动中心
52. 新疆生产建设兵团八师一四一团文化中心
53. 新疆生产建设兵团八师一四四团综合文化活动中心
54. 新疆生产建设兵团八师石河子市北泉镇综合文化活动中心
55. 新疆生产建设兵团八师一四七团综合文化活动中心
56. 新疆生产建设兵团八师一四八团综合文化活动中心
57. 新疆生产建设兵团八师一五二团综合文化活动中心
58. 新疆生产建设兵团新疆农垦科学院综合文化活动中心
59. 新疆生产建设兵团八师石河子市老街街道综合文化活动中心
60. 新疆生产建设兵团八师石河子市东城街道综合文化活动中心
61. 新疆生产建设兵团八师石河子市向阳街道综合文化活动中心
62. 新疆生产建设兵团八师石河子市新城街道综合文化活动中心
63. 新疆生产建设兵团九师文化馆
64. 新疆生产建设兵团九师一六二团综合文化活动中心
65. 新疆生产建设兵团九师一六三团综合文化活动中心
66. 新疆生产建设兵团九师一六八团综合文化活动中心
67. 新疆生产建设兵团九师一七〇团综合文化活动中心
68. 新疆生产建设兵团十师文化馆
69. 新疆生产建设兵团十师一八三团综合文化活动中心
70. 新疆生产建设兵团十师一八四团综合文化活动中心
71. 新疆生产建设兵团十师一八五团综合文化活动中心
72. 新疆生产建设兵团十师一八六团综合文化活动中心
73. 新疆生产建设兵团十师一八七团综合文化活动中心

74. 新疆生产建设兵团十师一八八团综合文化活动中心
75. 新疆生产建设兵团十三师红星一场综合文化活动中心
76. 新疆生产建设兵团十四师皮山农场综合文化活动中心
77. 新疆生产建设兵团十一师一建综合文化活动中心
78. 新疆生产建设兵团十一师北新路桥集团综合文化馆

文化部　财政部关于公布第二批国家公共文化服务体系示范区(项目)名单的通知

文公共发〔2016〕27 号

各省、自治区、直辖市文化厅(局)、财政厅(局),新疆生产建设兵团文化广播电视局、财务局:

根据文化部、财政部《关于开展第二批国家公共文化服务体系示范区(项目)验收工作的通知》(文公共函〔2016〕75 号)要求,2016 年 1 月至 5 月,文化部、财政部组织开展了第二批国家公共文化服务体系示范区(项目)验收工作。经验收、公示等环节,并报国家公共文化服务体系示范区(项目)创建工作领导小组同意,确定将北京市东城区等 32 个城市列入第二批国家公共文化服务体系示范区名单,北京市海淀区"高新技术企业园区构建公共文化服务长效机制研究"等 57 个项目列入第二批国家公共文化服务体系示范项目名单。现将上述名单予以公布(详见附件)。

请各省(区、市)、新疆生产建设兵团文化、财政行政部门和示范区城市人民政府认真总结创建经验,扎实推进后续建设工作,充分发挥示范区(项目)的典型示范带动作用,不断推动当地公共文化服务体系科学发展,使人民群众共享文化发展成果。

特此通知。

附件:1. 第二批国家公共文化服务体系示范区名单

2. 第二批国家公共文化服务体系示范项目名单

文化部　财政部

2016 年 10 月 11 日

附件 1

第二批国家公共文化服务体系示范区名单

（按行政区划排序）

序号	示范区名称
1	北京市东城区
2	天津市河西区
3	河北省廊坊市
4	山西省朔州市
5	内蒙古自治区包头市
6	辽宁省沈阳市沈河区
7	吉林省延边朝鲜族自治州
8	黑龙江省哈尔滨市南岗区
9	上海市浦东新区
10	江苏省无锡市
11	浙江省嘉兴市
12	安徽省安庆市
13	福建省三明市
14	江西省新余市
15	山东省烟台市
16	河南省洛阳市
17	湖北省襄阳市
18	湖南省岳阳市
19	广东省深圳市福田区
20	海南省保亭黎族苗族自治县
21	广西壮族自治区玉林市
22	重庆市北碚区
23	四川省南充市
24	贵州省贵阳市
25	云南省楚雄彝族自治州
26	西藏自治区山南市
27	陕西省渭南市
28	甘肃省张掖市
29	青海省西宁市
30	宁夏回族自治区石嘴山市
31	新疆维吾尔自治区克拉玛依市
32	新疆生产建设兵团农八师（石河子市）

附件2

第二批国家公共文化服务体系示范项目名单

（按行政区划排序）

序号	省份	示范项目名称
1	北京市	海淀区“高新技术企业园区构建公共文化服务长效机制研究”
2		延庆区村级群众文化组织员建设工程
3	天津市	宝坻区“挖掘传统文化资源　促进公共文化发展”项目
4	河北省	张家口市张北县城乡文艺演出服务体系项目
5		石家庄市井陉县文化广场项目
6	山西省	晋中市民办文化扶持引导与规范管理项目
7		大同市“红领巾艺术团再建设”项目
8	内蒙古自治区	乌海市“书法五进”项目
9		兴安盟乌兰浩特市少数民族地区公共文化产品供给机制建设
10	辽宁省	丹东市“打造具有地域特色的传统节日文化”项目
11		本溪市群众文化“双进双建”项目
12	吉林省	吉林市松花江河灯文化节
13		白城市“歌舞鹤乡　放飞梦想”群众文化系列活动
14	黑龙江省	黑河市北安红色文化系列活动
15		哈尔滨市阿城区版画艺术园区项目
16	上海市	松江区万部图书、千场电影、百场文艺下农村、进社区、到工地、入军营
17		普陀区苏州河文化品牌打造
18	江苏省	南京市文化惠民“百千万工程”
19		常州市电视图书馆项目
20	浙江省	杭州市余杭区乡镇综合文化站服务效能提升工程
21		绍兴市电视图书馆绍兴模式
22	安徽省	宣城市村级文化广场建设
23		蚌埠市“花鼓灯”特色文化建设
24	福建省	福州市激情广场大家唱活动
25	江西省	九江市文化亲民“八个一”工程
26		吉安市农村文化“星火”工程
27	山东省	淄博市张店文化协管员项目
28		济宁市“政府搭台，百姓听戏，激情广场大家唱”文化惠民工程

29	河南省	信阳市“关爱留守儿童:信阳市平桥区农村公共图书馆一体化建设”
30		漯河市“幸福漯河健康舞”项目
31	湖北省	孝感市楚剧展演活动
32		黄冈市“激情新黄冈,欢乐大舞台”东坡广场大型文化活动
33	湖南省	郴州市东江旅游摄影艺术惠民公益平台建设
34		株洲市“乡村大舞台”文化服务点项目
35	广东省	广州市越秀区“中心城区公共文化服务体系创新工程”
36		惠州市文化惠民卡制度
37	海南省	琼中黎族苗族自治县乡村大舞台项目
38		三亚市城市休闲娱乐文化广场项目
39	广西壮族自治区	柳州市“鱼峰歌圩”建设项目
40		桂林市临桂五通农民画引领文化致富模式
41	重庆市	南岸区社区图书馆标准化服务项目
42		九龙坡区企业共建共享公共文化服务项目
43	四川省	达州市全国新农村文化艺术展演平台建设项目
44		乐山市“文瀚嘉州·百姓直通车”项目
45	贵州省	黔南布依族苗族自治州“幸福进万家——文化精品乡村行”
46		六盘水市公共文化服务机构的队伍拓展模式
47	云南省	昭通市“送文化百千万工程”
48		红河哈尼族彝族自治州“开远自然村四位一体阵地建设工程”
49	西藏自治区	江孜县基层群众自办文艺团队建设
50		昌都市公共图书馆服务拓展与创新项目
51	陕西省	安康市“汉剧兴市”创新公共文化服务体系建设
52		西安市高陵公共文化服务“110”示范项目
53	甘肃省	定西市“百姓舞台”机制建设
54		酒泉市“图书漂流志愿服务活动”
55	宁夏回族自治区	吴忠市公共文化服务进慈善产业园区
56	新疆维吾尔自治区	巴音郭楞蒙古自治州“幸福家园·特阅服务”公共图书阅览及文化信息共享服务
57	新疆生产建设兵团	第六师文化信息资源共享工程“进连入户”

文化部　新闻出版广电总局　体育总局　发展改革委　财政部关于印发《关于推进县级文化馆图书馆总分馆制建设的指导意见》的通知

文公共发〔2016〕38 号

各省、自治区、直辖市文化厅(局)、新闻出版广电局、体育局、发展改革委、财政厅(局),新疆生产建设兵团文化广播电视局、新闻出版局、体育局、发展改革委、财务局:

经国务院同意,现将《关于推进县级文化馆图书馆总分馆制建设的指导意见》印发给你们,请结合实际认真贯彻执行。

特此通知。

文化部　新闻出版广电总局　体育总局

发展改革委　财政部

2016 年 12 月 29 日

关于推进县级文化馆图书馆总分馆制建设的指导意见

推进以县级文化馆、图书馆为中心的总分馆制建设，是构建现代公共文化服务体系的重要任务，对于有效整合公共文化资源、提高公共文化服务效能、促进优质资源向基层倾斜和延伸具有重要的推动作用。近年来，地方各级人民政府和有关部门加大政策支持和资金投入力度，文化馆（站）、公共图书馆（室）设施网络不断完善，服务条件显著改善，但仍存在县级馆服务能力不强、县域内公共文化资源缺乏整合、城乡公共文化服务发展不均衡等突出问题。为推进县域公共文化资源共建共享和服务效能提升，促进县级文化馆、图书馆总分馆制建设，经国务院同意，现提出如下意见。

一、指导思想

全面贯彻落实党的十八大和十八届三中、四中、五中、六中全会精神，深入贯彻习近平总书记系列重要讲话精神和治国理政新理念新思想新战略，认真落实党中央、国务院决策部署，坚持以社会主义核心价值观为引领，坚持以人民为中心，以县为基本单位，以乡村为重点，以统筹发展、提高效能、促进均等为原则，推动具备条件的地方因地制宜推进县级文化馆、图书馆总分馆制建设，发挥县级总馆在县域公共文化建设中的中枢作用，通过分馆把优质公共文化服务延伸到基层农村，增加公共文化产品和服务供给，为更好地满足广大群众基本文化需求创造良好条件，提供有力保障。

二、基本原则

政府主导，统筹实施。发挥县级人民政府在总分馆制建设规划、组织和推进方面的统筹作用，优化县域公共文化资源配置，完善配套措施，鼓励社会参与，确保有序推进。

改革创新，提升效能。围绕建、管、用等关键环节，创新管理体制和运行机制，实现文化资源在县域内联动共享，做到物尽其用、人尽其才，发挥整体优势，提升综合效益。

强化基层，促进均等。以乡村两级为重点，以需求为导向，促进公共文化资源向基层特别是农村倾斜，增加基层公共文化资源总量，保障城乡群众普遍均等地享有基本公共文化服务。

实事求是，分类推进。坚持因地制宜、试点先行，根据东中西地区实际，稳步推进、分类指导，及时总结建设经验，发挥典型示范作用，探索具有不同区域特点的总分馆制。

三、工作目标

到2020年，全国具备条件的地区因地制宜建立起上下联通、服务优质、有效覆盖的县级文化馆、图书馆总分馆制，广大基层群众享受的基本公共文化服务内容更加丰富，途径更加便捷，质量显著提升，均等化水平稳步提高。

四、主要措施

（一）把总分馆制建设纳入现代公共文化服务体系。坚持政府主导，科学规划，由省级文化行政部门牵头，有关部门参与，统筹制定本地实施方案和建设规划，由县级人民政府具体组织实施。各地根据实际，综合考虑当地经济社会发展水平、自然条件、人口分布和文化基础等因素，合理确定总分馆的布局、规模和标准。已经实施总分馆制的地方，重在总结经验、完善制度和宣传推广；尚未实施但具备条件的地方，要借鉴成功经验，坚持试点先行，积极探索和选择适合本地实际的总分馆建设模式；暂不具备建设条件的地方，要采取有力措施，尽快达到建设总分馆制的基本要求。

（二）明确功能与运行机制。通过县级文化馆总分馆制，整合县域内群众文化艺术资源，加强对县域内文化活动、文艺创作、文艺辅导、送戏下乡、队伍培训以及演出器材设备调配等方面的统筹。通过县级图书馆总分馆制，整合县域内的公共阅读资源，实行总馆主导下的文献资源统一采购、统一编目、统一配送、通借通还和人员的统一培训。总馆对分馆的管理重在业务指导和资源调配。分馆按照总馆的工作安排和服务标准，面向基层群众提供与总馆水平相当的基本服务。有条件的地方可以探索总馆统一管理或参与管理各分馆人财物。

（三）因地制宜推进总分馆制建设。根据地方实际情况，在试点的基础上积极稳妥推进，主要依托县级文化馆、图书馆和乡镇（街道）综合文化站、村（社区）综合性文化服务中心等进行建设，符合条件的县级馆为总馆，在乡村两级基层综合性文化服务中心设置分馆。推动农家书屋与县级图书馆资源整合和互联互通，符合条件的农家书屋成为图书馆分馆。没有成为分馆的其他基层公共文化设施可以设立基层服务点，作为总分馆服务的补充和延伸。

（四）创新服务方式和手段。总馆和分馆要积极畅通群众文化需求反馈渠道，采取“订单”服务方式，实现供需有效对接。充分发挥互联网等现代信息技术优势，利用国家公共数字文化工程和资源，打造县域公共数字文化服务平台。充分利用流动舞台车、流动图书车等设施和手段，广泛开展流动文化服务，扩大公共文化服务的有效覆盖。

（五）引导社会力量参与总分馆制建设。鼓励具备条件的学校、科研机构、企业等的图书馆（室）、职工书屋、文化室等根据自身职能特点，在自愿原则下成为县级文化馆或图书馆的分馆。鼓励符合条件、具有资质的上网服务场所成为总分馆的基层服务点。鼓励企业、社会组织和其他社会力量，通过直接投资、赞助活动、提供产品和服务，以及采取公益创投、公益众筹等方式，依法依规有序参与总分馆制建设。有条件的地方可探索引入社会专业机构，采取委托管理或连锁运营的方式，通过专业化服务、科学化管理，做好总分馆日常管理运行。大力推进文化志愿服务，动员社会专业人士参与总分馆制管理运行。

（六）进一步健全城乡基层公共文化设施网络。按照填平补齐原则，继续推进县、乡、村三级公共文化设施网络建设。没有县级文化馆、图书馆或设施未达标的县级人民政府，根据实际需要进行必要的新建或改扩建，鼓励充分利用现有设施和资源进行改造。基层综合性文化服务中心建设和运营管理，要主动纳入县级文化馆、图书馆总分馆制统筹推进，优化资源配置，提高服务效能，推动县域内公共文化设施实现有效联通和全覆盖。

五、组织保障

（一）明确工作责任。各地要把建立县级文化馆、图书馆总分馆制作为加快构建现代公共文化服务体系的重要内容，纳入政府重要议事日程，明确时间表、路线图，加快推进实施。各级文化行政部门要加强与有关部门的统筹协调，推动工作开展，形成工作合力。各有关部门要积极配合，加强基层文化资源的共建共享。省级和设区的市级文化馆、图书馆要大力支持县级文化馆、图书馆总分馆制建设，加强业务指导。

（二）提供投入保障。各地要对本地区基本的公共文化设施建设给予支持，完善设施网络，为实施总分馆制提供必要的基础设施条件。地方各级财政部门要通过现有资金渠道，为总分馆制建设和运营中属于公共财政支持范围的事项提供必要的资金支持。鼓励县级文化馆、图书馆总馆在符合有关规定前提下，统筹利用有关资金渠道，按照规划目标统一采购、调配资源。各省（区、市）要对率先开展试点工作并取得积极成果的县（市、区）给予一定支持。

（三）加强队伍建设。各有关部门要在现有编制总量内，落实《国家基本公共文化服务指导标准》（2015—2020年）规定的乡镇（街道）综合文化站编制政策。根据总分馆的规模、服务人口和服务方式，统筹总馆、分馆的人员配置。加强对总分馆工作人员的培训、考核、管理。有条件的地区可通过政府购买服务方式，解决总分馆人员不足的问题。

（四）完善评估机制。地方各级人民政府要把县级文化馆、图书馆总分馆制建设情况纳入公共文化服务考核指标。县级文化行政部门负责对本县总分馆制建设和运行情况进行日常评估和考核，并积极推动考核结果与相关单位预算安排、收入分配和负责人奖惩挂钩。有条件的地方可引入第三方对总分馆服务效能开展公众满意度测评。

非物质文化遗产保护

文化部办公厅关于公布2016年度中国非物质文化遗产传承人群研修研习培训计划首批参与院校名单的通知

特急　办非遗函〔2016〕14号

各省、自治区、直辖市文化厅(局),新疆生产建设兵团文化广播电视局:

根据《文化部办公厅　教育部办公厅关于实施中国非物质文化遗产传承人群研修研习培训计划的通知》(办非遗函〔2015〕581号),经与教育部协商,现将2016年度中国非物质文化遗产传承人群研修研习培训计划首批参与院校名单(详见附件)予以公布,并就有关事项通知如下:

一、研修研习培训计划是培养非遗传承人才、全面提高非遗保护传承水平的重要举措。各地要充分认识研修研习培训计划的重要意义,明确专人负责,加强协调合作,形成各司其职、各尽其责、密切配合、共同推进的工作机制。

二、研修研习培训计划是非遗保护的常态化工作。各省(区、市)文化厅(局)应结合各地实际条件,制定本省(区、市)非遗传承人群培训计划,并争取将培训工作经费纳入本级财政预算。

三、研修研习培训计划采取"动态管理、试点先行"的管理模式。首次参与研修研习培训计划的高校需开展一次试点培训。各省(区、市)文化厅(局)应商本地教育行政部门,组织相关高校尽快完善试点培训工作方案并报文化部审核,同时组织学员报名,在一季度启动试点培训。

特此通知。

附件:2016年度中国非物质文化遗产传承人群研修研习培训计划首批参与院校名单(57所)

文化部办公厅

2016年1月14日

附件

2016年度中国非物质文化遗产传承人群研修研习培训计划首批参与院校名单

（57所，按学校代码排序）

清华大学
北京工业大学
北京服装学院
北京建筑大学
中央美术学院
中央民族大学
天津工业大学
天津美术学院
山西大学
内蒙古农业大学
沈阳师范大学
东北师范大学
黑龙江民族职业学院
同济大学
东华大学
华东师范大学
上海戏剧学院
上海大学
上海视觉艺术学院
上海工艺美术职业学院
江南大学
南京艺术学院
苏州工艺美术职业技术学院
南京旅游职业学院
浙江师范大学
中国美术学院
浙江艺术职业学院
中国科学技术大学
福建师范大学
福建艺术职业学院
景德镇陶瓷学院
山东艺术学院
山东工艺美术学院
郑州轻工业学院
中南民族大学
湖南工艺美术职业学院
广州美术学院
广州大学
海南热带海洋学院
广西民族大学
四川美术学院
重庆文化艺术职业学院
四川大学
西南民族大学
成都纺织高等专科学校
凯里学院
黔东南民族职业技术学院
云南艺术学院
西藏大学
陕西师范大学
西北民族大学
青海师范大学
青海民族大学
宁夏艺术职业学院
新疆大学
新疆师范大学
石河子大学

文化部办公厅关于2016年文化遗产日前后开展非物质文化遗产宣传展示活动的通知

办非遗函〔2016〕188号

各省、自治区、直辖市文化厅(局),新疆生产建设兵团文化广播电视局,各计划单列市文化局:

2016年6月11日是我国第11个文化遗产日,2016年是我国非物质文化遗产法颁布实施5周年。党的十八届五中全会提出“构建中华优秀传统文化传承体系,加强文化遗产保护,振兴传统工艺”,是对非物质文化遗产(以下简称非遗)保护工作提出的新要求。为在全社会加强非遗保护工作宣传,倡导非遗保护理念,提高全民参与意识,营造良好社会氛围,2016年文化遗产日前后,我们将在全国范围开展丰富多彩的宣传普及活动。现就有关事项通知如下:

一、主题

加强文化遗产保护　振兴传统工艺

二、主要活动

(一)启动传统工艺大赛

为做好第四届中国非遗博览会“传统工艺大赛”展示的筹备工作,在文化遗产日期间启动相应项目的全国选拔、选送活动。具体为:剪纸、竹编、刺绣、陶瓷手工成型、砖石雕刻、草柳藤编织、泥塑、面塑项目。同时,在上海(剪纸)、四川成都(竹编、刺绣)、江西景德镇(陶瓷手工成型)、甘肃敦煌(砖石雕刻)启动相应项目的比赛程序(具体参赛方式另见举办地通知)。

(二)参与“中国非遗传承人群研修研习培训计划”(以下简称“研培计划”)的高校回访受训学员

为促进高校与非遗项目源头地区的交流与合作,提倡研培计划的参与高校积极回访受训学员,考察研培成果,总结研培经验,延展支持措施,文化遗产日期间,在青海果洛开展传统工艺工作站揭牌暨回访倡议活动。

时间:2016年6月13日

地点:青海果洛藏族自治州

(三)中泰手工艺交流活动

为促进中泰传统手工艺研发、制作、推广等方面的交流与合作,举办中泰手工艺交流活动。

时间:2016年6月11日

地点:苏州丝绸博物馆

(四)传统工艺专家巡讲活动

为完善研培计划体系,更有针对性地支持不同区域内不同项目有效提升,文化部将组织非遗项目代表性传承人,设计、管理人员组成的专家团队在传统工艺项目所在地进行辅导式巡讲。

第一支巡讲团队工作时间:6月11日

地点:新疆维吾尔自治区哈密市

(五)京津冀非遗联展

北京市文化局、天津市文化广播影视局和河北省文化厅将于本次文化遗产日期间,共同主办第二届京津冀非遗联展。

时间:2016年6月8日—6月12日

地点:天津市美术馆

(六)国家图书馆非遗讲座月

国家图书馆将围绕非物质文化遗产法颁布实施5周年,以振兴传统工艺为主题开展为期1个月的普及讲座活动。

时间:2016年6月11日—7月23日

地点:国家图书馆

三、倡议因地制宜开展以下活动

(一)开展非遗项目的展示、展演活动。

(二)开展非物质文化遗产法、地方非遗保护条例的宣传活动。

(三)利用电视、电台、报刊、网络等媒体在文化遗产日期间进行专题宣传。

(四)开展非遗进校园、进社区,组织非遗专题讲座、竞赛等知识普及活动。

四、有关要求

各地文化行政部门要严格落实中央八项规定要求,突出主题,讲实际、重实效,严禁铺张浪费;认真落实各项安全保卫措施,确保活动安全顺利开展。

各省(区、市)文化厅(局)、各计划单列市文化局于2016年5月27日前将本省(区、市)"文化遗产日"非遗宣传展示活动情况汇总(要求见附件)报送至文化部非物质文化遗产司,文化部将在"文化遗产日"专题新闻发布会中统一发布。活动结束后,各省(区、市)将文化遗产日活动情况、亮点和经验反馈至文化部非物质文化遗产司。

联系电话:010-59882033

电子邮箱:fysglc@mcprc.gov.cn

特此通知。

附件:"文化遗产日"前后非遗宣传展示活动情况表

文化部办公厅

2016年5月20日

附件

“文化遗产日”前后非遗宣传展示活动情况表

序号	名称	时间	举办地点	主要内容	参与人数	涉及区域
1						
2						
……						

注:1. “主要内容”应简洁,字数控制在 100 字左右;

2. 请于2016 年5 月27 日前,以省(区、市)为单位报送至文化部非物质文化遗产司管理处(电子邮箱:fysglc@ mcprc. gov. cn);

3. 此表可扩展。

文化部办公厅关于加大对非遗代表性传承人开展传习活动支持力度、落实好传习补助经费的通知

办非遗函〔2016〕202号

各省、自治区、直辖市文化厅(局),新疆生产建设兵团文化广播电视局,各计划单列市文化局:

自2016年起,中央财政将每位国家级非遗代表性传承人的传习活动补助经费由每年1万元提高至2万元,充分体现国家对非遗保护工作的重视及对非遗传承人的关心和爱护,将进一步调动国家级非遗代表性传承人开展传习活动的积极性。为进一步加大对非遗代表性传承人开展传习活动的支持力度,落实好传习补助经费,现就有关事项通知如下:

一、加大对各级非遗代表性传承人开展传习活动的支持力度

各地文化行政部门要指导和支持各级非遗代表性传承人开展多种形式的传习活动,指导和支持各级代表性传承人参与中国非遗传承人群研修研习培训计划,鼓励代表性传承人为传承人群授课,鼓励代表性传承人选送徒弟参与研修、研习和培训;指导和鼓励代表性传承人加强与非遗项目所在社区的互动交流,有条件的可以组织开展辅导式巡讲培训活动;为代表性传承人提供必要的传承场所,搭建参与宣传展示和交流活动的平台,并为传承人收集、整理和出版有关技艺资料提供帮助。

各地文化行政部门要积极争取本级财政的支持,相应提高省级及省级以下的非遗代表性传承人传习经费补助标准,切实解决代表性传承人开展传习活动面临的现实困难,为传习活动提供有力保障。

二、确保非遗代表性传承人传习活动补助经费足额发放到人

中央财政每年将国家级非遗代表性传承人传习活动补助经费直接发放至代表性传承人个人银行账户。对省级及省级以下非遗代表性传承人传习活动补助经费,各地文化行政部门要与本级财政部门沟通,借鉴或参照国家级非遗代表性传承人传习活动补助经费的发放方式,确保传习活动补助经费足额发放到人,不得中途截留,不得挪作他用。

三、指导各级非遗代表性传承人用好传习活动补助经费

各地文化行政部门要根据《国家非物质文化遗产保护专项资金管理办法》等相关规定,与各级非遗代表性传承人签订传承目标协议,指导代表性传承人用好传习活动补助经费,如购置传习活动必需的乐器、道具、工具、材料,传习场所租赁、运营,带徒传艺补贴等。

各级非遗代表性传承人要增强保护传承非遗代表性项目的责任意识,切实履行传承义务,为传承弘扬中华优秀传统文化作出贡献。

特此通知。

文化部办公厅

2016年6月1日

文化部办公厅关于开展非物质文化遗产法贯彻落实情况检查工作的通知

办非遗函〔2016〕224 号

各省、自治区、直辖市文化厅(局),新疆生产建设兵团文化广播电视局:

2011 年 6 月 1 日,非物质文化遗产法正式实施。为督促各方切实履行非物质文化遗产保护法律责任,进一步掌握法律实施 5 年来依法保护非物质文化遗产的现状,总结有效做法和经验,发现和解决存在的突出问题,我部将开展非物质文化遗产法贯彻落实情况检查工作。现将有关情况通知如下:

一、检查内容

(一)学习、宣传非物质文化遗产法情况;

(二)出台非物质文化遗产法配套法规情况;

(三)将非物质文化遗产保护、保存工作纳入本级国民经济和社会发展规划,并将保护、保存经费列入本级财政预算情况;

(四)开展非物质文化遗产调查,建立非物质文化遗产档案及相关数据库情况;

(五)建立非物质文化遗产代表性项目名录及开展保护情况;

(六)认定非物质文化遗产代表性传承人及支持其开展传承、传播活动情况;

(七)设立非物质文化遗产展示传承场所情况。

二、检查方式及安排

本次检查工作采取地方自查与文化部委托评估相结合的方式。省级文化行政部门参照文化部检查重点制定本地区的自查方案,对本地区贯彻落实情况进行自查,并逐条对照检查内容报送自查报告(3000 字左右)。文化部在各地自查的基础上,委托中国非物质文化遗产保护中心开展评估,并组织人员到部分省(区、市)进行实地检查。具体安排如下:

(一)自查阶段(6 月至 8 月)

各省级文化行政部门制定自查方案,组织部署自查工作,撰写本省自查报告并向社会公布。8 月 31 日前,将本省自查报告、向社会公布情况、4 个保护成效突出的国家级非物质文化遗产代表性项目保护经验交流材料报送文化部。

(二)评估抽查阶段(9 月至 10 月)

文化部委托中国非物质文化遗产保护中心开展评估,并根据实际情况组成检查组对部分省份进行实地检查,通过现场查看、走访传承人、查阅资料、召开座谈会等方式检查实际情况。

(三)总结阶段(11 月至 12 月)

总结检查工作,形成报告,向社会公布,并向各省通报。

三、工作要求

请各省级文化行政部门高度重视,切实做好组织工作。自查过程要认真细致,严禁走过场或弄虚作假。各地要按时上报自查报告及相关材料。所有材料均以书面及电子邮件方式报送文化部非物质文化遗产司，书面文件需加盖本单位公章。

材料报送地址：

北京市东城区朝阳门北大街10号（邮编100020）

文化部非物质文化遗产司办公室

联系人：李晓松、杨晓辉

电子邮箱：feiyisi1108@sina.com

电　　话：010－59881348、59881108

特此通知。

附件：1. 非物质文化遗产法配套法规情况统计表

2. 非物质文化遗产保护工作基本情况统计表

3. 工作机构情况统计表

文化部办公厅

2016年6月13日

附件 1

非物质文化遗产法配套法规情况统计表

填报单位：　　　　　　（盖章）

序号	法规名称	发布机关	发布时间	备注

说明：本表填写经地方人大通过的省、市、县非物质文化遗产保护条例。条例原文电子版请发送至文化部非物质文化遗产司邮箱(feiyisi1108@ sina. com)。

附件 2

非物质文化遗产保护工作基本情况统计表

填报单位：　　　　　　（盖章）

省级代表性项目数量	省级代表性传承人		资金投入（万元）								非遗展示传承场所（个）		
			省级财政				市级财政		县级财政				
	总数	其中：已去世人数	累计投入	2015 年投入	补助国家级代表性传承人传习补助经费（每人每年）	补助省级代表性传承人传习补助经费（每人每年）	累计投入	2015 年投入	累计投入	2015 年投入	省级	市级	县级

说明：1. “累计投入”指从 2011 年至 2015 年底的非遗保护专项经费。

2. 省级代表性项目数量包括本省已入选国家级名录的项目，省级代表性传承人人数包括已入选国家级的代表性传承人。

3. 非遗展示传承场所只统计有各级财政支持的场所。

附件 3

工作机构情况统计表

填报单位：　　　　　　（盖章）

	非遗处(科)		非遗中心	
	独立(数量)	挂牌(数量)	独立(数量)	挂牌(数量)
省级				
市级				
县级				

说明:“独立”指成立了单独机构从事非遗管理工作,“挂牌”指挂靠在现有一个单位,加挂了非遗处(科)或非遗中心标牌。

科技部　文化部　国家文物局关于印发《国家“十三五”文化遗产保护与公共文化服务科技创新规划》的通知

国科发社〔2016〕374号

各省、自治区、直辖市、计划单列市及新疆生产建设兵团科技厅(委、局)、文化厅(局)、文物局,各有关单位:

为贯彻落实《国家创新驱动发展战略纲要》《“十三五”国家科技创新规划》《国务院关于进一步加强文物工作的指导意见》和《关于加快构建现代公共文化服务体系的意见》,明确“十三五”时期文化遗产保护与公共文化服务科技创新的总体思路、发展目标、主要任务和重大举措,加强文化遗产保护与传承,提升公共文化服务能力,科技部、文化部、国家文物局联合制定了《国家“十三五”文化遗产保护与公共文化服务科技创新规划》,现印发你们,请结合本部门、本地区的实际情况贯彻落实。

科技部　文化部　国家文物局

2016年12月7日

文化市场

中共中央办公厅　国务院办公厅印发《关于进一步深化文化市场综合执法改革的意见》的通知

中办发〔2016〕20 号

各省、自治区、直辖市党委和人民政府，中央和国家机关各部委，中央军委办公厅，各人民团体：

《关于进一步深化文化市场综合执法改革的意见》已经党中央、国务院同意，现印发给你们，请结合实际认真贯彻执行。

中共中央办公厅

国务院办公厅

2016 年 3 月 27 日

关于进一步深化文化市场综合执法改革的意见

为贯彻落实《中共中央关于全面推进依法治国若干重大问题的决定》《国务院关于促进市场公平竞争维护市场正常秩序的若干意见》，进一步深化文化市场综合执法改革，促进文化市场持续健康发展，现提出如下意见。

一、重要意义

2004年以来，按照党中央、国务院决策部署，文化市场综合执法改革由试点逐步向全国推开，各直辖市和市、县两级基本完成文化（文物）、新闻出版广电（版权）等文化市场领域有关行政执法力量的整合，组建文化市场综合执法机构，提升了执法效能，规范了市场秩序，推动了优秀文化产品的生产和传播，促进了社会效益和经济效益有机统一。

当前，文化市场发展与管理面临许多新形势新要求。文化体制改革向纵深拓展，文化开放水平不断提高，各类文化市场主体迅速发展，新型文化业态大量涌现，迫切需要创新文化市场管理体制机制，丰富方式手段。行政执法体制、市场准入制度等方面改革逐步深入，迫切需要文化市场综合执法改革同步跟进、有效衔接。文化市场存在一些突出问题，如不良文化产品和服务时有泛滥，有害文化信息不断出现，损害未成年人文化权益、侵犯知识产权等行为屡禁不止，广大人民群众反映十分强烈，迫切需要进一步提高文化市场综合执法能力和水平。文化产品既具有经济属性，也具有意识形态属性，必须坚持把社会效益放在首位、社会效益和经济效益相统一。要高度重视文化市场管理问题，进一步完善文化市场综合执法，推动现代文化市场体系建设，更好地维护国家文化安全和意识形态安全，更好地促进文化事业、文化产业繁荣发展。

二、总体要求

（一）指导思想。全面贯彻党的十八大和十八届三中、四中、五中全会精神，以邓小平理论、“三个代表”重要思想、科学发展观为指导，深入贯彻习近平总书记系列重要讲话精神，围绕“四个全面”战略布局，建立健全符合社会主义核心价值观要求、适应现代文化市场体系需要的文化市场综合执法管理体制，维护文化市场正常秩序，推动社会主义文化大发展大繁荣。

（二）总体目标。通过深化改革，建设文化市场综合执法法律法规支撑体系；形成权责明确、监督有效、保障有力的文化市场综合执法管理体制；建设一支政治坚定、行为规范、业务精通、作风过硬的文化市场综合执法队伍；进一步整合文化市场执法权，加快实现跨部门、跨行业综合执法。

（三）基本原则

——坚持党的领导。坚持社会主义先进文化前进方向，弘扬社会主义核心价值观，通过有力有效的文化市场综合执法，加强思想文化阵地建设，向社会传导正确价值取向，维护国家文化安全。

——坚持依法行政。坚持法定职责必须为、法无授权不可为，严格规范公正文明执法。加强执法监督，完善执法责任制，提升执法公信力。

——坚持分类指导。针对不同层级综合执法机构职责，确定工作任务和执法重点；针对不同地区经济文化差异，科学设置综合执法机构；针对不同执法事项的特点，采取有效方式加强监管。

——坚持权责一致。落实市场主体守法经营责任、综合执法机构执法责任、行政主管部门监管责任和属地政府领导责任。厘清综合执法机构和行政主管部门关系，减少职责交叉，形成监管合力。

三、重点任务

（一）明确综合执法适用范围。文化市场综合执法机构的职能主要包括：依法查处娱乐场所、互联网上网服务营业场所的违法行为，查处演出、艺术品经营及进出口、文物经营等活动中的违法行为；查处文化艺术经营、展览展播活动中的违法行为；查处除制作、播出、传输等机构外的企业、个人和社会组织从事广播、电影、电视活动中的违法行为，查处电影放映单位的违法行为，查处安装和设置卫星电视广播地面接收设施、传送境外卫星电视节目中的违法行为，查处放映未取得《电影片公映许可证》的电影片和走私放映盗版影片等违法活动；查处图书、音像制品、电子出版物等方面的违法出版活动和印刷、复制、出版物发行中的违法经营活动，查处非法出版单位和个人的违法出版活动；查处著作权侵权行为；查处网络文化、网络视听、网络出版等方面的违法经营活动；配合查处生产、销售、使用“伪基站”设备的违法行为；承担“扫黄打非”有关工作任务；依法履行法律法规规章及地方政府赋予的其他职责。

（二）加强综合执法队伍建设。严格实行执法人员持证上岗和资格管理制度，未经执法资格考试合格，不得授予执法资格，不得从事执法活动。探索建立执法人员资格等级考试制度。健全执法人员培训机制，实施业务技能训练考核大纲和中西部地区执法能力提升计划，定期组织开展岗位练兵、技能比武活动。全面落实综合执法责任制，严格确定不同岗位执法人员执法责任，建立健全责任追究机制，通过落实党内监督、行政监督、社会监督、舆论监督等方式强化文化市场执法监督。落实综合执法标准规范，加强队容风纪管理，严格廉政纪律。使用统一执法标识、执法证件和执法文书，按规定配备综合执法车辆。

（三）健全综合执法制度机制。建立文化市场综合执法权力清单制度和行政裁量权基准制度，完善举报办理、交叉检查、随机抽查、案件督办、应急处置等各项工作流程。严格执行罚缴分离和收支两条线制度，严禁将罚没收入同综合执法机构利益直接或变相挂钩。建立文化市场跨部门、跨区域执法协作联动机制，完善上级与下级之间、部门之间、地区之间线索通报、案件协办、联合执法制度。建立文化市场行政执法和刑事司法衔接机制，坚决防止有案不移、有案难移、以罚代刑现象。推进政务信息公开，向社会公开执法案件主体信息、案由、处罚依据及处罚结果，提高执法透明度和公信力。

（四）推进综合执法信息化建设。加快全国文化市场技术监管与服务平台建设应用，加强与各有关行政部门信息系统的衔接共享，推进行政许可与行政执法在线办理，实现互联互通。通过视频监控、在线监测等远程监管措施，加强非现场监管执法。采用移动执法、电子案卷等手段，提升综合执法效能。推动信息化建设与执法办案监督管理深度融合，运用信息技术对执法流程进行实时监控、在线监察，规范执法行为，强化内外监督，建立开放、透明、便民的执法机制。构建文化市场重点领域风险评估体系，形成来源可查、去向可追的信息链条，切实防范区域性、行业性和系统性风险。

（五）完善文化市场信用体系。建设文化市场基础数据库，完善市场主体信用信息记录，探索实施文化市场信用分类监管，建立文化市场守信激励和失信惩戒机制。建立健全文化市场警示名单和黑名单制度，对从事违法违规经营、屡查屡犯的经营单位和个人，依法公开其违法违规记录，使失信违规者在市场交易中受到制约和限制。落实市场主体守法经营的主体责任，指导其加强事前防范、事中监管和事后处理工作。推动行业协会、商会等社会组织建立健全行业经营自律规范、自律公约和职业道德准则，引导行业健康发展。

（六）建立健全综合执法运行机制。文化市场综合执法机构依据法定职责和程序，相对集中行使文化（文物）、新闻出版广电（版权）等部门文化市场领域的行政处罚权以及相关的行政强制权、监督检查权，开展日常巡查、查办案件等执法工作。有关行政部门在各自职责范围内指导、监督综合执法机构开展执法工作，综合执法机构认真落实各有关行政部门的工作部署和任务，及时反馈执法工作有关情况，形成分工负责、相互支持、密切配合的工作格局。

四、组织领导

（一）加强组织实施。中央文化体制改革和发展工作领导小组统一领导全国深化文化市场综合执法改革工作，领导小组办公室负责组织对改革进展情况进行督促检查。中央宣传部、中央网信办、文化部、新闻出版广电总局要根据本意见要求统筹推进改革，涉及互联网信息内容的执法工作由中央网信办统筹协调。各省（自治区、直辖市）党委和政府要高度重视，将深化文化市场综合执法改革工作列入重要议事日程，确保改革各项措施落实到位。

（二）完善文化市场综合执法管理体制。建立由国务院文化行政部门牵头的全国文化市场管理工作联席会议制度，充分发挥各部门职能作用和资源优势，加强统筹、协调和指导。充实完善省、市、县三级文化市场管理工作领导小组，统一领导本行政区文化市场管理和综合执法工作，推动文化领域跨部门、跨行业综合执法；领导小组由同级党委宣传部部长任组长，同级政府有关负责同志任副组长。

国务院文化行政部门负责指导全国文化市场综合执法工作，推动各直辖市和市、县两级文化（文物）、新闻出版广电（版权）等部门整合文化市场领域的执法职能；建立统一规范的综合执法工作规则，建设全国文化市场技术监管体系，推进综合执法队伍建设；协调各有关行政部门对综合执法工作进行绩效考核。

省（自治区）文化行政部门负责指导本地区文化市场综合执法工作，统筹综合执法队伍建设；依法履行执法指导监督、跨区域执法协作、重大案件查处等职责。

（三）明确机构设置、编制、人员和经费。各地应根据中央关于深化行政执法体制改革的有关精神，结合本地实际，探索文化市场综合执法机构设置的有效形式。直辖市文化市场综合执法机构可探索对区县文化市场综合执法工作实行直接管理，整合执法资源，提升执法能力。副省级城市、省辖市可整合市区两级文化市场综合执法队伍，组建市级文化市场综合执法机构。县级市和县的文化市场综合执法机构要加强队伍建设，切实履行监管责任。对经济发达、城镇化水平较高的乡镇，县级市和县文化广电新闻出版行政部门可根据需要和条件通过法定程序委托乡镇政府行使部分文化市场执法权。

文化市场综合执法机构干部任免参照宣传文化单位干部管理规定办理。综合执法人员依法依规纳入参照公务员法管理。在省（自治区、直辖市）范围内，要统一规范综合执法机构名称，并结合本辖区地理范围、执法任务等情况，统筹考虑综合执法机构编制安排。综合执法机构的工作经费和能力建设经费列入同级政府财政预算。

（四）健全考核机制。文化市场综合执法工作要纳入社会治安综合治理成效评价体系，推动各级党委和政府履职尽责。健全文化市场综合执法绩效考评制度，加强对依法行政、市场监管、社会服务效能等方面的监督和评估。充分发挥“12318”文化市场举报电话和网络平台作用，畅通公众意见反馈渠道。建立文化市场综合执法工作第三方评价机制和群众评议反馈机制，制定公众满意度指标，增强综合执法工作评价的客观性和科学性。

（五）推动相关立法。做好文化市场综合执法立法与文化市场综合执法改革重大政策的衔接，加强理论研究，积累改革经验，研究制定文化市场综合执法管理规定，加快制定地方文化市场综合执法相关法规，推动综合执法机构依法行政，提高文化市场综合执法工作法治化水平。

文化部关于贯彻实施《艺术品经营管理办法》的通知

文市发〔2016〕3号

各省、自治区、直辖市文化厅(局),新疆生产建设兵团文化广播电视局,西藏自治区、北京市、天津市、上海市、重庆市文化市场行政(综合)执法总队:

为贯彻实施《艺术品经营管理办法》(文化部令第56号,以下简称《办法》),切实加强艺术品市场管理,促进艺术品市场健康有序发展,现将有关事项通知如下:

一、高度重视艺术品市场管理。近年来,我国艺术品市场快速发展,市场规模、产品种类、经营方式不断拓展,日益成为大众文化消费的重要领域,在满足人民群众精神文化需求、提高国民艺术素养、促进文化产业发展等方面发挥越来越重要的作用。但是,艺术品经营中也存在制假售假、虚假鉴定、虚高评估、投机炒作等问题,艺术品电商、艺术品金融等新型业态亟待规范。各地要高度重视艺术品市场管理,认真贯彻实施《办法》,明确行业底线,强化主体责任,建立健全监管制度,加强内容监管,切实维护消费者合法权益,不断规范市场经营秩序。

二、明确管理对象,开展行业普查。《办法》所称从事艺术品经营活动的经营单位包括:艺术品收购、销售、租赁经营单位,艺术品拍卖企业、进出口经营单位、商业性展览企业、鉴定评估机构,利用信息网络从事艺术品经营活动的电商平台企业、租赁平台企业等,以艺术品为标的物的投融资企业(含艺术品基金、信托、艺术银行、交易所等),以及其他从事艺术品经营活动的单位。各地要以贯彻实施《办法》为契机,深入行业调研,开展行业普查,摸清行业底数,准确研判行业现状与趋势,不断提高行业管理能力。

三、规范审批备案工作。省级文化行政部门要按照《办法》规定的审批条件和时限,开展艺术品进出口经营活动审批工作,重新编订审批服务指南,并在办公场所及政府网站相应调整审批公示信息。县级以上文化行政部门要按照全部纳入管理视线的原则,全面开展艺术品经营单位备案工作,对已取得工商营业执照尚未备案的,要指导其依法履行备案手续。艺术品经营单位备案,应当提交营业执照复印件、法定代表人或者主要负责人身份证件并填写备案申请表(见附件),艺术品进出口经营单位备案还应当提交对外贸易经营者备案登记表。备案机关应当将备案信息录入全国文化市场技术监管与服务平台,并向申请人颁发备案证明。县级以上文化行政部门应当于2016年9月30日前完成对辖区内艺术品经营单位的备案工作。

四、建立专家委员会制度。省级文化行政部门应当建立专家委员会,为艺术品进出口内容审查及地方各级文化行政部门、文化市场综合执法机构对涉嫌含有禁止内容的艺术品的认定,提供专业意见。专家委员会应当广泛吸收文博、历史、艺术、法律等领域具有较高专业知识和技能的专家参加,人数原则上不少于5名(应为单数)。要加强对专家委员会的规范管理,采用聘任制,与专家签订协议,明确责任及规范。专家委员会不得面向社会开展有偿服务，专家委员会专家不得以专家委员会或者委员会专家名义，承担省级文化行政部门委托之外的项目。

五、推动建立健全经营规范。按照《办法》规定，督促艺术品经营单位落实明示担保和尽职调查制度，做到明码标价、信息全面真实、交易记录保存完整，保障消费者的知情权，促进公平透明交易。各级文化行政部门、文化市场综合执法机构要加强对将艺术品鉴定评估的管理，督促艺术品鉴定评估机构建立鉴定评估规范，做到程序合规、责任明晰、结论可追溯。

六、加强信用监管。加强艺术品经营单位一户一档管理，完善信用信息，积极探索对艺术品经营单位的信用监管，建立警示名单和黑名单制度，完善守信激励和失信惩戒机制，营造良好信用环境。要落实文化产品黑名单管理制度，将含有禁止内容的艺术品信息及时报送文化部。

七、加大案件查处力度。对艺术品市场实施全领域内容监管，合理配置管理和执法力量，加强日常巡查和随机抽查，广辟线索来源，及时查处违法违规行为，每年至少公布一批艺术品市场违法案件，加大对艺术品市场执法的考核力度。要以案说法，加强案件查办的宣传、培训，开展执法服务，定期向企业通报执法情况，明确监管底线，督促行业依法依规经营。

八、加强行业协会建设。各地特别是艺术品市场较为发达的地区，要积极推动成立地方行业协会，鼓励和指导行业协会制定服务标准规范，宣介政策法规，加强行业自律，提高经营者诚信守法经营意识。行业协会要加强行业研究，开展行业培训，促进行业交流，维护行业权益，参与公共服务，探索开展信用评价，为行业发展营造良好环境。

九、加强学习宣传。各地要及时举办管理与执法人员培训班，认真学习领会《办法》的立法精神及基本内容，确保培训到每一名文化市场管理与执法人员。要举办艺术品经营者培训班，宣讲管理政策，督促经营单位履行责任，提高守法经营意识。要通过举办艺术品市场法制宣传周、公益展览、政策咨询、专题讲座、艺术培训等活动，以及广播、电视、报刊、网络媒体等新闻媒体，加强对《办法》的宣传力度，提高《办法》的知晓率，使公众充分了解在艺术消费中应享有的权利，引导合理消费。

《办法》实施中遇到的重要情况和问题要及时报告上级。文化部 2016 年年内将对《办法》贯彻实施情况开展督查。

特此通知。

附件：艺术品经营单位备案申请表

文化部

2016 年 3 月 24 日

附件

艺术品经营单位备案申请表

名　　称			
类　　型			
住　　所			
注册资本		成立日期	
电　　话		传　　真	
邮政编码		电子邮箱	
统一社会信用代码			
法定代表人或主要负责人		身份证件类型	
证件号码			

经营活动类型

画廊□　画店□　租赁□　拍卖□　进出口经营□　鉴定□　评估□　商业性展览□　艺术品电商平台□　艺术品网络租赁平台□　以艺术品为标的物的投资经营活动及服务□　其他＿＿＿＿＿＿＿＿	
是否利用信息网络从事艺术品经营活动	是□　否□

经营作品类型

绘画作品□　书法篆刻作品□　雕塑雕刻作品□　艺术摄影作品□　装置艺术作品□　工艺美术作品□　上述作品的有限复制品□

申请人(代办人):

年　　月　　日

《艺术品经营管理办法》

第一章　总　则

第一条　为了加强对艺术品经营活动的管理,规范经营行为,繁荣艺术品市场,保护创作者、经营者、消费者的合法权益,制定本办法。

第二条　本办法所称艺术品,是指绘画作品、书法篆刻作品、雕塑雕刻作品、艺术摄影作品、装置艺术作品、工艺美术作品等及上述作品的有限复制品。本办法所称艺术品不包括文物。

本办法规范的艺术品经营活动包括:

(一)收购、销售、租赁;

(二)经纪;

(三)进出口经营;

(四)鉴定、评估、商业性展览等服务;

(五)以艺术品为标的物的投资经营活动及服务。

利用信息网络从事艺术品经营活动的适用本办法。

第三条　文化部负责制定艺术品经营管理政策,监督管理全国艺术品经营活动,建立艺术品市场信用监管体系。

省、自治区、直辖市人民政府文化行政部门负责艺术品进出口经营活动审批,建立专家委员会,为文化行政部门开展的内容审查、市场监管相关工作提供专业意见。

县级以上人民政府文化行政部门负责本行政区域内艺术品经营活动的日常监督管理工作,县级以上人民政府文化行政部门或者依法授权的文化市场综合执法机构对从事艺术品经营活动违反国家有关规定的行为实施处罚。

第四条　加强艺术品市场社会组织建设。鼓励和引导行业协会等社会组织制定行业标准,指导、监督会员依法开展经营活动,依照章程,加强行业自律,推动诚信建设,促进行业公平竞争。

第二章　经营规范

第五条　设立从事艺术品经营活动的经营单位,应当到其住所地县级以上人民政府工商行政管理部门申领营业执照,并在领取营业执照之日起 15 日内,到其住所地县级以上人民政府文化行政部门备案。

其他经营单位增设艺术品经营业务的,应当按前款办理备案手续。

第六条　禁止经营含有以下内容的艺术品:

(一)反对宪法确定的基本原则的;

(二)危害国家统一、主权和领土完整的;

(三)泄露国家秘密、危害国家安全或者损害国家荣誉和利益的;

(四)煽动民族仇恨、民族歧视,破坏民族团结,或者侵害民族风俗、习惯的;

(五)破坏国家宗教政策,宣扬邪教、迷信的;

(六)宣扬恐怖活动,散布谣言,扰乱社会秩序,破坏社会稳定的;

(七)宣扬淫秽、色情、赌博、暴力或者教唆犯罪的;

(八)侮辱或者诽谤他人,侵害他人合法权益的;

(九)违背社会公德或者民族优秀文化传统的;

(十)蓄意篡改历史、严重歪曲历史的;

(十一)有法律、法规和国家规定禁止的其他内容的。

第七条　禁止经营以下艺术品:

(一)走私、盗窃等来源不合法的艺术品;

（二）伪造、变造或者冒充他人名义的艺术品；

（三）除有合法手续、准许经营的以外，法律、法规禁止交易的动物、植物、矿物、金属、化石等为材质的艺术品；

（四）国家规定禁止交易的其他艺术品。

第八条 艺术品经营单位不得有以下经营行为：

（一）向消费者隐瞒艺术品来源，或者在艺术品说明中隐瞒重要事项，误导消费者的；

（二）伪造、变造艺术品来源证明、艺术品鉴定评估文件以及其他交易凭证的；

（三）以非法集资为目的或者以非法传销为手段进行经营的；

（四）未经批准，将艺术品权益拆分为均等份额公开发行，以集中竞价、做市商等集中交易方式进行交易的；

（五）法律、法规和国家规定禁止的其他经营行为。

第九条 艺术品经营单位应当遵守以下规定：

（一）对所经营的艺术品应当标明作者、年代、尺寸、材料、保存状况和销售价格等信息；

（二）保留交易有关的原始凭证、销售合同、台账、账簿等销售记录，法律、法规要求有明确期限的，按照法律、法规规定执行；法律、法规没有明确规定的，保存期不得少于5年。

第十条 艺术品经营单位应买受人要求，应当对买受人购买的艺术品进行尽职调查，提供以下证明材料之一：

（一）艺术品创作者本人认可或者出具的原创证明文件；

（二）第三方鉴定评估机构出具的证明文件；

（三）其他能够证明或者追溯艺术品来源的证明文件。

第十一条 艺术品经营单位从事艺术品鉴定、评估等服务，应当遵守以下规定：

（一）与委托人签订书面协议，约定鉴定、评估的事项，鉴定、评估的结论适用范围以及被委托人应当承担的责任；

（二）明示艺术品鉴定、评估程序或者需要告知、提示委托人的事项；

（三）书面出具鉴定、评估结论，鉴定、评估结论应当包括对委托艺术品的全面客观说明，鉴定、评估的程序，做出鉴定、评估结论的证据，鉴定、评估结论的责任说明，并对鉴定、评估结论的真实性负责；

（四）保留书面鉴定、评估结论副本及鉴定、评估人签字等档案不得少于5年。

第十二条 文化产权交易所和以艺术品为标的物的投资经营单位，非公开发行艺术品权益或者采取艺术品集中竞价交易的，应当执行国家有关规定。

第三章 艺术品进出口经营活动

第十三条 艺术品进出口经营活动包括：

（一）从境外进口或者向境外出口艺术品的经营活动；

（二）以销售、商业宣传为目的在境内公共展览场所举办的，有境外艺术品创作者或者境外艺术品参加的各类展示活动。

第十四条 从境外进口或者向境外出口艺术品的，应当在艺术品进出口前，向艺术品进出口口岸所在地省、自治区、直辖市人民政府文化行政部门提出申请并报送以下材料：

（一）营业执照、对外贸易经营者备案登记表；

（二）进出口艺术品的来源、目的地；

（三）艺术品图录；

（四）审批部门要求的其他材料。

文化行政部门应当自受理申请之日起5日内作出批准或者不批准的决定。批准的，发给批准文件，申请单位持批准文件到海关办理手续;不批准的,书面通知申请人并说明理由。

第十五条 以销售、商业宣传为目的的在境内公共展览场所举办有境外艺术品创作者或者境外艺术品参加的展示活动,应当由举办单位于展览日45日前,向展览举办地省、自治区、直辖市人民政府文化行政部门提出申请,并报送以下材料:

(一)主办或者承办单位的营业执照、对外贸易经营者备案登记表;

(二)参展的境外艺术品创作者或者境外参展单位的名录;

(三)艺术品图录;

(四)审批部门要求的其他材料。

文化行政部门应当自受理申请之日起15日内作出批准或者不批准的决定。批准的,发给批准文件,申请单位持批准文件到海关办理手续;不批准的,书面通知申请人并说明理由。

第十六条 艺术品进出口口岸所在地省、自治区、直辖市人民政府文化行政部门在艺术品进出口经营活动审批过程中,对申报的艺术品内容有疑义的,可提交专家委员会进行复核。复核时间不超过15日,复核时间不计入审批时限。

第十七条 同一批已经文化行政部门内容审核的艺术品复出口或者复进口,进出口单位可持原批准文件到进口或者出口口岸海关办理相关手续,文化行政部门不再重复审批。

第十八条 任何单位或者个人不得销售或者利用其他商业形式传播未经文化行政部门批准进口的艺术品。

个人携带、邮寄艺术品进出境,不适用本办法。个人携带、邮寄艺术品超过海关认定的自用、合理数量,海关要求办理进出口手续的,应当参照本办法第十四条办理。

以研究、教学参考、馆藏、公益性展览等非经营性用途为目的的艺术品进出境,应当参照本办法第十四条或者第十五条办理进出口手续。

第四章 法律责任

第十九条 违反本办法第五条规定的,由县级以上人民政府文化行政部门或者依法授权的文化市场综合执法机构责令改正,并可根据情节轻重处10000元以下罚款。

第二十条 违反本办法第六条、第七条规定的,由县级以上人民政府文化行政部门或者依法授权的文化市场综合执法机构没收非法艺术品及违法所得,违法经营额不足10000元的,并处10000元以上20000元以下罚款;违法经营额10000元以上的,并处违法经营额2倍以上3倍以下罚款。

第二十一条 违反本办法第八条规定的,由县级以上人民政府文化行政部门或者依法授权的文化市场综合执法机构责令改正,没收违法所得,违法经营额不足10000元的,并处10000元以上20000元以下罚款;违法经营额10000元以上的,并处违法经营额2倍以上3倍以下罚款。

第二十二条 违反本办法第九条、第十一条规定的,由县级以上人民政府文化行政部门或者依法授权的文化市场综合执法机构责令改正,并可根据情节轻重处30000元以下罚款。

第二十三条 违反本办法第十四条、第十五条规定,擅自开展艺术品进出口经营活动,及违反第十八条第一款规定的,由县级以上人民政府文化行政部门或者依法授权的文化市场综合执法机构责令改正,违法经营额不足10000元的,并处10000元以上20000元以下罚款;违法经营额10000元以上的,并处违法经营额2倍以上3倍以下罚款。

第五章 附 则

第二十四条 本办法规定的行政许可、备案、专家委员会复核的期限以工作日计算，不含法定节假日。

第二十五条 本办法由文化部负责解释。

第二十六条 本办法自2016年3月15日起施行。2004年7月1日公布的《美术品经营管理办法》同时废止。

文化部关于加强网络表演管理工作的通知

文市发〔2016〕12号

各省、自治区、直辖市文化厅(局),新疆生产建设兵团文化广播电视局,西藏自治区、北京市、天津市、上海市、重庆市文化市场行政(综合)执法总队:

网络表演是网络文化的重要组成部分。近年来,我国网络表演市场快速发展,在促进网络文化行业创新,扩大和引导文化消费等方面发挥了积极作用。但是,部分网络表演经营单位责任缺失、管理混乱,一些表演者以低俗、色情等违法违规内容吸引关注,社会影响恶劣,严重危害行业健康发展。为切实加强网络表演管理,规范网络文化市场秩序,必须对网络表演市场实行经常抽查,及时公开,坚决依法查处违法违规行为。根据《互联网文化管理暂行规定》,现就有关事项通知如下:

一、督促网络表演经营单位和表演者落实责任

网络表演经营单位要对本单位提供的网络表演承担主体责任,对所提供的产品、服务和经营行为负责,确保内容合法、经营有序、来源可查、责任可究。网络表演经营单位要健全内容管理制度,配足内容审核人员,严格监督表演者表演行为,加强对用户互动环节的管理。要严密技术监控措施,畅通投诉举报渠道,完善突发事件应急处置机制,确保能够第一时间发现并处置违法违规内容。一经发现含有违法违规内容的网络表演,要及时关闭表演频道,停止网络传播,保存有关记录,并立即向所在地省级文化行政部门或文化市场综合执法机构报告。

表演者对其开展的网络表演承担直接责任。表演者应当依法依规从事网络表演活动,不得开展含有低俗、色情、暴力等国家法律法规禁止内容的网络表演。表演者应当自觉提高职业素养,加强道德自律,自觉开展内容健康向上的网络表演。

各级文化行政部门和文化市场综合执法机构要加强对辖区内网络表演经营单位的管理和培训,依法强化网络表演经营单位直接发现、第一时间处置违法违规内容等主体责任,对逾期不予处理或处理不到位的,要严肃追责,依法查处。

二、加强内容管理,依法查处违法违规网络表演活动

内容管理是网络表演管理工作的重点。各级文化行政部门和文化市场综合执法机构要加强对辖区内网络表演经营单位的日常监管,重点查处提供禁止内容等违法违规网络表演活动,包括:提供含有《互联网文化管理暂行规定》第十六条规定的禁止内容,或利用人体缺陷或者以展示人体变异等方式招徕用户,或以恐怖、残忍、摧残表演者身心健康等方式以及以虐待动物等方式进行的网络表演活动;使用违法违规文化产品开展的网络表演活动;对网络表演活动进行格调低俗的广告宣传和市场推广行为等。

对提供上述违法违规网络表演的网络表演经营单位,文化行政部门和文化市场综合执法机

构要依据《互联网文化管理暂行规定》坚决予以查处,没收违法所得,并处罚款;情节严重的,责令停业整顿直至吊销《网络文化经营许可证》;构成犯罪的,依法追究刑事责任。地方文化行政部门和文化市场综合执法机构要按照"谁处罚,谁列入"的原则,根据情形,将违法违规网络表演经营单位列入黑名单或警示名单。

对提供违法违规网络表演的表演者,地方文化行政部门和文化市场综合执法机构要责令所在网络表演经营单位关停表演者频道,并及时将违法违规表演者的信息和证据材料报送文化部。文化部根据情形,将违法违规表演者列入黑名单或警示名单。列入黑名单的表演者,禁止其在全国范围内从事网络表演及其他营业性演出活动,具体时限视违法违规情节轻重确定。

文化行政部门负责将黑名单通报同级有关部门,并建议实施联合惩戒,强化对违法违规网络表演经营单位和表演者"一处违法,处处受限"的信用监管。各级行业协会要在本行业协会范围内,对列入黑名单的网络表演经营单位和表演者予以通报并抵制。

三、对网络表演市场全面实施"双随机一公开"

各地文化行政部门和文化市场综合执法机构要立即对本行政区域内的网络表演经营单位开展一次调查摸底,全面掌握网络表演经营单位情况。在此基础上,充分利用网络文化市场执法协作机制,对网络表演市场全面实施"双随机一公开",定期开展随机抽查,及时向社会公布查处结果,公布网络表演市场黑名单和警示名单。

各地文化行政部门和文化市场综合执法机构要抓紧制定网络表演随机抽查工作实施方案和随机抽查事项清单,以现场检查、网络巡查为主要抽查方式,以网络表演内容为抽查重点。对投诉举报较多的网络表演经营单位,要加大随机抽查频次,重点监管。要利用全国文化市场技术监管与服务平台,记录随机抽取的检查对象、执法检查人员、检查事项、检查结果等,做到全程留痕,实现过程可溯源、责任可追溯。

本通知所称的网络表演是指将现场进行的文艺表演、网络游戏等文化产品技法展示或解说等,通过信息网络实时传播或者以音视频形式上载传播,供用户在线浏览、观看、使用或者下载的产品和服务。

特此通知。

文化部

2016 年 7 月 1 日

文化部关于推动文化娱乐行业转型升级的意见

文市发〔2016〕26 号

各省、自治区、直辖市文化厅(局),新疆生产建设兵团文化广播电视局,西藏自治区、北京市、天津市、上海市、重庆市文化市场(综合)行政执法总队:

文化娱乐行业是文化产业的重要组成部分,在满足人民群众精神文化需求,扩大和引导文化消费,带动就业,促进经济发展等方面具有重要作用。但是,歌舞娱乐和游戏游艺等传统文化娱乐行业经营模式陈旧、产品类型单一、消费人群狭窄、管理和服务水平不高等问题长期存在,违法违规行为时有发生,不仅导致行业形象和社会评价不佳,也严重影响和制约了行业发展。2013 年下半年以来,文化部推动上网服务行业转型升级取得明显成效,形成了一套可借鉴可推广的思路、方法和路径;同时,一些歌舞娱乐和游戏游艺企业先行先试,在拓展消费人群、参与公共文化服务等方面进行了成功探索。这些都为文化娱乐行业转型升级积累了有益经验。为贯彻国家关于"稳促调惠"和"放管服"的决策部署,扩大文化消费,推动文化娱乐行业转型升级,促进行业健康有序发展,现提出如下意见。

一、总体要求

(一)指导思想。全面贯彻党的十八大和十八届三中、四中、五中全会精神,深入贯彻习近平总书记系列重要讲话精神,以社会主义核心价值观为引领,以融合发展、创新供给、拓展受众、提升形象为总体思路,坚持把社会效益放在首位,坚持正确发展导向,改善行业发展环境,增强企业社会责任,着力解决制约文化娱乐行业发展的关键问题,推动行业健康有序发展,不断丰富人民群众文化娱乐生活。

(二)基本原则。坚持监管与服务并重,实现有效监管,主动服务,良性互动,为行业发展创造良好市场环境;注重发挥企业的主体作用和行业协会的服务功能,落实主体责任,维护合法权益,激发企业创新发展的内生动力,为人民群众提供内容健康、积极向上的文化娱乐产品和服务。

(三)主要目标。提升文化娱乐行业经营管理水平,使之成为场所阳光、内容健康、服务规范、业态丰富、受众多样、形象正面,适合不同消费群体,在公众文化生活中起积极作用的现代文化消费场所。

二、主要内容

(一)加强文化娱乐行业内容建设。文化娱乐行业发展要坚持把社会效益放在首位,努力实现社会效益和经济效益相统一。文化娱乐企业要切实履行社会责任,积极弘扬社会主义先进文化,自觉抵制腐朽落后文化,全面加强从产品创作生产到传播展示等各环节的内容自审。鼓励企业依托中华优秀文化资源,创作生产更多传播当代中国价值观念、体现中华文化精神、反映中国人审美追求的优秀文化娱乐产品。

(二)鼓励生产企业开发新产品。鼓励游戏游艺设备生产企业积极引入体感、多维特效、虚拟现实、增强现实等先进技术,加快研发适应不同年龄层,益智化、健身化、技能化和具有联网竞技功能的游戏游艺设备。鼓励高科技企业利用自身科研实力和技术优势,进入文化娱乐行业,合作开展产品研发生产和娱乐场所改造升级,促进行业吸收新理念、新观念、新技术,增强文化娱乐企业创新创造的动力和活力。要以产品研发促进转型升级,以转型升级带动产品研发,逐步形成产业链上下呼应、合作共赢的格局。

(三)鼓励娱乐场所丰富经营业态。鼓励游戏游艺场所积极应用新设备、改造服务环境、创新经营模式,支持其增设上网服务、休闲健身、体感游戏、电子竞技、音乐书吧等服务项目。鼓励歌舞娱乐场所利用场地和设备优势,依法提供观影、演出、游戏、赛事转播等服务,办成多功能的文化娱乐体验中心。鼓励在大型商业综合设施设立涵盖上网服务、歌舞娱乐、游戏游艺、电子竞技等多种经营业务的城市文化娱乐综合体。顺应"互联网+"发展趋势,鼓励娱乐场所与互联网结合发展,实现场内场外、线上线下互动,增强娱乐场所体验式服务,不断拓展新型文化产业业态。

(四)鼓励娱乐场所发展连锁经营。以发展连锁经营推动场所管理和服务标准化、规范化,形成品牌和规模效应。鼓励娱乐场所跨区域开展连锁经营,鼓励连锁场所入驻城市文化娱乐综合体。鼓励连锁企业提升服务水准,引领行业创新,支持连锁企业上市,做大做强行业品牌。各级文化行政部门对管理规范、守法经营的连锁场所予以扶持,对其新设场所,应当给予行政指导,及时办理审批事项。

(五)支持以游戏游艺竞技赛事带动行业发展。支持中国文化娱乐行业协会和地方各级行业协会、生产企业、娱乐场所等合力打造区域性、全国性乃至国际性游戏游艺竞技赛事,并依托赛事平台开展其他衍生业务,以竞技比赛带动游戏游艺产品的研发推广、经营业态的转变和行业形象的提升。各级文化行政部门应当结合实际,引导和扶持各种竞技比赛与游戏游艺行业融合发展。

(六)鼓励参与公共文化服务。鼓励娱乐场所面向中老年人、低收入人群及特殊群体开发专项服务产品,提供优惠服务。鼓励娱乐场所参与基层公共文化服务,有条件的可按照政府购买服务相关规定,组织与承接公益性文化艺术活动。鼓励娱乐场所组织开展艺术讲座、声乐器乐舞蹈培训、休闲健身等多种形式的便民利民公共文化服务。支持生产企业开发适合公共文化服务的文化娱乐产品。

(七)探索对娱乐场所开展环境服务分级评定。行业协会要制定娱乐场所环境服务评定标准和程序,逐步开展环境服务分级评定工作,引导场所提高服务品质,优化环境布置,提升规范化管理水平,确保场所敞亮整洁、开放规范。各级文化行政部门、文化市场综合执法机构对环境服务评级较高的场所,要优先给予政策扶持;对环境服务评级较低的场所,要加强检查巡查,加大指导力度。

(八)严格行业自律。娱乐场所要依法经营、诚信经营,严格做到不涉黄,不涉赌,不涉毒,不涉黑,不踩红线,不打擦边球,严格落实安全生产主体责任,自觉维护行业整体形象。不得以转型升级的名义,违法开展娱乐场所经营活动,严禁生产、销售、经营含有禁止内容和赌博功能的游戏游艺设备,严禁在场所播放含有禁止内容的曲目、画面。

三、工作要求

(一)营造良好政策环境。要加快推进《文化部关于落实"先照后证"改进文化市场行政审批工作的通知》《文化部关于允许内外资企业从事游戏游艺设备生产和销售的通知》《文化部公安部关于进一步加强游戏游艺场所监管促进行业健康发展的通知》等已出台的政策措施落地，落实审批制度改革，全面放开游戏游艺设备的生产和销售，全面取消游艺娱乐场所总量和布局要求，不得以总量和布局规划等为由停止娱乐场所的审批受理，不得开展一刀切式全行业停业整顿，切实消除制约行业发展的政策限制和制度壁垒。对娱乐场所出现的新业态、新模式，要审慎监管，积极探索和创新适合其特点的监管方式。要配合财税主管部门落实好娱乐业营改增政策，切实减轻行业税负。

（二）加大行业扶持力度。要用好文化产业领域的金融支持、财政扶持、人才培育等政策手段，支持行业转型升级，创新发展。鼓励品牌企业跨区域经营，引导社会资本进入文化娱乐行业，为企业上市、融资等提供便利。有条件的地区，可以将娱乐场所提供的免费或低收费公共文化服务，纳入本地区政府向社会力量购买公共文化服务的目录。

（三）确定转型升级示范场所。要通过现场观摩、示范引导、论坛交流、行业培训、案例发布、经验推广、行政奖励等多种方式，全面部署、有序推进行业转型升级工作。各省、自治区、直辖市应当确定本地至少 3 个转型升级重点城市（区），各重点城市（区）应当分别发展 3—5 家歌舞娱乐转型升级示范场所和游戏游艺转型升级示范场所。示范场所优先享受文化产业优惠政策和政府扶持资金，优先承担政府购买公共文化服务项目，优先享受政府、协会等提供的培训机会。对示范场所开设符合条件的新场所，提供行政审批便利。

（四）加强事中事后监管。各级文化行政部门和文化市场综合执法机构要坚守内容合法这条底线，加强现场巡查和随机抽查，严格内容审核，依法严厉打击踩红线、打擦边球等违法违规行为，不断规范市场秩序。要建立健全信用监管机制，摸清娱乐场所家底，完善场所信用信息，将严重违法的娱乐场所列入黑名单，建立信用约束机制，实施联合惩戒措施。要依法取缔擅自从事娱乐场所经营活动的场所，依法吊销严重违法娱乐场所的娱乐经营许可证。

（五）发挥行业协会作用。各级文化行政部门应当鼓励和支持成立地方文化娱乐行业协会。发挥行业协会在转型升级中的组织协调、行业服务、自律规范等作用。支持中国文化娱乐行业协会制定行业规范、自律公约，开展娱乐场所环境服务分级评定工作，探索建立信用评价体系，引导行业规范发展。支持各级文化娱乐行业协会搭建年会、论坛等行业交流平台，大力开展行业培训，提高行业经营管理水平。

（六）营造良好舆论氛围。要加强对文化娱乐行业转型升级的宣传报道和舆论引导，为转型升级营造良好社会环境。各级文化行政部门要主动对行业转型升级进行宣介，邀请当地主要新闻媒体对转型升级工作进行跟踪报道、专题报道；定期召开新闻通气会，通报转型升级工作进展。建立转型升级试点场所工作档案，利用试点场所的新旧变化进行典型宣传、示范引导。

请各省级文化行政部门于 2016 年 9 月 30 日前将本地区文化娱乐行业转型升级工作实施方案（包括重点城市、示范场所名单、地址、联系人和联系方式及工作措施）报送文化部，并于每个季度末将转型升级工作实施进度、主要成效、存在问题等情况报送文化市场司。文化部将从 2016 年第四季度开始定期通报工作进展，适时对转型升级工作进行调研督导，并自 2017 年起对工作突出的地区、协会、企业予以表彰奖励。

文化部

2016 年 9 月 13 日

文化部关于规范网络游戏运营加强事中事后监管工作的通知

文市发〔2016〕32号

各省、自治区、直辖市文化厅(局),新疆生产建设兵团文化广播电视局,西藏自治区、北京市、天津市、上海市、重庆市文化市场(综合)行政执法总队:

近年来,我国网络游戏行业发展迅速,在促进网络文化市场发展,丰富人民群众文化娱乐活动,扩大和引导文化消费等方面发挥了积极作用。但是,网络游戏经营单位运营责任不清、变相诱导消费、用户权益保护不力等问题也日益突出。为进一步规范网络游戏市场秩序,保护消费者和企业合法权益,促进网络游戏行业健康有序发展,根据《互联网信息服务管理办法》《互联网文化管理暂行规定》《网络游戏管理暂行办法》等法律法规,现就有关事项通知如下:

一、明确网络游戏运营范围

(一)网络游戏运营是指网络游戏运营企业以开放网络游戏用户注册或者提供网络游戏下载等方式向公众提供网络游戏产品和服务,并通过向网络游戏用户收费或者以电子商务、广告、赞助等方式获取利益的行为。

(二)网络游戏运营企业通过开放用户注册、开放网络游戏收费系统、提供可直接注册登陆服务器的客户端软件等方式开展的网络游戏技术测试,属于网络游戏运营。

(三)网络游戏运营企业为其他运营企业的网络游戏产品提供用户系统、收费系统、程序下载及宣传推广等服务,并参与网络游戏运营收入益分成,属于联合运营行为,应当承担相应责任。

二、规范网络游戏虚拟道具发行服务

(四)网络游戏运营企业发行的,用户以法定货币直接购买、使用网络游戏虚拟货币购买或者按一定兑换比例获得,且具备直接兑换游戏内其他虚拟道具或者增值服务功能的虚拟道具,按照网络游戏虚拟货币有关规定进行管理。

(五)网络游戏运营企业变更网络游戏版本、增加虚拟道具种类、调整虚拟道具功能和使用期限,以及举办临时性活动时,应当及时在该游戏的官方主页或者游戏内显著位置公示所涉及虚拟道具的名称、功能、定价、兑换比例、有效期限以及相应的赠予、转让或者交易方式等信息。

(六)网络游戏运营企业采取随机抽取方式提供虚拟道具和增值服务的,不得要求用户以直接投入法定货币或者网络游戏虚拟货币的方式参与。网络游戏运营企业应当及时在该游戏的官方网站或者随机抽取页面公示可能抽取或者合成的所有虚拟道具和增值服务的名称、性能、内容、数量及抽取或者合成概率。公示的随机抽取相关信息应当真实有效。

(七)网络游戏运营企业应当在游戏的官方网站或者游戏内显著位置公布参与用户的随机抽取结果,并保存相关记录以备相关部门查询,记录保存时间不得少于90日。公布随机抽取结果时,应当采取一定措施保护用户隐私。

（八）网络游戏运营企业以随机抽取方式提供虚拟道具和增值服务时，应当同时为用户提供其他虚拟道具兑换、使用网络游戏虚拟货币直接购买等其他获得相同性能虚拟道具和增值服务的方式。

（九）网络游戏运营企业不得向用户提供网络游戏虚拟货币兑换法定货币或者实物的服务，但是网络游戏运营企业终止提供网络游戏产品和服务，以法定货币方式或者用户接受的其它方式退还用户尚未使用的虚拟货币的情况除外。

（十）网络游戏运营企业不得向用户提供虚拟道具兑换法定货币的服务，向用户提供虚拟道具兑换小额实物的，实物内容及价值应当符合国家有关法律法规的规定。

三、加强网络游戏用户权益保护

（十一）网络游戏运营企业应当要求网络游戏用户使用有效身份证件进行实名注册，并保存用户注册信息；不得为使用游客模式登陆的网络游戏用户提供游戏内充值或者消费服务。

（十二）网络游戏运营企业应当限定网络游戏用户在单款游戏内的单次充值金额，并在用户进行充值或者消费时发送要求用户确认的信息。确认信息中应当包括充值或者消费的法定货币或者虚拟货币金额、获得的虚拟道具或者增值服务的名称等内容，以及适度娱乐理性消费等提示语。网络游戏运营企业应当保存用户充值及消费等信息记录不少于 180 日。

（十三）网络游戏运营企业应当严格落实“网络游戏未成年人家长监护工程”的有关规定。提倡网络游戏经营单位在落实“网络游戏未成年人家长监护工程”基础上，设置未成年用户消费限额，限定未成年用户游戏时间，并采取技术措施屏蔽不适宜未成年用户的场景和功能等。

（十四）网络游戏运营企业应当在游戏内显著位置标明用户权益保障联系方式。网络游戏经营单位在网络游戏用户合法权益受到侵害或者与网络游戏用户发生纠纷时，可以要求网络游戏用户出示与所注册的身份信息相一致的个人有效身份证件。审核真实的，应当协助网络游戏用户进行取证。对经审核真实的实名注册用户，网络游戏经营单位负有向其依法举证的责任。

（十五）网络游戏运营企业要采取有效措施保护用户个人信息，防止用户个人信息泄露、损毁，未经授权不得将用户信息以任何方式向第三方企业或者个人提供。

四、加强网络游戏运营事中事后监管

（十六）各地文化行政部门和文化市场综合执法机构要充分利用网络文化市场执法协作机制，对网络游戏市场全面实施“双随机一公开”监管。要不断提高网络游戏随机抽查工作水平，对投诉举报较多的网络游戏经营单位，要加大随机抽查和日常检查频次，重点监管。要及时向社会公布查处结果。

（十七）各地文化行政部门和文化市场综合执法机构要依法加强对网络游戏市场的信用监管，按照“谁处罚，谁列入”的原则，将违法违规网络游戏经营单位列入黑名单或者警示名单，并会同有关部门实施联合惩戒，强化对违法违规网络游戏经营单位和相关责任人的信用约束。

（十八）各级文化行政部门和文化市场综合执法机构要加强对辖区内网络游戏经营单位的指导、服务和培训工作。省级文化行政部门要组织和指导企业开展政策法规和业务规范培训，定期检查企业内容自审和运营规范等相关制度执行情况，及时为网络游戏经营单位提供行政指导。

五、严肃查处违法违规运营行为

(十九)网络游戏运营企业从事本通知第(一)(二)(三)项规定的活动,运营未取得批准文号或者逾期未取得备案编号的网络游戏的,由县级以上文化行政部门或者文化市场综合执法机构按照《网络游戏管理暂行办法》第三十条、第三十四条予以查处;提供网络游戏下载,或者以电子商务、广告、赞助等方式获取利益的,按照《互联网文化管理暂行规定》第二十七条、第二十八条予以查处。

(二十)网络游戏运营企业从事本通知第(四)项规定的网络游戏虚拟货币发行服务的,应当遵守《网络游戏管理暂行办法》第六条、第十八条、第十九条、第二十二条的有关规定,违反相关规定的,由县级以上文化行政部门或者文化市场综合执法机构按照《网络游戏管理暂行办法》予以查处。

(二十一)网络游戏运营企业违反本通知第(五)(六)(七)(八)项有关规定的,由县级以上文化行政部门或者文化市场综合执法机构按照《网络游戏管理暂行办法》第三十一条予以查处。

(二十二)网络游戏运营企业违反本通知第(九)项有关规定的,由县级以上文化行政部门或者文化市场综合执法机构按照《网络游戏管理暂行办法》第三十二条予以查处。

(二十三)网络游戏运营企业违反本通知第(十)项有关规定的,由县级以上文化行政部门或者文化市场综合执法机构按照《网络游戏管理暂行办法》第三十条予以查处。

(二十四)网络游戏运营企业违反本通知第(十一)项有关规定的,由县级以上文化行政部门或者文化市场综合执法机构按照《网络游戏管理暂行办法》第三十四条予以查处。

(二十五)网络游戏运营企业违反本通知第(十三)项有关规定的,由县级以上文化行政部门或者文化市场综合执法机构按照《网络游戏管理暂行办法》第三十一条予以查处。

(二十六)网络游戏经营单位违反本通知第(十二)(十四)项有关规定的,由县级以上文化行政部门或者文化市场综合执法机构按照《网络游戏管理暂行办法》第三十五条予以查处。

本通知自 2017 年 5 月 1 日起施行。

特此通知。

文化部

2016 年 12 月 1 日

文化部关于印发《网络表演经营活动管理办法》的通知

文市发〔2016〕33 号

各省、自治区、直辖市文化厅(局),新疆生产建设兵团文化广播电视局,西藏自治区、北京市、天津市、上海市、重庆市文化市场(综合)行政执法总队:

为切实加强网络表演经营活动管理,规范市场秩序,推动网络表演行业健康有序发展,根据《互联网信息服务管理办法》《互联网文化管理暂行规定》等有关法律法规,文化部制定了《网络表演经营活动管理办法》,现予印发,请认真贯彻执行。

网络表演是网络文化的重要组成部分。各级文化行政部门和文化市场综合执法机构要加强对网络表演市场的管理和规范,主动引导网络文化经营单位依法依规开展经营活动,自觉提供内容健康、向上向善,有益于弘扬社会主义核心价值观的优秀网络表演,促进我国网络文化繁荣发展。

特此通知。

文化部

2016 年 12 月 2 日

网络表演经营活动管理办法

第一条 为切实加强网络表演经营活动管理，规范网络表演市场秩序，促进行业健康有序发展，根据《互联网信息服务管理办法》《互联网文化管理暂行规定》等有关法律法规，制定本办法。

第二条 本办法所称网络表演是指以现场进行的文艺表演活动等为主要内容，通过互联网、移动通讯网、移动互联网等信息网络，实时传播或者以音视频形式上载传播而形成的互联网文化产品。

网络表演经营活动是指通过用户收费、电子商务、广告、赞助等方式获取利益，向公众提供网络表演产品及服务的行为。

将网络游戏技法展示或解说的内容，通过互联网、移动通讯网、移动互联网等信息网络，实时传播或者以音视频形式上载传播的经营活动，参照本办法进行管理。

第三条 从事网络表演经营活动，应当遵守宪法和有关法律法规，坚持为人民服务、为社会主义服务的方向，坚持社会主义先进文化的前进方向，自觉弘扬社会主义核心价值观。

第四条 从事网络表演经营活动的网络表演经营单位，应当根据《互联网文化管理暂行规定》，向省级文化行政部门申请取得《网络文化经营许可证》，许可证的经营范围应当明确包括网络表演。网络表演经营单位应当在其网站主页的显著位置标明《网络文化经营许可证》编号。

第五条 网络表演经营单位对本单位开展的网络表演经营活动承担主体责任，应当按照《互联网文化管理暂行规定》和《网络文化经营单位内容自审管理办法》的有关要求，建立健全内容审核管理制度，配备满足自审需要并取得相应资质的审核人员，建立适应内容管理需要的技术监管措施。

不具备内容自审及实时监管能力的网络表演经营单位，不得开通表演频道。未采取监管措施或未通过内容自审的网络表演产品，不得向公众提供。

第六条 网络表演不得含有以下内容：

（一）含有《互联网文化管理暂行规定》第十六条规定的禁止内容的；

（二）表演方式恐怖、残忍、暴力、低俗，摧残表演者身心健康的；

（三）利用人体缺陷或者以展示人体变异等方式招徕用户的；

（四）以偷拍偷录等方式，侵害他人合法权益的；

（五）以虐待动物等方式进行表演的；

（六）使用未取得文化行政部门内容审查批准文号或备案编号的网络游戏产品，进行网络游戏技法展示或解说的。

第七条 网络表演经营单位应当加强对未成年人的保护，不得损害未成年人身心健康。有未成年人参与的网络表演，不得侵犯未成年人权益。

第八条 网络表演经营单位要加强对表演者的管理。为表演者开通表演频道的，应与表演者签订协议，约定双方权利义务，要求其承诺遵守法律法规和相关管理规定。

第九条 网络表演经营单位应当要求表演者使用有效身份证件进行实名注册，并采取面谈、录制通话视频等有效方式进行核实。网络表演经营单位应当依法保护表演者的身份信息。

第十条 网络表演经营单位为外国或者香港特别行政区、澳门特别行政区、台湾地区的表演者(以下简称境外表演者)开通表演频道并向公众提供网络表演产品的,应当于开通网络表演频道前,向文化部提出申请。未经批准,不得为境外表演者开通表演频道。为境内表演者开通表演频道的,应当于表演者开展表演活动之日起10日内,将表演频道信息向文化部备案。

第十一条 网络表演经营单位应当在表演频道内及表演音视频上,标注经营单位标识等信息。网络表演经营单位应当根据表演者信用等级、所提供的表演内容类型等,对表演频道采取针对性管理措施。

第十二条 网络表演经营单位应当完善用户注册系统,保存用户注册信息,积极采取措施保护用户信息安全。要依照法律法规规定或者服务协议,加强对用户行为的监督和约束,发现用户发布违法信息的,应当立即停止为其提供服务,保存有关记录并向有关部门报告。

第十三条 网络表演经营单位应当建立内部巡查监督管理制度,对网络表演进行实时监管。网络表演经营单位应当记录全部网络表演视频资料并妥善保存,资料保存时间不得少于60日,并在有关部门依法查询时予以提供。

网络表演经营单位向公众提供的非实时的网络表演音视频(包括用户上传的),应当严格实行先自审后上线。

第十四条 网络表演经营单位应当建立突发事件应急处置机制。发现本单位所提供的网络表演含有违法违规内容时,应当立即停止提供服务,保存有关记录,并立即向本单位注册地或者实际经营地省级文化行政部门或文化市场综合执法机构报告。

第十五条 网络表演经营单位应当在每季度第一个月月底前将本单位上季度的自审信息(包括实时监运情况、发现问题处置情况和提供违法违规内容的表演者信息等)报送文化部。

第十六条 网络表演经营单位应当建立健全举报系统,主动接受网民和社会监督。要配备专职人员负责举报受理,建立有效处理举报问题的内部联动机制。要在其网站主页及表演者表演频道页面的显著位置,设置"12318"全国文化市场举报网站链接按钮。

第十七条 文化部负责全国网络表演市场的监督管理,建立统一的网络表演警示名单、黑名单等信用监管制度,制定并发布网络表演审核工作指引等标准规范,组织实施全国网络表演市场随机抽查工作,对网络表演内容合法性进行最终认定。

第十八条 各级文化行政部门和文化市场综合执法机构要加强对网络表演市场的事中事后监管,重点实施"双随机一公开"。要充分利用网络文化市场执法协作机制,加强对辖区内网络表演经营单位的指导、服务和日常监管,制定随机抽查工作实施方案和随机抽查事项清单。县级以上文化行政部门或文化市场综合执法机构,根据查处情况,实施警示名单和黑名单等信用管理制度。及时公布查处结果,主动接受社会监督。

第十九条 网络表演行业的协会、自律组织等要主动加强行业自律,制定行业标准和经营规范,开展行业培训,推动企业守法经营。

第二十条 网络表演经营单位违反本办法第四条有关规定,从事网络表演经营活动未申请许可证的,由县级以上文化行政部门或者文化市场综合执法机构按照《互联网文化管理暂行规定》第二十一条予以查处;未按照许可证业务范围从事网络表演活动的,按照《互联网文化管理暂行规定》第二十四条予以查处。

第二十一条 网络表演经营单位提供的

表演内容违反本办法第六条有关规定的，由县级以上文化行政部门或者文化市场综合执法机构按照《互联网文化管理暂行规定》第二十八条予以查处。

第二十二条 网络表演经营单位违反本办法第十条有关规定，为未经批准的表演者开通表演频道的，由县级以上文化行政部门或者文化市场综合执法机构按照《互联网文化管理暂行规定》第二十八条予以查处；逾期未备案的，按照《互联网文化管理暂行规定》第二十七条予以查处。

网络表演经营单位自2017年3月15日起，按照本办法第十条有关规定，通过全国文化市场技术监管与服务平台向文化部提交申请或备案。

第二十三条 网络表演经营单位违反本办法第十三条有关规定，未按规定保存网络表演视频资料的，按照《互联网文化管理暂行规定》第三十一条予以查处。

第二十四条 网络表演经营单位违反本办法第十四条有关规定的，由县级以上文化行政部门或者文化市场综合执法机构按照《互联网文化管理暂行规定》第三十条予以查处。

第二十五条 网络表演经营单位违反本办法第五条、第八条、第九条、第十一条、第十二条、第十三条、第十五条有关规定，未能完全履行自审责任的，由县级以上文化行政部门或者文化市场综合执法机构按照《互联网文化管理暂行规定》第二十九条予以查处。

第二十六条 通过信息网络实时在线传播营业性演出活动的，应当遵守《互联网文化管理暂行规定》《营业性演出管理条例》及《营业性演出管理条例实施细则》的有关规定。

第二十七条 本办法自2017年1月1日起施行。

文化部关于《中西部地区文化市场综合执法能力提升三年（2014—2016）行动计划》开展情况的通报

文市发〔2016〕34 号

各省、自治区、直辖市文化厅（局），新疆生产建设兵团文化广播电视局，西藏自治区、北京市、天津市、上海市、重庆市文化市场（综合）行政执法总队：

文化部《中西部地区文化市场综合执法能力提升三年（2014—2016）行动计划》（文市发〔2014〕13 号，以下简称"行动计划"）实施以来，各地文化行政部门和文化市场综合执法机构按照"全国一盘棋"的原则，认真扎实地落实行动计划，东部地区支持中西部地区经费、装备 1949 万余元，培训中西部地区执法人员 2.5 万余人次，文化部安排培训经费 224 万余元，各地支出培训经费 1961 万余元，中西部地区综合执法能力得到有效提升，东中西部地区普遍受益。现将 2014—2016 年行动计划开展情况通报如下：

一、中西部地区综合执法人员重点培训扶持项目

为提高中西部地区综合执法人员执法能力，文化部确定了 60 个重点培训扶持项目，结合"三区"人才支持计划，推广标准培训模式，以综合执法基础业务为培训重点，以东部地区执法骨干为主要师资，培训中西部地区执法人员 6255 人次，有效提升了中西部地区执法人员的实际动手操作能力。

一是推广中西部地区文化市场综合执法人员培训模式。2014 年，文化部先后举办了中部、西北、华北东北、西南等 4 个片区综合执法标准规范培训班，对中西部地区 24 个省（区、市）的 360 名省级、地市级执法骨干进行集中封闭式培训。培训施行"学员主动参与式"的培训模式，以"用什么、学什么、练什么"为培训目标，以文书制作、立卷归档、执法取证等基础业务为培训重点，并通过考核和互评来强化培训效果，培训注重实际操作及案例分析，贴近执法工作实践，取得良好培训效果。2015 年，文化部举办了中西部地区文化市场综合执法培训模式示范班，指导各地按照标准培训模式，务实推进中西部地区重点培训扶持项目。

二是扎实推进重点培训扶持项目。三年来，文化部确定了 60 个中西部地区重点培训扶持项目，并安排培训补助经费 224 万余元，支持补助重点培训扶持项目开展。中西部地区安排经费 844 万余元，有力推进了培训项目的开展。山西、安徽、四川、贵州、西藏、陕西、青海、新疆等地严格按照标准培训模式，认真落实重点培训扶持项目，分期分批开展综合执法标准规范及娱乐、演出、互联网上网服务等市场基础业务培训，培训地市级、县区级综合执法骨干 5895 人次，有效提高了综合执法人员的执法技能。

三是积极争取纳入"三区"人才支持计划。在中西部地区重点培训扶持项目中，江西、广西、四川、陕西、青海等地积极争取将所属边远贫困地区、边疆民族地区和革命老区（以下简称"三区"）综合执法人员培训申报纳

入“三区”人才支持计划文化工作者专项实施方案，享受相关政策和经费补助。

二、综合执法对口交流协作项目

在各地预选的基础上，文化部通过“省对省、机构对机构，一对一结对帮扶”的形式，确定了对口交流协作结对安排，实现了31个省（区、市）和新疆生产建设兵团对口交流协作的全覆盖，加强东部地区与中西部地区文化行政部门和综合执法机构之间的对口交流协作。对口地区文化行政部门和综合执法机构积极主动、形式多样的开展了对口交流协作项目。

（一）制定对口交流协作方案

对口省份按照文化部确定的对口交流协作结对安排，主动沟通协商，确定了对口交流协作重点、形式和地区，制定了对口交流协作方案，明确具体实施事项。北京制定了《关于进一步加强北京市贵州省对口帮扶协作工作的指导意见》，与新疆签订了《北京市与新疆维吾尔自治区文化市场综合执法能力提升合作意向书》；山东、甘肃两省制定了《山东、甘肃两省对口交流地区文化市场综合执法能力提升三年行动计划》，共同推进对口交流协作各项工作。

（二）明确综合执法机构结对安排，搭建交流协作平台

辽宁与广西各14个、山东与甘肃各14个、上海与内蒙古各12个、湖北与吉林各12个、江苏与山西各11个，北京与贵州各10个、浙江与陕西各10个、安徽与新疆生产建设兵团各10个、湖南与重庆各9个综合执法机构结为对口交流协作单位。江苏与四川、浙江与陕西、福建与云南、山东与甘肃的部分地区将对口交流协作由地市级执法机构延伸至县区级执法机构，拓展交流协作范围。

北京西城和贵州遵义、浙江丽水和陕西铜川提升交流协作层次，将对口交流协作提升至市（区）委市（区）政府交流协作层面，江苏淮安与四川雅安搭建市政府、文化广电新闻出版局、综合执法机构之间的交流协作平台，福建漳州、云南红河和文山，浙江金华和陕西安康，市县两级文化广电新闻出版局开展对口交流协作。天津与西藏，福建与江西、云南，辽宁与广西，安徽与新疆生产建设兵团通过网站、QQ（微信）平台、执法简报等方式，畅通执法信息交流渠道。

（三）加强执法培训

东部地区结合本地集中培训、以案施训、案卷评查等工作，邀请对口中西部省份综合执法人员全程参加，选派优秀师资到中西部地区现场培训，围绕法律法规、文书制作、立卷归档、平台应用等重点内容，共培训中西部地区综合执法人员19649人次，安排培训师资1751人次。根据本地条件和西部地区需要，东部地区分期分批的接收中西部地区综合执法人员驻场学习，通过跟队学习、实地观摩、现场执法、以案施训等方式进行参与式培训，共接收中西部地区驻场学习20989人天。

广东安排宁夏117名执法人员分14批赴广东各地市驻场学习，覆盖宁夏全部执法人员；湖北、吉林完成33个批次的协作项目，跨省培训326人次；上海组织驻场学习13个批次，接收内蒙古执法人员驻场学习1091人天。山东、甘肃、河北实施3省执法案卷联合评查，每省各有1个案卷获评全国“十佳案卷”。黑龙江、江苏、安徽、福建、湖北、湖南、广东、陕西等地加强以案施训，邀请对口地区执法骨干全程参加，推动实战式培训项目开展。通过培训和驻场学习，有效提升了中西部地区执法人员的实际动手和办案能力。

（四）支持培训经费、执法装备

东部地区根据本地经费情况及财务管理规定，依法合规的支持中西部地区培训经费

1147 万余元，执法装备 802 万余元，支持了中西部地区执法工作的开展和执法装备的配备。其中北京支持贵州、新疆培训经费 206.96 万元，执法装备 165.82 万元；广东支持海南、宁夏培训经费 217 万元，执法装备 124 万元；江苏支持山西、四川培训经费 93 万元，执法装备 210.6 万元；上海支持内蒙古、青海培训经费 187.8 万元，执法装备 20 万元。

（五）开展联合办案，注重交流实效

经过三年的对口交流协作，中西部地区综合执法能力得到有效提升，执法办案工作取得明显成效。在河南、山东的帮助下，青海、甘肃实现网络文化市场案件零的突破。在北京、上海的帮助下，贵州、内蒙古网络文化市场案件数量大幅提升，贵州市州级综合执法机构查办 6 件网络文化市场案件，2015 年内蒙古查办 14 件。广东与海南、宁夏，江苏与山西、四川，辽宁与广西，福建与江西、云南加强执法协作，分别联合查办各类文化市场案件 70 件、57 件、36 件、26 件，对口交流协作取得实际成效。

特此通报。

附件：1. 2014—2016 年中西部地区重点培训扶持项目统计表

2. 2014—2016 年对口交流协作项目统计表

文化部

2016 年 12 月 20 日

附件 1

2014—2016 年中西部地区重点培训扶持项目统计表

序号	地区	班次(个)	培训人数(人次)	支出经费(万元)
1	河　北	1	90	15
2	内蒙古	6	723	103
3	吉　林	3	283	113.551
4	广　西	5	430	50.6
5	重　庆	3	300	43
6	四　川	3	275	33.7
7	贵　州	4	470	25.94
8	云　南	3	570	47.848
9	西　藏	5	322	85.07
10	陕　西	5	396	91
11	甘　肃	2	135	13.1
12	青　海	8	926	86.78
13	宁　夏	3	237	34
14	新　疆	6	315	46.8
15	新疆生产建设兵团	3	423	55
合　计		60	5895	844.389

附件 2

2014—2016 年对口交流协作项目统计表

序号	地区	派遣培训师资（人次）	接收驻场学习（人天）	安排考察调研（人次）	现场培训（人次）	支持培训设备（万元）	支持培训经费（万元）
1	北京	178	4108	102	2564	165.82	206.96
2	天津	12	29	29	183	0	41.88
3	辽宁	136	2110	230	435	0	0
4	黑龙江	22	38	22	141	0	6
5	上海	159	1091	0	1079	20	187.8
6	江苏	256	1208	1687	2636	93	210.6
7	浙江	180	4494	408	3053	132.4	84.5
8	安徽	13	840	43	70	9.78	8.65
9	福建	116	1014	175	2898	65	105
10	山东	186	2105	414	3661	62.48	90
11	河南	52	650	128	800	33.556	29.18
12	湖北	38	1604	118	387	0	40
13	湖南	45	150	150	160	3	13
14	广东	358	1548	657	1582	217	124
15	合计	1751	20989	4163	19649	802.036	1147.57

文化部关于开展2017—2020年中西部地区文化市场综合执法能力提升行动计划的通知

文市发〔2016〕36号

各省、自治区、直辖市文化厅(局),新疆生产建设兵团文化广播电视局,西藏自治区、北京市、天津市、上海市、重庆市文化市场(综合)行政执法总队:

文化部《中西部地区文化市场综合执法能力提升三年(2014—2016)行动计划》(文市发〔2014〕13号,以下简称"行动计划")实施以来,中西部地区综合执法能力得到有效提升,东中西部地区普遍受益,行动计划取得良好成效。为进一步提升中西部地区文化市场综合执法能力,文化部将对口交流协作项目纳入《文化部"十三五"时期文化改革发展规划》,决定在"十三五"期间深入、广泛推进行动计划,现将有关工作通知如下:

一、实施综合执法对口交流协作项目

按照中央关于对口支援西藏、青海、新疆和新疆生产建设兵团的统一部署,安排北京等22个省(市)与西藏7个地市、青海6个自治州、新疆10个地州35个县、新疆生产建设兵团12个师市开展对口交流协作。请有关地区高度重视,积极争取将对口交流协作工作纳入本省(市)援藏、援青、援疆工作中统一安排,精心组织,务求取得实效。

请北京市、上海市继续加强与新疆维吾尔自治区、青海省的对口交流协作。相应调整确定天津市与重庆市、河南省与宁夏回族自治区、安徽省与河北省、湖南省与黑龙江省为对口交流协作地区。其余各省(区、市)对口交流协作结对安排不变。具体对口交流协作安排见附件。

二、扩大综合执法对口交流协作范围

东部地区文化行政部门和文化市场综合执法机构要根据"一对一精耕细作"的原则,将中西部地区每个地市的综合执法机构均纳入对口交流协作范围。各自所辖地市综合执法机构要进行"一对一"结对,原则上不进行"一对多"结对。鼓励有条件的地区将中西部地区县区级综合执法机构纳入对口交流协作项目。对口交流协作涉及3个省份的,可开展三省联动,深入开展对口交流协作。

三、依法合规,务求实效

行动计划涉及的各项经费要严格依法合规安排,严格遵守"八项规定"及各地有关会议、培训、差旅等经费管理要求。取消一般性的考察调研,务实开展行动计划各项工作。以提高中西部地区执法人员实际动手操作能力为重点,推广综合执法标准培训模式,采取现场培训、驻场学习、以案施训、案卷评查等形式,增强培训实效。加强执法协作,开展联合办案,将行动计划各项工作落到实处。

四、争取"三区"人才支持计划支持

请中西部地区积极争取将所属边远贫困地区、边疆民族地区和革命老区(以下简称"三区")综合执法人员培训申报纳入"三区"

人才支持计划文化工作者专项实施方案,争取相关政策和经费补助。

五、加强检查评估

文化部将加强对口交流协作项目实施的检查评估。对各省级文化行政部门和文化市场综合执法机构部署实施对口交流协作项目进行督导检查,对地市级综合执法机构对口交流协作实施成效进行随机抽查。对在执法办案、市场监管等方面取得明显进展的中西部地区和对口交流协作项目实施成效明显的东部地区综合执法机构予以表扬。

特此通知。

附件:1. 各省(区、市)对口交流协作结对安排

2. 有关地区与西藏、青海、新疆对口交流协作安排

文化部

2016 年 12 月 20 日

附件 1

各省（区、市）对口交流协作结对安排

东部（中部）省份	对口交流协作省份	
	中　部	西　部
北京市		贵州省、新疆维吾尔自治区
天津市		重庆市
上海市		内蒙古自治区、青海省
江苏省	山西省	四川省
浙江省		陕西省
福建省	江西省	云南省
山东省		甘肃省
广东省	海南省	
辽宁省		广西壮族自治区
河南省		宁夏回族自治区
安徽省	河北省	
湖北省	吉林省	
湖南省	黑龙江省	

附件 2

有关地区与西藏、新疆、青海对口交流协作安排

地区	西藏	青海	新疆	新疆生产建设兵团
北　京	拉萨市	玉树藏族自治州	和田地区（和田市、和田县、墨玉县、洛浦县）	第十四师
天　津	昌都市	黄南藏族自治州	和田地区（策勒县、于田县、民丰县）	
河　北	阿里地区		巴音郭楞州	第二师
山　西			昌吉州（阜康市）	第六师
辽　宁	那曲地区		塔城地区	第八师、第九师
吉　林	日喀则市		阿勒泰地区（阿勒泰市、哈巴河县、布尔津县、吉木乃县）	
黑龙江	日喀则市		阿勒泰地区（青河县、富蕴县、福海县）	第十师
上　海	日喀则市	果洛藏族自治州	喀什地区（莎车县、泽普县、叶城县、巴楚县）	
江　苏	拉萨市	海南藏族自治州	伊犁州	第四师、第七师
浙　江	那曲地区	海西蒙古族藏族自治州	阿克苏地区	第一师阿拉尔市
安　徽	山南市		和田地区（皮山县）	
福　建	林芝市		昌吉州（昌吉市、玛纳斯县、呼图壁县、奇台县、吉木萨尔县、木垒县）	
江　西			克孜勒苏州（阿克陶县）	
山　东	日喀则市	海北藏族自治州	喀什地区（麦盖提县、疏勒县、岳普湖县、英吉沙县）	
河　南			哈密地区	第十三师
湖　北	山南市		博尔塔拉州	第五师
湖　南	山南市		吐鲁番地区	
广　东	林芝市		喀什地区（疏附县、伽师县）	第三师图木舒克市
重　庆	昌都市			
四　川	昌都市			
陕　西	阿里地区			
深　圳			喀什地区（喀什市、塔什库尔干塔吉克自治县）	

关于印发《全国文化市场管理工作联席会议工作规则》等文件的通知

文市联发〔2016〕1号

为贯彻落实中央办公厅、国务院办公厅《关于进一步深化文化市场综合执法改革的意见》(中办发〔2016〕20号),文化部牵头建立全国文化市场管理工作联席会议制度。经与相关部门协商,确定了全国文化市场管理工作联席会议成员、联络员和联系人(附件1),并于2016年8月22日召开全国文化市场管理工作联席会议第一次全体会议,审议通过了《全国文化市场管理工作联席会议工作规则》(附件2)和《〈关于进一步深化文化市场综合执法改革的意见〉落实情况督查方案》(附件3)。

现将上述文件印发给你们,请结合实际认真贯彻执行。

附件:1. 全国文化市场管理工作联席会议成员、联络员和联系人名单

2. 全国文化市场管理工作联席会议工作规则

3.《关于进一步深化文化市场综合执法改革的意见》落实情况督查方案

全国文化市场管理工作联席会议

(文化部代章)

2016年9月18日

附件 1

全国文化市场管理工作联席会议成员、联络员、联系人名单

文化部

召集人	党组书记、部长	雒树刚
副召集人	党组成员、副部长	项兆伦

中央宣传部

成　员	副部长	孙志军
联络员	文改办主任	黄志坚
联系人	文改办事业处副处长	罗　杨

全国"扫黄打非"工作小组办公室(新闻出版广电总局)

成　员	副组长兼办公室主任(副局长)	吴尚之
联络员	反非法和违禁出版物司副司长	汤清淇
联系人	反非法和违禁出版物司协调联络处处长	车壮丽

教育部

成　员	党组副书记、副部长	杜玉波
联络员	社科司副司长	徐艳国
联系人	社科司教学与出版处调研员	林　丽

工业和信息化部

成　员	副部长	陈肇雄
联络员	信息通信管理局副局长	刘　杰
联系人	信息通信管理局处长	裴　玮

公安部

成　员	党委副书记、副部长	黄　明
联络员	治安管理局副局长	华敬锋
联系人	治安管理局娱乐服务场所和特种行业管理处处长	徐　永

工商总局

成　员	副局长	王江平
联络员	竞争执法局副局长	桑　林

联系人	竞争执法局经检处副处长	宁军红

国务院法制办

成　员	副主任	袁曙宏
联络员	教科文卫司副司长	张耀明
联系人	教科文卫司二处副处长	王新艳

国家文物局

成　员	副局长	关　强
联络员	博物馆与社会文物司副司长	张建新
联系人	博物馆与社会文物司社会文物处处长	金瑞国

联席会议办公室

文化部文化市场司司长	陈　通
文化部文化市场司副司长	刘　强
文化部文化市场司综合执法办公室处长	李晓勇
文化部文化市场司综合执法办公室副处长	廖　芸

附件 2

全国文化市场管理工作联席会议工作规则

为贯彻落实中央办公厅、国务院办公厅《关于进一步深化文化市场综合执法改革的意见》(中办发〔2016〕20 号),统筹、协调和指导全国文化市场管理工作,特建立全国文化市场管理工作联席会议制度。全国文化市场管理工作联席会议办公室为联席会议的日常办事机构,承担联席会议日常工作。联席会议及其办公室工作规则如下。

一、全国文化市场管理工作联席会议组成

联席会议由中央宣传部、文化部、全国"扫黄打非"办公室、教育部、工业和信息化部、公安部、工商总局、新闻出版广电总局(国家版权局)、国务院法制办、国家文物局等 10 个部门和机构组成。因工作开展需要新增成员单位的,由牵头单位提出,联席会议确定。

文化部为联席会议牵头单位。文化部部长担任联席会议召集人,文化部分管副部长担任联席会议副召集人,其他成员单位有关负责同志为联席会议成员。联席会议成员因工作变动需要调整的,由所在单位确定,联席会议备案。

联席会议办公室设在文化部文化市场司,承担联席会议日常工作。联席会议设司局级联络员、处级联系人,由各成员单位有关司局负责同志、处室负责同志担任。相关人员因工作变动需要调整的,由所在单位确定,联席会议办公室备案。

二、全国文化市场管理工作联席会议职责

(一)推动落实《关于进一步深化文化市场综合执法改革的意见》,统筹、协调和指导全国文化市场管理和文化市场综合执法改革工作;

(二)协调解决文化市场管理和综合执法改革中的重大问题,推动建立统一规范的文化市场管理重大制度和工作规则;

(三)协调各成员单位围绕文化市场管理开展业务培训、督查考核、专项治理等工作,建立绩效评估机制;

(四)指导各省(区、市)文化市场管理工作领导小组工作;

(五)指导文化市场管理和综合执法队伍建设,推动地方文化领域跨部门、跨行业综合执法,推进文化市场管理信息化建设;

(六)组织落实党中央、国务院、中央文化体制改革和发展工作领导小组交办的其他事项。

三、全国文化市场管理工作联席会议办公室职责

(一)负责联席会议的文秘和日常工作运转,起草联席会议年度工作计划,向联席会议提出活动动议;

(二)协调联络各成员单位,联系各省(区、市)文化市场管理工作领导小组办公室;

(三)依据联席会议决议,组织开展文化市场重大行动,协调、指导文化市场重大案件查处工作,承担重大活动宣传工作;

(四)编辑联席会议工作简报,通报重要工作进展;

(五)联席会议交办的其他工作。

四、各成员单位工作职责

(一)报送本部门文化市场管理、综合执法相关信息;

(二)参与联席会议决定共同开展的专项治理行动;

（三）开展联席会议组织的文化市场业务培训、督查考核、绩效评估等工作；

（四）指导文化市场综合执法业务，落实综合执法标准规范；

（五）根据部门职责落实中央领导批转或督办的事项。

五、全国文化市场管理工作联席会议工作机制

（一）会议机制。联席会议按照“集体讨论、协商一致”的原则决定相关事务；每年召开一次全体成员会议，定期召开联络员会议，并可根据特殊情况临时召开专题会议；

（二）协作机制。对需要多部门共同完成的综合执法改革督查、重要制度建设、重大案件查处、专项治理等工作任务，由联席会议协调相关成员单位协同推进；

（三）办文机制。联席会议以会议纪要形式明确会议议定事项；以联席会议名义印发的相关文件，按规定程序办理签批手续，并由文化部代章；

（四）信息通报机制。联席会议编发文化市场工作简报，收集、交流各地各部门文化市场管理、综合执法及相关工作动态，向各有关方面通报重要工作，向国务院、中央文化体制改革和发展工作领导小组、中宣部报告重要工作和重大事项。

六、附则

（一）联席会议决定本工作规则的修改，各成员单位可单独或共同提请修改本工作规则；

（二）本工作规则由联席会议办公室负责解释；

（三）本工作规则经 2016 年 8 月 22 日联席会议第一次全体会议审议通过，自印发之日起实行。

附件 3

《关于进一步深化文化市场综合执法改革的意见》落实情况督查方案

为进一步深化文化市场综合执法改革，促进文化市场持续健康发展，根据中央办公厅、国务院办公厅《关于进一步深化文化市场综合执法改革的意见》（中办发〔2016〕20 号，以下简称《意见》）精神，特制定本方案：

一、督查目标

按照《意见》要求，检查各省（区、市）文化市场综合执法改革情况，督促各单位落实中央文件精神。

二、督查方式

组织联席会议成员单位成员、联络员、联系人成立督查小组，由文化部、新闻出版广电总局、国家文物局等部门部领导带队，定期或不定期对部分省（区、市）进行督查。

三、督查时间

本次督查分两个阶段。

第一阶段：2016 年 10 月—12 月为《意见》落实情况中期督查。

第二阶段：2017 年 6 月—12 月为改革成果验收督查阶段。

四、督查程序

（一）听取汇报。听取省（区、市）对深化文化市场综合执法改革进展情况的汇报。

（二）查阅资料。查阅省（区、市）深化文化市场综合执法改革工作的有关材料，如工作方案、实施意见、领导讲话、会议记录、各类文件及规章制度等。

（三）召开座谈会。了解改革推进的实际情况，听取基层文化行政部门、文化市场综合执法机构对进一步深化改革的意见、建议。

（四）反馈情况。阶段性督查结束后，督查组向被督查地方反馈检查情况；对存在问题的，以联席会议名义提出整改意见。

五、督查内容

（一）《意见》落实情况中期督查阶段

1. 制定贯彻落实《意见》实施方案情况；

2. 贯彻落实《意见》有关文件印发情况，明确改革时间表、路线图、任务书；

3. 各级文化市场管理工作领导小组成立及完善情况；

4. 部署改革工作的专题会议召开情况；

5.《意见》全员培训开展情况；

6. 改革方案与《意见》要求的一致性：明确综合执法适用范围；人员纳入参公管理，保障经费、执法用车；省、市、县三级执法机构设置情况，即省级有专门机构负责综合执法工作，地市级实现同城一支队伍，县级保持相对独立；统一执法机构名称。

（二）改革成果验收督查阶段

1. 综合执法适用范围落实情况；

2. 综合执法机构名称、标志、证件、文书统一情况；

3. 综合执法信息化建设情况；

4. 综合执法运行机制建立情况；

5. 机构设置、编制、人员、经费落实情况；

6. 文化市场管理工作领导小组工作开展情况；

7. 相关法律法规建设工作开展情况。

文化部办公厅关于印发《文化市场黑名单管理办法(试行)》的通知

办市发〔2016〕1号

各省、自治区、直辖市文化厅(局),新疆生产建设兵团文化广播电视局,西藏自治区、北京市、天津市、上海市、重庆市文化市场(综合)行政执法总队:

为了贯彻落实《国务院关于促进市场公平竞争维护市场正常秩序的若干意见》(国发〔2014〕20号)、《国务院关于印发社会信用体系建设规划纲要(2014—2020年)的通知》(国发〔2014〕21号)等有关规定,建立文化市场信用监管制度,加强文化市场内容监管,加大对严重违法经营主体的惩戒力度,促进行业诚信自律,维护市场秩序,我部制定了《文化市场黑名单管理办法(试行)》,现印发给你们,请结合实际贯彻执行。

当前,国家正在大力推动简政放权、放管结合、优化服务,构建以信用监管为核心的事中事后监管体系。文化市场黑名单制度是文化市场信用监管的基本制度。开展黑名单管理是适应简政放权、先照后证改革、创新文化市场事中事后监管的迫切要求,是完善文化产品准入退出机制、实现文化市场精确管理的有效手段,是强化市场主体责任、加强行业自律、扩大社会监督的重要举措。要通过黑名单管理,完善守信激励、失信惩戒机制,提高文化市场监管效能,营造良好信用环境,保护未成年人合法权益,促进文化市场健康有序发展。

按照试点先行、逐步推开的原则,在全国试行文化产品黑名单管理,在河北、天津、上海、浙江、湖南、广东、广西、重庆、云南等省(直辖市)试点文化市场经营主体黑名单管理,试点期限为一年。试点地区省级文化行政部门可以在现行规定的基础上,适当增加经营主体黑名单的列入情形,探索相关联合惩戒措施。试点期间,省级文化行政部门应当每半年向文化部报送试点工作情况。文化部将在试点结束后进行总结评估,并在完善管理制度和工作机制的基础上,适时在全国推开。

特此通知。

文化部办公厅

2016年1月6日

文化市场黑名单管理办法(试行)

第一条 为了贯彻落实《国务院关于促进市场公平竞争维护市场正常秩序的若干意见》(国发〔2014〕20 号)、《国务院关于印发社会信用体系建设规划纲要(2014—2020 年)的通知》(国发〔2014〕21 号)等有关规定,加强文化市场内容监管,加大对严重违法经营主体的惩戒力度,保护未成年人合法权益,促进行业诚信自律,净化市场环境,根据我国文化市场有关法规规章,制定本办法。

第二条 本办法所称文化市场黑名单管理,是指文化行政部门或者文化市场综合执法机构将含有禁止内容且社会危害严重的文化产品、严重违反文化市场有关法规规章的经营主体列入文化市场黑名单,并向社会公布,实施信用约束、联合惩戒等措施的统称。文化市场黑名单包括文化产品黑名单和经营主体黑名单。

第三条 本办法所称文化产品,包括营业性演出、艺术品、游戏游艺设备、歌舞娱乐场所播放的曲目和画面以及网络音乐美术娱乐、网络游戏、网络动漫、网络演出剧(节)目、网络表演、手机音乐等网络文化产品。

第四条 文化部负责指导全国文化市场黑名单管理工作,负责文化产品黑名单的列入、公布工作,负责建立文化市场黑名单管理系统。县级以上文化行政部门或者文化市场综合执法机构负责本辖区文化市场黑名单管理工作,负责违法文化产品的信息的报送工作,负责本辖区经营主体黑名单的列入、移出等管理工作。

第五条 文化部根据专家审查意见,经依法认定,将含有《营业性演出管理条例》《娱乐场所管理条例》《互联网上网服务营业场所管理条例》《互联网文化管理暂行规定》《网络游戏管理暂行办法》《美术品经营管理办法》等文化市场有关法规规章禁止内容且社会危害严重的文化产品,列入文化产品黑名单。

第六条 县级以上文化行政部门、文化市场综合执法机构按照“谁处罚,谁报送”的原则,将含有禁止内容的文化产品的信息,自行政处罚决定生效之日起 5 日内,通过文化市场黑名单管理系统或者其他方式报送文化部。

报送内容应当包括违法文化产品名称、类型、经营者、统一社会信用代码、案由、处罚信息及违法文化产品内容(含视频、音频、游戏、歌词、剧本等)。

第七条 县级以上文化行政部门或者文化市场综合执法机构按照属地管理及“谁处罚,谁列入”的原则,将有下列严重违法情形之一的经营主体,列入黑名单。

(一)因擅自从事文化市场经营活动,被文化行政部门或者文化市场综合执法机构行政处罚两次以上的;

(二)被文化行政部门或者文化市场综合执法机构吊销许可证的;

(三)因欺骗、贿赂等不正当手段取得的许可证、批准文件被文化行政部门撤销或者因伪造、变造许可证、批准文件被文化行政部门或者文化市场综合执法机构行政处罚的;

(四)法规规章规定的其他情形。

第八条 符合本办法第七条规定情形的,文化行政部门或者文化市场综合执法机构自行政处罚决定或者行政决定生效之日起 5 日内,将经营主体列入黑名单。

经营主体跨区域从事文化市场违法经营活动,被异地文化行政部门或者文化市场综合执法机构行政处罚,符合本办法第七条规定的,由作出行政处罚的文化行政部门或者文化市场综合执法机构通报经营主体所在地同级文化行政部门或者文化市场综合执法机构，由其负责将经营主体列入黑名单。

第九条 经营主体被列入黑名单后，列入机关应当于列入当日将有关信息录入文化市场黑名单管理系统。录入信息应当包括经营主体名称、法定代表人或者主要负责人、统一社会信用代码、地址、案由、处罚信息、列入日期、列入机关等。

第十条 除依法不宜公开的之外，文化部统一向社会公布全国文化市场黑名单。地方各级文化行政部门、文化市场综合执法机构可以根据各地实际情况，将本辖区的经营主体黑名单，同时通过官方网站、报纸、广播、电视等方式予以公布。文化市场黑名单全国适用。

第十一条 经营主体被列入黑名单满5年的，由列入机关组织监督检查，未发现在列入期间有违反文化市场有关法规规章行为的，移出黑名单并予公布。

第十二条 经营者对其文化产品被列入黑名单有异议的，或者经营主体对被列入黑名单有异议的，可以自公布之日起30日内，向列入机关提出书面申请并提交相关证明材料。列入机关应当在5日内决定是否受理。予以受理的，应当在20日内核实，并将核实结果书面告知申请人；不予受理的，将不予受理的理由书面告知申请人。

通过核实发现列入黑名单存在错误的，应当自查实之日起5日内予以更正。

第十三条 列入经营主体黑名单所依据的行政决定或者行政处罚决定被撤销的，列入机关应当在知道相关决定后3日内，将经营主体移出黑名单并报告文化部。

第十四条 文化行政部门或者文化市场综合执法机构向涉嫌严重违法经营主体下达《行政处罚事先告知书》时，应当提示其可能被列入黑名单的风险。

第十五条 禁止传播、经营被列入黑名单的文化产品。文化行政部门进行行政审批时，对申请中含有黑名单文化产品的，不予批准；对传播、经营过黑名单文化产品的经营者提交的申请予以重点审查。

第十六条 经营主体被列入黑名单期间，其法定代表人或者主要负责人依法不得担任新设立文化市场经营主体的法定代表人或者主要负责人。

第十七条 各级文化行政部门、文化市场综合执法机构应当将被列入黑名单的文化产品及经营主体纳入重点监管对象，加大执法检查频次，对再次发生违法违规行为的，依法从重处罚。

第十八条 文化行政部门、文化市场综合执法机构不得将被列入黑名单的文化产品纳入评奖评优的范围，不得将被列入黑名单的经营主体纳入表彰奖励、政策试点、政府采购、政策性资金及项目扶持等范围。

第十九条 文化行政部门、文化市场综合执法机构可以将经营主体黑名单通报有关部门，予以联合惩戒。

第二十条 鼓励社会组织和个人对传播、经营黑名单文化产品的行为，对被列入黑名单的经营主体的经营行为进行监督，发现有违反文化市场有关法规规章行为的，有权向文化行政部门或者文化市场综合执法机构举报。

第二十一条 文化行政部门、文化市场综合执法机构在文化市场黑名单管理过程中，滥用职权、玩忽职守、徇私舞弊的，应当依法依规予以追责。

第二十二条 本办法由文化部负责解释。

文化部关于启用新版文化市场经营许可证的通知

文市函〔2016〕151 号

各省、自治区、直辖市文化厅(局),新疆生产建设兵团文化广播电视局,西藏自治区、北京市、天津市、上海市、重庆市文化市场(综合)行政执法总队:

为贯彻落实国家简政放权、先照后证改革要求,推进文化市场行政审批制度改革,简化文化市场经营许可证(以下简称许可证)载明事项,提高工作效率,文化部决定启用新版许可证。现将有关事项通知如下:

一、新版许可证证面版式统一为一种,分正本与副本。正本与副本正面内容一致,按照《新版文化市场经营许可证印制标准》(附件1)印制,并按照《新版文化市场经营许可证打印标准》(附件2)打印。

二、新版许可证对旧版许可证载明事项做了调整,共9种格式,分别适用于不同类型的市场主体。许可证格式及调整后的载明事项请参照《新版文化市场经营许可证打印标准》。二维码登载许可证基本信息、专项信息和处罚信息等。

三、新版许可证和旧版许可证并行使用一段时间。自2016年4月1日起,新版许可证开始启用,旧版许可证停止发放,但有效期未届满的旧版许可证依然有效。没有注明有效期的旧版许可证的使用最迟不超过2017年3月31日。

四、民族自治地区需要在许可证上同时使用本民族文字的,由省(自治区)文化厅将使用少数民族文字的许可证正、副本样品报文化部批准。

五、各省级文化行政部门统一负责本辖区许可证印制的组织工作。要按照有关规定和要求确定定点印制企业,并按照《新版文化市场经营许可证印制标准》规定的标准,加强对新版许可证印制工作的监督管理,保证印制质量和安全。对于印刷质量不合格的许可证,一律禁止出厂,并予以销毁。

六、新版许可证由文化部委托制作单位设计,版权归文化部所有。新版许可证源文件由文化部提供省级文化行政部门使用。

省级文化行政部门应当加强组织,有计划地开展新版许可证换发工作。新版许可证在使用中的情况及问题,请及时报告文化部。

特此通知。

附件:1. 新版文化市场经营许可证印制标准(略)

2. 新版文化市场经营许可证打印标准(略)

文化部

2016年2月29日

文化部关于对文化市场政策落实和行政审批规范化情况开展督查的通知

文市函〔2016〕342号

各省、自治区、直辖市文化厅(局),新疆生产建设兵团文化广播电视局,西藏自治区、北京市、天津市、上海市、重庆市文化市场(综合)行政执法总队:

近年来,为贯彻党中央、国务院决策部署,文化部围绕简政放权、放管结合、优化服务和促进文化消费,出台了一系列文化市场政策措施,各地积极推动政策落地,取得了明显成效。同时也要看到,一些地方政策落实还不到位、效果还不明显,部分地区行政审批不规范、服务质量不高等问题还不同程度存在,制约了行业转型升级,未能有效激发市场活力,影响了文化市场发展繁荣。现决定对党的十八大以来文化部出台的文化市场政策落实和行政审批规范化情况开展一次全面督查。现将有关工作通知如下:

一、督查目的

督促和指导各地方落实文化市场政策措施,规范和改进文化市场行政审批工作,创建一批文化市场行政审批示范点,引导和推动行业转型升级,扩大文化消费,促进市场繁荣。

二、主要内容

这次督查主要包括两方面的内容:一是督查各地贯彻落实党的十八大以来文化部出台的文化市场政策措施的情况;二是督查文化市场行政审批规范化情况。

(一)督查落实的主要政策内容

简政放权相关政策。2013年文化部下放6项行政审批事项的落实情况;14项文化市场主体审批前置改为后置的落实情况;取消对含有电子游戏机的游艺娱乐场所、互联网上网服务营业场所总量和布局规划要求的落实情况;取消最低注册资本限制的落实情况等。

促进行业健康发展相关政策。允许内外资企业从事游戏游艺设备生产和销售政策的落实情况;贯彻实施《艺术品经营管理办法》的情况;文化娱乐行业及互联网上网服务行业转型升级情况;上网服务营业场所扩大长效机制试点范围实施情况;网络文化经营单位开展自审工作情况;文化市场扩大对外开放试点政策的落实情况等。

事中事后监管相关政策。文化产品黑名单制度试行情况;9个试点省份推进文化市场经营主体黑名单管理试点情况;建立"双随机"抽查机制情况等。

(二)督查审批规范化主要内容

依法审批。审批层级设置的合法性;审批条件增减及材料规范情况;审批受理、审查、公示、听证、决定、送达等程序合规性;依法限时办结情况等。

信息公开。行政审批事项、依据、条件、数量、程序、期限以及需要提交的全部材料目录及示范文本在办公场所和政府网站公开情况;审批结果公示情况等。

审批服务。建立一次性告知制、首问负

责制、分工替岗制、服务承诺制等便民服务规范情况；编制审批服务指南及免费方便取用情况；营业性演出增加演出地提供备案服务情况；审批服务监督电话及电子邮箱公开情况；审批人员培训情况；通过全国文化市场技术监管与服务平台办理审批业务情况等。

督查政策文件及自查表将另行印发。

三、督查方式和工作安排

（一）自查阶段(2016 年 5 月至 9 月)。省级文化行政部门应当制定督查实施方案，认真部署省内督查工作，有条件的地区，可以在自查基础上，组织省内督查组开展督查工作。地方各级文化行政部门、文化市场综合执法机构要按照督查重点，认真深入开展自查，查找问题及差距，分析症结，立行立改，抓紧抓好各项政策措施的落实，抓出成效，不断改进行政审批工作，优化审批服务。省级文化行政部门应当将自查情况报告及《2015—2016 文化市场行政审批(备案)情况报送表》(见附件 1)于 2016 年 8 月 31 日前报文化部。

（二）全国督查阶段(2016 年 10 月至 11 月)。文化部将派出督查组赴部分省(自治区、直辖市)开展督查。督查组主要采取召开座谈会、听取汇报、查阅相关资料、走访审批服务大厅及企业、查看全国文化市场技术监管与服务平台应用情况等方式开展实地督查。

（三）整改通报阶段(2016 年 12 月至 2017 年 3 月)。各督查组督查结束一周内，将向督查地区反馈督查情况，提出督查地区政策措施落实及行政审批中存在的问题。省级文化行政部门应当根据督查组反馈意见，制定整改方案，分析政策措施落实不到位或者行政审批不规范的原因，提出解决的办法和路径，并自收到督查组反馈意见一周内将整改方案报文化部。全国督查结束后，文化部将向全国通报以下情况：一是督查发现的主要问题及整改情况；二是落实文化市场政策措施效果较好的省份和较差的省份；三是文化市场行政审批规范化建设较好的省份和较差的省份；四是典型经验做法。

各级文化行政部门要以此次督查为契机，不断推进行政审批规范化建设，创新服务模式，积极打造行政审批示范样本。各省级文化行政部门要根据省内督查情况，建设 3 个左右文化市场行政审批示范点(包括省、区县级审批窗口)，以点带面，提高文化市场行政审批规范化水平。请于 2016 年 8 月 31 日前将本省文化市场行政审批示范点报文化部备案(见附件 2)。在全国督查期间，文化部将组织对部分示范点进行现场考察。对工作开展较好的文化市场行政审批示范点，文化部将给予相应扶持。

特此通知。

附件：1. 2015—2016 文化市场行政审批(备案)情况报送表

2. 文化市场行政审批示范点备案表

文化部

2016 年 5 月 4 日

附件 1

2015—2016 文化市场行政审批(备案)情况报送表

序号	审批(备案)项目	2015 年数量	2016 年上半年数量
1	中外合资经营、中外合作经营的歌舞娱乐场所设立审批		
2	中外合资经营、中外合作经营的游艺娱乐场所设立审批		
3	香港、澳门服务提供者在内地设立内地方控股的合资演出团体审批		
4	香港特别行政区、澳门特别行政区的投资者在内地投资设立合资、合作、独资经营的演出经纪机构审批		
5	台湾地区的投资者在内地投资设立合资、合作经营的演出经纪机构的审批		
6	香港特别行政区、澳门特别行政区的投资者在内地投资设立合资、合作、独资经营的演出场所经营单位的审批		
7	台湾地区的投资者在内地投资设立合资、合作经营的演出场所经营单位的审批		
8	演出经纪机构设立审批		
9	举办外国的文艺表演团体、个人参加的营业性演出审批		
10	举办香港特别行政区、澳门特别行政区的文艺表演团体、个人参加的营业性演出审批		
11	举办台湾地区的文艺表演团体、个人参加的营业性演出审批		
12	艺术品进出口经营活动审批		
13	经营性互联网文化单位设立审批		
14	游戏游艺设备内容审核		
15	歌舞娱乐场所设立审批		
16	游艺娱乐场所设立审批		
17	文艺表演团体设立审批		
18	演出场所经营单位备案		
19	个体演员备案		
20	个体演出经纪人备案		
21	营业性演出审批		
22	互联网上网服务营业场所经营单位设立审批		
23	特殊监管区域(自贸区、服务业扩大开放试点地区等)文化市场试点政策项目审批情况(审批项目及审批数量):		

附件 2

文化市场行政审批示范点备案表

报送单位:

示范点单位	
窗口地址	
基本情况介绍（包括依法审批、信息公开、服务、审批数量等情况）	
特色创新	
联系人及联系方式	

注:表格一页填不下,可以多页。

文化部关于贯彻落实《关于进一步深化文化市场综合执法改革的意见》的通知

文市函〔2016〕427号

各省、自治区、直辖市文化厅(局),新疆生产建设兵团文化广播电视局,西藏自治区、北京市、天津市、上海市、重庆市文化市场(综合)行政执法总队:

近日,中共中央办公厅、国务院办公厅印发了《关于进一步深化文化市场综合执法改革的意见》(中办发〔2016〕20号,以下简称《意见》),明确规定了进一步深化文化市场综合执法改革的重要意义、指导思想、总体目标、基本原则、重点任务和组织领导。为贯彻落实《意见》,确保2017年年底前基本完成改革任务,现就有关事项通知如下:

一、提高认识

加强文化市场管理,进一步完善文化市场综合执法,推动现代文化市场体系建设,是维护国家文化安全和意识形态安全,促进文化事业文化产业繁荣发展的重要举措。各地要充分认识深化文化市场综合执法改革的重要性和必要性,坚持正确的政治方向,突出政治性、政策性和专业性,把《意见》规定的各项改革任务落到实处。

二、明确改革时间表、路线图、任务书

各省(区、市)要逐项梳理《意见》中的改革任务,明确制定各项任务的时间表、路线图,确定改革工作的责任部门。要于2016年9月30日前出台贯彻落实《意见》的具体实施方案,并报送文化部。要召开专题会议部署改革工作,建立督促检查机制,确保任务分工全覆盖、督查落实不缺位。各地要按季度报送改革工作进展情况(见附件)。

要把全面学习和贯彻落实《意见》精神作为今后一段时期的重要工作任务,开展全员培训,实现培训全覆盖。每一位文化市场管理、执法人员要透彻理解《意见》精神,全面把握改革要点,自觉在工作实践中落实改革要求。

三、充实完善文化市场管理工作领导小组

各地要于2016年10月前充实完善省、市、县三级文化市场管理工作领导小组,统一领导本行政区文化市场管理和综合执法工作,研究解决深化改革重大问题。领导小组尚未成立或者已撤销的,要尽快组建领导小组;已成立领导小组的,要进一步完善组织结构和工作制度,切实发挥领导作用。各级文化行政部门(综合执法机构)要加强领导小组办公室建设,做好统筹协调工作。

四、科学设置各级文化市场综合执法机构

各地要按照《意见》明确的改革方向,结合本地实际,积极探索有利于加强执法监管、提高执法效能的文化市场综合执法机构设置形式。省、自治区文化厅(局)要确定专门机构,承担综合执法工作。有条件的直辖市要

对区(县)综合执法工作实行直接管理,实现统一指挥。有条件的副省级城市和省辖市要将市区两级文化市场综合执法队伍整合起来,实现“同城一支队伍,同城一个标准”。县级市和县文化市场综合执法机构,要落实执法责任,提高执法能力,履行宣传文化战线执法监管责任。

在改革推进中,要细致做好思想政治工作,做好各项改革衔接,实现平稳过渡,确保改革过程中执法队伍思想不乱、队伍不散、工作不断,执法高效有力,市场监管到位。

五、认真履行各级执法监管职责

各地要根据《意见》规定的文化市场综合执法适用范围,明确综合执法机构的工作职责。各级综合执法机构要认真履职,严把红线,踩线必惩,实现对文化市场监管的全覆盖。对原有的职责,要进一步改进监管方式、强化监管手段,提高监管效能;对新增的职责,要充分整合现有执法资源,梳理、明确工作流程与方式方法,做到业务熟悉,技能熟练,执法到位。

六、提高文化市场综合执法保障水平

要按照《意见》要求,加强与编制、人力资源和社会保障部门(公务员局)的协调沟通,统一规范综合执法机构名称,统筹安排本地区综合执法机构的编制,依法依规将执法人员纳入参照公务员法管理。落实事业单位分类改革及行政执法类公务员改革精神,已纳入综合管理类或行政执法类公务员管理的执法人员保持不变。要积极与财政部门沟通,将工作经费和能力建设经费列入同级政府财政预算,确保经费足额到位。要按要求保障综合执法车辆,确保日常执法工作正常开展。

七、加强文化市场综合执法业务和队伍建设

要明确省、市、县三级的培训责任,以政治意识、执法业务、工作作风为重点内容做好培训工作,定期开展练兵比武活动,提升执法人员执法能力。要推进文化市场综合执法信息化建设,建立文化市场“一户一档”基础数据库,完善文化市场主体信用信息记录,建立健全文化市场警示名单和黑名单制度,对文化市场进行分级分类监管。要全面落实执法责任、政务信息公开和绩效考评等制度,以政治坚定、行为规范、业务精通、作风过硬为目标,把各级文化市场综合执法队伍建设成宣传文化战线的坚强的行政执法队伍。

从今年11月起,文化部将会同有关部门组成联合督查组,采取调研、通报、片会、约谈等方式,对各地改革工作进行专项督查。

特此通知。

附件:文化市场综合执法改革工作台账

文化部

2016年6月1日

附件

文化市场综合执法改革工作台账

填表单位：　　　　　　　　填表人：　　　　　　　　　　　　联系方式：

	区划数量	成立文化市场管理工作领导小组及办公室数量	综合执法机构数量							综合执法人员编制情况				经费纳入财政预算数量	配备执法车辆机构数	配备执法车辆总数
			行政	参公	事业	整合文广新执法权机构数量	被归并整合到其他部门机构数量	整合文广新以外职能的机构数量	同城一支队伍机构数量	行政编制数	参公编制数	事业编制数	其他编制数			
省	/								/							
市州(含直管县)																
县区									/							

注：实现同城一支队伍的，请同时报送机构名称，所辖区县数量；被整合到其他部门的请同时报送被整合详细情况。

请于每季度首月五日前报送至黄卓处.010－59881898。

文化部办公厅关于进一步推进全国文化市场技术监管与服务平台应用工作的通知

办市函〔2016〕103 号

各省、自治区、直辖市文化厅(局),新疆生产建设兵团文化广播电视局,西藏自治区文化市场综合执法总队,北京、天津、上海、重庆市文化市场行政执法总队:

根据《财政部关于批复全国文化市场技术监管与服务平台建设项目总预算的通知》(财教〔2013〕3 号),文化部启动了全国文化市场技术监管与服务平台(以下简称平台)项目建设。目前,已开发完成业务应用系统、地理信息系统、决策支持系统、培训考试系统、网络游戏和网络音乐动态监管系统等 6 个子系统。平台的广泛上线应用,为改革创新文化市场管理方式和手段,有效规范审批和执法行为,建设文化市场信用体系提供了有力支撑。为进一步提升平台应用水平,现就有关工作通知如下:

一、工作目标

着力提高平台覆盖率和上线率,力争到 2016 年底,建立完善的“一户一档”数据库,全国平台上线率达 95%,存量文化市场经营主体数据激活率达 98% 以上;着力推进文化市场黑名单管理制度建设,形成可追溯的文化市场监管体系;着力推进互联互通,消除信息孤岛,实现相关部门信息共享。

二、工作内容

(一)推广业务应用系统,提高平台覆盖率。

1. 未上线地区要尽快上线应用平台,已上线地区要做到除涉密业务外,所有新增审批及执法业务均通过平台即时办理。

2. 落实《全国文化市场技术监管与服务平台应用规范(试行)》,规范账号设置使用、规范业务数据处理。所有经营许可证和行政处罚决定书在平台生成并打印,以此为抓手,完善“一户一档”文化市场信息资源库。

3. 建设文化部文化市场综合执法指挥中心,建立联系紧密、指挥顺畅、一统到底的文化市场执法指挥体系。有条件的地区要充分应用地理信息系统、移动执法系统,实现对执法人员的即时调度、应急配备和远程指挥。

4. 落实《文化市场综合执法人员培训考核办法(试行)》,在全国范围应用在线培训考试系统;实现网络音乐内容自审信息在线报备。

(二)做好政策衔接,推进黑名单管理制度建设。

1. 按照《文化部办公厅关于印发〈文化市场黑名单管理办法(试行)〉的通知》(办市发〔2016〕1 号)要求,建设文化市场黑名单管理系统,完善守信激励、失信惩戒机制,构建以信用监管为核心的事中事后监管体系。

2. 在《文化部关于落实“先照后证”改进文化市场行政审批工作的通知》(文市函〔2015〕627 号)明确的权限范围内,及时明确审批权调整涉及的行政区划、层级、事项、机构,规范审批行为,避免因政策调整带来业务空档。

3. 落实《文化部关于启用新版文化市场经营许可证的通知》(文市函〔2016〕151 号)规定,及时调整文化市场经营许可证、行政处罚决定书等文书样式,做好二维码标识的使用和宣传贯彻工作。

4. 贯彻实施《艺术品经营管理办法》(文化部令第 56 号),通过平台办理艺术品相关审批、备案及行政执法业务,对艺术品市场实行全方位内容监管。

(三)加快数据对接,实现互联互通。

1. 主动与工商行政部门沟通,建立工商登记信息推送机制。有接口需要的地区应当按照平台数据对接规范,实现地方自有系统、地方政务系统、信息公示系统等与平台的对接,实现业务数据共享互换。

2. 北京、上海、浙江、吉林、广州要按照接口对接工作有关要求,于 2016 年 6 月前实现数据对接。未在规定时间内完成对接工作或者数据项不符合接口规范的,必须直接应用平台办理相关业务。

3. 根据行业发展新形势、市场管理新任务,调整和规范各省互联网上网服务营业场所技术监管平台功能内容,实现互联互通,提升管理与服务水平(该项工作另文部署)。

三、工作要求

(一)加强组织领导。强化领导职责,明确责任分工,进一步加强平台应用推广工作的组织保障,确定专门的实施部门和责任人员,培养平台业务骨干,扎实推进平台应用。

(二)建立考核机制。高度重视平台工作,将平台作为办理文化市场管理和综合执法日常业务的必备工具;要建立考核制度,以日志记录、电子档案等为依据,定期检查平台应用情况,通报考核结果,保障平台应用规范有序。

(三)强化沟通交流。文化部将根据各地应用情况反馈和建议,不断完善系统,提升系统易用性,满足业务管理需要。

(四)落实资金保障。结合本地文化市场管理实际,利用平台提供的技术资源和数据资源,进一步开发满足自身需求的信息化应用。争取财政支持,开发数据交换接口,实现与各部门信息系统的对接,提高公共服务水平。

特此通知。

文化部办公厅

2016 年 3 月 23 日

文化部文化市场司关于印发《文化市场综合执法人员培训考核办法》(试行)的通知

市函〔2016〕14 号

各省、自治区、直辖市文化厅(局),新疆生产建设兵团文化广播电视局,西藏自治区、北京市、天津市、上海市、重庆市文化市场(综合)行政执法总队:

为加强和规范文化市场综合执法人员培训考核工作,提高执法队伍整体素质,根据《文化市场综合行政执法管理办法》《文化市场综合执法队伍业务技能训练考核大纲(试行)》,文化部文化市场司制定了《文化市场综合执法人员培训考核办法(试行)》,现印发给你们,请遵照执行。

特此通知。

附件:《文化市场综合执法人员培训考核办法(试行)》

文化部文化市场司

2016 年 3 月 1 日

附件

文化市场综合执法人员培训考核办法(试行)

第一条 为加强和规范文化市场综合执法人员(以下简称综合执法人员)培训考核工作,提高执法队伍整体素质,根据《文化市场综合行政执法管理办法》《文化市场综合执法队伍业务技能训练考核大纲(试行)》,制定本办法。

第二条 全国各级综合执法人员适用本办法。

第三条 综合执法人员培训以能力建设为重点,根据不同层级综合执法人员职责要求,实施分级分类培训。

第四条 文化部文化市场司负责统筹、指导全国文化市场综合执法队伍培训工作,组织编写教学大纲和培训教材,建立全国文化市场综合执法师资库,制定培训考核规范,督促检查地方培训工作,研发并运行维护全国文化市场技术监管与服务平台在线培训考试系统(以下简称培训考试系统)。

省级文化行政部门和文化市场综合执法机构负责统筹本地区综合执法人员培训工作,组织应用培训考试系统,编制年度培训计划,督促计划落实并对培训绩效进行考核、评估。

省级以下文化行政部门和文化市场综合执法机构负责本地区综合执法人员培训的具体组织实施。

第五条 综合执法人员培训实行学分制登记管理,综合执法人员应当按年度修满规定的学分,完成情况将作为文化市场综合执法证发放的考核指标之一。习得学分可计入当地人事、法制等部门组织的干部教育培训学分。

第六条 处级以下综合执法人员每年须完成80学分的培训课程,处级以上(含)综合执法人员每年须完成50学分的培训课程。55周岁以上(含)的男性执法人员、50周岁以上(含)的女性执法人员不纳入考核范围。

学分统计的起止时间为每年1月1日至12月31日,超出部分不计入下一年度学分。

第七条 综合执法人员培训包括线上培训及线下培训两个部分,采取分类计算、累计积分方式。其中,线上培训比重应当占总学分数的60%以上。

第八条 线上培训包括培训考试系统中的专业课程和通用课程。专业课程包含文化市场综合执法业务知识和技术内容;通用课程是指与综合执法人员岗位工作相关的综合性课程。

线上培训按课程计分,每门专业课程5学分,每门通用课程3学分。课程学习完毕,培训考试系统自动计分。

第九条 线下培训包括执法业务培训、更新知识培训和干部教育培训。

执法业务培训是指各级文化行政部门和文化市场综合执法机构组织的文化市场综合执法工作相关知识和技能的现场培训;更新知识培训是指综合执法人员自主参加的学历(学位)教育;干部教育培训是指当地法制、人事等相关部门组织的培训。

第十条 线下执法业务培训按场次计分,参加并完成相应培训任务的,计5分,由各省级培训管理员统一实施(具体实施细则详见培训考试系统操作手册)。文化部文化市场司、各省级文化行政部门和文化市场综合执法机构应当统筹、汇总全省(区、市)各级培训计划,并于每年3月31日前将本年度计划录入培训考试系统，经审核后作为线下计分场次依据。如需临时调整，由省级文化行政部门或者文化市场综合执法机构申请，经文化部文化市场司审核后予以添加、变更或者删减。

鼓励综合执法人员在职参加学历（学位）学习，以学历（学位）证书或者学校当年有效学习证明为线下更新知识培训计分凭证。综合执法人员应当通过培训考试系统自行申请并上传相应材料，经所在地省级培训管理员核验无误后，学历（学位）证书计为完成当年学分 10 分，学习证明计为完成当年学分 5 分。

干部教育培训以场次计分，参加并完成相应培训任务的，计 4 分，由综合执法人员通过培训考试系统自行申请并上传相关部门盖章的有效证明文件，经所在地省级培训管理员核验无误后，予以计分。

第十一条 省级、市级文化行政部门和文化市场综合执法机构应当于每年年底对本地区综合执法人员参加培训的情况进行评估，并应用培训考试系统每年分别组织不少于一场考试。考试范围、内容、规模由各省级文化行政部门和文化市场综合执法机构自行确定。

第十二条 文化部文化市场司将应用培训考试系统对全国综合执法机构和人员培训情况进行统计排名，并将其作为文化部文化市场司组织的各类综合执法评先、评优活动的重要指标，对排名靠前的，将优先考虑。

第十三条 本办法自 2016 年 4 月 1 日起正式施行，由文化部文化市场司负责解释。

文化部文化市场司关于加强综合执法机构管理保障综合执法改革有序推进的通知

市函〔2016〕63号

各省、自治区、直辖市文化厅(局),新疆生产建设兵团文化广播电视局,西藏自治区文化市场综合执法总队,北京、天津、上海、重庆市文化市场行政执法总队:

中央办公厅、国务院办公厅《关于进一步深化文化市场综合执法改革的意见》(以下简称《意见》)印发以来,各地认真贯彻落实,积极推进综合执法改革,取得了一定进展。但是一些地方文化市场综合执法编制被挪用、执法人员被借调、执法职责得不到落实等问题仍然存在,阻碍了进一步深化综合执法改革,需要引起高度重视。现就有关事项通知如下:

一、做好执法力量保障工作

文化市场综合执法机构普遍编制少、人手缺,执法力量紧张。一些地方执法机构编制数被占用、执法人员被借调,导致原本就不足的执法力量更显匮乏,严重影响了日常执法工作的开展,部分地方长期没有办理过一般程序行政执法案件。各省(区、市)要全面、翔实调查本行政区文化市场综合执法机构编制被占用和人员被借调的情况,清理整顿占用借调问题,确保综合执法人员在编在岗率在90%以上。

二、推动执法机构按规范设置

《意见》对直辖市和市、县两级文化市场综合执法机构的设置方向予以了明确。有的地区在推进行政执法体制改革试点工作时,简单地将文化市场综合执法机构与其他执法机构整合归并,导致部分地区出现管理真空,文化市场秩序混乱。文化市场执法属于意识形态领域执法,政治性、政策性、专业性强。要坚持党的领导,坚持“文化例外”原则,坚持文化市场综合执法机构干部任免参照宣传文化单位干部管理规定的原则,从维护国家文化安全和意识形态安全的高度,从文化市场综合执法队伍是宣传文化战线行政执法力量的高度,正确处理好文化市场综合执法改革与综合行政执法体制改革的关系,确保文化市场综合执法机构、人员稳定,职能有效履行。

三、推动实现同城一支队伍

各地要立足于文化市场综合执法队伍的全局和长远发展,贯彻落实国务院《关于促进市场公平竞争维护市场正常秩序的若干意见》和《意见》精神,把握改革发展方向,把实现同城一支队伍作为此轮深化改革的重中之重,抓紧抓实抓好。设区的市,要撤销原有区级执法队伍,将人员、编制、装备等统一整合至市级执法队伍,充实执法力量,形成执法合力,减少执法成本,提升执法效能。

四、落实改革台账制度

今年6月,文化部文化市场司建立了文化市场综合执法改革台账,要求各地定期上报改革进展。一些地方对这项工作重视不够,对本地区改革进展掌握不全面，报送时间不及时、台账数据不准确等。各省（区、市）要指定专人负责台账报送工作，做到改革动态全面掌握、改革进展及时报告。

五、指导监督地方改革工作

各省（区、市）要认真分析本行政区综合执法改革中出现的新情况、新问题，对错误理解《意见》的观点，要及时予以纠正；对违背《意见》改革精神的举措，要及时予以制止。对落实改革政策出现偏差的，将取消当地评优表彰、扶持奖励的资格，并予以通报批评。

特此通知。

文化部文化市场司

2016 年 9 月 22 日

文化产业

中华人民共和国电影产业促进法
(2016年11月7日第十二届全国人民代表大会常务委员会第二十四次会议通过)

目　录

第一章　总　则

第一条　为了促进电影产业健康繁荣发展,弘扬社会主义核心价值观,规范电影市场秩序,丰富人民群众精神文化生活,制定本法。

第二条　在中华人民共和国境内从事电影创作、摄制、发行、放映等活动(以下统称电影活动),适用本法。

本法所称电影,是指运用视听技术和艺术手段摄制、以胶片或者数字载体记录、由表达一定内容的有声或者无声的连续画面组成、符合国家规定的技术标准、用于电影院等固定放映场所或者流动放映设备公开放映的作品。

通过互联网、电信网、广播电视网等信息网络传播电影的,还应当遵守互联网、电信网、广播电视网等信息网络管理的法律、行政法规的规定。

第三条　从事电影活动,应当坚持为人民服务、为社会主义服务,坚持社会效益优先,实现社会效益与经济效益相统一。

第四条　国家坚持以人民为中心的创作导向,坚持百花齐放、百家争鸣的方针,尊重和保障电影创作自由,倡导电影创作贴近实际、贴近生活、贴近群众,鼓励创作思想性、艺术性、观赏性相统一的优秀电影。

第五条　国务院应当将电影产业发展纳入国民经济和社会发展规划。县级以上地方人民政府根据当地实际情况将电影产业发展纳入本级国民经济和社会发展规划。

国家制定电影及其相关产业政策,引导形成统一开放、公平竞争的电影市场,促进电影市场繁荣发展。

第六条　国家鼓励电影科技的研发、应用,制定并完善电影技术标准,构建以企业为主体、市场为导向、产学研相结合的电影技术创新体系。

第七条　与电影有关的知识产权受法律保护,任何组织和个人不得侵犯。

县级以上人民政府负责知识产权执法的部门应当采取措施,保护与电影有关的知识产权,依法查处侵犯与电影有关的知识产权的行为。

从事电影活动的公民、法人和其他组织应当增强知识产权意识,提高运用、保护和管理知识产权的能力。

国家鼓励公民、法人和其他组织依法开发电影形象产品等衍生产品。

第八条　国务院电影主管部门负责全国

的电影工作；县级以上地方人民政府电影主管部门负责本行政区域内的电影工作。

县级以上人民政府其他有关部门在各自职责范围内，负责有关的电影工作。

第九条 电影行业组织依法制定行业自律规范，开展业务交流，加强职业道德教育，维护其成员的合法权益。

演员、导演等电影从业人员应当坚持德艺双馨，遵守法律法规，尊重社会公德，恪守职业道德，加强自律，树立良好社会形象。

第十条 国家支持建立电影评价体系，鼓励开展电影评论。

对优秀电影以及为促进电影产业发展作出突出贡献的组织、个人，按照国家有关规定给予表彰和奖励。

第十一条 国家鼓励开展平等、互利的电影国际合作与交流，支持参加境外电影节（展）。

第二章 电影创作、摄制

第十二条 国家鼓励电影剧本创作和题材、体裁、形式、手段等创新，鼓励电影学术研讨和业务交流。

县级以上人民政府电影主管部门根据电影创作的需要，为电影创作人员深入基层、深入群众、体验生活等提供必要的便利和帮助。

第十三条 拟摄制电影的法人、其他组织应当将电影剧本梗概向国务院电影主管部门或者省、自治区、直辖市人民政府电影主管部门备案；其中，涉及重大题材或者国家安全、外交、民族、宗教、军事等方面题材的，应当按照国家有关规定将电影剧本报送审查。

电影剧本梗概或者电影剧本符合本法第十六条规定的，由国务院电影主管部门将拟摄制电影的基本情况予以公告，并由国务院电影主管部门或者省、自治区、直辖市人民政府电影主管部门出具备案证明文件或者颁发批准文件。具体办法由国务院电影主管部门制定。

第十四条 法人、其他组织经国务院电影主管部门批准，可以与境外组织合作摄制电影；但是，不得与从事损害我国国家尊严、荣誉和利益，危害社会稳定，伤害民族感情等活动的境外组织合作，也不得聘用有上述行为的个人参加电影摄制。

合作摄制电影符合创作、出资、收益分配等方面比例要求的，该电影视同境内法人、其他组织摄制的电影。

境外组织不得在境内独立从事电影摄制活动；境外个人不得在境内从事电影摄制活动。

第十五条 县级以上人民政府电影主管部门应当协调公安、文物保护、风景名胜区管理等部门，为法人、其他组织依照本法从事电影摄制活动提供必要的便利和帮助。

从事电影摄制活动的，应当遵守有关环境保护、文物保护、风景名胜区管理和安全生产等方面的法律、法规，并在摄制过程中采取必要的保护、防护措施。

第十六条 电影不得含有下列内容：

（一）违反宪法确定的基本原则，煽动抗拒或者破坏宪法、法律、行政法规实施；

（二）危害国家统一、主权和领土完整，泄露国家秘密，危害国家安全，损害国家尊严、荣誉和利益，宣扬恐怖主义、极端主义；

（三）诋毁民族优秀文化传统，煽动民族仇恨、民族歧视，侵害民族风俗习惯，歪曲民族历史或者民族历史人物，伤害民族感情，破坏民族团结；

（四）煽动破坏国家宗教政策，宣扬邪教、迷信；

（五）危害社会公德，扰乱社会秩序，破坏社会稳定，宣扬淫秽、赌博、吸毒，渲染暴力、恐怖，教唆犯罪或者传授犯罪方法；

（六）侵害未成年人合法权益或者损害未

成年人身心健康；

（七）侮辱、诽谤他人或者散布他人隐私，侵害他人合法权益；

（八）法律、行政法规禁止的其他内容。

第十七条 法人、其他组织应当将其摄制完成的电影送国务院电影主管部门或者省、自治区、直辖市人民政府电影主管部门审查。

国务院电影主管部门或者省、自治区、直辖市人民政府电影主管部门应当自受理申请之日起三十日内作出审查决定。对符合本法规定的，准予公映，颁发电影公映许可证，并予以公布；对不符合本法规定的，不准予公映，书面通知申请人并说明理由。

国务院电影主管部门应当根据本法制定完善电影审查的具体标准和程序，并向社会公布。制定完善电影审查的具体标准应当向社会公开征求意见，并组织专家进行论证。

第十八条 进行电影审查应当组织不少于五名专家进行评审，由专家提出评审意见。法人、其他组织对专家评审意见有异议的，国务院电影主管部门或者省、自治区、直辖市人民政府电影主管部门可以另行组织专家再次评审。专家的评审意见应当作为作出审查决定的重要依据。

前款规定的评审专家包括专家库中的专家和根据电影题材特别聘请的专家。专家遴选和评审的具体办法由国务院电影主管部门制定。

第十九条 取得电影公映许可证的电影需要变更内容的，应当依照本法规定重新报送审查。

第二十条 摄制电影的法人、其他组织应当将取得的电影公映许可证标识置于电影的片头处；电影放映可能引起未成年人等观众身体或者心理不适的，应当予以提示。

未取得电影公映许可证的电影，不得发行、放映，不得通过互联网、电信网、广播电视网等信息网络进行传播，不得制作为音像制品；但是，国家另有规定的，从其规定。

第二十一条 摄制完成的电影取得电影公映许可证，方可参加电影节（展）。拟参加境外电影节（展）的，送展法人、其他组织应当在该境外电影节（展）举办前，将相关材料报国务院电影主管部门或者省、自治区、直辖市人民政府电影主管部门备案。

第二十二条 公民、法人和其他组织可以承接境外电影的洗印、加工、后期制作等业务，并报省、自治区、直辖市人民政府电影主管部门备案，但是不得承接含有损害我国国家尊严、荣誉和利益，危害社会稳定，伤害民族感情等内容的境外电影的相关业务。

第二十三条 国家设立的电影档案机构依法接收、收集、整理、保管并向社会开放电影档案。

国家设立的电影档案机构应当配置必要的设备，采用先进技术，提高电影档案管理现代化水平。

摄制电影的法人、其他组织依照《中华人民共和国档案法》的规定，做好电影档案保管工作，并向国家设立的电影档案机构移交、捐赠、寄存电影档案。

第三章 电影发行、放映

第二十四条 企业具有与所从事的电影发行活动相适应的人员、资金条件的，经国务院电影主管部门或者所在地省、自治区、直辖市人民政府电影主管部门批准，可以从事电影发行活动。

企业、个体工商户具有与所从事的电影放映活动相适应的人员、场所、技术和设备等条件的，经所在地县级人民政府电影主管部门批准，可以从事电影院等固定放映场所电影放映活动。

第二十五条 依照本法规定负责电影发

行、放映活动审批的电影主管部门，应当自受理申请之日起三十日内，作出批准或者不批准的决定。对符合条件的，予以批准，颁发电影发行经营许可证或者电影放映经营许可证，并予以公布；对不符合条件的，不予批准，书面通知申请人并说明理由。

第二十六条 企业、个人从事电影流动放映活动，应当将企业名称或者经营者姓名、地址、联系方式、放映设备等向经营区域所在地县级人民政府电影主管部门备案。

第二十七条 国家加大对农村电影放映的扶持力度，由政府出资建立完善农村电影公益放映服务网络，积极引导社会资金投资农村电影放映，不断改善农村地区观看电影条件，统筹保障农村地区群众观看电影需求。

县级以上人民政府应当将农村电影公益放映纳入农村公共文化服务体系建设，按照国家有关规定对农村电影公益放映活动给予补贴。

从事农村电影公益放映活动的，不得以虚报、冒领等手段骗取农村电影公益放映补贴资金。

第二十八条 国务院教育、电影主管部门可以共同推荐有利于未成年人健康成长的电影，并采取措施支持接受义务教育的学生免费观看，由所在学校组织安排。

国家鼓励电影院以及从事电影流动放映活动的企业、个人采取票价优惠、建设不同条件的放映厅、设立社区放映点等多种措施，为未成年人、老年人、残疾人、城镇低收入居民以及进城务工人员等观看电影提供便利；电影院以及从事电影流动放映活动的企业、个人所在地人民政府可以对其发放奖励性补贴。

第二十九条 电影院应当合理安排由境内法人、其他组织所摄制电影的放映场次和时段，并且放映的时长不得低于年放映电影时长总和的三分之二。

电影院以及从事电影流动放映活动的企业、个人应当保障电影放映质量。

第三十条 电影院的设施、设备以及用于流动放映的设备应当符合电影放映技术的国家标准。

电影院应当按照国家有关规定安装计算机售票系统。

第三十一条 未经权利人许可，任何人不得对正在放映的电影进行录音录像。发现进行录音录像的，电影院工作人员有权予以制止，并要求其删除；对拒不听从的，有权要求其离场。

第三十二条 国家鼓励电影院在向观众明示的电影开始放映时间之前放映公益广告。

电影院在向观众明示的电影开始放映时间之后至电影放映结束前，不得放映广告。

第三十三条 电影院应当遵守治安、消防、公共场所卫生等法律、行政法规，维护放映场所的公共秩序和环境卫生，保障观众的安全与健康。

任何人不得携带爆炸性、易燃性、放射性、毒害性、腐蚀性物品进入电影院等放映场所，不得非法携带枪支、弹药、管制器具进入电影院等放映场所；发现非法携带上述物品的，有关工作人员应当拒绝其进入，并向有关部门报告。

第三十四条 电影发行企业、电影院等应当如实统计电影销售收入，提供真实准确的统计数据，不得采取制造虚假交易、虚报瞒报销售收入等不正当手段，欺骗、误导观众，扰乱电影市场秩序。

第三十五条 在境内举办涉外电影节（展），须经国务院电影主管部门或者省、自治区、直辖市人民政府电影主管部门批准。

第四章 电影产业支持、保障

第三十六条 国家支持下列电影的创作、摄制：

（一）传播中华优秀文化、弘扬社会主义核心价值观的重大题材电影；

（二）促进未成年人健康成长的电影；

（三）展现艺术创新成果、促进艺术进步的电影；

（四）推动科学教育事业发展和科学技术普及的电影；

（五）其他符合国家支持政策的电影。

第三十七条 国家引导相关文化产业专项资金、基金加大对电影产业的投入力度，根据不同阶段和时期电影产业的发展情况，结合财力状况和经济社会发展需要，综合考虑、统筹安排财政资金对电影产业的支持，并加强对相关资金、基金使用情况的审计。

第三十八条 国家实施必要的税收优惠政策，促进电影产业发展，具体办法由国务院财税主管部门依照税收法律、行政法规的规定制定。

第三十九条 县级以上地方人民政府应当依据人民群众需求和电影市场发展需要，将电影院建设和改造纳入国民经济和社会发展规划、土地利用总体规划和城乡规划等。

县级以上地方人民政府应当按照国家有关规定，有效保障电影院用地需求，积极盘活现有电影院用地资源，支持电影院建设和改造。

第四十条 国家鼓励金融机构为从事电影活动以及改善电影基础设施提供融资服务，依法开展与电影有关的知识产权质押融资业务，并通过信贷等方式支持电影产业发展。

国家鼓励保险机构依法开发适应电影产业发展需要的保险产品。

国家鼓励融资担保机构依法向电影产业提供融资担保，通过再担保、联合担保以及担保与保险相结合等方式分散风险。

对国务院电影主管部门依照本法规定公告的电影的摄制，按照国家有关规定合理确定贷款期限和利率。

第四十一条 国家鼓励法人、其他组织通过到境外合作摄制电影等方式进行跨境投资，依法保障其对外贸易、跨境融资和投资等合理用汇需求。

第四十二条 国家实施电影人才扶持计划。

国家支持有条件的高等学校、中等职业学校和其他教育机构、培训机构等开设与电影相关的专业和课程，采取多种方式培养适应电影产业发展需要的人才。

国家鼓励从事电影活动的法人和其他组织参与学校相关人才培养。

第四十三条 国家采取措施，扶持农村地区、边疆地区、贫困地区和民族地区开展电影活动。

国家鼓励、支持少数民族题材电影创作，加强电影的少数民族语言文字译制工作，统筹保障民族地区群众观看电影需求。

第四十四条 国家对优秀电影的外语翻译制作予以支持，并综合利用外交、文化、教育等对外交流资源开展电影的境外推广活动。

国家鼓励公民、法人和其他组织从事电影的境外推广。

第四十五条 国家鼓励社会力量以捐赠、资助等方式支持电影产业发展，并依法给予优惠。

第四十六条 县级以上人民政府电影主管部门应当加强对电影活动的日常监督管理，受理对违反本法规定的行为的投诉、举报，并及时核实、处理、答复；将从事电影活动的单位和个人因违反本法规定受到行政处罚的情形记入信用档案，并向社会公布。

第五章　法律责任

第四十七条 违反本法规定擅自从事电影摄制、发行、放映活动的，由县级以上人民政府电影主管部门予以取缔，没收电影片和违法所得以及从事违法活动的专用工具、设备；违法所得五万元以上的，并处违法所得五倍以上十倍以下的罚款；没有违法所得或者违法所得不足五万元的，可以并处二十五万元以下的罚款。

第四十八条 有下列情形之一的，由原发证机关吊销有关许可证、撤销有关批准或者证明文件；县级以上人民政府电影主管部门没收违法所得；违法所得五万元以上的，并处违法所得五倍以上十倍以下的罚款；没有违法所得或者违法所得不足五万元的，可以并处二十五万元以下的罚款：

（一）伪造、变造、出租、出借、买卖本法规定的许可证、批准或者证明文件，或者以其他形式非法转让本法规定的许可证、批准或者证明文件的；

（二）以欺骗、贿赂等不正当手段取得本法规定的许可证、批准或者证明文件的。

第四十九条 有下列情形之一的，由原发证机关吊销许可证；县级以上人民政府电影主管部门没收电影片和违法所得；违法所得五万元以上的，并处违法所得十倍以上二十倍以下的罚款；没有违法所得或者违法所得不足五万元的，可以并处五十万元以下的罚款：

（一）发行、放映未取得电影公映许可证的电影的；

（二）取得电影公映许可证后变更电影内容，未依照规定重新取得电影公映许可证擅自发行、放映、送展的；

（三）提供未取得电影公映许可证的电影参加电影节（展）的。

第五十条 承接含有损害我国国家尊严、荣誉和利益，危害社会稳定，伤害民族感情等内容的境外电影的洗印、加工、后期制作等业务的，由县级以上人民政府电影主管部门责令停止违法活动，没收电影片和违法所得；违法所得五万元以上的，并处违法所得三倍以上五倍以下的罚款；没有违法所得或者违法所得不足五万元的，可以并处十五万元以下的罚款。情节严重的，由电影主管部门通报工商行政管理部门，由工商行政管理部门吊销营业执照。

第五十一条 电影发行企业、电影院等有制造虚假交易、虚报瞒报销售收入等行为，扰乱电影市场秩序的，由县级以上人民政府电影主管部门责令改正，没收违法所得，处五万元以上五十万元以下的罚款；违法所得五十万元以上的，处违法所得一倍以上五倍以下的罚款。情节严重的，责令停业整顿；情节特别严重的，由原发证机关吊销许可证。

电影院在向观众明示的电影开始放映时间之后至电影放映结束前放映广告的，由县级人民政府电影主管部门给予警告，责令改正；情节严重的，处一万元以上五万元以下的罚款。

第五十二条 法人或者其他组织未经许可擅自在境内举办涉外电影节（展）的，由国务院电影主管部门或者省、自治区、直辖市人民政府电影主管部门责令停止违法活动，没收参展的电影片和违法所得；违法所得五万元以上的，并处违法所得五倍以上十倍以下的罚款；没有违法所得或者违法所得不足五万元的，可以并处二十五万元以下的罚款；情节严重的，自受到处罚之日起五年内不得举办涉外电影节（展）。

个人擅自在境内举办涉外电影节（展），或者擅自提供未取得电影公映许可证的电影参加电影节（展）的，由国务院电影主管部门或者省、自治区、直辖市人民政府电影主管部门责令停止违法活动，没收参展的电影片和违法所得；违法所得五万元以上的，并处违法所得五倍以上十倍以下的罚款；没有违法所得得或者违法所得不足五万元的，可以并处二十五万元以下的罚款；情节严重的，自受到处罚之日起五年内不得从事相关电影活动。

第五十三条　法人、其他组织或者个体工商户因违反本法规定被吊销许可证的，自吊销许可证之日起五年内不得从事该项业务活动；其法定代表人或者主要负责人自吊销许可证之日起五年内不得担任从事电影活动的法人、其他组织的法定代表人或者主要负责人。

第五十四条　有下列情形之一的，依照有关法律、行政法规及国家有关规定予以处罚：

（一）违反国家有关规定，擅自将未取得电影公映许可证的电影制作为音像制品的；

（二）违反国家有关规定，擅自通过互联网、电信网、广播电视网等信息网络传播未取得电影公映许可证的电影的；

（三）以虚报、冒领等手段骗取农村电影公益放映补贴资金的；

（四）侵犯与电影有关的知识产权的；

（五）未依法接收、收集、整理、保管、移交电影档案的。

电影院有前款第四项规定行为，情节严重的，由原发证机关吊销许可证。

第五十五条　县级以上人民政府电影主管部门或者其他有关部门的工作人员有下列情形之一，尚不构成犯罪的，依法给予处分：

（一）利用职务上的便利收受他人财物或者其他好处的；

（二）违反本法规定进行审批活动的；

（三）不履行监督职责的；

（四）发现违法行为不予查处的；

（五）贪污、挪用、截留、克扣农村电影公益放映补贴资金或者相关专项资金、基金的；

（六）其他违反本法规定滥用职权、玩忽职守、徇私舞弊的情形。

第五十六条　违反本法规定，造成人身、财产损害的，依法承担民事责任；构成犯罪的，依法追究刑事责任。

因违反本法规定二年内受到二次以上行政处罚，又有依照本法规定应当处罚的违法行为的，从重处罚。

第五十七条　县级以上人民政府电影主管部门及其工作人员应当严格依照本法规定的处罚种类和幅度，根据违法行为的性质和具体情节行使行政处罚权，具体办法由国务院电影主管部门制定。

县级以上人民政府电影主管部门对有证据证明违反本法规定的行为进行查处时，可以依法查封与违法行为有关的场所、设施或者查封、扣押用于违法行为的财物。

第五十八条　当事人对县级以上人民政府电影主管部门以及其他有关部门依照本法作出的行政行为不服的，可以依法申请行政复议或者提起行政诉讼。其中，对国务院电影主管部门作出的不准予电影公映的决定不服的，应当先依法申请行政复议，对行政复议决定不服的可以提起行政诉讼。

第六章　附　则

第五十九条　境外资本在中华人民共和国境内设立从事电影活动的企业的，按照国家有关规定执行。

第六十条　本法自 2017 年 3 月 1 日起施行。

国务院办公厅转发文化部等部门关于推动文化文物单位文化创意产品开发若干意见的通知

国办发〔2016〕36号

各省、自治区、直辖市人民政府，国务院各部委、各直属机构：

文化部、国家发展改革委、财政部、国家文物局《关于推动文化文物单位文化创意产品开发的若干意见》已经国务院同意，现转发给你们，请结合实际，认真贯彻执行。

国务院办公厅

2016年5月11日

（此件公开发布）

关于推动文化文物单位文化创意产品开发的若干意见

文化部　国家发展改革委　财政部　国家文物局

为深入发掘文化文物单位馆藏文化资源,发展文化创意产业,开发文化创意产品,弘扬中华优秀文化,传承中华文明,推进经济社会协调发展,提升国家软实力,根据《国务院关于进一步加强文物工作的指导意见》(国发〔2016〕17号)有关要求,现提出以下意见。

一、总体要求

文化文物单位主要包括各级各类博物馆、美术馆、图书馆、文化馆、群众艺术馆、纪念馆、非物质文化遗产保护中心及其他文博单位等掌握各种形式文化资源的单位。文化文物单位馆藏的各类文化资源,是中华民族五千多年文明发展进程中创造的博大精深灿烂文化的重要组成部分。

依托文化文物单位馆藏文化资源,开发各类文化创意产品,是推动中华文化创造性转化和创新性发展、使中国梦和社会主义核心价值观更加深入人心的重要途径,是推动中华文化走向世界、提升国家文化软实力的重要渠道,是丰富人民群众精神文化生活、满足多样化消费需求的重要手段,是增强文化文物单位服务能力、提升服务水平、丰富服务内容的必然要求,对推动优秀传统文化与当代文化相适应、与现代社会相协调,推陈出新、以文化人,具有重要意义。

推动文化创意产品开发,要始终把社会效益放在首位,实现社会效益和经济效益相统一;要在履行好公益服务职能、确保文化资源保护传承的前提下,调动文化文物单位积极性,加强文化资源系统梳理和合理开发利用;要鼓励和引导社会力量参与,促进优秀文化资源实现传承、传播和共享;要充分运用创意和科技手段,注意与产业发展相结合,推动文化资源与现代生产生活相融合,既传播文化,又发展产业、增加效益,实现文化价值和实用价值的有机统一。力争到2020年,逐步形成形式多样、特色鲜明、富有创意、竞争力强的文化创意产品体系,满足广大人民群众日益增长、不断升级和个性化的物质和精神文化需求。

二、主要任务

(一)充分调动文化文物单位积极性。具备条件的文化文物单位应结合自身情况,依托馆藏资源、形象品牌、陈列展览、主题活动和人才队伍等要素,积极稳妥推进文化创意产品开发,促进优秀文化资源的传承传播与合理利用。鼓励文化文物单位与社会力量深度合作,建立优势互补、互利共赢的合作机制,拓宽文化创意产品开发投资、设计制作和营销渠道,加强文化资源开放,促进资源、创意、市场共享。

(二)发挥各类市场主体作用。鼓励众创、众包、众扶、众筹,以创新创意为动力,以文化创意设计企业为主体,开发文化创意产品,打造文化创意品牌,为社会力量广泛参与研发、生产、经营等活动提供便利条件。鼓励企业通过限量复制、加盟制造、委托代理等形式参与文化创意产品开发。鼓励和引导社会资本投入文化创意产品开发,努力形成多渠道投入机制。

(三)加强文化资源梳理与共享。推进文化文物单位各类文化资源的系统梳理、分类整理和数字化进程，明确可供开发资源。用好用活第三次全国文物普查和第一次全国可移动文物普查数据。鼓励依托高新技术创新文化资源展示方式，提升体验性和互动性。支持数字文化、文化信息资源库建设，用好各类已有文化资源共建共享平台，面向社会提供知识产权许可服务，促进文化资源社会共享和深度发掘利用。

（四）提升文化创意产品开发水平。深入挖掘文化资源的价值内涵和文化元素，广泛应用多种载体和表现形式，开发艺术性和实用性有机统一、适应现代生活需求的文化创意产品，满足多样化消费需求。结合构建中小学生利用博物馆学习的长效机制，开发符合青少年群体特点和教育需求的文化创意产品。鼓励开发兼具文化内涵、科技含量、实用价值的数字创意产品。推动文化文物单位、文化创意设计机构、高等院校、职业学校等开展合作，提升文化创意产品设计开发水平。

（五）完善文化创意产品营销体系。创新文化创意产品营销推广理念、方式和渠道，促进线上线下融合。支持有条件的文化文物单位在保证公益服务的前提下，将自有空间用于文化创意产品展示、销售，鼓励有条件的单位在国内外旅游景点、重点商圈、交通枢纽等开设专卖店或代售点。综合运用各类电子商务平台，积极发展社交电商等网络营销新模式，提升文化创意产品网络营销水平，鼓励开展跨境电子商务。配合优秀文化遗产进乡村、进社区、进校园、进军营、进企业，加强文化创意产品开发和推广。鼓励结合陈列展览、主题活动、馆际交流等开展相关产品推广营销。积极探索文化创意产品的体验式营销。

（六）加强文化创意品牌建设和保护。促进文化文物单位、文化创意设计企业提升品牌培育意识以及知识产权创造、运用、保护和管理能力，积极培育拥有较高知名度和美誉度的文化创意品牌。依托重点文化文物单位，培育一批文化创意领军单位和产品品牌。建立健全品牌授权机制，扩大优秀品牌产品生产销售。

（七）促进文化创意产品开发的跨界融合。支持文化资源与创意设计、旅游等相关产业跨界融合，提升文化旅游产品和服务的设计水平，开发具有地域特色、民族风情、文化品位的旅游商品和纪念品。推动优秀文化资源与新型城镇化紧密结合，更多融入公共空间、公共设施、公共艺术的规划设计，丰富城乡文化内涵，优化社区人文环境，使城市、村镇成为历史底蕴厚重、时代特色鲜明、文化气息浓郁的人文空间。将文化创意产品开发作为推动革命老区、民族地区、边疆地区、贫困地区文化遗产保护和文化发展、扩大就业、促进社会进步的重要措施。鼓励依托优秀演艺、影视等资源开发文化创意产品，延伸相关产业链条。

三、支持政策和保障措施

（一）推动体制机制创新。鼓励具备条件的文化文物单位在确保公益目标、保护好国家文物、做强主业的前提下，依托馆藏资源，结合自身情况，采取合作、授权、独立开发等方式开展文化创意产品开发。逐步将文化创意产品开发纳入文化文物单位评估定级标准和绩效考核范围。文化文物事业单位要严格按照分类推进事业单位改革的政策规定，坚持事企分开的原则，将文化创意产品开发与公益服务分开，原则上以企业为主体参与市场竞争；其文化创意产品开发取得的事业收入、经营收入和其他收入等按规定纳入本单位预算统一管理，可用于加强公益文化服务、藏品征集、继续投入文化创意产品开发、对符合规定的人员予以绩效奖励等。国有文化文物单位应积极探索文化创意产品开发收益在相关权利人间的合理分配机制。促进国有和非国有文化文物单位之间在馆藏资源展览展示、文化创意产品开发等方面的交流合作。鼓励具备条件的非国有文化文物单位充分发掘文化资源开发文化创意产品,同等享受相关政策支持。

(二)稳步推进试点工作。按照试点先行、逐步推进的原则,在国家级、部分省级和副省级博物馆、美术馆、图书馆中开展开办符合发展宗旨、以满足民众文化消费需求为目的的经营性企业试点,在开发模式、收入分配和激励机制等方面进行探索。试点名单由文化部、国家文物局确定,或者由省级人民政府文化文物部门确定并报文化部、国家文物局备案。允许试点单位通过知识产权作价入股等方式投资设立企业,从事文化创意产品开发经营。试点单位具备相关知识和技能的人员在履行岗位职责、完成本职工作的前提下,经单位批准,可以兼职到本单位附属企业或合作设立的企业从事文化创意产品开发经营活动;涉及的干部人事管理、收入分配等问题,严格按照有关政策规定执行。参照激励科技人员创新创业的有关政策完善引导扶持激励机制。探索将试点单位绩效工资总量核定与文化创意产品开发业绩挂钩,文化创意产品开发取得明显成效的单位可适当增加绩效工资总量,并可在绩效工资总量中对在开发设计、经营管理等方面作出重要贡献的人员按规定予以奖励。

(三)落实完善支持政策。中央和地方各级财政通过现有资金渠道,进一步完善资金投入方式,加大对文化创意产品开发工作的支持力度。研究论证将符合条件的文化创意产品开发项目纳入专项建设基金支持范围。认真落实推进文化创意和设计服务与相关产业融合发展、发展对外文化贸易等扶持文化产业发展的税收政策,支持文化创意产品开发。将文化创意产品开发纳入文化产业投融资服务体系支持和服务范围。面向从事文化创意产品开发的企事业单位,培育若干骨干文化创意产品开发示范单位,加强引领示范,形成可向全行业推广的经验。将文化创意产品开发经营企业纳入各级文化产业示范基地评选范围。强化文化市场监管和执法,加大侵权惩处力度,创造良好市场环境。鼓励各级地方政府创新文化创意产品开发机制,用机制创新干事。

(四)加强支撑平台建设。发挥国家级文化文物单位和骨干企业作用,支持实施一批具有示范引领作用的项目,搭建面向全行业的产品开发、营销推广、版权交易等平台。支持有条件的地方和企事业单位建设文化创意产品开发生产园区基地。实施“互联网+中华文明”行动计划,遴选和培育一批“双创”空间,实施精品文物数字产品和精品展览数字产品推广项目。充分发挥重点文化产业、文物展会作用,促进优秀文化创意产品的展示推广和交易。规范和鼓励举办产品遴选推介、创意设计竞赛等活动,促进文化创意产品展示交易。借助海外中国文化中心、国际展览展示交易活动、文物进出境展览和交流等平台,促进优秀文化创意产品走出去。

(五)强化人才培养和扶持。以高端创意研发、经营管理、营销推广人才为重点,同旅游、教育结合起来,加强对文化创意产品开发经营人才的培养和扶持。将文化创意产品设计开发纳入各类文化文物人才扶持计划支持范围。文化文物单位和文化创意产品开发经营企业要积极参与各级各类学校相关专业人才培养,探索现代学徒制、产学研结合等人才培养模式,并为学生实习提供岗位,提高人才培养的针对性和适用性。通过馆校结合、馆企合作等方式大力培养文化文物单位的文化创意产品开发、经营人才。支持文化文物单位建设兼具文化文物素养和经营管理、设计开发能力的人才团队，并通过多种形式引进优秀专业人才，进一步畅通国有和民营、事业单位和企业之间人才流动渠道。鼓励开展中外文化创意产品设计开发、经营管理人才交流与合作，定期开展海外研习活动。

（六）加强组织实施。地方各级文化、发展改革、财政、文物等部门要按照本意见的要求，根据本地区实际情况，加强对推动文化创意产品开发工作的组织实施，做好宣传解读和相关统计监测工作。部门间、地区间要协同联动，确保各项任务措施落到实处。注意加强规范引导，因地制宜，突出特色，科学论证，确保质量，防止一哄而上、盲目发展。强化开发过程中的文物保护和资产管理，制定严格规程，健全财务制度，防止破坏文物，杜绝文物和其他国有资产流失。充分发挥各级各类行业协会、中介组织、研究机构等在行业研究、标准制定、交流合作等方面的作用。

文化部办公厅　国家文物局办公室关于印发《关于推动文化文物单位文化创意产品开发的若干意见》重点任务落实方案的通知

办产发〔2016〕7号

文化部、国家文物局各司局：

为推动国务院办公厅转发文化部等部门《关于推动文化文物单位文化创意产品开发的若干意见》(国办发〔2016〕36号)各项工作任务落到实处，文化部、国家文物局研究制定了《〈关于推动文化文物单位文化创意产品开发的若干意见〉重点任务落实方案》，现印发给你们，请结合实际认真贯彻执行。

特此通知。

附件：《关于推动文化文物单位文化创意产品开发的若干意见》重点任务落实方案

文化部办公厅　国家文物局办公室

2016年6月23日

附件

《关于推动文化文物单位文化创意产品开发的若干意见》重点任务落实方案

序号	重点任务	责任分工	时间进度
1	鼓励具备条件的文化文物单位在确保公益目标、保护好国家文物、做强主业的前提下，依托馆藏资源，结合自身情况，采取合作、授权、独立开发等方式开展文化创意产品开发。	国家文物局负责博物馆等文博单位任务落实	持续实施
		文化部艺术司负责美术馆任务落实	
		文化部公共文化司负责图书馆、文化馆任务落实	
		文化部非物质文化遗产司负责非物质文化遗产保护中心以及与非物质文化遗产相关的任务落实	
2	发挥各类市场主体作用，鼓励众创、众包、众扶、众筹，以文化创意设计企业为主体，开发文化创意产品，打造文化创意品牌。鼓励和引导社会资本投入文化创意产品开发，努力形成多渠道投入机制。	文化部文化产业司负责	持续实施
3	推进文化文物单位各类文化资源的系统梳理、分类整理和数字化进程，明确可供开发资源。	国家文物局负责推进博物馆等文博单位资源梳理相关工作	持续实施
		文化部艺术司负责推进美术馆资源梳理相关工作	
		文化部公共文化司负责推进图书馆、文化馆资源梳理相关工作	
		文化部非物质文化遗产司负责推进非物质文化遗产保护中心以及与非物质文化遗产相关的资源梳理相关工作	
4	用好用活第三次全国文物普查和第一次全国可移动文物普查数据。	国家文物局负责	持续实施
5	支持数字文化、文化信息资源库建设，用好各类已有文化资源共建共享平台，面向社会提供知识产权许可服务。	国家文物局负责博物馆等文博单位任务落实	持续实施
		文化部艺术司负责美术馆任务落实	
		文化部公共文化司负责图书馆、文化馆任务落实	
		文化部非物质文化遗产司负责非物质文化遗产保护中心以及与非物质文化遗产相关的任务落实	

续表

序号	重点任务	责任分工	时间进度
6	结合构建中小学生利用博物馆学习的长效机制，开发符合青少年群体特点和教育需求的文化创意产品。	国家文物局负责	持续实施
7	配合优秀文化遗产进乡村、进社区、进校园、进军营、进企业，加强文化创意产品开发和推广。	国家文物局负责与文物相关工作 文化部非物质文化遗产司负责与非物质文化遗产相关工作	持续实施
8	逐步将文化创意产品开发纳入文化文物单位评估定级标准。	国家文物局负责博物馆等文博单位任务落实 文化部艺术司负责美术馆任务落实 文化部公共文化司负责图书馆、文化馆任务落实 文化部非物质文化遗产司负责非物质文化遗产保护中心以及与非物质文化遗产相关的任务落实	持续实施
9	逐步将文化创意产品开发纳入文化文物单位绩效考核范围。	国家文物局负责“逐步将文化创意产品开发纳入文物单位绩效考核范围” 文化部人事司牵头，艺术司、公共文化司、非物质文化遗产司共同参与“逐步将文化创意产品开发纳入文化单位绩效考核范围”	持续实施
10	文化文物事业单位取得的事业收入、经营收入和其他收入等按规定纳入本单位预算统一管理，可用于加强公益文化服务、藏品征集、继续投入文化创意产品开发、对符合规定的人员予以绩效奖励等。	国家文物局会同财政部、人力资源社会保障部负责文物单位的收入管理和相关人员绩效奖励 文化部财务司、人事司会同财政部、人力资源社会保障部负责文化部直属事业单位的收入管理和相关人员绩效奖励，并指导地方落实	持续实施
11	促进国有和非国有文化文物单位之间在馆藏资源展览展示、文化创意产品开发等方面的交流合作。鼓励具备条件的非国有文化文物单位充分发掘文化资源开发文化创意产品，同等享受相关政策支持。	国家文物局负责博物馆等文博单位任务落实 文化部艺术司负责美术馆任务落实 文化部公共文化司负责图书馆、文化馆任务落实 文化部非物质文化遗产司负责非物质文化遗产保护中心以及与非物质文化遗产相关的任务落实	持续实施

续表

序号	重点任务	责任分工	时间进度
12	按照试点先行、逐步推进的原则，在国家级、部分省级和副省级博物馆、美术馆、图书馆中开展试点。试点名单由文化部、国家文物局确定，或者由省级人民政府文化文物部门确定并报文化部、国家文物局备案。	文化部文化产业司、国家文物局牵头，文化部艺术司、公共文化司共同参与确定试点名单	2016 年 6 月启动
13	加强对试点单位的指导、管理和跟踪监测，总结可供推广的经验。加强对试点工作的督导检查和总结评估。	国家文物局负责博物馆试点相关任务落实 文化部艺术司负责美术馆试点相关任务落实 文化部公共文化司负责图书馆试点相关任务落实	持续实施
14	允许试点单位通过知识产权作价入股等方式投资设立企业，从事文化创意产品开发经营。	国家文物局负责试点单位中博物馆的工作落实 文化部财务司会同财政部负责落实文化部直属试点单位对外投资审批相关工作，并指导地方落实	2016 年下半年启动
15	试点单位具备相关知识和技能的人员在履行岗位职责、完成本职工作的前提下，经单位批准，可以兼职到本单位附属企业或合作设立的企业从事文化创意产品开发经营活动；涉及的干部人事管理、收入分配等问题，严格按照有关政策规定执行。	国家文物局会同人力资源社会保障部负责试点单位中博物馆的工作落实 文化部人事司会同人力资源社会保障部负责落实文化部直属试点单位相关工作，并指导地方落实	2016 年下半年启动
16	参照激励科技人员创新创业的有关政策完善引导扶持激励机制。探索将试点单位绩效工资总量核定与文化创意产品开发业绩挂钩，文化创意产品开发取得明显成效的单位可适当增加绩效工资总量，并可在绩效工资总量中对在开发设计、经营管理等方面作出重要贡献的人员按规定予以奖励。	国家文物局会同人力资源社会保障部、财政部负责试点单位中博物馆的工作落实 文化部人事司、财务司会同人力资源社会保障部、财政部负责落实文化部直属试点单位相关工作，并指导地方落实	2016 年下半年启动
17	中央和地方各级财政通过现有资金渠道，进一步完善资金投入方式，加大对文化创意产品开发工作的支持力度。	国家文物局配合财政部负责落实文物相关资金支持文化创意产品开发工作 文化部财务司配合财政部负责落实中央财政文化相关资金支持文化创意产品开发工作	2016 年 6 月启动

续表

序号	重点任务	责任分工	时间进度
18	研究论证将符合条件的文化创意产品开发项目纳入专项建设基金支持范围。	文化部文化产业司会同国家发展改革委负责落实	2016年下半年启动
19	认真落实推进文化创意和设计服务与相关产业融合发展的税收政策，支持文化创意产品开发。	文化部文化产业司配合财政部、税务总局负责落实	持续实施
20	认真落实发展对外文化贸易的税收政策，支持文化创意产品开发。	对外文化联络局配合财政部、税务总局负责落实	持续实施
21	将文化创意产品开发纳入文化产业投融资服务体系支持和服务范围。	文化部文化产业司负责	持续实施
22	面向从事文化创意产品开发的事业单位，培育若干骨干文化创意产品开发示范单位和产品品牌，加强引领示范，形成可向全行业推广的经验。	国家文物局负责博物馆等文博单位任务落实 文化部艺术司负责美术馆任务落实 文化部公共文化司负责图书馆、文化馆任务落实 文化部非物质文化遗产司负责非物质文化遗产保护中心以及与非物质文化遗产相关的任务落实	2016年下半年启动
23	将文化创意产品开发经营企业纳入各级文化产业示范基地评选范围。	文化部文化产业司负责	2016年下半年启动
24	强化文化市场监管和执法，加大侵权惩处力度，创造良好市场环境。	文化部文化市场司负责	持续实施
25	发挥国家级文化文物单位作用，支持实施一批具有示范引领作用的项目，搭建面向全行业的产品开发、营销推广、版权交易等平台。	国家文物局负责博物馆等文博单位任务落实 文化部艺术司负责美术馆任务落实 文化部公共文化司负责图书馆、文化馆任务落实 文化部非物质文化遗产司负责非物质文化遗产保护中心以及与非物质文化遗产相关的任务落实	持续实施
26	支持有条件的地方和企业单位建设文化创意产品开发生产园区基地，支持实施一批具有示范引领作用的项目。	文化部文化产业司负责	2017年启动

续表

序号	重点任务	责任分工	时间进度
27	实施"互联网＋中华文明"行动计划，遴选和培育一批"双创"空间，实施精品文物数字产品和精品展览数字产品推广项目。	国家文物局负责	2017 年启动
28	充分发挥重点文化产业、文物展会作用，促进优秀文化创意产品的展示推广和交易。	国家文物局负责文物展会相关工作	持续实施
		文化部文化产业司负责文化产业展会相关工作	
29	借助海外中国文化中心、国际展览展示交易活动、文物进出境展览和交流等平台，促进优秀文化创意产品走出去。	国家文物局负责借助文物进出境展览和交流平台走出去	2016 年下半年启动
		其余工作由文化部对外文化联络局负责	
30	每年在试点文化文物单位中征集一批优秀文化创意产品，借助我"欢乐春节"等对外文化重点活动以及国际相关重要展会和平台，进行海外展示推介。	文化部对外文化联络局负责	持续实施
31	加强对文化创意产品开发经营人才的培养和扶持，将文化创意产品设计开发纳入各类文化文物人才扶持计划支持范围。	国家文物局负责文物单位人才培养和扶持	持续实施
		文化部人事司会同艺术司、文化产业司、公共文化司、非物质文化遗产司共同负责其他相关文化单位人才培养和扶持	
32	举办文化文物单位文化创意产品开发培训班。	文化部文化产业司、国家文物局博物馆与社会文物司共同落实	2016 年下半年
33	鼓励开展中外文化创意产品设计开发、经营管理人才交流与合作，定期开展海外研习活动。邀请海外文化授权业界专家，分享业界发展成功经验和市场动态。	文化部对外文化联络局负责	2016 年下半年启动
34	做好宣传解读和相关统计监测工作。确定 10 家左右文化文物单位，对其文化创意产品开发工作进行重点监测。	国家文物局负责博物馆等文博单位任务落实	持续实施
		文化部艺术司负责美术馆任务落实	
		文化部公共文化司负责图书馆、文化馆任务落实	
		文化部非物质文化遗产司负责非物质文化遗产保护中心以及与非物质文化遗产相关的任务落实	
		文化部办公厅、文化产业司制定负责宣传工作方案，加强对意见的宣传解读和跟踪报道	

续表

序号	重点任务	责任分工	时间进度
35	强化开发过程中的文物保护和资产管理，制定严格规程，健全财务制度，防止破坏文物，杜绝文物和其他国有资产流失。	国家文物局负责文物保护和文物单位资产管理	持续实施
		文化部财务司负责文化部直属事业单位资产管理，并督导地方落实	
36	选择文化创意产品开发成效明显的文化文物单位，组织召开现场会，推广成功经验、成熟做法。	文化部文化产业司、国家文物局博物馆与社会文物司共同落实	2016年下半年

文化部关于同意开展文化创意产品开发试点的批复

文产函〔2016〕1096 号

国家图书馆、故宫博物院、中国国家博物馆、中国美术馆、文化部恭王府管理中心：

你单位关于申报开展文化创意产品开发试点的相关材料收悉。现批复如下：

一、同意你单位开展文化创意产品开发试点。

二、开展文化创意产品开发试点工作，要按照《国务院办公厅转发文化部等部门关于推动文化文物单位文化创意产品开发若干意见的通知》（国办发〔2016〕36 号）要求，坚持社会主义先进文化前进方向，以培育和弘扬社会主义核心价值观为引领，坚持把社会效益放在首位，实现社会效益和经济效益相统一，在开发模式、收入分配和激励机制等方面进行积极探索，为全国文化文物单位文化创意产品开发提供可复制、可推广的经验。

三、请你单位切实加强对文化创意产品开发试点的组织实施，及时向文化部报告试点过程中的重大问题和情况，并于每年 6 月 30 日、12 月 31 日前报送一次试点工作总结。文化部将会同相关单位共同加强对文化创意产品开发试点工作的指导、监督、检查和总结推广。

文化部

2016 年 10 月 10 日

文化部　财政部关于开展引导城乡居民扩大文化消费试点工作的通知

文产发〔2016〕6号

各省、自治区、直辖市文化厅(局)、财政厅(局),新疆生产建设兵团文化广播电视局、财务局:

为深入贯彻党的十八届五中全会关于扩大和引导文化消费的精神,在2015年"拉动城乡居民文化消费试点项目"取得成效的基础上,文化部、财政部决定在全国范围内开展引导城乡居民扩大文化消费试点工作(以下简称试点工作)。

随着我国全面建成小康社会进程不断加快,城乡居民收入水平持续提升,文化消费能力进一步增强,促进文化消费成为满足人民群众日益增长、不断升级和个性化精神文化需求的必然要求。尤其是在当前我国经济下行压力较大的情况下,培育文化消费成为新的经济增长点和经济转型升级新的支撑点,有利于加快文化体制机制改革创新,推动文化产业成为国民经济支柱性产业;有利于激活和释放文化需求,促进消费结构升级;有利于提高文化产品和服务的供给质量和效率,培育形成经济发展新动力,为稳增长、促改革、调结构、惠民生和推进供给侧结构性改革做出重要贡献。

试点工作是贯彻落实党中央、国务院扩大和引导文化消费工作部署的重要举措。按照"中央引导、地方为主、社会参与、互利共赢"的原则,确定一批试点城市,充分发挥典型示范和辐射作用,以点带面,形成若干行之有效、可持续和可复制推广的促进文化消费模式,推动我国文化消费总体规模持续增长,带动旅游、住宿、餐饮、交通、电子商务等相关领域消费,不断增强文化消费拉动经济增长的积极作用。

开展试点工作,要始终把社会效益放在首位,实现社会效益和经济效益有机统一;要正确处理政府与市场、社会的关系;要始终将促进文化消费贯穿于文化建设的各个领域,从扶持创作生产、扩大有效供给、激发市场活力、提高公共文化服务水平和效能等多方面着手,进一步完善政策环境,夯实文化消费基础,改善文化消费条件,培育文化消费习惯,提高文化消费的便利性,加速释放居民的文化消费需求。

各地文化、财政部门要高度重视试点工作,加强领导,密切配合,结合实际,积极推进,确保试点工作取得实效。请各省(区、市)文化厅(局)按照通知要求,根据《引导城乡居民扩大文化消费试点工作实施方案》认真组织试点工作,于2016年5月30日前将本省(区、市)人民政府出具的《国家文化消费试点城市推荐函》和试点工作方案报送至文化部,同时将电子版发送至邮箱。

联系人:王娜　田振

联系电话:010-59881406　59881784

传真:010-59881783

电子邮箱:chanyesifuwuchu@sina.com

地址:北京市东城区朝阳门北大街10号　100020

特此通知。

附件:引导城乡居民扩大文化消费试点工作实施方案

文化部　财政部

2016年4月28日

附件

引导城乡居民扩大文化消费试点工作实施方案

一、工作目标

根据党中央、国务院关于扩大和引导文化消费的重要部署,以满足人民群众日益增长、不断升级和个性化的精神文化需求为出发点,以弘扬和践行社会主义核心价值观为导向,确定一批试点城市,充分发挥典型示范和辐射作用,以点带面,形成若干行之有效、可持续和可复制推广的促进文化消费模式,培育文化消费成为新的经济增长点,推动我国文化消费总体规模持续增长,消费结构不断升级,带动旅游、住宿、餐饮、交通、电子商务等相关领域消费,不断增强文化消费拉动经济的积极作用,为稳增长、促改革、调结构、惠民生和推进供给侧结构性改革做出贡献。

二、基本要求

(一)申请试点范围

直辖市、计划单列市、省会(首府)城市及其他地市级城市。

(二)基本条件

1. 成立由政府主要领导牵头的工作小组,统筹协调当地文化、文物、财政、税务、金融、发改、商务、经信、旅游、统计等部门,保证试点工作顺利实施。

2. 落实试点工作所需资金,规范资金管理,提高资金使用效益。

3. 文化企业、商户参与试点的比例达到60%以上,文化产品和服务的有效供给种类齐、数量多、质量高。

4. 文化消费设施网络结构合理、功能健全,文化消费场所和设施数量排在全省(区、市)前三位,每千人拥有公共文化服务设施的面积达到全省(区、市)的先进水平。

5. 地区生产总值、居民人均可支配收入、居民文化娱乐占消费支出的比重均排在全省(区、市)前列。

(三)试点工作方案

试点城市应当在正确处理政府与市场、社会关系的前提下,根据当地文化消费实际,制定切实可行的试点工作方案。方案需目标明确、任务具体、措施有力,确保试点工作可落地实施,可评估检查,可总结推广。试点工作方案主要内容包括:

1. 试点城市文化消费基本情况及开展试点工作优势条件。

2. 试点工作总体设计,包括试点目标、试点模式、重点任务和具体举措。

其中试点模式应将巩固现有成果和探索新的模式有机结合,可以对当地现有文化消费政策措施进一步优化;也可以参考借鉴其他地区成熟经验,提出符合当地实际的创新举措。

3. 试点目标的可行性分析和工作任务的时间进度安排、预期效果测算、效果评估指标设置等。

4. 试点工作的保障措施,包括工作机制、资金保障、激励措施、宣传推广方式等。

5. 试点过程中文化消费数据采集、报送方式及试点工作效果反馈和评估机制。

三、工作任务

(一)紧密结合实际,制定并实施具有地区特色的试点工作方案。各省(区、市)根据当地经济、社会和文化发展状况,在分析优势条件和制约因素的基础上,确定推荐参加试点工作的城市。试点城市要因地制宜,探索创新,制定试点工作方案,提出带动当地文化消费总体规模持续增长的支持措施，形成有示范意义、可持续和可复制推广的促进文化消费的模式和研究成果。

（二）建立强有力的试点工作组织支撑体系。试点城市建立政府统一领导、相关部门分工负责、社会各界积极参与的工作机制。试点城市要积极发挥行业协会商会的作用，对参与试点的文化企业、商户在市场推介、创意转化、投资融资方面予以支持。试点城市的金融机构要创新抵质押贷款模式，创新信贷产品和服务，完善文化消费支付和信用体系。

（三）建立完善的文化产品和服务供给体系。试点城市要进一步简政放权、降低门槛，激发市场主体活力，丰富文化产品供给；要引导社会资本进入文化产业，引导文化企业创新文化产品和服务。各类文艺团体、文博单位、创意设计机构和人员积极创作生产适应市场需要、满足现代消费要求的优秀文艺作品、文化创意产品和服务。

（四）建立健全的文化消费数据采集报送机制。试点城市要积极利用大数据、云计算等技术手段做好文化消费数据的收集监测、分析应用和及时报送工作，确保数据真实准确，重点做好试点参与人次、资金投入、文化消费总体规模、分行业领域消费规模、消费者反馈意见、公共文化机构评价情况、公共文化机构创新服务和产品情况等方面的数据统计工作。

（五）建立试点工作绩效评估制度。各省（区、市）要建立省级文化、财政部门以及其他相关部门、试点城市、社会评估机构间的联动机制，按照文化部确定的试点工作考核内容和考核标准，对试点城市的试点效果定期进行评估，形成中央、地方、社会共同参与的考核评估体系。

（六）建立试点工作成果资源共享机制。各省（区、市）要及时总结试点工作成效和不足，形成典型经验和有效模式，并加以宣传和推广。试点城市要针对试点工作中典型经验和突出问题，形成课题研究成果，为国家制定有关政策提供参考，为同类地区发展提供借鉴。

四、试点时间

试点时间为2年。

五、确定程序

（一）申报。符合申报条件的市人民政府按照本实施方案的要求向省级文化行政部门申请并报送试点工作方案，试点工作方案经省级文化部门商财政部门审核，并报省级人民政府批准后，由各省（区、市）文化厅（局）向文化部报送以省级人民政府名义出具的《国家文化消费试点城市推荐函》和试点工作方案。

各省（区、市）可推荐直辖市、计划单列市、省会（首府）城市和其他1个地市级城市参加试点工作。

（二）审核。文化部文化产业专家委员会对试点工作方案提出专家评审意见，文化部文化产业司负责审核并提出试点城市建议名单。

（三）确定。文化部根据审核结果，综合考虑区域、结构、代表性等因素，商财政部确定国家文化消费试点城市名单，批准试点工作方案。

六、考核管理

文化部将对各试点城市试点情况进行考核评估。考核内容主要包括：是否按照试点工作方案开展工作；是否成立试点地区工作小组；资金、政策措施等保障工作是否到位；带动当地文化消费总体规模是否达到预期效果；试点模式是否可持续、可复制推广等。

文化部将建立动态管理机制，根据考核

结果，对工作保障不力、在一定期限内未按照试点工作方案开展工作、未达到试点预期效果的城市，撤销试点资格。

七、职责分工

文化部统筹指导各省（区、市）开展试点工作，制定试点工作实施方案；批准各省（区、市）上报的试点工作方案；确定国家文化消费试点城市；检查、监督各地试点工作开展情况等。

文化部文化产业司负责试点工作的日常管理工作。

各地文化厅（局）负责牵头督促本省（区、市）试点工作。

文化部文化产业专家委员会受文化部委托对试点工作进行考核和实地考察；对试点工作进行咨询和技术指导等。

八、激励机制

（一）文化部对纳入试点工作的城市确定为“国家文化消费试点城市”。

（二）中央财政将通过中央补助地方公共文化服务体系建设专项资金，按照有关规定，对扩大文化消费试点工作统筹予以资金支持。

文化部办公厅关于进一步完善国家级文化产业示范园区创建工作的通知

办产函〔2016〕320号

各省、自治区、直辖市文化厅(局),新疆生产建设兵团文化广播电视局,各计划单列市文化局:

为进一步引导、规范文化产业园区健康发展,提高文化产业规模化、集约化、专业化水平,文化部在总结现有国家级文化产业示范(试验)园区、国家文化产业示范基地建设工作基础上,决定对现有评选命名种类进行合并,突出创建过程和动态管理,进一步完善国家级文化产业示范园区(以下简称示范园区)创建工作,并研究制定了《关于进一步完善国家级文化产业示范园区创建工作方案》(以下简称《工作方案》)。

进一步完善示范园区创建工作,要牢固树立和贯彻落实创新、协调、绿色、开放、共享的发展理念,以供给侧结构性改革为主线,坚持社会主义先进文化前进方向,以培育和弘扬社会主义核心价值观为引领,坚持把社会效益放在首位,实现社会效益与经济效益相统一,按照"价值引领,内容导向""政府引导,市场运作""统筹规划,集约发展""突出特色,辐射带动"的原则,立足本地区文化产业发展优势、工作基础和发展定位,发挥示范园区的辐射带动作用,促进文化产业资源要素合理配置和结构优化升级,优化区域文化产业发展环境,提高区域文化产业竞争力,为实现文化产业成为国民经济支柱性产业战略目标提供有力支撑。通过开展示范园区创建工作,在全国范围内培育一批集聚功能和辐射作用明显的国家级文化产业园区,示范带动各级各类文化产业园区健康发展,避免"空壳园区""僵尸园区"现象。

请各地文化厅(局)高度重视示范园区创建工作,按照本通知和《工作方案》要求,认真组织本行政区域内符合条件的园区地方开展创建申报工作,切实履行好审核推荐和监督指导职责,并着重把握以下几方面要求:

一、突出导向。要按照中央关于文化产业发展的新要求、新部署,结合《工作方案》提出的创建原则、创建要求,突出内容导向和文化含量,注重把社会效益放在首位、社会效益和经济效益相统一,加大对特色发展、融合发展以及新业态、新模式的支持力度,鼓励在文化产业发展方面有创新做法和典型经验的园区申报。

二、严格标准。要严格把关、坚持标准、提高水平,确保所推荐创建园区在全国、区域和行业中的示范性和影响力,着重推荐国内外影响大、文化含量高、规模效益好、管理规范、辐射示范作用强的文化产业园区申报,确保相关材料和数据的真实性和准确性,坚决防止低水平重复建设、土地等资源闲置浪费以及以文化产业园区名义开展其他建设经营活动。

三、控制数量。要从当地文化产业发展实际出发,综合考虑本地区文化产业发展的规划布局和园区建设的功能定位,提前做好审核筛选,严格控制申报数量,防止一哄而上、过多过滥。每省(区、市)每批申报名额不超过 1 个,条件不成熟的可以不参加此次申报。

四、加强督导。要加强对本地区示范园区创建工作的督促检查和业务指导,突出创建过程,定期评估创建效果,确保创建方案确定的各项工作落到实处、取得实效,并及时向文化部反馈创建工作进展和创建期间的重大事项。

请于 2016 年 10 月 31 日前将省级人民政府出具的《国家级文化产业示范园区创建推荐函》和创建方案寄送至北京市海淀区中关村大街 45 号兴发大厦 404 室(邮政编码:100872),同时将电子版发送至 15101023601@163.com。

联系人:文化部文化产业司政策规划处 李学斌、赵建杰

联系电话:010-59881473　010-59881479

材料报送联系人:郭林文

联系电话:010-62515360

特此通知。

附件:关于进一步完善国家级文化产业示范园区创建工作方案

文化部办公厅

2016 年 8 月 31 日

附件

关于进一步完善国家级文化产业示范园区创建工作方案

为深入贯彻落实“创新、协调、绿色、开放、共享”的新发展理念，推进文化领域供给侧结构性改革，适应我国文化产业发展新形势、新要求，进一步引导、规范文化产业园区健康发展，在总结现有国家级文化产业示范（试验）园区、国家文化产业示范基地建设工作基础上，文化部决定进一步完善国家级文化产业示范园区（以下简称示范园区）创建工作。现制定如下工作方案。

本方案所称文化产业园区，是以文化产业为主导产业，集聚了一定数量的文化企业，具备一定的产业规模，并具有独立的运营管理机构，为文化企业集聚发展、资源集约利用提供相应基础设施保障和公共服务的特定区域。

一、工作目标

进一步完善示范园区创建工作，是文化部根据“十三五”时期我国文化产业发展新形势、新要求，进一步提高文化产业规模化、集约化、专业化水平的重要举措。通过在全国创建一批产业集聚度高、发展特色鲜明、创新能力突出、配套服务完善、社会效益和经济效益显著的示范园区，发挥其辐射带动作用，引导和规范各级各类文化产业园区健康发展，坚持把社会效益放在首位，实现社会效益和经济效益相统一，进一步促进资源要素合理配置和产业结构优化升级，优化区域文化产业发展环境，提高区域文化产业竞争力，推动我国文化产业持续健康发展，为满足人民群众多样化精神文化需求、培育和弘扬社会主义核心价值观、完善现代文化产业体系、实现文化产业成为国民经济支柱性产业战略目标提供有力支撑。

二、创建原则

价值引领，内容导向。坚持社会主义先进文化前进方向，以培育和弘扬社会主义核心价值观为引领，坚持把社会效益放在首位，实现社会效益与经济效益相统一，引导和鼓励创作生产内容健康向上、群众喜闻乐见的文化产品和服务。

政府引导，市场运作。充分发挥政府引导作用，通过政策激励、科学管理、协调服务、完善基础设施等方式，营造良好环境，激发市场活力和内生动力，引导创意、技术、资本、人才、信息等在市场机制作用下集聚发展，提高各种资源要素的配置水平和利用效率。

统筹规划，集约发展。根据“十三五”文化产业发展目标和当地文化产业发展实际，科学规划、合理布局，鼓励整合利用现有文化产业园区等资源，高起点、高标准开展示范园区创建工作，提高土地利用效率，防止盲目投入和低水平、同质化建设，避免“空壳园区”“僵尸园区”现象。

突出特色，辐射带动。立足当地文化产业发展基础和资源禀赋，明确发展定位，形成主业突出、前景广阔、特色鲜明、生命力强的文化产业园区发展模式，形成示范效应，辐射带动区域文化产业整体发展，促进区域经济社会转型发展。

三、创建要求

（一）创建主体

以地市级（包括直辖市、副省级城市的市辖区）人民政府为创建主体，统筹推进当地示范园区创建工作并提供保障支持。创建主体应在辖区内确定园区边界范围，并在创建方案中予以明确，一般不得将创建范围确定为整个行政区域。

（二）基本条件

1. 园区所在地文化产业发展水平居于所在省（区、市）前列，当地政府高度重视文化产业发展，创建积极性高，并已将该园区列为政府重点建设或支持项目；

2. 已制定清晰的园区发展规划，规划内容符合当地经济社会发展总体规划、土地利用总体规划、城乡规划、环境功能区规划和产业发展等各项相关规划，并得到当地政府批准，不存在违规占用土地、重复建设和项目建设停滞、大量土地闲置等问题；

3. 园区社会效益显著，始终坚持正确的文化产品创作生产导向，在依法纳税、吸纳就业、促进创业、参加公益活动、提供内容健康的文化产品和服务等方面表现良好；

4. 园区以演艺娱乐、动漫、游戏、游艺、数字文化、创意设计、文化旅游、艺术品、传统工艺、文化创意和设计服务与相关产业融合发展等为重点领域，有明确的优势行业和发展定位，已集聚不少于 100 家文化企业，具备一定产业规模，园区内文化企业主营业务总收入、总利润等经济效益指标突出，在本省（区、市）处于领先水平；

5. 园区区域范围明确，基础设施较为完善，非文化类商业及其他配套面积不得超过园区总建筑面积的 50%；

6. 园区有专门管理机构负责日常运营管理，机构组织架构和管理制度健全、运转良好。

四、主要任务

创建工作应立足当地文化产业发展优势和工作基础，按照自身发展定位，围绕以下任务开展创建工作。

（一）制定实施创建方案。根据当地文化产业发展实际，在分析优势条件和制约因素的基础上，做好园区发展的顶层设计，制定发展规划，明确创建工作的目标任务、支持措施和推进计划，形成创建方案。

（二）建立政策保障制度。当地政府制定相关扶持政策，加大园区软、硬件建设的支持力度，完善运营管理规章制度，建立创建效果评价指标体系、服务激励机制和绩效评估考核机制，为创建工作提供有力保障。

（三）健全运营管理机制。在当地政府统一领导下，建立起文化、发展改革、科技、工业和信息化、财政、规划、国土、金融、工商、税务、统计等有关部门指导支持，专门管理机构具体实施，社会力量积极参与的工作机制，确保园区运营管理职责明确、协同推进、管理完善、服务到位。

（四）建设公共服务体系。有效整合文化产业公共服务资源，为园区内文化企业提供创业孵化、融资推介、信息交流、人才培养、市场推广、管理咨询、知识产权保护等公共服务，提高整体服务能力，发挥综合效益。

（五）完善统计监测机制。建立园区内文化企业发展情况监测系统，完善数据采集、分析和推广应用机制，及时掌握和报送企业发展情况，为发现问题、优化服务、考核绩效、总结模式、推广经验提供支持。

五、创建周期

创建周期为 3 年。从 2016 年开始，分 3 批开展示范园区创建工作。期满验收合格的，命名为“国家级文化产业示范园区”。

六、工作程序

（一）申报推荐。符合条件的地方人民政府根据本方案，向省级文化行政部门报送创建申请和创建方案。创建方案经省级文化行政部门审核，并报省级人民政府批准后，由各省级文化行政部门向文化部报送以省级人民政府名义出具的《国家级文化产业示范园区创建推荐函》和创建方案。每省（区、市）每批申报名额不超过 1 个。

创建方案应包括以下内容：

1. 创建条件。包括园区的四至范围、发展沿革和现状、产业基础、空间和功能布局、管理机构情况，以及创建优势和可行性分析；

2. 发展规划。包括发展定位、主要目标、优势行业、重点任务、具体举措、预期效益等，以及相应的年度推进计划。发展规划要因地制宜、突出特色，任务举措要可落地实施，可验收检查，可总结推广。

（二）组织评审。文化部组织专家对创建方案进行论证和评审，提出专家评审意见。

（三）确定资格。文化部根据专家评审意见，综合考虑区域、结构、代表性等因素，确定示范园区创建名单并公示。

（四）验收命名。列入创建名单的园区在文化部和省级文化行政部门指导下开展创建工作。3 年创建期满，文化部组织专家根据验收方案开展验收工作（验收方案由文化部另行制定）。经专家审查合格、文化部研究决定通过验收的，在文化部政府网站公示 7 日后，命名为“国家级文化产业示范园区”。未通过验收的，1 年内可申请一次复验，仍不通过的，取消创建资格。

（五）动态管理。文化部将对已命名的示范园区进行考核，对后续工作保障不力、有明显退步、在一定期限内经整改达不到标准和要求的，撤销其“国家级文化产业示范园区”命名。

七、工作机制

建立文化部、省级文化行政部门、创建主体联动的示范园区创建管理工作机制，统筹、指导和推进示范园区创建工作，督促检查各园区创建方案落实情况和组织验收，并对示范园区实施动态管理。

（一）文化部

统筹指导示范园区创建管理工作。主要职责是：

1. 制定创建工作方案，确定申报条件和验收标准，组织开展创建申报和评审工作，审核批准创建名单和创建方案；

2. 指导创建工作，推动各地区、各园区之间开展交流合作，研究总结、宣传推广示范园区创建工作经验；

3. 检查验收创建情况，确定示范园区命名名单，对已命名示范园区实施动态管理。

示范园区创建管理的具体工作，由文化部文化产业司承担。

（二）省级文化行政部门

负责统筹本省（区、市）示范园区创建管理工作。主要职责是：

1. 对本省（区、市）申报的创建方案进行审核，并开展实地考察，经严格程序研究确定后，以省级人民政府名义上报文化部；

2. 督促指导本省（区、市）创建工作，突出创建过程，定期评估创建效果，确保创建方案确定的各项工作落到实处、取得实效，并及时向文化部反馈创建工作进展和创建期间的重大事项；

3. 对本地区创建园区出具验收评估意见，对已命名示范园区开展日常管理。

（三）创建地政府

具体负责本地区示范园区创建和后续发展工作。主要职责是：

1. 制定本地区创建方案，组织建立相应工作机制，加强对创建工作的组织领导和统筹推进；

2. 在资金、土地、人才、审批等方面对本地区示范园区创建和发展工作给予支持，协调解决相关重大问题；

3. 监督本地区创建工作进展，对园区运营管理情况进行绩效考核。

八、激励机制

（一）通过验收的创建园区，命名为“国家级文化产业示范园区”。

（二）对示范园区管理机构和园区内文化企业、项目，在推荐申报中央财政文化产业发展专项资金、政府和社会资本合作（PPP）示范项目、国家专项建设基金等方面，在同等条件下予以优先考虑。鼓励省级文化产业专项资金、引导资金、投资基金等对示范园区及园区内企业进行重点支持。

（三）支持示范园区及园区内企业建设重点文化产业项目，符合条件的项目优先纳入国家文化产业项目服务平台及相关重点项目库支持和服务范围。

（四）支持示范园区管理机构及园区内企业相关人员参加文化部组织的各类人才扶持计划和培训活动。支持组织开展示范园区之间的交流活动，推动示范园区交流与合作。

九、其他事项

（一）现有国家级文化产业示范园区保留称号，但需按照本方案提出的相关要求和任务进行优化提升，接受考核和动态管理。

（二）现有国家级文化产业试验园区，可按本方案申报创建示范园区，不占所在省（区、市）申报指标，文化部将在确定创建资格时予以优先考虑。试验园区申报创建并验收通过后命名为“国家级文化产业示范园区”；验收不通过或3批内未申报创建的，取消国家级文化产业试验园区称号。

（三）本方案正式印发后，文化部暂不再开展国家文化产业示范基地申报命名工作。现有国家文化产业示范基地保留称号，并继续按照原有规定进行管理、巡检和支持服务。其中符合条件的集聚类基地可按本方案申报创建示范园区。

文物事业

国务院关于进一步加强文物工作的指导意见

国发〔2016〕17号

各省、自治区、直辖市人民政府，国务院各部委、各直属机构：

为切实加强文物工作，进一步发挥文物资源在传承和弘扬中华优秀传统文化、实现中华民族伟大复兴中国梦中的重要作用，现提出如下意见。

一、重要意义

中华民族具有五千多年连绵不断的文明历史，创造了博大精深的中华文化，留下了极其丰厚的文化遗产。文物是不可再生的珍贵文化资源，是国家的"金色名片"，是中华民族生生不息发展壮大的实物见证，是传承和弘扬中华优秀传统文化的历史根脉，是培育和践行社会主义核心价值观的深厚滋养。加强文物保护，让收藏在博物馆里的文物、陈列在广阔大地上的遗产、书写在古籍里的文字都活起来，对于传承中华优秀传统文化、满足人民群众精神文化需求、提升国民素质、增强民族凝聚力、展示文明大国形象、促进经济社会发展具有十分重要的意义。

近年来，在党中央、国务院的高度重视下，我国文物事业取得了显著成就。全社会保护文物的意识进一步增强，文物保护基础工作不断夯实，资源状况基本摸清，保护经费和保护力量持续增长，保护状况明显改善，博物馆建设步伐加快，公共文化服务水平稳步提高，文物利用的广度深度不断拓展，文物拍卖市场管理逐步规范，文物对外交流合作日益扩大，文物事业呈现出前所未有的良好态势。同时也应看到，随着经济社会快速发展，文物保护与城乡建设的矛盾日益显现，随着文物数量大幅度增加，文物保护的任务日益繁重，文物工作面临着一些新的问题和困难。全社会保护文物的法治观念有待提升，文物保护的配套法规体系尚需完善；一些地方履行文物保护的责任不到位，法人违法行为屡禁不止；一些文物保护单位因自然和人为因素遭到破坏，一些革命文物的保护没有得到足够重视，尚未核定公布为文物保护单位的不可移动文物消失加快；文物建筑火灾事故多发，盗窃盗掘等文物犯罪屡打不止；文物执法力量薄弱，执法不严、违法不究现象时有发生；文物拓展利用不够，文物保护管理的能力建设有待加强。面对文物保护的严峻形势和突出问题，必须增强紧迫感和使命感，本着对历史负责、对人民负责、对未来负责的态度，采取切实有效措施，进一步加强新时期的文物工作。

二、总体要求

（一）指导思想。全面贯彻落实党的十八

大和十八届二中、三中、四中、五中全会精神，按照党中央、国务院决策部署，坚持创新、协调、绿色、开放、共享的发展理念，坚持“保护为主、抢救第一、合理利用、加强管理”的文物工作方针，深入挖掘和系统阐发文物所蕴含的文化内涵和时代价值，切实做到在保护中发展、在发展中保护，努力为建设社会主义文化强国作出更大贡献。

（二）基本原则。

坚持公益属性。政府在文物保护中应发挥主导作用，公平对待国有和非国有博物馆，发挥文物的公共文化服务和社会教育功能，保障人民群众基本文化权益，拓宽人民群众参与渠道，共享文物保护利用成果。

坚持服务大局。始终把保护文物、传承优秀传统文化、建设共有精神家园作为文物工作服务大局的出发点和落脚点，统筹协调文物保护与经济发展、城乡建设、民生改善的关系，充分发挥文物资源传承文明、教育人民、服务社会、推动发展的作用。

坚持改革创新。深化行政管理体制改革，简政放权、放管结合、优化服务，破除影响文物事业发展的体制机制障碍。更新观念，协同创新，发挥社会各方面参与文物保护利用的积极性。

坚持依法管理。完善文物法律法规体系，全面落实法定职责，健全依法决策机制，强化责任追究。加大执法力度，严肃查处违法行为，严厉打击文物犯罪。

（三）主要目标。到 2020 年，文物事业在传承中华优秀传统文化、弘扬社会主义核心价值观、推动中华文化走出去、提高国民素质和社会文明程度中进一步发挥重要作用；文物资源状况全面摸清，全国重点文物保护单位、省级文物保护单位保存状况良好，市县级文物保护单位保存状况明显改善，尚未核定公布为文物保护单位的不可移动文物保护措施得到落实；馆藏文物预防性保护进一步加强，珍贵文物较多的博物馆藏品保存环境全部达标；文物保护的科技含量和装备水平进一步提高，文物展示利用手段和形式实现突破；主体多元、结构优化、特色鲜明、富有活力的博物馆体系日臻完善，馆藏文物利用效率明显提升，文博创意产业持续发展，有条件的文物保护单位基本实现向公众开放，公共文化服务功能和社会教育作用更加彰显；文物法律法规体系基本完备，文物保护理论架构基本确立，行业标准体系和诚信体系基本形成；文物行业人才队伍结构不断优化，专业水平明显提升；文物执法督察体系基本建立，执法力量得到加强，安全责任体系更加健全，安全形势明显好转；社会力量广泛参与文物保护利用格局基本形成，文物保护成果更多惠及人民群众，文物资源促进经济社会发展的作用进一步增强，促进中外人文交流的作用进一步发挥。

三、明确责任

（一）落实政府责任。各级人民政府要进一步提高对文物保护重要性的认识，敬重祖先留下来的珍贵遗产，依法履行管理和监督责任。地方人民政府要切实履行文物保护主体责任，把文物工作列入重要议事日程，作为地方领导班子和领导干部综合考核评价的重要参考；建立健全文物保护责任评估机制，每年对本行政区域的文物保存状况进行一次检查评估，发现问题及时整改。

（二）强化主管部门职责。要支持文物行政部门依法履行职责，加强文物行政机构建设，优化职能配置。文物保护，基础在县。县级人民政府应根据本地文物工作实际，明确相关机构承担文物保护管理职能。各级文物行政部门要深化行政管理体制改革，转变职能，强化监管，守土尽责，敢于担当。

（三）加强部门协调。各地要建立由主管领导牵头的文物工作协调机制，地方各级人民政府相关部门和单位要认真履行依法承担的保护文物职责。在有关行政许可和行政审批项目中，发展改革、财政、住房城乡建设、国土资源、文物等部门要加强协调配合。建立文物、文化、公安、住房城乡建设、国土资源、环境保护、旅游、宗教、海洋等部门和单位参加的行政执法联动机制，针对主要问题适时开展联合检查和整治行动。发挥全国文物安全工作部际联席会议作用，公安、海关、工商、海洋、文物等部门和单位要保持对盗窃、盗掘、盗捞、倒卖、走私等文物违法犯罪活动的高压态势，完善严防、严管、严打、严治的长效机制，结案后应及时向文物行政部门移交涉案文物。加强文物行政执法和刑事司法衔接，建立文物行政部门和公安、司法机关案情通报、案件移送制度。工业和信息化、文物等部门和单位要共同推进文物保护装备产业发展。教育部门要在文物工作急需人才培养方面给予支持和倾斜。

四、重在保护

（一）健全国家文物登录制度。完善文物认定标准，规范文物调查、申报、登记、定级、公布程序。抓紧制定不可移动文物的降级撤销程序和馆藏文物退出机制。建立国家文物资源总目录和数据资源库，全面掌握文物保存状况和保护需求，实现文物资源动态管理，推进信息资源社会共享。

（二）加强不可移动文物保护。对存在重大险情的各级文物保护单位应及时开展抢救性保护，在项目审批上开辟“绿色通道”，在资金安排上予以保障；组织实施一批具有重大影响和示范意义的文物保护重点项目；加强文物日常养护巡查和监测保护，提高管理水平，注重与周边环境相协调，重视岁修，减少大修，防止因维修不当造成破坏。文物保护工程要遵循其特殊规律，依法实行确保工程质量的招投标方式和预算编制规范。加强长城保护。注重革命文物的维修保护。加强大遗址保护和国家考古遗址公园建设。开展水下考古调查，基本掌握水下文物整体分布和保存状况，划定水下文物保护区，实施一批水下文物保护重点工程，加快建设国家文物局水下文化遗产保护中心南海基地，研究建立涵括水下文化遗产的海洋历史文化遗址公园。做好世界文化遗产申报和保护管理工作，加快世界文化遗产监测预警体系建设。

（三）加强城乡建设中的文物保护。高度重视城市改造和新农村建设中的文物保护，突出工作重点，区分轻重缓急，加强历史文化名城、村镇、街区和传统村落整体格局和历史风貌的保护，防止拆真建假、拆旧建新等建设性破坏行为；涉及各级文物保护单位建设控制地带和地下文物埋藏区的建设项目，应当严格按照文物保护法律法规的规定办理相关手续；不可移动文物不得擅自迁移、拆除，因建设工程确需迁移、拆除的，应当严格按照文物保护法律法规的规定办理相关手续。做好基本建设中的考古调查、勘探、发掘和文物保护工作，搞好配合，提高时效。研究制定文物保护补偿办法，依法确定补偿对象、补助范围等内容。利用公益性基金等平台，采取社会募集等方式筹措资金，解决产权属于私人的不可移动文物保护维修的资金补助问题，使文物所有者和使用者更好地履行保护义务。

（四）加强文物保护规划编制实施。要将文物行政部门作为城乡规划协调决策机制成员单位，按照“多规合一”的要求将文物保护规划相关内容纳入城乡规划。国务院文物行政部门统筹指导各级文物保护单位保护规划的编制工作。全国重点文物保护单位保护规划由省级人民政府组织编制，经国务院文物行政部门审核同意后公布实施。地方各级人民政府要及时核定本行政区域相应级别的文物保护单位和不可移动文物名录，依法划定文物保护单位保护范围和建设控制地带，并通过政务信息平台向社会公开，接受社会监督。

（五）加强可移动文物保护。实施馆藏文物修复计划，及时抢救修复濒危珍贵文物，优先保护材质脆弱珍贵文物，分类推进珍贵文物保护修复工程，注重保护修复馆藏革命文物。实施预防性保护工程，对展陈珍贵文物配备具有环境监测功能的展柜，完善博物馆、文物收藏单位的文物监测和调控设施，对珍贵文物配备柜架囊匣。要为处于地震带的博物馆的珍贵文物配置防震保护设备。实施经济社会发展变迁物证征藏工程，征集新中国成立以来反映经济社会发展的重要实物，记录时代发展，丰富藏品门类。

（六）加强文物安全防护。实施文物平安工程，完善文物建筑防火和古遗址古墓葬石窟寺石刻防盗防破坏设施，切实降低文物保护单位安全风险。落实文物管理单位主体责任。夯实基层文物安全管理，健全县（市、区）、乡镇（街道）、村（社区）三级文物安全管理网络，逐级落实文物安全责任；发挥乡镇综合文化站作用，完善文物保护员制度，推行政府购买文物保护服务，逐处落实文物安全责任单位或责任人。

（七）制定鼓励社会参与文物保护的政策措施。指导和支持城乡群众自治组织保护管理使用区域内尚未核定公布为文物保护单位的不可移动文物。制定切实可行的政策措施，鼓励向国家捐献文物及捐赠资金投入文物保护的行为。对社会力量自愿投入资金保护修缮市县级文物保护单位和尚未核定公布为文物保护单位的不可移动文物的，可依法依规在不改变所有权的前提下，给予一定期限的使用权。培育以文物保护为宗旨的社会组织，发挥文物保护志愿者作用。鼓励民间合法收藏文物，支持非国有博物馆发展。制定文物公共政策应征求专家学者、社会团体、社会公众的意见，提高公众参与度，形成全社会保护文物的新格局。

五、拓展利用

（一）为培育和弘扬社会主义核心价值观服务。挖掘研究文物价值内涵，以物知史，以物见人，传播优秀传统文化，引领社会文明风尚。推出一批具有鲜明教育作用、彰显社会主义核心价值观的陈列展览、文物影视节目和图书等多媒体出版物。推动建立中小学生定期参观博物馆的长效机制，鼓励学校结合课程设置和教学计划，组织学生到博物馆开展学习实践活动。

（二）为保障人民群众基本文化权益服务。完善博物馆公共文化服务功能，扩大公共文化服务覆盖面，将更多的博物馆纳入财政支持的免费开放范围。建立博物馆免费开放运行绩效评估管理体系。加强革命老区、民族地区、边疆地区、贫困地区博物馆建设，促进博物馆公共文化服务标准化、均等化。考古发掘单位要依法向博物馆移交文物。推动博物馆由数量增长向质量提升转变，完善服务标准，提升基本陈列质量，提高藏品利用效率，促进馆藏资源、展览的共享交流。实施智慧博物馆项目，推广生态博物馆、流动博物馆，有条件的地方可以建立社区博物馆。提升古遗址古建筑石窟寺展示利用水平，拓宽近现代文物的利用方式。推动有条件的行政机关、企事业单位管理使用的文物保护单位定期或部分对公众开放。

（三）为促进经济社会发展服务。发挥文物资源在文化传承中的作用，丰富城乡文化内涵，彰显地域文化特色，优化社区人文环境。发挥文物资源在促进地区经济社会发展、壮大旅游业中的重要作用，打造文物旅游品牌，培育以文物保护单位、博物馆为支撑的体验旅游、研学旅行和传统村落休闲旅游线路，设计生产较高文化品位的旅游纪念品，增加地方收入，扩大居民就业。实行文物保护的分类管理、精准管理，针对城市、乡村、荒野等不同地域，以考古勘探等工作为基础，合理划定古遗址的保护区划；对传统村落中的文物建筑分别实行整体保护、外貌保护、局部保护，实现文物保护与延续使用功能、改善居住条件相统一。切实加强文物市场和社会文物鉴定的规范管理，积极促进文物拍卖市场健康发展。

（四）大力发展文博创意产业。深入挖掘文物资源的价值内涵和文化元素，更加注重实用性，更多体现生活气息，延伸文博衍生产品链条，进一步拓展产业发展空间，进一步调动博物馆利用馆藏资源开发创意产品的积极性，扩大引导文化消费，培育新型文化业态。鼓励众创、众筹，以创新创意为动力，以文博单位和文化创意设计企业为主体，开发原创文化产品，打造文化创意品牌，为社会资本广泛参与研发、经营等活动提供指导和便利条件。实施“互联网＋中华文明”行动计划，支持和引导企事业单位通过市场方式让文物活起来，丰富人民群众尤其是广大青少年的精神文化生活。

（五）为扩大中华文化影响力服务。积极参与国际文化遗产保护事务，扩大与相关国际组织的合作，形成文物交流双边、多边合作机制。与更多国家和地区签署防止盗窃、盗掘和非法进出境文物双边协定，通过外交、司法、民间等多种形式推进非法流失海外文物的追索与返还。拓宽文物对外展示传播渠道，加强文物与外交、文化、海洋等部门和单位联动。推进与“一带一路”沿线国家文物保护领域的实质性合作。

（六）合理适度利用。任何文物利用都要以有利于文物保护为前提，以服务公众为目的，以彰显文物历史文化价值为导向，以不违背法律和社会公德为底线。文物景区景点要合理确定游客承载量；国有不可移动文物不得转让、抵押，不得作为企业资产经营，不得将辟为参观游览场所的国有文物保护单位及其管理机构整体交由企业管理。

六、严格执法

（一）完善文物保护法律法规。加快推进文物保护法、水下文物保护管理条例等法律法规修订工作。省级人民政府和具有立法权的市级人民政府要推动文物保护地方性法规规章制修订工作，健全法治保障体系。

（二）强化文物督察。完善文物保护监督机制，畅通文物保护社会监督渠道。加强层级监督，依法对地方履行文物保护职责情况进行督察，对重大文物违法案件和文物安全事故进行调查督办，集中曝光重大典型案例，对影响恶劣的要约谈地方人民政府负责人。优化国务院文物行政部门执法督察力量配置。

（三）加强地方文物执法工作。地方各级人民政府要结合综合行政执法改革，进一步加强文物执法工作，落实执法责任。加强省级文物行政部门执法督察力量。市县级文物行政部门要依法履行好行政执法职能，也可通过委托由文化市场综合执法队伍或其他综合行政执法机构承担文物执法职能。文物资源密集、安全形势严峻的地方可根据实际需要，设立专门的警务室。文物行政部门要强化预防控制措施，加大执法巡查力度，及时制止违法行为；建立案件分级管理、应急处置、挂牌督办等机制，建设文物执法管理平台。

（四）严格责任追究。地方各级人民政府、各有关部门和单位因不依法履行职责、决策失误、失职渎职导致文物遭受破坏、失盗、失火并造成一定损失的，要依法依纪追究有关人员的责任；涉嫌犯罪的，移送司法机关处理。造成国家保护的珍贵文物或者文物保护单位损毁、灭失的，要依法追究实际责任人、单位负责人、上级单位负责人和当地政府负责人的责任。建立文物保护责任终身追究制，对负有责任的领导干部，不论是否已调离、提拔或者退休，都必须严肃追责。建立健全文物保护工程勘察设计、施工、监理、技术审核质量负责制，对违反国家法律法规和相关技术标准，造成文物和国家财产遭受重大损失的，要依法追究相关单位和人员的责任。

（五）加大普法宣传力度。要将文物保护法的学习宣传纳入普法教育规划，纳入各级党校和行政学院教学内容。文化、新闻出版广电等部门和单位要主动做好文物保护法的宣传普及工作。落实“谁执法谁普法”的普法责任制，各级文物行政部门要将文物保护法的宣传普及作为重要工作任务常抓不懈，切实提高全民文物保护意识和执行文物保护法的自觉性。开展多种形式的以案释法普法教育活动。建立健全文物、博物馆、考古等有关企事业单位的守法信用记录，完善守法诚信行为褒奖机制和违法失信行为惩戒机制。

七、完善保障

（一）保障经费投入。县级以上人民政府要把文物保护经费纳入本级财政预算。要将国有尚未核定公布为文物保护单位的不可移动文物保护纳入基本公共文化服务范畴，积极引导和鼓励社会力量参与，多措并举，落实保护资金的投入。探索对文物资源密集区的财政支持方式，在土地置换、容积率补偿等方面给予政策倾斜。加强经费绩效管理和监督审计，提高资金使用效益。大力推广政府和社会资本合作（PPP）模式，探索开发文物保护保险产品，拓宽社会资金进入文物保护利用的渠道。

（二）加强科技支撑。发挥科技创新的引领作用，充分运用云计算、大数据、“互联网＋”等现代信息技术，推动文物保护与现代科技融合创新。通过国家科技计划（专项、基金等），重点支持文物价值认知、保护修复和传统工艺科学化、考古综合技术、大遗址展示利用、文物预防性保护、智慧博物馆等方面的科技攻关，突破一批共性、关键、核心技术；针对土遗址、彩塑壁画、石质文物、纸质文物、纺织品的保护，实施一批重点科技示范工程，形成系统解决方案；建立跨部门跨地区的协同创新工作机制，在重点方向成立工程技术研究中心和技术创新战略联盟，全面提升集成创新、区域创新能力。提高文物保护装备制造能力。加快重要和急需标准制修订，支持有关企业、行业标准的制订，完善文物保护准则，进一步推广应用文物保护技术标准和行业规范，提升文物工作标准化、科学化水平。

（三）重视人才培养。实施人才培养“金鼎工程”，加快文博领军人才、科技人才、技能人才、复合型管理人才培养，形成结构优化、布局合理、基本适应文物事业发展需要的人才队伍。组织高等院校、科研院所以及文物大省的专业人才，实施保护项目与人才培养联动战略，加快文物保护修复、水下考古、展览策划、法律政策研究等紧缺人才培养。重视民间匠人传统技艺的挖掘、保护与传承。加强县级文物行政执法、保护修复等急需人才培训，适当提高市县文博单位中高级专业技术人员比例。加大非国有博物馆管理人员、专业人员培训力度，完善文物保护专业技术人员评价制度，加强高等院校、职业学校文物保护相关学科建设和专业设置。

各地、各有关部门和单位要根据本指导意见要求，结合工作实际，认真抓好贯彻落实。

国务院

2016 年 3 月 4 日

国家文物局关于加强革命文物工作的通知

文物政发〔2016〕13号

各省、自治区、直辖市文物局(文化厅),各计划单列市文物局(文化局),新疆生产建设兵团文物局:

革命文物是我国文物资源的重要组成部分,是激发爱国热情、振奋民族精神的深厚滋养,是弘扬革命传统、传承中华文化的重要载体。加强革命文物工作,对培育社会主义核心价值观、实现中华民族伟大复兴的中国梦具有重要意义。为切实加强革命文物工作,根据《国务院关于进一步加强文物工作的指导意见》(国发〔2016〕17号)和《中共中央办公厅　国务院办公厅印发〈关于加强革命历史类纪念设施、遗址和全国爱国主义教育示范基地工作的意见〉的通知》(中办发〔2016〕28号),现就有关事项通知如下。

一、夯实革命文物工作基础

各地文物部门要依托第三次全国文物普查和第一次全国可移动文物普查成果,梳理形成革命文物资源目录和专题数据库。做好馆藏革命文物的清理、定级、建账和建档工作。制定馆藏革命文物征集计划,加强革命文物调查征集工作。

各地文物部门要将价值突出的革命文物报经当地人民政府核定公布为相应级别的文物保护单位。落实"四有"工作,依法划定保护范围,作出标志说明,建立记录档案,设置专门机构或指定专人负责管理,及时上报完成情况。

各地文物部门要对本辖区革命文物保护情况进行一次全面排查,掌握革命文物的保存状况、保护需求、项目组织、基础设施和管理使用情况,建立排查档案,并将排查结果报国家文物局备案。对存在险情的革命文物,应视轻重缓急,制订保护修复计划。

二、切实加强革命文物保护

加强革命文物保护利用规划编制,鼓励革命文物分布密集地区、重点省份组织编制区域性革命文物保护利用专项规划,做好延安革命旧址、抗战文物、红军长征遗迹等具有重大影响和纪念意义的革命旧址群保护利用规划编制工作。对革命文物重点省份在项目立项、规划编制、业务指导和经费保障上予以支持鼓励。

实施革命旧址维修保护三年行动计划,组织实施一批具有重大影响和示范意义的革命旧址保护重点工程,显著改善革命文物的保护状况。实施馆藏革命文物修复计划,及时抢救修复濒危珍贵革命文物,优先保护材质脆弱的珍贵革命文物。对存在重大险情的革命旧址和馆藏革命文物,应及时开展抢救性保护和修复。各地文物部门要在项目报批上开辟"绿色通道",在资金安排上予以保障。

加强革命文物的安全防范设施建设,完善革命文物监测调控设施,改善革命文物藏品保管、陈列展览条件,确保革命文物安全。新建改扩建纪念设施,要充分论证、从严控制,严格按程序履行报批手续。对与革命文物环境气氛不相协调的经营活动和娱乐设施，要进行清理整顿。

三、充分发挥革命文物的公共服务和社会教育作用

加强对革命文物的研究阐释，深入挖掘革命文物的思想内涵和时代价值。拓展革命文物的展示利用，被列为各级文物保护单位的革命旧址应尽可能对公众开放。尚不具备开放条件的，应在重点区域开辟宣传展示空间，或在合适位置设立纪念标志或铭牌说明。建立革命旧址、博物馆、纪念馆与周边学校、党政机关、企事业单位、驻地部队、城乡社区的共建共享机制，有计划地组织大中小学生、党员干部、部队官兵和各界群众到革命文物场所参观学习。

坚持有址可寻、有物可看、有史可讲、有事可说，策划一批主题突出、导向鲜明、内涵丰富的陈列展览精品。在保持博物馆、纪念馆基本陈列和革命旧址原状陈列相对稳定的前提下，深化研究、及时补充彰显时代精神的展陈内容。开展省际、馆际间革命文物馆藏资源、主题展览的交流与合作。改进展陈方式，加强大纲撰写、形式设计、实物制作、展品布置，应用现代科技手段，推广移动客户端导览服务，增强革命文物陈列展览的生动性、参与性和体验性。

将革命文物展示利用纳入“互联网 + 中华文明”行动计划的支持范围。大力发展红色旅游，培育以革命文物为支撑的研学旅行和体验旅游精品线路，打造文物旅游品牌，支持革命老区振兴发展。结合中国共产党成立 95 周年和红军长征胜利 80 周年纪念活动，精心设计活动内容和活动载体，拓展社会教育覆盖面。各地文物部门要结合重大历史事件和重要历史人物纪念活动、重要节庆活动，依托革命文物资源，举办面向社会特别是青少年的主题展览和流动展览，开展独具特色的宣传教育活动。

各地文物部门要切实落实保护责任，积极加强与相关部门的协调配合，齐抓共管，形成工作合力。国家文物局将加强对各地革命文物工作的督促检查，建立“双随机”抽查机制，实行革命文物保护情况通报制度。各地文物部门于 2016 年 12 月 1 日前将贯彻落实情况报送我局。

特此通知。

国家文物局

2016 年 6 月 28 日

国家文物局关于促进文物合理利用的若干意见

文物政发〔2016〕21号

各省、自治区、直辖市文物局(文化厅),新疆生产建设兵团文物局:

为全面贯彻“保护为主,抢救第一,合理利用,加强管理”的文物工作方针,深入落实《国务院关于进一步加强文物工作的指导意见》和国务院办公厅转发文化部等四部门《关于推动文化文物单位文化创意产品开发若干意见的通知》,充分发挥文物的历史、艺术、科学价值,传承弘扬中华优秀文化,促进社会文明进步,现就文物合理利用工作提出以下意见。

一、充分认识文物合理利用的重要意义

文物承载灿烂文明,传承历史文化,维系民族精神,是老祖宗留给我们的宝贵遗产,是中华优秀传统文化的重要载体。系统梳理传统文化资源,深入挖掘和阐发文物资源承载的历史文化价值和时代价值,让收藏在博物馆里的文物,陈列在广阔大地上的遗产,书写在古籍里的文字都活起来,对于展示中华文化独特魅力,弘扬社会主义核心价值观,增强全民族文化自信,促进经济社会发展具有十分重要的意义。

近年来,我国文物事业快速发展,文物工作在传承文明、服务社会、促进发展等方面的作用日益凸显,加大文物保护力度、推进文物合理适度利用日渐成为社会共识。同时,文物利用仍然存在着文物资源开放程度不高、利用手段不多、社会参与不够以及过度利用、不当利用等问题,各级文物部门、文博单位要进一步提高认识、创新实践,增强工作的主动性、创造性,努力走出一条符合国情的文物保护利用之路。

二、准确把握文物利用的基本原则

坚持把社会效益放在首位。注重发挥文物的公共文化服务和社会教育功能,传承弘扬中华优秀文化,秉持科学精神、遵守社会公德。

坚持依法合规。严格遵守文物保护等法律法规,注重规范要求,切实加强监管。

坚持合理适度。文物利用必须以确保文物安全为前提,不得破坏文物、损害文物、影响文物环境风貌。文物利用必须控制在文物资源可承载的范围内,避免过度开发。

三、多措并举,切实让文物活起来

(一)扩大文物资源社会开放度。认真组织对辖区内文物开放利用情况进行一次全面调查,准确掌握各级各类文物的开放利用情况。由文物部门管理使用的各级各类不可移动文物应尽可能向公众开放,已对公众开放的要进一步挖掘潜力、提升服务,未对公众开放的要明确开放时限;由机关、事业单位和企业等使用的国有文物保护单位,应创造条件实现局部或定时开放;非国有文物保护单位向公众开放、提供展览展示服务的,文物部门应当给予指导和帮助。建立健全文物信息平台,畅通文物信息渠道。国有文物收藏单位应主动向社会公开藏品信息和展览信息,完

善管理与服务，满足公众的教育、研究、欣赏需要。

（二）促进馆际交流提高藏品利用率。支持博物馆间通过博物馆联盟、对口帮扶、总分馆制等，形成博物馆藏品资源共享平台；支持国有博物馆间通过调拨、交换、借用等方式，优化藏品结构，帮助藏品较少的博物馆形成有特色的陈列展览；支持各级各类博物馆开展联展、巡展和出国境展览，推进流动展览进乡村、进社区、进校园、进军营、进企业。

（三）加强革命文物展示利用。加大资金投入，制定革命文物专项规划，统筹革命文物保护利用。加大建设力度，支持革命文物丰富的地区依托革命旧址兴建博物馆、纪念馆、陈列馆，挖掘革命文物价值，改造提升陈列展览。加大合作力度，支持革命博物馆、纪念馆、陈列馆与党政机关、企事业单位、驻地部队、城乡社区、教育机构建立共建共享机制，结合重大历史事件、重要历史人物纪念活动以及重要节庆、红色旅游等，通过主题活动、专题研讨、互动教学等多种形式，丰富革命文物、革命历史、革命文化展示利用方法，拓展教育传播渠道，大力弘扬革命传统。

（四）创新利用方式。支持文博单位发挥资源优势和专业优势，加强文物研究，以中华优秀传统文化、革命文化和社会主义先进文化为主题，深入挖掘文物资源的历史文化内涵、思想精髓和时代价值，推动展陈策划专业化、社会化，打造精品陈列；支持文博单位利用信息、网络等现代科学技术，实施互联网+中华文明行动计划，建设“一带一路”文化遗产长廊，创新传播方式，提供更多更好的公共文化服务。鼓励有条件的文博单位利用自身人才优势，向社会提供文物鉴定等相关服务。

（五）落实文化创意产品开发政策。贯彻国务院国发〔2014〕10 号、文化部等三部门文产发〔2014〕14 号、财政部财文资〔2012〕4 号关于财税支持、金融服务等政策，支持文博单位依托文物资源，采取合作、授权、独立开发等方式进行文化创意产品开发，面向社会提供知识产权许可服务。支持符合条件的企业、项目纳入扶持文化产业发展专项资金、税收政策范围，纳入文化产业投融资服务体系支持和服务范围。对经认定为高新技术企业的文化创意和设计服务企业，减按 15% 的税率征收企业所得税。文化创意和设计服务企业发生的职工教育经费支出，不超过工资薪金总额 8% 的部分，准予在计算应纳税所得额时扣除。企业发生的符合条件的创意和设计费用，执行税前加计扣除政策。鼓励众创、众包、众扶、众筹，以创新创意为动力，以文化创意设计企业为主体，开发文化创意产品，打造文化创意品牌。成效明显的文化创意产品开发试点单位，可参照《中华人民共和国促进科技成果转化法》相关条款的规定，适当增加绩效工资总量，在净收入中提取最高不超过 50% 的比例用于对在开发设计、经营管理等方面做出主要贡献的人员给予奖励，各地可结合实际制定具体办法。

（六）鼓励社会力量参与。支持公民、法人和其他组织通过认领认养等形式参与尚未建立文物保护管理机构、博物馆，或者辟为考古遗址公园等参观游览场所的国有市、县级文物保护单位和未核定为文物保护单位的不可移动文物的保护利用，文物部门要面向社会公开征集保护利用方案和实施主体，涉及审批事项的应依法履行报批程序。支持文博单位与社会力量深度合作，建立优势互补、互利共赢的合作机制，推广政府和社会资本合作（PPP）模式，明确参与范围、参与方法、参与程序，及时公开发布社会力量参与文物保护利用的项目清单，为社会力量广泛参与研发、生产、经营等活动提供便利条件。

各地文物部门要高度重视文物合理利用

工作，进一步解放思想，加强分类指导，出台具体办法，积极探索有效途径，及时总结成功经验，推动文物合理利用工作迈上新台阶。

国家文物局

2016年10月10日

国家文物局　国家发展和改革委员会　科学技术部　工业和信息化部　财政部关于印发《“互联网＋中华文明”三年行动计划》的通知

文物博函〔2016〕1944 号

各省、自治区、直辖市、新疆生产建设兵团文物局（文化厅）、发展改革委、科技厅（委、局）、工业和信息化主管部门、财政厅（局）：

为贯彻落实国务院《关于进一步加强文物工作的指导意见》（国发〔2016〕17 号）和《关于积极推进“互联网＋”行动的指导意见》（国发〔2016〕40 号），国家文物局、国家发展和改革委员会、科学技术部、工业和信息化部、财政部共同编制了《“互联网＋中华文明”三年行动计划》。现印发给你们，请结合实际，认真抓好贯彻落实。

附件：《“互联网＋中华文明”三年行动计划》

国家文物局　国家发展和改革委员会

科学技术部　工业和信息化部　财政部

2016 年 11 月 29 日

附件

“互联网+中华文明”三年行动计划

文物承载灿烂文明，传承历史文化，维系民族精神，是国家的“金色名片”。为贯彻习近平总书记关于“要系统梳理传统文化资源，让收藏在博物馆里的文物、陈列在广阔大地的遗产和书写在古籍里的文字都活起来”“要处理好继承与创造性发展的关系，重点做好创造性转化和创新性发展”等重要论述精神，落实国务院《关于进一步加强文物工作的指导意见》（国发〔2016〕17号）和《关于积极推进“互联网+”行动的指导意见》（国发〔2015〕40号），坚持有利于全社会参与文物保护、有利于为公众提供丰富的文化产品与服务、有利于调动社会各方积极性、有利于中华文明的传播与弘扬，把互联网的创新成果与中华传统文化的传承、创新与发展深度融合，深入挖掘和拓展文物蕴含的历史、艺术、科学价值和时代精神，彰显中华文明的独特魅力，丰富文化供给，促进文化消费，形成更广泛的以互联网为基础设施和创新要素的文物合理利用新形态，特制定“互联网+中华文明”三年行动计划。

一、总体要求

（一）总体思路

贯彻落实“创新、协调、绿色、开放、共享”发展理念，坚持政府积极引导、社会共同参与，充分发挥市场的作用，通过观念创新、技术创新和模式创新，推动文物信息资源开放共享，通过文物信息资源、内容、产品、渠道、消费全链条设计，探索为社会提供丰富多彩的文化产品和服务，进一步发挥文物在培育弘扬社会主义核心价值观、构建中华优秀传统文化传承体系和公共文化服务体系中的独特作用。

（二）发展目标

到2019年末，初步构建文物信息资源向社会开放共享体系，授权经营、知识产权保护等规则规范基本形成；形成一批具有示范性、带动性和影响力的融合型文化产品和品牌；培养一批高素质人才，培育一批具有核心竞争力的文博单位和骨干企业；初步形成政府引导、社会参与、开放协作、创新活跃的业态环境，扩展文物资源的社会服务功能，为满足人民群众多层次、多形式、多样化的精神文化需求，促进文化繁荣和经济社会发展做出新的贡献。

二、主要任务

（一）推进文物信息资源开放共享

建立文物资源信息名录公开机制，出台相关政策和标准规范。首批向社会公开万余处文物保护单位和100万件（组）国有可移动文物名录和基础信息，并逐步推进文物资源信息公开的广度和深度。开展文物大数据平台建设，实现优势资源共享。

支持文物博物馆单位有序开放文物资源信息，将资源信息开放、信息内容挖掘创新、信息产品提供等纳入文物博物馆单位评估定级标准和绩效考核范围。

专栏 1

文物大数据平台建设:优先整合全国不可移动文物普查、可移动文物普查、以及文物价值创新挖掘工程和文物数字化展示利用工程的成果,研究统筹建立文物大数据平台;逐步推动跨部门、跨区域、跨行业“物理分散、逻辑互联、全国一体、交互共享”的云平台建设。建立文物资源信息采集、加工、存储、传输、交换系列标准,对文物信息资源进行分级分类,实现文物信息资源科学化、规范化管理和应用。鼓励各类第三方服务提供商、“双创”企业(个人)与文物博物馆单位合作,参与平台建设或基于云平台提供各种应用服务,提供文物图形图像、音视频、三维模型等数字资源,丰富文物知识、创意设计素材库,创作基于文物资源创作的影视、网游、音乐、出版、商标以及计算机软件等数字产品,从事文物实体的数字化发行与信息网络传播推广,以及基于知识产权技术保护手段与网络的授权交易服务,以实现文物信息资源共享、利用、挖掘、创新的云服务。

(二)调动文物博物馆单位用活文物资源的积极性

充分发挥文物博物馆单位在文物藏品资源、学术研究、人才队伍、形象品牌等方面的优势,加强与社会力量的合作,建立优势互补、互利共赢的合作机制,促进文物的合理利用和中华文明的传播弘扬。

加强文物基础价值挖掘工作。开展文物资源的信息挖掘和知识组织,确保专业性、科学性和权威性,为后续产品开发和领域融合提供基础支撑。

加强文物数字化展示利用。通过数据汇集、分析和加工,建立面向应用的文物信息资源库和陈列展览专题信息资源库,盘活存量,做优增量,做大总量。

依法建立文物博物馆单位文物信息资源和品牌资源的授权机制并在部分地区先行先试,通过总体授权、单独授权、专项授权等,将资源优势转变为市场优势。严格区分社会公益服务与商业授权委托。

依托文物博物馆单位场馆空间优势,重点关注公共文化服务领域需求,积极开发和引入与文物博物馆单位身份相适应的产品、技术、装备等,有序开放产品供给渠道。

通过文化创意产品开发所取得的事业收入、经营收入和其他收入等按规定纳入本单位预算统一管理,可用于加强公益文化服务、藏品征集、继续投入文化创意产品开发、对符合规定的人员予以绩效奖励等。

专栏2

1. 文物价值挖掘创新：支持文物博物馆单位与高等院校、科研院所和相关企业合作，针对充分体现中华文明独特魅力的典型性文物，开展多视角、多维度、多层次的价值挖掘，重点阐明文物的历史、艺术和科学价值以及文物背后的故事，加强文物间的关联性和系统性研究，为后续产品研发、领域融合等提供更具专业性、科学性和权威性的基于知识组织的文物信息资源。鼓励社会力量与文物博物馆单位合作，开展文物价值专项挖掘创新，分类进行文博知识产权分析研究和应用前景的市场评估。

2. 文物数字化展示利用：支持文物博物馆单位通过独立开展、项目合作或购买社会服务等方式，面向国家重点文物保护单位、馆藏珍贵文物、精品陈列展览，利用遥感测绘技术、三维扫描/建模技术、高清影像采集技术等，采集和整合文物(展览)数字化信息，搭建面向应用的文物资源数据库和陈列展览专题数据库，开发数字体验文化产品；在有条件的文物博物馆推行智慧博物馆试点示范工作。鼓励大型互联网企业综合运用物联网、云计算、大数据和移动互联网等新技术手段，提供文物信息资源深度开发利用服务。

(三)激发企业创新主体活力

充分发挥企业在技术、人才、渠道、资金和体制机制灵活等方面的优势和创新主体作用，支持企业与文物博物馆单位通力合作，通过内容创新、技术创新、管理创新、模式创新和业态创新，推动文物领域与经济社会相关领域融合发展，发展融合型文化产品。

鼓励各类市场主体，以市场需求为导向，以互联网创新成果为支撑，依托文物信息资源，重点实施互联网+文物教育、文物文创、文物素材再造、文物动漫游戏、文物旅游，以及渠道拓展与聚合等“5+1”项目。采取公开申报、择优委托的形式，鼓励文博单位与各类创新主体联合申报示范项目，对示范项目进行绩效考评，形成一批具有广泛影响和普遍示范效应的优秀产品与服务，为大众创新、万众创业提供方向性指引。

建立“互联网+中华文明”优秀产品库。重点支持围绕文明源流、国学经典、传统美德、艺术欣赏、古代科技、古代建筑、乡土民俗、红色记忆、“一带一路”和文保知识等主题，以及人民群众喜闻乐见的其他题材，进行创作、创新、创造，让文物可见、可感、可亲，讲好中国故事、传播好中国声音。

重点培育骨干型企业，丰富产品内容、完善产品形态、拓展产品渠道，形成一批有影响、有品牌、有竞争力的领军企业或企业集团；支持中小企业向“专、精、特、新”方向发展，强化特色产品、特色经营、特色服务，形成中小企业集群。认定一批“互联网+中华文明”示范基地。

鼓励跨行业、跨领域的企业与文博单位间、企业间、文博单位间的合作，支持专题研讨、培训、洽谈、会展、推介等活动，鼓励文物博物馆单位、企业、第三方服务机构等不同主体之间的信息互换、双向学习、观念更新，着力打破行业间的“竖井”，形成融合互动的“通渠”。充分发挥不同市场主体的自身优势，推动分领域组建“互联网+中华文明”创新联盟，促进各类创新要素集聚，形成核心竞争力。引导技术创新、产品创新和渠道创新，鼓励技术入股、融资租赁和生产性服务等模式创新。

专栏 3

1. 互联网 + 文物教育：针对不同年龄、不同区域青少年特点，研究提炼文物博物馆资源与教育的有机结合点，利用网络与多媒体技术表现形式丰富、访问方便快捷等优势，开发数字化、网络化的文物教育课程及其他教学资源，建设文物教育资源库和教学项目库。利用现有的远程教育终端系统、广播电视、互联网视频平台，以及学校与博物馆网站系统，增加中小学教育的文物博物馆音像录播教学和网络互动教学。把博物馆历史实践、艺术欣赏教育引入学校，提供虚实结合的 VR/AR 虚拟历史场景和重要历史文物 3D 打印实践教学，激发学生对文物历史的兴趣爱好。开发系列文物博物馆教育教学专用 APP，提供文物全息欣赏、虚拟触摸和历史事件沉浸式体验，增强用户主体交互体验，直观感知文物的历史、艺术和科学价值。支持利用网络传播、社交媒体、VR 平台及其他主流网络平台，提供面向公众的历史文化教育内容。鼓励文物博物馆单位、学校、青少年活动中心与有实力的技术服务提供商共同参与工程实施。

2. 互联网 + 文物文创产品：鼓励社会力量与文物博物馆单位深度合作，或通过网络众筹、众包等方式，针对文物博物馆单位具有代表性的文物与博物馆藏品资源，广泛应用多种载体和表现形式，开发兼具艺术性、趣味性和实用性，满足现代生活需求的文化创意系列产品，打造文化创意品牌。鼓励建立大数据分析系统，分析多样化的客户选题需求，进行文化创意产品个性化定制和定向销售。

3. 互联网 + 文物素材创新：鼓励工业企业、设计机构、高等院校、科研院所与文博单位建立多种形式的合作机制。构建面向设计服务的文物素材库和知识库，建立基于文物素材的设计服务集成公共服务平台，实现开放式的远程虚拟设计服务和定向服务。在传统制造业、战略性新兴产业、现代服务业等重点领域开展应用示范，推进文物素材再造和相关设计服务产业化、专业化、集约化、品牌化发展。培育一批创意设计特色企业，研发一批选题创意新颖、特色突出、形式活泼的文物素材再造设计产品与服务，提高工业设计产业发展水平和服务水平。

4. 互联网 + 文物动漫游戏：充分挖掘我国文物和优秀传统文化资源，深入对接网络创意和科技元素，结合国家重大战略、重点工作和社会公众需求，重点发展表达中国特色、中国风格、中国气派的原创动漫、游戏、影视产品及衍生产品开发和服务，推进内容创作、音乐创作、形象设计、节目制作、版权交易创新发展。借助国内大型互联网平台在用户资源、热点知识产权、运营能力和技术创新等方面的优势，引导传统动漫和游戏企业打破固有的“黑盒子”创作模式，形成连接文物信息资源授权单位、动漫游戏生产机构与网络用户三方的开放共创方式，吸引网民参与互动体验，促进形成比较完整的文物网络动漫游戏生产体系、市场体系和传播体系。支持举办基于文物和优秀传统文化内容为主题的网络原创动漫游戏作品大赛、动漫产品研发交流会、动漫读书会、动漫音乐节，扩大影响力和知名度。

5. 互联网＋文物旅游：促进文物与旅游相结合，以文化提升旅游的内涵，以旅游扩大中华文明的传播。积极培育以文物为内容、旅游为载体、线上与线下相结合的融合发展新模式，丰富游客多层次、多角度现场与非现场深度体验。引导具备条件的文物博物馆单位与相关机构合作，研究设立虚拟展厅和数字体验中心，利用3S、3D/4D、VR/AR、激光成像和全息投影等技术，围绕文物本体及其历史环境等重要元素，开发以智能终端平台或现场展示平台为承载的文物旅游数字化产品系列。鼓励国内大型互联网企业与文物博物馆单位合作，提供基于地图服务的文物博物馆旅游线路规划、虚拟展示、智慧导览、参观预约及个性化服务，满足旅游参观前、中、后三阶段的不同体验要求；利用大数据挖掘分析手段，拓展游、购、娱、食、住、行等服务，推动面向"互联网＋"的文物旅游发展。

6. 渠道拓展与聚合：强化需求导向，科学分析文化消费需求，有针对性地拓展市场渠道，引领和培育新的文化消费。鼓励有条件的央地共建博物馆、国家一级博物馆、国家考古遗址公园、世界文化遗产地的商店、体验中心进行必要的改造升级，提升场景消费能力；鼓励在符合市场规律、进行科学规划和充分论证的前提下，在国内外旅游景点、重点商圈、城市大型综合体、交通枢纽等传统商业终端渠道建设体验中心和交易中心；鼓励在有条件的学校、青少年活动中心、社区建设体验教室；加强与大型电子商务平台合作，按地域和文化主题建立文化产品网络营销专区，支持文化产品提供商入驻，发展社交电商等网络营销新模式，提升产品网络营销水平，鼓励开展跨境电子商务。同时，积极探索文博行业既有渠道、传统商业渠道、线上渠道的有机聚合，发展线上线下融合营销（O2O），实现全渠道覆盖。

（四）完善业态发展支撑体系

重点加强新技术新装备应用支撑体系、授权经营体系、双创空间体系等3大支撑体系建设，突破一批文物资源数字化、数字展示、网络传播等领域的核心关键技术和装备；探索建立基于文物信息资源、创意、产品、渠道和品牌的多层级授权经营体系；构建一批创新与创业相结合的双创空间，为创新创业者提供低成本、便利化、全要素的工作空间、网络空间、社交空间和资源共享空间，整合和调动更多的创新要素参与行动计划，支撑文物信息资源合理利用新模式、新业态的健康、可持续发展。

专栏4

1. 构建新技术、新装备应用支撑体系：充分运用物联网、云计算、大数据、移动互联等现代信息技术，推动新技术与新装备的研发与应用示范。重点支持文物价值挖掘、文物数字化、现代展陈、网络传播、智慧博物馆等方面的科技攻关，突破一批共性、关键、核心技术，在此基础上重点研发（含升级改造或二次开发）一批新技术、新工具和新装备，提高装备的适用性、安全性、可靠性和智能化水平。加强自主创新产品的政府首购和订购，在重点领域实施一批应用示范项目，重点培育一批骨干创新型技术装备研发生产服务企业。

2. 构建授权体系：开展“互联网 + 中华文明”品牌经营与维护，探索建立基于文物信息资源、创意、产品、渠道和品牌的多层级授权体系。支持具备条件的文物博物馆单位依托本单位文物信息资源，结合自身实际情况，采取合作共建、授权委托、独立开发等方式开展文物信息资源的开发利用工作。鼓励有实力的社会机构参与品牌资源授权经营。

3. 构建双创空间体系：加强与地方政府合作，遴选和培育建立一批“互联网 + 中华文明”双创空间，通过市场化机制、专业化服务和资本化途径构建服务平台，为“双创”企业（个人）与文博单位、科研机构、高校、社会团体等机构的对接牵线搭桥。向社会开放征集优秀创意、鼓励产品团队入驻，聚合优秀的资源与人才，并为其提供政策、资金、技术、内容、渠道、金融资源等方面的支持，激发双创空间企业的创新活力。鼓励有条件的地方采取相应政策措施，引导民间资本和社会力量参与，鼓励更多的人才和团队参与行动计划。

三、保障措施

（一）政策保障

注重原创价值、坚持创新驱动、突出示范引领，建立健全授权经营管理办法和相关制度，推进文物信息资源开放共享；支持社会力量和企事业单位充分挖掘文物信息资源价值，加强二次创作、创造，促进互联网应用创新，建立信息资源、文物知识、原创内容的产权保护政策，提升知识产权服务附加值；支持有前景、有特色、有国际影响力的创新创业团队，加强横向、纵向联合，形成协同育人、创新创业、成果转化、服务社会的“互联网 +”新机制。

（二）经费支持

统筹利用现有资金渠道，发挥引导作用，重点对文物价值挖掘、文物数字化和人才培养等给予必要支持；对推广性强、绩效突出的项目，给予以奖代补。积极采取特许经营、政府采购、贷款贴息、税收减免等政策措施鼓励支持各类企业参与；吸引社会资金，以众筹、众包等市场化方式运作形式和投资基金开展合作。

（三）人才保障

坚持“以用为本、人才优先、创新机制、服务发展”的人才保障机制，重点培育文物与相关领域融合发展的高端复合型人才，支持战略规划、创意设计、科技创新、项目管理、资本运作等专门型人才的引进和培养，加强双创就业指导培训。鼓励和吸引互联网相关研究机构、高等院校、高新技术企业、文博行业等各领域高水平业务人才开展广泛合作，推动人才结构战略性调整、提高人才质量，培养一批懂专业、有创意、善管理、有国际视野的优秀人才团队。

（四）机构保障

建立部际会商机制，国家文物局牵头负责，加强部门间的沟通协调。推动部门与部门间、中央与地方间、文物博物馆单位与企业间的协同与合作，组建专家咨询委员会。

附件

国家“十三五”文化遗产保护与公共文化服务科技创新规划

国家“十三五”文化遗产保护与公共文化服务科技创新规划，依据《国家创新驱动发展战略纲要》《“十三五”国家科技创新规划》《国务院关于进一步加强文物工作的指导意见》和《关于加快构建现代公共文化服务体系的意见》编制，主要明确“十三五”时期文化遗产保护与公共文化服务科技创新的总体思路、发展目标、主要任务和重大举措，是国家在文化遗产保护与公共文化服务领域的专项规划，是我国“十三五”时期加强文化遗产保护与传承、提升公共文化服务能力的行动指南。

一、规划背景

“十三五”时期是我国全面建成小康社会的决胜阶段，也是建设创新型国家的冲刺阶段。加强文化遗产保护与传承、建立健全公共文化服务体系，是强化国家共同记忆、留住共有精神家园的基础，是满足人民群众日益增长的精神文化需求、推动产业结构战略调整的重要保障，对维护国家文化安全和文化主权、树立在国际社会的良好大国形象具有重要意义，对“四个全面”和“五位一体”的中国特色社会主义建设事业以及实现中华民族伟大复兴的中国梦具有重要作用。

随着全球化、信息化的迅猛发展，西方文化和价值观借机渗透，存在着民族文化传统印记淡化、人文精神失落的危险，国家与民族凝聚力受到严峻挑战。国际上，很多国家都将文化遗产保护提升到维系本土文化独立性的国家战略高度予以系统部署，将其作为维系民族团结、国家统一、文化自信、文化认同的重要举措。并将文化遗产与优秀传统文化视为国家的“金色名片”，作为国际交往的润滑剂、助推器和竞争力予以重点部署。利用科技手段支撑和引领文化遗产保护与公共文化服务，是国际社会的普遍做法和策略。

党中央、国务院高度重视文化遗产保护与公共文化服务工作。习近平总书记在各种场合反复强调文化遗产保护利用和传承优秀传统文化的重要意义，作出了一系列重要指示。他指出，要让收藏在博物馆里的文物、陈列在广阔大地上的遗产、书写在古籍里的文字都活起来，努力走出一条符合国情的文物保护利用之路。党的十八届五中全会提出了创新、协调、绿色、开放、共享的发展理念，《国民经济和社会发展第十三个五年规划纲要》提出要“构建中华优秀传统文化传承体系，加强文化遗产保护，振兴传统工艺”。《国务院关于进一步加强文物工作的指导意见》《关于加快构建现代公共文化服务体系的意见》《国家基本公共文化服务指导标准（2015—2020年）》等文件先后出台，对加强文化遗产保护与传承利用、构建公共文化服务体系进行了战略规划，进一步明确了目标、任务、路线图和时间节点。同时，也对科技创新引领文化遗产保护与公共文化服务事业发展，提出了明确要求。

为明确文化遗产保护与公共文化服务科技创新的方向与任务，确定“十三五”期间的工作重点，切实推动文化遗产保护与公共文化服务事业科技进步，创新引领事业健康、可持续发展，特制定本规划。

二、现状与趋势

（一）现状

“十二五”以来，国家加大支持力度，文化遗产保护与公共文化服务科技发展进入了快车道。广大科技工作者顽强拼搏、开拓创新，胜利完成“十二五”规划确定的主要目标和任务，事业发展取得显著成就。一是突破了一批关键核心技术，填补了行业空白，部分领域已进入国际第一梯队。二是研发了一批系统装备，提升了专业效率和科学化水平。三是形成若干成套技术和系统解决方案，有效支撑了一批重大项目的实施。四是引入一批现代科学技术最新成果，促进了行业发展。五是推动了人文社会科学与自然科学的学科交叉融合，探索建立了通过自然科学的方法手段解决人文社会科学问题的研究范式。六是多措并举，加快了科技成果的转移扩散。七是整合资源、集群作战，通过项目实施带动了创新团队和机构的建设。全行业初步形成了以技术创新、组织创新、制度创新协同发展的创新发展格局。

回顾发展的历程，在事业蓬勃发展、良性循环的态势下，与国际整体局面相比，我们在成果积累和技术储备等方面仍有不足，具体表现为：一是文化遗产保护与公共文化服务的基础研究薄弱，缺乏系统的理论支撑；二是对于文化遗产的价值认知能力有限，难以全面、系统挖掘和深刻阐释文化遗产的多元价值，难以讲好“中国故事”；三是对于文化遗产保护的能力有限，在濒危文物的抢救性保护和更大范围文物的预防性保护方面，都有瓶颈问题尚未突破，科学技术需求复杂而巨大，相应科技手段却十分有限；四是对于优秀传统文化的传承和提供公共文化服务的能力有限，展示传播内容乏味、形式雷同，事倍功半，难以满足日益增长的公共文化需求；五是行业创新体系尚不完善，高校、科研院所等优质科技资源尚未稳定投入到文化遗产保护与公共文化服务领域，相关科技创新人才不足。

（二）发展趋势

在国际视野下，加强文化遗产与优秀传统文化的认知与保护、传播与影响，并作为重要的战略资源，催生新兴产业，将会是文化遗产保护与公共文化服务科技领域未来一个时期的主旋律。许多国家为抢占未来的制高点和话语权，纷纷将文化遗产保护纳入本国和本地区的科技规划或单独设立科技行动计划，例如，欧盟的“地平线2020计划”“地中海地区文物认知与保护计划”，法国的“国家级文化遗产研究计划”，意大利的“文化遗产安全计划”和美国的“拯救美国财富计划”等。与此同时，借助空间数字化、文化传播网络化、装备智能化等现代高科技手段，构建较为完善的现代公共文化服务体系和文化创意产业已经逐渐成为当今世界的热点。

未来5到10年，将是文化遗产保护与公共文化服务科技事业发展的重要战略机遇期，在新技术革命的带动下，这些领域正孕育着新的群体性突破。纵观国际文化遗产保护与公共文化服务科技发展，主要呈现出如下八大趋势：

一是关于文化遗产和优秀传统文化对增强国家软实力作用的认识逐渐深入，从而引发文化遗产保护与公共文化服务理念和观念产生深刻变化。

二是在充分认识文化的力量和文化遗产价值作用的基础上，世界各国将文化遗产保护与公共文化服务，整体上升到国家战略层面。

三是文化遗产利用和公共文化服务作用的提升，带动高新技术研发、资金投入强度和管理体制机制的创新和革新。

四是对文化的力量和文化遗产增强民族自信、文化认同的价值挖掘，带动多学科交叉，促进文化（文物）与科技的高度融合。

五是为充分发挥文化遗产价值和公共文化服务作用，在新媒体和“互联网+”的环境下，传播手段和模式日益变革。

六是文化遗产保护与公共文化服务领域的科技自主创新和系统集成能力不断增强，装备水平加速提升，现代科学技术与传统工艺的结合度空前紧密。

七是新形势、新需求、新任务，将带动战略、理论、应用和实践相结合的复合型人才队伍不断壮大。

八是文化遗产保护与公共文化服务领域的科技创新，将会催生出新产业、新业态、新模式。

（三）我国文化遗产保护与公共文化服务领域创新战略需求

党的十八大以来，习近平总书记等党和国家领导同志相继就加强文化遗产保护与公共文化服务作出了系列重要指示和批示，这为文化遗产保护与公共文化服务的科技创新工作指明了方向，提出了新要求。

1. 文化遗产价值认知，急需科技创新支撑。针对我国文化遗产学科体系尚未健全，文化遗产价值认知综合技术能力相对薄弱等问题，需要构建我国文化遗产学科体系框架；研究建立具有中国特色的文化遗产价值认知、保护和传承利用基本理念和方法论，应用各类现代技术提升我国文化遗产价值认知能力。

2. 我国可移动文物和不可移动文物保护修复关键技术的突破，急需科技创新支撑。针对我国馆藏文物保护修复和不可移动文物保护修复中难点和瓶颈问题，迫切需要开展文物保护修复病害检测、关键修复技术和材料，以及预防性保护相关技术的科技攻关，整体提升我国文化遗产保护水平。

3. 大力提高文化遗产传承利用能力，急需先进可靠、贴近百姓的传承利用科技支撑。针对日益增长的全民文物享用需求，迫切建立现代智慧博物馆技术体系，突破文物展示利用关键技术、提升文化遗产公共服务能力，实现我国文化遗产传承利用能力的跨越式发展。

4. 大力提升公共文化服务水平，急需科技创新支撑。当前，公共文化服务水平与经济社会发展和人民群众日益增长的精神文化需求还存在较大差距，需要加快构建覆盖城乡、便捷高效、保基本、促公平的现代公共文化服务体系。亟需接力“互联网＋”，加大科技创新，加快推进公共文化服务数字化建设，提高博物馆、文化馆信息化、网络化、智能化水平，增强公共文化服务现代传播能力，大幅提升公共文化服务效能。

三、指导思想、发展目标和工作思路

（一）指导思想

全面贯彻党的十八大和十八届三中、四中、五中、六中全会精神，以习近平总书记系列重要讲话精神为基本遵循，坚持社会主义核心价值观，弘扬和发展中华民族优秀传统文化，牢固树立“创新、协调、绿色、开放、共享”五大发展理念，坚持统筹规划，深化科技体制改革，以增强整体创新能力为战略目标，以提升自主创新能力为战略重点，以培育科学创新能力为战略储备，以整合科技资源、优化创新服务能力为战略支撑，以实施若干重点科技攻关为战略突破，整体提升文化遗产保护利用、公共文化服务的能力，推动我国从文化遗产保护与公共文化服务大国向强国的历史性转变。

（二）发展目标

聚焦文化遗产的价值认知、保护修复、传承利用和公共文化服务4个重点方向，补强短板、创新发展，到2020年基本建成我国文化遗产保护与公共文化服务的科技创新体系。从我国文化遗产保护与公共文化服务现状出发，以形成满足文化遗产保护与公共文化服务领域重大发展需求、解决行业重大问题的系统解决方案为重点，在基础研究、重大关键技术、国产专有装备、标准体系建设方面取得实质性突破。具体目标如下：

1. 显著提升文化遗产价值认知的科技支撑能力

大力发展文化遗产价值认知科学与技术，在遗迹遗物探测、文物信息提取、文物价值挖掘等方面，集中突破天地联合遥感遥测、考古预探测智能机器人、复杂环境中的水下文物探测与判别、多功能水下及水面搭载平台、高环境适应性水下文物监测、精准测年、无损/微损检测、文物形貌结构信息高保真提取、残留物提取与判别、考古现场鉴别与应急保护、古代生存背景与生业模式分析、古代材料加工技术与物料流通阐释等核心关键技术20项以上，研发关键装备10套以上，初步构建文化遗产价值认知技术与装备标准体系；建成基于多源信息的陆地与水下文物资源调查和考古全周期智能决策系统各1套；揭示泥河湾早期人类起源、中华文明起源与早期发展历程，丰富人类文明发展演进的理论模式。

2. 显著提升文化遗产保护修复的科技支撑能力

构建馆藏文物保护修复和检测方法体系；形成室外石质文物、墓葬彩绘文物、泥塑、土遗址、木构建筑、传统村落、历史文化名城、工业遗产等保护综合技术体系和解决方案；研究馆藏文物保护关键技术专用工具、材料和装备；提出监测、评估、调控的综合指标和方法，全面提升馆藏文物和遗产地预防性保护整体水平；研制适合博物馆和遗产地预防性保护所需感知、监测、调控和防震等高精度装备；重点解决传统工艺领域的关键瓶颈问题。形成核心关键技术30项，关键装备15套，相关技术规范、方法和产品标准30项。

3. 显著提升文化遗产传承利用的科技支撑能力

建立并完善智慧博物馆理论与技术支撑体系；探索中国特色文化遗产传承利用创新服务模式；突破特殊文物与大遗址全模态高精度采集、文物本体状态主动精准感知、文物虚拟/增强现实展示与交互、文物数字指纹隐蔽提取与鉴别等关键技术30项；研制适合博物馆和遗产地文化遗产价值传承利用所需的知识图谱、馆藏文物流转管理、丝绸之路O2O（Online to Offline）多语种互动传播、文物价值传播一体化普适云服务平台、文化创意产品辅助设计等专有系统和装备10套。建成社会文物身份鉴别和征信评价指标体系，推动国家和国际智慧博物馆标准规范的制定。

4. 显著提升公共文化服务的科技支撑能力

构建智慧图书馆的技术标准体系；构建公共文化的综合传播技术体系；完善老少边穷地区的文化传播技术；完善基层文化站的文化传播技术体系；推动特殊人群文化需求的关键装备发展；突破口传心授等非物质遗产的采集和物理留存技术；突破少数民族语言与汉语的智能互译技术；解决公共文化跨域传播的关键技术；研发书法、绘画、舞蹈、乐器的辅助学习技术装备。形成核心技术30项，装备15套，技术标准30项。

5. 建设30个高水平研发基地

系统加强国家古代壁画和土遗址保护工程技术研究中心、国家水下文化遗产保护中心、国家文物局重点科研基地、文物保护省部级重点实验室、文化遗产保护基础条件平台、公共文化服务研发基地等建设，在重点领域培育国家工程技术研究中心和国家重点实验室，强化区域合理布局，大幅提升文化遗产保护与公共文化服务科技重点领域持续创新能力。

6. 加快人才队伍和创新团队建设

通过培养、引进等方式，重点培育文化遗产保护与公共文化服务领域的战略科学家、复合型科技人才、学术带头人，以及技能型人才和科技管理人才，建设一批具有国际视野、学科交叉、梯队合理的高水平创新团队。

（三）发展思路

坚持“自主创新、重点跨越、支撑发展、引领未来”的指导方针，以我国文化遗产保护与公共文化服务科技创新重大需求为牵引，以关键技术突破为手段，以应用技术和装备研发为支撑，统筹技术研发、装备升级、人才培养和基地建设。以科技计划实施、科技成果转化、创新平台建设、国际科技合作等为抓手，强化全创新链设计，系统部署、重点突破，实施“1—2—6—4”战略，具体包括：

聚焦1个目标：聚焦以技术创新体系建设为核心、以组织创新体系为支撑、以制度创新体系为保障的文化遗产保护与公共文化服务创新体系建设，促进整体创新能力的提升；

贯穿2个全链条：从文化遗产保护与公共文化服务的业务链和科学研究的创新链等2个维度进行全链条交叉设计，业务链涵盖文化遗产的价值认知、保护修复、传承利用和公共文化服务，创新链涵盖基础研究、应用研究、技术研发和成果推广，用创新链支撑业务链，加强科技创新对文化遗产保护与公共文化服务重大工程的系统支撑；

设置6个任务板块：基础研究、价值认知、保护修复、传承利用、公共文化服务、人才基地和科研平台；

实现4个系统突破：理论、技术、装备、标准的系统性突破。

四、主要任务

（一）基础理论研究

研究梳理文化遗产学科体系，建立我国文化遗产学科体系框架；研究建立具有中国特色的文化遗产价值认知、保护和传承利用基本理念和方法论。

专栏1　基础理论

1. 文化遗产价值认知研究。开展文化遗产价值认知理论研究，建立体系较为完善的文化遗产价值评估方法论。

2. 文化遗产保护理论研究。开展符合我国文化遗产类型特点和中国特色的文化遗产保护理论研究，探索现代科学技术与传统工艺相结合的方法论。

3. 文化遗产价值传播研究。开展符合我国文化遗产特征和中国特色的文化遗产价值传播理论研究，使文化遗产价值与当代社会融合，促进经济社会健康发展。

（二）文化遗产价值认知

创新文化遗产价值认知研究方法体系，完善埋藏（地层）、古生物、古环境、资源开发、物料流通、人群迁徙等领域考古学研究方法；形成文化遗产空间观测、天地联合遥感遥测、复杂埋藏条件对地勘探、浑浊水域水下考古探测、精确测年、文物形貌结构信息提取、文物无损/微损检测、残留物提取与鉴定等技术；突破考古调查、勘探、发掘便携式仪器及工具包、文物无损/微损检测装备、非金属文物探测器、水下文物监控浮标、水下蓝绿激光探测器、水下3D成像声纳、湍急水流条件的水下考古调查机器人等专有装备；形成相关方法、技术与产品等系列标准。

专栏2　文化遗产价值认知方法与技术

1. 中华文明探源工程。进一步研发测年、生物、环境、空间、材料、信息等考古技术，完善并创新考古学研究方法体系；系统揭示牛河梁、良渚、石峁、陶寺和二里头等一批遗址群的文化面貌和文明特征，探讨各自的发展历程及其在区域文明进程中的作用；开展黄河、长江、西辽河流域文明进程研究，探讨中国境内不同地区文明的形成和发展过程，对区域文明之间的相互关系进行综合研究，并与世界其他文明进行比较；建立中华文明探源遗址、遗物和检测分析的标本库和数据库，开发针对文明特质研究的数据分析模式，进行大数据分析，动态阐释中华民族多元一体文明进程的内在机制与外部原因，凝聚民族精神；创新展示方式，加强研究成果的推广和利用，传承文化根脉。

2. 泥河湾早期人类起源研究。依托泥河湾及相邻地区得天独厚的古人类遗存，针对直立人演化、现代人起源及适应生存模式等热点学术问题，研究其古人类科学资源的总体情况与规律，获取关键时段的新材料和新线索；创新理念和工作思路，开展泥河湾盆地旧石器文化特点与序列、古人类伴生动物群演替及其反映的人类生存背景和生计模式等方面的研究；从理论层面探讨人类起源、演化及农业起源等重大学术问题。

3. 馆藏文物及非物质文化遗产价值认知关键技术研究。围绕金属、玻璃、简牍、陶瓷、玉器、纺织品、纸张等馆藏与重要出土文物，以及织绣、印染、大漆工艺、传统制笔等非物质文化遗产技艺，研发不同材质文物和非物质文化遗产技艺的价值挖掘关键技术及专用装备，重点研发文物形貌结构信息提取、无损和微损检测、残留物提取与鉴别技术；研究反映各类文物年代、产地、原料、制作技术和生产设施的信息指标体系，以及与之适应的信息提取、存储、处理与分析方法；研究古代器物的制作、使用和流通历程，不同地区材料加工技术的区域特点、发展规律，以及区域间物料流通、跨文化区的技术交流互动；开展传统手工技艺与工业化、信息化融合的创新研究与应用示范。

4. 水下考古关键技术研发。基于蓝绿激光、声呐成像、磁力探测等多种技术，研发适合于浑浊水域、浅埋藏、多礁石激水流等复杂环境中的水下文物探测与判别技术；研发水下激光船体探测仪、水下埋藏文物探测仪、多功能水下及水面搭载平台；研发基于多源信息的水下文物资源调查决策技术；研发基于图像传输、影像识别技术的高环境适应性水下文物监测系统与设备；研发脆弱质文物水下加固提取、应急保护、稳定性处理等现场保护技术，出水木质船体、金属器、凝结物包裹文物的保护、保存的关键技术。

5. 田野考古关键技术研发。针对考古发掘和出土文物应急性保护的行业需求，在湖南、江西、陕西和甘肃等不同气候与地质环境地区，选择若干重要遗址的考古发掘工作，建立天地联合遥感遥测考古综合分析系统，研制考古预探测智能机器人；突破重点遗迹遗物（如泥化纺织品等有机质文物）的综合判别、提取技术和相关规范；研发和完善考古发掘现场出土文物应急保护、包装运输、微环境控制等成套装备；研发时序性田野考古发掘记录与回溯技术；研发田野考古全周期智能决策支持系统。

（三）文化遗产保护修复

完善和提升金属、陶瓷、纺织品、纸质文物、古籍善本、陶质彩绘等文物的保护修复技术、检测方法体系；构建室外石质文物、墓葬彩绘文物、泥塑、土遗址、木构建筑、工业遗产、传统村落、历史文化名城保护综合技术体系；突破以清洗、加固、显微修复、缓释封护为主要手段的文物保护修复专用工具、材料和装备；完善馆藏文物和遗产地预防性保护监测、评估、调控的综合指标和方法，提出各类风险源安全阈值；提升环境监测传感器性能，研发水盐监测传感器、霉菌监测传感器、污染物及水质监测传感器、游客数量监测装备、地形地貌监测装备及新一代物联网监测技术和相关装备；建立博物馆防震抗震理论模型、技术和装备；形成相关技术规范、方法和产品标准。

专栏3　文化遗产保护修复技术

1. 脆弱馆藏文物保护修复关键技术研究。针对馆藏文物与重要出土文物中较为脆弱的纸质文物、古籍善本、纺织品、陶质彩绘文物等，特别是一带一路沿线重要文物，应用现代科技手段，结合传统文物保护修复技艺，研究建立文物本体与病害产物分析检测方法，以及腐蚀劣化过程与环境影响因素的关系，揭示文物腐蚀劣化机理；研究文物清洗、加固、缓释、封护、微生物防治等技术方法，提升文物保护修复关键技术，突破文物保护修复专用材料、工艺和装备；建立馆藏文物保护修复系列技术规程，构建馆藏文物修复的网络化知识服务系统。

2. 馆藏文物保护材料性能及保护效果评测技术研究。研究馆藏文物保护材料分类方法、评价技术指标；开展文物基体材料和保护材料结合方式、作用机制研究；对我国现有常用馆藏文物保护材料进行评价示范，提出材料主要性能、功能作用、适用范围、预期效果等评价方法体系。

3. 馆藏文物一体化防震关键技术研究。研究博物馆文物防震全系统设计理论方法；开展地震能量经馆舍、展陈传递到文物的全过程性能化分析和动力效应机理研究，提出文物防震个性化安全设计指标；研发基于文物安全的馆舍、展具防震技术和装备；建立博物馆文物防震技术规范。

4. 土遗址综合保护技术研发。开展我国土遗址保存环境区划研究；应用多场耦合实验室，系统定量研究不同保存环境下土遗址各类病害发育过程与机制；开展不同类型土遗址结构稳定性和材料耐久性研究；研发土遗址保护材料试验检测、土遗址病害调查无损（微损）探测、土遗址保护加固质量评价及效果评估等关键装备，形成土遗址保护系统解决方案；建立不同类型土遗址保护勘察、设计、试验、监测、加固技术效果评价等行业规范。

5. 石窟寺稳定性评价和保护关键技术研究。结合川渝石窟重点保护工程，开展超声波、雷达和太赫兹等技术在石窟岩体稳定性评价方面的适用性研究，建立石窟寺窟体结构稳定性评价技术体系和评价导则；开展微生物、苔藓、酸雨和可溶盐对石窟本体的损坏机制研究；开展石窟寺裂隙加固材料工艺，以及浅表层防风化材料和技术研究。

6. 古代彩塑保护修复关键技术研究。研究我国不同地域彩塑制作材料、制作工艺、内部构造和病害特征，建立工艺与病害特征谱库；开展古代彩塑微变监测关键技术研究，建立彩塑劣化过程数学模型；研究彩塑加固技术和材料；研究彩塑现场保护修复的综合技术和系统解决方案；研究降尘、烟熏等表面污染物清除技术。

7. 墓葬附属彩绘文物原位保护关键技术研究。解析墓室结构稳定性及附属彩绘文物的制作材料和工艺；研究墓葬附属彩绘文物病害成因；重点开展墓室突发霉菌来源及生长规律研究；开展辐照技术、生物技术以及纳米材料等在墓葬附属彩绘文物霉菌防治中的应用研究；研究墓葬附属彩绘文物加固材料与工艺。

8. 传统村落保护与利用科学化研究。开展传统村落价值评价体系和风貌控制技术标准的研究；研究乡土文物建筑保护修复、灾害风险管理、基础设施改善提升等保护与利用关键技术；科学分析地方传统建筑材料、做法和工艺，针对现状保存状况和残损问题，开展地面、墙面、结构、屋面、门窗、装饰装修、油饰彩绘等保护修缮乡土技术研究；从建筑、结构、暖通等技术层面研究不同功能乡土文物建筑和传统民居建筑在保护前提下的改造利用适应技术；研究传统村落民俗民艺及原住民生活的活态保护模式，建设量化的规划和评估体系。

9. 北京故宫古建筑及群体的科学化保护的关键技术研究。全面调查、记录、整理、研究以故宫古建筑为代表的传统营造技艺，包括从规划设计到施工建造的全过程，涉及规划设计思想与方法、营造工序及工艺、工匠传统等，制定相应的操作指南等技术规范文件；作为古建筑科学化保护的核心基础环节，系统研究全生命周期信息采集记录技术在保护中的规范化应用，以及成果的科学化管理、信息服务及可视化展示，形成规范化流程及技术标准，并进行推广示范；开展传统建筑材料（包括木、砖、瓦、石、土、灰等）的科学化研究，以及新材料、新技术在古建筑保护中的工程应用，制定相应的技术标准，开展科技示范。

10. 数字文化遗产的保护、管理与应用关键技术研究。研发高保真、档案级、可持续质量升级的数字文化遗产留存、不同存储介质格式互转与备份关键技术和装备的数字文化遗产采集关键技术与装备；研发大规模数字文化遗产的数据标注、语义索引、知识化等关键技术和系统；开展大数据存储和管理技术在数字文化遗产知识库中的适用性、安全性和高效性研究；研发数字文化遗产大数据多模态知识检索、内容挖掘、语义理解等关键技术，构建支撑文物研究、出版、导览和展示等业务的数字文化遗产内容服务云平台；研发涵盖采集、存储、管理和应用全链条的数字文化遗产知识产权保护、追溯技术与系统。

11. 基于风险管理的文物预防性保护关键技术研发。开展可移动文物风险管理理论和方法研究；研究适用于文化遗产地不同类型风险的评估方法；研发适用于石窟寺、古代建筑、石刻等不可移动文物的高耐候性、高灵敏度和稳定性、免维护的文物风险感知成套装置；集成研发多场耦合实验装置；研究不同类型文化遗产地（含工业遗产、历史文化名城名镇）赋存环境监测指标，研发基于多时相、多尺度、海量异构监测数据分析方法，建立风险原因分析、溯源和风险预测模型；开展基于文物安全和游客满意度的遗产地游客承载量研究；开展博物馆和文化遗产地突发事件风险应急管理方法及关键技术研究；研发适用于博物馆和文化遗产地的风险管理智能决策支持系统。

（四）文化遗产传承利用

完善智慧博物馆建设理论、方法和技术体系，突破具有视觉、听觉、触觉、味觉、嗅觉体验的下一代博物馆虚拟现实技术、人机交互体验技术、全模态数据获取技术、数字指纹无损隐蔽提取与鉴别技术、一体化云服务技术；依托“互联网+中华文明”三年行动计划，探索文化遗产传承利用的创新服务模式，构建O2O互动传播系统和文化创意产品辅助设计平台；构建文物收藏与交易征信评价指标体系，突破管理服务关键技术，研发交易异常行为发现与综合研判管理联动平台；形成相关技术规范、方法和产品标准。

专栏4　文化遗产价值传播与利用技术

1. 智慧博物馆关键技术研发。研究智慧博物馆架构和智能化评价规范；研发文物材质视觉特征采集技术、安全高效的文物三维几何采集技术，突破具有视觉、听觉、触觉、味觉、嗅觉体验的新一代博物馆虚拟(增强)现实展示技术和人机交互体验技术；建立文物数据字典和语义化描述，探索文物知识图谱构建模式与方法，研发跨博物馆、跨地域的分布式知识库及综合应用平台；研究基于多源大数据的博物馆观众行为和意愿分析技术，构建跨平台的室内外个性化智能导览系统和面向观众的个性化定制服务模式；研究基于众包模式的游客大数据整合与增量式文物本体状态感知技术和装备；研发文物保存环境监测、评估和调控的智能系统，及适用于馆藏文物数字化签名提取和鉴别技术及出入库、流转监控等智能化闭环管理技术；研发面向中小博物馆群的文化遗产价值传播共性关键技术，建设涵盖文物展示、导览等全链条业务的一体化综合云服务平台。

2. 文化遗产价值传播关键技术研发。研发馆藏文物/大遗址全景图像、高光谱、全光场和三维几何协同多模态数据快速精准获取技术，构建云环境下的丝绸之路文物/大遗址全方位重建与展示系统；研发O2O互动传播系统，建立面向文物的多语种社交媒体传播技术及平台，探索丝绸之路文物物证应用，研发基于增强现实的丝绸之路乡土教材电子书包，形成基于新媒体和大数据技术的文化遗产价值传播和利用平台，打造文物知识型旅游服务模式；研发文物图案、纹样、造型等设计元素提取、风格化表达和跨媒体素材检索关键技术，研发面向文化创意的辅助设计平台。

3. 民间文物收藏与交易征信管理服务关键技术研发。制定文物收藏与交易征信评价指标体系；研发民间收藏文物电子特征提取与识别技术，开发民间收藏文物的登录、鉴定、展示综合信息服务平台；开发文物拍卖标的征集、申报、审核、成交备案一体化信息管理系统；研发文物特征现场实时获取和比对技术，开发文物拍卖现场违规、违法行为识别智能移动取证系统；研发互联网交易违规、违法信息收集、分析技术与交易市场互联网感知系统；开发文物拍卖经营主体和从业人员信用信息公示与公众服务系统。

4. 中华古籍利用与传播关键技术研发。制订基于保障国家文化安全的古籍数字化系列标准规范，形成古籍数字资源战略储备机制；探索全国古籍数字资源整合方式，打造开放性、包容性的古籍数字资源整合平台；建立基于新媒体和知识库、大数据的古籍传播与应用平台，形成互联网基础上的古籍服务新模式；研发古籍智能化识别、校勘、标点技术；研究基于古籍特点的多维度、智能化展示技术；研发古籍印刷、高仿真制作、文化创意的关键技术和展示平台。

(五)公共文化服务

突破数字文化公共资源的精细化整备技术瓶颈，建立起面向大数据处理和应用的技术支撑体系；强化图书馆作为社会知识中心的核心地位，构建网络资源采集与服务平台，推动全民阅读和学习型社会的建设；面向老少边穷地区和弱势人群，研发推动公共文化均等化的专用特型装备；充分利用泛在网络、云计算、大数据、人工智能等技术，构建智慧公共文化服务支撑技术体系，提升公共文化服务效能；利用现代传播技术手段，加强公共文化产品的广泛传播，提高内容分发的效率，提升文化传播效果。为加强文化普及和艺术教育，开发专用学习装置和教具，提高大众学习的积极性，提升普及和教育的趣味性。

专栏5　公共文化服务技术

1. 数字图书馆资源建设与服务关键技术。研究网络资源采集、保存、服务关键技术，构建网络资源采集与服务平台；研究图书馆海量数字资源知识组织、知识关联、整合揭示的关键技术，构建基于文化地图的数字资源可视化揭示平台；构建数字图书馆基础设施云，提升全国图书馆公共文化服务能力；研究图书馆大数据挖掘、分析与应用，研究大数据时代图书馆读者行为分析技术，推动全面阅读和学习型社会的构建；研究图书馆服务创新与评价指标体系，研究文化专网的构建与运行管理，研究公共文化服务中的数据安全、信息安全、网络安全关键技术，为公共文化服务和国家网络安全提供坚实保障。

2. 公共文化均等化特型装备研发与应用示范。为推动老少边穷地区的文化普及与覆盖，保障弱势人群的合法文化权益，针对老少边穷地区存在实际困难和问题，研发用于流动文化服务的流动舞台车、流动图书车、流动信息车等一体化装置，以及其他操作简便、功能齐备、易于维护使用的基层文化场站专用设备。针对民族地区文化需求，研发少数民族语言与汉语间的智能互译设备，突破图书的实时智能翻译技术瓶颈。针对老年人、残疾人等信息技术弱势群体，研发基于新一代人机交互技术的文化服务应用软件，引入自然语言的智能理解技术，降低弱势群体的学习难度，提升弱势群体对于公共文化资源的索取质量和能力。同时针对残疾人群，研发图书盲文化的自动化生成技术和应用系统，研发音视频节目中自动添加手语和字幕的集成式技术。

3. 公共文化服务效能提升技术研发与应用示范。综合运用多种网络节点和终端设备，构建智能感知的公共服务物理空间和虚拟体验空间。通过泛在设备数据采集，进行大规模服务人群的分析和预测，建设服务需求概念网络，研究大规模人群的业务需求聚类方法，实现公共文化服务空间的自激式、智能化、精细化控制和管理。利用人工智能技术和情感人机交互技术，研发可实现自然语言对话的服务机器人，降低人员工作强度，提升服务质量。充分应用互联网、移动互联网和物联网引入的大量个人数据，实现保障个人隐私安全下的个人行为特征分析，进行精准化、个性化内容推送服务。利用大数据舆情分析技术和全国文化服务设施基础地理信息数据信息，设计公共文化全流程服务管理决策模型，建设公共文化服务效能专家系统，指导公共文化服务实体改进服务质量。

4. 公共文化产品广泛传播技术研发与应用示范。针对现代文化传播手段丰富、领域众多、特征鲜明的特点，研究公共文化资源的跨域传播快速处理技术手段，解决数据封装、内容自适应转化、多源/多元数据自适应匹配等关键技术问题，建设多源畅通的内容分发通道，提高公共文化产品的传播效率，实现多终端的良好接收。针对不同传播域中的传播特点，研发相应的智能化数据采集方式，分析大规模人群的受众传播特征，利用社会物理学相关理论，实现传播内容的智能化处理，构建新型智能化文化传播网络，优化文化传播的动力学机制，提升传统文化、民族文化和核心价值文化的传播效果。

5. 数字文化公共资源的精细化整备。针对数字文化公共资源孤岛化、碎片化、多元化的问题，利用中文信息处理、自然语言理解、信息抽取等技术，对现有公共数字文化资源的深入理解和分析，研发面向公共文化数字资源的情感语义分析、特异群组挖掘、图挖掘等技术工具，制订公共文化资源数据融合、可视化接口、加工等通用技术标准或规范，实现对于公共文化资源的高效整理，保障资源的持续利用能力，解决公共数字文化资源从“资源”到“素材”的技术难题。针对多源、多元、异构数字文化公共资源挖掘困难、处理复杂等现实问题，建立文化类型理解的计算模型，实现多元介质的结构化描述方法和语义协同，建立起大数据概念下的多层次语义模型，实现基于文化内容的多模态特征融合，建设带有鲜明中华文化特征的语义规则集合，为文化资源的搜索、监管和个性化服务奠定技术基础。

6. 文化普及与艺术教育专用装备研发与应用示范。综合运用人机交互、人工智能、增强现实等技术，以深度学习为基础，研发用于书法、绘画培训的艺术风格鉴赏、技法分析等专用教育工具。以增强现实和虚拟现实为基础，研发传统手工艺体验与传承专用人机交互教育装备。以人机互动、体感技术为基础，研发真实空间下的舞蹈培训和教育应用软件和专用设备。研发将传统乐谱数据化、结构化的技术方法，研发支持数据创作、数据纪录、在线排练、纠错提示等功能的数字化乐器，推动传统乐器音色数据库的建设和应用。

（六）人才基地与科研平台建设

培养我国文化遗产保护与公共文化服务领域的战略科学家、领军人才、专业技术人才和修复人才，建立一批人文社会科学和自然科学交叉融合的研发团队。在古代壁画保护、水下文化遗产保护、馆藏文物保存环境、陶质彩绘文物保护、纺织文物保护、古籍保护、非物质文化遗产保护和公共数字文化等方面建设若干国家重点实验室和国家工程技术研究中心。在文化遗产保护利用、公共文化服务等方面建设技术创新联盟，推动产业化应用及发展。

以专业机构、高等院校、科研院所、重点企业为依托，推进大型科学仪器设备共享与功能提升改造，组建联合实验室，形成基础研究与技术研发平台；构建基于大数据技术的文化遗产保护与利用、公众文化资源、文物收藏与交易等各类数据管理与共享平台；鼓励科技企业、专业机构、科研院所等合作组建试制车间和应用示范基地，构建专用器材、设备、装置、材料的研发、试制与应用评价的系统平台。经过本轮建设，初步形成科技创新的基础平台支撑环境，为科研人员提供开放、共享的科技资源，充分发挥科技创新在文化遗产保护与公共文化服务创新体系中的核心作用。

五、保障措施

（一）加强机制建设，强化统筹协调

充分发挥各级政府在中央与地方间、部门与部门间、部门与地方间的组织和协调作用，建立由国家科技主管部门、行业主管部门和相关机构参与的工作协调和推进机制。加强自然科学、工程技术和人文社会科学的交叉融合，探索建立跨学科、跨领域、跨行业、跨部门的协同创新机制；加强专家支持系统建设，组建由多学科、多领域专家参与的专家顾问委员会，为规划的实施提供技术咨询和指导；营造文化遗产保护与公共文化服务科技发展的良好政策和社会环境。

（二）增加科技投入，提高资金使用效益

积极争取中央和地方财政加大对文化遗产保护与公共文化服务领域的科技投入，同时鼓励和吸引社会资金，拓宽投入渠道；坚持稳定支持和竞争性支持相结合，进一步加大稳定支持力度；完善科技投入管理监督机制，建立新形势下的科技经费监督管理和绩效评估体系，提高资金使用效益。

（三）完善产学研用模式，推进科技成果转化

培育面向文化遗产保护与公共文化服务的新型科技服务队伍，鼓励和支持建立产学研用相结合的科技创新战略联盟。多措并举，加快科技成果的转移扩散。通过技术培训、工程示范、专利实施许可、专利权转让等方式，推动重大科技成果的转化，让科技成果尽快转化为现实生产力，促进文化遗产保护与公共文化服务事业可持续发展。

（四）强化人才培养，扩大开放交流

建立学校教育和实践培养相结合、内部培养和外部引进相结合的开放式人才培养体系；建立健全科技人才遴选、录用、评价、擢升的政策体系，创新人才激励机制，营造人才辈出、人尽其才的良好环境。扩大对外开放与交流，积极拓展文化遗产保护与公共文化服务科技领域的国际合作渠道，探索建立双边或多边国际科技合作机制；组织开展国际科技合作项目，主持或参与国际和区域性合作研究，鼓励领域科学家在国际组织中担任重要职务；同时，加强与港、澳、台地区的科技合作，不断提升我国文化遗产保护与公共文化服务的国际地位和话语权。

（五）紧跟重大科技需求，完善动态调整机制

建立健全科技预见预测机制，根据科学技术的新进展和文化遗产保护与公共文化服务领域需求的新变化，结合本规划确定的发展目标，对相关任务和项目做出动态调整；加强监督，定期评估规划的执行情况，建立必要的公众参与和反馈机制，逐步提高评估监督的科学性和透明度。

文化统计数据

2016 年全国文化发展基本情况

2016 年是我国进入全面建成小康社会决胜阶段的第一年，也是“十三五”规划的开局之年。一年来，全国文化系统深入学习贯彻习近平总书记系列重要讲话精神和治国理政新理念新思想新战略，紧紧围绕“五位一体”总体布局和“四个全面”战略布局，全面落实从严治党主体责任，坚持社会主义先进文化前进方向，坚持以人民为中心的工作导向，“十三五”时期各项任务开局顺利，为建设社会主义文化强国奠定了坚实基础。但也应看到，面对新形势，制约新时期文化发展改革的因素依然存在。因此，必须继续坚持中国特色社会主义文化发展道路，推进“两学一做”学习教育常态化规范化，围绕建设社会主义文化强国这一战略目标，全面推进各项文化工作。

一、文化发展的基础保障能力进一步增强

（一）从思想保障看，习近平总书记对文化工作做出重要论述，文化建设的方向更加明确

党的十八大以来，习近平总书记对文化工作做了一系列重要讲话和重要论述。2014 年 10 月，习近平总书记在文艺工作座谈会上发表重要讲话；2016 年 11 月，习近平总书记在中国文联十大、作协九大开幕式上发表重要讲话。特别是总书记提出了文化自信思想，并在去年庆祝建党 95 周年重要讲话中将文化自信与中国特色社会主义道路自信、理论自信、制度自信一道并列为“四个自信”。习近平总书记指出：“文化自信是更基础、更广泛、更深厚的自信，是更基本、更深沉、更持久的力量。”这是对我国文化发展和文化建设经验的深刻总结，开辟了中国特色社会主义文化建设理论的新境界，为新时期文化建设提供了根本遵循。

各级党委政府对文化重要性的认识不断深化，对文化工作的重视程度空前提高。大部分省区市出台贯彻落实中央部署的实施意见，提出了加快建设文化强省、文化强区或文化强市的战略目标，文化建设纳入经济社会发展的重要议事日程。《国家“十三五”时期文化发展改革规划纲要》正式颁布，为“十三五”时期文化改革发展指明了方向。《文化部“十三五”时期文化发展改革规划》等部门规划和地方文化事业发展规划相继颁布实施，开启了文化建设的新篇章。

（二）从制度保障看，文化法制建设取得积极进展，依法治理水平进一步提升

1. 公共文化立法工作取得突破。2016 年 12 月 25 日，十二届全国人大常委会第二十五次会议通过了《中华人民共和国公共文化服务保障法》，成为文化领域又一部基础性法律。《公共文化服务保障法》详细规定了各级政府在公共文化服务组织、管理、提供、保障中的职责，为公共文化发展提供了强有力的法律保障。

2. 文化产业政策法规体系不断完善。一是文化产业促进法已经形成较为完备的草案稿。二是推动国务院办公厅转发文化部等部门《关于推动文化文物单位文化创意产品开发的若干意见》，在体制机制和支持政策方面实现创新和突破。启动文化创意产品开发试点工作，确定 154 家副省级以上博物馆、美术馆、图书馆纳入试点范围。三是协调国家发展改革委将数字创意产业纳入《“十三五”国家战略性新兴产业发展规划》，首次在国家战略性新兴产业发展布局中体现文化产业，起

草《推动数字文化产业创新发展的指导意见》。四是联合财政部印发《关于开展引导城乡居民扩大文化消费试点工作的通知》，在全国范围内开展扩大文化消费试点工作，发布26个国家文化消费试点城市名单。

3. 财政、金融、投融资政策支持渠道不断拓展。文化部起草《文化与金融合作示范区创建工作方案》，协调中国人民银行、财政部推进创建工作进程。配合财政部组织中央财政文化产业发展专项资金“文化金融扶持计划”“支持特色文化产业发展”“促进文化创意和设计服务与相关产业融合”等重大项目申报评审，共推荐376个项目获得7.17亿元资金扶持。推动将文化类项目纳入财政部PPP示范项目以奖代补和国家发展改革委基础设施建设PPP模式推广前期工作专项补助支持范围，共有31个文化类项目获得以奖代补资金扶持1.62亿，拉动投资358亿元。推动将文化旅游基础设施作为投资方向纳入专项建设基金申报范围，指导各地文化部门组织做好项目申报工作，2016年度文化类项目已获得基金支持超130亿元。

4.“放管服”改革顺利实施。推进简政放权，取消了两项由中央设定地方实施的审批项目，进一步减少审批环节、缩短审批时限。按照“放管服”改革要求，清理法律法规13件、部门规章33件、规范性文件332件。逐项梳理编制文化部权力和责任清单，规范行政裁量权，提高行政权力运行的科学化、规范化水平。部署开展文化市场政策落实和行政审批规范化全国督查，并推动地方确定94个行政审批示范点。

（三）从资金保障看，在中央财政的带动和引导下，全国文化事业费快速增长

1. 中央转移支付资金快速增长。2016年，在财政形势十分紧张的情况下，落实2016年文化部部门预算50.41亿元。国家美术馆、中国工艺美术馆、国家文献战略储备库、中央歌剧院剧场等重大文化设施建设明显加快，“平安故宫”工程稳步推进。中央财政通过继续实施“三馆一站”免费开放、非物质文化遗产保护、公共数字文化建设、地市级公共文化设施建设等文化项目，共落实中央补助地方专项资金61.03亿元。

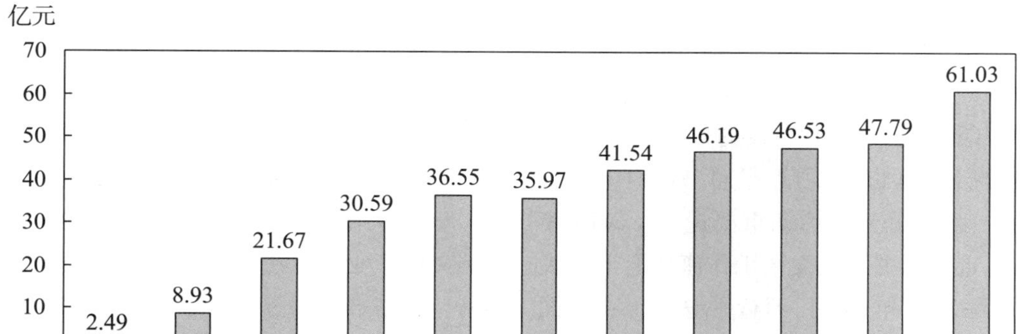

图1　2006年—2016年中央对地方文化项目补助资金情况

2. 文化事业费持续增长。2016年，全国文化事业费（不含基本建设财政拨款和行政运行费）770.69亿元，比上年增加87.72亿元，增长12.8%；增幅高于同期财政支出增幅6.0个百分点。文化事业费占财政总支出的比重为0.41%，比上年提高0.02个百分点。全国人均文化事业费55.74元，比上年增加6.06元，增长12.2%。

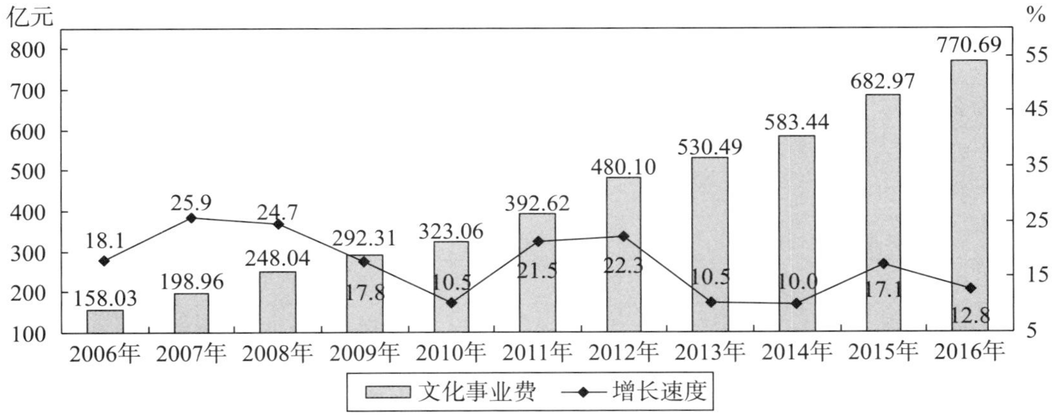

图2　近年来全国文化事业费总量及增长速度

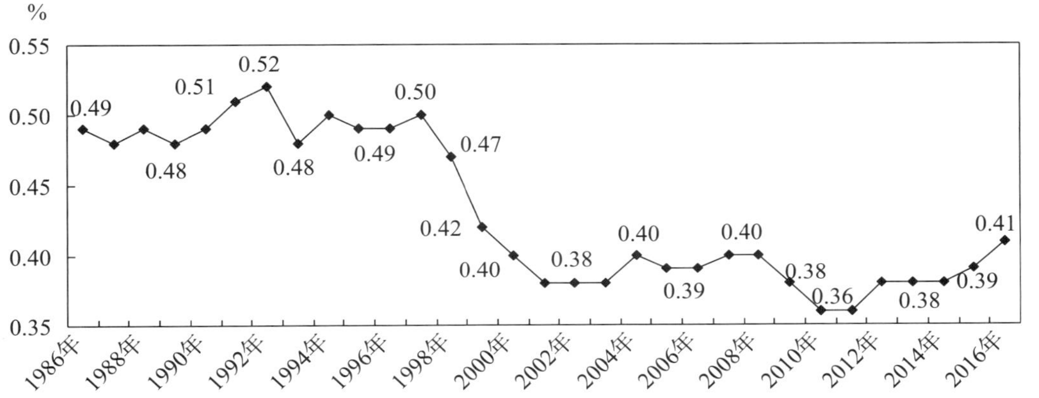

图3　全国文化事业费占财政总支出比重

3. 文化事业费继续向基层倾斜。全国文化事业费中，县以上文化单位371.00亿元，占48.1%，比上年降低了3.6个百分点；县及县以下文化单位399.68亿元，占51.9%，比重比上年提高了3.6个百分点。东部地区文化单位文化事业费333.62亿元，占43.3%，比重提高了1.2个百分点；中部地区文化单位184.80亿元，占24.0%，比重下降了0.1个百分点；西部地区文化单位218.17亿元，占28.3%，比重下降了0.1个百分点。

表1　全国文化事业费按城乡和区域分布情况

		1995年	2000年	2005年	2010年	2014年	2015年	2016年
总量（亿元）	全国	**33.39**	**63.16**	**133.82**	**323.06**	**583.44**	**682.97**	**770.69**
	#县以上	24.44	46.33	98.12	206.65	292.12	352.84	371.00
	县及县以下	8.95	16.87	35.70	116.41	291.32	330.13	399.68
	#东部地区	13.43	28.85	64.37	143.35	242.98	287.87	333.62
	中部地区	9.54	15.05	30.58	78.65	133.46	164.27	184.80
	西部地区	8.30	13.70	27.56	85.78	171.15	193.87	218.17

续表

		1995 年	2000 年	2005 年	2010 年	2014 年	2015 年	2016 年
所占比重（%）	全国	**100.0**	**100.0**	**100.0**	**100.0**	**100.0**	**100.0**	**100.0**
	#县以上	73.2	73.4	73.3	64.0	50.1	51.7	48.1
	县及县以下	26.8	26.7	26.7	36.0	49.9	48.3	51.9
	#东部地区	40.2	45.7	48.1	44.4	41.6	42.1	43.3
	中部地区	28.6	23.8	22.9	24.3	22.9	24.1	24.0
	西部地区	24.9	21.7	20.6	26.6	29.3	28.4	28.3

（四）从人才保障看，进一步加强人才队伍建设，人员结构不断优化

近年来，文化系统长期不懈加强统筹规划、创新制度建设、强化教育培训，不断培养和造就一支政治坚定、业务精湛、作风优良、党和人民放心的文化人才队伍，为文化发展改革提供了有力的人才保障和智力保持。

1. 持续加强人才队伍建设。积极实施“人才兴文”战略，统筹推进各类人才队伍建设。继续开展国家“千人计划”文化艺术项目，实施文化部海外高层次文化人才引进计划，引进一批海外高层次人才回国工作。组织开展文化部优秀专家评选表彰、青年拔尖人才选拔培养等，有效加强了人才梯队建设。会同中宣部、教育部、财政部，出台《关于新形势下加强戏曲教育工作的意见》，夯实戏曲艺术传承发展基础，加强学校戏曲专业人才培养，为戏曲传承发展提供有力的人才支撑。出台《文化部关于加强非公有制领域文化人才队伍建设的指导意见》，加大对非公有制领域文化人才的培养支持力度。实施“三区”人才支持计划文化工作者专项，选派 16641 人到“三区”县及县以下工作，为“三区”培养 1500 名优秀文化工作者；稳步开展全国基层文化队伍培训，举办示范性培训 117 期，培训基层文化骨干 45 万人次，各地开展专职文化队伍培训 58.6 万人次，有力推进了基层文化人才队伍建设。全面加大教育培训力度，依托中央文化管理干部学院主阵地和其他全国文化干部培训基地，持续开展全国省地县文化厅局长和文化部系统文艺工作者轮训，全年共有 696 位地方文化厅局长、2197 名文艺工作者参加培训，举办了 42 期示范性培训班，使广大干部更新知识，补齐短板，提升素质。

2. 全国文化机构从业人员数有所增加。据统计，2016 年末，纳入统计范围的全国各类文化（文物）单位 31.06 万个，比上年末增加 1.15 万个；从业人员 234.81 万人，增加 5.37 万人。其中，各级文化文物部门所属单位 66022 个，增加 310 个；从业人员 66.10 万人，增加 1.56 万人。分类型看，执行事业会计制度的文化机构 6.58 万个，比上年增加 520 个，从业人员 62.03 万人，比上年增加 1.68 万人，增长 2.79%，全年收入合计 1632.63 亿元，增长 10.64%；执行企业会计制度的文化机构 24.49 万个，比上年增加 10972 个，从业人员 17.28 万人，比上年增加 3.68 万人，增长 2.17%。全年营业收入 4907.95 亿元，比上年增长 47.72%，利润总额 1147.99 亿元，增长 6.16%。

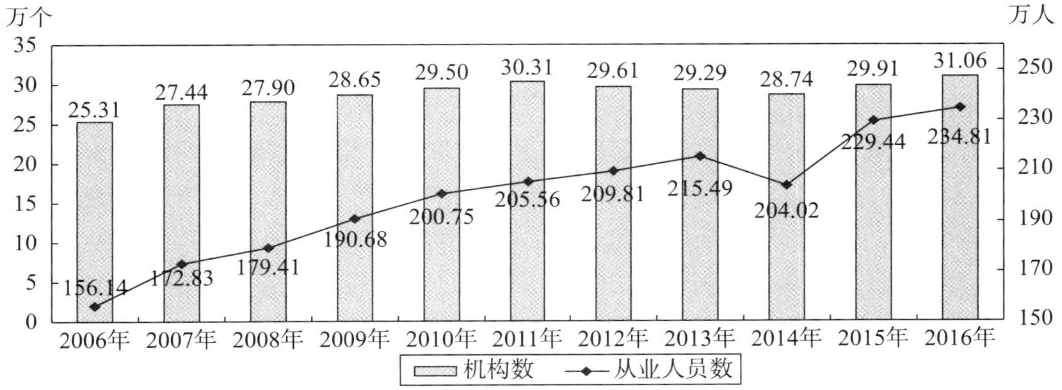

图4　2006 年—2016 年全国文化单位机构数及从业人员数

3. 人员素质得到一定程度提高。据统计,2016 年底,全国公共图书馆从业人员 57208 人,其中具有中高级职称的人员 24852 人,比上年增加了 631 人;所占比重由上年的 42. 93% 提高到 43. 44%。全国文化馆(站)从业人员 182030 人,其中具有中高级职称的人员 23159 人,比上年增加了 368 人。

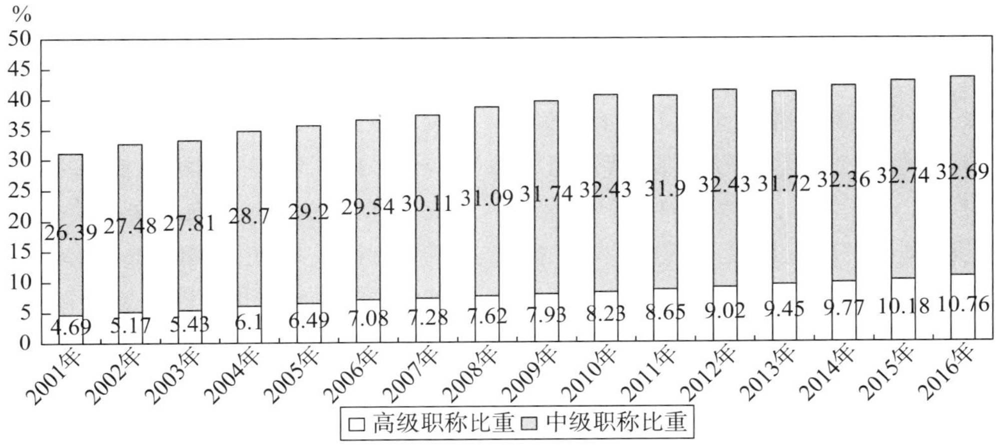

图5　全国公共图书馆从业人员职称结构

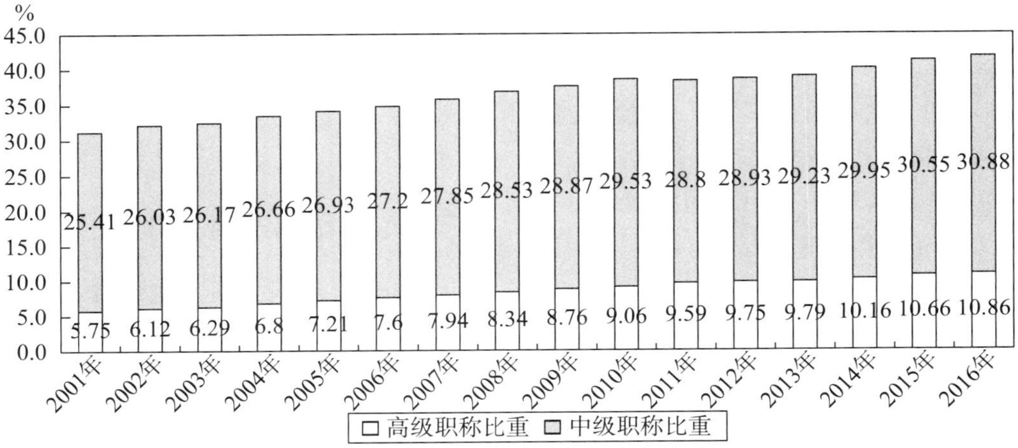

图6　全国文化馆从业人员职称情况

（五）从市场保障看，监管能力稳步提高，市场环境进一步改善

1. 文化市场综合执法改革进一步深化。中共中央办公厅、国务院办公厅印发《关于进一步深化文化市场综合执法改革的意见》；中央文改领导小组印发贯彻落实分工方案，明确 27 项重大改革任务的牵头部门、责任单位和完成时限。文化部专门印发通知，建立了综合执法改革台账，进一步明确了改革时间表、路线图和任务书。文化部牵头建立了 10 个部门组成的全国文化市场管理工作联席会议，加强统筹、协调和指导。

2. 文化市场制度建设深入推进。文化部修订出台《艺术品经营管理办法》，建立明示担保、尽职调查、信用监管等制度，开展全领域内容监管，促进公开透明交易，规范发展艺术品市场。印发《文化部关于推动文化娱乐行业转型升级的意见》，推动全国近 8 万家娱乐场所转型升级。完善网络游戏运营规范，强化网游企业运营责任，积极保护用户权益。开通国产游戏备案绿色通道，改进游戏审查工作流程，备案国产游戏 7400 款，同比增长 7.9 倍。出台网络表演经营活动管理办法，整治网络表演市场乱象，建立长效监管机制，依法查处 26 个网络表演平台，规范行业秩序。

3. 市场监管体系日益完善。文化部加强制度设计，构建以“三名单两机制”（黑名单、警示名单和红名单及守信激励、失信惩戒机制）为核心的文化市场信用体系。建立文化市场黑名单制度，启用文化市场黑名单管理系统，加强黑名单管理与应用，印发网络表演等领域文化市场黑名单。指导各地开展文化市场分级分类管理，推广地方先进经验。开展暗访抽查，组织 15 个暗访抽查组，对 15 个省 45 个地市 92 个县区的 2789 家文化市场经营单位进行检查。全面部署文化市场随机抽查工作，开展网络游戏市场“双随机一公开”工作，抽查 200 家网络游戏运营单位，责令整改 71 家，行政处罚 36 家。保持执法监管高压态势，部署开展第二十五批，二十六批违法违规互联网文化活动查处工作，全国共办结案件 4.7 万余件。建立完善全国文化市场技术监管与服务平台，业务应用系统地区覆盖率达到 97%，通过监管平台在线办理行政审批业务 6.6 万件，在线办结行政执法案件 4.6 万件。

（六）从文化与科技的融合情况看，科技助推文化发展的作用更加明显

推动以文化科技融合为研究领域的“现代服务业共性关键技术研发及应用示范国家重点研发计划专项”进入启动序列，推动“国家企业技术中心认定领域和重点（2016—2018 年）”首次设列“演艺装备与服务领域”。推进文化科技领域纳入中央文化产业发展专项资金重大项目类别。组织文化部相关直属单位申报国家促进大数据发展重大工程。深化文化标准化工作改革，《文化馆服务标准》等 4 项标准成为国家标准，发布《流动图书车载装置通用技术条件》等 5 项推荐性行业标准。加强载体建设，认定第二批文化部重点实验室 12 个。开展 2016 年度全国艺术科学规划项目评审立项工作，共 295 个不同层次的文化艺术研究项目获得资助立项。组织 5 批全国艺术科学规划项目鉴定结项工作，共 90 余个项目通过专家鉴定。推出一批“文化智库”联系点，进一步发挥研究成果决策咨询作用。

二、文化建设取得丰硕成果

2016 年，我国各项文化建设工作取得了新的成就。公共文化服务体系建设成效显著，文艺演出展览异彩纷呈，文化市场发展规范有序，文化产业蓬勃发展，文化遗产保护取得重要进展，对外文化交流有序推进。

（一）文艺演出展览异彩纷呈

2016 年，全国艺术院团继续深入开展“深入生活、扎根人民”主题实践活动，加强创作规划引导，促进精品创作。继续面向基层群众开展丰富多彩的文化活动，演出市场呈现繁荣发展态势。

1. 重大艺术活动顺利完成。全面落实“精品、惠民、节俭、可持续”的办节原则，成功举办第十一届中国艺术节，实现了“艺术的盛会、人民的节日”的办节宗旨。本届艺术节汇聚 67 台参评参演剧目 100 个群星奖优秀作品和 1000 余件美术书法篆刻及摄影作品，观众达 45 万人次，组织全国专业文艺工作者观摩 820 余场(次)，剧目精彩纷呈，彰显艺术本体，评奖风清气正，展现文艺新气象。坚持降低票价、文化惠民，邀请特殊群体免费观看演出，让群众共享艺术发展成果。庆祝中国共产党成立 95 周年美术作品展览吸引观众 6.6 万人次。全国美术馆馆藏精品展出季活动吸引观众 193.7 万人次。成功举办庆祝中国共产党成立 95 周年音乐会、2016 年新年戏曲晚会和纪念汤显祖、莎士比亚逝世 400 周年系列纪念活动，全国基层院团戏曲会演、全国梆子声腔优秀剧目展演、第十届中国评剧艺术节、第十一届全国优秀舞蹈节目展演、第三十三届中国 · 哈尔滨之夏音乐会、第十二届全国声乐展演、2016 年国家艺术院团演出季第二届中国设计大展及公共艺术专题展等，参与主办第五届少数民族文艺汇演、纪念红军长征胜利 80 周年文艺晚会。国家艺术基金 2016 年共有 966 个项目获得立项资助，较 2015 年增长了 32.7%，资助资金总额约为 7.3 亿元。

2. 艺术演出繁荣发展。2016 年末全国共有艺术表演团体 12301 个，比上年末增加 1514 个，从业人员 33.29 万人，增加 3.11 万人。其中各级文化部门所属的艺术表演团体 2031 个，占 16.5%，从业人员 11.52 万人，占 34.6%。

全年全国艺术表演团体共演出 230.60 万场，比上年增长 9.4%，其中赴农村演出 151.60 万场，增长 9.0%，赴农村演出场次占总演出场次的 65.7%；国内观众 11.81 亿人次，增长 23.3%，其中农村观众 6.21 亿人次，比上年增长 6.2%。

表 2　2007 年—2016 年全国艺术表演团体基本情况

年　份	机构数（个）	从业人员数（人）	演出场次（万场）	国内演出观众人次（万人次）	总收入（万元）	
						#演出收入
2007 年	4512	220653	92.7	75895.6	829045	203757
2008 年	5114	208174	90.5	63186.8	933685	204842
2009 年	6139	184678	120.2	81715.9	1121559	288214
2010 年	6864	185413	137.1	88455.8	1239255	342696
2011 年	7055	226599	154.7	74585.1	1540263	526745
2012 年	7321	242047	135.0	82805.1	1968802	641480
2013 年	8180	260865	165.1	90064.3	2800266	820738
2014 年	8769	262887	173.9	91019.7	2264046	757028
2015 年	10787	301840	210.8	95799.0	2576483	939313
2016 年	12301	332920	230.6	118137.7	3112276	1308591

年末全国共有艺术表演场馆 2285 个，观众坐席数 168.93 万个。其中各级文化部门所属艺术表演场馆 1265 个，比上年增加 1 个；全年共举行艺术演出 6.81 万场次，增长 25.0%，艺术演出观众人次 2589 万人次，增长 8.4%。

3. 社会效益和经济效益相统一。演出市场的扩大，带动了艺术表演团体收入的大幅度增长。2016 年，全国艺术表演团体全年总收入 311.23 亿元，比上年增长 20.8%，其中演出收入 130.86 亿元，增长 39.3%。

全国各级艺术院团在大力开拓演出市场的同时，通过“文化下乡”、低票价演出等方式，面向基层、服务群众，将经济效益与社会效益有机统一起来，受到了广大人民群众的热烈欢迎和社会的广泛赞誉。2016 年，文化部直属院团全年开展公益性演出 1335 场，其中赴老少边穷地区 241 场，面向特殊人群的演出 132 场，社会效益有力彰显。全国文化部门所属艺术表演团体共组织政府采购公益演出 13.90 万场，观众 1.17 亿人次。利用流动舞台车演出 11.31 万场次，观众 10381 万人次。全国艺术表演团体赴农村演出 151.6 万场，增长 9%，赴农村演出场次占总演出场次的 65.7%，比重比上年下降 0.3 个百分点；农村观众 6.21 亿人次，比上年增长 6.16%。

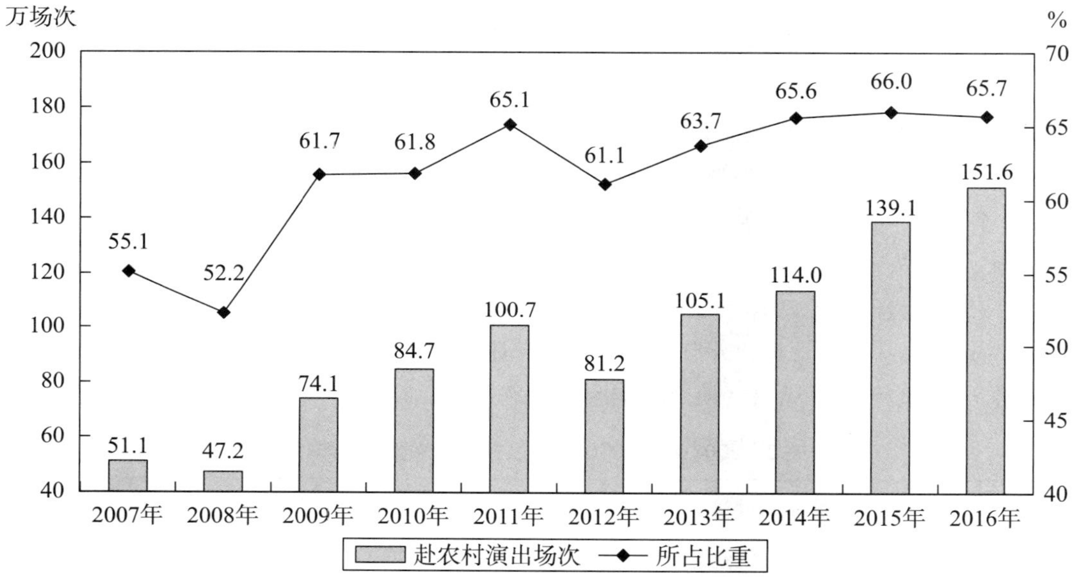

图 7 全国艺术表演团体赴农村演出场次及比重

4. 戏曲传承发展取得积极进展。文化部扎实推进《关于支持戏曲传承发展的若干政策》，开展全国落实戏曲政策情况自查，会同中宣部召开戏曲传承发展经验交流现场会，会同中宣部、教育部等召开戏曲进校园经验交流现场会。实施戏曲振兴工程，开展“名家传戏——当代戏曲名家收徒传艺”工程，扶持了 100 名京剧、地方戏表演艺术家向 200 名青年演员传授经典作品。启动中国京剧像音像工程，第一批剧目正在精心录制。争取中央财政安排资金，为全国 189 个县级划转为研究类或传承保护类机构的戏曲院团，每团购置 1 辆流动舞台车。安排非遗保护专项资金 2.7 亿元，支持 369 个传统戏剧表演团体排演近千台传统剧目。据统计，2016 年，全国 3414 个戏曲院团全年共演出 70.04 万场次，比上年增长 6.8%。观众人次 4.63 亿人次，比上年增长 7.5%。

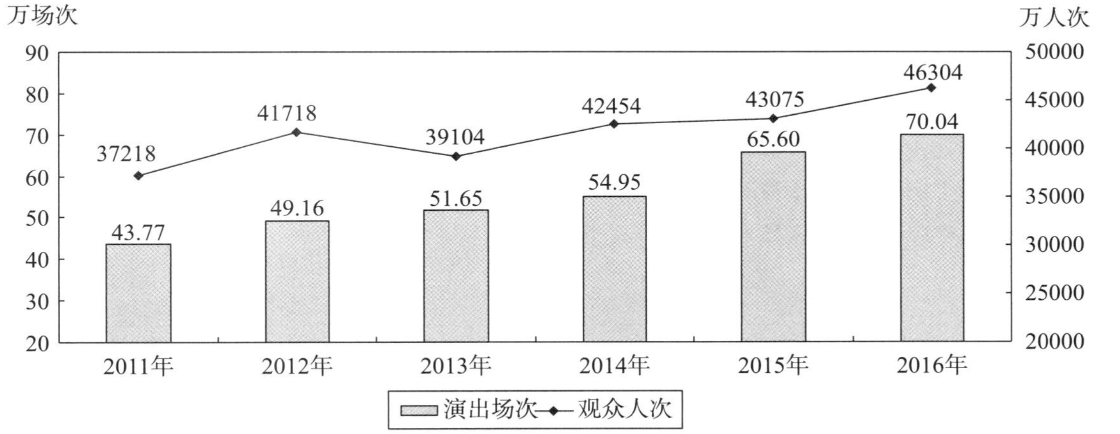

图8　近年来戏曲院团演出情况

（二）公共文化服务体系建设成效显著

2016年，文化部继续深入贯彻落实中办、国办《关于加快构建现代公共文化服务体系的意见》，完善顶层设计，切实推进基本公共文化服务标准化、均等化。积极推动出台《公共文化服务保障法》，为公共文化发展提供了强有力的法律保障。制定《文化志愿服务管理办法》《文化馆管理办法》《各级公共图书馆业务规范》《各级文化馆业务规范》和《关于推进县级文化馆、图书馆总分馆制建设的指导意见》，不断提升公共文化服务能力和水平。

1. 公共文化服务条件有效改善。2016年末全国共有公共图书馆3153个，比上年末增加14个。其中少儿图书馆123个，增加10个。年末全国公共图书馆从业人员57208人，比上年末增加786人。年末全国公共图书馆实际使用房屋建筑面积1424.26万平方米，比上年末增长9.4%；图书总藏量90163万册，增长7.5%，其中电子图书88798万册，增长6.9%；阅览室座席数98.60万个，增长8.3%；计算机21.16万台，供读者使用的电子阅览终端13.49万台，增长6.5%。年末全国平均每万人公共图书馆建筑面积103.0平方米，比上年末增加8.3平方米；全国人均图书藏量0.65册，增加0.04册；全年全国人均购书费1.56元，比上年增加0.13元。

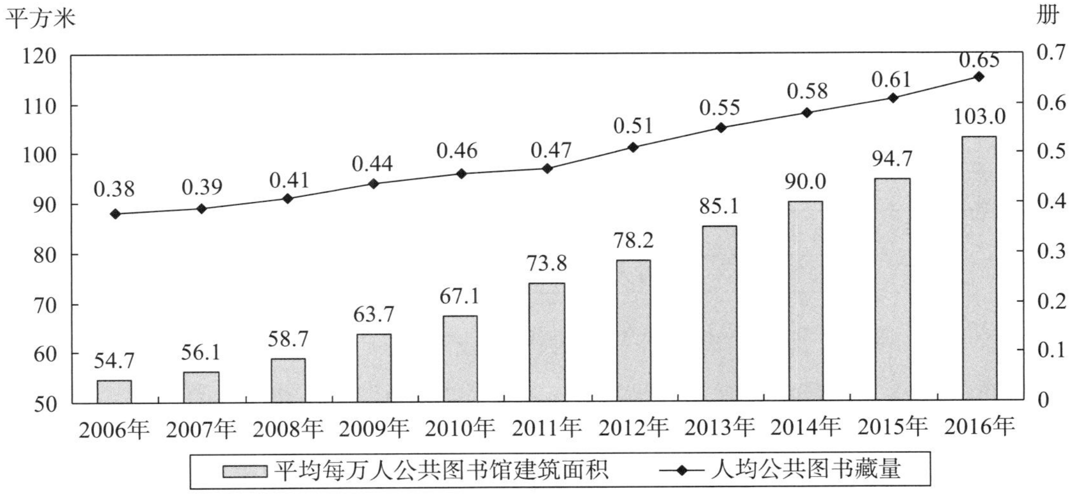

图9　2006年—2016年全国公共图书馆人均资源情况

2016 年末全国共有群众文化机构 44497 个，比上年末增加 206 个。其中乡镇综合文化站 34237 个。年末全国群众文化机构从业人员 182030 人，比上年末增加 8531 人。年末全国群众文化机构实际使用房屋建筑面积 3991.00 万平方米，比上年末增长 3.7%；藏书 2.74 亿册，增长 4.4%；计算机 37.73 万台，增长 4.4%；对公众开放的阅览室 117.63 万平方米，增长 7.7%。年末全国平均每万人群众文化设施建筑面积 288.64 平方米，比上年末提高 8.69 平方米。

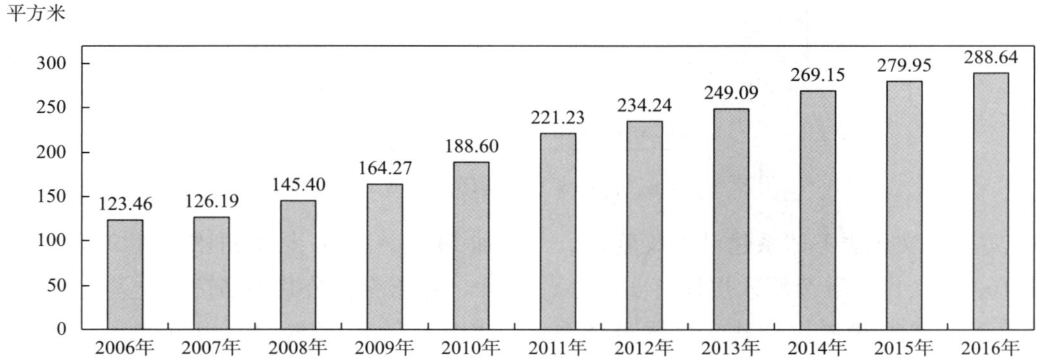

图 10　全国平均每万人群众文化设施建筑面积

2. 公共文化服务水平显著提升。随着我国公共文化服务条件的有效改善，财政对公共文化经费投入的进一步加大，我国公共文化服务水平也得到了显著提升。全年全国公共图书馆发放借书证 5593 万个；总流通人次 66037 万，增长 12.1%。书刊文献外借册次 54725 万，增长 7.5%；外借人次 24892 万，增长 7.8%。全年共为读者举办各种活动 140033 次，增长 22.3%；参加人次 7138 万，增长 20.8%。

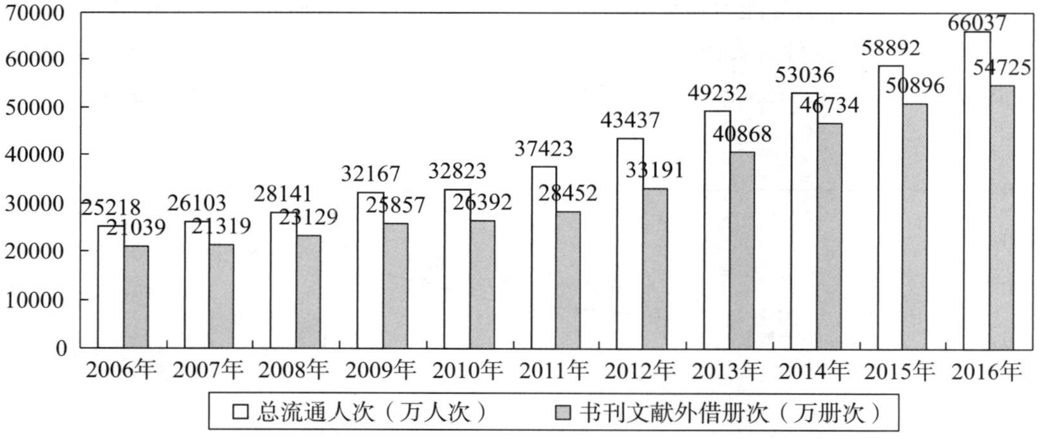

图 11　2006 年—2016 年全国公共图书馆总流通人次及书刊外借册次

全年全国群众文化机构共组织开展各类文化活动 183.97 万场次，比上年增长 10.6%；服务人次 57896 万，增长 5.6%。

表 3　2016 年全国群众文化机构开展活动情况

	总量		比上年增长(%)	
	活动次数(万次)	服务人数(万人次)	活动次数	服务人次
各项活动总计	**183.97**	**57895**	**10.6**	**5.6**
其中:展览	15.01	10786	7.4	0.3
文艺活动	106.53	42337	11.0	6.6
公益性讲座	3.38	522	21.2	9.2
训练班	59.05	4250	10.1	9.9

3. 公共文化服务方式更加丰富。全国公共图书馆除开展正常的借阅工作外,充分利用网络技术,积极丰富服务手段。据统计,2016 全年共为读者举办各种活动 140033 次,7138.15 万人次参加,分别比去年增长了 22.25% 和 20.83%。其中,组织各类讲座 39308 次,1057.30 万人参加;举办 26588 次展览,5782.66 万人次参观;举办培训班 44137 个,298.19 万人次参加。

全国各级群众文化单位注重自身建设,积极加强对业余文化团体辅导,实现了从"送文化"到"种文化"的转变。据统计,年末全国群众文化机构共有馆办文艺团体 7779 个,演出 14.76 万场,观众 8555 万人次。由文化馆(站)指导的群众业余文艺团体 39.84 万个,馆办老年大学 857 个。

文化部积极推进文化志愿服务工作,召开文化志愿服务工作现场经验交流会,制定出台《文化志愿服务管理办法》。继续实施"春雨工程"——全国文化志愿者边疆行和"大地情深"——国家艺术院团志愿服务走基层活动,赴基层举办各类文艺演出、辅导讲座、展览展示 200 多场,惠及群众上百万人次。启动"阳光工程—中西部农村文化志愿者服务行动计划",在中西部 22 个省(区、市)和新疆生产建设兵团 1200 个行政村,招募文化志愿者开展为期一年的服务,对基层群众开展艺术普及、艺术教育等活动。

4. 公共文化服务效能有所提升。文化部深入贯彻落实中央领导重要批示精神,在全国范围内开展乡镇综合文化站服务效能调研,并建立乡镇综合文化站服务效能抽查工作机制,从 2016 年 8 月开始每月开展一次抽查,提出整改意见,督促地方党委政府落实主体责任。提升公共文化机构运行效率,推进公共文化机构法人治理结构建设,推动各地继续贯彻落实国办转发的《关于做好政府向社会力量购买公共文化服务工作的意见》,引导和扶持社会力量积极参与公共文化服务,全国公共文化服务的效能有所提升。据测算,2016 年,全国公共图书馆设施利用效率达到 46.37 人次/平方米,比 2015 年提高了 1.11 人次/平方米;文化馆设施利用效率达到 25.34 人次/平方米,比 2015 年提高了 0.44 人次/平方米;文化站设施利用效率达到 10.82 人次/平方米,比 2015 年提高了 0.09 人次/平方米。

(三)文化市场规范有序

2016 年,文化市场监管能力不断提高,文化市场进一步活跃,全国文化市场主体得到进一步培育发展,市场结构不断优化,市场规模日益扩大。

1. 文化市场整体上保持平稳增长态势。2016 年末,全国文化市场经营单位 24.27 万家,比上年末增加 1.10 万家;从业人员 160.90 万人,增加 4.43 万人;实现利润 1034.52 亿元,比上年增长 3.2%,整体上呈现相对稳定,小幅增加态势。

从地域分布看，现阶段我国农村文化市场仍存在小散弱现象。据统计，2016 年，我国县及县以下文化市场经营单位个数占全国的 63.8%，但营业收入和营业利润分别仅占全国的 19.2% 和 21.4%。

表 4　2016 年按区域全国文化市场经营单位主要指标

		机构数(个)	从业人员数(人)	营业总收入(万元)	营业利润(万元)
总量	**总计**	**242686**	**1609329**	**44989190**	**10345244**
	城市	87853	733333	36331301	8137266
	县城	96626	678493	5911796	1798032
	县以下	58207	197503	2746093	409946
比重(%)	**总计**	**100.0**	**100.0**	**100.0**	**100.0**
	城市	36.2	45.6	80.8	78.7
	县城	39.8	42.2	13.1	17.4
	县以下	24.0	12.3	6.1	4.0

2. 不同类型文化市场经营单位特点突出。从数量上看，全国文化市场经营单位仍以娱乐场所和网吧为主，但呈现一增一减态势。娱乐场所单位数量在 2011 年达到顶峰(当年底 92577 家)后，近年来一直处于逐年下降态势。截至 2016 年底，全国共有娱乐场所数量为 77071 家，比去年底减少 2745 家，比 2011 年底减少 15506 家。网吧数量也是在 2011 年达到高点(当年底 141275 家)后开始回落，但近几年来，随着网吧行业的转型升级，网吧数量呈现回升态势。截至 2016 年底，全国共有网吧 141587 家，比去年底增加 6740 家。同时服务环境和服务水平有所提升，全国 80% 以上场所做到敞亮、开放、整洁，大中城市 30% 以上场所基本实现转型升级，行业整体形象、社会评价大为改善。

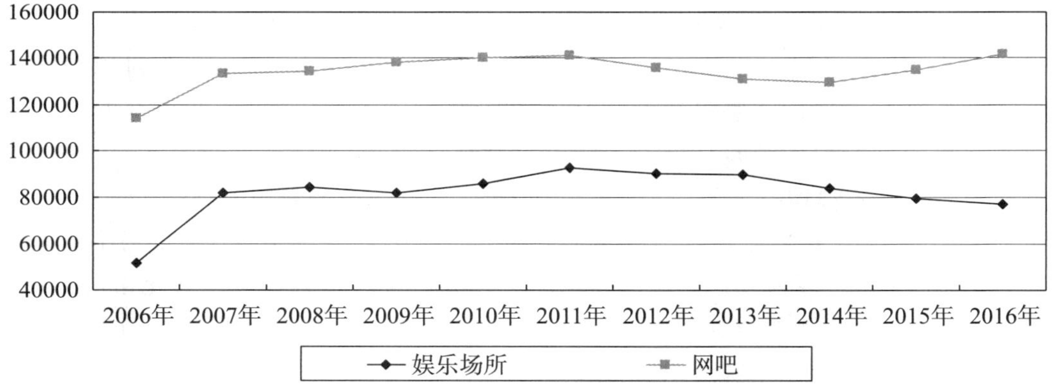

图 12　近年来娱乐场所和网吧机构情况

从体量上看，全国文化市场经营单位以经营性互联网文化单位为主。截至 2016 年底，全国共有经营性互联网文化单位 5642 家，比去年底增加 2619 家。尽管数量只占全国文化市场经营单位的 2.3%，但年底资产占 58.3%，营业收入和营业利润分别占 69.8% 和 68.9%。

表 5　2016 年我国文化市场经营单位按业务分组情况

	类型	机构数	从业人员	资产总计（万元）	营业收入（万元）	营业利润（万元）
总量	**合计**	**242686**	**1609329**	**66760690**	**44989191**	**10345244**
	娱乐场所	77071	632527	10510102	5387254	1257926
	互联网上网服务营业场所(网吧)	141587	488209	7484979	4323160	1312916
	非公有制艺术表演团体	10190	213451	2824051	1214938	348789
	非公有制艺术表演场馆	923	25466	1672426	480611	142414
	经营性互联网文化单位	5642	185668	38923922	31393996	7130783
	艺术品经营机构	5039	29586	2390076	587504	229280
	演出经纪机构	2234	34422	2955134	1601728	-76864
比重（%）	**合计**	**100. 0**	**100. 0**	**100. 0**	**100. 0**	**100. 0**
	娱乐场所	31. 8	39. 3	15. 7	12. 0	12. 2
	互联网上网服务营业场所(网吧)	58. 3	30. 3	11. 2	9. 6	12. 7
	非公有制艺术表演团体	4. 2	13. 3	4. 2	2. 7	3. 4
	非公有制艺术表演场馆	0. 4	1. 6	2. 5	1. 1	1. 4
	经营性互联网文化单位	2. 3	11. 5	58. 3	69. 8	68. 9
	艺术品经营机构	2. 1	1. 8	3. 6	1. 3	2. 2
	演出经纪机构	0. 9	2. 1	4. 4	3. 6	-0. 7

（四）文化产业稳步发展

2016 年，在各项政策措施的有力推动下，文化产业规模稳步扩大，产业集聚化水平进一步提高，对经济社会发展的促进作用明显增强。

1. 文化产业规模不断壮大。据国家统计局统计，根据《文化及相关产业分类（2012）》范围初步测算，2016 年我国文化及相关产业法人单位实现增加值 30254 亿元，按同口径和现价计算，比上年增长 11. 1%。文化及相关产业增加值占 GDP 的比重为 4. 07%，按同口径计算，比上年提高 0. 12 个百分点。部分地区的文化产业法人单位增加值占地区国内生产总值的比重已经超过 5%，成为当地的支柱性产业，在经济转型中发挥着重要作用。

表 6　2006 年—2016 年文化及相关产业增加值

年份	增加值（亿元）	占 GDP 比重（%）
2006 年	5123	2. 37
2007 年	6455	2. 43
2008 年	7630	2. 43
2009 年	8594	2. 52
2010 年	11052	2. 75
2011 年（旧口径）	13479	2. 85
2011 年（新口径）	15516	3. 28

续表

年份	增加值 （亿元）	占 GDP 比重 （%）
2012 年	18071	3.48
2013 年	21870	3.67
2014 年	24538	3.81
2015 年	37235	3.95
2016 年	30254	4.07

注:1. 2006 年—2011 年(旧口径)数据根据《文化及相关产业分类》标准进行测算;2012 年和 2013 年数据根据《文化及相关产业分类(2012)》标准进行测算;2011 年(新口径)数据根据《文化及相关产业分类(2012)》标准进行了相同口径调整。

2. 根据现行统计制度,2009 年以后的文化产业数据只统计到法人单位,不包括非文化法人单位所属文化产业活动单位和个体经营户。

2. 新兴文化产业发展迅速。在当前文化创作生产和消费形态愈加数字化、网络化的形势下,以数字创意为代表的新兴文化产业,融合"互联网 + 文化",保持着文化产业的发展新势能和新方向。据对全国规模以上文化及相关产业 5.0 万家企业调查,2016 年上述企业实现营业收入 80314 亿元,比上年增长 7.5%。其中,实现两位数以上增长的 3 个行业分别是:以"互联网 +"为主要形式的文化信息传输服务业营业收入 5752 亿元、增长 30.3%,文化艺术服务业 312 亿元、增长 22.8%,文化休闲娱乐服务业 1242 亿元、增长 19.3%。新兴文化产业的快速发展,既有利于推进供给侧结构性改革,实现产业优化升级,提高文化产业供给水平、改善供给结构;也有利于促进文化消费、满足群众不断提高的消费新需求,增强文化产业发展的活力;还有利于推动文化与国民经济各门类融合发展,加快培育新供给新动力。

表 7　2016 年全国规模以上文化及相关产业企业营业收入情况

	绝对额(亿元)	比上年增长(%)
总计	**80314**	**7.5**
新闻出版发行服务	3061	5.0
广播电影电视服务	1496	5.1
文化艺术服务	312	22.8
文化信息传输服务	5752	30.3
文化创意和设计服务	9854	8.6
文化休闲娱乐服务	1242	19.3
工艺美术品的生产	15045	3.2
文化产品生产的辅助生产	8926	5.4
文化用品的生产	30219	7.0
文化专用设备的生产	4407	2.7

注:1. 表中速度均为未扣除价格因素的名义增速。

2. 表中部分数据因四舍五入的原因,存在总计与分项合计不等的情况。

（五）文化遗产保护工作成果丰硕

1. 文物保护重点项目顺利推进。2016年，国家文物局印发《关于促进文物合理利用的若干意见》，推动相关部门联合印发《“互联网＋中华文明”三年行动计划》，多措并举让文物活起来。编制《国家文物事业发展“十三五”规划》和大遗址保护等专项规划。出台《关于加强革命文物工作的通知》，开展革命旧址维修保护三年行动计划，启动“长征——红色记忆”工程，实施馆藏革命文物保护修复计划，开展红军长征遗迹保护展示和环境整治工程。“平安故宫工程”故宫北院区建设项目、地下文物库房改造、世界文化遗产监测等七个项目稳步推进。启动“考古中国”等重大考古专项、川渝石窟保护工程和万里茶道文物资源保护研究工程。广西左江花山岩画文化景观成功申遗，中国世界遗产总数达到50项。启动文物法人违法案件专项整治三年行动，严肃查处了一批法人违法案件。发布《文物拍卖管理办法》《文物拍卖标的审核办法》，规范文物拍卖经营行为。

2. 文物机构服务能力进一步提升。2016年末，全国共有文物机构8954个，比上年末增加278个。其中，文物保护管理机构3318个，占37.1%，博物馆4109个，占45.9%。年末全国文物机构从业人员15.14万人，比上年末增加0.54万人。其中高级职称8470人，占5.6%，中级职称18929人，占12.5%。

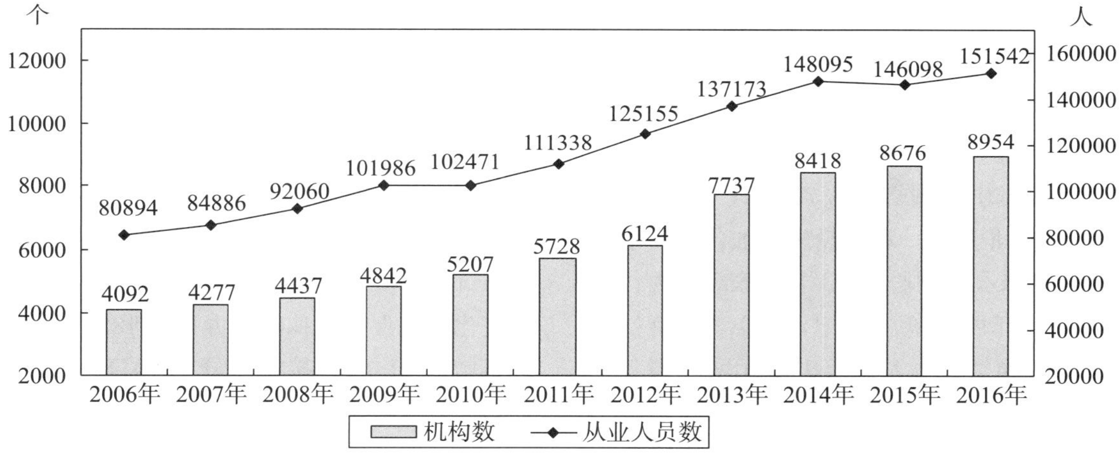

图13　2006年—2016年全国文物机构及从业人员情况

年末全国文物机构拥有文物藏品4455.88万件，比上年末增加317.05万件，增长7.6%。其中，博物馆文物藏品3329.38万件，占文物藏品总量的74.7%；文物商店文物藏品69.97万件，占1.6%。文物藏品中，一级文物10.98万件，占0.2%；二级文物76.47万件，占1.7%；三级文物363.16万件，占8.2%。

3. 文物机构服务水平进一步提高。为“让文物活起来”，国家文物局实施博物馆教育示范项目，开展全国博物馆十大陈列展览精品推介活动，建设博物馆教育资源和项目库，扩大博物馆青少年教育的覆盖面。推进“高层次文博人才提升计划”，启动博物馆文化创意产品资源库建设，举办“让文物活起来——全国文博单位文化创意产品联展”。文物机构的活力进一步激活，文物机构的服务水平进一步提升。据统计，全年全国文物机构共安排基本陈列12202个，比上年增长12.4%；举办临时展览12419个，比上年增长5.2%；接待观众101267万人次，比上年增长9.5%。其中未成年人26298万人次，增长6.7%，占参观总人数的26.0%。博物馆接待观众 85062 万人次,增长 8.9%,占文物机构接待观众 84.0%。

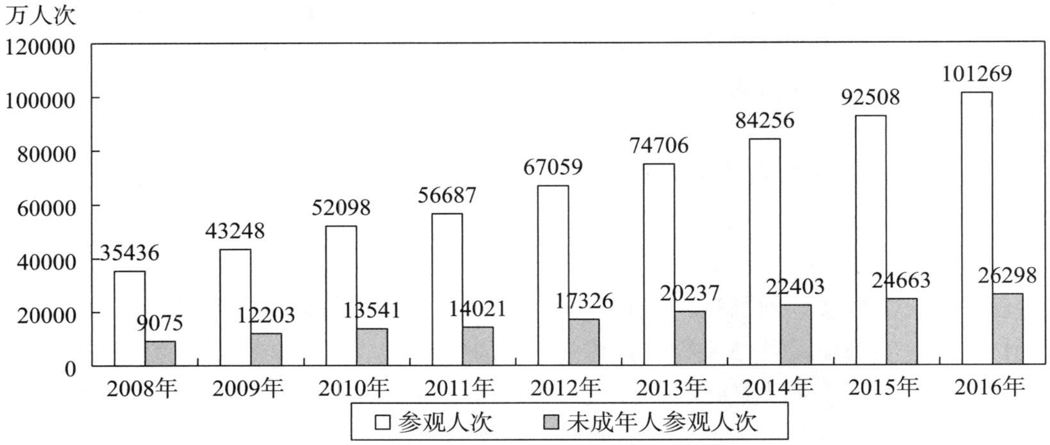

图 14　2008 年—2016 年全国文物机构接待观众人次及未成年人观众人次

4. 非物质文化遗产保护工作再上新台阶。2016 年,文化部全面开展《非物质文化遗产法》贯彻落实情况检查,启动建立非物质文化遗产代表性项目和文化生态保护实验区保护建设情况评估制度,相关评估报告向社会公布。安排中央预算内投资 4.24 亿元,支持建设 57 个非遗保护利用设施。加强对传承人的保护和扶持,安排对 253 名国家级非遗代表性传承人开展了抢救性记录,国家级项目传承人补助经费由每人每年 1 万元增长到 2 万元,各级代表性传承人的评定工作稳步开展。深入推进传统工艺振兴,会同工业和信息化部、财政部起草《中国传统工艺振兴计划》。以传统工艺为重点的非遗传承人群研修研习培训计划稳步实施,57 所高校参与举办研修研习培训 180 余期,加上相关延伸培训,全年累计培训近 1 万人次,有效提高了传承能力,增强了传承后劲。依托具有较强设计能力的企业、高校和相关单位到传统工艺项目集中地设立多个工作站,已经在帮助当地解决工艺难题,带动增收脱贫等方面初见成效。与泰、英、韩、南非、日本等国的非遗交流活动成功举办。"二十四节气"成功列入联合国教科文组织人类非物质文化遗产代表作名录,至此,我国列入联合国教科文组织非遗名录项目(名册)达 39 个。"文化遗产日"等重大时间节点的非遗宣传展示活动丰富多彩,第四届中国非物质文化遗产博览会更加注重体现非遗的实践性,传承人群研培成果展、传统工艺大赛、民歌大赛等成为新的亮点。

年末全国共有非物质文化遗产保护机构 2635 个,从业人员 18463 人。全年全国非物质文化遗产保护机构共举办展览 18887 次,比上年增长 11.5%,接待观众 3593 万人次,比上年增长 9.0%;举办演出 42149 场,比上年增长 7.6%,观众 3903 万人次,比上年降低 1.4%;举办民俗活动 14561 次,比上年增长 7.3%,观众 4619 万人次,比上年增长 24.3%;举办培训班 23704 次,比上年增长 15.1%,培训人数 158 万人次,比上年增长 4.6%。

5. 中华典籍整理工程迈上新的台阶。加强古籍普查、修复、保存、宣传和利用。推进全国古籍普查登记工作,全面实施"中华古籍保护计划",正式公布中华古籍保护计划第三批《国家珍贵古籍名录》和国家古籍重点保护单位,制定《全国古籍保护"十三五"规划纲要》。实施"民国时期文献保护计划",做好少数民族古籍保护、抢救、整理、出版和研究工作。继续推进《清史》书稿整修和质检工作，进行“三查”（查重复、查矛盾、查遗漏），编制全书索引。

（六）对外和对港澳台文化交流不断扩大

按照“政府统筹、社会参与、官民并举、市场运作”的总方针，以提高国家文化软实力为主要目标，全面推动中华文化走出去，大力推进“一带一路”文化交流与合作，有效服务于中国特色大国外交和文化强国建设，推动对外和对港澳台文化工作迈向了更高水平。

1.“一带一路”文化先行成效显著。2016中埃文化年、中拉文化交流年、中加文化交流年、中卡文化年（卡塔尔）、俄罗斯中国文化节、非洲文化聚焦、“丝路新韵”展演活动、首届丝绸之路（敦煌）国际文化博览会、第三届丝绸之路国际艺术节等活动相继成功举办。春节期间，近300场各类文化活动在“一带一路”沿线37个国家70多个城市成功举办。9月，23国文化部长或代表受邀出席丝绸之路（敦煌）国际文化博览会文化部长圆桌会议并通过了《敦煌宣言》，与“一带一路”沿线国家开展文化合作的机制不断完善。2016年底，《文化部“一带一路”文化发展行动计划（2016—2020年）》正式印发，该计划为“一带一路”文化交流与合作的深入开展绘制了路线图。

2. 海外中国文化中心建设稳步推进。文化部出台《关于部省共建海外中国文化中心的意见》，完善部省共建文化中心的机制。这项工作是列入中央全面深化改革领导小组2016年工作要点的重要任务。目前，海外中国文化中心总数达到30个，其中中共六大会址常设展览馆的建成运营是2016年中心建设工作中一件极具历史意义的事件。另外，文化部还制定了中国文化中心绩效评估指标体系，对部省合作机制进行5年实施效果总结，并持续推进中心总部建设。

3. 讲好中国故事品牌效应显著。“欢乐春节”是中华文化走出去的重要抓手和靓丽品牌，是讲好中国文化故事的重要平台。2016年“欢乐春节”在全球140个国家和地区的470座城市举办2100多项活动。中央芭蕾舞团的舞剧《红色娘子军》、上海歌舞团的舞剧《朱鹮》等一批品牌化文艺作品成为增强文化吸引力、感召力，提升民族影响力的重要载体。

4. 中外思想文化交流机制更加有效。汉学家翻译家工作成绩显著。2016“汉学与当代中国”座谈会邀请到全球26个国家具有国际影响力的31位汉学家、中国问题研究专家齐聚北京，聚焦“一带一路”建设，搭建起了中外高端思想交流的“朋友圈”。“青年汉学家研修计划”扩容增效，共有来自世界各国的89名青年汉学家和智库学者来华研修，参加人数达历年之最。汉学家翻译家工作国际影响力不断扩大。“纪念汤显祖和莎士比亚逝世400周年”主题活动在全球30多个国家成功举办，得到了广泛的关注和好评。

5. 中外文化交流与合作机制化水平不断提升。文化合作机制的长效发展成为我国在促进中外文化交流与合作中发挥引领性作用的重要保障。中俄、中美、中英、中欧、中法、中印尼、中南非、中德等八大高级别人文交流机制均取得了丰硕成果，文化交流在其中发挥了积极作用，进一步夯实了中外交流合作的民意基础。同时，“东亚文化之都”机制建设不断完善，加强了中国与日韩之间的交流合作。

与联合国教科文组织等国际文化组织的合作也在不断深化。2016年广西花山岩画申遗成功，“二十四节气——中国人通过观察太阳周年运动而形成的时间知识体系及其实践”列入联合国教科文组织人类非物质文化遗产代表作名录。

6. 对外文化贸易助推国际产能合作。2016 年,对外文化贸易工作紧紧围绕国际产能合作这一重点,推动文化装备走出去成为国际产能和装备制造合作的新增长点。邀请墨西哥等国的文化装备采购商来华参观、洽谈,以请进来的方式推动文化装备走出去。同时,大力引入美国广播电视设备展等国际顶尖展会,为文化装备企业走出去搭建平台。

7. 对港澳台文化工作更加精准化。对港澳台文化工作机制化水平不断提升,不断巩固完善内地与港澳台文化合作长效机制。签署《内地与澳门 2016—2018 年文化交流与合作执行计划》,完善内地与港澳文化交流重点项目评选资助机制。支持故宫博物院、国家图书馆等与港澳台专业机构开展对口交流合作。

组织"情系青春——两岸青年八闽行""内地与港澳文化青年内地采风"等体验性考察、交流活动。开展针对港澳台青年文艺人才培训,组织港澳台青少年来内地文化机构实习,为其成长成才提供空间。组织故宫博物院等内地近 60 家内地文博单位、动漫和创意设计企业参加香港国际授权展"中国内地馆",举办海峡两岸(厦门)文化产业博览交易会、海峡两岸文化创意产业展,推动与港澳台文化产业务实合作。

2016 年,全年经文化系统审批的对外文化交流项目共 2672 起,45741 人次参加;对港澳文化交流项目 446 项,8865 人次参加;对台文化交流项目 413 项,10865 人次参加。

2017 年是文化建设非常关键的一年。面对新形势和新任务,全国文化系统将全面贯彻党的十八大和十八届三中、四中、五中、六中全会精神,深入学习贯彻习近平总书记系列重要讲话精神,紧紧围绕"五位一体"总体布局和"四个全面"战略布局,深入推动文化部"十三五"规划贯彻落实,着力繁荣发展社会主义文艺,着力构建中华优秀传统文化传承体系,着力完善现代公共文化服务体系、文化市场体系、文化产业体系,着力推动中华文化走出去,以优异成绩迎接党的十九大胜利召开。

2016 年全国文化发展主要统计数据

指标	单位	总量指标		增长速度(%)
		2015 年	2016 年	
机构和人员				
机构数	个	299149	310641	3.8
从业人员数	人	2294445	2348078	2.3
文化投入				
文化事业费	亿元	682.97	770.69	12.8
人均文化事业费	元	49.68	55.74	12.2
公共图书馆				
机构数	个	3139	3153	0.4
总藏量	万册	83844	90163	7.5
总流通人次	万人次	58892	66037	12.1
群众文化				
机构数	个	44291	44497	0.5
#文化站	个	40976	41175	0.5
提供文化服务次数	万次	166.39	183.97	10.6
举办展览	万次	13.98	15.01	7.4
组织文艺活动	万次	95.99	106.53	11.0
组织公益性讲座	万次	2.79	3.38	21.1
举办训练班	万次	53.63	59.05	10.1
文化服务惠及人次	万人次	54826	57896	5.6
艺术表演团体				
机构数	个	10787	12301	14.0
演出场次	万场次	210.78	230.60	9.4
#农村演出场次	万场次	139.08	151.60	9.0
国内演出观众人次	万人次	95798.99	118137.67	23.3
#农村观众人次	万人次	58453.69	62052	6.2
演出收入	万元	939310	1308590	39.3
艺术表演场馆				
机构数	个	2143	2285	6.6
艺术演出场次	万场次	13.68	19.09	39.5
艺术演出观众人次	万人次	2853.63	3098.05	8.6

续表

指标	单位	总量指标		增长速度(%)
		2015 年	2016 年	
艺术演出收入	万元	277653	273060	-1.7
文化市场				
机构数	个	231709	242653	4.7
从业人员数	个	1564660	1609834	2.9
文物业				
机构数	个	8676	8954	3.2
总藏品	万件/套	4139.19	4455.91	7.7
参观人次	万人次	92508	101269	9.5

按年份全国主要文化机构数

单位:个

年　份	公共图书馆	文化馆	文化站	博物馆	艺术表演团体	文化系统艺术表演场馆
1949 年	55	896		21	1000	891
1952 年	83	2430		35	2084	1510
1957 年	400	2748		72	2884	2296
1962 年	541	2575	1192	230	3320	2249
1965 年	562	2660	2125	214	3458	2943
1970 年	323	2332	1794	182	2541	1432
1975 年	629	2670	2717	242	2836	1464
1978 年	1218	2840	4053	349	3150	1095
1980 年	1732	3130	5609	365	3533	1444
1985 年	2344	3295	5281	711	3317	1377
1986 年	2406	3330	5583	777	3195	2058
1987 年	2440	3321	5653	827	3094	2148
1988 年	2485	3333	5712	903	2985	2081
1989 年	2512	3321	5716	967	2850	2050
1990 年	2527	3321	5895	1013	2805	1955
1991 年	2535	3265	7242	1075	2772	2068
1992 年	2558	3272	6292	1106	2753	2037
1993 年	2572	3256	6899	1130	2707	2024
1994 年	2589	3261	8015	1161	2698	1998
1995 年	2615	3259	10228	1194	2682	1958
1996 年	2620	3284	41969	1219	2664	1934
1997 年	2628	3286	42163	1282	2663	1947
1998 年	2662	3287	42547	1339	2652	1929
1999 年	2669	3294	42543	1363	2632	1911
2000 年	2675	3297	42024	1392	2619	1900
2001 年	2696	3241	40138	1461	2605	1854
2002 年	2697	3243	39273	1511	2587	1829
2003 年	2709	3228	38588	1515	2601	1900
2004 年	2720	3221	38181	1548	2759	1928
2005 年	2762	3226	38362	1581	2805	1759

续表

年　份	公共图书馆	文化馆	文化站	博物馆	艺术表演团体	文化系统艺术表演场馆
2006 年	2778	3214	36874	1617	2866	1724
2007 年	2799	3217	37384	1722	4512	1732
2008 年	2820	3218	37938	1893	5114	1662
2009 年	2850	3223	38736	2252	6139	1499
2010 年	2884	3264	40118	2435	6864	1461
2011 年	2952	3285	40390	2650	7055	1429
2012 年	3076	3301	40575	3069	7321	1279
2013 年	3112	3315	40945	3473	8180	1253
2014 年	3117	3313	41110	3658	8769	1248
2015 年	3139	3315	40976	3852	10787	1264
2016 年	3153	3322	41175	4109	12301	1265

注:2007 年以前艺术表演团体为文化部门系统内数据,2007 年起含非文化部门单位。1996 年以前文化站数据未包括其他部门所属乡镇综合文化站,1996—1998 年文化站数据包括其他部门所属单位,1999 年以后,其他部门所属文化站归文化部门管理。

按年份全国文化事业费基本情况

单位:亿元、%

	文化事业费	国家财政总支出	文化事业费总支出 占国家财政比重
1978 年	4. 44	1122. 09	0. 40
1979 年	5. 84	1281. 79	0. 46
1980 年	5. 61	1228. 83	0. 46
“六五”时期	**36. 03**	**7483. 18**	**0. 48**
1985 年	9. 32	2004. 25	0. 47
“七五”时期	**62. 45**	**12865. 67**	**0. 49**
1986 年	10. 74	2204. 91	0. 49
1987 年	10. 77	2262. 18	0. 48
1988 年	12. 18	2491. 21	0. 49
1989 年	13. 57	2823. 78	0. 48
1990 年	15. 19	3083. 59	0. 49
“八五”时期	**121. 33**	**24387. 46**	**0. 50**
1991 年	17. 28	3386. 62	0. 51
1992 年	19. 46	3742. 20	0. 52
1993 年	22. 37	4642. 30	0. 48
1994 年	28. 83	5792. 62	0. 50
1995 年	33. 39	6823. 72	0. 49
“九五”时期	**254. 51**	**57043. 46**	**0. 45**
1996 年	38. 77	7937. 55	0. 49
1997 年	46. 19	9233. 56	0. 50
1998 年	50. 78	10798. 18	0. 47
1999 年	55. 61	13187. 67	0. 42
2000 年	63. 16	15886. 50	0. 40
“十五”时期	**496. 13**	**128022. 85**	**0. 39**
2001 年	70. 99	18902. 58	0. 38
2002 年	83. 66	22053. 15	0. 38
2003 年	94. 03	24649. 95	0. 38
2004 年	113. 63	28486. 89	0. 40
2005 年	133. 82	33930. 28	0. 39

续表

	文化事业费	国家财政总支出	文化事业费总支出 占国家财政比重
“十一五”时期	**1220.40**	**318970.83**	**0.38**
2006 年	158.03	40422.73	0.39
2007 年	198.96	49781.35	0.40
2008 年	248.04	62592.66	0.40
2009 年	292.31	76299.93	0.38
2010 年	323.06	89874.16	0.36
“十二五”时期	**2669.62**	**703076.19**	**0.38**
2011 年	392.62	109247.79	0.36
2012 年	480.10	125952.97	0.38
2013 年	530.49	140212.10	0.38
2014 年	583.44	151785.56	0.38
2015 年	682.97	175877.77	0.39
2016 年	770.69	187755.21	0.41

注:①国家财政总支出系国家财政决算数。

②文化事业费:1953 年—1980 年系国家财政决算数(“一五”至“四五”时期含文物、出版经费,“五五”时期不含文物、出版经费);1981 年以后系文化事业统计年报数(不含文物、出版及科学研究费;不含基本建设的财政拨款和行政运行经费,以下各表同)。

按年份各地区文化事业费

单位：万元

地　区	1995 年	2000 年	2005 年	2010 年	2015 年	2016 年
全　国	**333853**	**631591**	**1338193**	**3230646**	**6829708**	**7706876**
中　央	20973	55498	113028	152787	369620	341006
北　京	8427	24008	64587	161693	275832	352798
天　津	5098	9796	31592	56348	153744	158048
河　北	11393	18984	39626	70307	185348	184922
山　西	9215	12347	29832	78000	182007	197818
内蒙古	8624	14515	30543	112982	228905	259572
辽　宁	17525	26790	47578	113430	165405	194196
吉　林	10613	15711	26566	90327	156425	159929
黑龙江	10722	16598	33742	74631	152601	175482
上　海	15431	42608	79201	186266	365523	422148
江　苏	18234	38527	77658	163123	403417	470804
浙　江	14764	35334	110397	242002	488225	544516
安　徽	8836	15849	30541	76813	146252	175603
福　建	11023	22174	42949	101855	187522	215770
江　西	7404	10696	23398	73401	127094	128944
山　东	16315	30944	61687	138876	299770	320980
河　南	12447	20948	37708	95143	206034	222776
湖　北	11268	19367	43585	114389	235648	290408
湖　南	10525	16564	34771	86133	193798	241901
广　东	27486	58321	128095	269940	539257	656969
广　西	8617	14608	28089	80097	172230	199327
海　南	2965	3468	6007	27356	57512	70204
重　庆		9151	17505	77350	169727	204828
四　川	16905	20500	44523	143902	395788	403685
贵　州	4785	9131	18731	53676	119936	151128
云　南	14563	23945	42036	86881	191211	218728
西　藏	2124	4264	8003	21050	57816	72824
陕　西	8583	13976	23462	89457	205168	216685
甘　肃	6935	9130	20882	55563	113802	143170
青　海	2574	3696	7349	41114	65393	78467
宁　夏	2108	3625	9646	24483	58611	67681
新　疆	7371	10518	24877	71273	160088	165558

按年份各地区人均文化事业费及位次

单位:元

地区	1995 年		2000 年		2005 年		2010 年		2015 年		2016 年	
	人均经费	位次	人均经费	位次	人均经费	位次	人均经费	位次	人均经费	位次	人均经费	位次
全　国	**2.75**		**4.99**		**10.23**		**24.11**		**49.68**		**55.74**	
北　京	8.74	2	17.37	2	41.99	2	82.44	1	127.08	3	162.36	3
天　津	7.56	3	9.79	4	30.29	3	43.55	7	99.39	5	101.18	6
河　北	1.78	25	2.81	25	5.78	25	9.78	31	24.96	29	24.76	30
山　西	3.12	15	3.74	19	8.89	16	21.84	17	49.67	16	53.73	18
内蒙古	4.13	9	6.11	11	12.80	9	45.73	5	91.16	6	103.00	5
辽　宁	4.31	6	6.32	10	11.27	12	25.93	14	37.74	23	44.36	23
吉　林	4.21	8	5.76	12	9.78	14	32.89	9	56.81	11	58.52	14
黑龙江	2.95	16	4.50	16	8.83	17	19.48	21	40.03	22	46.19	21
上　海	13.10	1	25.45	1	44.54	1	80.92	2	151.34	2	174.44	2
江　苏	2.62	8	5.18	15	10.39	13	20.74	19	50.58	14	58.86	13
浙　江	3.26	13	7.55	5	22.54	5	44.46	6	88.14	7	97.41	8
安　徽	1.48	28	2.65	26	4.99	30	12.91	29	23.81	30	28.34	28
福　建	3.27	12	6.39	9	12.15	11	27.61	12	48.85	17	55.70	16
江　西	1.94	22	2.58	28	5.43	27	16.47	25	27.84	28	28.08	29
山　东	1.93	23	3.41	21	6.67	21	14.50	27	30.44	26	32.27	27
河　南	1.34	30	2.26	31	4.02	31	10.12	30	21.73	31	23.37	31
湖　北	2.04	21	3.21	23	7.63	19	19.98	20	40.27	21	49.35	19
湖　南	1.67	26	2.57	29	5.50	26	13.11	28	28.57	27	35.46	26
广　东	3.93	10	6.75	7	13.93	7	25.88	15	49.71	15	59.73	12
广　西	1.93	24	3.25	22	6.03	24	17.40	24	35.91	24	41.20	25
海　南	2.50	19	4.41	17	7.25	20	31.55	11	63.14	10	76.56	9
重　庆			2.96	24	6.09	23	26.81	13	56.27	12	67.20	11
四　川	1.56	27	2.46	30	5.42	28	17.89	23	48.24	18	48.86	20
贵　州	1.36	29	2.59	27	5.02	29	15.45	26	33.98	25	42.51	24
云　南	3.47	11	5.58	13	9.45	15	18.90	22	40.32	20	45.85	22
西　藏	3.22	14	16.27	3	28.89	4	70.12	4	178.46	1	220.01	1
陕　西	2.42	20	3.88	18	6.31	22	23.97	16	54.09	13	56.83	15
甘　肃	2.93	17	3.56	20	8.05	18	21.73	18	43.78	19	54.85	17
青　海	5.30	5	7.14	6	13.53	8	73.07	3	111.13	4	132.32	4
宁　夏	4.23	7	6.45	8	16.18	6	38.85	8	87.76	8	100.27	7
新　疆	5.39	4	5.46	14	12.38	10	32.67	10	67.84	9	69.04	10

按年份各地区文化事业费占财政支出比重

单位:%

地　区	1995 年		2000 年		2005 年		2010 年		2014 年		2015 年	
	比重	位次	比重	位次	比重	位次	比重	位次	比重	位次	比重	位次
全　国	**0.49**		**0.40**		**0.39**		**0.36**		**0.38**		**0.39**	
北　京	0.55	28	0.54	14	0.61	4	0.60	2	0.55	3	0.48	8
天　津	0.55	28	0.53	15	0.71	3	0.41	14	0.43	16	0.48	9
河　北	0.60	23	0.46	28	0.40	24	0.25	31	0.31	26	0.33	27
山　西	0.82	7	0.55	11	0.44	14	0.40	15	0.46	12	0.53	4
内蒙古	0.84	5	0.59	8	0.44	15	0.50	7	0.49	6	0.54	3
辽　宁	0.64	15	0.52	17	0.39	25	0.35	22	0.29	28	0.37	24
吉　林	0.88	3	0.90	1	0.42	18	0.51	6	0.47	9	0.49	7
黑龙江	0.61	18	0.45	30	0.42	19	0.33	25	0.36	22	0.38	21
上　海	0.59	25	0.68	5	0.48	9	0.56	4	0.68	2	0.59	2
江　苏	0.72	10	0.61	6	0.46	12	0.33	26	0.41	19	0.42	15
浙　江	0.82	7	0.82	2	0.87	1	0.75	1	0.73	1	0.73	1
安　徽	0.65	14	0.49	23	0.42	20	0.30	29	0.26	31	0.28	31
福　建	0.64	15	0.69	4	0.72	2	0.60	3	0.45	13	0.47	10
江　西	0.67	13	0.48	26	0.41	22	0.38	18	0.27	30	0.29	30
山　东	0.59	25	0.51	18	0.42	21	0.34	23	0.35	23	0.36	25
河　南	0.60	23	0.47	27	0.33	31	0.28	30	0.29	29	0.30	28
湖　北	0.69	12	0.53	15	0.55	6	0.46	10	0.34	24	0.38	22
湖　南	0.61	18	0.49	23	0.39	26	0.32	28	0.32	25	0.34	26
广　东	0.52	30	0.55	11	0.55	7	0.50	8	0.49	7	0.42	16
广　西	0.61	18	0.57	10	0.45	13	0.40	16	0.42	18	0.42	17
海　南	0.70	11	0.51	18	0.39	27	0.47	9	0.55	4	0.46	12
重　庆			0.49	23	0.35	29	0.45	11	0.40	20	0.45	13
四　川	0.61	18	0.45	30	0.41	23	0.34	24	0.51	5	0.53	5
贵　州	0.56	27	0.46	28	0.35	30	0.33	27	0.30	27	0.30	29
云　南	0.62	17	0.58	9	0.54	8	0.38	19	0.39	21	0.41	20
西　藏	0.61	18	0.71	3	0.43	16	0.38	20	0.43	17	0.42	18
陕　西	0.84	5	0.51	18	0.36	28	0.40	17	0.49	8	0.47	11
甘　肃	0.85	4	0.50	22	0.48	10	0.38	21	0.44	15	0.38	23
青　海	0.89	2	0.55	11	0.43	17	0.55	5	0.47	10	0.43	14
宁　夏	0.92	1	0.60	7	0.60	5	0.44	12	0.47	11	0.51	6
新　疆	0.76	9	0.51	18	0.47	11	0.42	13	0.45	12	0.42	19

历年全国公共图书馆主要指标

年 份	机构数（个）	从业人员（人）	总藏量（万册/件）	总流通人次（万人次）	书刊、文献外借册次（万册次）	本年新购藏量（万册）	实际使用房屋建筑面积（万平方米）	阅览座席数（万个）
1979 年	1651		18353	7787	9625		86.6	
1980 年	1732		19904	9045	11830		92.0	
1985 年	2344	29350	25573	11614	18942	1343	172.0	23.1
1986 年	2406	31849	26133	11722	16205	1359	210.2	33.7
1990 年	2527	40247	29064	12435	20242	895	326.0	32.1
1991 年	2535	42037	30614	20496	13325	771	349.1	34.0
1992 年	2558	43051	31175	18495	12625	740	363.6	34.4
1993 年	2572	44656	31410	16973	11685	631	368.0	34.3
1994 年	2589	44367	32332	14451	11852	556	409.1	34.8
1995 年	2615	45323	32850	14142	11814	551	415.5	35.2
1996 年	2620	46457	33686	14793	13544	577	441.4	35.6
1997 年	2628	47882	37549	16114	15685	680	471.5	37.4
1998 年	2662	48313	38514	17058	15422	700	492.5	39.9
1999 年	2669	48792	39539	18040	16290	678	506.0	41.6
2000 年	2675	51342	40953	18854	16913	692	598.2	41.6
2001 年	2696	48579	42130	20757	17559	819	561.8	43.7
2002 年	2697	48447	42683	21950	20021	946	582.8	43.9
2003 年	2709	49646	43776	21440	18775	1049	588.6	46.1
2004 年	2720	49069	46152	22095	18536	1228	625.1	47.2
2005 年	2762	50423	48056	23332	20269	1535	677.0	48.0
2006 年	2778	51311	50024	25218	21039	1686	718.9	50.0
2007 年	2799	51650	52053	26103	21319	1871	741.4	52.7
2008 年	2820	52021	55064	28141	23129	2071	780.0	55.4
2009 年	2850	52688	58521	32167	25857	2939	850.3	60.2
2010 年	2884	53564	61726	32823	26392	2956	900.4	63.1
2011 年	2952	54475	63896	37423	28452	3985	994.8	68.1
2012 年	3076	54997	68827	43437	33191	5826	1058.4	73.5
2013 年	3112	56320	74896	49232	40868	4865	1158.5	81.0
2014 年	3117	56071	79092	53036	46734	4742	1231.6	85.6
2015 年	3139	56422	83844	58892	50896	5151	1301.5	91.1
2016 年	3153	57208	90163	66037	54725	6275	1424.3	98.6

按年份各地区人均拥有公共图书馆藏量

单位：册/件

地　区	1995 年	2000 年	2005 年	2010 年	2015 年	2016 年
全　国	**0. 27**	**0. 32**	**0. 37**	**0. 46**	**0. 61**	**0. 65**
北　京	0. 54	0. 55	0. 73	0. 87	1. 12	1. 19
天　津	0. 72	0. 79	0. 83	0. 97	1. 10	1. 16
河　北	0. 13	0. 16	0. 19	0. 22	0. 30	0. 31
山　西	0. 25	0. 26	0. 29	0. 34	0. 42	0. 47
内蒙古	0. 27	0. 29	0. 31	0. 38	0. 60	0. 68
辽　宁	0. 44	0. 46	0. 55	0. 68	0. 85	0. 90
吉　林	0. 36	0. 38	0. 44	0. 50	0. 64	0. 68
黑龙江	0. 30	0. 32	0. 34	0. 43	0. 48	0. 51
上　海	1. 12	3. 29	3. 40	2. 96	3. 13	3. 17
江　苏	0. 34	0. 36	0. 43	0. 56	0. 86	0. 95
浙　江	0. 35	0. 37	0. 47	0. 69	1. 13	1. 25
安　徽	0. 13	0. 13	0. 14	0. 21	0. 32	0. 35
福　建	0. 28	0. 28	0. 36	0. 46	0. 73	0. 79
江　西	0. 26	0. 27	0. 30	0. 34	0. 47	0. 47
山　东	0. 20	0. 22	0. 30	0. 38	0. 48	0. 51
河　南	0. 12	0. 13	0. 15	0. 20	0. 26	0. 28
湖　北	0. 25	0. 28	0. 34	0. 41	0. 51	0. 56
湖　南	0. 21	0. 24	0. 26	0. 30	0. 38	0. 42
广　东	0. 24	0. 27	0. 34	0. 44	0. 65	0. 72
广　西	0. 27	0. 29	0. 32	0. 41	0. 54	0. 56
海　南	0. 19	0. 20	0. 22	0. 33	0. 47	0. 50
重　庆		0. 26	0. 27	0. 36	0. 43	0. 47
四　川	0. 21	0. 21	0. 24	0. 32	0. 41	0. 43
贵　州	0. 18	0. 19	0. 20	0. 23	0. 35	0. 35
云　南	0. 28	0. 29	0. 31	0. 34	0. 41	0. 44
西　藏	0. 21	0. 23	0. 15	0. 18	0. 50	0. 53
陕　西	0. 21	0. 23	0. 24	0. 30	0. 40	0. 43
甘　肃	0. 27	0. 29	0. 33	0. 41	0. 52	0. 53
青　海	0. 58	0. 55	0. 60	0. 64	0. 70	0. 76
宁　夏	0. 66	0. 68	0. 63	0. 73	1. 06	1. 02
新　疆	0. 29	0. 30	0. 41	0. 51	0. 55	0. 59

按年份各地区公共图书馆人均购书费

单位:元

地　区	1995 年	2000 年	2005 年	2010 年	2015 年	2016 年
全　国	**0.139**	**0.293**	**0.457**	**0.828**	**1.434**	**1.562**
北　京	0.201	0.661	2.219	2.286	3.866	4.091
天　津	0.338	0.562	1.464	2.525	3.148	3.001
河　北	0.047	0.063	0.099	0.212	0.547	0.487
山　西	0.043	0.089	0.115	0.415	0.673	1.306
内蒙古	0.039	0.070	0.071	0.380	1.278	1.294
辽　宁	0.188	0.224	0.480	1.181	1.552	1.159
吉　林	0.096	0.168	0.286	0.478	1.408	1.364
黑龙江	0.063	0.107	0.107	0.414	0.639	0.594
上　海	1.558	6.697	5.817	6.494	7.919	7.684
江　苏	0.104	0.239	0.500	1.052	1.933	2.286
浙　江	0.134	0.337	0.815	2.004	3.210	3.517
安　徽	0.044	0.050	0.101	0.244	0.754	0.778
福　建	0.096	0.206	0.452	0.759	1.623	2.009
江　西	0.024	0.073	0.150	0.291	0.575	0.705
山　东	0.058	0.108	0.202	0.418	0.778	1.030
河　南	0.028	0.045	0.070	0.154	0.439	0.456
湖　北	0.052	0.116	0.227	0.323	1.496	1.467
湖　南	0.032	0.064	0.142	0.254	0.580	0.726
广　东	0.173	0.328	0.804	1.199	2.182	2.696
广　西	0.064	0.116	0.145	0.405	1.051	0.938
海　南	0.081	0.052	0.111	1.008	0.538	0.716
重　庆		0.107	0.203	0.564	1.071	1.299
四　川	0.038	0.058	0.133	0.265	0.599	0.630
贵　州	0.029	0.047	0.081	0.196	0.410	0.552
云　南	0.111	0.125	0.162	0.370	0.569	0.629
西　藏	0.058	0.061	0.155	0.369	3.629	0.802
陕　西	0.030	0.032	0.188	0.409	0.862	0.983
甘　肃	0.070	0.113	0.229	0.460	0.916	0.996
青　海	0.069	0.104	0.133	0.271	1.334	2.188
宁　夏	0.080	0.121	0.228	0.796	2.029	1.582
新　疆	0.055	0.071	0.173	0.424	0.627	1.445

按年份各地区公共图书馆总流通人次

单位:万人次

地　区	1995 年	2000 年	2005 年	2010 年	2015 年	2016 年
全　国	**14142**	**18854**	**23332**	**32823**	**58892**	**66037**
中　央	133	380	459	533	388	398
北　京	272	320	715	775	1264	1402
天　津	265	461	483	606	789	851
河　北	473	736	635	736	1428	1622
山　西	227	261	256	374	830	981
内蒙古	282	270	380	312	649	743
辽　宁	829	1184	1133	1457	2068	2313
吉　林	385	409	505	503	732	806
黑龙江	631	608	505	622	968	986
上　海	687	1225	1249	1853	3931	4170
江　苏	883	1227	1735	3006	6001	6489
浙　江	555	1140	1398	3454	7942	9788
安　徽	372	561	461	760	1739	1994
福　建	466	647	734	1193	2396	2604
江　西	413	485	534	639	1258	1375
山　东	509	795	1422	1717	2729	3644
河　南	650	713	828	1026	2233	2539
湖　北	559	714	1145	1516	1955	2082
湖　南	618	808	787	1028	1617	1955
广　东	1447	2235	3543	4540	7855	8335
广　西	809	927	896	1343	2065	2067
海　南	94	121	115	172	445	377
重　庆		266	595	621	1235	1309
四　川	776	554	766	1168	2010	2358
贵　州	462	228	187	369	594	604
云　南	559	654	735	907	1223	1381
西　藏		2	2	3	20	25
陕　西	242	275	365	519	982	1156
甘　肃	225	185	317	468	678	724
青　海	39	58	68	89	112	111
宁　夏	140	142	167	163	282	319
新　疆	140	263	212	350	474	529

按年份各地区平均每万人公共图书馆建筑面积

单位:平方米

地　区	1995 年	2000 年	2005 年	2010 年	2015 年	2016 年
全　国	**34.3**	**47.3**	**51.8**	**67.1**	**94.7**	**103.0**
北　京	56.7	75.3	99.5	86.6	113.6	126.4
天　津	81.6	99.9	162.0	103.1	167.4	168.8
河　北	26.9	33.5	38.5	34.6	59.2	63.2
山　西	27.6	34.3	45.0	67.8	114.3	129.9
内蒙古	46.0	53.0	65.8	90.4	135.5	154.3
辽　宁	53.8	61.6	81.3	100.8	126.7	128.3
吉　林	35.5	39.6	50.1	53.3	98.9	101.6
黑龙江	33.6	36.6	48.2	65.0	76.6	78.0
上　海	85.8	132.6	137.2	160.9	173.2	173.2
江　苏	30.3	35.5	57.9	83.1	129.3	145.2
浙　江	34.8	57.7	83.7	106.7	171.7	189.0
安　徽	14.6	15.9	23.9	37.0	65.0	71.7
福　建	42.2	47.5	65.9	117.1	99.1	102.6
江　西	38.6	39.9	47.6	61.1	80.1	80.5
山　东	22.6	26.9	42.3	49.7	83.8	106.6
河　南	21.6	25.9	27.2	34.5	57.9	64.1
湖　北	35.1	39.3	49.9	57.3	91.9	118.9
湖　南	33.6	38.7	39.7	54.9	61.1	63.1
广　东	43.2	132.1	57.8	80.6	115.9	117.2
广　西	38.1	46.8	45.1	55.8	72.0	80.8
海　南	36.0	41.9	53.1	98.2	88.5	90.6
重　庆		37.5	47.2	70.8	97.6	101.6
四　川	22.6	27.3	34.2	42.1	68.5	72.3
贵　州	23.9	39.7	35.7	44.5	63.7	64.6
云　南	44.6	48.5	78.4	65.5	75.1	77.1
西　藏	52.1	61.1	104.7	89.6	156.2	163.1
陕　西	32.8	33.8	52.7	53.5	64.4	71.7
甘　肃	34.5	43.7	41.6	63.2	84.3	102.6
青　海	60.5	73.4	68.1	78.9	105.9	107.8
宁　夏	78.2	78.3	68.8	133.9	158.8	183.0
新　疆	43.1	44.7	54.7	82.0	100.6	105.2

按年份全国群众文化机构基本情况

年 份	机构数（个）	从业人员（人）	举办展览个数（个）	组织文艺活动次数（次）	举办训练班次（次）	实际使用房屋建筑面积（万平方米）
1979 年	3965		13001	114307		
1980 年	7723		23553	202828	20359	
1985 年	8746	59599	30998	118888	31842	308. 5
1986 年	8906	67501	32803	106726	30576	354. 8
1990 年	9087	67817	34292	99068	37017	457. 8
1991 年	10507	70319	35498	116618	39568	484. 5
1992 年	9564	66938	32095	96481	40707	496. 1
1993 年	10155	68097	29636	86680	34279	538. 6
1994 年	11276	70489	30224	92167	39296	560. 3
1995 年	13487	75263	31070	110509	46023	614. 1
1996 年	45253	127742	76397	247357	130592	1110. 0
1997 年	43738	129194	87795	278782	119873	1176. 0
1998 年	45834	129842	86960	267351	125872	1195. 3
1999 年	45837	128216	94270	280373	138195	1195. 2
2000 年	45321	128420	91670	276574	143370	1229. 9
2001 年	43397	120156	89392	284316	156089	1213. 8
2002 年	42516	119072	92917	301792	137350	1203. 6
2003 年	41816	123458	93514	327306	154502	1431. 3
2004 年	41402	121441	116639	401818	165823	1408. 4
2005 年	41588	122500	111300	391439	190194	1507. 0
2006 年	40088	123465	141150	497779	218696	1622. 8
2007 年	40601	128096	90900	546477	242055	1667. 4
2008 年	41156	131142	100877	473613	299791	1931. 0
2009 年	41959	137484	110251	555052	304955	2193. 6
2010 年	43382	141002	117353	576799	358719	2526. 7
2011 年	43675	147732	107785	620586	339883	2982. 6
2012 年	43876	156228	114774	688482	387201	3171. 7
2013 年	44260	164355	138225	740611	390758	3389. 4
2014 年	44423	170299	131728	845421	469300	3686. 4
2015 年	44291	173499	139792	959901	536328	3848. 3
2016 年	44497	182030	150128	1065287	590516	3991. 0

注:1996 年以前数据未包括其他部门所属乡镇综合文化站,1996—1998 年包括其他部门所属乡镇文化站,1999 年以后,其他部门所属乡镇文化站划归文化部门管理。以下各表同。

按年份各地区群众文化事业机构数量

单位:个

地　区	1995 年	2000 年	2005 年	2010 年	2015 年	2016 年
全　国	**13487**	**45321**	**41588**	**43382**	**44291**	**44497**
北　京	35	278	328	337	349	352
天　津	19	306	217	256	260	254
河　北	183	2257	2149	2319	2402	2416
山　西	130	1851	1355	1533	1540	1540
内蒙古	547	1712	1329	1017	1179	1226
辽　宁	1522	1520	1522	1550	1543	1556
吉　林	410	894	821	965	979	979
黑龙江	266	1201	1015	1654	1641	1665
上　海	45	340	249	240	237	237
江　苏	1180	1771	1534	1442	1396	1395
浙　江	1986	1932	1592	1612	1417	1466
安　徽	351	1898	1677	1509	1559	1559
福　建	249	1085	1116	1190	1222	1222
江　西	113	2000	1546	1924	1881	1869
山　东	158	2581	1926	2013	1971	1973
河　南	224	2479	2395	2466	2533	2546
湖　北	1280	1695	1258	1376	1399	1402
湖　南	137	2667	2617	2561	2677	2679
广　东	1100	2042	1725	1738	1742	1748
广　西	115	1408	1254	1284	1291	1292
海　南	21	327	243	230	228	243
重　庆		1248	1086	1041	1045	1062
四　川	246	3865	4716	4652	4785	4781
贵　州	693	1030	1401	1524	1665	1666
云　南	1687	1734	1684	1517	1564	1583
西　藏	60	94	208	321	774	774
陕　西	133	2065	1732	1827	1591	1581
甘　肃	98	1432	1190	1417	1455	1458
青　海	139	250	244	409	414	414
宁　夏	199	309	252	250	266	270
新　疆	161	1060	1207	1208	1286	1289

按年份各地区群众文化机构开展各类活动次数

单位:次

地　区	2011 年	2012 年	2013 年	2014 年	2015 年	2016 年
总　计	**1085844**	**1211282**	**1293231**	**1472004**	**1663881**	**1839700**
北　京	42490	51312	54782	56360	67486	69435
天　津	11448	14859	13201	15750	20032	27678
河　北	47228	54969	56075	60590	64623	68004
山　西	26961	33349	34200	38218	39012	39194
内蒙古	15738	17454	21306	24218	28730	30935
辽　宁	53009	51979	53073	60009	56786	63533
吉　林	14708	18431	20812	22663	25665	30012
黑龙江	27061	27885	29205	31502	32766	38762
上　海	58955	63416	68267	91737	119820	135097
江　苏	54074	66635	70494	78429	88399	94911
浙　江	62956	74798	82106	100433	122803	147065
安　徽	35102	39035	48009	57004	61974	65064
福　建	20274	22642	25559	28803	34627	39684
江　西	22556	30384	37821	35018	37535	37223
山　东	86226	75522	78553	96523	115435	129143
河　南	57759	67112	71142	76240	83360	87703
湖　北	29951	33465	35388	38505	40892	61313
湖　南	41941	47156	46948	50639	51920	53240
广　东	76218	77443	81835	102237	105576	119841
广　西	31354	42856	41287	42667	45217	49392
海　南	4503	5505	5586	5542	4776	5737
重　庆	27531	30749	29624	33459	45813	49891
四　川	70898	88635	92195	98277	111652	114235
贵　州	27414	20848	25582	29401	30976	37594
云　南	35783	42888	44433	49653	52071	53663
西　藏	2445	2941	2951	6226	8231	10858
陕　西	30685	30980	35272	38514	39431	43631
甘　肃	19011	21777	21865	24594	26732	29520
青　海	4697	5528	7420	8249	7897	8304
宁　夏	6661	8346	11571	13070	15532	16276
新　疆	40207	42383	46669	57474	78112	82762

按年份各地区群众文化机构文化服务人次

单位:万人次

地 区	2011 年	2012 年	2013 年	2014 年	2015 年	2016 年
总 计	**38760.2**	**44035.6**	**44171.2**	**50668.1**	**54826.3**	**57895.6**
北 京	769.4	978.9	1281.5	824.9	875.3	965.1
天 津	299.7	336.9	274.5	305.1	359.6	410.0
河 北	1037.1	1026.9	1155.3	1232.8	1408.9	1585.3
山 西	934.4	878.4	821.0	864.7	1053.5	1006.3
内蒙古	706.9	647.8	735.9	759.3	888.2	967.7
辽 宁	1394.6	1877.1	1562.0	1347.3	1374.3	1459.4
吉 林	719.7	946.5	979.6	617.0	704.9	725.1
黑龙江	630.4	958.9	858.9	828.9	899.7	1107.4
上 海	1984.7	2015.4	1962.1	4405.5	2363.5	2468.1
江 苏	1497.0	2407.4	2147.6	2356.6	2635.1	3008.2
浙 江	2368.7	2874.5	2990.5	3847.5	5168.8	5605.2
安 徽	974.0	1184.7	1427.8	1542.1	1815.9	1831.1
福 建	790.3	1029.0	1012.8	1054.4	1036.1	1234.5
江 西	756.1	909.7	996.6	1145.3	1248.7	1203.3
山 东	2442.2	2405.6	2515.7	3107.3	3433.4	3861.4
河 南	1782.0	2086.6	2243.5	2178.9	2522.2	2740.6
湖 北	1780.7	1814.2	1638.6	1713.7	1695.0	2198.9
湖 南	1747.9	1805.9	1616.3	2051.7	2122.0	2220.4
广 东	4627.2	4253.2	4527.8	5922.8	6725.9	5862.9
广 西	1375.6	1722.6	1718.0	2048.0	1969.7	2008.0
海 南	186.9	195.7	267.6	372.2	255.5	230.7
重 庆	1316.2	1184.9	1133.4	1315.2	1781.9	2087.9
四 川	2748.2	3880.2	3508.8	3366.2	3831.3	3808.4
贵 州	812.3	901.6	801.6	1028.0	1308.1	1435.8
云 南	1675.8	2036.4	1820.2	1982.3	2109.7	2204.7
西 藏	64.8	82.8	96.3	133.2	217.1	253.9
陕 西	954.3	882.1	1068.3	1170.6	1311.8	1411.8
甘 肃	600.3	704.0	746.2	808.3	919.4	945.9
青 海	143.7	161.7	207.7	351.8	346.8	399.8
宁 夏	401.3	530.5	730.8	557.2	579.8	511.1
新 疆	1238.0	1315.6	1324.3	1429.2	1864.1	2136.7

按年份各地区平均每万人群众文化机构建筑面积

单位:平方米

地　区	1995 年	2000 年	2005 年	2010 年	2015 年	2016 年
全　国	**50.7**	**97.2**	**115.3**	**188.6**	**280.0**	**288.6**
北　京	44.2	80.3	224.3	217.8	329.2	337.6
天　津	61.6	138.9	130.4	174.1	205.0	209.6
河　北	23.6	62.6	67.7	105.4	163.7	167.4
山　西	45.4	53.4	58.1	210.6	267.3	271.7
内蒙古	98.0	144.4	132.4	182.6	300.8	320.0
辽　宁	84.1	79.0	102.6	201.2	283.6	258.7
吉　林	38.2	42.2	38.3	81.5	185.3	190.1
黑龙江	26.2	38.5	43.2	140.2	214.0	235.1
上　海	71.9	216.2	379.1	485.0	567.7	577.4
江　苏	97.8	168.6	181.3	302.8	475.2	492.2
浙　江	135.2	190.7	276.0	432.5	677.4	732.2
安　徽	17.1	23.6	44.4	93.2	166.0	171.3
福　建	61.3	98.8	117.4	240.9	325.7	328.3
江　西	38.0	79.5	98.4	131.2	235.3	243.1
山　东	22.1	41.7	71.8	218.3	255.8	263.2
河　南	21.9	39.0	52.2	94.7	142.4	142.9
湖　北	80.5	149.5	140.6	180.6	206.2	251.1
湖　南	29.8	63.7	80.6	125.2	223.4	226.1
广　东	52.1	222.4	258.2	258.5	359.0	356.8
广　西	33.5	76.4	100.9	122.9	157.7	163.7
海　南	13.8	86.4	71.3	121.3	117.8	119.3
重　庆		99.4	96.5	201.4	305.9	312.9
四　川	43.7	107.9	83.9	166.3	262.6	264.1
贵　州	26.1	28.7	40.5	81.2	217.8	229.6
云　南	126.7	126.2	137.1	163.2	222.6	223.3
西　藏	145.4	164.1	238.3	437.9	1164.2	1134.8
陕　西	52.4	79.1	110.5	150.2	231.8	235.3
甘　肃	62.8	103.0	148.8	175.7	279.1	283.9
青　海	118.1	96.5	90.2	153.4	261.3	261.5
宁　夏	156.5	170.8	179.5	188.9	391.7	427.7
新　疆	60.7	116.4	149.3	288.4	434.9	445.6

按年份全国文化部门执行事业会计制度的艺术表演团体基本情况

年份	机构数（个）	演出场次（万场次）		国内演出观众人次（万人）	平均每团演出场次（场）	总收入（万元）			总支出（万元）	经费自给率（%）
			农村演出				财政拨款	演出收入		
1949 年	1000	30			300					
1952 年	2084	66		2312	317					
1957 年	2884	137		79245	474					
1958 年	3181	205		120290	644					
1964 年	3302	171	82	84293	518	19030	5290		19817	69.3
1978 年	3143	65	22	79395	206	32086	19644	11079	30049	41.4
1980 年	2183	54	20	61519	245	34687	22503	10685	29524	41.3
1985 年	3295	74	49	72322	226	48568	30942	13091	47292	37.3
1990 年	2788	49	32	51012	176	71535	43759	18041	67514	41.1
1991 年	2760	45	29	46411	162	71756	42638	17798	76065	38.3
1992 年	2744	43	28	46338	155	80959	46617	19559	87797	39.1
1993 年	2698	41	26	42530	151	92770	51093	21756	100106	41.6
1994 年	2691	40	26	40935	149	127628	75583	27276	134508	38.7
1995 年	2676	41	26	43166	154	151388	86620	34382	160654	40.3
1996 年	2656	42	27	47934	158	184240	109781	39870	183534	40.6
1997 年	2651	42	26	46361	157	206794	125300	40716	202789	40.2
1998 年	2640	42	26	53486	161	218546	139913	41730	223877	35.1
1999 年	2622	42	26	46904	161	242645	155609	48967	242797	35.8
2000 年	2619	41	26	46168	157	263664	172864	51650	268886	33.8
2001 年	2590	42	24	47385	163	311852	210018	57448	312601	32.6
2002 年	2577	42	24	45980	161	365331	246661	64884	363312	32.7
2003 年	2601	38	22	39163	147	400867	269640	71781	397890	33.0
2004 年	2512	41	24	37907	165	459183	313068	86125	459369	31.8
2005 年	2472	40	23	35752	159	500262	342807	92603	488472	32.2
2006 年	2456	41	24	40766	167	565018	387812	103431	558540	31.7
2007 年	2455	42	25	45404	170	691050	487842	120396	670009	30.3
2008 年	2465	41	25	41272	167	803030	573623	133077	777735	29.5
2009 年	2481	42	25	43127	169	889046	631197	142227	860603	30.0

续表

年份	机构数（个）	演出场次（万场次）		国内演出观众人次（万人）	平均每团演出场次（场）	总收入（万元）			总支出（万元）	经费自给率（%）
			农村演出				财政拨款	演出收入		
2010 年	2421	42	24	44290	175	946742	654258	155743	917143	31. 9
2011 年	2249	40	24	38209	176	1058959	777590	162684	1029564	27. 3
2012 年	1804	32	20	29796	179	1076060	824265	132713	1043740	24. 1
2013 年	1588	29	18	26067	183	998200	773381	123340	969206	23. 2
2014 年	1568	29	18	24294	183	1074246	843859	116572	1059017	21. 8
2015 年	1548	28	19	24261	178	1209547	969692	127431	1183497	20. 3
2016 年	1520	27	18	24004	181	1285603	1016972	132320	1220720	22. 0

按年份各地区艺术表演团体平均每团演出场次

地 区	2011 年		2012 年		2013 年		2014 年		2015 年		2016 年	
	场次	位次	场次	位次	场次	位次	场次	位次	场次	位次	场次	位次
全 国	219.32		184.43		201.84		198.33		195.40		187.46	
北 京	123.14	22	72.31	31	76.85	30	72.18	29	70.96	29	55.44	31
天 津	80.38	29	107.92	26	118.97	24	166.82	13	204.42	9	94.40	28
河 北	166.92	15	155.16	17	150.52	16	169.28	11	138.54	17	129.00	16
山 西	172.08	11	168.27	12	173.89	12	157.89	14	133.93	19	169.43	7
内蒙古	172.07	12	159.71	14	184.86	11	144.52	19	223.43	5	131.61	14
辽 宁	67.40	30	95.61	29	85.47	28	75.89	28	91.33	27	73.86	29
吉 林	133.73	17	162.20	13	119.07	23	105.71	27	122.04	23	108.52	26
黑龙江	127.27	19	100.47	28	143.43	19	145.38	17	153.14	15	112.63	24
上 海	213.43	7	270.20	2	230.61	6	177.03	10	160.67	13	121.12	19
江 苏	228.76	5	237.51	5	271.58	4	218.85	6	231.98	4	198.51	6
浙 江	273.19	3	223.79	6	198.49	10	205.03	7	213.12	8	231.86	3
安 徽	115.10	25	247.24	4	320.21	1	293.14	4	241.77	3	244.14	2
福 建	279.49	2	307.83	1	217.83	8	275.75	5	215.69	6	200.37	5
江 西	198.08	8	158.56	16	222.40	7	156.30	16	127.97	22	156.25	8
山 东	125.89	21	125.58	23	130.70	21	342.95	3	213.85	7	148.69	10
河 南	301.83	1	270.03	3	308.37	2	345.17	2	432.27	1	459.94	1
湖 北	240.81	4	158.94	15	121.56	22	142.86	20	136.49	18	125.10	17
湖 南	181.93	10	188.98	10	156.34	13	183.51	9	242.01	2	122.68	18
广 东	135.91	16	148.25	19	104.67	27	144.55	18	105.63	26	108.54	25
广 西	88.72	28	176.91	11	261.19	5	137.31	22	149.13	16	119.80	21
海 南	100.12	27	137.21	22	142.09	20	137.18	23	116.97	25	120.81	20
重 庆	132.34	18	104.30	27	108.62	26	121.25	25	131.18	21	116.83	22
四 川	169.54	13	142.30	20	150.06	17	130.45	24	189.01	11	135.64	13
贵 州	122.00	23	154.30	18	154.06	15	157.43	15	88.21	28	94.51	27
云 南	126.58	20	120.73	25	149.31	18	188.03	8	165.65	12	201.18	4
西 藏	59.36	31	94.02	30	58.23	31	61.82	30	65.75	30	66.21	30
陕 西	226.00	6	201.03	8	208.74	9	167.76	12	190.00	10	138.01	12
甘 肃	196.43	9	191.55	9	155.48	14	117.37	26	120.79	24	138.50	11
青 海	107.37	26	122.25	24	83.51	29	49.69	31	65.37	31	113.50	23
宁 夏	168.38	14	210.00	7	281.21	3	455.16	1	153.75	14	155.29	9
新 疆	120.15	24	137.66	21	118.13	25	138.03	21	133.56	20	129.01	15

历年全国文物业主要指标

年份	机构数（个）	从业人员（人）	文物藏品（件/套）	参观人次（万人次）		本年收入合计（万元）	实际使用房屋建筑面积（万平方米）
					未成年人参观人次		
2001 年	3717	64890	9979118	11316	2383	338767	1459
2002 年	3847	63435	13553824	11991	2634	395556	649
2003 年	3882	64214	15460345	9446	2023	400344	863
2004 年	3965	77101	23879724	14527	3454	631645	937
2005 年	4030	82988	23042098	17657	3979	758393	1142
2006 年	4092	80894	18453447	18444	4005	882854	1080
2007 年	4277	84886	25677354	45382	13855	1036917	1191
2008 年	4437	92060	25738228	35436	9075	1246751	1025
2009 年	4842	101986	26802714	43248	12203	1528467	1344
2010 年	5207	102471	28642200	52098	13541	1870728	1621
2011 年	5728	111338	30185365	56687	14021	2363064	2208
2012 年	6124	125155	35054763	67059	17326	2959894	2411
2013 年	7737	137173	38408146	74706	20237	3645841	2115
2014 年	8418	148095	40635827	84256	22403	3926216	2435
2015 年	8676	146133	41391946	92508	24653	4246960	2661
2016 年	8954	151542	44559083	101269	26298	4715968	3722

附录

文化部办公厅关于公布第一批国家文化消费试点城市名单（第一次）的通知

办产发〔2016〕8号

各省、自治区、直辖市文化厅（局），新疆生产建设兵团文化广播电视局：

根据《文化部财政部关于开展引导城乡居民扩大文化消费试点工作的通知》（文产发〔2016〕6号）要求，在各省（区、市）积极申报的基础上，根据文化部文化产业专家委员会评审意见，经商财政部研究确定第一批国家文化消费试点城市名单（第一次），现予以公布。

请各省（区、市）文化厅（局）牵头组织本省（区、市）试点工作，督促试点城市认真落实试点工作方案，切实加强对试点工作的组织领导，做好资金、激励措施、宣传推广等保障工作，确保试点工作取得实效。

特此通知。

附件：第一批国家文化消费试点城市名单（第一次）

文化部办公厅

2016年6月23日

附件

第一批国家文化消费试点城市名单(第一次)

1. 北京市
2. 天津市
3. 河北省石家庄市
4. 内蒙古自治区鄂尔多斯市
5. 辽宁省沈阳市
6. 吉林省长春市
7. 黑龙江省哈尔滨市
8. 上海市
9. 江苏省南京市
10. 浙江省宁波市
11. 安徽省合肥市
12. 江西省南昌市
13. 山东省青岛市
14. 河南省洛阳市
15. 湖北省武汉市
16. 湖南省长沙市
17. 广东省广州市
18. 广东省深圳市
19. 重庆市
20. 四川省成都市
21. 四川省泸州市
22. 贵州省遵义市
23. 云南省丽江市
24. 甘肃省兰州市
25. 青海省黄南藏族自治州
26. 宁夏回族自治区银川市

文化部　财政部　国家税务总局关于公布2015年通过认定动漫企业名单的通知

文产函〔2016〕76号

各省、自治区、直辖市文化厅（局）、财政厅（局）、国家税务局、地方税务局，新疆生产建设兵团文化广播电视局、财务局，各计划单列市文化局、财政局、国家税务局、地方税务局：

根据《动漫企业认定管理办法（试行）》的有关规定，经审核，现将2015年通过认定的动漫企业名单予以公布。

请文化行政部门认真做好“动漫企业证书”的发放工作，按照有关规定对通过认定的动漫企业进行监督检查和年审。符合条件的动漫企业，可按照规定享受相关税收优惠政策。

特此通知。

附件：2015年通过认定的动漫企业名单

文化部　财政部　国家税务总局

2016年1月15日

附件

2015年通过认定的动漫企业名单
(61家)

北京市

北京中视互动科技发展有限公司
北京大千阳光数字科技有限公司
炫果壳(北京)信息技术有限公司
九天星韵(北京)文化发展有限公司

天津市

天津漫神动漫科技有限公司
天津仙山文化传播有限公司

山西省

山西迪迈创意文化传媒有限公司

辽宁省

大连麒美数字科技有限公司

吉林省

吉林省蚁神动漫文化传播有限责任公司

黑龙江省

黑龙江亿林网络股份有限公司

上海市

上海有趣岛文化传播有限公司
上海百禄动漫科技有限公司
央数文化(上海)股份有限公司

江苏省

江苏糖心文化传媒有限公司
苏州天润安鼎动画有限公司
苏州功夫家族动漫有限公司

浙江省

浙江河姆渡动漫文化发展有限公司
杭州大头儿子文化发展有限公司
宁波大慈文化传播有限公司
宁波创智动画设计有限公司

安徽省

芜湖华强动漫有限公司
淮南市五福文化传媒有限公司

福建省

咪咕动漫有限公司
福建中航信息技术有限公司
福建盛世金尊动漫科技有限公司
福州紫荆动漫游戏股份有限公司
厦门傻狍子网络科技有限公司
泰伟数码软件(厦门)有限公司
花火(厦门)文化传播有限公司

江西省

江西国漫动漫科技有限公司
江西星漫文化传播有限公司

山东省

山东通达动漫游戏制作有限公司
山东世博华创动漫传媒有限公司
山东豆神动漫有限公司
山东美猴动漫文化艺术传媒有限公司

河南省

南阳东方润达文化传媒有限公司

湖北省

湖北云长智文化传媒有限公司
襄阳艺千意动画有限公司
宜昌神工动画设计有限公司

湖南省

湖南创典教育科技有限公司
湖南启尚文化传播有限公司
湖南骏湘盛影传媒有限公司
湖南启能新媒体科技有限公司
湖南可米文化科技有限公司

广东省

广州市云图动漫设计有限公司
深圳未来立体数字科技有限公司
深圳市太和世纪文化传媒有限公司

深圳市天极烁数码影像有限公司
汕头市天亿马动漫文化有限公司
东莞市咏声文化传播有限公司

重庆市

重庆环漫科技有限公司

云南省

云南国业联合文化创意产业有限公司

西藏自治区

西藏雅江网络科技有限公司

陕西省

西安骄阳创意数字科技有限责任公司
西安新起点动漫科技有限公司

甘肃省

甘肃天宫科普文化传媒股份有限公司
甘肃读者动漫科技有限公司
敦煌动漫基地文化传播有限公司

新疆维吾尔自治区

新疆触彩动漫科技有限公司
新疆华疆教育科技有限公司
新疆映像天山文化科技有限公司

文化部 财政部 海关总署 国家税务总局关于公布 2016—2017 年获得进口免税资格动漫企业名单的通知

文产函〔2016〕1354 号

各省、自治区、直辖市文化厅(局)、财政厅(局)、国家税务局,新疆生产建设兵团文化广播电视局、财务局,各计划单列市文化局、财政局、国家税务局,海关总署广东分署、各直属海关:

根据《财政部 海关总署 国家税务总局关于动漫企业进口动漫开发生产用品税收政策的通知》(财关税〔2016〕36 号),文化部会同财政部、海关总署、国家税务总局对 2016 年提出进口免税资格申请的企业进行了审核。

经审核,北京迪生动画制作有限公司等 34 家企业(具体名单见附件)获得进口免税资格,有效期自 2016 年 1 月 1 日起至 2016 年 12 月 31 日止。上述企业并已通过 2016 年进口免税资格年审,有效期延至 2017 年 12 月 31 日止。本次年审无年审不合格企业。

上述企业应按照《文化部办公厅关于转发〈财政部 海关总署 国家税务总局关于动漫企业进口动漫开发生产用品税收政策的通知〉的通知》(办产函〔2016〕315 号)的有关规定,于 2017 年 9 月 15 日前向各省、自治区、直辖市、计划单列市文化厅(局)提出年审申请。年审合格企业将继续获得下一年度进口免税资格,年审不合格企业自下一年度起取消其进口免税资格,不提出年审申请的企业将列入年审不合格企业名单。

特此通知。

附件:2016—2017 年获得进口免税资格的动漫企业名单

文化部 财政部
海关总署 国家税务总局
2016 年 12 月 27 日

附件

2016—2017年获得进口免税资格的动漫企业名单

序号	企业所在地	企业名称
1	北京	北京迪生动画制作有限公司
2	北京	北京万豪天际文化传播股份有限公司
3	北京	北京若森数字科技有限公司
4	北京	北京中视互动科技发展有限公司
5	北京	北京华映星球文化发展股份有限公司
6	天津	天津画国人动漫创意有限公司
7	天津	天津市灵感创然动画制作有限公司
8	天津	灵然创智（天津）动画科技发展有限公司
9	河北	河北玛雅影视有限公司
10	上海	上海幻维数码创意科技有限公司
11	上海	上海河马动画设计股份有限公司
12	江苏	江苏卡龙动画影视传媒股份有限公司
13	江苏	好莱坞（中国）数码艺术研发中心有限公司
14	浙江	浙江中南卡通股份有限公司
15	江西	江西凯天动漫有限公司
16	江西	江西笛卡传媒有限公司
17	山东	山东中动文化传媒有限公司
18	山东	山东美猴文化创意集团有限公司
19	河南	河南省漫画时代传媒有限公司
20	河南	河南智睿动漫设计有限公司
21	河南	河南华冠文化科技有限公司
22	河南	河南约克动漫影视股份有限公司
23	河南	郑州壹卡通动漫科技有限公司
24	湖南	湖南金鹰卡通有限公司
25	广东	深圳博克斯数码动画有限公司
26	广东	环球数码媒体科技研究（深圳）有限公司
27	广东	华强方特（深圳）动漫有限公司 （原深圳华强数字动漫有限公司）
28	广东	广东咏声动漫股份有限公司
29	广东	广东原创动力文化传播有限公司
30	广东	广州奥飞文化传播有限公司

续表

序号	企业所在地	企业名称
31	重庆	重庆享弘影视股份有限公司
32	陕西	西安维真视界影视文化传播股份有限公司
33	陕西	陕西嘉荷网络空间开发股份有限公司
34	宁夏	新科动漫产业有限公司 （原宁夏新科动漫产业有限公司）

文化部办公厅关于转发《财政部　海关总署　国家税务总局关于动漫企业进口动漫开发生产用品税收政策的通知》的通知

办产函〔2016〕315号

各省、自治区、直辖市文化厅(局),新疆生产建设兵团文化广播电视局,各计划单列市文化局:

为进一步推动我国动漫产业健康快速发展与优化升级,经国务院批准,“十三五”期间将继续实施动漫企业进口动漫开发生产用品税收政策。经会签文化部,2016年8月8日,财政部、海关总署、国家税务总局印发了关于动漫企业进口动漫开发生产用品税收政策的通知(财关税〔2016〕36号,以下简称《通知》,见附件1),发布《动漫企业进口动漫开发生产用品免征进口税收的暂行规定》(以下简称《暂行规定》)。自2016年1月1日至2020年12月31日,经国务院有关部门认定的动漫企业自主开发、生产动漫直接产品,确需进口的商品可享受免征进口关税及进口环节增值税的政策。现将《通知》转发给你们,并就有关工作通知如下:

一、动漫企业进口税收免税资格申请及审核工作

符合《暂行规定》标准的动漫企业每年向所在地文化厅(局)提出免税资格申请。申请材料包括:

(1)动漫企业进口税收免税资格申请表(见附件2,纸质版1份,word格式电子版1份);

(2)动漫企业进口税收免税资格申请报告(见附件3,纸质版1份,word格式电子版1份);

(3)有效的动漫企业认定证书(复印件1份,PDF格式电子版1份);

(4)企业营业执照(复印件1份,PDF格式电子版1份);

(5)自主开发、生产动漫直接产品的有关证明材料(包括版权登记证书或专利证书等知识产权证书的复印件1份,PDF格式电子版1份)。

请各省(区、市)文化厅(局)对本地动漫企业进口税收免税资格进行初审,于每年9月30日前将初审合格企业申请材料报文化部文化产业司,并附书面推荐函,列明推荐企业名单,加盖文化厅(局)公章。

文化部会同财政部、海关总署、国家税务总局对申请材料进行审核,于每年的11月底前联合公布下一年度享受进口税收政策的动漫企业名单。

二、动漫企业进口税收免税资格年审工作

已取得免税资格的动漫企业,每年应于9月15日前向所在地文化厅(局)提出年审申请。年审申请材料包括:

(1)动漫企业进口税收免税资格年审申请表(见附件4,纸质版1份,word格式电子版1份);

(2)动漫企业进口税收免税资格年审申请报告(见附件5,纸质版1份,word格式电子版1份);

(3)当年有效的动漫企业认定证书(复印件1份,PDF格式电子版1份);

(4)企业营业执照(复印件1份,PDF格式电子版1份)。

请各相关省(区、市)文化厅(局)于每年9月30日前将本地企业年审申请材料汇总报文化部文化产业司,并附书面推荐函,列明申请年审企业名单,加盖文化厅(局)公章。文化部审核后,在公布下一年度享受进口税收政策企业名单时,同时公布年审合格和年审不合格的动漫企业名单。不提出年审申请或年审不合格的企业,自下一年度起取消享受进口税收政策的资格。

三、获得免税资格动漫企业免税情况申报工作

经认定获得进口免税资格的动漫企业,可在认定的下一年度申请办理享受进口税收优惠政策的手续。动漫企业在有效年度内进口《暂行规定》所附的《动漫企业免税进口动漫开发生产用品清单》范围内的商品,享受免征进口关税和进口环节增值税的优惠政策。

获得免税资格的动漫企业应自享受进口税收优惠政策的下一年度起,在每年2月底前将上一年度实际免税进口的商品名称、数量、免税金额及所用于的项目报送所在地文化厅(局)(上一年度免税情况表见附件6),各相关省(区、市)文化厅(局)请于每年3月15日前将企业提交的免税情况报表报文化部文化产业司,逾期不报或提供虚假材料的,将不予受理年审申请。

四、2016年动漫企业进口税收免税资格申请及审核工作

(一)新增申请及审核工作。2016年动漫企业进口税收免税资格新增申请及审核工作按照本通知第一条规定的时间和程序开展。

(2)"十二五"期间获得免税资格动漫企业的资格审核工作。国家有关部门自2011年开始对动漫企业实施进口动漫开发生产用品税收政策。经文化部、财政部、海关总署、国家税务总局联合认定,"十二五"期间共有31家动漫企业获得免税资格(企业名单见附件7)。请各相关省(区、市)文化厅(局)组织本地已获得免税资格的动漫企业,按照本通知第二条的规定,提交年审材料。

如上述企业存在关、停、并、转或名称变更等情况,请各相关省(区、市)文化厅(局)在所附书面推荐函里予以说明,更名企业需提交工商部门准予变更登记备案证明复印件。

(3)请各省(区、市)文化厅(局)于2016年9月30日前将初审合格的新增企业申请材料和已获得免税资格动漫企业的年审材料按要求报文化部文化产业司。请各省(区、市)文化厅(局)将所有推荐企业的电子材料刻录在1张光盘上随纸质材料一并报送(请采用EMS方式寄送)。逾期申报不予受理。

五、组织实施

请各地文化厅(局)积极协调本级财政、海关、税务部门,及时通报获得免税资格的企业名单,认真宣传和落实《暂行规定》,及时通知有关企业,组织好本行政区域内动漫企业进口免税资格的申请、管理和服务工作。

联系电话:文化部文化产业司动漫处 010-59881424

邮寄地址:北京市朝阳门北大街10号文化部文化产业司 100020

特此通知。

附件:1. 财政部　海关总署　国家税务总局关于动漫企业进口动漫开发生产用品税收政策的通知(财

关税〔2016〕36号）

2. 动漫企业进口税收免税资格申请表
3. 动漫企业进口税收免税资格申请报告
4. 动漫企业进口税收免税资格年审申请表
5. 动漫企业进口税收免税资格年审申请报告
6. 上一年度免税情况表
7. “十二五”期间获得进口动漫开发生产用品免税资格动漫企业名单

文化部办公厅

2016年8月26日

附件 1

加　急

财　政　部
海关总署文件
国家税务总局

财关税〔2016〕36 号

财政部　海关总署　国家税务总局关于动漫企业进口动漫开发生产用品税收政策的通知

各省、自治区、直辖市、计划单列市财政厅(局)、国家税务局,新疆生产建设兵团财务局,海关总署广东分署、各直属海关:

经国务院批准,为推动我国动漫产业健康快速发展,支持产业升级优化,"十三五"期间继续实施动漫企业进口动漫开发生产用品税收政策。现将有关内容通知如下:

一、自 2016 年 1 月 1 日至 2020 年 12 月 31 日,经国务院有关部门认定的动漫企业自主开发,生产动漫直接部品,确需进口的商品可享受免征进口关税及进口环节增值税的政策。

二、为有效实施政策,财政部、海关总署、国家税务总局会同文化部共同制定了《动漫企业进口动漫开发生产用品免征进口税收的暂行规定》(见附件)。

请各单位遵照执行。

附件:动漫企业进口动漫开发生产用品免征进口税收的暂行规定

财　政　部　　海　关　总　署　　国家税务总局

2016年8月1日

附件：

动漫企业进口动漫开发生产用品免征进口税收的暂行规定

一、根据国务院批准的动漫企业进口税收政策，特制定本规定。

二、本规定所指经国务院有关部门认定的动漫企业应符合以下标准：（一）符合文化部等相关部门制定的动漫企业认定基本标准。（二）具备自主开发、生产动漫直接产品的资质和能力。

三、本规定所称动漫直接产品包括：

（一）漫画：单幅和多格漫画、插画、抓帧图书、漫画报刊、漫画原画等；

（二）动画：动画电影、动画电视剧、音像制品，影视特效中的动画片段，科技、疗等影视节目中的动画片段等；

（三）网络动漫（含手机动漫）：以计算机互联网和移动通信网等信息网络为主要传播平台，以电脑、手机及各种手持电子设备为接收终端的动画、漫画作品，包括 FLASH 动画、网络表情、手机动漫等。

四、符合本规定第二款标准的动漫企业于每年的 9 月底前向文化部提出申请，由文化部会同财政部、海关总署、国家税务总局对动漫企业的进口免税资格进行审核。审核合格

的，由文化部、财政部、海关总署、国家税务总局于每年的 11 月底前联合公布下一年度享受进口税收政策的动漫企业名单。

五、对已获得进口免税资格的动漫企业实行年审制度，由文化部负责。文化部、财政部、海关总署、国家税务总局在公布下一年度享受进口税收政策动漫企业名单时，同时公布年审合格和年审不合格的动漫企业名单。对年审不合格的动漫企业，自下一年度起取消其享受进口税收政策的资格。

对于动漫企业存在以虚报情况获得进口免税资格的，经文化部查实后，将撤销有关动漫企业的进口免税资格。文化部及时将有关情况通报财政部、海关总署、国家税务总局。有关动漫企业应立即补缴在动漫企业进口税收政策项下已免税进口有关商品的相应税款。

六、获得进口免税资格的动漫企业，进口《动漫企业免税进口动漫开发生产用品清单》（附后）范围内的商品免征进口关税和进口环节增值税。该清单由财政部会同相关部门根据国内配套产业发展状况及动漫企业的实际需求变化适时调整。海关审核进口商品是否符合免税范围时，以《动漫企业免税进口动漫开发生产用品清单》所列的商品名称和技术规格为准。凡国务院规定一律不得减免税的 20 种进口商品，不在上述免税范围之列。

七、文化部应在每年的 3 月底前将上一年度实际免税进口的商品、数量、免税金额及所用于的项目汇总函告财政部，同时抄送海关总署和国家税务总局。

八、对用于自主开发、生产动漫直接产品免税进口的商品，未经海关审核同意，不得擅自转让、抵押、质押、移作他用或者进行其他处置。如有违反，按国家有关法律、法规和海关相关管理规定处理。

九、为保障政策衔接，2016 年享受进口税收政策的动漫企业名单由文化部会同财政部、海关总署、国家税务总局另行公布。

十、本规定有效期为 2016 年 1 月 1 日至 2020 年 12 月 31 日。

十一、本规定由财政部会同海关总署、国家税务总局解释。

附：动漫企业免税进口动漫开发生产用品清单

附

动漫企业免税进口动漫开发生产用品清单

编号	商品类别	商品名称	税则号列	技术规格	商品简单描述	主要功能用途
1	二维无纸动画制作软件	二维无纸动画制作软件	85234920 49070090 49119900	工作模式:点阵式、矢量式、像素式; 支持分辨率≥1920P; 支持口形自动对位。	光盘、授权书等各种载体	二维无纸动画造型建立、动画口形同步、动画关键帧制作、上色、特效制作等全流程数字生产。
		动漫平面设计与概念设定绘制软件	85234920 49070090 49119900	支持无限大像素或者矢量数字文件的导入、处理、添加特效、输出等; 可支持 RGB 色彩空间与 16 比特以上色彩空间。	光盘、授权书等各种载体	对数字像素图像或者数字矢量文件送行处理,可以对数字图像和画面进行大小、亮度、清晰度、图像合成、特殊效果、文字等分层处理。主要应用于动漫设计和数字绘制领域。
2	定格动画软件	定格动画创作软件	85234920 49070090 49119900	可以 24、25 或者 30 帧/秒速率预览动画影片; 支持输入映像等功能; 可以使用素材加工类工具对拍摄时的辅助构建进行修复和删除。	光盘、授权书等各种载体	支持全流程的定格动画类产品的生产。
3	三维建模、动画、材质与特效软件	三维建模、三维材质贴图软件	85234920	可以进行各种三维建模工作,材质与贴图制作工作。	光盘、授权书等各种载体	专门的计算机三维模型的创建、编辑、修改与制作;三维模型的贴图和材质绘制、编辑、赋予等制作。
		三维动画与特效综合软件	85234920 49070090 49119900	支持三维建模、动画、特效、灯光材质、渲染等功能; 真实三维制作环境,可创建多台三维摄像机,并对摄像机轨迹进行任意自由运用; 具备布料模拟、毛发模拟、流体刚体模拟、特效粒子系统等工具。	光盘、授权书等各种载体	计算机三维图象与内容的生产与制作,包括三维动画、建模、灯光材质、特效、渲染等各个流程环节的制作。

续表

编号	商品类别	商品名称	税则号列	技术规格	商品简单描述	主要功能用途
3	三维建模、动画、材质与特效软件	三维可视化预览软件	85234920 49070090 49119900	可进行各种形式的三维可视化预览项目的制作。	光盘、授权书等各种载体	可为动漫影视作品生产提供前期视觉预览支持。在正式拍摄与制作之前将生产内容用低模和简单动画模拟演员走位,取景,摄影机角度,摄影机运动、特效与三维制作等。
4	虚拟现实与沉浸式制作软件	虚拟现实与沉浸式制作软件	85234920 49070090 49119900	可进行虚拟现实场景的建模、特效以及程序编辑,能够完成虚拟现实产品的打包输出。能够进行虚拟现实技术的研发,包括模型库、脚本开发、渲染引擎等技术内容。	光盘、授权书等各种载体	用于制作和设计虚拟现实类、互动实时交互类和沉浸式体验等系统与应用的软件。能够进行虚拟现实技术的研发。
5	环幕与球幕沉浸式体验设备和软件	球幕、环幕影院系统	84798999	120 度以上的视野; 5 个以上独立声道。	特殊幕布,环幕、球幕影院特制外结构装置与构件等	利用特殊幕布和装置组成的沉浸式一体的特殊球幕、环幕影院。
		多通道融合与校正软件	85234920 49070090 49119900	支持至少三台以上 1280 分辨率以上投影的边缘融合; 支持任意曲面,伽马校正,几何体校正,色彩与明度校正等; 支持 4000 以上融合分辨率,可支持立体融合。	光盘、授权书等各种载体	对多台投影组成的投影画面进行边缘融合、变形校正、色彩和明度校正、几何体校正等。支持多投影、立体投影。
6	虚拟实时特效生成备和软件	便携式虚拟特效系统	84714920 84714940 84714999 84715020 84715040	实时抠像、合成、虚拟环境渲染、色彩匹配软件功能;工作站(计算机、一体机)8GPU + 4CPU 以上。	软硬件一体化工作站	对影视特效中的计算机动画(CG 动画)进行实时匹配和实时监看。
		摄影棚几何测量套件	90154000 85234920 90318090	可测量范围≥10 米; 精度≥10 毫米。	全站仪、寻像器、数据采集器、数据接口和转换软件	

续表

编号	商品类别	商品名称	税则号列	技术规格	商品简单描述	主要功能用途
6	虚拟实时特效生成备和软件	镜头标定套件	90318090	标定定焦、变焦镜头。	标准图形板和辅助器材	对影视特效中的计算机动画(CG 动画)进行实时匹配和实时监看。
		惯性传感器	90148000	轴向≥6 轴。	高精度三轴陀螺仪	
		光学传感器	903149900	图像采集速率 > 100 帧/秒	光学传感器	
		无线跟焦系统	85269200	无线传输、适合 PL 卡扣镜头。	无线跟焦器、接收器和驱动装置	
		绿幕涂料	32091000	抠像专用绿幕涂料。	涂料	
7	3D 立体动画制作设备和软件	立体信号采集输出设备	85219090	支持 1920 * 1080 以上分辨率的立体画面的采集和输出; 支持单眼、并排(Side-by-Side)、隔行(Line-by-Line)以及立体模式的采集和输出; 支持动漫制作主流软件的调用。	视频采集卡、可配置外置接口箱	立体画面制作软件到监看设备的中介。
		立体制作软件和插件	85234920 49119900	能够完成 1920 * 1080 以上分辨率的立体画面的特效合成、色彩校正、立体矫正以及相关立体效果的制作。	动漫制作软件针对立体制作进行的软件升级以及针对立体制作功能的第三方插件	针对立体画面制作特点的专门的技术工具。
		便携式立体制作集成设备	84714999	支持 1920 * 1080 以上分辨率的立体画面的采集、输出和监看; 支持主流立体制作软件和插件并能够无缝切换; 支持内置阵列存储,并支持 2K 以上画幅画面的实时播放; 工作站(计算机、一体机)8GPU +4CPU 以上。	便携式立体制作一体机(工作站)	立体制作设备的集成系统。

续表

编号	商品类别	商品名称	税则号列	技术规格	商品简单描述	主要功能用途
8	镜头轨迹运动控制设备与软件	运动拍摄控制系统	85234920 84289090	机头旋转速度每秒钟90度以上； 系统移动速度大于每秒钟2米； 运动误差小于0.01毫米； 有效载荷30公斤以上。	底座、机械控制臂、旋转控制塔身、摄影设备安装架、精确轨道。	由软件控制的精密机械与电子装置，实现对所安装的摄像机的运动轨迹进行精确控制与记录。
9	运动捕捉系统	电磁式运动捕捉系统	90318090	可纪录六维信息，可同时得到空间位置和方向信息； 采样速率小于每秒15～120次（依赖于模型和传感器的数量）； 工作站（计算机、一体机）8GPU＋4CPU以上。	电磁发射器、信号接收器、数据处理接口、专用计算机（工作站）。	用于动画制作，将表演者的肢体动作或者面部表情进行数字化采集。
		光学式运动捕捉系统	90314990	捕提精度误差＜0.001毫米； 采集速度大于120次每秒； 分辨率大于400万像素； 支持多单元、多摄像机的实时三维运动数据采集。	高分辨率、高速数字摄像头，数据手套，图像数据集线器，专用采集服装等。	
		惯性导航式动作捕捉系统	90318090	节点数＞10个； 传输范围（户外）＞100米； 传输范围（市内无障碍）＞50米； 传感器分辨率＜0.1度； 实际分辨率＜2度。	机械式传感器组件、图像数据集线器。	

续表

编号	商品类别	商品名称	税则号列	技术规格	商品简单描述	主要功能用途
10	数字合成、特效、调色软件及设备	三维渲染器	49119900 84714940 84714999 85234920	支持局部光线跟踪； 支持全局光照明； 支持高动态范围贴图； 支持毛发、真实阴影等渲染； 工作站(计算机、一体机)8GPU +4CPU 以上。	光盘、授权书等各种载体及工作站	计算机三维图形专业渲染和处理软件。
		数字合成与特效软件	85234920 49119900	具备真实三维合成环境； 支持大部分常用图像与视频格式； 支持 4 通道以上图像； 支持浮点格式合成模式； 具备所有主要合成功能。	光盘、授权书等各种载体。	通过计算机对数字内容(图像、视频、序列、文字等)进行处理和加工，并提供内容管理功能。对原始数字内容进行制作生成新的数字内容。包括分层合成、特效制作、抠像、跟踪、三维处理、立体效果制作、色彩处理、文字处理等等功能在内的创作与制作。
		数字合成与特效软硬件一体化设备	49119900 84714920 84714940 84714999 85234920	支持 2K 立体以上无压缩 10 比特图像序列的实时采集、播放、制作与输出； 支持浮点色彩空间； 支持三维合成环境和三维数据； 具备三维跟踪、粒子特效系统等功能； 工作站(计算机、一体机)8GPU +4CPU 以上。	超高性能工作站主机，专用操控面板，高级显示设备，外置高速特殊存储装置，高性能特殊图形处理卡；光盘、授权书等各种载体。	
		数字调色软件	49119900 85234920	支持 1920 以上分辨率的制作。	光盘、授权书等各种载体。	对高分辨率数字内容(包括视频、序列与图像)进行精细的后期数字色彩处理与调整。
		数字调色软硬一体化设备	84714920 84714940 85234920	支持2K/4K 以上级别立体无压缩图像序列的调色； 支持未转码常用原生数字拍摄格式的调色和处理； 可进行一级、二级和区域调色，包括所有常用调色工具； 支持所有常用色彩空间； 工作站(计算机、一体机)8GPU +4CPU 以上。	超高性能工作站主机，专用操控面板，高级显示设备，外置高速特殊存储装置，高性能特殊图形处理卡；光盘、授权书等各种载体。	

续表

编号	商品类别	商品名称	税则号列	技术规格	商品简单描述	主要功能用途
11	数字剪辑与套底软件及设备	数字非线性剪辑、套底软件	49119900 85234920	支持所有高清、标清格式文件的剪辑与处理，包括素材导入、管理、剪辑、音频、绘画、文字、图像设计、特效、转场等功能与工具； 支持至少1920以上分辨率项目制作。	光盘、授权书等各种载体	对数字内容（视频、图像序列、音频、文字等）进行管理和非线性编辑。具备数据采集、输入、编辑、特技处理、字幕制作、转场制作、音频处理、转码输出等功能。
		数字非线性剪辑、套底软硬件一体化系统	49119900 84714920 84714940 84714999 85234920	支持所有高清、标清格式文件的剪辑与处理，并可对结果实时回放； 可以进行2k分辨率以上项目剪辑； 支持立体项目； 支持通用数字文件编码格式与数字摄像机编码格式； 工作站（计算机、一体机）8GPU +4CPU以上。	超高性能工作站主机，专用操控面板，高级显示设备，外置高速特殊存储装置，高性能特殊图形处理卡，光盘、授权书等各种载体	
12	音源设备与软件、音频后期处理软件与设备	音频后期处理软件	49119900 85234920	可同时处理128个以上音轨； 支持最多1024轨声音同步混合与播放。	光盘、授权书等各种载体。	对动漫影视作品的音乐、声音进行处理和加工。
		数字调音台	85234920 85437099	可同时处理128个以上音轨； 支持最多1024轨声音同步混合与播放；全部模块具备自动化记忆功能，可根据时间点记忆音轨数据（包括调音旋钮和调音推子位置），可无限还原每一步操作。	工作站式数字调音台与相关配件	
13	项目管理系统	动漫项目制作流程管理软件	49119900 85234920	支持云端的项目信息追踪；支持在线和线下的效果预览；支持项目制作数据管理；可同时处理多个制作项目的同步进程管理和每个项目的数字资产管理。	光盘、授权书等各种载体	用于收集、管理、控制和分发制作过程的任务和相关信息，对制作的成本、进度、质量进行控制和协调，对任务进行组织和分发管理。

附件 2

动漫企业进口税收免税资格申请表

年　月　日

企业名称	
企业法定代表人	
企业联系人	
办公电话和手机	
电子邮件地址	
当年开发生产用品已进口情况	
下一年度开发生产用品进口计划	
企业法定代表人签字（企业盖章）	

附件3

动漫企业进口税收免税资格申请报告

主要包括以下内容：

一、企业基本情况

二、自主开发、生产动漫直接产品的情况说明

三、往年企业进口动漫开发生产用品情况

四、下一年度企业进口动漫开发生产用品详细计划

附件 4

动漫企业进口税收免税资格年审申请表

年　月　日

企业名称	
企业法定代表人	
企业联系人	
办公电话及手机	
电子邮件地址	
免税资格获得日期	
当年进口开发生产用品情况及获得免税金额	
下一年度进口开发生产用品计划	
企业法定代表人签字（企业盖章）	

附件5

动漫企业进口税收免税资格年审申请报告

主要包括以下内容：

一、企业基本情况

二、当年企业进口动漫开发生产用品情况及获得免税情况

三、下一年度企业进口动漫开发生产用品详细计划

附件 6

上一年度免税情况表

年　月　日

企业名称			
企业法定代表人			
企业联系人			
办公电话和手机			
电子邮件地址			
免税资格获得日期			
主管海关名称			
当年获得免税的进口商品名称及数量	进口日期	进口单价	免税金额
企业法定代表人签字 （企业盖章）			

附件 7

“十二五”期间获得进口动漫开发生产用品免税资格动漫企业名单

序号	企业所在地	企业名称
1	北京	北京迪生动画制作有限公司
2	北京	北京万豪天际文化传播股份有限公司
3	北京	北京若森数字科技有限公司
4	北京	北京中视互动科技发展有限公司
5	天津	天津画国人动漫创意有限公司
6	天津	天津神界漫画有限公司
7	天津	天津市灵感创然动画制作有限公司
8	天津	天津福丰达动漫游戏制作有限公司
9	黑龙江	哈尔滨品格文化传播有限公司
10	上海	上海幻维数码创意科技有限公司
11	上海	上海河马动画设计股份有限公司
12	江苏	苏州欧瑞动漫有限公司
13	江苏	江苏卡龙动画影视传媒股份有限公司
14	江苏	好莱坞(中国)数码艺术研发中心有限公司
15	浙江	浙江中南卡通股份有限公司
16	浙江	杭州路行动画设计有限公司
17	江西	江西凯天动漫有限公司
18	江西	江西笛卡传媒有限公司
19	山东	山东中动文化传媒有限公司
20	河南	郑州谷晶创艺动漫有限公司
21	河南	河南省漫画时代传媒有限公司
22	河南	河南升环动漫影视有限公司
23	河南	河南智睿动漫设计有限公司
24	湖北	海豚传媒股份有限公司
25	广东	深圳博克斯数码动画有限公司
26	广东	环球数码媒体科技研究(深圳)有限公司
27	广东	深圳华强数字动漫有限公司
28	广东	广东咏声动漫股份有限公司
29	陕西	西安维真视界影视文化传播股份有限公司
30	陕西	陕西嘉荷网络空间开发股份有限公司
31	宁夏	宁夏新科动漫产业有限公司

2016 年国家社科基金艺术学重大项目立项名单

经专家评审、社会公示并报全国艺术科学规划领导小组批准，现将 2016 年国家社科基金艺术学重大项目立项名单予以公布，共 10 项。

全国艺术科学规划领导小组办公室

2016 年 7 月 12 日

2016 年国家社科基金艺术学重大项目立项名单（共 10 项）

批准号	课题名称	首席专家	责任单位
16ZD01	习近平文艺工作座谈会讲话精神研究	王列生	中国艺术研究院
16ZD02	中华美学与艺术精神的理论与实践研究	朱志荣	华东师范大学
16ZD03	戏曲剧本创作现状、问题及对策研究	陆　军	上海戏剧学院
16ZD04	全球化语境下的中国电影创新发展与评价体系研究	侯光明	北京电影学院
16ZD05	中国传统音乐表演体系研究	郭克俭	浙江师范大学
16ZD06	中国设计思想及其当代实践研究	李立新	南京艺术学院
16ZD07	基层综合性文化服务中心建设理论与实践研究	高丙中	北京大学
16ZD08	文化产业的金融支持体系研究	史占中	上海交通大学
16ZD09	“一带一路”战略中的新疆民族艺术与国家认同研究	王建民	中央民族大学
16ZD10	海外智库中的中国文化形象研究	刘　琛	北京外国语大学

2016年度国家社科基金艺术学项目立项结果公布

2016年度国家社科基金艺术学项目已完成受理申报、通讯初评、会议评审、网上公示等程序，经全国艺术科学规划领导小组批准，现将立项课题名单予以公布。

2016年度国家社科基金艺术学项目共立项196项，其中，重点项目5项，一般项目137项，青年项目36项，西部项目18项。

附件：2016年度国家社科基金艺术学项目立项名单

全国艺术科学规划领导小组办公室

2016年8月22日

附件

2016年度国家社科基金艺术学项目立项名单

立项批准号	项目名称	立项类别	项目负责人	项目负责人所在单位
16AA001	中国传统艺术母题与主题学体系研究	重点	赫云	东南大学
16AA002	网络文艺发展研究	重点	谭好哲	山东大学
16AC003	中国电影产业供给侧创新与发展研究	重点	聂伟	上海大学
16AF004	宋画创作的文化原境考察	重点	顾平	华东师范大学
16AF005	当前中国美术创作重大问题研究	重点	丁方	中国人民大学
16BA006	常任侠艺术史思想研究	一般	吴衍发	安徽财经大学
16BA007	技术进步对艺术创作观念与审美价值取向的影响研究	一般	楚小庆	江苏省文化艺术研究院
16BA008	晚明书画消费与文人生活	一般	陶小军	南京艺术学院
16BA009	明清紫砂艺术史研究	一般	向瑾	武汉设计工程学院
16BA010	当代欧美艺术人类学思想取向研究	一般	罗易扉	浙江财经学院
16BA011	论明清画学“仿古”模式的思想根源与理论形态	一般	蒋志琴	中国传媒大学
16BA012	中国当代女性艺术研究	一般	尹小玲	中国地质大学(武汉)
16BA013	中国佛教文化和艺术中的慈悲精神研究	一般	喻静	中国艺术研究院
16BA014	百年文艺中的“家国”关系变迁——以“五四”至今的文艺为对象	一般	卢燕娟	中国政法大学
16BA015	新时期艺术学理论学科发展研究	一般	王廷信	东南大学
16BA016	20世纪欧美艺术史学史	一般	戴丹	南京艺术学院
16BB017	20世纪中国现代戏剧的“疾病表现”研究	一般	林婷	福建师范大学
16BB018	湖北地域文化视野下的湖北地方戏曲研究	一般	周丽玲	湖北大学
16BB019	文学史书写与中国古代戏曲经典的建构	一般	秦军荣	湖北文理学院
16BB020	湖南花鼓戏表演体系研究	一般	朱咏北	湖南师范大学
16BB021	20世纪京剧在日本的传播与接受研究	一般	李莉薇	华南师范大学
16BB022	藏族格萨尔史诗从说唱到戏剧演变研究	一般	曹娅丽	南京旅游职业学院
16BB023	五音戏表演流派研究	一般	石蔚	山东理工大学
16BB024	早期话剧文献与话剧史考证研究	一般	赵骥	上海戏剧学院
16BB025	清代至民国戏价研究	一般	刘庆	上海戏剧学院
16BB026	数字化剧场艺术创作的理论与实践研究	一般	代晓蓉	上海音乐学院
16BB027	喜剧小品五十年流变与新形势下的创新研究	一般	谢旭慧	上饶师范学院

续表

立项批准号	项目名称	立项类别	项目负责人	项目负责人所在单位
16BB028	民国时期华北城市戏曲消费和戏曲受众研究(1912—1937)	一般	王兴昀	天津市艺术研究所
16BB029	清末民国京剧批评的观念与形态研究	一般	简贵灯	武夷学院
16BB030	韩世昌与梅兰芳昆曲剧目比较研究	一般	田志平	中国戏曲学院
16BB031	晋察冀戏剧研究	一般	赵然	保定学院
16BC032	电影产业化语境下的知识产权研究	一般	赵玉忠	北京电影学院
16BC033	新疆民族电影文化史	一般	李彬	北京电影学院
16BC034	“互联网+”模式中电影文化基因与内容创意研究	一般	周清平	湖南大学
16BC035	中国少数民族电影的英译研究和数据库建设	一般	王建国	华东理工大学
16BC036	新媒体语境下纪录片类型与风格的多元发展研究	一般	牛光夏	山东艺术学院
16BC037	电影中的环境意识流变研究	一般	高红樱	天津财经大学
16BC038	文化公平语境中的电影生态发展研究	一般	田义贵	西南大学
16BC039	中国早期电影的现代性研究(1905—1937)	一般	徐红	盐城师范学院
16BC040	战后港台黄梅调电影研究	一般	龚艳	浙江传媒学院
16BC041	中国电视剧创作现状与传播方式研究	一般	范志忠	浙江大学
16BC042	当代文化发展战略语境下艺术家传记电影历史演进与文化认同研究	一般	张斌宁	浙江理工大学
16BC043	台语片的类型生产与文化再现研究	一般	黄钟军	浙江师范大学
16BC044	互联网时代中国电影的跨界融合问题研究	一般	陈晓伟	郑州大学
16BC045	媒介融合时代视听内容生产研究	一般	张国涛	中国传媒大学
16BC046	当代中国电视娱乐节目的文化价值导向及传播研究	一般	游洁	中国传媒大学
16BD047	朱熹音乐美学思想研究	一般	黄宗权	福建师范大学
16BD048	“孤岛”时期上海城市音乐文化研究	一般	王艳莉	哈尔滨师范大学
16BD049	1927—1949年:大众化、民族形式探索与革命音乐形态的生成	一般	陈宗花	河南大学
16BD050	音响音色对刺激人脑情感系统的脑电研究	一般	姜蕾	华东师范大学
16BD051	中国当代流行音乐创作的民族化研究	一般	施咏	南京艺术学院
16BD052	跨学科视野下的音乐表演体系研究	一般	杨健	南京艺术学院
16BD053	实验律学问题意识中的传统音乐乐器及乐队的音律研究	一般	陈欣	山东师范大学
16BD054	共和国汇演史	一般	彭丽	山东艺术学院
16BD055	序列音乐技术的中国化研究	一般	张巍	上海音乐学院
16BD056	音乐史学视阈下的中国电影音乐研究	一般	蔡梦	首都师范大学

续表

立项批准号	项目名称	立项类别	项目负责人	项目负责人所在单位
16BD057	中国古代琴论经典文本中的音乐表演观念阐释及当代意义研究	一般	王爱国	苏州科技学院
16BD058	当代中国乐评群体研究	一般	明言	天津音乐学院
16BD059	中国风格钢琴练习曲整理与研究	一般	窦青	潍坊学院
16BD060	昆曲、京剧嗓音声学比较研究	一般	韩启超	浙江师范大学
16BD061	“一带一路”主要国家音乐产权制度研究	一般	汪俊昌	浙江音乐学院
16BD062	先秦编钟与西汉编钟比较研究	一般	王友华	中国人民大学
16BD063	传统乐种律调理论及其实践基础研究——兼及古谱译解和曲调考证问题	一般	李宏锋	中国艺术研究院
16BD064	湖湘传统音乐史研究	一般	赵小平	中南大学
16BD065	古代中原文化的“活化石”：儋州山歌艺术形态研究	一般	罗晓海	海南大学
16BD066	从田野到舞台的历史文化叙事——1950 年—1980 年中国文艺会演研究	一般	李熬	哈尔滨师范大学
16BE067	20 世纪美国现代舞借鉴东方文化与自身艺术转型关系研究	一般	毛毳	北京舞蹈学院
16BE068	西藏传统舞蹈在当代文化视域下的传承与发展研究	一般	江东	西藏大学
16BE069	云南舞蹈文化史研究	一般	徐畅海	云南省民族艺术研究院
16BE070	舞蹈语言的设计——当代舞蹈创作理论研究	一般	胡晶莹	中国艺术研究院
16BE071	明降以来祭孔乐舞舞谱的整理与研究	一般	车延芬	中央民族大学
16BF072	山西明清寺观壁画的内蕴与社会潜流研究	一般	史宏蕾	太原科技大学
16BF073	明代帝陵石刻研究	一般	郑艺鸿	安徽科技学院
16BF074	东北连环画整理研究	一般	王默	东北师范大学
16BF075	湘西南民间木雕艺术的传承体系与发展研究	一般	陆序彦	湖南人文科技学院
16BF076	明清美术赞助史研究	一般	徐晓庚	华中师范大学
16BF077	书法与明代社会文化	一般	张金梁	吉林大学
16BF078	燕行录所见中韩书画艺术交流史料研究	一般	谢光辉	暨南大学
16BF079	中国古代陶瓷批评史	一般	张甘霖	景德镇陶瓷学院
16BF080	色彩文化学研究	一般	周跃西	宁波大学
16BF081	美国收藏明清绘画的调查与研究	一般	张卉	山东师范大学
16BF082	清代绘画史学研究	一般	傅慧敏	上海大学
16BF083	吴门篆刻史论资料整理与研究	一般	陈道义	苏州大学
16BF084	岷江上游羌族民间美术体系研究	一般	饶建华	西华师范大学
16BF085	近代日本的中国美术史研究及影响	一般	王莲	扬州大学

续表

立项批准号	项目名称	立项类别	项目负责人	项目负责人所在单位
16BF086	三峡影像志:水电工程蓄水淹没背景下的摄影发展史研究(1871—2016)	一般	陈文	宜昌三峡人文艺术中心
16BF087	中国当代美术制度研究(1949—1989)	一般	李朝霞	郑州大学
16BF088	音乐色彩通感可视化和交互艺术研究	一般	胡国生	中国美术学院
16BF089	17世纪初叶的绘画新风——以万历王朝为中心的考察	一般	孙明道	中国文学艺术界联合会
16BF090	法国近现代美术研究	一般	汪瑞	中国艺术研究院
16BF091	我国抗战美术精神及其当代价值研究	一般	邓德祥	重庆邮电大学
16BG092	自媒体环境下的互动广告模式优化研究	一般	杨思杰	安徽工程大学
16BG093	芜湖铁画的传统技艺与产业化开发研究	一般	史启新	安徽工程大学
16BG094	天安门建筑群彩画艺术与国家形象设计研究	一般	李沙	北京建筑大学
16BG095	晚明文人张岱的日常生活与晚明物质文化研究	一般	安宝江	北京印刷学院
16BG096	丝绸之路汉唐丝绸图案设计及文化交流研究	一般	王乐	东华大学
16BG097	明代工艺美术的域外交流	一般	张健	福州大学
16BG098	当代社会环境中关怀性设计研究	一般	陈圆	河北大学
16BG099	传统钧瓷文化的当代价值研究	一般	王庆斌	河南工业大学
16BG100	黑龙江流域少数民族传统民居建筑装饰的发掘与传承研究	一般	李考智	黑龙江大学
16BG101	中国古代室内设计史	一般	张葳	湖北工业大学
16BG102	丝绸之路青花瓷器艺术交流史研究	一般	曹建文	景德镇陶瓷学院
16BG103	“一带一路”品牌化VIS规划设计研究	一般	王罡	南京财经大学
16BG104	敦煌壁画中的家具图式研究	一般	邵晓峰	南京林业大学
16BG105	德国现代设计思想及其影响研究	一般	徐昊	青岛大学
16BG106	基于新生代非遗传承人群调研的中国传统工艺美术产业的当代创新性转型研究	一般	陈岸瑛	清华大学
16BG107	面向中国老龄社会需求的产品与服务创新设计方法研究	一般	赵超	清华大学
16BG108	孔氏南宗家庙与江南明代祠堂建筑史料整理研究	一般	陆小赛	衢州职业技术学院
16BG109	城市地标——城市历史遗存空间文化价值和复兴策略研究	一般	刘云	山东师范大学
16BG110	数字媒体与艺术的沉浸性研究	一般	柴秋霞	上海大学
16BG111	欧洲藏中国清代玻璃器的调查与研究	一般	薛吕	上海视觉艺术学院
16BG112	丝绸之路的蜀锦织物设计与工艺文化交流研究	一般	乔洪	四川师范大学

续表

立项批准号	项目名称	立项类别	项目负责人	项目负责人所在单位
16BG113	“创新设计”视角下的中外设计竞争力评价体系研究	一般	娄永琪	同济大学
16BG114	生态理念下微建筑设计产业化路径研究	一般	朱金华	盐城工学院
16BG115	新型城镇化背景下的传统村落民居的保护性设计研究	一般	孙以栋	浙江工业大学
16BG116	中国女红审美范式传承与当代转换研究	一般	俞晓群	浙江科技学院
16BG117	艺术人类学视野下的畲族服饰传承脉络与发展保护研究	一般	陈敬玉	浙江理工大学
16BG118	中国传统工艺美术产业的当代创新性转型研究——敦煌壁画中的首饰研究与活化实践	一般	汪正虹	中国美术学院
16BG119	20世纪前期中国设计的“西化”倾向与民族化探索	一般	王树良	中国人民大学
16BG120	城镇化进程中江南“非典型古村落”空间环境的文化传承与发展路径研究	一般	李宪锋	常州大学
16BG121	晚清民国时期江南地区设计艺术研究	一般	李轶南	东南大学
16BG122	宋代建筑形制及装饰与宋时期界画艺术的比较研究	一般	朱广宇	温州大学
16BG123	中国民间传统木制生活器具设计艺术研究	一般	李敏秀	中南林业科技大学
16BG124	母性文化视角下的西南“非遗”侗族服饰研究	一般	张国云	重庆大学
16BG125	基于可再生能源的公共设施创新设计研究	一般	薛文凯	鲁迅美术学院
16BH126	构建我国特色文化产业立法体系	一般	张军	华南师范大学
16BH127	民国社会生活漫画研究	一般	曾越	成都大学
16BH128	国家艺术基金发展研究	一般	韩子勇	国家艺术基金管理中心
16BH129	艺术史中的“工匠文化”研究	一般	姜松荣	湖南师范大学
16BH130	我国北方传统村落生态治水智慧文化遗产的挖掘与保护研究	一般	赵宏宇	吉林建筑大学
16BH131	生态环境保护与滇南少数民族社区非物质文化遗产的协调发展研究	一般	王咏	南京大学
16BH132	社会力量参与贫困地区公共文化精准服务研究	一般	黄奇杰	宁波大红鹰学院
16BH133	基于乡村治理的闽台妈祖信俗与乡土文化互动发展研究	一般	宋建晓	莆田学院
16BH134	台湾数字内容产业发展与中华民族优秀传统文化传承研究	一般	吴琳琳	厦门大学
16BH135	艺术衍生品的时尚化开发	一般	张爱红	山东大学
16BH136	新时期以来的中国文艺评奖制度研究	一般	张冬梅	沈阳师范大学

续表

立项批准号	项目名称	立项类别	项目负责人	项目负责人所在单位
16BH137	新中国连环画创作人口述史(1949—1985)	一般	魏华	郑州轻工业学院
16BH138	世界各国文化法律、文化政策比较研究	一般	魏晓阳	中国传媒大学
16BH139	大数据时代的历史与机遇:20世纪50年代文化部麦积山石窟勘察文献研究与活化实践	一般	何鸿	中国美术学院
16BH140	互联网+传统文化产业链创新模式研究	一般	许立勇	中国艺术科技研究所
16BH141	世界文化遗产"唐崖土司城遗址"艺术价值研究	一般	雷宇	中南民族大学
16BH142	国家公共文化政策体系研究	一般	彭泽明	重庆市文化艺术研究院
16CA143	宁夏回族工艺美术品研究	青年	王艳	宁夏大学
16CB144	俄罗斯当代新戏剧研究(1990—2010)	青年	刘溪	北京师范大学
16CB145	京剧水路班剧本整理及研究	青年	王珏	江苏第二师范学院
16CB146	秦腔的现代性与"本土化":民国时期西安易俗社研究(1912—1949)	青年	李有军	陕西省艺术研究所
16CB147	晚明至清中叶戏曲的商业出版研究	青年	赵林平	扬州大学
16CC148	国族与城籍:"后九七"香港电影"身份"研究	青年	陈可唯	广东工业大学
16CC149	建构主义视角下中国纪录片中的国家形象研究	青年	谢莹	湖南大学
16CC150	当下华语电影中的青年文化景观研究	青年	赵宜	上海师范大学
16CC151	近代留学生与早期中国电影的现代性构建(1905—1949)	青年	姜贞	首都师范大学科德学院
16CC152	中国电影"IP"的改编叙事研究	青年	姚睿	中国电影艺术研究中心
16CC153	跨文化语境下中国电影的民族想象与认同	青年	赵博雅	中南财经政法大学
16CD154	媒介融合视域下古琴艺术的当代传播研究	青年	张艳	广州大学
16CD155	杨立青音乐创作研究	青年	唐荣	苏州大学
16CD156	新疆阿尔泰山区游牧民传统音乐文化的研究	青年	刘洁	新疆师范大学
16CD157	互联网+时代的中国传统音乐文化传播模式研究	青年	朱星辰	中国传媒大学
16CD158	战时陪都重庆的音乐研究(1937—1945)	青年	汤斯惟	重庆市九龙坡区文化馆
16CE159	空间实践与舞体表达——古镇胜芳的舞蹈人类学景观	青年	孙森	大连大学
16CE160	长江流域舞蹈文化研究	青年	叶笛	南京艺术学院
16CF161	抗战时期国立艺专内迁办学史	青年	高翔	云南艺术学院
16CF162	尼德兰文艺复兴美术研究——以凡·艾克根特祭坛画为中心	青年	张姗姗	清华大学
16CF163	中国画学术语研究	青年	刘玉龙	陕西师范大学
16CF164	汉唐中外美术交流史	青年	常艳	西安科技大学
16CF165	汉魏六朝书写载体转换与书体演变	青年	李恒光	浙江工业大学

续表

立项批准号	项目名称	立项类别	项目负责人	项目负责人所在单位
16CF166	20 世纪前叶中日报刊连载漫画比较研究	青年	徐园	中国人民大学
16CG167	基于非物质文化遗产保护的江南传统建筑营造技艺构成与类型研究	青年	马全宝	北京建筑大学
16CG168	中国当代设计史研究(1949—2010)	青年	陶海鹰	北京印刷学院
16CG169	场域、技艺及视觉:蒙古族饮食器具造物语境研究	青年	丁诗瑶	河套学院
16CG170	信息交互设计的四维评价体系研究与应用	青年	郑杨硕	武汉理工大学
16CH171	山水实景演出研究	青年	黎学锐	广西壮族自治区民族文化艺术研究院
16CH172	资本视阈下我国文化消费区域非均衡问题研究	青年	高莉莉	安徽财经大学
16CH173	博物馆公共文化服务的绩效评估体系研究	青年	郑奕	复旦大学
16CH174	公共文化财政支出绩效评价研究	青年	魏义方	国家发展和改革委员会宏观经济研究院
16CH175	公共文化支出促进居民文化消费的机理研究	青年	胡慧源	华东政法大学
16CH176	鲁西运河流域乡民艺术保护与旅游开发研究	青年	刘建峰	聊城大学
16CH177	互联网时代公共文化服务体系建设研究	青年	刘京晶	中国传媒大学
16CH178	韩流背后的“举国体制”研究	青年	孙佳山	中国艺术研究院
16EA179	句町文化遗产中的视觉审美元素及其当代价值研究	西部	刘刚	文山学院
16EA180	甘肃彩陶文化的西来元素研究	西部	胡桂芬	兰州商学院
16EB181	侗戏“汉字记侗音”抄本收集整理与研究	西部	曾雪飞	贵州大学
16EB182	清代川戏研究	西部	蒋玉斌	西华师范大学
16EC183	“一带一路”战略下中印电影历史演进与文化价值观建构比较研究	西部	付筱茵	西南大学
16EC184	“一带一路”背景下新疆少数民族非物质文化遗产数字影像记录与传播研究	西部	苏海龙	新疆艺术研究所
16ED185	多元文化视域下的桑植民歌数字化收集与整理研究	西部	乐之乐	吉首大学
16ED186	丝绸之路(新疆段)出土琵琶类乐器的音响复原研究	西部	张寅	石河子大学
16EF187	西南少数民族屋脊神兽研究	西部	张春继	四川美术学院
16EF188	当代中国摄影文化面临的挑战与应对研究	西部	陈冲	四川师范大学
16EF189	新疆区域性民族民间美术体系研究	西部	王永亮	新疆师范大学
16EG190	基于地域文化特性的宁夏景观设计研究	西部	王薇	北方民族大学
16EG191	西南地区传统花丝工艺及纹饰的现代化应用研究	西部	李詹璟萱	广西艺术学院

续表

立项批准号	项目名称	立项类别	项目负责人	项目负责人所在单位
16EG192	藏族传统纹样的流变及其类型的研究	西部	格桑多吉	西藏大学
16EG193	新疆古代丝绸及丝绸服饰艺术研究	西部	阿莉娅·吐热哈孜	新疆博物馆
16EH194	青藏地区蒙古族非物质文化遗产保护与传承的可持续发展研究	西部	仙珠	青海民族大学
16EH195	丝绸之路天水段传统聚落空间形态保护与历史文化传承发展研究	西部	李鸿飞	兰州理工大学
16EH196	供给侧结构性改革背景下区域特色文化产业发展研究:基于制度结构视角	西部	林明华	四川理工学院

2016 年度文化部文化艺术研究项目立项名单公布

2016 年度文化部文化艺术研究项目已完成受理申报、通讯初评、会议评审、网上公示等程序,经全国艺术科学规划领导小组批准,现将立项课题名单予以公布。2016 年度文化部文化艺术研究项目共立项 80 项。

附件:2016 年度文化部文化艺术研究项目立项名单

全国艺术科学规划领导小组办公室

2016 年 8 月 29 日

附件

2016 年度文化部文化艺术研究项目立项名单

立项批准号	项目名称	项目负责人	项目负责人所在单位
16DA01	中国古代艺术风格范畴整体研究	张兰芳	南京艺术学院
16DA02	当代中国玻璃艺术史研究——断代、专题、区域艺术史研究	李文	中国美术学院
16DA03	国际“表演转向”思潮与作为新兴交叉学科的“表演”之人文机制研究	邓菡彬	海南大学
16DA04	中国艺术精神源流中的道德建构	张苓	山东艺术学院
16DB05	新中国舞台上的外国戏剧演出研究	宫宝荣	上海戏剧学院
16DB06	山东皮影艺术研究	郭学东	山东省艺术研究所
16DB07	清宫节令戏研究	薛晓金	北京戏曲艺术职业学院
16DB08	花雅之争中的乾嘉文人曲家研究	相晓燕	浙江省文化艺术研究院
16DB09	古戏台声学效应对戏曲音乐的影响研究	杨阳	山西大学
16DB10	抗战时期戏剧翻译版本考录	王巨川	中国艺术研究院
16DB11	晚明戏曲生态研究	李志远	中国艺术研究院
16DB12	当代戏曲移植改编研究	柯凡	中国艺术研究院
16DB13	传统侗戏剧本异文的采集、整理、译注及研究	王剑	贵州师范大学
16DB14	排场戏与戏曲编创模式研究——以邕剧为例	陈建平	中国戏曲学院
16DB15	六盘山区传统地摊戏的挖掘与研究	邹荣	宁夏回族自治区民族艺术研究所
16DB16	《传奇汇考》整理与研究	王瑜瑜	中国艺术研究院
16DB17	黄梅戏的跨文化互动与传播	冯冬	安徽省艺术研究院
16DB18	黄新德与新时期以来黄梅戏表演艺术研究	吴海肖	安徽省艺术研究院
16DB19	清代北京旗人群体与戏曲演变研究	刘尧晔	内蒙古自治区艺术研究所
16DC20	ECFA 时代的台湾电影及两岸合拍片研究	孙慰川	南京师范大学
16DC21	多屏融合背景下网络自制节目的形态及生产模式研究	王冬冬	同济大学
16DC22	基于虚拟现实（VR）平台的微电影创作与应用研究	刘智海	中国美术学院
16DC23	视听媒体虚拟现实（VR）作品内容创作研究	郭艳民	中国传媒大学
16DC24	网络小说改编剧的互文性研究	李磊	山东艺术学院
16DC25	新媒体“动画符号”的生成和传播研究	王凌轩	南京艺术学院
16DD26	台港歌曲流行机制研究	李昂	吉林省艺术研究院
16DD27	当代语境下的广西多声部民歌的传承与发展研究	戴丽霞	广西艺术学院

续表

立项 批准号	项目名称	项目 负责人	项目负责人所在单位
16DD28	严天池存世著述研究	王小龙	常熟理工学院
16DD29	区域音乐研究视野下的云南壮族民歌“坡芽歌书”音乐个案研究	杨要武	云南省民族艺术研究院
16DD30	天津近现代音乐史考略	曹宏凯	天津市艺术研究所
16DD31	中越各民族竹铜器乐文化比较研究	高嫝	广西艺术学院
16DD32	两宋礼乐观念变迁研究	杨成秀	上海音乐学院
16DD33	网络歌曲传播的社会性分析及价值导向研究	袁茜	湖南理工学院
16DD34	广西少数民族民歌润腔技艺与审美趣尚研究	温泉	广西艺术学院
16DD35	基于大数据共享与分析的中国传统音乐资源元数据标准研究	孙豪	文化部民族民间文艺发展中心
16DE36	新媒体与舞蹈艺术研究	刘春	中国艺术研究院
16DE37	龟兹舞蹈的图像表达与教学呈现研究	王泳舸	新疆艺术学院
16DF38	齐乌岗巴画派研究	格桑益西	四川大学
16DF39	中国雕塑创作实践中坚持民族性风格问题研究	钱绍武	中国国家画院
16DF40	美术馆公共教育功能及实施策略研究	刘鹏	江苏省文化厅
16DF41	中国画水论	林若熹	中国艺术研究院
16DF42	汉代画像石(砖)流散日本的调查与文献研究	杨孝鸿	上海财经大学
16DF43	二十世纪德语国家的中国美术研究	张平	华东师范大学
16DF44	塔尔寺酥油花研究	张欣	中国艺术研究院
16DF45	当代文化视野下的草原丝绸之路艺术研究	张鹏	中央美术学院
16DF46	中国美术学科评价体系的研究与构建	翁震宇	中国美术学院
16DF47	晚明画论典籍顾凝远《画引》研究	张曼华	南京艺术学院
16DF48	中国龛窟造像史上最后的光亮——杭州飞来峰元代造像的历史价值与现实意义	朱晨	中国美术学院
16DF49	非物质文化遗产蒙古文书法传承保护可持续发展研究	白音夫	内蒙古会展经济科学发展研究会
16DF50	西南地区瑶族宗教艺术图像学研究	廖方容	广西艺术学院
16DF51	宋代绘画地理研究	赵振宇	天津美术学院
16DF52	中古时期敦煌佛教美术转型研究	郑弌	中央美术学院
16DG53	龙山黑陶工艺文化研究	远宏	山东艺术学院
16DG54	宋代传统器具造物思想与设计文化研究	周亚东	南通大学
16DG55	中国白瓷工艺文化体系研究	王焕	中国艺术研究院
16DG56	城市出行信息服务中的信息与交互设计研究	吴琼	清华大学
16DG57	山东传统村落民居地域特色的保护与设计研究	李仲信	山东艺术学院

续表

立项批准号	项目名称	项目负责人	项目负责人所在单位
16DG58	中国古代碑刻设计思想考释	王文广	盐城工学院
16DG59	基于沿边民族文化特性的景观设计研究	江波	广西艺术学院
16DG60	基于艺术设计应用的壮族图像谱系构建	谭有进	广西艺术学院
16DG61	设计创新驱动的众创空间发展模式研究	徐雯洁	浙江大学
16DG62	连片扶贫视角下湖北大别山红色聚落活化利用研究	李丽媛	武汉科技大学
16DG63	互联网+时代的社交设计及衍生服务创新	甘为	广东工业大学
16DG64	室内设计史中的女性参与及女性话语研究	杨京玲	南京艺术学院
16DH65	非物质文化遗产保护的市场化、产业化研究与途径	赵玉春	中国艺术研究院
16DH66	贫困地区公共文化精准服务研究——以四川民族地区及革命老区为例	赵红川	四川省文化馆
16DH67	传统艺术成果的知识产权保护路径选择与制度构建研究	申坤	中国艺术研究院
16DH68	非物质文化遗产保护的海外经验和经典案例研究	葛玉清	中国艺术研究院
16DH69	当代中国的边疆文化治理体系研究	李传华	和田地区文化体育局
16DH70	贫困地区公共图书馆服务体系研究	肖红凌	黑龙江省图书馆
16DH71	17—19世纪中国西部的旅行	万木春	中国美术学院
16DH72	公共性视域下文化生态保护区建设研究	赵艳喜	山东省艺术研究院
16DH73	基于信息不对称的中国艺术品市场体系构建	刘翔宇	山东艺术学院
16DH74	中国木版年画地域性色彩体系及中国人的地域色彩记忆	蒋艳	中央美术学院
16DH75	新常态下社会力量参与公共图书馆建设绩效评价研究	王祝康	重庆图书馆
16DH76	国有文化资产管理体制与国有文化资本投资运营公司研究	管理	国家艺术基金管理中心
16DH77	公共艺术介入城市社区文化建设研究	李雷	中国艺术研究院
16DH78	民营美术馆在公共文化服务体系中的功能研究	郭奕华	上海艺术研究所
16DH79	江南民间泥塑艺术发展历史及活态传承研究	张文珺	南京艺术学院
16DH80	新城镇化建设下西南民族地区传统村落文化保护研究	赵云雪	重庆市文化艺术研究院

文化部关于印发2016年度国家文化创新工程项目立项名单的通知

文科技函〔2016〕795号

北京市、上海市、江苏省、山东省、重庆市、陕西省文化厅(局、委),国家艺术基金管理中心、中国文化传媒集团、文化部民族民间文艺发展中心、中央音乐学院:

2016年度国家文化创新工程项目评审工作已完成,现将立项名单印发给你们,并就有关工作通知如下:

一、国家文化创新工程项目的评审、立项和实施是我部重要工作,请各单位予以高度重视,凡立项项目,须切实纳入工作计划,在经费、人员等方面予以支持,提供必要条件,确保工作顺利进行。

二、请你单位组织相关项目承担单位按照《国家文化创新工程项目管理办法(暂行)》的规定,依据评审意见认真填写《国家文化创新工程项目合同书》。合同书电子版请进入文化部网站"部内司局"下的"文化科技司"页面下载。

三、请于2016年8月5日前将合同书电子版发送至dlanglang@foxmail.com,经文化部文化科技司审核后,于2016年8月10日前将加盖公章的合同书纸质版寄送文化部文化科技司。

联系人:文化部文化科技司科技处,乔伟

电话:010-59882146

电子信箱:dlanglang@foxmail.com

通讯地址:北京市东城区朝阳门北大街10号,100020。

特此通知。

附件:2016年度国家文化创新工程项目立项名单

文化部

2016年8月1日

附件

2016年度国家文化创新工程项目立项名单

序号	项目名称	承担单位	申报单位	指导单位
1	“珠联璧合　邑邑生辉”五邑城乡四级公共文化建设互联互通实现资源共建共享整合项目	江门市文化广电新闻出版局、中国文化传媒集团战略发展中心	中国文化传媒集团	江门市人民政府
2	大数据条件下文化民意实时测报系统及其常态运行	青岛市黄岛区文化广电新闻出版局	山东省文化厅	黄岛区人民政府
3	县域文化馆总分馆体系探索与示范	中共张家港市委宣传部、张家港市文化广电新闻出版局	江苏省文化厅	张家港市人民政府
4	基本公共文化服务实施标准监测机制建设	重庆市北碚区文化委员会	重庆市文化委员会	北碚区人民政府
5	优秀文化传承类视频及动漫作品多载体传播平台建设	北京暴风科技股份有限公司	北京市文化局	
6	新丝路之旅——西安地下轨道交通公共艺术创新设计及传播平台建设研究	西安美术学院	陕西省文化厅	
7	“文客网”城市文化消费综合服务平台	南京市文化投资控股集团有限责任公司	江苏省文化厅	
8	中国广告产业创意引擎云平台建设工程	中国传媒大学	北京市文化局	
9	国家艺术基金大数据的分析与利用	国家艺术基金管理中心	国家艺术基金管理中心	
10	声影　中国交互式多媒体电子音乐舞台艺术创新工程	中央音乐学院	中央音乐学院	
11	少数民族乐器制作材料的创新研制与生产工艺的革新研究	华东师范大学、扬州大学、江西财经大学	上海市文化广播影视管理局	
12	文化寻力——中国传统文化艺术资源在线学习传播平台	文化部民族民间文艺发展中心	文化部民族民间文艺发展中心	

第二批文化部重点实验室公示名单

为完善文化科技创新体系建设，促进文化与科技深度融合，根据《文化部办公厅关于开展文化部重点实验室申报工作的通知》（办科技函〔2016〕号 220）要求，在推荐的基础上，经组织专家评审、实地考察等程序，第二批文化部重点实验室公示名单已经确定，现予以公示。自公示之日起 7 日内，任何单位和个人对公示的实验室持有异议的，可以书面形式向文化部文化科技司提出。异议书须写明实验室名称、事实理由及异议人的真实姓名、工作单位、联系方式等事项，并提供必要的证明材料。

通讯地址：北京市朝阳门北大街 10 号文化部文化科技司（邮编：100020）

联系电话：010－59881699，

传真：010－59881677

邮箱：yihong5988@163.com

附件：第二批文化重点实验室公示名单

文化部文化科技司

2016 年 11 月 29 日

附件

第二批文化部重点实验室公示名单

序号	实验室名称	依托单位	共建单位	学术委员会主任	实验室主任
1	书画保护文化部重点实验室	故宫博物院		宋纪蓉	雷勇
2	沉浸式交互动漫文化部重点实验室	中国动漫集团有限公司	北京理工大学 北京电影学院 合一信息技术(北京)有限公司	肖永亮	庹祖海
3	公共文化服务大数据应用文化部重点实验室	文化部全国公共文化发展中心	北京大学信息管理系	李广建	李宏
4	传统工艺与材料研究文化部重点实验室	清华大学		尚刚	苏丹
5	文化品牌评测技术文化部重点实验室	中国人民大学		丁方	彭翊
6	建筑文化遗产传承信息技术文化部重点实验室	天津大学		崔愷	张玉坤
7	互动媒体设计与装备服务创新文化部重点实验室	哈尔滨工业大学		刘宏	吕德生
8	古陶瓷多元信息提取技术及应用文化部重点实验室	中国科学院上海硅酸盐研究所	上海大学	陈夔君	罗宏杰
9	水印版画材料与技术研究文化部重点实验室	江苏省美术馆		杨春华	周京新
10	丝绸文化传承与产品设计数字化技术文化部重点实验室	浙江理工大学		陆国栋	邹奉元
11	沉浸式媒体技术文化部重点实验室	安徽新华传媒股份有限公司	中国科学技术大学先进技术研究院	汤书昆	周荣庭
12	数字舞台设计与服务文化部重点实验室	武汉理工大学	武汉凌云交汇软件有限责任公司 上海虎跃舞台设备科技有限公司 广东盛世飞扬光电科技有限公司 湖北省京剧院 湖北长江人民艺术剧院有限责任公司 剧百汇院线 红脸舞台网	郭顺生	王汉熙

索 引

索　引

C

D

E

F

G

H

J

K

L

M

N

P

R

S

T

X

Y

Z

藏羌彝文化产业走廊建设,191,199,202,205,208

(衡中青编制)

2017

中国文化年鉴

Yearbook
of
Chinese Culture

图 片

2016年度国家舞台艺术精品创作工程重点扶持剧目

1 京剧《西安事变》剧照（王建　摄）
2 湘剧《月亮粑粑》剧照（唐侠　摄）
3 评剧《母亲》剧照
4 评剧 《红高粱》剧照
5 音乐剧《烽火冼星海》剧照

2016年度国家舞台艺术精品创作工程重点扶持剧目

1 话剧《北京法源寺》剧照
2 儿童剧《红缨》剧照
3 舞剧《家》剧照（刘海栋　摄）
4 晋剧《于成龙》剧照
5 话剧《从湘江到遵义》剧照

1 广西文化志愿者青海行活动

2 湖北省文化志愿者青海行音乐剧《命大福大的蛋宝宝》青海演出剧照

3 广西文化志愿者青海行活动人员合影

4 “春雨工程”焦作太极文化志愿者赴西藏交流展示

5 黑龙江省七台河市福寿园敬老慰问演出

对外和对港澳台文化交流

1 “二十四节气”列入联合国教科文组织“人类非物质文化遗产代表作”名录

2 非洲学员在少林寺参加武术培训（任红兵 摄）

3 2016年7月，莫斯科中国文化中心分部——中共六大会址常设展览馆修复工程竣工并开馆（陈修建 摄）

4 中英纪念汤显祖、莎士比亚逝世400周年研讨会开幕仪式

5 2月6日，“百猴快闪闹新春”艺术表演在纽约时报广场举行，电视剧《西游记》中孙悟空的扮演者六小龄童和近百名戴上京剧“美猴王”脸谱面具的儿童一起亮相（管黎明 摄）

6 7月21日，参加“艺海流金——感悟湘风楚韵”内地与港澳文化界交流活动的嘉宾走进世界文化遗产地老司城（何东安 摄）

1 2016年度文化部政府网站群绩效评估大会
2 文化部信息中心赴上海开展行政审批信息化工作调研
3 文化部信息中心开展视频会议系统应急演练
4 文化部信息中心组织技术交流培训

1 国家艺术基金2016年复评专家见面会现场（赵北辰　摄）
2 国家艺术基金集中巡查监督会议现场（李达　摄）
3 国家艺术基金2016年度滚动资助项目芗剧《保婴记》演出剧照
4 国家艺术基金2016年度滚动资助项目舞剧《沙湾往事》演出剧照
5 国家艺术基金理事会理事长蔡武（右一）会见美国国家艺术基金主席朱简（徐进毅　摄）

1 10月13日，大型人物传记纪录片《百年巨匠》学术研讨会在中国艺术研究院举行（张建生　摄）

2 6月19日，“人民形象 中国精神”中国艺术研究院著名艺术家精品展暨捐赠展在中国美术馆举行（刘晓辉　摄）

3 12月13日，中国艺术研究院主持编撰的《昆曲艺术大典》（全149卷）在北京首发（刘晓辉　摄）

4 7月10日，第三届“中国当代工艺美术双年展”在中国国家博物馆举行（刘晓辉　摄）

5 9月26日，“文脉诗心”第七届两岸汉字艺术节在贵阳孔学堂举行（张建生　摄）

1 4月12—13日，国家图书馆主办的第六届全国文献采访工作研讨会在湖北武汉召开
2 4月15日，国家图书馆举办“永远的怀念——任继愈先生百年诞辰纪念展”开幕式
3 6月21日，国家图书馆馆长韩永进在“民族记忆　精神家园——国家珍贵古籍特展”开幕式上致辞
4 6月22日，《中华传统文化百部经典》调研工作会议在国家图书馆召开
5 9月23日，国家图书馆第十一届艺术节在国图艺术中心举行

1 “故宫文物医院”竣工并投入使用

2 养心殿研究性保护项目文物撤陈现场

3 “梵天东土　并蒂莲华：公元400—700年印度与中国雕塑艺术展”开幕

4 太和殿消防实兵演习

5 故宫博物院教育中心举办青少年教育活动

6 2016世界古代文明保护论坛

1 国家博物馆馆长吕章申向张高丽副总理汇报国家博物馆展览和观众参观情况

2 国务院副总理刘延东在中国国家博物馆接待基辛格博士，国家博物馆馆长吕章申向基辛格博士赠送他在国家博物馆合影的照片

3 由中国国家文物局、中国国家博物馆和沙特旅游与民族遗产总机构共同主办、中国文物交流中心承办的“阿拉伯之路——沙特出土文物”展览开幕

4 “中国国家博物馆学术工作大会”隆重召开

5 国家博物馆可移动文物普查工作现场

6 信念·精神·传承——纪念红军长征胜利80周年大型馆藏文物展

1 全国第一期文化厅局长培训班在座谈研讨
2 文化部党校2016年春季学期处级干部进修班在井冈山重温入党誓词
3 2016年发展中国家文化管理研修班在宁夏吴忠市文化馆考察
4 国家艺术基金全国舞蹈编导人才培训班在创作排练
5 公共文化空中大课堂湖南株洲教学点学习现场

1 “视觉中国”洲际行第22回——加拿大·中国水墨艺术展
2 《中国文化报》创刊30周年系列活动之2016年中国文化报记者站会议
3 2016“一带一路”文化发展论坛
4 2016手工艺设计高级研修班
5 2016中国国家展入选第七轮中美人文交流文化领域22项成果清单
6 第11届全国艺术院校院（校）长高峰论坛

1 现代京剧《西安事变》参演第十一届中国艺术节，荣获第十五届文华大奖
2 根据同名歌剧创排现代京剧《党的女儿》
3 赴英演出全本《将相和》《白蛇传》
4 纪念袁世海先生诞辰100周年座谈会在京举行
5 赴法国参加第七届巴黎中国传统戏曲节，《锁麟囊》赢得“塞纳大奖”
6 赴墨西哥参加“2016中拉文化交流年”

中国国家话剧院

1 《特殊病房》演出剧照（曹志钢　摄）
2 《俺爹我爸》演出剧照（曹志钢　摄）
3 《美好的日子》演出剧照（曹志钢　摄）
4 《长子》演出剧照（曹志钢　摄）
5 《谷文昌》演出剧照（曹志钢　摄）
6 《临川四梦 》演出剧照（曹志钢　摄）

1 《小二黑结婚》主创赴山西采风
2 《昭君出塞》剧照
3 《国之瑰宝》在德国威斯巴登国家剧院演出
4 中央国家机关庆祝建党95周年暨纪念红军长征胜利80周年干部职工文艺汇演
5 《长征路上红军花》演职人员合影
6 《小二黑结婚》剧照

中国东方演艺集团有限公司

1 “情系北国　花开东方”慰问演出
2 《东方之爱》演出剧照
3 《兰花花》演出剧照
4 高雅艺术进校园活动走进四川传媒学院
5 “山情海韵——纪念周巍峙同志诞辰100周年”音乐会

1 1月13日，中国交响乐团“扎根生活 扎根人民”活动，乐队副队长周宏指导重庆农民管乐队（中国交响乐团 供）

2 4月24日，中国交响乐团在云南省红河州红河县采风，为一年一度的哈尼族“开秧门”仪式带去铜管演出（卢旭 摄）

3 5月27日，“团庆六十周年”之“粉墨春秋”交响音乐会，《霸王别姬》演出剧照（罗维 摄）

4 6月29日晚，由中国交响乐团乐队、合唱团担任主要演员的庆祝中国共产党成立95周年“信念永恒”音乐会在北京人民大会堂举行（罗维 摄）

5 9月4日，中国交响乐团参加G20文艺晚会（孙楠 摄）

1 《时间森林》国家院团展演季小朋友合影

2 《小公主》首演合影

3 《成语魔方三》首演合影

4 60年来各时期饰演过《马兰花》的演员与2016版《马兰花》演职员共同谢幕

1 赴摩洛哥音乐会演出
2 赴瑞士日内瓦演出歌剧《图兰朵》
3 歌剧《蝴蝶夫人》剧照
4 武汉歌剧周之歌剧《托斯卡》
5 深入生活，扎根人民之江西黎川慰问演出
6 深入生活，扎根人民之遵义慰问演出

中央芭蕾舞团

1 1月18日，中央芭蕾舞团赴闽中革命司令部旧址慰问演出（时任　摄）
2 4月1日，第七届芭蕾创意工作坊作品《前行》（王崇玮　摄）
3 4月15日，中央芭蕾舞团草桥小学开放日芭蕾展演活动（张一　摄）
4 5月11日，中央芭蕾舞团举办戴爱莲百年诞辰纪念展览（时任　摄）
5 12月6日，中央芭蕾舞团走进贵阳幼儿师范高等专科学校——师生学芭蕾动作（侯松林　摄）

1 第五届“中华之光——传播中华文化年度人物奖”，中央民族乐团获唯一集体奖
2 《又见国乐》全球巡演版图
3 帮扶成都民族乐团——民族音乐剧场《寻找杜甫》剧照
4 大型民族交响音画《伟大的先行者孙中山》剧照
5 在美国新世纪中心剧场上演《印象·又见国乐》
6 举办“全国青少年民族管弦乐作品征集展演”

1 中华民族大团结全国美术作品展
2 纪念中国工农红军长征胜利80周年美术作品展
3 2016中国美术馆收藏青年美术家作品展
4 法兰西艺术院院士作品邀请展
5 中国美术馆连环画原作精品展
6 中国驻墨西哥大使邱小琪参观“来自中国美术馆的艺术”（墨西哥展），中国美术馆馆长吴为山陪同介绍

1 “中华意蕴”归国汇报展在中国美术馆举行
2 中国国家画院“一带一路”国际美术工程草图观摩会
3 “写意中国”中国国家画院美术作品展在山东省美术馆开幕
4 “新中国美术家系列·黑龙江省”展览开幕式嘉宾合影

中国对外文化集团公司

1 2016第十三届中国国际合唱节开幕式
2 中拉文化年“兵马俑灯展”项目赴哥伦比亚
3 4月26日，加拿大巴兹铜管乐队参加第十六届“相约北京”艺术节
4 《武林时空》新版剧照
5 多媒体梦幻剧《时空之旅》2016年“生命之轮”节目最新剧照

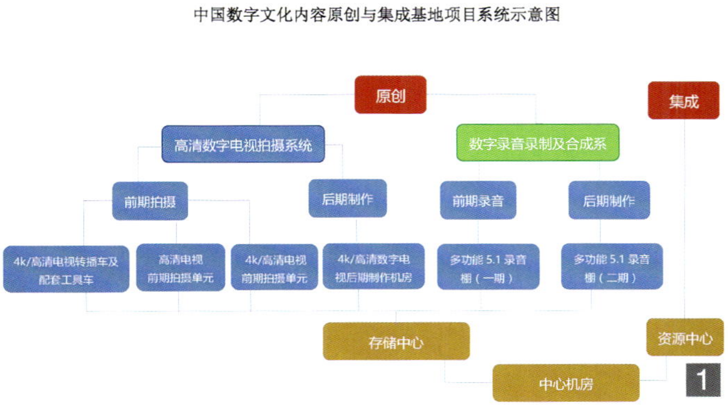

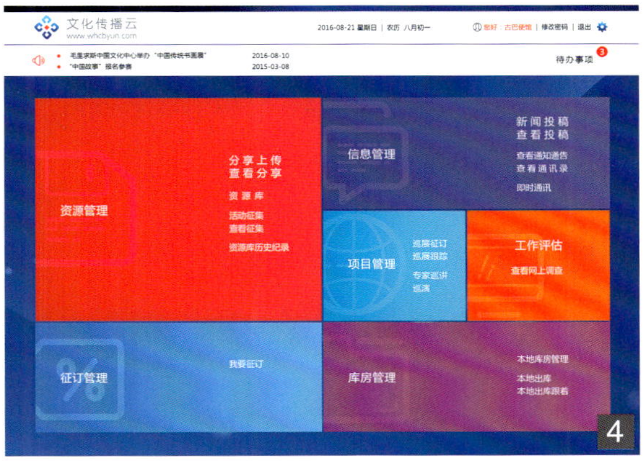

1 中国数字文化内容原创与集成基地项目系统示意图
2 “像音像”剧目《王宝钏》剧照
3 口述历史照片墙
4 外联局《中国对外文化传播云平台》国外用户版—6.19
5 墨西哥中国文化中心官方网站登陆界面

中国动漫集团有限公司

1 2016中国卡通形象营销大会新闻发布会现场
2 2016中国网络文化产业年会现场
3 新三板上市动漫企业及投融资高峰论坛
4 在美国拉斯维加斯国际授权展中搭建的“中国动漫馆”
5 由中国动漫集团与所属子公司中娱文化股份有限公司联合出品的3D电视动画片《彩虹宝宝》
6 2016“中国服务”品牌竞争力500强颁奖现场

文化部恭王府管理中心

1 恭王府中国（义乌）文交会展区
2 波兰的“中国园”
3 良辰美景非遗演出周——昆曲《牡丹亭》
4 海棠雅集现场演绎《洛神》
5 恭王府携“阿狸”在“北京礼物”颁奖仪式现场
6 “福”文化展

1. 人才中心“十三五”发展规划
2. 2016年度职称计算机测试
3. 文化行业职业技能鉴定实操考试现场
4. 国家艺术基金2016年度艺术人才培养资助项目——全国高等艺术职业学院杂技表演专业带头人创新创业能力提升培训

1 2016年地方戏曲剧种纪录片《梨园戏》拍摄剧照1
2 2016年地方戏曲剧种纪录片《梨园戏》开机仪式
3 2016年地方戏曲剧种纪录片《梨园戏》拍摄剧照
4 2016年地方戏曲剧种纪录片《婺剧》剧照

1 6月18日，国家清史编纂委员会第九次全体会议会场
2 6月28日，“两学一做”学习教育培训，崔建飞主任讲党课
3 7月25日，国家清史纂修领导小组、国家清史编纂委员会全体会议会场
4 8月12日，文化部党组书记、部长雒树刚看望国家清史编纂委员会主任戴逸先生
5 《清代河南碑刻资料》立体图

1 2016青年汉学家研修计划结业式

2 2016汉学与当代中国座谈会嘉宾合影

3 10月22日，作为墨西哥阿卡普尔科“中国船”国际艺术节——中国主宾国活动揭幕展的“甲骨文记忆”展在墨开幕

4 “发现中国”——走进老挝

5 海外中国文化中心合作伙伴、文化官员访华团启动仪式

文化部民族民间文艺发展中心

1 2月2日，“京沪桃符绽春风——北京市、上海市春节习俗展”开幕式在澳门卢廉若公园春草堂举行

2 8月10日—11日，“十部文艺集成志书·澳门卷”2016年第二次全体会议、《中国民间故事集成·澳门卷》及《中国戏曲志·澳门卷》终审会议在珠海召开

3 10月10日，“香港青少年纳西族文化艺术研习考察活动”在丽江启动

4 《中国史诗百部工程》项目交流会

5 传统乐器声学测量（《歌仔戏》大广弦声学测量）

6 “第四届中国非物质文化遗产博览会”民歌大赛评委及选手合影

1 2016年度戏曲剧本孵化计划赴甘肃天水剧团拍摄秦腔《为了子孙》
2 2016年度戏曲剧本孵化计划拍摄湖南汨罗花鼓戏《甜酒谣》
3 2016年度戏曲剧本孵化计划拍摄湖南郴州花鼓戏《爬上山坡唱高调》
4 工作人员进行舞台升降台安全检测（载荷）
5 央视新闻特写：艺术节上的舞台“医生”

1 欢跃四季全国百姓广场舞优秀作品在陕西省西安市展演
2 中国文化网络电视精准扶贫——艺术课堂走进义县七里河镇中心小学
3 国家公共文化数字支撑平台应用推广暨骨干师资培训班开班式
4 2016中国文化馆年会闭幕式及颁奖现场

1 墨西哥中国文化中心与建筑师团体工作会谈
2 明斯克中国文化中心揭牌
3 哥本哈根中国文化中心装修改造工程外立面
4 新西兰中国文化中心与外方设计单位讨论方案
5 斯德哥尔摩中国文化中心会议室现状
6 驻菲律宾使馆文化处会议室现状

1 2016首都市民系列文化活动——歌唱北京　第三届“北京之声”首都市民合唱周暨海淀区万人合唱季启动仪式及新闻发布会（李楠　摄）

2 第二届京津冀非物质文化遗产联展中，国家级非遗代表性项目京西太平鼓进行展演（何潇　摄）

3 群星耀京华——京津冀精品群众文艺节目展演（北京文化艺术活动中心　摄）

4 国家大剧院歌剧《冰山上的来客》（国家大剧院　摄）

5 “童趣景泰蓝——儿童非遗作品专题展”中，小朋友体验景泰蓝制作技艺（罗晓光　摄）

1 3月28日，“2016年名家经典演出季”新闻发布会（汤德强　摄）
2 6月9日，非遗展览现场（汤德强　摄）
3 6月30日，2016京津冀精品剧目展演新闻发布会（汤德强　摄）
4 8月15日，天津·读书月活动启动仪式（汤德强　摄）
5 11月23日，最美文化人物颁奖现场（汤德强　摄）

河北市

1 第十届中国—拉美企业家高峰会《天涯若比邻》晚会——《朋自远方来》
2 2016年3月，“大地情深”——河北省“燕赵群星奖”获奖作品巡演定兴行
3 2016年6月，第九届河北省民俗节龙舞表演
4 2016年10月，首届“京津冀”传统工艺暨文化创意产品展览展销会——徐氏姜糖
5 2016年11月，“中国梦·民歌情——第二届河北省民歌演唱大赛”在石家庄市新华区文体中心举行
6 首届全国梆子声腔优秀剧目展演

1 中国驻瑞士大使及瑞士相关政要在演出结束后与山西华晋舞剧团演职员合影
2 山西省图书馆将在毛里求斯中国文化中心设立分馆
3 省文化厅与保利文化集团股份有限公司签订战略合作协议
4 山西文化云平台启动建设
5 全省第十一个“文化遗产日” 活动丰富多彩
6 山西绛县舞蹈《扫街》喜获全国第十七届群星奖

1 1月18日，自治区人民政府在呼和浩特召开全区文化工作会议

2 5月18日，由国家文物局、自治区人民政府主办，中国博物馆协会、自治区文化厅、自治区文物局、呼和浩特市政府协办，内蒙古博物院等单位联合承办的2016年“5·18国际博物馆日”中国主会场活动在呼和浩特内蒙古博物院举行

3 7月3日，为期一周的第十三届中国·内蒙古草原文化节在呼和浩特圆满闭幕

4 7月3日，为期5天的首届内蒙古自治区文化产业博览会圆满落下帷幕

5 9月5日至9日，2016年内蒙古草原文化遗产保护日宣传展示活动暨蒙古族传统刺绣艺术展在内蒙古展览馆隆重举行

6 5月，内蒙古“锡盟多伦县小王力沟辽代贵妃墓”与江西南昌西汉海昏侯墓共同荣获“2015年度全国十大考古新发现”奖。图为该墓出土的宋辽时代精品瓷器——鹦鹉纹银釦口青瓷执壶

1 “逛大展　看大戏　过大年”迎新春文化惠民展示展演活动
2 辽宁演艺集团演出“国乐情 风华颂”新年民族音乐会
3 2016中非文化聚焦舞狮培训班在大连举办
4 辽宁省图书馆二期开放多媒体服务
5 辽博流动博物馆宣展车进军营
6 辽剧晋京会演剧目专场汇报演出

1 吉剧《江姐》剧照
2 英国爱丁堡艺术节
3 东北亚美术作品展
4 第九届长白之声合唱节
5 雪博会
6 四省区地方戏曲优秀剧目展演

1 2016中国国际青年艺术周（上海·奉贤）在区会议中心礼堂拉开帷幕

2 2016年松江区“百姓明星”大赛总结展演活动

3 中华古诗词大赛颁奖展演

4 第十八届中国上海国际艺术节开幕演出《海上生民乐》——民乐重奏与昆曲《惊梦》演唱：张军　表演：张冉（祖忠人　摄）

5 第十八届中国上海国际艺术节闭幕演出《伊戈尔王》（祖忠人　摄）

6 12月21日，2016年度公共文化艺术成果展演在大宁剧院举行

1 5月15日，“吴韵汉风　精彩江苏——江苏省非物质文化遗产精品展演月开幕式”在高雄市佛光山佛陀纪念馆举行

2 5月28日，“金陵风骨 其命惟新——江苏省国画院60年·中国画书法作品展”在中国美术馆开幕

3 10月31日，淮剧《小镇》荣获第十五届文华大奖

4 11月，江苏省第十二届“五星工程奖”决赛现场

5 2016年“欢乐春节·精彩江苏”走进特立尼达和多巴哥

6 蒋庄良渚文化遗址局部（西—东）

1 浙江省纪念红军长征胜利80周年文艺演出
2 浙江音乐学院成立大会
3 “G20”杭州峰会欢迎晚会
4 中国丝绸博物馆改扩建项目顺利完成并投入使用
5 第11届中国义乌文化产品交易会开幕活动

1 德国“安徽文化周”（李光松 摄）
2 “中非文化周”非洲大鼓进社区演出（李光松 摄）
3 中韩友好省道文化交流（李光松 摄）
4 第57期残障人士读书文化日活动——2016残障发声月·指尖的行动合肥站（孙伯 摄）
5 第十七届群星奖优秀作品（周新润 摄）

1

2

3

4

5

1 4月21日至24日，三明市通过第二批创建国家公共文化服务体系示范区实地验收

2 6月30日晚，由省委宣传部、省文化厅、省文联主办的“信仰的力量——福建省庆祝中国共产党成立95周年大型交响合唱音乐会”在福建大剧院隆重举行

3 7月22日至31日，由中华文化联谊会、福建省政府主办的“情系青春——两岸青年八闽行”活动在福建举行

4 10月12日，海上丝绸之路申遗项目保护工程启动仪式在古代“海丝”起点城市福建泉州举行

5 7月20日至31日，“福建百折传统折子戏展演”在福州举办

1 4月25日—29日，在井冈山市举办2016年全国公共文化巡讲暨江西省文化（群艺）馆馆长培训班

2 9月29日，江西省文化厅组织文化交流团赴尼日利亚、加纳、坦桑尼亚举办“中国文化聚焦—江西省文化周”，图为观看《我们生活比蜜甜》杂技演出的中国驻加纳大使、加纳国土资源部长等政要与演员合影留念

3 11月21日，由华东六省市文化厅（局）共同主办的第十三届华东六省一市戏剧小品大赛在南昌市群众艺术馆群星剧场开幕

4 12月9日，由省委宣传部、省文化厅联合主办的第六届江西艺术节在江西艺术中心开幕。图为开幕式剧目乡音版《临川四梦》演出剧照

5 10月11日，“惊世大发现——南昌汉代海昏侯国考古成果展”在省博物馆开幕

1 5月6日，由省委宣传部、省文化厅主办，省文化馆共同承办的“中华优秀传统文化故事会”首发式在省文化馆举行

2 9月21日上午，第四届中国非物质文化遗产博览会在山东济南国际会展中心开幕

3 2016年12月30日，由郓城县山东梆子剧团创排的《跑旱船》喜上新年戏曲晚会，七常委出席观看

4 6月11日上午，山东省图书馆尼山书院《孟子公开课》正式开讲

1 中泰文化旅游友好行节目演出
2 首届中原国际陶瓷双年展开幕式
3 豫剧《焦裕禄》演出剧照
4 “第七届中国（淮阳）非物质文化遗产展演”开幕式
5 豫剧《天职》演出剧照

1 第十一届全国优秀舞蹈节目展演在武汉举办
2 2016韩国“欢乐春节”非遗展
3 第三届大创赛成果转化签约仪式
4 第一届长江读书节，湖北百位领读者代表齐声诵读《长江读书节领读者宣言》
5 2016哈萨克斯坦“感知中国”非遗展

1 1月29日，湖南首台戏曲春晚——2016“百花争春”湖南戏曲晚会在湖南卫视演播厅录制（赵化锋　摄）

2 4月—9月，湖南省文化厅开展“我们都来跳”社会主义核心价值观湖南省原创广场舞歌曲征集活动（赵化锋　摄）

3 6月7日，城头山国家考古遗址公园开园暨文化遗产保护利用“五好”园区授牌仪式在澧县城头山隆重举行（赵化锋　摄）

4 7月18—22日，由文化部和湖南省人民政府共同主办的第十二届“艺海流金——内地与港澳文化界人士交流活动”在湖南举办，开幕式上，文化部党组成员、副部长丁伟和省政府副省长向力力分别致辞（董砚　摄）

5 “精准扶贫”专题文艺晚会湖南省巡演启动式于12月27日在省花大舞台剧场举行（董砚　摄）

6 6月30日晚，庆祝中国共产党成立95周年“红旗颂”大型群众合唱晚会在湖南省人民会堂上演并举办颁奖仪式（董砚　摄）

1 8月，广东省文化馆“志愿童行”亲子文化艺术公益夏令营
2 12月6—8日，首届广东民歌民乐大赛决赛在佛山市顺德区举行，图为潮州市民间音乐团民乐作品《腾飞》
3 8月8—11日，广东省第十届少儿艺术花会在河源市举行
4 11月，中山市少儿舞蹈《爸妈我想你》在第十届中国艺术节获“群星奖”，图为比赛现场
5 1月，《沙湾往事》赴美国林肯中心演出，图为宣传海报
6 5月12—16日，第十二届中国（深圳）国际文化产业博览交易会在深圳举办，图为广东团展位

1 1月22日，海南省文化广电出版体育工作会议在海口召开
2 3月18日，中（海南）英文化创意合作研讨会在海口举办
3 9月14日，海南歌舞诗《黎族家园》喜获全国少数民族文艺会演剧目金奖
4 11月23日，海南企业拍十件海外文物入藏中国（海南）南海博物馆新闻发布会举行
5 2016年海南省琼剧经典唱段演唱大赛颁奖晚会在海口举行
6 中国（海南）南海博物馆建设现场

1 2016 年“壮族三月三”期间，广西共举办 300 多场民族文化活动
2 9月10—11日，第11届中国—东盟文化论坛在南宁召开
3 11月30日，广西的非物质文化遗产项目“壮族霜降节”作为“二十四节气”的拓展名录项目，成功列入联合国教科文组织人类非物质文化遗产代表作名录。图为天等县2016向都壮族霜降祈福文化节现场
4 广西艺团赴台参加台湾春节活动
5 上网服务场所进行转型升级，从“脏乱差”变成“高大上”。图为南宁市一家转型升级的网吧场景

1 1月12日，重庆市首届民间文化艺术之星颁奖晚会（侯文斌　摄）
2 2月1日，重庆市文化工作会（侯文斌　摄）
3 3月5日，2016重庆市群众广场舞展演（侯文斌　摄）
4 4月11日，白俄罗斯文化联盟·重庆美术馆签约仪式（侯文斌　摄）
5 4月28日，舞剧《杜甫》首演（侯文斌　摄）

1 举办基层文艺骨干广场健身舞培训班
2 成都院坝文化
3 川剧《滚灯》剧照
4 第七届博物馆及相关产品与技术博览会开幕式
5 文化下乡活动
6 舞剧《家》剧照
7 2016康定情歌国际音乐节

《布依族八音坐唱》
Eight Tones of Buyei

《傩戏》
Nuo Drama

1 2016首届多彩贵州文化艺术节
2 侗族大歌
3 八音坐
4 傩戏
5 墨西哥当地民众学习贵州非遗技艺

1 2016年2月，云南文化艺术团在新西兰猴年新春招待会上表演云南特色少数民族舞蹈（韩悦　摄）
2 第十一届全球孔子学院大会非遗展览现场（马秀娟　摄）
3 云南省第十三届新剧目展演（阮坤瑾　摄）
4 大理州弥渡县非物质文化遗产保护传承展演中心演出大型花灯戏《山村·小河·月亮》（阮坤瑾　摄）
5 2017年云南省政协“新春茶话会”文艺演出——原生态对唱《海菜腔》，表演者：李怀秀　李怀福（阮坤瑾　摄）
6 民族传统服饰展演——纳西族传统女装（阮坤瑾　摄）

1 9月10日，第三届藏博会在拉萨开幕，文化部部长雒树刚致辞（敖超　摄）
2 9月10日，第三届藏博会在拉萨开幕，图为开幕式现场（敖超　摄）
3 2016年荣获第五届全国少数民族文艺会演“戏剧类剧目金奖”的藏戏《六弦琴缘》剧照（日乃　摄）
4 9月10日，第五次全国文化系统对口援藏工作会议在拉萨召开（敖超　摄）

1 第三届丝绸之路国际艺术节于2016年9月7日至21日在陕西省成功举办（薛铂　摄）
2 陕西省获国家舞台艺术最高奖数量位居全国第一，体现永攀艺术高峰新作为（薛铂　摄）
3 百个文化场馆建设走在全国前列，形成带动公共文化追赶超越新格局（薛铂　摄）
4 秦腔振兴十大工程、西安鼓乐传承十大工程、陕北民歌创新十大工程形成非遗传承保护新模式（薛铂　摄）

1 敦煌印象·丝路虹霓长卷
2 相约敦煌演出《丝路花雨》——反弹琵琶（杜雨林　摄）
3 “华夏文明在甘肃”展
4 首届丝绸之路（敦煌）国际文化博览会21日晚闭幕，发布了与会丝路沿线国家一致通过的《敦煌宣言》
5 9月23日，首届丝绸之路（敦煌）国际文化博览会召开新闻发布会

1 文化法治建设
2 文物安全检查
3 文艺创作之格萨尔王
4 2016首届青海丝路花儿艺术节

1 “清凉宁夏”广场文化演出
2 “文化中国·神奇宁夏”美国慰侨演出
3 第五届黄河大合唱全国合唱邀请赛
4 贫困地区示范村综合文化服务中心
5 改造提升后的宁夏图书馆

1 “民族团结大家庭 知识童年我来绘”六一儿童节百米长卷绘画比赛火热开展

2 “新疆民族特色乐器展”在七坊街当代艺术馆精彩开幕

3 新疆艺术剧院管弦乐团“中华情·中国梦”2016年新春经典音乐会

4 2016年自治区“群星耀天山”戏剧曲艺大赛决赛在巴州库尔勒市开幕

5 广西文化志愿者新疆行拉开我区2016年“春雨工程”全国文化志愿者边疆行活动序幕

6 让文化遗产融入现代生活——自治区博物馆开展文化遗产日系列活动

1 兵地文化融合
2 送文化下基层活动现场
3 兵团首届文化艺术周：音乐情景短剧《戈壁红柳》
4 第九届文艺汇演：舞蹈《丝路彩虹》
5 折子戏大赛展演